University Casebook SerieS®

ESPAÑOL PARA ABOGADOS

SPANISH FOR LAWYERS

PRIMERA EDICIÓN

por

VICTORIA ORTIZ
Former Dean of Students

University of California, Berkeley, School of Law (Boalt Hall)

FOUNDATION PRESS
2012

THOMSON REUTERS

University Casebook Series is a trademark registered in the U.S. Patent and Trademark Office.

© 2012 by THOMSON REUTERS / FOUNDATION PRESS
1 New York Plaza, 34th Floor
New York, NY 10004
Phone Toll Free (877) 888-1330
Fax (646) 424-5201
foundation-press.com

Printed in the United States of America

ISBN: 978–1–60930–216–0

Mat #41333902

PARA JENNIFER Y CAMILO, CON AMOR Y
AGRADECIMIENTO

PREFACIO/PREFACE

This casebook represents the realization of dream-project that was born years ago when I was a rising 2L in law school. Many of my classmates and I envisioned ourselves practicing in settings where a working knowledge of "legal Spanish" would be beneficial. And yet nowhere in our law school's curriculum could we find a course that would provide us with the necessary training to become proficient enough to discuss legal matters with Spanish-speaking clients or colleagues. The summer between my first and second years, I volunteered to spend a couple of hours a week with interested classmates teaching them "legal Spanish." As I was completely bilingual in Spanish and English, and because prior to entering law school I had spent many years as a high-school and college teacher of Spanish and French, it seemed logical for me to create an informal course of study for law students who already spoke some Spanish and who now wanted to learn how to speak about legal matters in that language. And there was for me the additional benefit of beginning to learn "legal Spanish" myself, as I structured the course and taught it.

Fast forward to my years as Dean of Students at the University of California, Berkeley, School of Law (which is still Boalt Hall to me). Working closely with law students in a state with an extremely large population of Spanish-speakers, it once again became clear that the ability to communicate in Spanish with clients and colleagues in a legal setting would give aspiring and admitted attorneys a definite advantage over their monolingual counterparts. But once again those of us seeking a course teaching these legal communication skills were faced by the absence of such an offering.

In response to repeated requests from Boalt law students who were volunteering in public interest settings, doing pro bono work at private firms, or preparing themselves for practice in a wide variety of domestic and international areas of specialization, I worked with a pair of Mexican LL.M. students, Michelle de Anda and Alejandro Trujillo, who developed and taught a one-unit Spanish for Lawyers class to 2Ls and 3Ls one fall semester. The response to the class was extremely positive. So much so that I was approached by a group of 2Ls, led by Alicia Gámez, now a practitioner in San Francisco, who were strongly requesting that the course be offered at the law school the following semester and every semester thereafter.

With the support of Boalt's then-Dean John Dwyer, and then-Associate Dean Kathryn Abrams, I created such a course, and I taught it both Fall and Spring semesters over the next several years. Some of the materials I used were culled from print and electronic sources, many other readings were my own creations. They were all in Spanish, and the classes were conducted entirely in that language. Each semester I refined the course, responding to suggestions and requests from the students. And each semester I rued the absence of a casebook.

Periodically I spoke with publishers of law school textbooks about the need for a "Spanish for Lawyers" casebook. They listened politely but nothing came of our conversations. That is, until John Bloomquist, Editor-in-Chief of Foundation Press, responded positively to my book proposal and was gracious enough to convey to me his and the Editorial Board's questions about the focus of the book I was asking them to publish.

My book necessarily utilizes a double-pronged approach to teaching law students and lawyers how to communicate effectively in Spanish with Spanish-speaking clients and colleagues. It is not just a matter of translating vocabulary. It is much more than knowing how to explain constitutional rights or procedural requirements or the legal implications of certain human behaviors. To communicate effectively with a client or colleague about family law issues, criminal law matters, small business problems, or law-related housing, labor, immigration, or education concerns, the professional in this conversation must understand the cultural, historical, and social backgrounds and experiences of the other party to the discussion. Given the significant differences between the U.S. legal system and society and the legal systems and societies of the countries from which Spanish-speakers or their families have come, it has always been clear to me that learning "legal Spanish" has to include learning about a great deal more. This has only been confirmed each year with the increasing globalization of the legal profession, whether one's practice happens in the U.S. exclusively or in the international arena.

This is why this casebook includes a wide array of materials, in Spanish, that provide the student or practitioner with not only an opportunity to learn and practice the use of Spanish in reading, writing, and speaking about a range of legal matters, but also to do so in contexts that allow for a deepening of understanding about what social and historical forces may have shaped the Spanish-speakers with whom they will be interacting. Learning about what Latin American constitutions have to offer with regard to individual rights, for example, is helpful in discussing the U.S. Bill of Rights with someone from Latin America. Being exposed to family law concepts and the legal attitudes toward divorce or adoption in Latin America can only help in communicating about these matters with someone unfamiliar with the U.S. legal system.

I am deeply appreciative for the opportunity to see this casebook finally in print. I am grateful not only to John Bloomquist and his team at Foundation Press who have been the book's *parteros* (midwives), but also to the many generations of Boalties who took my course, as well as to the students at UC Irvine School of Law and Golden Gate School of Law. These law students have always inspired me to refine the course further and to keep the materials relevant and the classes lively, informative, and practical. I salute them as they go out into the world better equipped to serve their Spanish-speaking clients.

Victoria Ortiz

Berkeley, California
August 2012

RECONOCIMIENTOS/ACKNOWLEDGMENTS

I would like to express my deepest gratitude to the team at Foundation Press for making my casebook a reality. Thanks to John Bloomquist, Editor-in-Chief, for his consistent interest in and enthusiasm for the project. And thanks also to Tessa Boury, Julie Flower, Alice Hayward, Melinda Lindeman, Kelly Mickelson, Greg Olson, Patricia Sparks, Robb Westawker, and Troy Willis. They answered my hundreds of questions about everything from permissions to formatting. In particular, they helped me to tame and successfully use Cornerstone, the new software for authors. There would be no *Español para Abogados* casebook without them.

I am also indebted to the following for their help and support: Alicia Maria Gámez, Professor Robert Merges, Professor Nancy Lemon, Professor Kathryn Abrams, Professor Angela Harris, Professor Cynthia Lee, former-Dean John Dwyer, Kirsten Johnson, and Edgar Quezada.

All that said, I could never have completed the book without the unstinting support of my partner, Jennifer Elrod, and our son, Camilo M. Ortiz. They have always believed in the vision of this project and gave me the energy and the room needed to accomplish it. Jennifer, in particular, has been more than generous in her accommodation to my single-minded schedule as I put together the final version of this casebook. It is as much hers as it is mine.

I would also like to acknowledge the following authors, journals, publishers, and other copyright holders for granting permission to reprint material:

Acceso a la Justicia para Mujeres Víctimas de Violencia en las Américas, Comisión Interamericana de Derechos Humanos, Organización de los Estados Americanos. Reprinted by permission of the Organization of American States. All rights reserved.

Afrodescendientes en las Américas, Organización de los Estados Americanos. Reprinted by permission of the Organization of American States. All rights reserved.

Álvarez, Rafael, Una Minoría Dentro de una Minoría, AARP VIVA, 14 de diciembre de 2011. Reprinted by permission of the author. All rights reserved.

Álvarez, Robert, El Incidente de Lemon Grove, translated by Victoria Ortiz. Reprinted by permission of the author. All rights reserved.

Avilés, Enrique Silva, ¿Qué es lo Menos que Puedo Esperar de mi Abogada o Abogado?, 1997. Reprinted by permission of the author. All rights reserved.

Blore, Shawn, Justicia A Bordo: Un Tribunal Flotante (Volume 58, #3 [May/June], 2006) Reprinted from *Américas*, a bimonthly magazine published in identical Spanish and English editions. *Américas* is the official publication of the Organization of American States. Reprinted by permission of *Américas*. All rights reserved.

Cardinale, Matthew, Millones Podrían Recuperar Derecho al Voto, IPS InterPress Service, 1 de febrero de 2010. Reprinted by permission of IPS InterPress Service. All rights reserved.

Caspa, Humberto, Discriminación: *Méndez v. Westminster*. Reprinted by permission of the author. All rights reserved.

Convención sobre los Derechos del Niño, El Fondo de las Naciones Unidas para la Infancia (UNICEF). Reprinted by permission of UNICEF, http://www.unicef.org. All rights reserved.

Cox, Sebastián, Asistencia Legal Popular: La Experiencia de FORJA en Chile, Departamento de Derecho Internacional, Organización de los Estados Americanos. Reprinted by permission of the Organization of American States. All rights reserved.

Daniels, Beth, El Divorcio entre Personas del Mismo Género, AARP VIVA, 20 de julio de 2011. Reprinted by permission of AARP.org/Español. Copyright 2011 AARP. All rights reserved.

Declaración de las Américas por los Derechos y la Dignidad de las Personas con Discapacidad, Organización de los Estados Americanos. Reprinted by permission of the Organization of American States. All rights reserved.

Declaración Sobre los Derechos de las Personas Pertenecientes a Minorías Nacionales o Étnicas, Religiosas y Lingüísticas, ONU. Reprinted by permission of the United Nations. All rights reserved.

Declaración Sobre los Derechos de los Pueblos Indígenas, Naciones Unidas, Centro de Información para México, Cuba y República Dominicana. Reprinted by permission of the United Nations. All rights reserved.

Declaración sobre los Principios Fundamentales de Justicia para las Víctimas de Delitos y del Abuso de Poder, Resolución 40/34 de la Asamblea General de las Naciones Unidas, Nueva York, 29 de noviembre de 1985. Reprinted by permission of the United Nations. All rights reserved.

Derecho a la Educación, UNESCO. Reprinted by permission of UNESCO. All rights reserved.

Derecho Penal en el Estado de Washington, Washington State Bar Association. Reprinted by permission of the Washington State Bar Association. All rights reserved.

Derechos de las Lesbianas, los Gays y las Personas Trans, Bisexuales e Intersex, Unidad para los Derechos de las Lesbianas, los Gays y las Personas Trans, Bisexuales e Intersex, Comisión Interamericana de Derechos Humanos, Organización de los Estados Americanos. Reprinted by permsission of the Organization of American States. All rights reserved.

Derechos Humanos, Orientación Sexual e Identidad de Género, Organización de los Estados Americanos. Reprinted by permission of the Organization of American States. All rights reserved.

Día Internacional de la Lengua Materna, Naciones Unidas. Reprinted by permission of the United Nations. All rights reserved.

Día Internacional del Migrante, Naciones Unidas. Reprinted by permission of the United Nations. All rights reserved.

Día Mundial de los Refugiados, Naciones Unidas. Reprinted by permission of the United Nations. All rights reserved.

Díaz Roldán, Sally, La Pena de Muerte y el Adolescente: *Roper v. Simmons,* Revista Clave, Universidad Interamericana de Puerto Rico, Facultad de Derecho, Vol. 1, Núm. 1, 2006. Reprinted by permission of the author. All rights reserved.

El Sistema Interamericano de Derechos Humanos, Corte Interamericana de Derechos Humanos, Organización de los Estados Americanos. Reprinted by permission of the Organization of American States. All rights reserved.

Envejecimiento y Personas de Edad, ONU, Naciones Unidas en el Perú. Reprinted by permission of the United Nations. All rights reserved.

¿Existe el Derecho a la Vivienda?, Naciones Unidas. Reprinted by permission of the United Nations. All rights reserved.

Fine, Toni M., Cómo Funciona el Sistema de Tribunales Estadounidense, Unión Progresista de Secretarios Judiciales, 2002. Reprinted by permission of the author. All rights reserved.

Friedman, Lawrence M., La Abogacía en los Estados Unidos, Introducción al Derecho Norteamericano, traducido por Joan Vergé i Grau, Zaragoza: Librería Bosch, 1988. Reprinted by permission of Librería Bosch. All rights reserved.

Friedman, Lawrence M., Los Abogados y la Justicia Social, Introducción al Derecho Norteamericano, traducido por Joan Vergé i Grau, Zaragoza:

Librería Bosch, 1988. Reprinted by permission of Librería Bosch. All rights reserved.

Guía sobre los Procesos Penales en los Estados Unidos, Organización de los Estados Americanos. Reprinted by permission of the Organization of American States. All rights reserved.

Historia de la Ley del Derecho al Voto, The Leadership Conference, 2012 http://www.civilrights.org/voting-rights/vra/espanol/historia.html. Reprinted by permission of The Leadership Conference on Civil and Human Rights/The Leadership Conference Education Fund. © 2012. All rights reserved.

Investigación de Delitos, Manual de Instrucciones para la Evaluación de la Justicia Penal, Naciones Unidas, Nueva York, 2010. Reprinted by permission of the United Nations. All rights reserved.

Juárez Becerra, María José, La Adopción Homoparental en México, Retos Internacionales, Tecnológica de Monterrey. Reprinted by permission of the author. All rights reserved.

Jueces, Fiscales y Abogados Defensores en los Estados Unidos: Miembros de una sola Profesión de Abogacía, Organización de los Estados Americanos. Reprinted by permission of the Organization of American States. All rights reserved.

Leyes Estatales sobre Privación del Derecho al Voto a Delincuentes, Non-ProfitVote, 2012, http://www.nonprofitvote.org/home.html. Reprinted by permission of Non-ProfitVote. All rights reserved.

Los Abogados y sus Honorarios, State Bar of Arizona. Reprinted by permission of the State Bar of Arizona. All rights reserved.

Lucha Mundial Contra la Discriminación de la Mujer, Oficina del Alto Comisionado de los Derechos Humanos, Naciones Unidas. Reprinted by permission of the United Nations. All rights reserved.

Moratoria del Uso de la Pena de Muerte – Resolución 62/149 de la Asamblea General de las Naciones Unidas, Nueva York, 18 de diciembre de 2007. Reprinted by permission of the United Nations. All rights reserved.

Pellot Ferrer, Luis, Los Tribunales de Adolescentes, Revista Jurídica de LexJuris de Puerto Rico, septiembre de 2004. Reprinted by permission of the author. All rights reserved.

Pérez Manrique, Ricardo, Participación Judicial de los Niños, Justicia y Derechos del Nino, Núm. 9, agosto de 2007, El Fondo de las Naciones Unidas para la Infancia (UNICEF). http://www.unicef.org. Reprinted by permission of UNICEF. All rights reserved.

Programa de la Universalización de la Identidad Civil en las Américas, Organización de los Estados Americanos. Reprinted by permission of the Organization of American States. All rights reserved.

Protocolo a la Convención Americana sobre Derechos Humanos Relativo a la Abolición de la Pena de Muerte, Comisión Interamericana de Derechos Humanos, Organización de los Estados Americanos. Reprinted by permision of the Organization of American States. All rights reserved.

¿Qué es la Comisión Interamericana de Derechos Humanos?, Organización de los Estados Americanos. Reprinted by permission of the Organization of American States. All rights reserved.

¿Qué es UNICEF?, El Fondo de las Naciones Unidas para la Infancia. http://www.unicef.org. Reprinted by permission of UNICEF. All rights reserved.

¿Qué Son los Derechos Humanos?, Oficina del Alto Comisionado de los Derechos Humanos, Naciones Unidas. Reprinted by permission of the United Nations. All rights reserved.

Reina, Verónica, et al., Mujeres con Discapacidad en el Marco Legal Internacional de Derechos Humanos, Secretaría de Relaciones Exteriores, Estados Unidos de México. Reprinted by permission of the authors. All rights reserved.

Representación Pro Bono: Puntos para Abogados, New York City Bar. Reprinted by permission of the New York City Bar. All rights reserved.

Resumen Oficial, Caso Atala Riffo y Niñas v. Chile, Corte Interamericana de Derechos Humanos, Organización de los Estados Americanos. Reprinted by permission of the Organization of American States. All rights reserved.

Sanciones Disciplinarias para los Abogados, Washington State Bar. Reprinted by permission of the Washington State Bar. All rights reserved.

Shaw, David J. Panorama Mundial del Derecho, Revista El Correo de la UNESCO, noviembre de 1999. Reprinted by permission of UNESCO. All rights reserved.

Silver, Sheldon, Reformando las Leyes Rockefeller de Drogas, Policy Paper. Reprinted by permission of the author. All rights reserved.

Sistemas Diversos, JuriGlobe de la Universidad de Ottawa, Facultad de Derecho, Sección de Derecho Civil, http://www.juriglobe.ca. Reprinted by permission of JuriGlobe. All rights reserved.

INTRODUCCIÓN/INTRODUCTION

Concebí este libro para aquellos estudiantes de derecho y abogados recibidos que ya hablan español con bastante fluidez pero que quieren hablar de asuntos legales con clientes y/o colegas hispanohablantes. A estos usuarios el libro les proporciona materiales y ejercicios que les facilitarán la capacidad de hablar sobre una gran variedad temas legales y jurídicos.

A la vez, el libro tiene como fin explícito la presentación de materiales con temática jurídica que también aporten entendimiento sobre aspectos históricos, culturales, y sociales de los países hispanohablantes. Me parece de suma importancia enfatizar que la posibilidad de que dos personas de diferentes países o distintas extracciones nacionales o étnicas puedan comunicarse eficazmente aumentará en la medida en que tengan mayor comprensión de sus parecidos y de sus diferencias.

Para lograr este propósito he incluido muchos materiales que provienen de fuentes latinoamericanas. Verán que el libro contiene extractos de las constituciones nacionales de las repúblicas de América Latina; opiniones judiciales de las cortes de Puerto Rico; artículos que describen asuntos jurídicos y legales en diferentes países y distintas situaciones; y ensayos analíticos que detallan algunas de las diferencias históricas y sociales entre el sistema de derecho común que conocemos en los Estados Unidos y los sistemas de derecho civil que existen en América Latina.

Dada la creciente globalización de nuestras sociedades, el libro presenta, además, documentos de alcance internacional, provenientes de las Naciones Unidas, la UNESCO, UNICEF, la Organización de los Estados Americanos (OEA), la Comisión Interamericana de Derechos Humanos, y la Corte Interamericana de Derechos Humanos.

También incluye materiales de varias Organizaciones No Gubernamentales (ONGs – NGOs en inglés) porque estos grupos son las entidades que frecuentemente están en las primeras trincheras en lo que se refiere a servicios directos al cliente. He subrayado este aspecto internacional porque estoy convencida de que el aprendizaje lingüístico que pueda estimular este libro se verá enriquecido por haber sido adquirido utilizando materiales que le abren nuevas perspectivas globales al estudiante y al abogado.

Al mismo tiempo, teniendo presente que la población de extracción hispana o latinoamericana en los Estados Unidos representa un creciente e importante sector demográfico, incluyo una variedad de materiales provenientes de oficinas administrativas federales, estatales, y municipales de este país. Los gobiernos de la nación, de los estados, y de los condados y las ciudades han hecho esfuerzos por responder a las necesidades diarias de sus ciudadanos (y no-ciudadanos) de habla hispana cuando aquéllos enfrentan situaciones que requieren una respuesta basada en las reglas y las leyes sustantivas y procesales.

Es importante comprender este doble énfasis en los capítulos que siguen. Todos ellos cubren el aspecto práctico de cada tema presentado, a la vez que presentan materiales histórico-jurídicos y multiculturales como un importante trasfondo. Este doble enfoque ofrece la oportunidad de ampliar la comprensión histórica y cultural del usuario del libro en el contexto de situaciones prácticas en el mundo del ejercicio de la abogacía.

Los estudiantes que utilicen este libro aprenderán a hablar sobre asuntos legales y jurídicos mediante lecturas en preparación para la discusión general en la clase; presentaciones preparadas en casa para exponer en la clase; ejercicios en grupo llevados a cabo en la clase misma; tareas de investigación y reportaje; ejercicios escritos y orales; escenarios simulados de abogado y cliente; y más.

Comenzando con un trasfondo histórico y básico, el primer capítulo presenta lecturas que describen las diferencias y similitudes entre distintos sistemas de derecho, con mayor énfasis en la estructura del gobierno de los Estados Unidos y su sistema de tribunales, partiendo de la Constitución misma de este país. Aquí también se encuentra la primera presentación de las constituciones de los países de América Latina y el Caribe, para proporcionar un marco comparativo.

Después del capítulo introductorio, el libro ofrece una gama de áreas legales específicas, de las cuales el profesor y/o los estudiantes podrán seleccionar las que más les convengan estudiar a fondo al igual que la secuencia de los temas que deseen abordar.

Cabe señalar que el *Manual para Profesores* (*Teacher's Manual*) contiene recursos adicionales para ser presentados en la clase, incluyendo ejercicios de gramática; sugerencias para las escenas simuladas; listas de sitios web del gobierno federal y los estados; fuentes para glosarios y diccionarios; y más.

En base a mi experiencia a través de los años en que he enseñado el curso "Spanish for Lawyers", no cabe duda de que los usuarios de este texto, dentro o fuera de una clase formal, puedan avanzar significativamente en su habilidad de hablar en español sobre múltiples temas legales y jurídicos.

Los estudiantes que han pasado por esta clase no dejan de recordarme, en cada ocasión en que nos encontremos, de las grandes satisfacciones tanto personales como profesionales que han obtenido a raíz de haber aprendido a comunicarse en español sobre temas jurídicos en un marco de comprensión y sensibilidad cultural e histórica.

Estoy convencida de que los estudiantes que aprendan de este libro también encontrarán ese tipo de recompensa.

Como se dice en México: ¡Ándale!

Y si tienen comentarios o sugerencias, favor de comunicarse conmigo al Espanol4AbogadosCasebook@gmail.com.

SOBRE LA AUTORA/ABOUT THE AUTHOR

Victoria Ortiz ha sido publicada como autora y traductora. Ha escrito libros y artículos en español e inglés y ha publicado traducciones del español al inglés, del inglés al español, y del francés al inglés.

Antes de recibir su J.D. de la Facultad de Derecho de la Universidad de la Ciudad de Nueva York, trabajó como profesora de español, francés, y literatura latinoamericana en escuelas secundarias y en universidades.

Al terminar sus estudios de derecho, trabajó durante varios años en un bufete grande en Nueva York y también como oficial jurídico en la Corte Civil de esa ciudad. Regresó al mundo académico, primero como Decana de Estudiantes y Directora Interina de Admisión en su alma mater, y luego en la Facultad de Derecho de la Universidad de California, Berkeley (Boalt Hall), donde pasó diez años como Decana de Estudiantes. Fue durante esta época que pudo finalizar su curso innovador, "Spanish for Lawyers", sobre el cual ha basado este libro.

* * *

Victoria Ortiz is a published author and translator. She has written books and articles in Spanish and English and has published translations to and from both those languages, as well as from French to English.

Prior to earning a J.D. from the City University of New York School of Law, she was a high school and college teacher of Spanish, French, and Latin American Literature.

After law school, she worked for several years at a major law firm and clerked in New York Civil Court, before returning to the academic world, first as Dean of Students and Acting Director of Admissions at her alma mater and subsequently to the University of California, Berkeley, School of Law (Boalt Hall) where she spent ten years as Dean of Students. It was during this time that she gave final shape to her innovative Spanish for Lawyers course upon which this casebook is based.

SUMARIO DE MATERIAS/SUMMARY OF CONTENTS

TABLA DE MATERIAS/TABLE OF CONTENTS

TABLA DE AUTORIDADES, FALLOS, ESTATUTOS, ARTÍCULOS, DOCUMENTOS Y COMENTARIOS

Las referencias son a las páginas

UNIVERSITY CASEBOOK SERIES ®

ESPAÑOL PARA ABOGADOS

SPANISH FOR LAWYERS

PRIMERA EDICIÓN

CAPÍTULO 1

SISTEMAS DE DERECHO, CONSTITUCIONES Y GOBIERNOS

Este capítulo ofrece materiales de lectura que servirán para exponer el usuario del libro a la inmensa variedad de sistemas de derecho en nuestro mundo actual. Uno de los propósitos fundamentales de este libre es el de proporcionar información e ideas que contribuyan a ampliar la comprensión expansiva en relación al mundo hispanohablante, tanto en este país como en América Latina, el Caribe y el resto del mundo.

Así es que las lecturas que siguen incluyen descripciones muy básicas de los distintos sistemas de derecho. También podrán leer selecciones de la Constitución de los Estados Unidos, seguidas por artículos que elucidan la transcendente influencia de ese documento sobre el desarrollo del sistema de derecho y los tribunales estadounidenses. Y termina el capítulo con una corta apreciación de las constituciones de América Latina y un ejemplo de reforma jurídica en Chile.

A. VISIÓN GENERAL

"En el mundo existe una multiplicidad de tradiciones y sistemas jurídicos. Algunos se impusieron muy lejos de su lugar de origen. Ahora hay señales de que empiezan a unificarse." Así lo describe David Shaw, el autor del primer artículo que sigue.

Lea los cuatro artículos con cuidado para poder hablar de los parecidos y las diferencias entre los distintos sistemas. ¿Cómo describiría la diferencia fundamental entre el sistema de derecho civil y el sistema de derecho común? ¿Qué ejemplos específicos podría dar del uso del derecho consuetudinario? ¿Cómo ve el futuro panorama mundial del derecho?

Panorama Mundial del Derecho

David J. Shaw, *El Correo de la UNESCO*, noviembre de 1999

Derecho Civil: Sistema jurídico inspirado en el Derecho Romano. En sus versiones modernas, la principal fuente del derecho es la ley. Los códigos civiles son la piedra angular del ordenamiento jurídico y la base del resto de la legislación, que los complementa o constituye una excepción a sus disposiciones. Se caracterizan por un alto nivel de abstracción que permite a los jueces interpretar y analizar los hechos y una situación determinada aplicando la legislación o, en caso de vacío de ésta, recurriendo por analogía a los principios derivados del ordenamiento jurídico general. Francia es el prototipo de nación de derecho civil. La tradición del derecho civil influye en más de 60% de la población mundial.

Derecho Común: Derivado del derecho inglés no escrito, que se fue forjando a partir del siglo XII. Es el "derecho creado por el juez": su fuente primordial es la jurisprudencia. Elaborados por inducción, los conceptos del derecho surgen y progresan constantemente, gracias a la repetición de casos de la misma especie. Predomina en el Reino Unido, Estados Unidos y la mayoría de los países de la Commonwealth, e influye en más de 30% de la población mundial.

Derecho Islámico: Controlado, inspirado y regulado por la religión musulmana, es seguido por más de 20% de la población mundial. Su principal fuente es el Corán, complementado por la Sunna, interpretación parcial del Corán por el Profeta. Esta metodología jurídica es conocida como la Sharia (la vía a seguir). La ley religiosa regula el funcionamiento de la sociedad y la vida de sus ciudadanos. Uno de sus rasgos distintivos es que los derechos colectivos tienen primacía sobre los individuales. Los derechos y libertades individuales están sometidos a las restricciones impuestas por la moral religiosa y los imperativos divinos. Una evolución reciente favorece una interpretación más amplia de las reglas morales para adaptarlas a las nuevas realidades.

Sistemas Mixtos: Incluyen dos o más mecanismos que operan de manera simultánea o interactiva en una sociedad multicultural y multirreligiosa. A veces se yuxtaponen y se aplican de manera complementaria. El régimen jurídico de muchas naciones de África del Norte y del Oriente Medio denota una fuerte influencia de la tradición del derecho civil, pero en algunos aspectos, como los relacionados con las personas, la familia y la propiedad, tienden a seguir la tradición islámica.

Derecho Consuetudinario: Conjunto de usos y costumbres que, con el correr del tiempo, han adquirido fuerza de ley. Sus expresiones son múltiples y pueden desarrollarse a partir de la religión, la etnia o la identidad cultural. Cumple un papel destacado en buen número de países con un régimen de derecho mixto, que tienden a recoger el derecho consuetudinario en un código. La administración de justicia puede ejercerse en muchos casos con arreglo a las tradiciones locales.

Sistemas Jurídicos en la ex Unión Soviética y en Europa Oriental: La gran mayoría de esos países seguían la tradición civilista antes de la revolución o de los cambios políticos de la posguerra. A raíz de esos sucesos, sus códigos fueron enmendados para ajustarlos a la ideología comunista, pero entre 1917 y 1991 sus códigos civiles nunca fueron plenamente derogados. Desde 1991, Rusia y otros países de Europa Oriental llevan a cabo importantes reformas para adaptarse a la mundialización, pero permaneciendo fieles a sus raíces civilistas.

Impacto de la Mundialización: El derecho internacional es un elemento decisivo en la creación de un derecho común que trascienda los sistemas jurídicos tradicionales y coexista con esto. Por ello, en los últimos 50 años han cobrado importancia instituciones que impulsan la armonización del derecho y procuran minimizar los efectos de los "obstáculos legales transistémicos".

Sistemas Diversos

Adaptado de materiales de JuriGlobe de la Universidad de Ottawa, Facultad de Derecho, Sección de Derecho Civil

Sistemas de Derecho Civil y Sistemas Mixtos con Derecho Civil: Se encontrarán dentro de esta categoría aquellos países que, junto con otras fuentes, han sido principalmente influenciados por su herencia jurídica romana y que, dando preeminencia al derecho escrito, han resueltamente adoptado una codificación sistemática de su derecho común. Por otro lado se encontrarán países, generalmente de derecho mixto, que sin haber recurrido a la técnica de la ley codificada, han retenido hasta cierto grado suficientes elementos de construcción jurídica romana, como justificación escrita, que permiten considerarlos como afiliados a la tradición civilista (tal es por ejemplo el caso de Escocia). Además, están incluidos en esta categoría países en los cuales a pesar de que la influencia romana no ha sido tan importante, sin embargo su derecho, codificado o no, reposa en una concepción del rol de la ley cercana a ésa de los países de tradición civilista "pura "(tal es el caso, por ejemplo de los países de tradición escandinava los cuales ocupan, dentro del seno de la "familia romano-germánica", una posición original).

Sistemas de Common Law y Sistemas Mixtos con Common Law: De la misma manera que el sistema de derecho civil, el sistema del Common Law opera en ambientes culturalmente diversos del mundo. A pesar de las diferencias algunas veces considerables que genera esta diversidad, y que a menudo son amplificadas por las circunstancias políticas, se pueden agrupar dentro de esta categoría aquellos países en los cuales el derecho reposa técnicamente, al menos en lo esencial, sobre los conceptos y los modos de organización jurídica del Common Law británico, que concede un lugar primordial a la jurisprudencia, y no a la ley como medio ordinario de expresión del derecho común. En consecuencia, se han mantenido en esta categoría a países o entidades políticas más o menos apegados a 1a tradición británica, en los cuales, a pesar de poseer en abundancia códigos, leyes, instrumentos normativos no jurisprudenciales, la jurisprudencia del Common Law conserva su carácter de derecho fundamental (por ejemplo, el Estado de California en los Estados Unidos de América).

Sistemas de Derecho Musulmán y Sistemas Mixtos de Derecho Musulmán: El sistema de derecho musulmán es un sistema autónomo de derecho religioso propiamente dicho, que radica esencialmente en el Corán. En un cierto número de países de tradición musulmana, tiene sin embargo tendencia a limitarse al estatuto personal, aunque aquello pueda ser bastante ampliamente comprendido.

Sistemas de Derecho Consuetudinario y Sistemas Mixtos de Derecho Consuetudinario: Al presente existen muy pocas entidades políticas cuyos sistemas puedan ser propiamente designados como enteramente consuetudinarios. La costumbre puede tener aspectos muy diversos, según se radica en la sabiduría elaborada por la experiencia cuotidiana, o, más intelectualmente, en las grandes tradiciones espirituales o filosóficas. No obstante, el derecho consuetudinario (en tanto como sistema y no solamente como supletorio del derecho positivo) juega un rol de gran importancia, particularmente en materia de estatuto personal, en un número relativamente elevado de países de derecho mixto. Esto es evidente en ciertos países africanos. Lo mismo se puede decir, por ejemplo, en condiciones por cierto diferentes, como el derecho de China o de India.

Sistemas de Derecho Mixtos: La designación de "mixto", que ha sido preferida a "híbrido" o "compuesto", no debe ser entendida en el sentido restrictivo que le fuera atribuido por ciertos autores. Se encontrarán en esta categoría aquellos países donde dos o más sistemas se aplican de manera acumulativa o de interacción, como así también aquellos en los cuales hay una yuxtaposición de sistemas dado que los mismos se aplican simultáneamente a áreas más o menos diferenciadas.

———

El Derecho Civil

El derecho civil es el conjunto de normas jurídicas que rigen las relaciones personales o patrimoniales entre personas privadas, ya sean físicas o jurídicas, tanto de carácter privado como público. Su objetivo es proteger los interesas de la persona en el orden moral y patrimonial.

El sistema de derecho civil, también conocido como sistema continental, existe en muchos más países en comparación con el sistema del derecho común o "common law". Francia, Alemania, Italia, y España, por ejemplo, son países de derecho civil. Todos los países de América Latina aplican sistemas de derecho civil.

La esencia del derecho civil es que la ley de cada país está escrita en una serie de códigos, es decir, la ley se encuentra codificada. La codificación es responsabilidad del correspondiente cuerpo legislativo del país. El papel del juez en las cortes está limitado a la aplicación de la ley a los hechos de cada caso en particular.

El derecho civil tiene sus orígenes en varias fuentes. En el siglo XIX la mayor parte de los países estaban promulgando sus propios códigos. El primer código moderno es el de Napoleón (1804) que reunió las distintas tendencias de la tradición jurídica francesa en un sólo cuerpo legal. El Código Napoleónico fue la inspiración para los códigos civiles de Europa y América Latina.

El derecho civil reconoce a cada persona como sujeto de derecho, más allá de cualquier otra consideración.

"Common Law", Derecho Común o Derecho Anglosajón

Llamamos "Common Law" o derecho común al sistema jurídico que surgió en Inglaterra en la época medieval y que ahora se aplica en gran parte de los países y territorios que han tenido históricamente una relación cercana con Inglaterra. Lo que caracteriza este sistema jurídico es que se basa más en la jurisprudencia que en las leyes escritas o codificadas.

Es el sistema prevaleciente en Inglaterra, Gales, Irlanda, las antiguas colonias británicas. Así también es el sistema vigente en los Estados Unidos, Australia, y Nuevo Zelanda. En el Canadá rige el derecho común, menos en la provincia de Québec, que utiliza el derecho civil en asuntos civiles y el derecho común en asuntos penales. En los Estados Unidos, el estado de Luisiana utiliza un sistema relacionado al derecho francés.

El sistema de derecho común se basa, sobre todo, en el análisis de las decisiones u opiniones judiciales emitidas por el mismo tribunal o una corte superior. El análisis se basa en las interpretaciones de las leyes que se dan en estos fallos. Es por esta razón que a veces las leyes pueden ser ambiguas en muchos aspectos, porque se espera que los tribunales las clarifiquen (o estos ya lo han hecho sobre leyes anteriores, pero similares).

La principal diferencia entre el sistema de derecho civil y el derecho común se encuentra en la distinta jerarquía existente entre las diversas "fuentes" de esos derechos. El derecho común es un sistema "jurisprudencial", así que la principal fuente son las opiniones judiciales (el conjunto de las mismas se denomina "jurisprudencia"), las cuales tienen un carácter "vinculante", es decir, son obligatorias para todos los jueces, quienes no pueden apartarse de las decisiones tomadas previamente por otros magistrados. En cambio, el derecho civil, debido a la influencia del derecho romano (que, desde sus comienzos, se preocupó porque las normas jurídicas fueran escritas, a fin de que todos pudieran conocerlas), es un derecho eminentemente "legal", en tanto la principal fuente del mismo es la ley. En el sistema de derecho civil, las sentencias emitidas anteriormente por otros jueces no tienen carácter "vinculante" para el resto de los magistrados. Ni siquiera las sentencias emitidas por tribunales de las últimas instancias, como las Cortes Supremas, son obligatorias para los jueces de las instancias inferiores. En otras palabras, en el sistema continental, cada juez puede resolver el caso que se le presenta de la forma que considere más conveniente o justa, e incluso puede apartarse de la jurisprudencia mayoritaria.

Hoy en día, la diferencia entre ambos sistemas es cada vez menor. En muchos sistemas de derecho común se percata una tendencia hacia la "codificación" de las reglas jurídicas, que van desplazando paulatinamente los antiguos precedentes judiciales y los van reemplazando por normas escritas. Este fenómeno nace de la flexibilidad que caracteriza el derecho común, a diferencia de lo que ocurre con el sistema de derecho civil, en el que la existencia de códigos y normas escritas le ha dado un carácter más "rígido".

B. LOS ESTADOS UNIDOS DE AMÉRICA

Lea estas secciones de la Constitución y prepárese para contestar preguntas sobre los aspectos más sobresalientes de este documento histórico. El texto es la versión oficial en español del gobierno de los Estados Unidos. ¿Qué les diría a un grupo de estudiantes de América Latina sobre la estructura del gobierno? ¿Cómo le explicaría a un colega latinoamericano la importancia de las primeras diez enmiendas a la Constitución?

La Constitución de los Estados Unidos de América

Nosotros, el Pueblo de los Estados Unidos, con el Fin de formar una Unión más perfecta, establecer Justicia, asegurar la Tranquilidad interna, proveer la defensa común, promover el Bienestar general y garantizar para nosotros mismos y para nuestros Descendientes los Beneficios de la Libertad, ordenamos y establecemos esta Constitución para los Estados Unidos de América.

ARTÍCULO I

Sección. 1. Todas las Facultades legislativas otorgadas en la presente serán conferidas a un Congreso de los Estados Unidos, el cual estará compuesto de un Senado y una Cámara de Representantes.

Sección. 2. La Cámara de Representantes estará formada por Miembros elegidos cada dos años por los Habitantes de los diversos Estados, y los Electores en cada Estado deberán reunir las Condiciones requeridas para los Electores de la Rama más numerosa de la Legislatura Estatal.

No será Representante ninguna Persona que no haya cumplido veinticinco Años de Edad y sido Ciudadano de los Estados Unidos durante siete Años, y que no sea Habitante del Estado en el cual resulte elegido al momento de la Elección.

[Los Representantes y los Impuestos directos serán distribuidos entre los distintos Estados que formen parte de esta Unión, de acuerdo con su Población respectiva, la cual se determinará sumando al Número total de Personas libres, inclusive las obligadas a prestar Servicios durante cierto Término de Años y excluyendo a los Indígenas no sujetos al pago de Tributos, las tres quintas partes de todos los demás Pobladores]....

La Cámara de Representantes elegirá su Presidente y a sus demás funcionarios; además estará investida de Facultades exclusivas para la Impugnación de Funcionarios.

Sección. 3. El Senado de los Estados Unidos se compondrá de dos Senadores por cada Estado, [elegidos por la Legislatura correspondiente] para periodos de seis Años y cada Senador tendrá derecho a un Voto....

No podrá ser Senador ninguna Persona que no haya cumplido treinta Años de Edad y sido Ciudadano de los Estados Unidos durante nueve Años y que, al tiempo de la Elección, no sea Habitante del Estado para el cual haya sido elegido.

El Vicepresidente de los Estados Unidos será Presidente del Senado, pero no tendrá Voto a menos que haya un Empate....

El Senado será el único Órgano facultado para juzgar sobre todas las Acusaciones por Responsabilidades oficiales. Cuando se reúna con este Objeto, sus miembros deberán prestar un Juramento o Declaración solemne. Cuando se juzgue al Presidente de los Estados Unidos, deberá presidir el Presidente de la Corte suprema. Además, a ninguna Persona se le podrá condenar si no concurre el Voto de las dos terceras partes de los Miembros presentes....

Sección. 5.....Cada Cámara puede elaborar su Reglamento interno, castigar a sus Miembros cuya Conducta sea improcedente y expulsarlos de su Seno con el Asentimiento de las dos terceras partes....

Sección. 6. Los Senadores y Representantes recibirán por sus Servicios una Remuneración determinada por Ley y pagada por el Tesoro de los Estados Unidos. En todos los Casos, exceptuando los de Traición, Delito grave o Perturbación del Orden público, gozarán del privilegio de no ser Arrestados durante el Tiempo que asistan a las Sesiones de sus respectivas Cámaras, así como al ir a ellas o regresar de las mismas; y con motivo de cualquier Discurso o Debate en alguna de las Cámaras no podrán ser inquiridos en ningún otro Lugar que no sea ese....

Sección. 8. El Congreso estará Facultado: Para establecer y recaudar Contribuciones, Impuestos, Derechos y Alcabalas; para pagar las Deudas y proveer la Defensa común y Bienestar general de los Estados Unidos; empero, todos los Derechos, Contribuciones y Alcabalas serán uniformes en todos los Estados Unidos;

Para contraer en préstamo Dinero bajo el crédito de los Estados Unidos;

Para regular el Comercio con las Naciones extranjeras, entre los diferentes Estados y con las tribus Indígenas;

Para establecer un Régimen uniforme de Naturalización y Leyes uniformes en materia de Bancarrota en todo el territorio de los Estados Unidos;

Para acuñar Monedas y determinar su Valor, así como el de la Moneda Extranjera, y para establecer una Norma estándar de Pesos y Medidas;

Para disponer la Sanción correspondiente a quienes falsifiquen los títulos de Valores y la Moneda corriente de los Estados Unidos;

Para establecer Oficinas Postales y Rutas de correos. Para fomentar el Progreso de la Ciencia y las Artes útiles, garantizando a los Autores e Inventores, por Tiempo limitado, el Derecho exclusivo al Usufructo sobre sus respectivos Escritos y Descubrimientos;

Para constituir Tribunales inferiores a la Corte suprema; Para definir y castigar la Piratería y otros Delitos graves cometidos en alta Mar y Violaciones al Derecho Internacional;

Para declarar la Guerra, otorgar Patentes de Corso y Represalia y para dictar Reglas con relación a las Capturas en Mar y Tierra;

Para reclutar y sostener Ejércitos, pero ninguna Asignación presupuestaria que tenga ese Destino será por un Plazo superior a dos Años;

Para habilitar y mantener una Marina de Guerra;

Para dictar Reglas para el Gobierno y la Regulación de las Fuerzas navales y terrestres;

Para disponer cuándo debe movilizarse a la Milicia con el fin de hacer cumplir las Leyes de la Unión, sofocar las Insurrecciones y rechazar las Invasiones;

Para proveer lo necesario para organizar, armar y disciplinar a la Milicia y para determinar aquella Parte de esta que se utilice en Servicio de los Estados Unidos; reservándose a los Estados correspondientes el Nombramiento de los Oficiales y la Facultad de instruir a la Milicia conforme a la disciplina prescrita por el Congreso....

Y

Para expedir todas las Leyes que sean necesarias y apropiadas para llevar a Efecto las Facultades antes mencionadas y todas las demás que la presente Constitución confiere al Gobierno de los Estados Unidos o a cualquier Secretaría o Funcionario del mismo.

Sección. 9....El Privilegio de la Orden Judicial de Habeas Corpus no se suspenderá, salvo cuando la Seguridad pública lo exija en los casos de Rebelión o Invasión.

No se aprobarán Decretos de Proscripción ni Leyes ex post facto.

No se establecerá ningún Impuesto directo ni de Capitación, como no sea proporcionalmente al Censo o Recuento que antes se ordenó practicar.

Ningún Impuesto o Derecho será aplicable a los Artículos que se exporten desde cualquier Estado....

Ningún Título de Nobleza será concedido por los Estados Unidos; y ninguna Persona que ocupe un Cargo público Remunerado o de Confianza que dependa de ellos aceptará ningún regalo, Emolumento, Empleo o Título, sea de la clase que fuere, de cualquier Monarca, Príncipe o Estado extranjero, sin Consentimiento del Congreso....

ARTÍCULO II

Sección. 1. El Poder ejecutivo será conferido a un Presidente de los Estados Unidos de América. Desempeñará su Cargo durante un Período de cuatro Años y, juntamente con el Vicepresidente designado para el mismo Período, será elegido de la siguiente manera:

Cada Estado nombrará, del Modo que su Legislatura disponga, un Número de Electores equivalente al total de los Senadores y Representantes a que el Estado tenga derecho en el Congreso, pero ningún Senador, ni Representante, ni Persona que ocupe un Empleo Honorífico o Remunerado de los Estados Unidos podrá ser designado como Elector....

Solo las Personas que sean Ciudadanas por nacimiento o que hayan sido Ciudadanos de los Estados Unidos al tiempo de adoptarse esta Constitución, serán elegibles para el Cargo de Presidente; tampoco será elegible una persona que no haya cumplido treinta y cinco Años de edad y que no haya Residido durante catorce Años en los Estados Unidos.

[En Caso de que el Presidente sea Destituido de su Puesto, o que Muera, Renuncie o se Incapacite para dar Cumplimiento a las Facultades y Deberes de su Mandato, este deberá recaer en el Vicepresidente; el Congreso podrá prever por medio de una Ley el Caso de Separación, Muerte, Renuncia o Incapacidad, tanto del Presidente como del Vicepresidente, y declarar qué Funcionario fungirá como Presidente hasta que desaparezca la Causa de Incapacidad o se elija un nuevo Presidente.]...

Antes de entrar a Desempeñar sus Funciones prestará el siguiente Juramento o Declaración solemne: "Juro (o declaro) solemnemente que desempeñaré con toda fidelidad el Cargo de Presidente de los Estados Unidos y que mantendré, protegeré y defenderé la Constitución de los Estados Unidos, empleando en ello el máximo de mis Facultades".

Sección. 2. El Presidente será Comandante en Jefe del Ejército y la Armada de los Estados Unidos y de la Milicia de los distintos Estados cuando esta sea llamada al Servicio activo de los Estados Unidos; podrá solicitar la Opinión por escrito del Funcionario principal de cada una de las Secretarías del Ejecutivo con relación a cualquier Asunto relacionado con los Deberes de sus respectivos Cargos y estará Facultado para suspender la Ejecución de las Sentencias y para conceder Indultos por Delitos contra los Estados Unidos, excepto en los casos de Acusación por Responsabilidades oficiales.

Tendrá Facultad, con el Consejo y Consentimiento del Senado, para celebrar Tratados, siempre que den su anuencia las dos terceras partes de los Senadores presentes, y propondrá, y con el consejo y consentimiento del Senado, nombrará a los Embajadores, a los demás Ministros públicos y Cónsules, a los Magistrados de la Corte suprema y a todos los demás Funcionarios de los Estados Unidos cuya Designación no se prevea de otra forma en este documento y que haya sido establecida por Ley. Empero, el Congreso podrá, en los Casos que considere conveniente, encomendar legalmente el Nombramiento de Funcionarios de inferior jerarquía, por medio de una Ley, al Presidente, a los Tribunales judiciales o a los Jefes de las distintas Secretarías.

El Presidente tendrá la Facultad para cubrir todas las Vacantes que ocurran durante el Receso del Senado, extendiendo Nombramientos provisionales que terminarán al Final del siguiente Período de Sesiones.

Sección. 4. El Presidente, el Vicepresidente y todos los Funcionarios civiles de los Estados Unidos serán separados de sus Puestos al ser Acusados y Declarados culpables de Traición, Cohecho u otros Delitos y Faltas graves.

<u>ARTÍCULO III</u>

Sección. 1. Se depositará el Poder judicial de los Estados Unidos en una Corte suprema y en los Tribunales inferiores que el Congreso instituya y establezca en lo sucesivo. Los Jueces, tanto de la Corte suprema como de los Tribunales inferiores, continuarán en sus Funciones mientras observen buena Conducta y recibirán a Intervalos convenidos, una Remuneración por sus Servicios que no será disminuida durante su Permanencia en el Cargo.

Sección. 2. El Poder Judicial se extenderá a todas las Controversias, tanto de Derecho como de Equidad, que surjan como consecuencia de esta Constitución, de las Leyes de los Estados Unidos y de los Tratados celebrados o que se celebren bajo su Autoridad; a todas las Controversias que se relacionen con Embajadores, otros Ministros públicos y Cónsules; a todas las Controversias de la Jurisdicción marítima y de almirantazgo; a las Controversias en que tome parte los Estados Unidos; a las Controversias entre dos o más Estados, [entre un Estado y los Ciudadanos de otro], entre Ciudadanos de Estados diferentes, entre Ciudadanos del mismo Estado que reclamen Tierras en virtud de Concesiones de diferentes Estados [y entre un Estado o los Ciudadanos del mismo y Estados, Ciudadanos o Súbditos extranjeros.]

En todos los Casos relativos a Embajadores, otros Ministros públicos y Cónsules, así como en aquellos en que sea parte un Estado, la Corte suprema poseerá la Jurisdicción en primera instancia. En todos los demás Casos que antes se mencionaron, la Corte suprema tendrá la Jurisdicción en Caso de Apelación, tanto en cuestiones de Hecho como de Derecho, con las Excepciones y con arreglo a la Reglamentación que estipule el Congreso.

Todos los Delitos serán juzgados por medio de un Jurado excepto en los Casos de Acusación por Responsabilidades oficiales, y el Juicio en cuestión tendrá lugar en el Estado en que el Delito se haya cometido; pero cuando no se haya cometido dentro de los límites de ningún Estado, el Juicio se celebrará en el Lugar o Lugares que el Congreso haya designado mediante Ley.

Sección. 3. La Traición contra los Estados Unidos consistirá únicamente en hacer la Guerra en su contra o en unirse a sus Enemigos, impartiéndoles Ayuda y Protección. A ninguna Persona se le condenará por Traición si no es sobre la base de la Declaración de dos Testigos que hayan presenciado el mismo Acto perpetrado abiertamente, o de una Confesión en Sesión pública de un Tribunal.

El Congreso estará Facultado para fijar la Pena que corresponda a la Traición; pero ninguna Sentencia por causa de Traición podrá privar del Derecho de heredar o de transmitir Bienes por Herencia, ni producirá la Confiscación de sus Bienes más que en Vida de la Persona condenada.

ARTÍCULO IV

Sección. 1. Se dará plena Fe y Crédito en cada Estado a los Actos públicos, Registros y Procedimientos judiciales de todos los demás. Y el Congreso podrá prescribir, mediante Leyes generales, la Forma en que dichos Actos, Registros y Procedimientos se probarán y el Efecto que producirán.

Sección. 2. Los Ciudadanos de cada Estado tendrán Derecho a todos los Privilegios e Inmunidades de los Ciudadanos en los distintos Estados.

Los Ciudadanos de cada Estado tendrán Derecho a todos los Privilegios e Inmunidades de los Ciudadanos en los distintos Estados....

Enmiendas a la Constitución de los Estados Unidos de América

[Las diez primeras enmiendas (Bill of Rights) fueron ratificadas efectivamente en diciembre 15, 1791.]

Enmienda I.

El Congreso no legislará respecto al establecimiento de una religión o a la prohibición del libre ejercicio de la misma; ni impondrá obstáculos a la libertad de expresión o de la prensa; ni coartará el derecho del pueblo para reunirse pacíficamente y para pedir al gobierno la reparación de agravios.

Enmienda II.

Siendo necesaria una milicia bien ordenada para la seguridad de un Estado libre, no se violará el derecho del pueblo a poseer y portar armas.

Enmienda III.

En tiempo de paz ningún militar podrá alojarse en casa alguna sin el consentimiento del propietario; ni en tiempo de guerra, excepto en la forma que la ley prescriba.

Enmienda IV.

El derecho de los habitantes a la seguridad en sus personas, domicilios, papeles y efectos, contra incautaciones y cateos arbitrarios, será inviolable, y no se expedirán al efecto las Órdenes correspondientes a menos que exista una causa probable, corroborada mediante Juramento o Declaración solemne, y cuyo contenido describirá con particularidad el lugar a ser registrado y las personas o cosas que serán objeto de detención o embargo.

Enmienda V.

Ninguna persona será detenida para que responda por un delito punible con la pena de muerte, u otro delito infame, sin un auto de denuncia o acusación formulado por un Gran Jurado, salvo en los casos que se presenten en las fuerzas terrestres o navales, o en la Milicia, cuando estas estén en servicio activo en tiempo de Guerra o de peligro público; tampoco podrá someterse a una persona dos veces, por el mismo delito, al peligro de perder la vida o sufrir daños corporales; tampoco podrá obligársele a testificar contra sí mismo en una causa penal, ni se le privará de la vida, la libertad, o la propiedad sin el debido proceso judicial; tampoco podrá enajenarse la propiedad privada para darle usos públicos sin una compensación justa.

Enmienda VI.

En toda causa criminal, el acusado gozará del derecho a un juicio público y expedito por un jurado imparcial del Estado y distrito en que el delito se haya cometido; distrito que deberá haber sido determinado previamente por la ley; así como a que se le haga saber la naturaleza y causa de la acusación; a que se le confronte con los testigos que depongan en su contra, a que se obligue a comparecer a los testigos que le favorezcan y a contar con la ayuda de un abogado que lo defienda.

Enmienda VII.

El derecho a que se ventilen ante un jurado los juicios de derecho consuetudinario en que el valor que se discuta exceda de veinte dólares, será garantizado, y ningún hecho del que haya conocido un jurado será objeto de nuevo examen en tribunal alguno de los Estados Unidos, que no sea con apego a las normas del derecho consuetudinario.

Enmienda VIII.

No se exigirán fianzas excesivas, ni se impondrán multas excesivas, ni se infligirán penas crueles y desusadas.

Enmienda IX.

El hecho de que en la Constitución se enumeren ciertos derechos no deberá interpretarse como una negación o menosprecio hacia otros derechos que son también prerrogativas del pueblo.

Enmienda X.

Las atribuciones que la Constitución no ha delegado a los Estados Unidos ni prohibido a los Estados, quedarán reservados a los Estados respectivamente o al pueblo....

Enmienda XIII.
(Ratificada el 6 de diciembre de 1865)

Sección 1. Ni en los Estados Unidos ni en ningún lugar sujeto a su jurisdicción habrá esclavitud ni trabajo forzado, excepto como castigo de un delito del que el responsable haya quedado debidamente condenado.

Sección 2. El Congreso estará facultado para hacer cumplir este artículo por medio de leyes apropiadas.

Enmienda XIV.
(Ratificada el 9 de julio de 1868)

Sección 1. Todas las personas nacidas o naturalizadas en los Estados Unidos y sometidas a su jurisdicción son ciudadanos de los Estados Unidos y de los Estados en que residen. Ningún Estado podrá dictar ni dar efecto a cualquier ley que limite los privilegios o inmunidades de los ciudadanos de los Estados Unidos; tampoco podrá Estado alguno privar a cualquier persona de la vida, la libertad o la propiedad sin el debido proceso legal; ni negar a cualquier persona que se encuentre dentro de sus límites jurisdiccionales la misma protección de las leyes....

Sección 5. El Congreso tendrá facultades para hacer cumplir las disposiciones de este artículo por medio de leyes apropiadas.

Enmienda XV.
(Ratificada el 3 de febrero de 1870)

Sección 1. Ni los Estados Unidos, ni ningún otro Estado, podrán desconocer ni menoscabar el derecho de sufragio de los ciudadanos de los Estados Unidos por motivo de raza, color o de sus antecedentes de servidumbre.

Sección 2. El Congreso estará facultado para hacer cumplir este artículo mediante leyes apropiadas....

Enmienda XIX.
(Ratificada el 18 de agosto de 1920)

El derecho de sufragio de los ciudadanos de los Estados Unidos no será desconocido ni limitado por los Estados Unidos o por Estado alguno por razón de sexo. El Congreso estará facultado para hacer cumplir este artículo por medio de leyes apropiadas....

Enmienda XXII.
(Ratificada el 27 de febrero de 1951)

Sección 1. No se elegirá a la misma persona para el cargo de Presidente más de dos veces, ni más de una vez a la persona que haya desempeñado dicho cargo o que haya actuado como Presidente durante más de dos años de un período para el que se haya elegido como Presidente a otra persona. El presente artículo no se aplicará a ninguna persona que haya ocupado el puesto de Presidente cuando el mismo se propuso por el Congreso, ni impedirá que la persona que desempeñe dicho cargo o actúe como Presidente durante el período en que este artículo entre en vigor, desempeñe el puesto de Presidente o actúe como tal durante el resto del referido período....

Enmienda XXIV.
(Ratificada el 23 de enero de 1964)

Sección 1. Ni los Estados Unidos ni ningún Estado podrán denegar o coartar a los ciudadanos de los Estados Unidos el derecho al sufragio en cualquier elección primaria o de otra clase para Presidente o Vicepresidente, para electores para elegir al Presidente o al Vicepresidente o para Senador o Representante ante el Congreso, por motivo de no haber pagado un impuesto electoral o cualquier otro impuesto.

Sección 2. El Congreso queda facultado para poner en vigor este artículo por medio de legislación adecuada.

Enmienda XXVI.
(Ratificada el 1 de julio de 1971)

Sección 1. El derecho a votar de los ciudadanos de los Estado Unidos, de dieciocho años de edad o más, no será negado o menguado ni por los Estados Unidos ni por ningún Estado a causa de la edad.

Sección 2. El Congreso tendrá poder para hacer valer este artículo mediante la legislación adecuada.

———

Uno de los aspectos más importantes de la Constitución de los Estados Unidos se encuentra en las protecciones procesales que establece para el área del derecho penal. El artículo que sigue ofrece una discusión y descripción del sistema de derecho penal en los Estados Unidos, vinculando las etapas y estructuras del proceso con las garantías históricas de la Constitución.

———

Evolución del Derecho Penal de Estados Unidos

James B. Jacobs, e-Journal USA, *Temas de la Democracia*, Vol. 6, Núm. 1, julio de 2001

Los cimientos del procedimiento penal de Estados Unidos se encuentran en la Constitución del país, incluyendo sus diez primeras enmiendas, que a su vez constituyen la Declaración de Derechos. La Constitución reconoce los derechos, garantías y libertades fundamentales de todos los habitantes de Estados Unidos. El más importante de estos derechos, en lo que se refiere a la justicia penal estadounidense, le otorga al acusado la presunción de su inocencia. El acusado no tiene que probar su inocencia. Corresponde al gobierno demostrar la culpabilidad de éste, más allá de una duda razonable. Derechos como éstos constituyen la armazón de la organización judicial federal y de los estados que la Constitución dispone. De importancia especial son las enmiendas Quinta, Sexta y Octava.

La Quinta Enmienda garantiza al acusado la excepción de cosa juzgada (protección contra el enjuiciamiento de una persona ya sometida a juicio por los mismos hechos) e impide que se le exija atestiguar contra sí mismo en casos penales. Lo que es más significativo, protege también el derecho del acusado al "debido proceso legal", un concepto de gran trascendencia expresado en la Declaración de Derechos, que especialmente en el siglo XX, fue interpretado por los tribunales para conferirles a los acusados una amplia gama de protecciones y derechos.

La Sexta Enmienda garantiza al acusado el derecho a "ser juzgado rápidamente y en público por un jurado imparcial del distrito y estado en que se haya cometido el delito". Esta enmienda le otorga también el derecho a que se le caree con los testigos que depongan en su contra (así como a repreguntar) y a tener el "asesoramiento de un abogado" que lo defienda. Con el transcurso de los años esta última protección también se ha ampliado y de hecho garantiza a todo acusado el asesoramiento legal apropiado en juicios penales.

La Octava Enmienda impide exigir "fianzas excesivas" a los acusados y prohíbe "las penas crueles y desusadas". Según la interpretación de los tribunales, esta última prohibición limita los tipos de penas que pueden infligirse. En 1972, las leyes que establecían la pena capital en 38 estados fueron efectivamente invalidadas con fundamento en esta disposición constitucional. Algunas se redactaron nuevamente con el fin de adecuarlas a la Constitución.... Sin embargo, este ejemplo sirve para ilustrar que es la Constitución de Estados Unidos la que rige suprema en el sistema estadounidense, no las leyes penales estadounidenses por sí mismas. Ni el Congreso ni los estados pueden aprobar leyes que violen la Constitución.

Todo estado, así como el gobierno federal, tiene su propio "derecho penal substantivo" (que especifica los delitos y las defensas) y su "procedimiento penal" (que especifica las diferentes etapas del proceso penal: arresto, juicio, sentencia, apelación y puesta en libertad). La legislatura de cada estado promulga las leyes penales que rigen en ese estado, los fiscales del estado y sus condados las hacen cumplir, los tribunales estatales y locales resuelven los casos a que den lugar y sus sentencias se cumplen en prisiones de los estados o en cárceles locales. El Congreso promulga las leyes penales federales, cuya aplicación, así como los procesos a que den lugar, la solución de los mismos y las sentencias están a cargo de las agencias encargadas de hacer cumplir la ley y de los fiscales, tribunales, prisiones y sistemas de libertad condicional y libertad vigilada del gobierno federal.

El Sistema Federal

Existen más de 20 agencias federales especializadas encargadas de la ejecución de la ley, la mayoría de las cuales forman parte de los Departamentos de Justicia y de Hacienda. De estas agencias las más prominentes son la Oficina Federal de Investigaciones (FBI) y la Agencia de Control de Drogas de Estados Unidos (del Departamento de Justicia) y la Oficina de Alcohol, Tabaco y Armas de Fuego, el Servicio Secreto y el Servicio de Aduanas (del Departamento de Hacienda). Estas agencias tienen su sede en Washington y oficinas en todo el territorio de Estados Unidos y, en algunos casos, en el exterior.

Los fiscales federales, denominados "fiscales de Estados Unidos", son nombrados por el presidente para cada uno de los 94 distritos judiciales de Estados Unidos. Incumbe a éstos iniciar y continuar en los tribunales federales el encausamiento de delitos federales, únicamente. Debido a su nombramiento presidencial los fiscales federales tienen bastante independencia, pero también deben rendir cuentas al secretario de Justicia de Estados Unidos, quien dirige el Departamento de Justicia y por lo tanto es miembro del gabinete presidencial.

La división penal del Departamento de Justicia en Washington suministra asesoramiento, pericia técnica y alguna orientación y supervisión a los fiscales federales. La oficina central del Departamento de Justicia comprende también las unidades especiales de fiscalía que tienen autoridad en todo el país en materia de crimen organizado, crímenes de guerra, antimonopolio y tráfico internacional de drogas; generalmente estas unidades obran en cooperación con los fiscales federales.

A los delincuentes que cometen delitos federales y son sentenciados a prisión, se los recluye en instituciones penales administradas por la oficina Federal de Prisiones, que es parte del Departamento de Justicia. Estas prisiones están dispersas por todo el territorio de Estados Unidos; un acusado que ha sido declarado culpable en un tribunal federal puede ser encarcelado en cualquier prisión federal. Sin embargo, menos de 10 por ciento de toda la población reclusa de Estados Unidos se encuentra en prisiones federales.

La Justicia Penal en el Ámbito Estatal y Local

La mayoría de las actividades de la justicia penal se llevan a cabo con los auspicios de los gobiernos estatales y locales. La ejecución de la ley en los estados está en gran parte descentralizada en los condados, las ciudades y los pueblos. La policía de cada estado tiene jurisdicción sobre las principales carreteras de su estado, así como de las zonas rurales carentes de personalidad jurídica. Con frecuencia tiene además otras funciones limitadas, como el mantenimiento de antecedentes penales. Los fiscales generales de los estados, a diferencia del secretario de Justicia de Estados Unidos, usualmente tienen poca o ninguna autoridad para enjuiciar, aunque pueden tener la responsabilidad de argüir las apelaciones penales y defender las peticiones posteriores a las condenas. El enjuiciamiento es una función que está dentro de la esfera del condado. La mayoría de los fiscales, llamados fiscales de distrito, son elegidos a sus cargos.

Cada condado tiene una cárcel donde se recluye a los acusados en espera de juicio, así como a los acusados sentenciados por delitos leves o "faltas" (delitos punibles con una pena máxima de un año de prisión). Los departamentos encargados de la libertad condicional son generalmente regidos por el condado. Hay más de 20.000 departamentos de policía independientes que pertenecen a los gobiernos locales. La mayoría de éstos prestan sus servicios en pequeñas poblaciones y tienen menos de 20 agentes. Los departamentos de policía de las grandes ciudades, por el contrario, son enormes. Por ejemplo, el de la ciudad de Nueva York, el más grande del país, tiene aproximadamente 38.000 agentes de policía. A las personas procesadas en los tribunales de los estados por delitos graves y sentenciadas a prisión se las recluye en el sistema carcelario del estado, generalmente denominado "departamento correccional".

Derecho Penal Substantivo de los Estados

Aunque tiene origen en "la ley común o derecho inglés" (ordenamiento jurídico de tradición anglosajona), el derecho substantivo penal de Estados Unidos es estatutario. En Estados Unidos no hay delitos de "ley común". En otras palabras, el derecho penal de cada estado lo determina la legislatura de ese estado y el derecho penal federal lo establece el Congreso. La mayoría de los estados, pero no el gobierno federal, tienen un "código" amplio de derecho penal substantivo, compuesto de principios generales de responsabilidad penal, leyes que definen delitos penales específicos y leyes que definen las excusas y las justificaciones.

Dos tercios de los estados han adoptado, en forma total o parcial, el Código Penal Modelo (MCP) redactado en las décadas de 1950 y 1960 por el Instituto Norteamericano de Derecho, prominente organización de reforma de las leyes. El MCP es el documento de mayor influencia en el derecho penal substantivo estadounidense. Uno de los principios más arraigados del derecho penal de Estados Unidos consiste en que no puede haber responsabilidad penal sin haber culpabilidad. En el MCP, la culpabilidad, que algunas veces se denomina "mens rea", se establece demostrando intención, conocimiento, imprudencia temeraria o negligencia, todo lo cual se define cuidadosamente en el código. Salvo en el caso de delitos menores y de algunas contravenciones, el MCP requiere una culpabilidad especificada para cada uno de los elementos de una transgresión (conducta, circunstancias que rodean el hecho y consecuencias).

Los códigos penales establecen las prohibiciones que constituyen las leyes penales — los delitos contra la persona (e.g. asesinato y violación); los delitos contra la propiedad (e.g. hurto e incendio doloso); los delitos contra el orden público (e.g. perturbación del orden público y sedición); los delitos contra la familia (e.g. bigamia e incesto) y los delitos contra la administración pública (e.g. soborno y perjurio).

Derecho Penal Substantivo Federal

¿Cuáles delitos se consideran federales y cuáles estatales? No hay una respuesta clara a esta pregunta. Ciertamente, la conducta susceptible de configurar un delito no puede dividirse en estas dos categorías. Cuando un acto único o línea de conducta viola tanto una ley federal como la ley de un estado, es posible, incluso, que ambos gobiernos entablen juicio, ya que según la doctrina de "soberanía dual", la prohibición de cosa juzgada (según la cual una persona no puede ser enjuiciada dos veces por el mismo delito) no tiene aplicación en el caso de procesos separados de soberanías separadas.

En teoría, el poder del Congreso está limitado por los poderes expresamente enumerados en la Sección 1ra. de la Constitución. Delitos como la falsificación de la moneda estadounidense, el ingreso ilegal a Estados Unidos, la traición y la violación de los derechos constitucionales y estatutarios federales están obviamente dentro de la jurisdicción básica del gobierno federal. Sin embargo, mediante la utilización de sus poderes expansivos a que da pie la cláusula de comercio y otras disposiciones elásticas, el Congreso ha promulgado leyes penales federales que tienen que ver con el tráfico de drogas, armas de fuego, secuestro, fraude organizado, hurto de automóviles, fraude y demás delitos.

El Tribunal Supremo rara vez ha dictaminado que el Congreso carece de potestad para promulgar una ley penal federal. Ello explica, en parte, el crecimiento inexorable del alcance del derecho penal federal durante todo el siglo XX. Hoy en día, el derecho penal federal puede utilizarse para entablar acciones judiciales contra muchos delitos que tradicionalmente se consideraban responsabilidad de los estados. No obstante, en la práctica, la gran restricción del alcance del derecho penal federal está en los recursos. El FBI y otras agencias federales de ejecución de la ley, así como los fiscales federales, tienen la posibilidad de investigar y procesar solamente una pequeña fracción de todos los delitos potencialmente dentro de su competencia....

———

Además de establecer la forma que tomaría el gobierno de los Estados Unidos, la Constitución detalla con bastante precisión la estructura de los tribunales. Lo que sigue es una presentación sobre el sistema de tribunales. Prepárese, al leerla, para explicarle con claridad a una persona hispanohablante cuáles son los aspectos sobresalientes de este sistema.

———

Cómo Funciona el Sistema de Tribunales Estadounidense

Toni M Fine, traducido del artículo en Issues of Democracy, Vol. 4, Núm. 2, septiembre de 1999

Hablar de un sólo sistema de tribunales en Estados Unidos es casi un mito porque lo que existe, en realidad, es un conjunto de múltiples tribunales autónomos. En primer lugar, está el sistema de tribunales federales, integrado y dividido en numerosas unidades territoriales y diversos órdenes jerárquicos; además, cada estado tiene su propio sistema de tribunales locales que actúan dentro del estado. Con arreglo a esta estructura judicial dual, federal y estatal, el Tribunal Supremo de Estados Unidos es el árbitro final en cuestiones de derecho federal, mientras que el de más alta categoría de cada estado (generalmente llamado tribunal supremo) tiene la última palabra en la interpretación de cuestiones de derecho de su estado. Cuando se suscitan cuestiones constitucionales o legales federales, los tribunales federales tienen jurisdicción para decidir si el estado infringe las leyes federales.

El funcionamiento de estos regímenes se complica por el hecho de que existen múltiples fuentes de derecho y los tribunales de un sistema, con frecuencia, tienen que interpretar y aplicar las leyes de otra jurisdicción. También se puede dar el caso de que más de un tribunal tenga jurisdicción en una causa determinada.

La estructura del sistema judicial federal y de los sistemas judiciales estatales individuales tiene forma de pirámide. Los tribunales inferiores, tanto en el plano federal como en los estatales, son los juzgados de primera instancia, ante los cuales los testigos son llamados a declarar, se presentan otras pruebas y el encargado de ver la causa (un jurado o a veces un juez) tiene que emitir decisiones sobre cuestiones de hecho basadas en derecho.

En la cima de cada estructura piramidal está el tribunal de última instancia (en el régimen federal, el Tribunal Supremo de Estados Unidos; en el estatal, el tribunal supremo del estado), facultado para interpretar las leyes de su jurisdicción. En el sistema federal y en la mayoría de los estados también existe un orden intermedio de tribunales de apelación.

La gran mayoría de los tribunales de ambos regímenes, federal y estatal, son tribunales de jurisdicción ordinaria, es decir, competentes para conocer de causas de muy distinta índole. En Estados Unidos no existen tribunales constitucionales especiales; cualquier tribunal es competente para declarar inconstitucional una ley o acción emanada de órganos del gobierno, sujeto a revisión de un tribunal superior.

Los Tribunales Federales

A los tribunales federales tradicionales se los conoce como tribunales del Artículo III porque tienen atribuciones de revisión judicial y determinadas protecciones en virtud del Artículo III de la Constitución de Estados Unidos. Estos tribunales están organizados con arreglo a una estructura jerárquica de tres órdenes y a divisiones territoriales. Al orden inferior pertenecen los tribunales federales de distrito, que son los juzgados de primera instancia. Las decisiones de los juzgados de distrito son apelables ante los tribunales de apelación de Estados Unidos, a los que se suele conocer como tribunales federales de circuito. De allí, las causas pueden someterse al Tribunal Supremo. Gran parte de las atribuciones de revisión del Tribunal Supremo son discrecionales y el tribunal sólo acepta una pequeña proporción de las causas que se someten a su consideración.

Los tribunales federales de distrito son tribunales inferiores de jurisdicción ordinaria, es decir, competentes para conocer de diversas materias civiles y penales. Existen 94 distritos judiciales federales, al menos uno en cada estado. Los estados más extensos y poblados están divididos en varios distritos, pero éstos no cruzan las fronteras estatales. El número de jueces depende del tamaño de la población --y, por ende, del volumen de trabajo-- de cada tribunal de distrito. Aunque todos los tribunales de distrito tienen numerosos jueces, sólo uno preside en cada causa.

El tribunal federal de apelaciones es el tribunal federal de orden intermedio. Los tribunales de apelación son el caballo de batalla del régimen judicial federal, porque en ellos se decide la gran mayoría de las causas. Si una parte litigante estima que el juez del tribunal de distrito ha cometido un error de derecho que le ha perjudicado, puede recurrir su decisión ante el tribunal de apelaciones. No se puede apelar una decisión para corregir errores de hecho, a menos que se trate de un error evidente de derecho. Así, por ejemplo, una parte puede alegar que el juez erró al admitir como prueba un documento, pero no que el juez o el jurado llegó a una decisión injusta basado exclusivamente en dicho documento.

Los tribunales federales de apelación están divididos territorialmente en 12 circuitos: 11 circuitos numerados, cada uno de los cuales abarca tres estados, más el tribunal federal de apelaciones del Distrito de Columbia (la ciudad de Washington), que también tiene jurisdicción sobre materias relativas al gobierno federal. Cada circuito conoce en apelación las causas que le someten los tribunales de distrito de su territorio.

El número de jueces de cada circuito varía mucho, ya que está determinado por la población y extensión del circuito. Cada causa la oyen tres jueces constituidos en sala, elegidos al azar, en combinaciones distintas en diferentes causas.

Los tribunales federales de apelación pueden emitir su fallo sobre la base de alegatos escritos presentados por los litigantes u ordenar argumentos orales. El fallo se basa en el dictamen escrito redactado por uno de los jueces y transmitido a los otros dos miembros de la sala. El dictamen del tribunal también tiene que estar firmado, al menos, por dos miembros de la sala. Cualquiera de los tres jueces puede redactar una opinión concurrente, en la que exprese su conformidad con el resultado a que han llegado los otros dos jueces, pero por motivos distintos o adicionales. Un juez que no esté de acuerdo con el dictamen del tribunal puede escribir una opinión disidente motivada. Aunque las opiniones disidentes y concurrentes no tienen fuerza legal, pueden influir poderosamente en las decisiones del tribunal.

Después de que la sala ha fallado, los litigantes tienen varias opciones. Pueden solicitar la "reconsideración" del fallo por la misma sala, la revisión de la causa por todos los jueces del circuito reunidos, o la revisión por el Tribunal Supremo de Estados Unidos, para lo cual presentarán una moción de certiorari (cuando los tribunales inferiores han fallado en la causa y expresado opiniones discordantes). Todos estos recursos son discrecionales y rara vez prosperan.

El Tribunal Supremo de Estados Unidos es el órgano supremo del poder judicial federal y está integrado por nueve jueces que conocen de causas y fallan en consecuencia. Como en los tribunales federales de apelación, los jueces pueden unirse a la opinión mayoritaria o redactar su propia opinión concurrente o disidente.

La jurisdicción ordinaria del Tribunal Supremo es principalmente discrecional, a través del proceso de certiorari. Con arreglo a la llamada "regla de cuatro", si cuatro de los nueve jueces se inclinan a favor de revisar una causa, se concede el certiorari. El tribunal a veces acepta casos de jurisdicción dividida entre varios tribunales federales de circuito o que suscitan importantes cuestiones constitucionales o legales. La denegación del certiorari no supone conformidad con la decisión del tribunal inferior sino, sencillamente, que por cualquier motivo no se ha alcanzado el número necesario de magistrados inclinados a aceptar el caso.

Además del auto de certiorari, el Tribunal Supremo puede conocer en apelación causas de tribunales federales o tribunales supremos estatales cuyas sentencias se basan en una cuestión de derecho federal (por ejemplo, cuando un tribunal federal de apelación invalida una ley estatal o cuando un tribunal estatal deja sin efecto una ley federal). El tribunal también puede dictaminar en cuestiones legales concretas que le presentan los tribunales federales inferiores.

El Tribunal Supremo tiene jurisdicción de primera instancia sobre algunas causas limitadas: controversias entre dos estados, controversias entre Estados Unidos y un estado, actos de un estado contra un ciudadano de otro estado o contra un extranjero, y causas suscitadas contra un embajador o cónsul extranjero.

Los Tribunales Especiales

En general, el sistema de tribunales federales no establece tribunales especiales para cuestiones específicas. Dos excepciones notables de esta norma son el Tribunal Federal de Reclamaciones (U.S. Court of Federal Claims), donde se ventilan las causas monetarias entabladas contra Estados Unidos, y el Tribunal Federal de Comercio Internacional (U.S. Court of International Trade), que está facultado para conocer y fallar en causas civiles contra Estados Unidos, organismos federales o sus empleados, derivadas de las leyes relativas al comercio internacional.

También existe otro tribunal federal especial de apelaciones: el Tribunal Federal de Apelaciones del Circuito Federal. Este tribunal tiene jurisdicción sobre las apelaciones de todos los tribunales de distrito en causas derivadas de leyes sobre patentes, así como sobre las del Tribunal Federal de Reclamaciones y el Tribunal de Comercio Internacional.

El sistema de tribunales federales también comprende una serie de tribunales conocidos como tribunales legislativos o del Artículo I, en referencia al Artículo I de la Constitución de Estados Unidos. Los tribunales del Artículo I ejercen sus funciones con arreglo al poder legislativo del Congreso y son competentes para decidir cuestiones de hecho relativas a materias concretas. Algunos ejemplos de tribunales del Artículo I son el Tribunal Federal de Apelaciones de las Fuerzas Armadas, el Tribunal Federal de Apelaciones de Veteranos, el Tribunal Federal de Impuestos y los Tribunales Federales de Quiebras. Los fallos de estos tribunales se pueden recurrir ante los tribunales federales de apelación.

Los Tribunales Administrativos

Los organismos federales tienen una función preponderante en la elaboración y aplicación de las leyes federales en una gran variedad de temas, desde la reglamentación de los recursos naturales a la salud y seguridad de los trabajadores. Con frecuencia, esto significa que el organismo actúa como tribunal de instrucción en la aplicación de los reglamentos federales. Cuando surgen desavenencias, las partes presentan sus pruebas a un juez de lo contencioso administrativo, que actúa como juez de instrucción. Cada parte puede apelar la sentencia del juez, por lo general ante una junta o comisión establecida por el organismo federal responsable de la reglamentación. Como el juez ya ha ejercido la función de instrucción, que normalmente correspondería a un tribunal federal de distrito, las apelaciones de los dictámenes de organismos importantes (por ejemplo, la Junta Nacional de Relaciones Laborales o la Comisión Federal de Comercio) se interponen directamente ante un tribunal federal de apelaciones. Aunque estas apelaciones se pueden interponer en cualquier circuito, por consideraciones prácticas, la mayoría de ellas se resuelven en el Circuito del Distrito de Columbia.

Los Tribunales Estatales

Todos los estados, así como el Distrito de Columbia y el Estado Libre Asociado de Puerto Rico, tienen su propio sistema judicial que actúa independientemente. El tribunal superior de cada estado es la autoridad suprema en cuestiones de derecho estatal, desde el punto de vista del estado.

La estructura de los tribunales estatales, como las de los tribunales federales, es piramidal. La mayoría de los estados tienen un régimen judicial de tres niveles: tribunales de primera instancia (a veces llamados tribunales superiores, tribunales de distrito o tribunales de circuito), un tribunal de apelaciones y un tribunal de última instancia (generalmente llamado tribunal supremo). Algunos estados tienen un solo nivel de apelaciones.

En el sistema judicial federal, los juicios los preside un solo juez (al que con frecuencia se suma un jurado); las apelaciones en primera instancia las resuelven tres jueces constituidos en sala, mientras que en los tribunales supremos estatales las causas las ve el tribunal en pleno, que suele estar integrado por siete o nueve jueces.

Al igual que en el régimen federal, las causas comienzan en el tribunal de primera instancia. Estos juzgados con frecuencia están divididos en dos categorías: tribunales de jurisdicción ordinaria y tribunales especiales.

Las sentencias de los juzgados de primera instancia son recurribles ante un tribunal de apelaciones, que puede revisar la causa. Como se ha indicado anteriormente, en algunos estados sólo existe una instancia de apelaciones. En los estados en los que hay dos tribunales de apelación, las normas varían en cuanto a si una apelación se interpondrá automáticamente ante el tribunal de apelaciones o el tribunal supremo del estado. En algunos estados, las apelaciones de los juzgados de primera instancia se resuelven en el tribunal intermedio de apelaciones del estado, con la subsiguiente revisión discrecional del tribunal supremo del estado. En otros, los litigantes recurren la sentencia del juzgado de primera instancia directamente al tribunal supremo, el cual decide si aceptar la causa o dejar que la resuelva el tribunal intermedio de apelaciones. En cualquier caso, el tribunal supremo del estado suele revisar las causas que suscitan importantes cuestiones de derecho o política estatal.

Los tribunales estatales especiales son juzgados de primera instancia de jurisdicción limitada, que conocen sólo de causas relativas a cuestiones o disputas legales concretas. Aunque estos tribunales varían de un estado a otro, muchos estados tienen tribunales especiales de tráfico, de derecho de la familia, testamentarías y de pequeños reclamos (cuando se trata de sumas de dinero que no llegan a un límite determinado). Los fallos de estos tribunales especiales son susceptibles de recurso y de revisión por tribunales estatales de jurisdicción ordinaria.

Los Tribunales Locales

Cada uno de los 50 estados de la Unión está dividido en localidades o municipalidades, llamadas ciudades, condados, pueblos o aldeas. Al igual que los estatales, los gobiernos municipales tienen sus propios sistemas judiciales, que están presididos por "magistrados" locales. Estos magistrados son funcionarios civiles con atribuciones judiciales delegadas con arreglo a las leyes locales. Sus atribuciones pueden extenderse a cuestiones urbanísticas, recaudación y gasto de impuestos locales o establecimiento y funcionamiento de escuelas públicas.

Conclusión

Uno de los elementos del sistema de tribunales de Estados Unidos, que lo hace al mismo tiempo tan complejo e interesante, es el hecho de que tanto el gobierno federal como cada estado tienen su propio sistema judicial, cada uno de los cuales se distingue de los otros en sus atribuciones y funcionamiento. Además, el hecho de que existen jurisdicciones coincidentes y que cualquier tribunal puede conocer de causas de derecho federal y estatal complica aún más el funcionamiento de estos sistemas. En el fondo, todos ellos son similares en sus aspectos más fundamentales. Los tribunales de Estados Unidos son, en su mayoría, tribunales de jurisdicción ordinaria. Todos los sistemas están organizados con arreglo a una estructura piramidal que permite la revisión y, en caso necesario, la anulación de la sentencia por los tribunales superiores.

———

La Constitución de los Estados Unidos de América no sería más que un documento antiguo si el sistema judicial por ella establecido no dependiera de la constante interpretación constitucional de las leyes por parte de la Corte Suprema (también llamado Tribunal Supremo), ya que el sistema se basa en el concepto de *stare decisis* y la centralidad de la revisión jurídica. La lectura que sigue le dará la oportunidad de re-leer algunas de las decisiones claves en la historia de la jurisprudencia constitucional. Seguramente que reconocerá muchas de ellas, pero trate de reformular la importancia específica de cada una en español, para poder explicárselas a un cliente o un colega hispanohablante.

———

Decisiones Trascendentales
eJournal USA, *Temas de la Democracia*, Vol. 10, Núm. 2, 5 de abril de 2005

Desde que el Tribunal Supremo fuera convocado por primera vez en 1790, desde entonces ha emitido miles de dictámenes sobre todo tipo de cuestiones, desde las atribuciones del gobierno a los derechos civiles y la libertad de prensa. Aunque muchas de esas decisiones son poco conocidas y de escaso interés para el público en general, varias destacan por el efecto que han tenido en la historia de Estados Unidos. A continuación se presenta una relación sucinta de algunos de los casos más destacados.

MARBURY VS. MADISON (1803): *Marbury contra Madison*, a menudo calificado como el fallo más importante en la historia del Tribunal Supremo, estableció el principio de revisión judicial y el poder del Tribunal de dictaminar sobre la constitucionalidad de las medidas legislativas y ejecutivas.

El caso surgió como resultado de una querella política a raíz de las elecciones presidenciales de 1800, en las que Tomás Jefferson, republicano demócrata, derrotó al entonces presidente John Adams, federalista. En los últimos días del gobierno de Adams, el Congreso dominado por los federalistas, estableció una serie de cargos judiciales, entre ellos 42 jueces de paz para el Distrito de Columbia. El Senado confirmó los nombramientos, el presidente los firmó y el secretario de Estado estaba encargado de sellar y entregar las comisiones. En el ajetreo de última hora, el secretario de Estado saliente no entregó las comisiones a cuatro jueces de paz, entre los que se contaba William Marbury.

El nuevo secretario de Estado del gobierno del presidente Jefferson, James Madison, se negó a entregar las comisiones porque el nuevo gobierno estaba irritado por la maniobra de los federalistas de tratar de asegurarse el control de la judicatura con el nombramiento de miembros de su partido. Marbury recurrió al Tribunal Supremo para que ordenara a Madison entregarle su comisión.

Si el Tribunal fallaba a favor de Marbury, Madison todavía podría negarse a entregar la comisión y el Tribunal no tendría manera de hacer cumplir la orden. Si el Tribunal se pronunciaba contra Marbury, se arriesgaba a someter el poder judicial a los jeffersonianos al permitirles negar a Marbury el cargo que podía reclamar legalmente. El presidente del Tribunal Supremo John Marshall resolvió este dilema al decidir que el Tribunal Supremo no estaba facultado para dirimir este caso. Marshall dictaminó que la Sección 13 de la Ley Judicial, que otorgaba al Tribunal estas facultades, era anticonstitucional porque ampliaba la jurisdicción original del Tribunal de la jurisdicción definida por la Constitución misma. Al decidir no intervenir en este caso, el Tribunal Supremo aseguró su posición como árbitro final de la ley.

GIBBONS VS. OGDEN (1824): El primer gobierno de Estados Unidos con arreglo a los Artículos de la Confederación era débil, en parte porque carecía de atribuciones para regular la economía del nuevo país, incluido el comercio interestatal. La Constitución otorgaba al Congreso de Estados Unidos la facultad de "regular el comercio. . . entre los diversos estados. . .", pero esa facultad fue impugnada con frecuencia por los estados, que deseaban retener el control de las cuestiones económicas.

A comienzos del decenio de 1800, el estado de Nueva York promulgó una ley por la que se exigía una licencia de Nueva York para los barcos de vapor que navegaban entre Nueva York y Nueva Jersey. Aaron Ogden tenía dicha licencia; Tomás Gibbons no la tenía. Cuando Ogden se enteró de que Gibbons estaba compitiendo con él y no tenía licencia de Nueva York, le llevó ante los tribunales. Gibbons tenía licencia federal para navegar por las aguas costeras con arreglo a la Ley de Navegación de cabotaje de 1793, pero los tribunales del estado de Nueva York convinieron con Ogden en que Gibbons había infringido la ley porque no tenía licencia del estado de Nueva York. No obstante, cuando Gibbons elevó su caso al Tribunal Supremo, los magistrados declararon anticonstitucional la ley de Nueva York por infringir las atribuciones del Congreso de los Estados Unidos de regular el comercio. "La palabra 'regular' implica, por su propia naturaleza, plenos poderes sobre la cosa objeto de la regulación", dictaminó el Tribunal. Por tanto, "excluye, necesariamente, la acción de todos los demás que realizarían la misma operación sobre la misma cosa".

JUNTA DE RELACIONES LABORALES (NLRB) VS. JONES & LAUGHLIN STEEL CORP. (1937): Si *Gibbons contra Ogden* estableció la supremacía del Congreso en la reglamentación del comercio interestatal, *NLRB vs. Jones & Laughlin* extendió la autoridad congresional de la reglamentación del comercio mismo a la reglamentación de las prácticas comerciales de las industrias dedicadas al comercio interestatal.

Jones & Laughlin, una de las principales empresas siderúrgicas del país, infringió la ley nacional de relaciones laborales de 1935 al despedir a 10 empleados por participar en actividades sindicales. La ley prohibía una variedad de prácticas laborales injustas y protegía el derecho de los trabajadores a establecer sindicatos y negociar colectivamente. La empresa se negó a cumplir la orden de NLRB de readmitir a los trabajadores. Un tribunal de circuito de apelaciones se abstuvo de hacer cumplir la orden de la junta, y el Tribunal Supremo revisó el caso.

Lo que se ventilaba en este caso era si el Congreso estaba o no facultado para regular las actividades "locales" de empresas dedicadas al comercio interestatal, es decir, las actividades que tienen lugar dentro de un estado. Jones & Laughlin aducía que las condiciones de su fábrica no afectaban al comercio interestatal y, por tanto, su regulación no era incumbencia del Congreso. El Tribunal Supremo disintió al estipular que "la interrupción de las operaciones [fabriles] por conflictos industriales tendría un efecto sumamente grave en el comercio interestatal. La experiencia ha demostrado cumplidamente que el reconocimiento del derecho de los empleados a organizarse y a tener representantes de su propia elección para fines de negociación colectiva es, con frecuencia, una condición esencial de la paz industrial". Al defender la constitucionalidad de la ley nacional de relaciones laborales, el Tribunal Supremo dio una victoria a los sindicatos y sentó las bases de una mayor regulación de la industria por el gobierno federal.

BROWN VS. JUNTA DE EDUCACIÓN (1954): Con anterioridad a este histórico caso, muchos estados y el Distrito de Columbia regentaban sistemas escolares segregados racialmente a tenor de lo dispuesto en la decisión de 1896 del Tribunal Supremo en *Plessy contra Fergusson*, por la que se permitía la segregación si los servicios eran iguales. En 1951, Oliver

Brown, de Topeka, Kansas, impugnó esta doctrina de "separados, pero iguales" cuando se querelló con la junta escolar de la ciudad en nombre de su hija de ocho años. Brown deseaba que su hija asistiera a una escuela blanca situada a cinco manzanas de su casa, en vez de a la escuela negra, que estaba a 21 manzanas de distancia. Un tribunal federal, basado en que las escuelas eran substancialmente iguales, falló contra Brown.

Mientras tanto, en Carolina del Sur, Virginia y Delaware, los padres de otros niños negros entablaron pleitos similares. El tribunal de Delaware resolvió que las escuelas negras eran inferiores a las blancas y ordenó que los niños negros fueran trasladados a escuelas blancas, pero las autoridades escolares apelaron la decisión al Tribunal Supremo.

El Tribunal oyó los argumentos de todos estos casos al mismo tiempo. Los alegatos presentados por los litigantes negros incluían datos y testimonio de psicólogos y sociólogos que explicaban por qué pensaban que la segregación era perjudicial para los niños negros. En 1954 el Tribunal Supremo dictaminó, por unanimidad, que "en el terreno de la educación la doctrina de "separados, pero iguales" no tiene cabida, y resolvió que la segregación en la escuelas públicas negaba a los niños negros "la igualdad de protección de las leyes garantizada por la enmienda catorce".

GIDEON V. WAINWRIGHT (1963) Y MIRANDA VS. ARIZONA (1966): Dos decisiones emitidas por el Tribunal Supremo en el decenio de 1960 promovieron los derechos de los inculpados de cometer delitos.

En 1961, Clarence Earl Gideon fue arrestado en Florida por entrada con fractura en una sala de billar. Cuando solicitó que le asignaran un abogado de oficio para defenderle, el juez se lo negó por entender que la ley estatal sólo exigía el nombramiento de un abogado en casos capitales, o sea, aquéllos que están relacionados con la muerte de una persona o que son punibles con la pena de muerte. Gideon se encargó de su propia defensa y fue declarado culpable. Mientras estaba en prisión pasó horas en la biblioteca estudiando libros de derecho y escribió una petición al Tribunal Supremo para que revisara su caso. El Tribunal entendió que a Gideon se le había denegado un juicio imparcial y resolvió que todos los estados debían proporcionar asistencia letrada a todos los reos indigentes. Cuando Gideon fue juzgado de nuevo disponía de abogado defensor y fue absuelto.

Tres años más tarde, el Tribunal Supremo dictaminó que el reo debía tener derecho a la asistencia letrada mucho antes de presentarse ante un tribunal de justicia. Ernesto Miranda fue condenado en un tribunal estatal de Arizona por secuestro y violación. Su condena se basaba en su propia confesión ante agentes de la policía, después de dos horas de interrogatorio sin haber sido informado de que tenía derecho a la presencia de un abogado. En su decisión, el Tribunal Supremo ordenó que los agentes de policía, al efectuar arrestos, facilitasen la información que ahora conocemos como la información de Miranda, a saber, que los sospechosos tienen derecho a permanecer callados; que cualquier cosa que digan podrá usarse contra ellos; que pueden contar con la presencia de un abogado durante el interrogatorio y que se les facilitará un abogado si no pueden costearse sus servicios.

Miranda contra Arizona es una de las decisiones más famosas del Tribunal Supremo, a la que se hace alusión repetidamente en películas y programas de televisión de los Estados Unidos. No obstante, en 1999, un tribunal federal de apelaciones la impugnó en el caso *Dickerson contra los Estados Unidos*, en el que una persona condenada por robo a un banco alegaba que no le habían leído debidamente sus derechos. En junio de 2000, el Tribunal Supremo anuló *Dickerson* por 7 votos contra 2, en un fallo que reafirmó rotundamente la validez de Miranda.

NEW YORK TIMES VS. SULLIVAN (1964): La Primera Enmienda de la Constitución de los Estados Unidos garantiza la libertad de prensa, pero durante años el Tribunal Supremo se negó a hacer uso de la primera enmienda para proteger a los medios de información de pleitos por libelo, es decir, aquéllos que se basan en la publicación de información falsa que perjudica la reputación de una persona. El fallo del Tribunal Supremo en el caso *New York Times Co. vs. Sullivan* revolucionó la ley de libelo en Estados Unidos al decidir que los funcionarios públicos no podrían querellarse con éxito por libelo sólo con demostrar que la información publicada era falsa. El Tribunal dictaminó que el demandante también tenía que demostrar que los periodistas o editores habían actuado con "malicia" y publicado información "con despreocupación imprudente de si era falsa o no".

El caso surgió como consecuencia de un anuncio a toda página publicado en el *New York Times* por la Southern Christian Leadership Conference para recaudar fondos para la defensa del dirigente de derechos civiles Martin Luther King, Jr., que había sido arrestado en Alabama en 1960. L. B. Sullivan, comisario de policía de Montgomery, Alabama, alegó que el anuncio constituía un acto de libelo contra él porque presentaba una descripción falsa de las acciones de la policía municipal. Sullivan se querelló con los tres clérigos que habían puesto el anuncio y con el *New York Times*, que no había comprobado su exactitud.

El anuncio contenía varias inexactitudes y un jurado adjudicó a Sullivan 500.000 dólares en reparaciones. El *Times* y los dirigentes de derechos civiles apelaron la decisión ante el Tribunal Supremo, que falló por unanimidad a su favor. El Tribunal resolvió que las leyes de libelo no se pueden invocar "para imponer sanciones por la expresión crítica de la conducta oficial de funcionarios públicos", y que exigir a los críticos garantizar la exactitud de sus observaciones conduciría a la autocensura. El Tribunal no encontró pruebas de que el *Times* o los clérigos actuaran con malicia al publicar el anuncio.

Uno de los aspectos excepcionales del sistema de derecho común, tanto en el ámbito civil como en el criminal, es la centralidad del juicio por jurado, una institución que no se ve comúnmente en muchos de los países de América Latina. El siguiente artículo plantea un análisis histórico del juicio por jurado y describe el funcionamiento del mismo.

———

Orígenes del Juicio por Jurado

IIP Digital, Departamento de Estado de Estados Unidos, Oficina de Programas de
Información Internacional, 30 de junio de 2008

En todas las causas penales, el acusado gozará del derecho a un juicio expedito y público por un jurado imparcial. . . y a ser informado de la naturaleza y causa de la acusación, a carearse con los testigos en su contra; a que se adopten medidas obligatorias para la comparecencia de los testigos que cite a su favor; y a la asesoría de un abogado para su defensa.

— Sexta Enmienda a la Constitución de los Estados Unidos

Se ha dicho que una sociedad puede ser juzgada por la forma en que trata a sus ciudadanos menos favorecidos y, por definición, los individuos acusados de delitos están en esta categoría. Se supone que ellos han roto el pacto social al privar a otra persona de sus bienes, la vida o la integridad física, se han colocado fuera de los límites de la sociedad y son realmente "proscritos" si los cargos en su contra son verdaderos. Sin embargo, antes de consignar a una persona a la cárcel, segregarla de la comunidad o incluso privarla de la vida, queremos tener un grado excepcional de certidumbre de que en efecto es culpable del delito que se le imputa, es decir, culpable "fuera de cualquier duda razonable".

Hay dos razones para adoptar esta aproximación cautelosa. La primera, y la más obvia, es no infligir un daño duradero al individuo. Si el acusado no cometió el delito, habrá que determinar el caso dentro del estado de derecho, de modo que el inocente no sea castigado. Otra razón de igual importancia es impedir que la sociedad sufra un daño y que las libertades del pueblo se erosionen. Un sistema de justicia corrupto, que las autoridades manipulan para castigar a sus enemigos políticos, o que deja a los culpables en libertad, socava la confianza en el gobierno y en la sociedad, esa confianza tan esencial en una sociedad democrática. Del mismo modo que no se puede tener una sociedad libre sin libertad de expresión o de prensa, tampoco puede existir democracia sin un sistema de justicia en el cual los acusados de delitos sean tratados con imparcialidad y sus derechos estén garantizados.

Esto no quiere decir que el sistema de justicia penal de los Estados Unidos sea perfecto; a menudo hay una brecha entre lo real y lo ideal, como pasa en cualquier sociedad. Pero los requisitos constitucionales contenidos en las Quinta y Sexta Enmiendas son recordatorios constantes de lo que es el ideal, y a quien considera que no fue juzgado con imparcialidad le otorgan el derecho de apelar el juicio adverso en tribunales superiores.

En virtud de que los mecanismos del sistema de justicia penal son muy importantes en una democracia, el derecho a un juicio público y expedito no se refiere sólo a los acusados de delitos, pues también es un derecho del público y sugiere la idea de que la gente puede inspeccionar el funcionamiento del sistema para ver si presenta deficiencias apreciables. Más aún, el deber de presentarse como jurado es una responsabilidad esencial del ciudadano y sólo la supera, quizá, el deber de votar. En ninguna otra función del gobierno se pide al ciudadano promedio que asuma la tarea de juzgar si alguien es inocente o culpable de un delito, o si debe responder por daños civiles. Prestar servicio como jurado es un proceso educativo en el que se pide a la gente que aplique la ley, pero para hacerlo tendrá que entender el significado de ésta y su aplicación en el caso que está siendo juzgado....

El derecho a un juicio justo tiene muchos aspectos y, aunque en ciertos casos un aspecto puede ser más importante que otro, todos forman parte del "cúmulo de derechos" al que hemos aludido una y otra vez. Por ejemplo, el tipo de pruebas que es admisible en un juicio está sujeto a las reglas de la Cuarta Enmienda, la cual exige que la policía tenga una causa probable para registrar la vivienda de una persona y obtenga una orden judicial para llevar a cabo el registro. Si la policía no obedece estos mandatos constitucionales, las pruebas que obtengan no se podrán usar en un juicio. Si la policía no instruye a un sospechoso acerca de sus derechos constitucionales, entonces las confesiones que obtenga de él se considerarán inválidas en un juzgado. Si a una persona acusada de un crimen se le niega el acceso a un abogado, entonces está claro que no se le podrá hacer justicia en un juicio imparcial.

Hay quienes piensan que todas estas garantías son demasiado favorables para el delincuente y dicen que un abogado astuto puede lograr que su cliente, aun siendo culpable, no sea castigado. Pese a los casos ocasionales y muy notables en que un acusado aparentemente culpable ha quedado en libertad, de hecho, podemos observar que el sistema trabaja muy bien en general. Las salvaguardas de las investigaciones antes del juicio y el arresto garantizan un trabajo policial mejor y más profesional, para que al efectuar un arresto se cuente con suficientes evidencias obtenidas en forma legítima, la prueba de culpabilidad sea convincente y el delincuente sea castigado. Pero todo esto tiene lugar en un marco constitucional planeado con cuidado para limitar el poder arbitrario del Estado.

El juicio por jurado es, en esencia, un intento de esclarecer la verdad. ¿Hizo la persona en verdad lo que el Estado afirma que llevó a cabo? En el pasado, los esfuerzos para descubrir la verdad adoptaban muchas formas y a menudo incluían terribles tribulaciones físicas. Por ejemplo, hace cientos de años, el acusado podía ser sometido a una ordalía física en la cual la prueba de su inocencia quedaba en manos de Dios. La persona podía ser arrojada a un estanque para ver si se hundía (inocente) o flotaba (culpable); y en caso de ser inocente se le rescataba esperando que aún estuviera vivo. En Europa, entre las clases caballerescas, la ordalía adoptaba a menudo la forma de un juicio a través del combate, en el cual se creía que Dios fortalecería el brazo del inocente y lo haría prevalecer sobre el falso acusador o el verdadero criminal.

No se sabe cuándo surgió por primera vez el sistema de jurado que los estadounidenses han llegado a tener en tan alta estima. Antes de la conquista de Inglaterra por los normandos, la ley sajona exigía que un acusador definido y conocido se enfrentara en público al acusado; era un juicio abierto y la presencia de la comunidad garantizaba la imparcialidad. La conquista normanda introdujo al gran jurado, un derivado de la institución normanda del "reconocimiento mediante pesquisa jurada", en el cual 12 caballeros elegidos para servir como "reconocedores", sometían a los nuevos gobernantes de Inglaterra a un interrogatorio público sobre varios temas de interés. Entre esos temas podía haber cuestiones como el nivel de la tributación o los derechos feudales que el vasallo debía pagar a su señor.

En fechas tan lejanas como el siglo XII, los que presentaban demandas en ciertos casos relativos a la propiedad de la tierra pedían que la corte del rey nombrara reconocedores para evaluar el hecho, ya sea por conocimiento propio o gracias a investigaciones de otras personas; si el veredicto del tribunal era unánime se aceptaba como concluyente. A la postre, otras cuestiones de hecho surgidas en la corte del rey eran resueltas en forma similar y un panel de reconocedores de caballeros se constituía como jurado. En un principio, los miembros del jurado no sólo juzgaban el hecho, sino podían comparecer también como testigos, pues conocían muy a fondo a los vecinos y las costumbres de la localidad. Sin embargo, a principios del siglo XV, los jueces de los tribunales del derecho consuetudinario hicieron que el jurado se limitara a la simple función de determinar los hechos a partir de la evidencia presentada en cada juicio.

Ya para la época de la Revolución de los Estados Unidos, el juicio por jurado era un derecho aceptado en todas las colonias. Los colonos lo veían como una garantía básica de las libertades individuales y Edmund Burke, el estadista británico, le advirtió al Parlamento que las colonias de Norteamérica se rebelarían si la madre patria trataba de restringir el juicio por jurado. Pero eso fue ni más ni menos lo que hizo el Parlamento con la Ley del Timbre de 1765, por la cual el juicio de las personas acusadas de contrabando fue transferido a tribunales marítimos que dictaban juicio sin convocar un jurado civil....

Al cabo del tiempo evolucionaron dos tipos de jurados, el grande o de acusación y el pequeño o de juicio, que realizan dos funciones diferentes. El gran jurado determina si hay suficiente evidencia para emitir un auto de acusación (acusación oficial) a una persona por un delito en particular, mientras que el jurado de juicio es el que conoce en realidad la causa. Los dos jurados son diferentes en magnitud, método de operación y criterios de prueba.

Hoy en día, en los Estados Unidos, un gran jurado puede tener hasta 24 miembros. Este tribunal puede ser convocado para investigar un asunto complejo o sólo para decidir si es procedente presentar un auto de acusación ante un tribunal. En la primera opción, los abogados acusadores o fiscales presentan testigos y el jurado prepara un informe con los detalles de sus conclusiones, o bien, acusa a la persona si estima que puede ser culpable de delito. Los procedimientos de un gran jurado son muy flexibles; puede aceptar pruebas que no son admisibles en juicios ordinarios, como el testimonio de oídas, y su criterio para emitir un auto de acusación no se basa en la certeza sino en la posibilidad. Si hay bastantes pruebas para que los miembros de un gran jurado consideren la posibilidad de que la persona haya cometido el delito, entonces pueden emitir un auto de acusación. Una norma mucho más alta prevalece en el pequeño jurado cuando el caso es sometido finalmente a juicio....

La institución del gran jurado se ha visto a menudo como un importante baluarte contra la tiranía. ... Los dirigentes de la Revolución de los Estados Unidos declararon que los jueces se plegaban a los deseos del rey, los procesos eran un fraude, los juicios por jurado no se aceptaban y los procedimientos se desviaban por derroteros muy lejanos, todo lo cual burlaba el ideal del debido proceso judicial que es el legado de la Carta Magna. El principio de que sólo el pueblo en conjunto debe tener el poder de instruir juicios criminales, por medio de sus representantes, está contenido en la Quinta Enmienda a la Constitución, la cual garantiza la institución del gran jurado. En la mayoría de las constituciones de los estados hay disposiciones similares. Aun cuando el uso del gran jurado fue abolido en Inglaterra en 1933 y sustituido por la preparación del auto de acusación por el secretario del tribunal, sigue siendo un rasgo muy activo, aunque no universal, del sistema de justicia penal de los Estados Unidos.

El pequeño jurado tiene de ordinario 12 miembros, pero algunos estados convocan paneles de jurados menos numerosos. Los miembros son elegidos, como los del gran jurado, a partir de una reserva de votantes registrados. Los requisitos procesales de un juicio con jurado son muy precisos y se basan en la suposición de que el acusado es inocente mientras no se demuestre su culpabilidad. Al acusado no le corresponde la tarea de probar su inocencia del delito; más bien, es el Estado el que asume la carga de probar el delito del acusado y, en caso de delito mayor, el más grave de los crímenes, la norma es que éste sea probado "fuera de cualquier duda razonable". En los tribunales federales y en la mayoría de los estatales se requiere un acuerdo unánime para emitir el veredicto de culpabilidad. Si la mayor parte de los jurados dan un voto de inocencia, el acusado es liberado. Sin embargo, si el voto mayoritario es de culpabilidad, el resultado puede ser lo que se conoce como un "jurado disuelto" y da lugar a un nuevo juicio con un panel diferente.

La expresión "inocente mientras no se demuestre su culpabilidad" no es retórica hueca. Las disposiciones de la Constitución y las reglas procesales que de ella han dimanado fueron ideadas para compensar la clara ventaja que tiene el Estado cuando se enfrenta a un solo ciudadano. En el gran jurado, la parte acusadora tiene que demostrar, con la preponderancia de sus pruebas, que el acusado pudo haber cometido el delito. Esta norma es similar a la de "causa probable" que la policía debe cumplir para obtener una orden de registro domiciliario. El gran jurado no necesita saber de modo absoluto que el acusado es culpable, sino sólo que existe la posibilidad razonable de que lo sea; la culpabilidad real la determinará el pequeño jurado.

En ese juicio, la parte acusadora expone primero su caso y cada uno de los testigos de cargo puede ser repreguntado (sometido a interrogatorio) por el abogado del acusado. El Estado debe presentar pruebas obtenidas en forma legal y no se le permite usar ciertos tipos de evidencia, como el testimonio de oídas, es decir, afirmaciones basadas sólo en lo que el testigo oyó decir a otras personas. Más aún, no se puede referir a asuntos que estén fuera del ámbito del juicio en curso, como los problemas que el acusado haya podido tener con la ley en otra época. Si hay testigos con pruebas contra el acusado, las deberán presentar en el tribunal, ya que, según la Constitución, el acusado tiene derecho de confrontar a quien rinda testimonio en su contra. Si la defensa estima que el Estado no ha expuesto su caso, al finalizar la presentación del fiscal puede pedir que el tribunal deseche los cargos en forma sumaria. Esto rara vez sucede, pero esas pocas ocasiones sirven para recordarle al Estado que la presentación de cargos mal fundamentados no es bien recibida por el poder judicial.

A continuación, la defensa presenta su caso y sus testigos también pueden ser repreguntados por el fiscal. La Constitución confiere a la defensa la facultad de imponer la presentación de testigos que puedan dar testimonio de la inocencia del acusado. La defensa no necesita demostrar la inocencia del acusado, sino sólo que existe una duda razonable de su culpabilidad.

Por su propia índole, esta descripción no ofrece más que un panorama general y las reglas procesales que en realidad rigen los juicios son muy complejas. Esa es una de las razones por las cuales la Constitución garantiza que la persona acusada de un delito tiene derecho de contar con un abogado que le ayude en su defensa....

Por desgracia, la realidad del sistema de justicia penal estadounidense a menudo no está a la altura del ideal. Fiscales agobiados y excedidos de trabajo, defensores de oficio [abogados que asesoran gratis a acusados indigentes] y jueces conciertan a menudo una "solución negociada" en la cual el acusado accede a declararse culpable a cambio de una sentencia reducida, lo cual le ahorra al Estado el tiempo y los gastos de un juicio. Además, a pesar de las reglas, un juicio rara vez tiene la pulcritud que vemos en la televisión o en el cine. Hay confusiones y retrasos, los abogados no siempre son elocuentes y los jueces tampoco son siempre modelos de sapiencia judicial. Sin embargo, a pesar de todos sus problemas, el sistema judicial de los Estados Unidos, tanto en su ideal teórico como en su práctica, a veces deficiente, ofrece a la persona acusada de delito más protección que ningún otro sistema del mundo. Igual que todas las libertades, el derecho a un juicio justo es una obra en proceso, que cambia y mejora de acuerdo con las transformaciones similares de la sociedad....

El requisito de tener propiedades para poder participar en la vida cívica cayó en el descrédito en los albores de la historia estadounidense, y ya para la década de 1830 ningún estado imponía la posesión de bienes como condición para votar o para prestar servicio como jurado. Sin embargo, a pesar de que la Guerra Civil puso fin a la esclavitud, algunos estados del Sur trataron de impedir por simples motivos de raza que los negros fueran jurados. En 1879, la Corte Suprema invalidó un estatuto de Virginia Occidental que excluía a los negros de prestar servicio en grandes y pequeños jurados. No obstante, como la categoría de votante se consideraba entonces como asunto de ley estatal, cuando los estados sureños idearon varias estratagemas para impedir que los negros votaran, lograron mantenerlos también al margen de los jurados. Si en las listas de electores no había negros, entonces éstos tampoco figuraban en las reservas de jurados.

Pero cuando el movimiento de los derechos civiles empezó a cobrar forma en la década de 1940, las impugnaciones a la exclusión de los negros en los jurados hallaron oídos receptivos en los tribunales federales. En parte, las ideas y los ideales del país en materia de raza estaban cambiando y llegarían a fructificar en los grandes levantamientos de los años 50 y 60, que al fin conquistaron la plenitud de los derechos legales para los negros estadounidenses en todo el país. Tal como los tribunales lo han subrayado una y otra vez, el hecho de prohibir que ciertos grupos prestaran servicio de jurados no sólo discriminaba a esos grupos y les impedían el pleno ejercicio de sus responsabilidades como ciudadanos, sino también privaba a las personas acusadas de delito de uno de los atributos básicos de un juicio libre: que todo acusado sea juzgado por sus iguales.

A través de los años se han presentado casos en los tribunales, no sólo de personas excluidas de las reservas de jurados por una u otra razón, sino también de acusados que protestan porque se les niega el debido proceso de ley por el hecho de impedir que ciertos grupos presten servicio como jurados....

El mayor de los grupos de personas que fue mantenido al margen de las listas de jurados fue el de las mujeres. Aun después de haber recibido el derecho al voto en 1920, las mujeres seguían siendo excluidas del servicio de jurados porque se creía que su tarea principal era estar al cuidado de su hogar y su familia. A pesar de que las mujeres pudieran votar, los intensos prejuicios masculinos siguieron imponiendo la idea de que la "crudeza" de los hechos que las mujeres podrían conocer en el curso de un juicio penal sería demasiado fuerte para su "delicada sensibilidad"...

La mujer obtuvo al fin el derecho a la plena participación en el sistema de jurados y no hay indicio de que alguna haya sufrido daños por eso. Por el contrario, como sucede con todos los grupos cuyos derechos se expanden, así han podido captar mejor el sentido de responsabilidad que acompaña el hecho de ser ciudadanas.

Como hemos visto, el sistema de jurados fue ideado para proteger, en primer lugar y ante todo, los derechos de las personas acusadas de delitos. Según la teoría, un panel de nuestros conciudadanos --nuestros pares-- está más capacitado para juzgar si somos culpables o inocentes. En segundo lugar, el sistema de jurados es esencial para la democracia porque impone una responsabilidad seria sobre los individuos y éstos pueden aprender en él cómo funciona la democracia, tal vez mejor que en cualquier otro ambiente. Pero también hay un tercer aspecto en el juicio por jurado, ya que le garantiza a la comunidad en general que el sistema jurídico está funcionando bien....

Aun cuando muchas personas nunca en su vida asistirán a un juicio, tienen derecho de hacerlo. Algunos dirían que incluso tienen obligación de hacerlo porque si el precio de la libertad es la vigilancia perpetua, entonces se debe ejercer una supervisión constante de lo que es, para mucha gente, un elemento clave de la sociedad democrática.

A diferencia de casi todas las demás libertades del pueblo, el juicio por jurado ha sido tema de serias críticas que requieren un examen prolijo. Hoy en día, la gente no dice que el derecho de juicio por jurado deba ser sustituido por ordalías de combate o por tribunales herméticos donde un solo juez dicte un fallo inapelable. El ideal de un juicio libre y justo es que se haga justicia, y los críticos de la situación actual afirman que el sistema está tan sobrecargado, que los juicios no pueden ser en verdad libres y justos.

Se dice que el sistema vigente funciona mal. Hay un número excesivo de juicios, muchos de ellos por delitos menores que se podrían y deberían resolver en forma más eficiente. Los calendarios de los tribunales están saturados, lo cual provoca frecuentes retrasos de meses, o tal vez hasta de años, antes que la persona acusada sea llevada a juicio y, como suele decirse, la justicia retrasada es justicia negada. Los defensores públicos [de oficio] tienen demasiado trabajo y no pueden brindar una asesoría realmente eficaz a la gente pobre a la que atienden. Los fiscales públicos, enfrentados a demasiados juicios y sin suficiente personal, están dispuestos a concertar negociaciones que a menudo perjudican a los acusados de delitos relativamente menores, al tiempo que permiten que los acusados de delitos más graves reciban condenas mínimas.

Incluso cuando el caso llega a juicio, ¿son en verdad los jurados el mejor medio para esclarecer la verdad? En el pasado, parte de la justificación del uso de jurados era que los miembros del panel estaban familiarizados con sus vecinos, conocían a la víctima y al acusado, tenían conocimiento de los hechos y, por lo tanto, estaban en condiciones de tomar una decisión justa y equitativa. Hoy en día, los miembros del jurado son elegidos a partir de listas de votantes de jurisdicciones que abarcan cientos de kilómetros cuadrados e incluyen a cientos de miles de personas. Los jurados rara vez conocen al acusado y si lo conocen pueden ser rechazados por esa razón, bajo el supuesto de que el conocimiento personal puede influir de modo indebido en su juicio. En casos contra monopolios y cuando el cargo es por manipulación y fraude con acciones, ¿puede el ciudadano promedio entender realmente los temas conexos de economía y contabilidad?

¿Hay formas más eficientes de administrar el sistema de justicia penal? Después de todo, en Gran Bretaña, lugar de nacimiento del juicio por jurado, sólo el 1% de las causas civiles y el 5% de las causas penales son resueltas por jurados. Los "juicios de juez", en los que un solo juez o un panel de éstos oye la causa sin la presencia de un jurado, requieren menos tiempo, cuestan menos y, como están abiertos al público y pueden ser revisados por tribunales de apelación, son estimados por muchas personas como imparciales y eficientes. Más aún, en casos referentes a cuestiones jurídicas difíciles, los jueces están mejor preparados que los legos para tomar una resolución.

En el rubro del derecho civil de los Estados Unidos, va en aumento un movimiento a favor del arbitraje imparcial, espoleado por las consideraciones anteriores, en el que ambas partes acceden a acatar el dictamen de un tercero imparcial. Se afirma que el arbitraje es más rápido porque no se presentan retrasos a causa del abarrotado calendario del tribunal; además es imparcial y, si se trata de empresas, permite que las partes tengan un arreglo basado en las reglas de mercado en el que operan.

Por último, se dice que los jurados son muy volubles y pueden ignorar la ley cuando deciden que el acusado tenía buenas razones para hacer lo que hizo, además de que pueden ser manipulados por abogados hábiles.

Todas estas críticas tienen algo de cierto y, de hecho, los sistemas estadounidenses de justicia penal y civil tienen hoy diversas modalidades. Hay juicios de juez y también hay arbitrajes. Además, la buena labor policial produce a menudo un cúmulo de evidencias tan convincente que el delincuente acusado confiesa su culpabilidad sin necesidad de un juicio por jurado. En cuanto a lo que se conoce como jurados renegados que pasan por alto la ley y votan de acuerdo a sus emociones, son una debilidad ocasional de un sistema que se basa en gran medida en las decisiones de ciudadanos ordinarios. Además, en la historia de los Estados Unidos ha habido épocas en que se ha presentado la "anulación de jurados" porque éstos consideran que las leyes no son justas. Antes de la Revolución Estadounidense, los jurados locales se negaban a condenar a sus vecinos acusados de contrabando, pues creían que las leyes inglesas de comercio y navegación eran injustas.

Sin embargo, suprimir el juicio por jurado a causa de los defectos observados en el sistema sería tanto como atentar contra el propio gobierno democrático. Esta opción existe para los que creen que obtendrán un mejor resultado con un juicio de juez o (en asuntos civiles) con un arbitraje. Pero, para muchos, la única esperanza de probar su inocencia es comparecer ante un jurado de sus iguales, en un juicio donde el Estado tenga que establecer su culpabilidad "fuera de cualquier duda razonable".

Los críticos que sólo ven el sistema de jurados en términos de su eficiencia o ineficiencia no logran reconocer la importancia del mismo más allá del mero hecho de determinar la culpa o la inocencia. A medida que la sociedad se hace más compleja, a muchos les preocupa que el ciudadano término medio se esté desvinculando del gobierno, que esté perdiendo el sentimiento de participación en los procesos diarios de la democracia. Entre todo lo que una persona hace como ciudadano, prestar servicio como jurado es casi lo único que le sigue proveyendo ese sentimiento de responsabilidad y también de participación.

Un juicio libre e imparcial por un jurado de pares sigue siendo un derecho decisivo de la gente, tanto de los que pueden ser acusados de delito como de quienes son llamados para juzgar los hechos.

C. Las Repúblicas de las Américas

Las Constituciones de América Latina y el Caribe

Uno de los aspectos más interesantes del estudio comparativo de las constituciones mundiales radica en al análisis de lo que contiene una constitución y lo que no contiene. A través de este libro se encontrarán ejemplos de distintas constituciones latinoamericanas, enfocándose en un aspecto u otro de las temáticas constitucionales. Para comprender las grandes diferencias, además de los parecidos, que se encontrarán al comparar la Constitución de los Estados Unidos con cualquiera de las constituciones de las repúblicas de América Latina, es esencial una comprensión de las raíces históricas de aquéllas.

El historiador venezolano, Alexander Torres Iriarte, en su introducción al libro *Primeras Constituciones: Latinoamérica y el Caribe*, ha señalado que no es fácil hablar del conjunto de las constituciones latinoamericanas, "en virtud de la diversidad distintiva de una vasta zona, que arropa el continente americano desde México hasta Argentina, comprendiendo decenas de países hermanos, siempre mediatizados por la injerencia extranjera de ayer y hoy, de signo generalmente septentrional". No se puede minimizar el hecho de que "esa extensión [...] sobrepasa los veintidós millones de kilómetros cuadrados con una población aproximada de quinientos millones de habitantes..." Es más, existen enormes diferencias históricas, sociales, culturales, además de geográficas entre los distintos países del Caribe y de América Latina. A la vez, esa agrupación de repúblicas comparte "un pasado común colonial casi siempre silenciado por la historia dominante...".

"...Para comprender la trascendencia histórica de las primeras constituciones latinoamericanas y caribeñas no podemos obviar el contexto mismo de las luchas independentistas. Consideramos que sería una pretensión infructuosa querer abarcar con un hilo conductor veintitrés cartas magnas irrespetando los particularismos y las complejidades propias de la dinámica socio histórica...". Como en el caso de los Estados Unidos de América, los acontecimientos políticos en Europa, como también los escritos de los enciclopedistas franceses, influyeron de forma dramática tanto en las luchas por la independencia contra España como también en las constituciones americanas que surgieron de ellas. A la vez, "sería un error evaluar nuestras independencias como meras extensiones de lo que ocurría en Europa o un vago reflejo de la caída del antiguo Régimen, sea español o francés".

Según las describe Torres Iriarte, "las primeras constituciones latinoamericanas y caribeñas buscan encarecidamente la independencia absoluta de cualquier fuerza extranjera.... Normas, preceptos y principios que regulan el funcionamiento del Estado, a la vez que nos proporcionan un ideal de individuos para el conjunto social, eso debe ser una Constitución. ...La visión del Estado como ente protector es una constante y en él, 'Todo hombre es libre'. La forma de gobierno plasmada en las constituciones generalmente es el republicano, popular, representativo y federal. La estructura del Estado –parte orgánica de la Constitución– tiene muchas semejanzas"....

———

En América Latina, como en los Estados Unidos, el sistema jurídico es a la vez inflexible y cambiable. Como aquí, en todos los países de América Latina vemos esfuerzos por modernizar y reformar el sistema legal. El artículo siguiente nos da una muestra de cómo, en Chile, se ha intentado iniciar esta reforma, mediante programas de educación pública sobre lo que son los derechos y la justicia.

———

Asistencia Legal Popular: La Experiencia de FORJA en Chile

Sebastián Cox, Departamento de Derecho Internacional, Organización de los Estados Americanos

Introducción

El derecho es un instrumento para la justicia. También es un instrumento para la superación de la pobreza, para la ciudadanía y, por tanto, para la democracia. Este postulado lo llevamos adelante en Chile, un conjunto de profesionales, en su mayoría abogadas y abogados, pero también otros profesionales de otras ciencias sociales. Nuestra perspectiva, nuestra aproximación, los datos y constataciones que voy a entregar parten, entonces, desde la ciudadanía. Y dentro de la ciudadanía nos hemos abocado a trabajar con los sectores pobres del país, en la perspectiva de trabajar y considerarlos más que usuarios o eventuales "víctimas" del sistema, como colaboradores y beneficiarios; y, por tanto, como "actores y protagonistas". Esta presentación explica brevemente los antecedentes y las características del trabajo de fortalecimiento de la sociedad civil realizado por FORJA (Formación Jurídica para la Acción) en beneficio del acceso de los pobres a la justicia.

Antecedentes

En el año 1993, la Corporación de Promoción Universitaria y la Universidad Católica realizaron una investigación en todo Chile. En ella se consultó la opinión de más de 1.600 personas sobre lo que pensaban de la justicia. El resultado fue una opinión mayoritariamente negativa. Esta alcanzó a un 82,8%, lo cual no hizo más que confirmar percepciones y opiniones anteriores. Esta percepción refleja una larga tradición de disconformidad de la ciudadanía de los diversos países del continente en relación con la justicia. También refleja, por otra parte, el hecho de que cuando a la gente se le pregunta por la justicia, las personas asumen más una "perspectiva jurídica" que, en rigor, una referida a la administración de justicia.

En esa oportunidad, y posteriormente en los Consultorios Jurídicos Vecinales -entidades con las cuales trabajamos-, también se preguntó por los problemas de justicia más recurrentes, encontrándose que son aquellos relativos a los derechos económicos, sociales y culturales. Fundamentalmente son temas relacionados con el trabajo y las relaciones laborales, con el derecho, el acceso y la mantención de la vivienda, y todo lo que ello significa. ... En un segundo orden de problemas recurrentes están los de familia: aquellos que tienen que ver con los alimentos, con las pensiones alimenticias, con la regularización de la situación de las personas y de las familias. Actualmente, el 42,4% de los niños que nacen en Chile, nacen fuera del matrimonio. De allí se originan problemas y discriminaciones que afectan sus derechos hereditarios en las posesiones efectivas. También son motivo del surgimiento de problemas de civilidad que tienen que ver con la falta de identidad -nacen los niños y las niñas, y no se inscriben, entonces hasta el momento que hay alguna presión social esos niños no tienen existencia legal. ...

De estas constataciones podemos desprender, entonces, que la amplia mayoría de las personas ha tenido o tiene problemas de este tipo, es decir, problemas de justicia y problemas de derechos. Pero lo más importante es que la gran mayoría de esos problemas tienen que ver con la falta de conocimientos, y pueden, por lo tanto resolverse en instancias que no son necesariamente jurisdiccionales. Esto es, pueden resolverse en instancias prejudiciales, administrativas o de servicios dependientes de la justicia, pero que no ejercen directamente una acción jurisdiccional.

Un artículo del Código Civil chileno (8°) presume que la ley es conocida por todos, y establece su cumplimiento obligatorio, lo que resulta una afirmación casi universalmente utilizada. Preguntados los encuestados respecto del conocimiento que tenían de sus derechos, el resultado, tanto a nivel urbano como a nivel rural, estableció que el 87,8% de las personas declaró conocer muy poco sus derechos o simplemente desconocerlos. Además de ser una constatación muy dura, esto debería llevar a preguntarnos y a preguntarle al resto de la sociedad chilena: qué tipo de democracia estamos construyendo o estamos postulando.

Hay otra afirmación en nuestro ordenamiento jurídico, esta es de carácter constitucional, según la cual "la constitución asegura a todos los ciudadanos la asistencia jurídica gratuita". Para eso, el Estado ha puesto en marcha desde hace varios años una muy buena iniciativa que pretende asegurar el cumplimiento de esta norma. Se trata de las llamadas Corporaciones de Asistencia Judicial. Sin embargo, cuando se le preguntó a la gente si creía que podía conseguir abogados gratis, el 55,1% de la gente dijo que no lo creía. A aquellos que contestaron que sí -un 36,7%- se les preguntó dónde y la verdad es que -a excepción de una mención de escuelas de abogados y colegio de abogados (33,3%) que hace años dejó de existir como una instancia de asistencia gratuita- la mayoría de la gente se refirió a los municipios (22,2%) y organismos de asistencia jurídica privada (22,2%), como Organismos No Gubernamentales, Fundaciones y Corporaciones.

Al mismo tiempo, se preguntó sobre la atención profesional prestada por los abogados. La opinión fue negativa en la mayoría de los casos. Sobre la eventualidad de un abogado gratis, la mayoría de la gente se inclinó por estimar que esta no sería suficiente. También se les consultó si creían o si encontraban legítimo recurrir a personas que no fueran abogados ni jueces. El 64% estimó posible la ayuda de alguien que no fuera abogado. Cuando se les pidió que especificaran a quiénes recurrirían, muchos se refirieron a asistentes sociales (21,1%) -se trata básicamente de profesionales que se encuentran a nivel de los Municipios-, a la policía o Carabineros (13,2%), y a los dirigentes vecinales y dirigentes comunitarios (13,2%). Fueron igualmente mencionados familiares o conocidos (34,2%). Por último, en la categoría otros, quienes aparecieron con mayores menciones fueron los profesores y los sacerdotes (18,4%). El sondeo de opinión también inquirió sobre las alternativas de cambio, consideradas las más necesarias, para mejorar la justicia en Chile. El resultado obtenido fue que la mayoría absoluta se inclinó por la alternativa de darle a conocer a la gente sus derechos.

La Misión de FORJA

...El conocimiento y la difusión de los derechos. Nos referimos al conjunto de los derechos -los cuales fueron recurrentemente mencionados por la población-, esto es, a los civiles, los políticos, los económicos, los culturales y los sociales. Estos constituyen un objetivo principal para la justicia y la convivencia pacífica. También, dada las consecuencias del acceso y el ejercicio de esos derechos, constituyen un desafío para la superación de la pobreza y el desarrollo con equidad. ...

... FORJA opera como una Corporación sin fines de lucro, y cumplirá 10 años de existencia jurídica. En Forja trabajan 22 profesionales, la mayoría mujeres, los que aplican una política y una cultura de trabajo concertado y asociado con agentes y colaboradores de la justicia, ya sea del sector público como del privado. Además este trabajo se realiza con otras instituciones, a nivel nacional e internacional. Se tienen equipos y programas trabajando en regiones en áreas que se refieren a la justicia comunitaria y acciones de interés público, a la transparencia y la probidad, a la exigibilidad y fiscalización de derechos, además de estar presentes en el tema del protagonismo a nivel rural y agrícola.

Acciones Colaborativas para el Protagonismo Ciudadano y la Justicia para Todos

FORJA significa "formación jurídica para la acción". No nos contentamos con la elaboración de materiales para solamente educar, sino que, también, nos proponemos como objetivo que esas acciones sean útiles. En este sentido se ha desarrollado un trabajo sistemático de elaboración de materiales de educación jurídica. Un primer gran material utilizado en el programa Acciones Ciudadanas por la Justicia y la Democracia, es un conjunto de siete cuadernos educativos. Es una propuesta pedagógica, con una metodología adecuada, para capacitar a líderes y liderazas comunitarios en los temas justamente más relevantes para las personas, a los cuales hacíamos mención anteriormente. Cada uno de estos siete cuadernos se refiere y tiene propuestas, módulos y unidades educativas en las áreas de familia; ciudadanía y justicia comunitaria con resolución alternativa de conflictos, es decir mediación; laboral, en la previsión y seguridad social; en políticas y programas sociales a nivel municipal; bienes y propiedad, en el tema laboral y en herencia.

... Estos cuadernos se trabajan en un programa de 56 sesiones con líderes comunitarios, los que son seleccionados de acuerdo con criterios que aseguran que una vez que ellos alcanzan y cumplen los requisitos para la capacitación, obtienen el grado de Extensionistas Jurídicos. Durante el tiempo de capacitación constituyen una organización, la que al término del proceso -asesorada por los profesionales que los han capacitado- empieza a ejercer funciones de información de derechos, de orientación acerca de programas de orden socio-jurídico y de mediación de conflictos. También se explican los alcances de aquellas situaciones que no son susceptibles de su resolución por parte de estos colaboradores de justicia.

En este trabajo se ha contado con la colaboración de instituciones asociadas como la Fundación Nacional para la Superación de la Pobreza, que es la máxima instancia de la sociedad civil en términos de superación de la pobreza. Y se ha recibido el importante apoyo de la Fundación Ford. ...

Otra iniciativa de FORJA es la referida a los derechos de la mujer y todo lo referente al enfoque de género, que también tiene toda una propuesta específica que es trabajada con organizaciones que se proponen la formación de liderazgo a nivel femenino, en las 13 regiones del país....

Reflexión Final

Lo jurídico y la justicia es más que lo restrictivamente jurisdiccional. A nivel de actores se ha podido constatar que como "colaboradores de justicia" pueden operar otras personas, aparte de los abogados y los jueces. En realidad, el acceso a la justicia es más que el acceso a los tribunales, es también, aunque no exclusivamente, una cuestión de inmediatez, un problema de territorialidad. Allí donde la gente vive su vida o trata de vivir su vida y tiene sus problemas socio-jurídicos, es donde la inmediatez de servicios y el acceso debieran asegurarse.

Lo jurídico es un problema de equidad, de conocimiento y de acceso a los derechos; es una cuestión de poder ejercer las libertades y los derechos que están consagrados en las leyes y, por tanto, es algo que interesa directamente a las personas que construyen los procesos democráticos. Lo jurídico, en esta concepción, es un asunto de interés público, de interés común y tiene que ver con la superación de la pobreza, una de las mayores lacras de nuestra sociedad. Lo jurídico tiene que ver, además, con el respeto, la autoestima, la capacidad de cada persona de ser ciudadano, de vivir y de incorporarse a un proyecto, que es el proyecto País.

———

RECURSOS Y MATERIALES DE TRASFONDO

Constituciones Multiculturales en América del Sur –
    http://campus.usal.es/~acpa/sites/default/files/CONSTITUCIONES%20
    MULTICULTURALES%20EN%20AMERICA%20DEL%20SUR.pdf

Constituciones Nacionales de América Latina: Antología Temática
    http://www.onlineunesco.org/alaenred/alaenred%20constit.html

The Political Database of the Americas, Comparative Constitutions – The Edmund A. Walsh School of Foreign Service and the Center for Latin American Studies at Georgetown University
    http://pdba.georgetown.edu/

CAPÍTULO 2

ESTUDIAR EL DERECHO PARA EJERCER LA ABOGACÍA

En este capítulo encontrará una serie de lecturas que les proporcionará tanto información como vocabulario útil en torno a la práctica misma de la abogacía. El primer artículo establece un marco histórico para poder comprender la trayectoria en este país de la profesión de abogado. Siguen, en la segunda parte del capítulo, varios artículos sobre la educación jurídica en los Estados Unidos y en América Latina. Esto lleva a la tercera parte en la que el estudiante puede entrometerse en la discusión de los aspectos éticos de la abogacía. Y el capítulo termina con una serie de lecturas que abordan el tema de la relación importante entre cliente y abogado.

El propósito del capítulo es el de proporcionarles a los estudiantes materiales con conceptos y vocabulario que les darán la posibilidad de discutir los temas de la abogacía como profesión, el entrenamiento de los jóvenes abogados, y las formas de relacionarse entre cliente y abogado.

A. VISIÓN GENERAL

La Abogacía en los Estados Unidos

Lawrence M. Friedman, *Introducción al Derecho Norteamericano*, traducido por Joan Vergé i Grau, Zaragoza: Librería Bosch, 1988.

La carrera de Derecho ha sido, desde principios del siglo XCIII, un medio importante para abrirse camino en la vida; una manera de llegar. Muchos jóvenes de cierta ambición se han dedicado a escalar esta montaña que, a fin de cuentas, ha sido siempre algo más fácil y menos resbaladiza que otras cimas. ¿Quiénes han sido estos hombres? En primer lugar hay que precisar que el término hombres debe tomarse al pie de la letra. Durante muchos años ser "abogado" implicaba ser un "hombre blanco". Hasta el año 1870 no se admitió a la abogacía a ninguna mujer y sólo a poquísimos negros.

En efecto, cuando las mujeres intentaron entrar en ese club de solo hombres encontraron, cuando menos, resistencia y prevención. Myra Bradwell fue una de las pioneras. Era la esposa de un abogado de Illinois y madre de cuatro hijos. En 1869 presentó su solicitud de admisión a la abogacía. Aprobó los exámenes, pero el Tribunal Supremo de Illinois la rechazó. La profesión de abogado no era adecuada para las mujeres y menos para las mujeres casadas. Al igual que los menores y los locos, eran consideradas "incapaces"; ni siquiera habían alcanzado la plenitud de derechos. Además, una mujer abogado era algo inimaginable: el ejercicio de la profesión se resentiría con el "trato deferente y delicado con que el sexo fuerte estimaba en mucho distinguirlas".

La Sra. Bradwell apeló al Tribunal Supremo de los Estados Unidos, pero no consiguió nada. Según el magistrado Bradley, la familia tradicional estaba basada "en los preceptos divinos así como en la naturaleza de las cosas". Ello significaba que era inherente a la condición femenina la pertenencia a la "esfera doméstica" (es decir, a la cocina). Esta opinión se fue modificando, pero lentamente y a regañadientes.

El mismo año en que Myra Bradwell fue rechazada en Illinois, Arabella Mansfield era admitida en Iowa. En Illinois, Alta M. Hulett fue la primera mujer abogada (no estaba casada); consiguió cruzar la barrera en 1873. En 1870, la Universidad de Michigan admitió a las primeras mujeres estudiantes en la Facultad de Derecho. La Facultad de Yale hizo otro tanto en 1886 y la de Cornell en 1887.

A pesar de todo, la abogacía continuaba siendo, mayoritariamente, un mundo para hombres. Todavía, en el año 1960, menos del 3% de los abogados del país era mujeres. El cambio no se produjo hasta los años setenta. En 1965, el 4% de los estudiantes de Derecho eran mujeres; en 1973, el 16%; en 1979, el 32%. En las Facultades de Derecho empezaron a afluir las mujeres con cierta regularidad; también en los grandes bufetes y en la judicatura. En el año 1981, el Presidente Reagan nombró a Sandra Day O'Connor, graduada de la Facultad de Derecho de la Universidad de Stanford, magistrada del Tribunal Supremo de los Estados Unidos. Fue la primera mujer de la historia que se sentó en este Tribunal. La Presidencia de la Magistratura de California, en 1984, la ostentó una mujer (Rose Bird). En 1967, no había en ninguna Facultad de Derecho norteamericana más de dos mujeres en el claustro de profesores. En la mayoría no había ninguna. Pero en 1979 sólo había cuatro Facultades de prestigio que no tuviesen ninguna profesora de Derecho y había diez Facultades con seis o más mujeres en la docencia.

Los abogados negros fueron también una "rara avis" en la historia americana. Uno de los primeros fue John Mercer Langston. Langston era el hijo del dueño (blanco) de una plantación y de una esclava. Accedió a la abogacía en Ohio, en 1854. Posteriormente ocupó el cargo de Director del Departamento de Derecho de la Universidad de Howard, que abrió sus puertas después de la guerra civil y se dedicó a preparar a pequeños grupos de abogados negros.

También es ese tema se avanzaba con penosa lentitud. En 1965, los negros constituían el 11% de la población, pero menos del 2% de los miembros de las profesiones jurídicas y solo el 1.3% de los estudiantes de Derecho; casi la mitad de ellos estaban en Facultades reservadas a los negros. Entonces empezaron a entreabrirse un poco las puertas, tanto en las Facultades de Derecho como en los Colegias de Abogados. Algunas Facultades idearon programas especiales para preparar y sacar estudiantes negros y ayudar a paliar el desequilibrio racial en la Abogacía. En 1977, alrededor del 5% de los estudiantes de Derecho del país eran negros, muchos de ellos – quizás la mayoría – no hubiesen sido admitidos en la Facultad de haberse seguido criterios estrictamente "numéricos". Tampoco los Chicanos hubiesen tenido mayor éxito.

En el pasado, los grandes bufetes fueron tan discriminatorios como las Facultades de Derecho e incluso más. En la década de 1950 la mayoría de sus abogados eran totalmente WASP. Los judíos eran tabú. Los católicos, sospechosos y escasos. Los judíos miraban de tener sus propios bufetes, algunos llegaron a ser muy importantes. Por aquel entonces, la mayoría de las barreras para entrar en los grandes bufetes habían ya desaparecido. Las barreras contra los negros y las mujeres fueron más resistentes, aunque ahora ya están en franco descanso. En cualquier caso ya no son tan patentes ni manifiestas. Ciertamente, muchos bufetes se deciden a coger a un negro o a una mujer por razones "simbólicas". Pero los símbolos también son importantes; acaban por demostrar al bufete "Fulano & Mengano", por ejemplo, que el cielo no se derrumba por tener a un negro o a una mujer como abogados asociados.

Sin embargo, la igualdad de oportunidades no es un objetivo fácil. Las barreras estructurales no se desmantelan en un santiamén y el costo de la enseñanza del Derecho es una de estas barreras. Los abogados suelen proceder de familias de empresarios, de maestros y de profesores; no se trata, pues, de familias de mineros o de verduleras. Según un informe de Chicago, más del 73% de los abogados ejercientes de Chicago proceden de "familias de clase alta o de una sólida clase media", lo cual representa una proporción mucho mayor que si los abogados se hubiesen seleccionado al azar de entre todas las familias de Chicago. Muchos proceden de medios profesionales o jurídicos. Y el porcentaje de abogados procedentes de las clases trabajadoras es todavía muy bajo.

B. LA EDUCACIÓN JURÍDICA EN LOS ESTADOS UNIDOS

Como sabrán muy bien los usuarios de este libro, sean estos estudiantes de derecho o abogados recibidos, la preparación para ejercer es ardua. La educación jurídica en los Estados Unidos es un tema de discusión frecuente no sólo entre los mismos estudiantes y abogados sino también más ampliamente entre la comunidad universitaria y el público en general.

Uno de los aspectos de la educación jurídica que más se discute es el papel del Colegio de Abogados (ABA, por su denominación en ingles: American Bar Association), la institución que regula la enseñanza jurídica en todo el país. En los siguientes dos artículos podrán enfocarse en un mundo que conocen muy bien, el mundo de la facultad de derecho y sus estudiantes. Es posible que aprendan también algunos detalles que desconocían sobre el funcionamiento del Colegio de Abogados. (Dado el aumento en el número de facultades de derecho, las estadísticas proporcionadas en los artículos no deben de tomarse literalmente.)

El Colegio de Abogados de Estados Unidos (ABA) y la Educación Jurídica en Estados Unidos

John A. Sebert, e-Journal USA, *Temas de la Democracia,* Vol. 7, Núm. 2, agosto de 2002

La ABA es la organización nacional de los profesionales del derecho en Estados Unidos. Está integrada en su mayor parte por abogados, jueces, administradores de juzgados, catedráticos de derecho, abogados del servicio público, en el ejercicio activo de su profesión, así como por otros abogados que no se dedican directamente al ejercicio de la abogacía (como puede ocurrir con algunos directivos de empresas y funcionarios del gobierno) y estudiantes de derecho. En 2002, con más de 400.000 miembros, de los cuales más de 350.000 abogados que ejercen la profesión, la ABA es la mayor asociación profesional voluntaria del mundo. Durante largo tiempo esta organización, a la que pertenece aproximadamente la mitad de los abogados en ejercicio activo en Estados Unidos, ha desempeñado una doble función como defensora de los intereses de la profesión y del público.

Aunque la admisión al ejercicio de la profesión y la imposición de sanciones a los abogados son competencia de los estados y otras jurisdicciones nacionales, la ABA ejerce una gran influencia en la elaboración de directrices éticas para el ejercicio de la profesión a través de la promulgación de su Código de Conducta Profesional. Esta influencia se extiende también a cuestiones relativas al derecho y a la profesión legal ante los poderes ejecutivo y legislativo en Washington D.C. Por ejemplo, en los últimos 25 años, la ABA ha tenido una función primordial en el movimiento internacional en pro del estado de derecho.

LA EDUCACIÓN JURÍDICA EN ESTADOS UNIDOS

A diferencia de lo que ocurre en otros países, los estudios de derecho en Estados Unidos se inician al concluir los estudios de bachillerato universitario. Por tanto, los estudiantes emprenden sus estudios de derecho después de haber obtenido un título universitario. Muchos estudiantes de derecho ingresan en la facultad tras haber adquirido una amplia experiencia laboral u otra educación superior o profesional.

El principal cambio que ha ocurrido en la educación jurídica en Estados Unidos en los últimos 30 años, ha sido la incorporación de amplio entrenamiento en destrezas prácticas en los programas de estudios de casi todas las facultades de derecho del país, sobre todo a través de enseñanza clínica y cursos avanzados de simulación. Tradicionalmente, la educación que se imparte a los estudiantes de derecho en Estados Unidos ha sido extraordinariamente apta para hacerles "pensar" como abogados y enseñarles el derecho substantivo y procesal. La educación jurídica que actualmente se les da, ha sabido también enseñarles a "actuar" como abogados. La mayoría de las facultades de derecho del país han llegado a la conclusión de que una combinación de profesores a tiempo completo (muchos de los cuales llegan a la docencia con una vasta experiencia en el ejercicio de la profesión), y jueces y otros abogados experimentados que sirven de profesores adjuntos, es lo más apropiado para ofrecer la amplitud y profundidad de conocimientos que necesita un nuevo abogado.

En años recientes, la enseñanza de destrezas a los estudiantes en las facultades acreditadas por la ABA ha sido influenciada por un informe de 1992 de la sección de Educación Legal y Admisión del Colegio de Abogados de Estados Unidos (American Bar Association [ABA]), titulado *Educación Jurídica y Desarrollo Profesional - un Continuo Educativo* (Legal Education and Professional Development — An Educational Continuum), conocido generalmente como el informe MacCrate [MacCrate Report], en el que se presenta una descripción de las destrezas y valores esenciales que son necesarios para representar de manera competente a un cliente.

LAS INSTITUCIONES ACREDITADAS POR LA ABA

La educación jurídica en Estados Unidos se imparte en una variedad de instituciones y en diversos formatos. Actualmente, un total de 185 instituciones cuentan con aprobación de la ABA para otorgar el primer título profesional en derecho (doctor en jurisprudencia). De estas instituciones, 107 son privadas y 78 públicas, financiadas con cargo a presupuestos estatales o municipales. No obstante, incluso las instituciones públicas dependen en gran medida de los derechos de matrícula y las donaciones privadas para financiar sus programas de derecho.

El número de estudiantes en las facultades de derecho acreditadas por la ABA ha aumentado de aproximadamente 91.225 estudiantes en 1971 a 127.260 el otoño de 2001. Unos 21.000 de estos estudiantes estaban matriculados en programas a tiempo parcial, en los que normalmente se necesitan cuatro años para obtener el título. El resto de los estudiantes cursaba estudios en el programa regular de tres años a tiempo completo. En el otoño de 2001, cerca de 45.000 nuevos estudiantes se matricularon en facultades acreditadas por la ABA. De ellos, 49 por ciento eran mujeres y 21 por ciento miembros de grupos minoritarios.

Los programas de estudio de las facultades de derecho acreditadas por la ABA se atienen a determinadas normas mínimas establecidas por el Consejo de la Sección de Educación Jurídica y Admisiones al Colegio de Abogados. Todas las jurisdicciones de Estados Unidos consideran a los graduados de facultades acreditadas por la ABA aptos para presentarse al examen de ingreso en sus respectivos colegios de abogados. La función de la ABA como órgano nacional de acreditación ha hecho posible contar con un sistema de acreditación nacional unificado en los 50 estados, el Distrito de Columbia, el Estado Libre Asociado de Puerto Rico y otras jurisdicciones de Estados Unidos.

EL CONSEJO Y EL COMITÉ DE ACREDITACIÓN

El Consejo de la Sección de Educación Jurídica y Admisiones al Colegio de Abogados es el organismo de acreditación de programas que confieren el primer título profesional de derecho reconocido por el Departamento de Educación de Estados Unidos. El Consejo cuenta con 21 miembros con derecho a voto, no más de 10 de los cuales pueden ser decanos o catedráticos de facultades de derecho. Otros miembros del Consejo son jueces, abogados en ejercicio activo, un estudiante de derecho y al menos tres personas que no son abogados ni empleados de una facultad de derecho.

El procedimiento de aprobación de facultades de derecho establecido por el Consejo está diseñado para llevar a cabo una evaluación detallada y completa de las facultades y su cumplimiento con las Normas de Aprobación de Facultades de Derecho [Standards for Approval of Law Schools]. Las Normas establecen requisitos respecto a cuestiones tales como programa de estudios, profesorado, admisiones y cuestiones relativas a los estudiantes, tecnología de información y bibliotecas e instalaciones. Estas Normas se revisan frecuentemente para asegurar que se refieren a cuestiones pertinentes a la calidad de la educación jurídica. El Consejo, que es el que en último término adopta las Normas, ha establecido un procedimiento amplio para recabar observaciones sobre ellas y, en su caso, efectuar las revisiones pertinentes por decanos de facultades de derecho, profesores, presidentes de universidades, autoridades del colegio de abogados y del poder judicial y otras partes interesadas.

En su labor de supervisión de las facultades de derecho, el Consejo cuenta con la asistencia del Comité de Acreditación de la Sección de Educación Jurídica y Admisiones al Colegio de Abogados. El Comité de Acreditación, cuya composición es similar a la del Consejo, examina los informes relativos a todas las facultades aprobadas por la ABA y todas las que solicitan aprobación, para determinar si satisfacen los requisitos establecidos en las Normas. En la sección siguiente se detallan las funciones respectivas del Consejo y el Comité de Acreditación en el procedimiento de acreditación.

La Oficina del Asesor en Educación jurídica, ubicada en las oficinas de la ABA en Chicago, Illinois, facilita personal al Consejo y al Comité de Acreditación y a las demás actividades de la Sección de Educación Jurídica y Admisiones al Colegio de Abogados. El Asesor y sus colaboradores supervisan la administración de los procedimientos de acreditación y revisión de las Normas, brindan asistencia y asesoran a los decanos y administradores de facultades de derecho y representan a la educación forense en muchos foros.

LA APROBACIÓN PROVISIONAL

Una facultad de derecho no puede solicitar la aprobación provisional de la ABA hasta después de haber estado en funcionamiento un año. En los últimos tiempos, las solicitudes de aprobación provisional han provenido de dos tipos de facultades: unas que se han inaugurado recientemente y otras, ya establecidas, cuyos graduados sólo son admitidos al examen de ingreso al colegio de abogados en una sola jurisdicción de Estados Unidos o en un número reducido de ellas. Estas últimas facultades desean la aprobación de la ABA para que sus graduados puedan aspirar al ejercicio de la profesión en todas las jurisdicciones del país.

Una facultad de derecho que solicita aprobación provisional debe realizar una amplia autoevaluación que facilite información detallada sobre la institución y sus actividades. La Oficina del Asesor nombra a un grupo de seis o siete personas que van a la facultad para llevar a cabo una evaluación del centro. Este grupo suele estar integrado por dos o tres miembros del claustro o decanos de facultades de derecho, un bibliotecario jurídico, un miembro del claustro con experiencia en enseñanza de técnicas profesionales (métodos clínicos y de simulación o redacción de textos legales), un juez y un administrador de universidad que no sea miembro de un claustro de profesores de derecho.

El equipo encargado de la evaluación estudia detenidamente el material facilitado por la facultad y realiza una visita de tres días al centro. Allí se reúne con el decano y otros dirigentes del claustro y de la administración, el presidente y otros administradores de universidad y con tantos miembros del claustro como sea posible. También visita todas las clases que pueda para formarse una opinión de la calidad de la instrucción.

Una vez concluida la visita, el grupo redacta un informe de evaluación. En el informe se tratan todos los aspectos de las actividades de la facultad, incluidos el claustro y la administración, el programa académico, el cuerpo de estudiantes y la proporción de titulados que aprueba el examen de ingreso al colegio de abogados y consigue empleo, los servicios a los estudiantes, los recursos de bibliotecas e informáticos, los recursos financieros, las instalaciones y los medios tecnológicos.

El informe de evaluación se envía a la Oficina del Asesor y a la facultad evaluada. La facultad puede entonces presentar correcciones escritas de cualquier error de hecho y formular las observaciones que estime pertinentes. Posteriormente, el informe se remite al Comité de acreditación, que celebra una audiencia a la que comparecen los representantes de la facultad que solicita la aprobación provisional. Una vez concluida la audiencia, el Comité presenta sus recomendaciones al Consejo.

Las facultades que solicitan la aprobación provisional deben demostrar que "cumplen substancialmente cada una de las Normas y presentar un plan confiable para cumplirlas plenamente en un plazo de tres años a partir de la fecha en que reciban la aprobación provisional". Si el Comité de Acreditación considera que una facultad cumple substancialmente las normas y tiene un plan confiable para poderlas cumplir plenamente, recomendará que el Consejo le otorgue la aprobación provisional.

La decisión en cuanto a la aprobación provisional de una facultad es incumbencia del Consejo. Si la decisión es afirmativa, se transmite a la Cámara de delegados de la ABA [ABA House of Delegates], la cual da o deniega su conformidad e informa al respecto al Consejo. La aprobación provisional confiere a una facultad los mismos derechos que tienen las que están plenamente aprobadas. La obtención de la aprobación plena

Una vez que la facultad ha obtenido la aprobación provisional, permanece en esa situación durante un período que no puede ser menor de tres años ni exceder cinco. Para obtener la aprobación plena, una facultad debe demostrar que cumple plenamente cada una de las Normas; el cumplimiento substancial no es suficiente.

Durante el período en que la facultad permanece en situación provisional se sigue de cerca su progreso. Un equipo de evaluación la visita una vez al año y después de cada visita presenta un informe de evaluación a la facultad y al Comité de Acreditación. El Comité examina el informe y la respuesta de la facultad y envía a ésta una carta en la que indica cualquier aspecto en el que considera que la facultad todavía no cumple plenamente las Normas.

El procedimiento adoptado para la aprobación plena de una facultad es idéntico al que se sigue para la aprobación provisional. La decisión de conceder o denegar la aprobación plena es competencia exclusiva del Consejo, que llega a ella tras haber examinado las conclusiones, el informe y la recomendación del Comité de Acreditación. La función de la Cámara de Delegados (ABA House of Delegates) en el examen de las decisiones del Consejo respecto a la aprobación plena es idéntica a la que ejerce respecto a las decisiones sobre la aprobación provisional.

Una facultad que ha superado favorablemente la prueba es objeto de una evaluación in situ a fondo, primero, después de transcurridos tres años a partir de la fecha en que recibió la aprobación plena y posteriormente, cada siete años. La evaluación in situ y el examen del informe correspondiente por el Comité de acreditación se ajustan a un procedimiento muy similar al descrito anteriormente en relación con la tramitación de la solicitud de aprobación provisional.

EL INGRESO AL COLEGIO DE ABOGADOS EN ESTADOS UNIDOS

El ingreso al Colegio de Abogados en Estados Unidos se rige por normas y reglamentos independientes establecidos en cada uno de los 50 estados, el Distrito de Columbia, el Estado Libre Asociado de Puerto Rico y otras jurisdicciones de Estados Unidos. Un requisito común de la mayoría de las jurisdicciones para aspirar al ejercicio de la profesión es estar en posesión de un título de abogado otorgado por una facultad de derecho aprobada por la ABA. La mayor parte de las jurisdicciones que permiten a los graduados de facultades de derecho no aprobadas por la ABA presentarse al examen para el ingreso al colegio de abogados limitan este privilegio a los graduados de facultades radicadas en sus jurisdicciones territoriales respectivas.

Con una única salvedad, todas las jurisdicciones exigen a los candidatos que no hayan sido admitidos al ejercicio de la profesión en otras jurisdicciones de Estados Unidos aprobar un examen de ingreso al Colegio de abogados administrado por el estado. La única excepción a esta norma es el estado de Wisconsin, que otorga a los graduados de las dos facultades de derecho radicadas en el estado un "privilegio de diploma" que les permite ser admitidos al ejercicio de la profesión en Wisconsin sin someterse el examen de ingreso al colegio de abogados.

En general, el examen de ingreso al colegio de abogados dura dos o tres días y consta, por lo menos, de dos partes principales, un examen objetivo — el Examen Pluriestatal del Colegio [Multistate Bar Examination], establecido por la Conferencia Nacional de Examinadores (NCBE) [National Conference of Bar Examiners (NCBE)], que examina los conocimientos básicos de aspectos fundamentales como contratos, propiedad, daños legales y derecho procesal y constitucional, y la redacción sobre temas de libre elección de la jurisdicción individual.

Un creciente número de jurisdicciones utiliza el Examen de Ensayo Pluriestatal [Multistate Essay Examination], elaborado por la NCBE, en vez de preparar el suyo propio. Más de la mitad de las jurisdicciones también administran la Prueba de Desempeño Pluriestatal (MPT) [Multistate Performance Test (MPT)], elaborada también por la NCBE, como parte de su prueba de redacción de textos legales. Con el MPT se examinan determinadas destrezas legales, al dar a un candidato un caso y los principios legales pertinentes y pedirle que redacte un documento legal (como un testamento, un contrato o un alegato). Todas las jurisdicciones también llevan a cabo una investigación del carácter y la idoneidad de todos los aspirantes al ejercicio de la abogacía.

La mayor parte de las jurisdicciones le permiten a un abogado que ha sido admitido a ejercer la profesión durante un número determinado de años (por lo general, cinco) y que goza de prestigio en la jurisdicción que le ha admitido, ser admitido mediante petición sin necesidad de presentarse a un nuevo examen de ingreso al colegio de abogados. No obstante, algunas jurisdicciones exigen que, incluso un abogado admitido en virtud de petición se someta a un examen, que suele tratar de normas procesales y requisitos de ética. Unos pocos estados, como Florida y California no permiten la admisión incluso de abogados con experiencia, sin la previa aprobación del examen de ingreso al colegio de abogados.

UNA EMPRESA DE COLABORACIÓN

Una de las grandes ventajas del procedimiento de acreditación de facultades de derecho de la ABA es que es una empresa de colaboración, en la que participan los decanos y catedráticos de facultades de derecho, abogados en el ejercicio de la profesión, jueces, administradores de universidades y representantes del público en general. Esta colaboración asegura al público que los puntos de vista de jueces y abogados, administradores de universidades y representantes del público bien informados, así como las opiniones de decanos y catedráticos de facultades de derecho se tomen en consideración en la adopción de normas que deben cumplir las facultades de derecho de Estados Unidos y en las decisiones respecto a la observancia o incumplimiento de las mismas por las distintas facultades. Este esfuerzo de cooperación ha funcionado muy bien por muchos años. En particular, los jueces y los abogados activos en el ejercicio de la profesión han tenido una función decisiva en la considerable ampliación y perfeccionamiento de la formación de abogados en las facultades de derecho de Estados Unidos en el curso de los últimos 30 años.

———

La Educación Jurídica en Estados Unidos: Orígenes y Desarrollo

Robert W. Gordon, e-Journal USA, *Temas de la Democracia*, Vol. 7, Núm. 2, agosto de 2002

En Estados Unidos, ser abogado significa muchas cosas diferentes. Hay abogados litigantes que comparecen ante los tribunales frente a jueces y jurados, y muchos más abogados que nunca ven la sala de un tribunal; socios en enormes bufetes jurídicos de las grandes ciudades que emplean de 500 a 1.000 abogados que hacen un trabajo especializado para corporaciones multinacionales; abogados que trabajan en las gerencias de compañías; abogados que practican por su cuenta o en pequeños bufetes, que ayudan a familias y pequeñas empresas en problemas legales tales como divorcios, testamentos, transacciones de propiedades y disputas o quiebras; abogados que representan a individuos en problemas personales graves, tales como las víctimas de accidentes o los sospechosos acusados de cometer delitos; abogados del gobierno, fiscales y jueces; profesores de derecho; abogados de servicios legales que sirven a los pobres; y abogados de "interés público" que luchan en favor de causas. La abogacía es también la carrera preferida para entrar en la política.

No obstante la diversidad que presentan los abogados norteamericanos en sus especialidades, ingresos y condición social, clientes y antecedentes, todos pertenecen a una profesión única y unificada y tienen las mismas calificaciones, educación y entrenamiento formales básicos. Todos han sido admitidos en el "colegio" -- la organización oficial de la profesión legal -- de uno de los 50 estados, bajo reglas establecidas por los más altos tribunales del estado. Y en realidad, todos han asistido a una escuela de derecho.

El ingreso en la profesión lo controlan las asociaciones de abogados, los tribunales estatales y las escuelas académicas de derecho. Casi todos los estados exigen ahora que para convertirse en abogado uno tiene que completar con éxito cuatro años de colegio universitario, luego, tres años en una escuela de derecho aprobada por la asociación nacional de abogados (la Asociación Norteamericana de Abogados [American Bar Association (ABA)], y finalmente, aprobar un examen de reválida. En la mayoría de los estados, del 50 al 80 por ciento de los candidatos que rinden el examen de reválida lo aprueban. En la práctica, este sistema hace de la admisión en una escuela de derecho el paso crucial y más difícil en la admisión en la profesión.

Hay ahora 185 escuelas de derecho aprobadas por la ABA, en las que enseñan alrededor de 2.000 profesores de jornada completa. Las escuelas se sostienen con los derechos de matrícula que pagan los estudiantes, las donaciones que les hacen los egresados y, si se trata de escuelas públicas, las donaciones de las legislaturas estatales. En Estados Unidos, las escuelas de derecho son de nivel de postgrado, no de pregrado. Las admisiones son muy selectivas, determinadas por las buenas notas en el colegio universitario y un examen estandarizado (el Examen de Admisión a la Escuela de Derecho, o LSAT). La Escuela de Abogacía de Yale, por ejemplo, tiene 5.000 solicitantes para los 170 cupos de su clase de primer año. Los costos son también una barrera considerable. Los estudiantes en escuelas de abogacía privadas deben pagar alrededor de 30.000 dólares anuales en derechos de matrícula y honorarios; incluso en las escuelas de derecho estatales (públicas) deben pagar de 15.000 a 20.000 dólares por año; y por ello muchos se gradúan con deudas de 100.000 dólares o más.

Las escuelas de derecho controlan no sólo quién entra en la profesión, sino sus oportunidades luego de graduarse. A los graduados con buenas notas de las escuelas más selectas se los recluta activamente para los trabajos mejor pagados y más prestigiosos, tales como los de los bufetes de las grandes ciudades; en tanto que los graduados de escuelas de menor rango en ocasiones tienen problemas para encontrar empleo como abogados.

PRIMER AÑO

Aunque las escuelas preparan realmente a los graduados para muchas carreras diferentes, su programa y métodos básicos son notablemente similares. Todas imparten los mismos cursos de primer año -- propiedad, contratos, pleitos civiles (casos no penales, tales como lesiones en accidentes automovilísticos o aquéllas debidas a productos defectuosos), procedimiento y derecho penal -- y enseñan según el "método de casos". Los estudiantes llegan a cada clase luego de haber leído unos cuantos "casos" -- decisiones y opiniones de tribunales superiores estatales y federales -- recopilados en "libros de casos" que han sido publicados; y el profesor entabla con los estudiantes un diálogo en torno a los casos. Una típica primera clase en una escuela de derecho podría comenzar examinando el siguiente caso ficticio:

Profesor: *Señor Fox, ¿cuáles son los hechos que dieron lugar al caso de Hawkins vs. McGee?*

Fox: Bueno, Hawkins se había lastimado la mano en un accidente, de modo que consultó al doctor McGee, y McGee dijo que podía repararle la mano quirúrgicamente, de modo que sería una "mano 100 por ciento perfecta". Pero la operación resultó mal, y la mano quedó desfigurada. Entonces Hawkins entabló demanda contra el doctor por incumplimiento de contrato.

Profesor: *Y, ¿cuál fue la defensa del doctor McGee?*

Fox: McGee dijo que no había hecho esa promesa y que, incluso si la hubiera hecho, los doctores no pueden ser responsabilizados de declaraciones que hacen a los pacientes acerca de los resultados de los tratamientos médicos.

Profesor: *Desde el punto de vista procesal, ¿cómo se resolvió el caso en el tribunal de primera instancia? Y, ¿cómo llegó hasta el tribunal supremo del estado?*

Fox: McGee presentó una moción al juez de primera instancia para que instruyera al jurado para que decidiera en favor de McGee, el demandado, sobre la base de que los médicos no deben ser responsables de las declaraciones que les hacen a sus pacientes. El tribunal de primera instancia rechazó la moción, y el jurado decidió a favor de Hawkins. McGee apeló, con el argumento de que el juez de primera instancia debería haber admitido la moción. El tribunal supremo confirmó la decisión del juez de primera instancia acerca de la moción, pero dijo que el juez había dado instrucciones erróneas respecto a los daños.

Profesor: *¿No había dejado el señor Fox algo importante fuera de los hechos? ¿Presentó Hawkins alguna otra reclamación? ¿Sí, señor Goldberg?*

Goldberg: Hawkins demandó también a McGee por negligencia médica, diciendo que había sido negligente. El tribunal de primera instancia instruyó al jurado que decidiera en favor de McGee en ese reclamo. El juez dijo que no había pruebas de negligencia médica.

Profesor: *¿Por qué? ¿Qué pruebas habría tenido que presentar Hawkins? ¿Qué testigos, documentos o cosas? ¿Quién podría prestar testimonio en ese asunto? ¿Señor Lee?*

Lee: Creo que habría necesitado pruebas de que el doctor cometió un error, cosa que habría tenido que obtener de otro doctor.

Profesor: *Señor Fox, volvamos a la opinión del tribunal sobre la apelación. ¿Llegó el tribunal a la conclusión correcta? Si usted argumentara por McGee, ¿cuál sería su argumento para probar que los doctores no deben ser responsables de rompimiento de contrato, incluso si prometen una cura y la promesa no se cumple?*

REQUERIMIENTOS INICIALES

Este sistema de educación jurídica -- el programa de postgrado de tres años, a cargo de un cuerpo docente a jornada completa, que enseña un programa de estudios mayormente estandarizado, usando el método de casos -- se estableció gradualmente. Hasta el siglo XX apenas si existía. En su revolución contra el régimen inglés, los norteamericanos rechazaron aristocracias y monopolios. En los primeros tiempos de la república norteamericana, este sentimiento se transformó en una intensa sospecha democrática de los privilegios profesionales y las organizaciones profesionales. La mayoría de los estados no imponían a los abogados requisitos formales de educación o examen; a lo sumo, les requerían unos pocos años de aprendizaje en un bufete de abogados. Sin embargo, se fundaron unas cuantas escuelas de abogacía -- tales como la famosa Escuela de Abogacía Litchfield en el oeste de Connecticut, y varias escuelas de abogacía universitarias conectadas con los colegios de William and Mary, Harvard y Columbia. Estas primeras escuelas de abogacía entrenaron a muchos de los principales abogados de la nueva república. Pero estas escuelas requerían sólo un diploma de escuela secundaria para admitir estudiantes, y sólo uno o dos años de estudios jurídicos. Su personal consistía por lo común en profesionales que trabajaban a jornada parcial. Los estudiantes oían conferencias y leían tratados o comentarios suplementarios sobre temas jurídicos.

VIENTOS DE CAMBIO

Los vientos de cambio comenzaron a soplar en la década de 1870. Los logros espectaculares en las ciencias naturales, el prestigio de las grandes universidades europeas (en especial las alemanas), la necesidad urgente de talento educado en la administración industrial y el gobierno, todo ello creaba nueva confianza en los expertos entrenados y demandaba profesiones organizadas como medio de proveerlos. Abogados destacados fundaron nuevas asociaciones de abogados -- por ejemplo, la Asociación de Abogados de la Ciudad de Nueva York, de 1870, y la Asociación Norteamericana de Abogados, de 1878 -- con el propósito de imponer nuevos requisitos educativos y de exámenes para la admisión en la profesión de abogado y crear un sistema disciplinario para expulsar a los abogados y jueces corruptos e incompetentes. Los motivos de los reformadores eran en parte elevar las normas de educación, la competencia en el ejercicio profesional y la ética. Pero también esperaban que las normas mantuvieran fuera de la profesión a las nuevas oleadas de abogados inmigrantes procedentes del sur de Europa. Su finalidad era cerrar rutas de acceso alternativas a la profesión, tales como el aprendizaje y estudio en escuelas nocturnas y escuelas a jornada parcial, y preservar la profesión norteamericana en favor de los graduados de colegio universitario, que en esa época constituían sólo el 2 por ciento de la población. (En este último propósito no tuvieron éxito hasta fines del siglo XX, cuando más del 25 por ciento de la población tenía diplomas de colegio universitario).

EL MODELO DE HARVARD

La Escuela de Abogacía de Harvard fue la pionera. De 1870 a 1900, el decano de Harvard, C.C. Langdell, y sus colegas crearon un nuevo modelo de educación jurídica. Harvard requería cierto adiestramiento de colegio universitario, y finalmente un diploma de colegio universitario. Estableció un programa de tres años de estudios consecutivos, con exámenes regulares en cada curso; y expulsaba a los estudiantes que no aprobaban los exámenes. Para enseñar abogacía como si se tratara de una "ciencia" rigurosa, redujo el programa de estudios a temas de derecho privado, y prescribió el primer programa de primer año que casi todas las escuelas de abogacía adoptan hoy día: daños y perjuicios, contratos, propiedad y procedimientos civiles. Contrató profesores de derecho a jornada completa para formar su cuerpo docente. Sus profesores publicaron los primeros libros de casos y enseñaban a los estudiantes según el método de casos, haciendo que abordaran los materiales primarios de los casos legales y aprendieran activa e interactivamente mediante el diálogo con el profesor, en lugar de hacerlo pasivamente escuchando conferencias. A los mejores estudiantes de cada clase se los elegía para que editaran la publicación Harvard Law Review, los periódicos que publican los artículos eruditos de los profesores de derecho, y también las notas y comentarios de los estudiantes sobre casos y desarrollo del derecho. Ser miembro de una revista jurídica se convirtió en credencial para obtener empleo como secretario de jueces de tribunales superiores, socios de bufetes de grandes ciudades y profesores de derecho.

El modelo de Harvard de educación jurídica se propagó de una escuela a otra, y finalmente fue adoptado por todas. Los críticos se quejaban de que el modelo enseñaba poco que tuviera relevancia práctica inmediata para la práctica de la abogacía -- ninguna destreza como litigantes o práctica en la redacción de documentos, ninguna exposición a los estatutos (legislación) y decisiones de agencias administrativas que reemplazaban cada vez más la jurisprudencia (o el derecho consuetudinario) como la manera primordial de elaborar la ley, ni el conocimiento del derecho corporativo o el derecho regulador. Los defensores admitían que esto era cierto, pero decían que el modelo enseñaba las destrezas generales de "pensar como un abogado" que los graduados podían aplicar de modo flexible en cualquier circunstancia de su práctica. Otros programas de escuelas de abogacía, tales como los "tribunales de disputas", en los que los estudiantes argumentaban casos hipotéticos ante grupos de jueces reales, vinieron a complementar el método de casos.

REALISTAS JURÍDICOS

Después de 1920, un grupo de críticos llamado los "Realistas Jurídicos" atacó el modelo de Harvard acusándolo de enseñar sólo reglas y principios de derecho formales, doctrina jurídica o dogma jurídico. Las razones que daban los jueces al decidir un caso, decían los realistas, raramente eran los factores reales que sustentaban las decisiones. El derecho, argumentaban, tenía que estudiarse y enseñarse como un producto social, que surgía de conflictos sociales y servía intereses y políticas sociales. Los realistas urgían a los eruditos integrar el derecho con las ciencias sociales, llevar a cabo estudios empíricos de tribunales y agencias y procesos jurídicos, y enseñarles a los estudiantes a argumentar para obtener resultados basados en política social.

El programa realista recibió un impulso tremendo de los programas del "Nuevo Trato" del presidente Franklin D. Roosevelt (1932-1940). El Nuevo Trato puso a muchos profesores de derecho al servicio del gobierno como redactores de legislación y abogados de las nuevas agencias gubernamentales. La oleada de nueva regulación federal empleó a millares de nuevos graduados en derecho, tanto en firmas privadas como en el gobierno. Los veteranos del Nuevo Trato ingresaron en los cuerpos docentes de las escuelas de abogacía luego de la Segunda Guerra Mundial y trajeron consigo nuevos cursos en nuevos aspectos de legislación -- impuestos, trabajo, títulos de capital, leyes antimonopolio y de industrias reguladas. Los libros de casos se transformaron en libros de casos y materiales -- los materiales eran leyes, dictámenes de agencias administrativas, informes gubernamentales y estudios de ciencias sociales.

LA NUEVA OLA DE CAMBIOS

La agitación social de las décadas de 1960 y 1970 originó varias nuevas olas de cambios en la educación jurídica. Los movimientos sociales en favor de los derechos de los afronorteamericanos y la mujer añadieron nuevos cursos al programa de estudios de las leyes sobre derechos civiles -- que, por primera vez, se convirtieron en un tema central del derecho constitucional -- y la discriminación en el empleo. Un conjunto de nueva regulación social, especialmente en relación con el medio ambiente, creó la demanda de un nuevo campo de derecho ambiental.

En 1965, el presidente Lyndon Johnson creó un programa de servicios jurídicos financiado con dinero federal para atender a clientes pobres y entablar demandas en nombre de clientes pobres. Este programa y otros programas de "derecho de pobreza" financiados por fundaciones, inspiraron a las escuelas de abogacía a crear clínicas -- bufetes dentro de las mismas escuelas, atendidos por nuevos cuadros de profesores de clínica jurídica, donde los estudiantes podían aprender no sólo a pensar como abogados, sino a representar clientes reales mientras estaban en la escuela de abogacía, bajo la supervisión de abogados que ejercían la profesión y profesores de clínicas. Hoy, en muchas escuelas de abogacía muchos estudiantes adquieren alguna experiencia representando a inquilinos, presos, sospechosos de ser delincuentes, beneficiarios del bienestar social, inmigrantes que tratan de entrar o de quedarse en Estados Unidos, deudores pobres en disputas de consumidor o defendiendo causas ambientales.

Los nuevos movimientos sociales transformaron también la población de las escuelas de abogacía. Hasta la década de 1970, muchas escuelas de abogacía del sur no admitían estudiantes negros, y las escuelas del norte admitían pocos de ellos; desde entonces los estudiantes negros e hispánicos han representado alrededor del 10 por ciento de cada clase. Antes de 1970, las escuelas de abogacía les imponían a las mujeres cuotas de admisión estrictas; entre 1970 y 1990, las mujeres pasaron a representar del 4 al 50 por ciento de los estudiantes matriculados en las escuelas de abogacía. Para acomodar a los nuevos estudiantes, en las décadas de 1970 y 1980 las escuelas de abogacía duplicaron su tamaño.

El derecho administrativo y regulatorio, las clínicas, y las disciplinas de derecho ambiental y de la pobreza, así como las leyes de derechos civiles, fueron todos respuestas a retos y cambios externos. Las escuelas de abogacía comenzaron a responder también a los retos intelectuales provenientes del interior de los círculos académicos. En la década de 1930, las escuelas de abogacía habían coqueteado con otras ciencias sociales -- especialmente economía, historia, psicología, sociología y antropología -- pero a estas otras disciplinas se las mantuvo al margen del estudio del derecho. En la década de 1970, los profesores de derecho comenzaron a integrar, con más decisión, otras disciplinas en la investigación y la enseñanza -- entre ellas, filosofía moral y analítica, historia social, estudios feministas, ciencias políticas y criminología. Las alianzas más poderosas y de mayor alcance se establecieron entre el derecho y la economía. Un aspecto tras otro del derecho -- no sólo las leyes antimonopolio y sobre las industrias reguladas, sino las de corporaciones, daños y perjuicios, propiedad y muchas otras -- tomaron prestado de la economía para explicar qué tipos de reglas e instituciones jurídicas eran eficientes o qué podría hacerse para que lo fueran aún más. La teoría económica y el razonamiento económico permean ahora la literatura jurídica académica -- y a menudo también las opiniones de los tribunales, dado que varios bien conocidos profesores de economía y derecho se han convertido en jueces federales. Los nuevos profesores de derecho, especialmente en las escuelas selectas, ahora poseen con frecuencia doctorados en economía, historia, ciencias políticas, filosofía o sociología, además de derecho.

DERECHO MUNDIAL

Los próximos grandes cambios en la educación jurídica -- que ya han comenzado -- irán, evidentemente, en dirección de los estudios jurídicos mundiales. Las escuelas de abogacía estadounidenses han venido ampliando sus programas de graduados para estudiantes de abogacía extranjeros, admitiendo gradualmente más extranjeros en los programas regulares, y enviando más estudiantes norteamericanos al exterior para que estudien un año en otros países. Los cursos empiezan a proliferar en campos jurídicos transnacionales -- especialmente el derecho comercial transnacional y los derechos humanos internacionales, al igual que en especialidades regionales tales como derecho chino, japonés e islámico.

La historia de las escuelas de abogacía norteamericanas indica una ampliación de visión gradual, lenta y a menudo renuente, pero real. Siguiendo el ejemplo de Harvard, las modernas escuelas de abogacía estadounidenses comenzaron enseñando exclusivamente derecho privado para preparar graduados para la práctica privada, pero gradualmente se expandieron para incluir el derecho público a fin de prepararlos para el servicio y la práctica públicos en beneficio de los pobres y los movimientos sociales. Estas instituciones comenzaron enseñando derecho como un campo aislado de existencia propia, pero desde entonces se han expandido para incluir e integrar el derecho en otras disciplinas. Han aprendido a complementar el método de casos con clínicas con clientes de carne y hueso. Y luego de dos siglos de aislamiento, han comenzado a abrir sus puertas y a aprender -- de los estudiantes -- las tradiciones y los experimentos jurídicos en el mundo fuera de Estados Unidos.

Los Estudiantes de Derecho en los Tribunales Abren Acceso a la Justicia

Peter A. Joy, e-Journal, *Temas de la Democracia*, Vol. 9, Núm. 2, agosto de 2004

Los programas de educación legal clínica capacitan a los estudiantes de derecho para ofrecer asistencia legal a personas y grupos que, por lo común, son demasiado pobres para contratar a un abogado. Trabajando bajo la supervisión de profesores de derecho y, en ocasiones, de otros abogados de sus comunidades, los estudiantes de las clínicas de escuelas de derecho aprenden cómo practicar la abogacía y resolver los problemas de los clientes, mientras ofrecen a los necesitados acceso a los tribunales.

Los líderes de las asociaciones de abogados, tales como el Colegio de Abogados de Estados Unidos (ABA) y los jueces de Estados Unidos han apoyado desde hace tiempo la educación legal clínica, porque los programas clínicos desempeñan una función importante para asegurar que el acceso a los tribunales — una condición previa del acceso a la justicia — no se reserve sólo a aquéllos que pueden permitirse contratar abogados. Los líderes de las asociaciones de abogados y los jueces también apoyan la educación legal clínica porque es una de las maneras más efectivas de enseñar a los estudiantes de derecho las destrezas del abogado y los valores de la profesión legal.

APRENDER TRABAJANDO

La educación legal clínica es un aprendizaje empírico, o sea aprendizaje mediante experiencias directas. Muchos educadores creen que el aprendizaje empírico es uno de los medios más efectivos de la educación de adultos, y eso es particularmente cierto en el aprendizaje de la mayoría de las profesiones. Hoy, las escuelas de medicina de todos los países incluyen un gran componente de aprendizaje empírico mediante laboratorios, clínicas y práctica como internos médicos. Los estudiantes de arquitectura también reciben un componente de aprendizaje mediante práctica directa. Por lo tanto, la educación legal clínica es muy parecida a los componentes de aprendizaje empírico que los estudiantes de medicina y arquitectura reciben como parte de su educación profesional.

En Estados Unidos la educación legal clínica se refiere normalmente a aquellos cursos en los que el estudiante tiene contacto directo con el cliente y enfrenta las mismas situaciones problemáticas que los abogados encaran en la práctica. Estos cursos se llaman cursos clínicos con cliente real, porque los estudiantes trabajan con clientes de carne y hueso más bien que con problemas y situaciones hipotéticas, como lo pueden hacer en un curso de destrezas de simulación basado en problemas, como es el caso de un tribunal ficticio.

Los cursos clínicos en la escuela misma son el tipo principal de cursos clínicos con cliente real, e involucran una escuela de derecho que cuenta con bufetes clínicos dentro de la escuela o cerca de ella. Los estudiantes de derecho que participan en los cursos clínicos en la escuela usualmente trabajan bajo la supervisión directa de profesores de derecho que son también abogados calificados para ejercer. En un curso clínico en la escuela, los estudiantes de derecho entrevistan a clientes y testigos para recopilar hechos, analizan los problemas del cliente y ofrecen asesoría legal, realizan investigación legal y redactan alegatos y documentos legales, se ocupan de los trámites de los clientes y realizan la mayor parte del trabajo legal de los casos de los clientes.

Además, las reglas de práctica estudiantil en todo Estados Unidos les dan a los estudiantes de derecho una licencia limitada para ejercer la profesión, siempre que sean supervisados por profesores de la clínica o por abogados. Los estudiantes certificados de acuerdo con las reglas de práctica estudiantil negocian también con los abogados de las partes contrarias y representan clientes ante las cortes, agencias administrativas y otros tribunales. En casi todas las jurisdicciones, las reglas de la práctica estudiantil han sido diseñadas para facilitar las metas paralelas de la educación legal clínica: (1) enseñarles a los estudiantes cómo aprender las destrezas del abogado y los valores profesionales, a través de experiencias de abogado en la vida real, y (2) proveer los servicios legales necesarios a los clientes que tradicionalmente no pueden costearse consejo legal.

El segundo tipo de curso clínico con cliente real se denomina un "externado" o programa de "colocación en el terreno", porque los estudiantes trabajan en oficinas fuera de la escuela de derecho, que son dirigidas por otros. En estos cursos, los estudiantes trabajan con abogados en una diversidad de bufetes y realizan muchos de los mismos tipos de trabajo legal que llevan a cabo los estudiantes que siguen cursos clínicos dentro de la escuela. Una diferencia importante entre la mayoría de los programas clínicos dentro de la escuela y algunos programas de externado consiste en que menos estudiantes de los programas de externado tienen licencias limitadas para ejercer la abogacía y, por lo tanto, para representar clientes en un tribunal. Los estudiantes de externado trabajan por lo general en ayuda legal y en oficinas de defensores públicos, fiscalías y otros bufetes que ofrecen servicios a los pobres o representan al gobierno. Algunos externados se hacen en bufetes privados, y los programas de externado judicial brindan a los estudiantes la oportunidad de trabajar en calidad de oficiales de juzgado bajo la supervisión de jueces. Los profesores de derecho aseguran que los abogados y los jueces ofrezcan supervisión de calidad a los estudiantes de derecho que trabajan con ellos, y los profesores usualmente dictan clases para discutir temas que surgen de las experiencias de la práctica del externado.

Hacer que los estudiantes desempeñen el papel de abogados tanto como sea posible es un elemento clave tanto en los cursos clínicos dentro de la escuela como en los de externado. La metodología de la enseñanza clínica se concentra en estudiantes que encaran los problemas del cliente de una manera muy similar a la que los abogados enfrentan en la práctica, al identificar y manejar los problemas del cliente bajo la supervisión de los profesores y, en ocasiones, de otros abogados, y participar en la autocrítica y la crítica por parte de los profesores o abogados que supervisan.

CADA ESCUELA TIENE UN PROGRAMA

La educación legal clínica existe en Estados Unidos desde hace bastante tiempo, pero su desarrollo real ocurrió entre las décadas de los 60 y los 90. Desde la época más temprana, los proponentes de la educación legal clínica han recalcado la dimensión social de que los estudiantes de derecho provean ayuda legal a los necesitados. Hoy, cada escuela de derecho tiene un programa clínico, y la mayor parte consiste en cursos tanto dentro de la escuela como de externado.

Más de 15.000 estudiantes de derecho, o sea aproximadamente el 35 por ciento de los estudiantes de derecho graduados de escuelas aprobadas por el Colegio de Abogados de Estados Unidos, siguen actualmente cada año cursos clínicos dentro de la escuela. Además, cerca de 15.000 estudiantes de derecho participan en externados. En Estados Unidos, una educación en una escuela de derecho moderna incluye hoy una oportunidad para que los estudiantes participen en cursos clínicos.

Los cursos clínicos también ganan popularidad en todo el mundo. Comunes durante muchos años en Canadá y Australia, los cursos clínicos también están bien establecidos en algunas escuelas de derecho en Chile, Gran Bretaña, India, Holanda, Sudáfrica y Suecia. En años recientes ha habido un interés creciente en los cursos clínicos en países como Croacia, Rumanía y Rusia. Cambios recientes en el sistema japonés de educación legal, que han entrado en efecto en 2004, estimulan a varias nuevas escuelas de derecho a nivel graduado a desarrollar cursos clínicos.

Aunque los sistemas y las culturas legales difieren entre sí en todo el mundo, el movimiento hacia la educación legal clínica sigue concentrándose en integrar la enseñanza empírica en el estudio de la abogacía. Además, en la mayoría de los países la educación legal clínica contribuye a darles acceso a la justicia a aquellos que tradicionalmente no están bien servidos por abogados.

UN IMPACTO SIGNIFICATIVO

El impacto de la educación legal clínica en la provisión de acceso a la justicia para aquéllos que no pueden costearse un abogado, ha sido significativo en Estados Unidos. Miles de estudiantes de derecho que siguen cada año cursos clínicos, dentro de la escuela y de externado, se unen a los apenas cinco a seis mil abogados que trabajan para organizaciones que representan a 45 millones de estadounidenses que son tan pobres que cualifican para recibir ayuda legal gratuita en casos civiles. Además, otros estudiantes de clínicas de derecho ayudan a brindar defensa penal a los necesitados, y otros que estudian en externados ayudan a los fiscales y otros abogados del gobierno a nivel local, estatal y federal.

Además de proveerles a los clientes acceso a los tribunales y aprender destrezas de la práctica de la abogacía, los estudiantes de derecho aprenden también directamente, en sus cursos clínicos, reglas de la ética legal y normas de la profesión legal. Los estudios demuestran que los primeros empleos de los abogados son decisivos en el desarrollo de la responsabilidad profesional, y los cursos clínicos tienen la ventaja de exponer a los estudiantes de derecho a las presiones de la práctica legal en un ambiente de aprendizaje rápido. La participación de los profesores de derecho en estos cursos ayuda a los estudiantes de derecho a reflexionar acerca de sus obligaciones éticas para con los clientes y el sistema legal.

La educación legal clínica ofrece una ventaja en relación con las experiencias que los estudiantes de derecho pueden recibir como oficinista de bufete en la mayoría de los programas de aprendices o como abogados noveles. En la mayoría de los otros escenarios, los oficinistas de bufete, aprendices o abogados noveles reciben a menudo muy poca guía. La experiencia, por sí sola, a menudo carece de estructura. En los cursos clínicos bien estructurados los profesores de derecho les dan a los estudiantes la oportunidad de encarar cuestiones éticas como abogados y, luego, discutir estas cuestiones. De este modo, los estudiantes de derecho en cursos clínicos aprenden las normas de la profesión legal.

Finalmente, la mayoría de los cursos clínicos desempeñan una función extremadamente importante al involucrar a los estudiantes de derecho en la provisión de servicios legales gratuitos a los necesitados. En Estados Unidos, se espera que los abogados donen parte de su tiempo a proveerles servicios legales gratuitos o a tasas reducidas a aquéllos que son demasiado pobres para contratar un abogado. Aunque no todos los abogados cumplen con lo que se espera de ellos, un cierto número sí lo hace. Exponer a los estudiantes de derecho a su obligación de proveer representación gratuita puede ayudar a hacer de ella una parte de su práctica futura como abogados.

––––––––

Uno de los aspectos de la profesión de abogado en que intervienen o bien el Colegio de Abogados (nacional o estatal) o bien el sistema tribunal local, tiene que ver con la condición o capacidad moral del aspirante a ser recibido como profesional. Cada estado tiene sus propios requisitos y las personas que se han recibido después de tres o cuatro años de estudio tienen no solo que aprobar un examen bastante difícil sino también pasar otro tipo de examen, el de su carácter y antecedentes.

En el fallo judicial que sigue, nos encontramos con el caso de un joven recién recibido de una facultad de derecho que ha tenido dificultades personales de tal índole que le han obstaculizado la entrada formal a la profesión.

––––––––

In re: C. R. R.
144 D.P.R. 365

Tribunal Supremo de Puerto Rico, San Juan de Puerto Rico, el 21 de noviembre de 1997.

I. C.R.R. es un aspirante al ejercicio de la abogacía que aprobó la reválida en marzo de 1997. En la declaración informativa sometida a la Junta de Aspirantes al Ejercicio de la Abogacía, C.R.R. indicó bajo juramento que en más de una ocasión había sido convicto por conducir vehículos de motor en estado de embriaguez.

Conforme es costumbre y norma de la Comisión de Reputación de Aspirantes al Ejercicio de la Abogacía, se le citó para una entrevista informal una vez aprobó el examen de reválida. En la entrevista manifestó a los comisionados ser alcohólico.

Posteriormente, se realizó una investigación adicional en el vecindario y en los lugares de trabajo en que C.R.R. se había desempeñado con anterioridad. La misma reveló que había trabajado por un período de tiempo considerable e ininterrumpido, a pesar de su edad y de sus estudios. Tras dichos hallazgos, Comisión estimó innecesaria una evaluación psiquiátrica para confirmar su estabilidad previa al ejercicio de la abogacía.

Completada la evaluación correspondiente, la Comisión de Reputación le recomendó al Tribunal que se condicionara la admisión de C.R.R. al ejercicio de la abogacía. 1 En su Informe, la Comisión concluyó que C.R.R. demostró tener una legítima preocupación por su enfermedad, un marcado interés por su rehabilitación y por ayudar a otros compañeros abogados que sufren la enfermedad de alcoholismo. Por lo tanto estimó que se le debía permitir ejercer la abogacía sujeto a que recibiera tratamiento a través del programa especial que tenía el Colegio de Abogados para sus miembros con el mismo problema.

Además debía notificar periódicamente a la Comisión de Reputación y al Tribunal las gestiones realizadas a tal efecto mediante certificaciones periódicas de las organizaciones y/o de los profesionales de la salud que le ofrezcan tratamiento y seguimiento.

II. Nuestro poder inherente para regular la profesión legal conlleva la enorme responsabilidad de velar porque los candidatos a ejercer la profesión están capacitados y sean aptos para cumplir fiel y cabalmente las serias responsabilidades que entraña la abogacía. "La admisión al ejercicio de la abogacía es asunto delicado, revestido de profundo interés público."

Por esta razón, en protección del público, eficiente administración de la justicia y de la mejor imagen pública de la profesión legal, es necesario que los aspirantes demuestren a la Junta de Aspirantes adscrita a este Tribunal que poseen el carácter moral adecuado y la aptitud idónea ("character and fitness") que los habilitan para el ejercicio de tan delicada profesión.

Al hablar de carácter nos referimos esencialmente a los atributos de honestidad e integridad con que una persona se guía en sus relaciones y actuaciones con los demás, así como también a aquellos patrones de conducta que puedan reflejar su sentido, de justicia y respeto hacia los derechos de sus semejantes y hacia las leyes. Por otro lado, por aptitud nos referimos a la competencia y habilidad, tanto física como mental, que capacitan a una persona para practicar la abogacía.

En el contexto de personas admitidas a la abogacía, hemos considerado la adicción a sustancias controladas como una condición que amerita la suspensión del ejercicio de la profesión. También hemos reconocido que una condición de adicción crónica podría llegar a incapacitar a un abogado para ejercer la profesión.

III. El alcoholismo o la dependencia del alcohol ha sido generalmente reconocida como una enfermedad que incluye fenómenos genéticos y sicosociales, y necesita de tratamiento o de algún tipo de terapia.

Al enfrentarnos a una situación como la presente, en que el propio aspirante reconoce su dependencia al alcohol, hemos de ser particularmente cuidadosos. El tratamiento que se vaya a brindar debe depender del historial previo y las circunstancias particulares de cada caso. Si, por ejemplo, nos encontramos frente a una persona cuyo comportamiento revela buena conducta y reputación, capaz de controlar su adicción mediante consejería, abstinencia o cualquier otro recurso, nos inclinaríamos a sostener que la condición de alcoholismo <u>per se</u> no implica que carece de la capacidad, aptitud o competencia necesaria para ejercer la abogacía. Si por el contrario refleja que la enfermedad afecta su capacidad para desempeñarse, procedería denegar su solicitud. Repetimos, se trata de una cuestión bien delicada, que merece ser evaluada cautelosamente de manera individual.

Otras jurisdicciones, a manera de excepción, han adoptado la admisión condicional y la admisión provisional. Esta práctica ha sido utilizada mayormente en casos marginales en que se ha estimado que la admisión no causará riesgos indebidos de daños a los clientes, a la profesión ni a los tribunales. La Comisión o entidad designada para emitir la recomendación debe quedar convencida de que el candidato en cuestión sea elegible para una admisión de esta naturaleza.

De ordinario, una admisión condicional implica conceder la licencia para practicarla profesión, sujeto al cumplimiento de ciertas condiciones, temporales permanentes, que dependerán del caso particular de que se trate. Se le admite si accede a observar determinados requisitos, que variarán de acuerdo con las circunstancias particulares del caso, durante un periodo de tiempo, de estimarse apropiado, que también oscilará según la situación envuelta. Si el abogado así admitido violare alguna de las condiciones preestablecidas, su licencia podría ser revocada o suspendida. En casos de licencias provisionales o sujetas a condiciones temporales, si culmina. El "periodo probatorio" sin haber incumplido las condiciones, se emite una licencia permanente.

Típicamente, la admisión condicional de un candidato alcohólico le requiere cumplir condiciones tales como: no ingerir alcohol, someterse a tratamiento, consultar un psiquiatra, participar de algún programa de rehabilitación, unirse a algún grupo de apoyo, someterse a pruebas periódicas de sangre u orina, supervisión por alguna persona o entidad que represente al Colegio de Abogados del estado, reportar periódicamente su estatus a través del encargado de su supervisión o seguimiento, someter periódicamente declaraciones juradas, prohibición de ejercer por su cuenta, y requerir su residencia en el estado en cuestión, en aras de facilitar el seguimiento.

En Puerto Rico, al igual que en la mayoría de los estados norteamericanos, no existe como tal un programa formal que regule las admisiones condicionales de aspirantes al ejercicio de la profesión de la abogacía. Sin embargo, con carácter de flexibilidad, la Regla 5 del Reglamento de la Comisión de Reputación le confiere a dicha comisión facultad suficiente para pautar aquellos asuntos no previstos mediante la adopción de las medidas administrativas necesarias para su mejor funcionamiento. A su amparo, la Comisión puede recomendarnos, en casos apropiados, la admisión condicional de un aspirante sujeto a aquellas condiciones temporeras o permanentes que estime convenientes. Dichas condiciones, claro está, deben estar razonablemente relacionadas con las circunstancias particulares del caso de que se trate.

Asimismo podría recomendar la admisión provisional del candidato, sujeto a posteriores evaluaciones de sus ejecutorias. En los casos de condiciones temporales y de admisiones provisionales, transcurrido el término previsto, la Comisión emitirá una recomendación final y, luego de pasar juicio sobre dicha recomendación el Tribunal dispondrá lo que en derecho proceda respecto a la concesión de una licencia permanente para ejercer la profesión.

El esquema previsto para el funcionamiento y desempeño de la Comisión de Reputación contiene los mecanismos necesarios para brindar la oportunidad al aspirante de poner a la Comisión en posición de adoptar una decisión informada, tales como entrevistas personales, vistas, y la juramentación y recepción de prueba, entre otros. Establece que "el peso de probar el buen carácter, así como las cualificaciones morales para ejercer la profesión, recaerá sobre el aspirante".

Sobre la ejecución y verificación de las condiciones impuestas, en la actualidad el Colegio de Abogados de Puerto Rico cuenta con la Comisión de los Asuntos del Abogado, encargada de proveer ayuda a los abogados que voluntariamente acudan a solicitaría, a través de psicólogos, psiquiatras y otro personal médico. Precisamente, dicho personal trata con desórdenes de conducta, y problemas como la adicción a sustancias controladas y al alcohol, entre otras circunstancias que puedan aquejar al profesional del derecho.

La Comisión de los Asuntos del Abogado puede trabajar en conjunto con la Comisión de Reputación en el seguimiento de aquel candidato que, por excepción, sea admitido condicionalmente al ejercicio de la profesión. El caso ante nos es un buen comienzo.

Conscientes y preocupados por el alto consumo de alcohol en la sociedad puertorriqueña y, a su vez, por que los ciudadanos reciban una representación adecuada y responsable de parte de la profesión legal, coincidimos y endosamos la recomendación de la Comisión de Reputación.

A la luz de lo expuesto, aprobamos la admisión del aspirante C.R.R. al ejercicio de la profesión, sujeta a las siguientes condiciones:

(1) Una vez juramentado, deberá comparecer a la Comisión de los Asuntos del Abogado del Colegio de Abogados de Puerto Rico para solicitar orientación sobre los recursos disponibles en la comunidad para tratar su enfermedad.

(2) Cada seis meses C.R.R. deberá informar a la Comisión de Reputación, de la manera en que ésta lo estime apropiado y conveniente, sobre el tratamiento recibido y las gestiones realizadas.

(3) Anualmente deberá someter a la Comisión de Reputación una Certificación de un profesional de la salud, de la Comisión de los Asuntos del Abogado del Colegio de Abogados o de una institución, donde conste su tratamiento o seguimiento.

(4) Se dictará Anualmente la Comisión de Reputación someterá un informe al Tribunal sobre el tratamiento recibido y las gestiones realizadas por C.R.R. Podrá hacer otra recomendación al Tribunal acorde con la situación imperante y con el cumplimiento de esta decisión por parte del peticionario

Por los fundamentos expuestos en la anterior Opinión Per Curiam, la cual se hace formar parte integrante de la presente, se dicta sentencia y se admite al aspirante C.R.R. al ejercicio de la abogacía sujeto al cumplimiento de las condiciones que se enumeran en la Opinión.

La Educación Jurídica en América Latina

La mayor diferencia entre la educación jurídica en los Estados Unidos y en América Latina es que los estudiantes de derecho en América Latina entran a la materia al completar sus estudios de escuela secundaria. Y, como sabemos, en los Estados Unidos a las facultades de derecho se ingreso sólo después de haber completado cuatro años de estudios universitarios, después de terminar la escuela secundaria. A diferencia del sistema estadounidense, en América Latina generalmente la carrera de derecho lleva de cinco a seis años de estudio para recibirse como abogado.

A parte de esta diferencia, en general se puede decir que hasta ahora la educación jurídica en América Latina difiere de la estadounidense en varias otras características. Las clases tienden a ser mucho menos interactivas que en Estados Unidos, basándose generalmente en ponencias por parte del profesor sin ninguna participación de los estudiantes.

La materia presentada en las clases refleja el formalismo y la realidad del sistema de derecho civil, que consideran el Derecho como Códigos y Estatutos. Se enseña la materia desde el punto de partida de que el mundo jurídico es cerrado y coherente y que para cada problema jurídico que se plantee hay una sola solución. Hay muy poco espacio para el concepto de la interpretación por parte de los estudiantes u otros interesados.

En general, estos profesores son abogados activos que pasan muy poco tiempo en las aulas de las facultades de derecho. A la vez, los años de estudio incluyen muy pocas oportunidades para que los estudiantes de derecho experimenten directamente como es la práctica de la profesión.

Recientemente se ha visto un creciente movimiento en muchos de los países de América Latina que plantea la urgencia de que la educación jurídica incluya exposición al mundo real de la práctica. Se ha reconocido que las facultades de derecho tienen que ofrecerles a los estudiantes las herramientas para poner en práctica en el mundo real lo que han aprendido en la universidad. Estamos viendo la creación y el fortalecimiento de programas de educación jurídica clínica, en los que los estudiantes tienen la oportunidad de participar directamente con clientes en el contexto de una amplia gama de asuntos jurídicos. Sin embargo, el movimiento hacia una educación jurídica más práctica seguirá enfrentando obstáculos administrativos, ideológicos, y prácticos durante los años que vienen, ya que la profesión misma es bastante renuente al cambio.

C. El Ejercicio Profesional

Como bien se sabe, uno empieza verdaderamente a aprender cómo ejercer profesionalmente una vez completados los estudios de derecho. No por nada nos referimos a la práctica de la abogacía, porque hasta recibirse un abogado no ha podido practicar todas las destrezas que empezó a aprender como estudiante.

Jueces, Fiscales y Abogados Defensores en los Estados Unidos: Miembros de una sola Profesión de Abogacía
Organización de los Estados Americanos

A. Competencias

Las cortes supremas de cada uno de los 50 estados y el Distrito de Columbia establecen las competencias necesarias para la práctica de la abogacía en las cortes de la jurisdicción correspondiente. Prácticamente todos los estados exigen que los abogados candidatos hayan completado estudios universitarios de cuatro años en el área de su elección, más tres años de derecho para obtener el grado de *Juris Doctor*. Aunque muchos abogados candidatos estudian ciencias políticas a nivel de licenciatura, no se requiere que estos estudios sean en un área particular.

Para poder practicar la abogacía en un estado o en el Distrito de Columbia, la persona debe resultar aceptable para el comité de ética de la jurisdicción correspondiente y aprobar un examen integral sobre derecho estadounidense, que incluye el derecho constitucional, ética jurídica y el derecho y procedimientos de la jurisdicción en cuestión.

Los exámenes para los primeros dos temas son pruebas de elección múltiple que aplica a nivel nacional una agencia privada y se califican por medios mecánicos. Sin embargo, cada jurisdicción decide qué grado se considerará como aprobatorio en estas pruebas aplicadas en todos los estados. Cada jurisdicción elabora y califica su propio examen tipo ensayo sobre sus leyes substantivas y procedimientos penales y civiles.

Quienes aprueban los exámenes para una jurisdicción y se considera que cuentan con el carácter adecuado para practicar la abogacía reciben la aprobación para hacerlo en sus tribunales. Es necesario hacer solicitudes independientes para practicarla en los Tribunales de Distrito y en las Cortes de Circuito de Apelaciones. Normalmente no se requiere un examen adicional para practicar la abogacía en estos tribunales federales. Muchos abogados estadounidenses son miembros de los colegios de abogados de más de un estado. Muchos estados han acordado la admisión mutua y recíproca de sus abogados una vez que han practicado la abogacía cierto número de años, generalmente cinco, y si su carácter es adecuado.

B. Terminología

Cuando persona ha sido admitida en un colegio de abogados, es miembro de dicho colegio y tiene el título de abogado. En los Estados Unidos se utilizan para ello los términos *lawyer* o *attorney*, con el mismo significado. El término *Esquire* después del nombre de un ciudadano estadounidense significa que es abogado. El uso de *Esquire* en este sentido es informal pero de amplio uso. Se utilizan asimismo los términos *counsel* o *counselor in law*. También en este caso significan simplemente que se trata de un abogado.

C. Práctica profesional

Los abogados estadounidenses pueden practicar la abogacía como profesión independiente, es decir, pueden representar a cualquier persona que los contrate. Los abogados privados pueden representar o no a personas acusadas de delitos: es decir, pueden o no actuar como abogados defensores. También pueden ser empleados por un gobierno local, estatal o federal para cualquiera de diversas actividades que requieren conocimientos de derecho. Los fiscales en los Estados Unidos siempre son abogados y siempre son empleados municipales, estatales o federales.

Los abogados que inician practicando independientemente la profesión pueden posteriormente ser empleados por alguna instancia gubernamental, incluso como fiscales. Los fiscales pueden dejar el servicio público e iniciar la práctica profesional independiente, en la cual pueden actuar como abogados defensores.

D. El poder judicial

Los jueces son electos de entre quienes han practicado la abogacía independiente durante varios años y de entre fiscales con experiencia y, algunas veces, de entre los abogados del servicio público que no son fiscales. También pueden seleccionarse de entre los catedráticos de las escuelas de derecho.

Los jueces de las cortes estatales a menudo son electos y ocupan sus cargos por términos limitados. Los jueces federales y los de los tribunales del Distrito de Columbia son nombrados por el Presidente con asesoría y consentimiento del Senado. Los senadores nominan a los candidatos judiciales para las cortes federales en sus estados. Los jueces federales son nombrados de por vida y rara vez dejan su cargo para volver a (o iniciar) la práctica la abogacía independiente.

El Colegio de Abogados de los Estados Unidos, una asociación nacional privada de abogados entre cuyos miembros se incluyen los independientes, los del servicio público (incluidos los fiscales) y los jueces, califica a los nominados a jueces federales. Aunque las calificaciones del Colegio de Abogados no son oficiales, el Senado prácticamente nunca confirma a un nominado cuya calificación del Colegio de Abogados lo señala como no calificado.

El Centro Judicial Federal en Washington, D.C., imparte cursos cortos de capacitación para los nuevos jueces federales. También hay un centro de capacitación en Reno, Nevada, abierto a los jueces de los tribunales estatales de todos los estados. Es interesante hacer notar que los jueces de la Corte Suprema federal no tienen que ser abogados, aunque en la práctica siempre lo son.

———

Eduardo Juan Couture (1904-1956) fue un destacado abogado y profesor uruguayo. Además de sus grandes contribuciones al desarrollo del derecho procesal en su país y en el resto del continente, se conoce por las siguientes exhortaciones dirigidas a los abogados.

Sería interesante discutir los mandamientos en el contexto de las reglas de conducta profesional de este país. ¿Qué parecidos encuentran? ¿Qué diferencias? ¿Qué valor tienen estos mandamientos?

———

Los Diez Mandamientos del Abogado
Eduardo Juan Couture

Estudia: El derecho se transforma constantemente. Si no sigues sus pasos, serás cada día un poco menos abogado.

Piensa: El derecho se aprende estudiando, pero se ejerce pensando.

Trabajo: La abogacía es una ardua fatiga puesta al servicio de las causas justas.

Procura la justicia: Tu deber es luchar por el derecho; pero el día en que encuentres en conflicto el derecho con la justicia, lucha por la justicia.

Sé leal: Leal con tu cliente, al que no debes abandonar hasta que comprendas que es indigno de ti. Leal para con el adversario, aun cuando él sea desleal contigo. Leal para con el juez, que ignora los hechos y debe confiar en lo que tú dices; y que, en cuanto al derecho, alguna que otra vez debe confiar en el que tú le invocas.

Tolera: Tolera la verdad ajena en la misma medida en que quieres que sea tolerada la tuya.

Ten paciencia: En el derecho, el tiempo se venga de las cosas que se hacen sin su colaboración.

Ten fe: Ten fe en el derecho, como el mejor instrumento para la convivencia humana; en la justicia, como destino normal del derecho; en la paz, como sustitutivo bondadoso de la justicia. Y sobre todo, ten fe en la libertad, sin la cual no hay derecho, ni justicia ni paz.

Olvida: La abogacía es una lucha de pasiones. Si en cada batalla fueras cargando tu alma de rencor, llegará un día en que la vida será imposible para ti. Concluido el combate, olvida tan pronto tu victoria como tu derrota.

Ama tu profesión: Trata de considerar la abogacía de tal manera, que el día en que tu hijo te pida consejo sobre su destino, consideres un honor para ti, proponerle que se haga abogado.

––––––––

Los jueces también tienen que observar una serie de mandamientos en su vida profesional y personal. El Juez Anthony Kennedy de la Corte Suprema de los Estados Unidos plantea su visión del contenido de la ética judicial y su relación con el imperio del derecho. ¿Qué opinan de las observaciones del Juez Kennedy? En la práctica tal como la han observado, ¿los jueces se comportan según esta ética o no?

––––––––

La Ética Judicial y el Imperio del Derecho

Anthony Kennedy, Juez del Tribunal Supremo de Estados Unidos, Boletín Informativo de la Embajada de los Estados Unidos, Panamá agosto de 2004

[El imperio del derecho implica democracia constitucional, y uno de los componentes esenciales de ese estado de derecho en una democracia constitucional es la neutralidad. En una teleconferencia con jueces eslovenos, Anthony Kennedy, juez del Tribunal Supremo de Estados Unidos, habla sobre la forma en que la rama judicial del gobierno debe garantizar el delicado equilibrio entre la ética judicial y la independencia.]

La ética judicial está íntimamente ligada a la independencia judicial y es difícil hablar de una sin referirse a la otra.

La ley es una promesa. La promesa consiste en la neutralidad. Si esa promesa no se cumple, si no existe neutralidad en la aplicación de la ley, en su administración e interpretación, la ley deja de existir tal como la concebimos.

La independencia judicial tiene una relación estrecha con la neutralidad. Corresponde al poder judicial insistir en que las otras ramas del gobierno le otorguen los recursos, el apoyo y la defensa que requiere para llevar a cabo su labor. Sin embargo, es difícil convencer de ello a las otras ramas del gobierno, en parte porque algunos legisladores creen que el trabajo de los jueces es fácil. Entre los legisladores hay resistencia a aumentar los sueldos y el número de los jueces. Es difícil también porque los recursos son escasos y los legisladores tienen que preocuparse por la construcción de hospitales, escuelas y carreteras. Con todo, un régimen jurídico que funcione es tan importante para el crecimiento de la economía y para una sociedad progresista, como lo son los hospitales, las escuelas y las carreteras. De tal manera que es deber del juez explicar que los tribunales y la ley son un componente importante de la infraestructura de capital de toda sociedad.

EL CONCEPTO DE ÉTICA JUDICIAL

Todo el concepto de la ética judicial está íntimamente relacionado con la independencia judicial. Si a uno de ustedes se le pidiera que hablara a sus colegas sobre el tema de la ética judicial, es posible que en un principio se sienta poco dispuesto o seguro para hacerlo. Sin embargo, es muy importante hablar de la ética judicial. Ello no quiere decir que quien lo haga sea perfecto, quiere decir que nos preocupa lo suficiente como para velar por que el poder judicial tenga la reputación de integridad y neutralidad y que en realidad proceda con integridad y neutralidad en todo lo que haga. La ética judicial, así como la independencia judicial, tiene que ver con la apariencia y la realidad. Si se percibe injusticia, si en apariencia parece que la hay, el poder judicial se encontrará bajo la sospecha del descrédito.

Una forma de concebir un código ético para los jueces es asumir que éste consta de tres partes. La primera consiste en que todo juez debe adoptar como código personal las normas más elevadas posibles de conducta personal y profesional. Su vida personal, la forma en que lleva a cabo la relación con su familia y la sociedad inevitablemente llegan a conocimiento del público, y el juez debe actuar con la conducta, con la equidad, con la integridad, con la rectitud que esperamos de nuestros ciudadanos más responsables.

Desde el punto de vista profesional, el juez debe mantener la conducta propia de un alto funcionario judicial. El comportamiento y el carácter son muy importantes. Por ejemplo, para el juez es algunas veces difícil mantener su moderación cuando un abogado trata deliberadamente de polemizar con el tribunal. Sin embargo, el juez debe insistir en que el abogado respete, no la dignidad personal del juez, sino la dignidad del cargo que ejerce. Y es un arte aprender la forma de controlar a los abogados en el tribunal.

Algunos de los mejores jueces que conozco en el sistema federal nunca han declarado a un abogado en desacato al tribunal, nunca han sancionado a un abogado. Con su conducta, su posición, su forma de proceder inspiran tal respeto hacia el tribunal que ningún abogado se atrevería jamás a intentar una conducta impropia ante ese juez.

Todo litigante aspira a tener un proceso imparcial. Y ese proceso tiene que percibirse como algo neutral, y tiene que serlo realmente. El juez debe garantizar que el proceso sea justo de muchas maneras. Debe dedicar el mismo tiempo a ambas partes y tiene que ser rápido y eficiente.

Cuando a los litigantes se les ofrece un proceso justo, la mayoría piensa que se ha hecho justicia. La mayoría de la gente que lleva una causa ante los tribunales está convencida de que sólo es necesario que una persona neutral y justa escuche su queja para que se haga justicia.

BATALLA POR LA NEUTRALIDAD

Como parte de su código personal y profesional los jueces deben evitar conflicto de intereses. Es posible que algunos de ustedes tengan familiares en el campo de la agricultura, los negocios o la industria. ¿Ello influye en su opinión? ¿Influye en su actitud? ¿El hecho de que usted proviene de una determinada región del país influye sobre la decisión del caso? Todo esto tiene relación con su perspectiva.

Con todo, el secreto para ser un juez de gran ética es no cesar de examinarse a sí mismo. Yo he sido juez más de 20 años y me sorprende la frecuencia con que tengo que regresar al comienzo mismo y preguntarme: "¿Me encuentro bajo la influencia de alguna actitud parcial oculta, alguna predisposición, alguna predilección, algún prejuicio que ni siquiera yo puedo ver? ¿Qué es lo que me insta a decidir el caso en forma determinada?" Debo examinar mis propios antecedentes y mi propia actitud intelectual a fin de asegurarme de que actúo en forma justa.

La batalla por la neutralidad, la batalla por la equidad en la mente del juez nunca termina. Es preciso tener alguna estructura externa que capacite para luchar por la neutralidad perfecta. Pero, es posible que uno nunca la alcance porque todos somos producto de nuestros prejuicios y antecedentes.

CÁNONES DE ÉTICA

Existen, sin embargo, ciertas reglas básicas para un proceso imparcial. Primero, no tener un interés financiero o personal en la causa que se examina. Esto parece muy sencillo, pero, ¿qué pasa si un miembro de su familia tiene acciones en una sociedad o algunos de sus amigos le han dicho que esperan que el caso se resuelva de determinada forma? Este es un conflicto de intereses y debe resistirse.

En Estados Unidos, y me refiero al poder judicial federal, el código de conducta personal está reforzado por cánones de ética escritos. De manera que desde mi punto de vista, el código de conducta personal debe reflejarse en un código de ética escrito y los jueces deben hablar de ese código.

Cuando se oye o se lee el código de ética de Estados Unidos parece tan simple, tan básico, tan elemental que uno podría pensar que todo el mundo estaría de acuerdo con él. El código parece casi simplista, una perogrullada. Permítanme leer los siete cánones de ética. Estos preceptos son principios con los que nadie podría estar en desacuerdo.

- Los jueces deberán mantener la integridad e independencia del poder judicial.

- Los jueces deberán evitar la incorrección y la apariencia de incorrección en todas sus actividades.

- Los jueces deberán desempeñar los deberes de su cargo en forma imparcial y con diligencia.

- Los jueces pueden realizar actividades extrajudiciales para perfeccionar la ley, el régimen jurídico y la administración de justicia.

- Los jueces deberán ordenar sus actividades extrajudiciales de manera de reducir al mínimo el riesgo de conflicto con sus deberes judiciales.

- Los jueces deberán someter informes periódicamente sobre la compensación recibida por actividades relacionadas con la ley y extrajudiciales; y

- Los jueces deberán abstenerse de actividades políticas.

Algunas de estos cánones, incluso el de los informes, reflejan la posición oficial de la judicatura de Estados Unidos, principalmente para evitar conflictos de naturaleza financiera. La ley nos exige someter una declaración pública en la que se enumeran todas nuestras propiedades, todos nuestros bienes, todos nuestros haberes y todos nuestros ingresos. Nos preocupaba de tal manera garantizar la apariencia de neutralidad que insistimos en que todos los haberes de los jueces debían ser declarados. Por ejemplo, si un juez es dueño aunque sea de una sola acción en una sociedad, o si su cónyuge o un miembro de su familia posee una acción, ese juez está obligatoriamente descalificado para intervenir en una causa relacionada con esa sociedad. O si el juez cree que tiene suficiente interés en una causa como para impedirle garantizar la neutralidad, no deberá formar parte del tribunal, aunque los abogados se lo pidan.

COMITÉ DE JUECES

En el sistema federal judicial de Estados Unidos tenemos un comité de jueces que contesta preguntas de todos los miembros de la judicatura que tengan alguna inquietud sobre ética judicial. El comité no sólo hace algunas recomendaciones al juez y menciona algunos principios para su examen y consideración, sino que le brinda cierta protección. Si más adelante se critica al juez por entender en una causa determinada, el juez puede decir:

"Bueno, escribí al comité sobre el asunto y el comité estuvo de acuerdo conmigo".

Permítanme darles un ejemplo. Teníamos un juez que había dedicado tiempo a un caso de antimonopolio sumamente complejo. Durante el proceso conoció a una dama con quien se casó. Descubrió que su esposa tenía un número considerable de acciones en las sociedades involucradas en el caso, así que escribió al comité preguntando qué debía hacer.

De tal manera que un sistema ético debe tener un código personal y profesional; debe tener un sistema escrito de ética y debe tener un mecanismo para hacerlo cumplir.

RECONOCIMIENTO DEL CÓDIGO JUDICIAL

De tiempo en tiempo un juez viola el juramento judicial y deshonra la magistratura. Ello acarrea desprestigio para toda la profesión. Es trágico, pero los jueces son seres humanos y, desde luego, están sujetos a las debilidades humanas.

En el sistema federal de Estados Unidos los jueces pueden ser removidos sólo mediante juicio político del Senado de Estados Unidos. Ha habido sólo siete casos en nuestra historia de 200 años en los que el Senado tuvo que remover a un juez. Otros jueces han renunciado bajo presión debido a corrupción, soborno, alcoholismo o inestabilidad mental.

Además de la remoción por juicio político, Estados Unidos tiene un mecanismo disciplinario por el cual se amonesta o censura al juez por su conducta. La propia judicatura controla este mecanismo y creo que es muy importante que cualquier mecanismo para censurar o amonestar a los jueces, medidas que no llegan a la remoción, esté en manos de la judicatura. Con todo, la judicatura, a su vez, debe observar una ética suficientemente fuerte, una tradición de equidad e independencia suficientemente fuertes de su capacidad de encarar sus propios problemas.

Es parte de la independencia judicial. Ello no quiere decir que debemos ocultar o proteger a los miembros de nuestro oficio; significa que debemos ser francos y enérgicos en cuanto a reconocer que debe haber un código judicial, que debe ser específico, que es preciso que comprendamos lo que entraña y que debemos aplicarlo.

———

Hay quienes opinan que todo abogado tiene la obligación de prestar sus servicios profesionales, generalmente sin cobrar, en ayuda a las personas de escasos medios económicos y pocas avenidas abiertas para tener acceso a la justicia. Aunque no todos estén de acuerdo con esta visión, cabe señalar que incluso el Colegio de Abogados nacional, entre otras organizaciones profesionales, repetidas veces ha declarado que la profesión definitivamente conlleva esta responsabilidad social.

Esto es algo que también las facultades de derecho en todo el país enfatizan al entrenar a las futuras generaciones de abogados. En el artículo que sigue, el autor presenta un corto resumen del estado del derecho en el contexto de la justicia social.

————

Los Abogados y la Justicia Social

Lawrence M. Friedman, *Introducción al Derecho Norteamericano*, traducido por Joan Vergé i Grau, Zaragoza: Librería Bosch, 1988.

El trabajo de los abogados es el de conseguir que se haga justicia. Esto es, al menos, lo que proclaman. Cuando un hombre o una mujer son acusados de un delito o de una infracción fiscal o perseguidos de alguna manera por la Administración o demandados por un vecino malvado, lo que quieren es justicia, equidad y el respeto de sus derechos. Sólo un buen abogado les puede conseguir todo esto.

De hecho, el abogado trabaja con la justicia y con la injusticia. Está en los dos extremos de un mismo asunto: en los dos lados del caso. Algunos abogados se sienten atraídos por las causas perdidas, como las mariposas por la luz, personas como Clarence Darrow, "el abogado de las causas perdidas" que defendía a anarquistas y asesinos. Hay abogados de izquierda, como William Kunstler, que llevaba las causas de las personas despreciadas por el resto de la sociedad. Están los abogados del ACLU, que defienden la libertad de expresión tanto para la izquierda como para la derecha; algunos de sus clientes, como por ejemplo los Nazis americanos, odian todo lo que el ACLU defiende y estima.

Sin embargo, son muchos miles los abogados que trabajan para el mantenimiento del "status quo". Representan a los empresarios norteamericanos, especialmente a los grandes, así como a las personas de gran potencial económico. Trabajan para los intereses petrolíferos, para los fabricantes de ordenadores o los consorcios inmobiliarios. A veces se dice que los abogados son, por naturaleza, conservadores. Es más exacto decir que los abogados, como la mayoría de la gente, intentan ganarse la vida. Van a donde hay dinero y el dinero se encuentra en los más altos niveles empresariales y sociales. Evidentemente, siempre hay excepciones. Hay, como decíamos, abogados de izquierda y abogados disidentes. Algunos abogados incluso han llegado a ser destacados revolucionarios, hombres como Fidel Castro o Nehru.

El Derecho y los abogados cuestan dinero. Muchos de los que desean o necesitan un abogado tienen dificultades para pagar sus honorarios. La Justicia cuesta dinero, pero en una sociedad justa no debería ser el dinero la única posibilidad de acceder a ella. Por eso, el estado nombra gratuitamente un abogado defensor para toda persona acusada de un delito grave que no pueda contratar uno por su cuenta. En muchos estados este derecho constitucional se reconoció hace ya tiempo. En 1963, a consecuencia del famoso caso *Gideon c/ Wainwright*, el Tribunal Supremo lo extendió a todos los estados. Hoy en día, los defensores de oficio que cobran del estado, defienden a la mayoría de las personas acusadas de delitos graves.

Para los casos civiles la cuestión es más complicada. Siempre ha habido unos pocos abogados que han accedido, a veces, a trabajar gratis para los clientes pobres. Desde finales del siglo 19 algunos condados han establecido programas de asistencia jurídica. La Asociación de Asistencia Jurídica de Nueva York debe sus orígenes a una organización llamada Deutscher Rechts-Schutz Verein que, en 1876, ayudaba a los inmigrantes alemanes. A través de los años fue ampliando su campo de actuación y en 1896 cambió oficialmente de nombre. Hacia 1913 había cuarenta asociaciones como ésta en activo en todo el país y seguían aumentando. Pero si bien estas entidades hacían una buena labor, sólo rozaban la superficie del problema. Los tribunales civiles estaban prácticamente cerrados a los pobres. Ni siquiera el movimiento en pro de una justicia popular sirvió de gran ayuda.

Un cambio importante se produjo en la década de 1960, bajo la presidencia de Lyndon Johnson, con la "guerra a la pobreza". La Oficina de Oportunidades Económicas creó una serie de bufetes de barrio para atender a los clientes pobres. Estos bufetes estaban dirigidos por abogados jóvenes y brillantes. En 1974 este servicio fue transferido a otra institución, la Corporación de Servicios Jurídicos, fundada y financiada por el Congreso. Por lo que respecta al año 1981, esta corporación llevó a cabo 320 programas de asistencia jurídica y creó 1,200 bufetes de barrio en todo el país. Pagó los honorarios de 5,000 abogados y de 2,500 colaboradores. En conjunto costó 300 millones de dólares.

El sistema fue conflictivo desde el principio. Molestaba a los propietarios el hecho de que los abogados de oficio representaran a los inquilinos en los asuntos por desahucio. Los conservadores decían que era absurdo pagar a un organismo de la Administración con el fin de que presentara demandas contra los restantes organismos de la misma Administración. Acusaban de radicales a los abogados de oficio, cuya finalidad primordial, decían, era la de alardear de demandas políticamente "sonadas", pero no la de ayudar a los pobres en sus problemas más usuales. Muchos líderes políticos compartían esta opinión. Los abogados de esta oficina tenían la mala costumbre de pleitear contra los Ayuntamientos. Algunos gobernadores también trataron de librarse del programa de asistencia jurídica en sus estados. Uno de ellos fue el gobernador de California, Ronald Reagan. Después accedió a la Presidencia y, como Presidente, propuso suprimir toda ayuda económica federal y dejar a los estados la carga de la asistencia jurídica en el caso de que decidieran apoyar este tipo de programa.

Otra de las nuevas modalidades de la profesión es la de los llamados "abogados en defensa del interés público". No defienden a clientes particulares, sino más bien a "los ciudadanos" en general (según ellos dicen); a la gente que desea conservar las tierras vírgenes de Alaska o que se opone a las centrales nucleares. Hablan en defensa del caracol de lanza y del hurón de pies negros; dirigen sus diatribas a la Administración por el interminable papeleo que precisan las cuestiones de urbanismo y bienestar social.

Luchan a favor de los condenados por asesinato y de las víctimas de la discriminación.

¿Quién paga a estos abogados? La Administración contribuye en parte. También las fundaciones y los miembros de algunas organizaciones (como Sierra Club, por ejemplo) contribuyen en parte. Pero solo hay un puñado de empresas así. Cierta encuesta reveló que en 1973 había "40 bufetes en defensa del interés público", filantrópicamente subvencionados. Tenían una media de diez abogados cada uno. Aún hoy en día podemos decir que son ciertamente un pequeño David frente al gigantesco Goliat de la Administración y las grandes empresas. Sus adversarios disponen de miles de abogados y de enormes recursos. También desde el punto de vista económico, los "abogados en defensa del interés público" tienen una existencia precaria.

Y, sin embargo, esos bufetes han conseguido milagros, han hecho una labor heroica. Han puesto un freno a las empresas gigantes. Han retrasado la construcción del Oleoducto de Alaska y han contribuido a acabar con los proyectos de nuevas centrales nucleares y de urbanización de zonas vírgenes. Han obligado al gobierno a cambiar de rumbo o a variar sus planes en muchos aspectos. Han impulsado la revolución de los derechos de los propietarios y los inquilinos. Han controlado la actividad de docenas de órganos de la Administración.

———

Hemos visto una clase de respuesta social al problema del acceso a la justica por parte de aquellos que no tienen recursos adecuados. Los dos artículos que siguen nos recuerdan que la falta de acceso a la justicia es algo global, que esa falta resulta de muchas condiciones variadas, y que hay múltiples maneras de enfrentar esa tremenda necesidad. Aquí veremos que la geografía, en el primer ejemplo, y la cultura histórica, en el segundo, han creado necesidades especiales que requieren respuestas muy innovadoras.

Piense en otros ejemplos en que los servicios jurídicos (y otros) se han tenido que entregar de una forma poco convencional.

———

Justicia a Bordo: Un Tribunal Flotante en el Brasil

Shawn Blore, *Revista Américas*, Organización de los Estados Americanos, 1 de mayo de 2006,

Es un cerdo pequeño, que probablemente no pesa más de 18 kilogramos, pero cuando el alguacil se lo carga al hombro y comienza a caminar por el malecón de esta aldea de pescadores del Amazonas, profiere una cacofonía de gruñidos que atrae la atención de los residentes y espanta los pericos de las palmeras cercanas. Los chillidos continúan mientras el alguacil lo coloca cuidadosamente en el fondo de una lancha de aluminio y se aleja rápidamente, serpenteando por los canales del Amazonas hasta llegar a un pequeño juzgado anclado en el muelle de Vila Progresso.

"Está es la primera vez que he tenido que arrestar un cerdo", dice Sueli Pereira Pini, la jueza de cuarenta y seis años que preside el Barco de la Justicia, un juzgado de una sola sala ubicado en la cubierta superior de un barco que navega en un canal del archipiélago de Bailique, en la desembocadura del río Amazonas.

El barco, el juzgado y la jueza forman parte de un programa denominado Justicia Itinerante, creado por la jueza Pini en 1996 con el fin de acercar la estructura y los servicios del gobierno a las aisladas comunidades de la selva tropical del estado de Amapá. Casi como una isla, Amapá se encuentra rodeado por la ribera septentrional del río Amazonas y la Guayana francesa. Desde el Brasil, solo se puede llegar en barco o en avión, ya que la única conexión terrestre es un escarpado camino de tierra desde la Guayana.

Como coordinadora de juzgados especiales de Macapá, la capital del estado, la jueza Pini supervisa una jurisdicción que comprende más de 6.400 kilómetros cuadrados. La municipalidad de Macapá incluye numerosas comunidades situadas al final de precarios caminos de tierra y otros pequeños pueblos y aldeas amontonados cerca de la desembocadura del río más grande del mundo, a los que solo se puede llegar por agua.

Para los residentes de estas aisladas comunidades, el tiempo y el costo de un viaje a la capital suele dejar a la justicia lejos de su alcance. Para los pueblos a los que se puede acceder por tierra, el programa de Justicia Itinerante creó el Autobús de la Justicia, un juzgado instalado en un ómnibus que atiende a las comunidades más pequeñas de la municipalidad, a menudo celebrando audiencias en las plazas de los pueblos.

Para los más de seis mil habitantes del archipiélago de Bailique, la jueza Pini creó el Barco de la Justicia, un barco de estilo antiguo con un juez y empleados de justicia a bordo. Mes por medio, el barco viaja 200 kilómetros río abajo hasta las islas, donde permanece una semana celebrando juicios y emitiendo sentencias, que en este caso consistió en la incautación de un pequeño y voluble cerdo amazónico.

Por esta sentencia, los empleados del juzgado se burlan de Pini. Al salir de la sala durante un breve receso, la jueza observa que el cerdo ha quedado bajo el calcinante sol tropical y le indica al alguacil que ate la lancha a la sombra. Los secretarios comienzan a tomarle el pelo a la jueza y la acusan de secuestro de cerdo. Ella saca el código penal y comienza a buscar el estatuto correspondiente. Un fiscal sugiere que se condene al cerdo a la pena de muerte y se lo coman asado esa noche.

Aunque tentada por la idea de las costillitas de cerdo, la jueza Pini tiene una objeción: "En el Brasil no hay pena de muerte", declara. "Y no existe el habeas corpus para los porcinos".

El puerco fue incautado para saldar las deudas de un pescador que había estado comprando mercaderías a crédito en el almacén general. El dueño del almacén optó por aceptar el cerdo como forma de pago. Resolver el caso pacíficamente por medio de los tribunales, dice la jueza, evita que los problemas terminen en peligrosos altercados. Sin embargo, el caso del cerdo no es el ejemplo que la jueza quiere que se recuerde de su programa.

Un día de trabajo típico en el Barco de la Justicia comienza a las seis de la mañana, aproximadamente media hora después del amanecer. Los fiscales, alguaciles y secretarios se levantan de sus hamacas y hacen fila para desayunar o para bañarse en una de las cuatro duchas del barco. Una hora más tarde, parten los equipos de médicos y odontólogos. Además de justicia y orden, el barco también ofrece servicios sociales en estas alejadas islas.

La dentista lleva una silla y tornos portátiles, empaste y todos los equipos necesarios. Para el mediodía ha rellenado media docena de muelas y extraído tres dientes. El equipo médico, que incluye un médico y dos enfermeras, realiza controles de rutina en los niños de la aldea y exámenes para detectar enfermedades más graves. Un trabajador social de la empresa municipal de aguas va de choza en choza enseñando a los aldeanos la manera de utilizar los sistemas de purificación de agua que les provee el gobierno.

Mucho antes de las ocho, se estiban las hamacas y objetos personales, se desocupan las cubiertas y se calzan las largas mesas de madera. Los empleados del juzgado instalan sus computadoras e impresoras portátiles y acomodan una pila de archivos prolijamente ordenados. Los primeros peticionantes del día comienzan a llegar en canoas y lanchas, o se acercan a pie por el malecón de madera que une las casas y los negocios en esta pequeña aldea ribereña.

Los casos preparados para el día incluyen varias disputas de pensión alimenticia de menores. Amapá es el segundo estado con mayor tasa de fecundidad del Brasil: 3,1 niños por mujer. En la municipalidad de Macapá, aproximada mente el 25 por ciento de esos niños son hijos de madres adolescentes.

En la lista de casos por juzgar, también se incluye un incidente de acoso sexual, una acusación de robo de ganado y otra de robo de patos, una disputa de límites de la propiedad y un pedido de matrimonio. Una de las innovaciones del programa de Justicia Itinerante es que el juez y el juzgado son competentes en varias ramas del derecho y pueden entender en asuntos de familia, comerciales y penales.

Las audiencias se llevan a cabo en una pequeña cabina cerrada, la única que tiene aire acondicionado. El primer caso del día es una demanda por pensión alimenticia, interpuesta por una madre de diecinueve años contra el padre de su hija de siete meses. No lo ha visto desde que quedó embarazada, dice, y el único apoyo que ha recibido consiste en varios paquetes de pañales y leche, entregados por la madre del muchacho. Éste, un joven de veinte años con aspecto infantil y bastante nervioso, aduce que la chica le tendió una trampa para quedar embarazada, que el bebé es problema de la madre y que, de todas maneras, él no tiene dinero.

El derecho de familia brasileño es draconiano. Las pensiones alimenticias equivalen a la mitad del salario mensual mínimo (alrededor de 64 dólares por mes), y si el padre no paga, el juez tiene la facultad de ordenar su arresto. Sin embargo, la jueza Pini considera que su papel es no solo aplicar la ley sino también aconsejar. Para que la ley surta efecto en lo alejado del bosque, dice, los jueces tienen que ser flexibles.

Lo primero que pide es ver al bebé. La madre la levanta y la jueza la arrulla por unos momentos. Pini, madre de cuatro hijos, tiene debilidad por los niños. "Más allá de lo que sienten ahora", le dice a la pareja, "claramente en algún momento tuvieron una relación, y esta bebe es el fruto de esa relación. Ahora los dos tienen que empezar a pensar en ella".

Pregunta al padre cuánto cree que puede pagar. Diez reales (4,5 dólares) como mucho, dice. Bien, concluye la jueza, fijemos la pensión en cuarenta reales (18 dólares). "Además", continúa, quiero que tú mismo entregues el dinero. Deja de esconderte detrás de tu madre. Esta pequeña te necesita". También decreta que el joven tenga la custodia de la niña dos fines de semana por mes. Volverá en dos meses para verificar que está cumpliendo la orden. Ser flexible, parece, no significa ser supino.

Los casos continúan a lo largo de todo el día. Mientras tanto, en la cubierta superior, un equipo del registro civil de Macapá atiende a personas que han perdido sus documentos. Éste es otro de los servicios ofrecidos por el Barco de la Justicia y tiene una importancia fundamental en un país en el que hasta la interacción más básica con el gobierno requiere dos o tres formas de identificación.

Francisco Almeida da Souza, un pescador que necesita nuevos documentos de identidad, se acerca al muelle en una canoa cubierta de cuatro metros. La pequeña cabina cerrada es su único hogar, que comparte con dos perros y todo su equipo de pesca y cocina. Perdió todos sus documentos hace algunos años cuando su barco se dio vuelta durante una tormenta.

En las partes más civilizadas del Brasil, una persona en la situación de Souza podría pasar semanas para restablecer su identidad. Aquí, las condiciones fronterizas exigen consideraciones especiales: la fecha de nacimiento y algunos registros establecen que el hombre es quien dice ser, y en menos de media hora Souza vuelve a ser un ciudadano documentado. Satisfecho, camina lentamente hacia su pequeña embarcación, sube a sus animales a bordo, cuidadosamente les lava y les seca las patas, los hace entrar a la cabina y se marcha. Más entrada la tarde, el alguacil entrega el cerdo incautado a su nuevo dueño. El Barco de la Justicia zarpa hacia la aldea de Livramento.

Ubicada en un angosto canal con régimen de mareas, cuando la marea esta baja Libramento está separada de la vía navegable más cercana por aproximadamente 800 metros de resbaladizos y lodosos bajíos.

En lugar de celebrar las audiencias en el barco, la jueza opta por establecerse en el centro comunitario de la aldea, una plataforma abierta construida sobre pilotes sobre el lodo, con un techo de hojas de palmera para protegerse del sol y la lluvia. Aquí la jueza escucha el caso del día: un típico conflicto de límites.

Las tres personas involucradas son propietarias de tintas adyacentes en una isla cercana situada río abajo. Durante los últimos años, los sedimentos depositados por el río han aumentado el tamaño de la isla en varias docenas de hectáreas. Los tres campesinos reclaman la nueva tierra como propia y los tres la han poblado de búfalos como forma de sustanciar su reclamo.

La jueza ha traído un perito catastral, que ha medido el nuevo terreno y producido un informe. Sin embargo, antes de revelar sus conclusiones, permite que los campesinos presenten sus argumentos, que son fuertes y emotivos y giran en torno a quién puso las primeras cercas. Pini escucha los argumentos hasta que parece que los hombres comienzan a cansarse y presenta su propia opinión para la sentencia.

"El informe que tengo de mi perito", dice a los campesinos, "muestra que ninguno de los argumentos que ustedes han presentado es particularmente convincente. Además, hay dos discrepancias y ambigüedades en los límites de sus propiedades". De manera que, continúa, "pueden proceder con su reclamo, en cuyo caso tendré que ordenar una nueva medición de sus tierras, lo que posiblemente será costoso y producirá resultados no agradables, o podemos resolver esto ahora acordando dividir la tierra en partes iguales". Su sugerencia suena tan razonable que los hombres acuerdan aceptarla.

La última y más agradable tarea del día es una boda. Se trata de una pareja veinteañera que ya tiene un hijo, pero como el juzgado más cercano está tan lejos, nunca tuvieron la oportunidad de formalizar su unión. Con un sencillo vestido blanco y seguida por una multitud de niños y empleados del Barco de la Justicia, la novia camina por el malecón bajo el techo de palmas donde la espera el novio y la jueza. En preparación para la boda, alguien ha traído un pasa-cintas, y en esta alejada comunidad sin electricidad al borde de la selva tropical amazónica, la celebración culmina con una canción de Celine Dion.

———

Justicia Flotante Sobre una Isla de Juncos

Teresa Rodríguez, en *Reforma en Marcha*, Lima, Perú - Año III - No. 24 - Febrero de 2009,

La última novedad de la justicia peruana no es un potente instrumento informático, sino la creación de un juzgado de paz flotante, único en América, construido a base de cañas de totora sobre el Lago Titicaca y al que el juez y los litigantes solo pueden llegar en canoa.

Este peculiar tribunal ha dado nombre a la isla sobre la que se ubica. "Isla de la Justicia" -una de las 51 islas artificiales del Titicaca- y se ha convertido en todo un acontecimiento y pilar de esperanza para los habitantes de la zona, los Uros, que hasta ahora vivían atemorizados por costumbres ajenas a su comunidad.

El recién nombrado juez de paz. Carlos Lujano, explica la filosofía que aplica en este peculiar tribunal: "Mi función no consiste tanto en conocer las leyes peruanas, sino en aplicar nuestra verdadera ley que es la palabra".

Marta Cabildo Durán, esposa del alcalde del poblado Uros- Chulluni y residente en la isla desde que nació hace 39 años, alaba la iniciativa: "Para nosotros la instalación de este juzgado es muy importante, ya que nos va a permitir resolver nuestros problemas de acuerdo a nuestras tradiciones".

Son 500 familias descendientes de una de las comunidades más antiguas de América, los Uros, que habitan desde tiempos inmemoriales en el Titicaca, el lago navegable más alto del mundo, ubicado a 3.800 metros sobre el nivel del mar en la región de Puno, y que comparte Perú con Bolivia. Una etnia que se distingue por su piel oscura y un exceso de glóbulos rojos que le permiten adaptarse a la falta de oxigeno propia de zonas muy elevadas y al clima extremo del altiplano andino -donde se halla el lago- con grandes variaciones de temperatura entre el día y la noche.

Pero los Uros no sólo han sobrevivido a las inclemencias del tiempo, sino que han mantenido su forma de vida a lo largo de los siglos despertando el interés de expertos y turistas de todo el mundo que acuden en centenares cada semana para conocer las costumbres ancestrales de este poblado.

Por esta razón se ha instaurado este juzgado y desde hace dos semanas el juez de paz -elegido democráticamente por los pobladores de la isla- imparte la ley de acuerdo a las costumbres y usos del medio centenar de islas y de una pequeña parte de la ribera del lago llamada Chulluni, donde también se ha instalado otro tribunal.

Según destaca Marta, antes de la creación de este juzgado ella y sus paisanos "vivían intranquilos y escondidos en las islas" porque estaban "enemistados" con las autoridades de la Reserva Nacional del Titicaca y temían ir a la ciudad (Puno) para resolver sus asuntos.

Lo cierto es que este juzgado ha supuesto un gran paso para la comunidad, pese a tratarse de una pequeña choza de aproximadamente quince metros cuadrados hecha a base de totora sin más adorno que una de las coloridas y típicas esteras que tejen las mujeres de las islas.

En este pequeño habitáculo no hay ordenadores, líneas de teléfono ni archivadores: sólo dos mesas (una para el juez y otra para su ayudante) y unas cuantas sillas para los querellantes. Pero los Uros parecen estar más que satisfechos, ya que a los diez días de funcionamiento del juzgado ya eran cinco los pleitos presentados.

Según el juez de paz, hasta ahora los casos tratados son disputas por dinero o tierras (en la zona de Chulluni) y por la natural fragmentación de estas islas de totora, con el consecuente desplazamiento de los restaurantes u otros bienes erigidos en ellas.

Lujano añade también los conflictos con algunos guías turísticos que, en ocasiones, dirigen a los visitantes a determinadas islas, donde previamente les han pagado un suplemento económico, dejando sin turistas, y por tanto sin ingresos, a los Uros de las isletas que no entregan ese dinero extra.

El juez reconoce que la ancestral ley de la palabra que distribuía a los turistas para que sus beneficios alcanzasen a todos los habitantes, ya es insuficiente, y los Uros le han pedido que consigne por escrito el reparto del maná del turismo.

Para su función, Lujano apenas cuenta con un par de libros penales y registros notariales obsequios de la Oficina de Apoyo a la Justicia de Paz (ADAJUP) de Puno, puesto que no es licenciado en derecho, pero asegura que estas carencias las suple con un profundo conocimiento de la población que flota sobre los juncos.

D. CLIENTES Y ABOGADOS

Es una de las relaciones más importantes, y más reglamentadas, de nuestra sociedad. Tanto el abogado como el cliente debe seguir una serie de reglas de comportamiento, muchas de las cuales se encuentran en los documentos sobre la ética profesional. Y tanto el abogado como el cliente tiene expectativas, a veces realistas y a veces no, sobre el papel que ha de jugar cada uno de ellos, el tipo de resolución de problemas que busca, y el precio de los servicios.

Las primeras seis lecturas que siguen presentan varios aspectos que entran en juego al establecer la relación abogado/cliente: los detalles que debe comprender la persona que busca un abogado; los derechos y las obligaciones del cliente; los honorarios del abogado; las obligaciones con el cliente pro bono; y las expectativas más comunes del cliente.

Cómo Encontrar y Trabajar con un Abogado
Las Cortes de California

Si tiene un problema legal y no sabe cómo resolverlo, quizás quiera contratar a un abogado. Hay muchas maneras de encontrar un abogado que lo pueda ayudar en su caso:

Servicios certificados de remisión a abogados o su colegio de abogados local

Puede llamar al servicio de remisión de abogados de su condado o al colegio de abogados de su condado (que cuenta con un servicio de remisión a abogados u otro tipo de información) para obtener ayudar para encontrar un abogado.

Agencia de ayuda legal

Si no tiene los medios para pagar un abogado, es posible que pueda obtener ayuda gratis o de bajo costo para casos no penales recurriendo a un programa de servicios legales. Ello dependerá de sus ingresos y de la naturaleza de su problema legal.

También puede consultar las páginas blancas de su directorio telefónico para encontrar una organización de ayuda legal cerca de usted. Si consulta su directorio telefónico u otros directorios, tenga cuidado porque algunas organizaciones se hacen llamar "ayuda legal" (o "legal aid" en inglés) pero en realidad no lo son. Si tiene dudas, llame al colegio de abogados o al servicio de remisión a abogados de su zona para confirmar.

Directorio de especialistas legales certificados

Para algunos tipos de casos, es posible que necesite un abogado muy experimentado en un área particular del derecho. El Colegio de Abogados tiene una lista de abogados que son especialistas certificados en ciertas áreas del derecho. Un abogado puede ofrecer sus servicios como especialista certificado sólo si ha obtenido una certificación del Colegio de Abogados o una organización acreditada por el Colegio de Abogados para otorgar una certificación.

Asistentes legales o asistentes de documentos legales

Los asistentes legales o asistentes de documentos legales son un buen recurso para preparar muchos de los formularios que necesita para un caso de derecho familiar y otros tipos de casos. PERO no han asistido a la facultad de derecho. No están calificados para brindarle asesoramiento legal y, por ley, no le pueden dar asesoramiento legal. Sólo pueden hacer lo que usted les diga que hagan. No están capacitados para identificar problemas potenciales.

Recomendaciones

Pregúnteles a sus amigos, compañeros de trabajo y empleadores si conocen a abogados con experiencia en el tipo de problema que tiene. Si usted conoce a algún abogado que practica en otras áreas del derecho, le puede preguntar si conoce a alguien para recomendarle en el área con la que necesita ayuda. Personas de negocios o profesionales, como banqueros, pastores, médicos, trabajadores sociales y maestros también son una buena fuente de remisiones.

Planes de servicios legales pre-pagados

Es posible que sea miembro de un plan de servicios legales grupales pre-pagados por medio de su empleador, sindicato o unión de crédito. En general, los planes más básicos brindan asesoramiento legal y consultas por teléfono, y también pueden brindar consultas breves en la oficina, revisión de documentos legales simples, preparación de un testamento simple, y cartas breves o llamadas telefónicas del abogado a la parte opuesta. Otros planes pueden ofrecer servicios más amplios. Averigüe si pertenece a un plan.

Avisos y anuncios

Las páginas amarillas de su directorio telefónico y los avisos o anuncios en los periódicos le pueden proporcionar información sobre un abogado en particular. Algunos abogados y firmas legales anuncian sus servicios en la Internet. Las mismas leyes que gobiernan la publicidad en medios impresos, radio, televisión y otros medios de comunicación también se aplican a la Internet. Además, algunos abogados forman una alianza y anuncian sus servicios como grupo.

Contratar a un Abogado

Si lo demandan en la corte civil o lo acusan de haber cometido un delito penal, por ejemplo, un abogado le puede ayudar a comprender cuáles son sus derechos, y los puntos fuertes y débiles de su caso. Un abogado sabe las reglas y procedimientos a seguir para alegar su caso ante la corte. Y un abogado puede ser crítico para presentar exitosamente su versión de los hechos ante un juez o jurado.

Un abogado le puede ayudar a obtener un divorcio, presentar un pedido de quiebra o escribir un testamento. O si sufrió lesiones graves o fue maltratado, un abogado le puede ayudar a presentar una demanda. Algunos abogados pueden ayudarlo con una variedad de problemas legales; otros se especializan en ciertas áreas del derecho.

Algunos tipos de casos son tan complicados que es casi imposible que una persona que no sea abogado pueda manejarlo por sí misma, como por ejemplo las apelaciones y los casos de mala praxis médica.

Los abogados también son muy útiles para prevenir problemas legales más adelante. Un asesoramiento legal preventivo le puede ahorrar tiempo, problemas y dinero, al evitar los problemas antes de que se produzcan. Por ejemplo, si va a firmar un contrato con otra persona, puede convenirle que un abogado le ayude a escribir el borrador o revisar el contrato antes de firmarlo, para protegerse en caso de que ocurra algo imprevisto. Además, le conviene hablar con un abogado antes de formar una empresa nueva para elegir la mejor manera de establecerla y evitar problemas financieros más adelante.

Para algunos tipos de casos tiene que tener un abogado. Una de las partes de un juicio en general tiene que ser representada por un abogado cuando no se trata de un caso de reclamos menores Y dicha parte es una corporación, sociedad de responsabilidad limitada o asociación no incorporada; es un fiduciario, un fiduciario testamentario, o representante personal o un tutor ad litem; o si es algún tipo de representante fiduciario, como un tutor de adultos o de menores en ciertas situaciones. Si cree estar en alguna de estas situaciones, obtenga asesoramiento legal para averiguar si se puede representar a sí mismo o tiene que ser representado por un abogado.

Una vez que decida contratar a un abogado, tendrá que tratar de contratar al abogado que más le convenga para el tipo de problema legal que está teniendo.

Cómo Elegir un Abogado

Primero, antes de reunirse con su abogado, examine sus antecedentes y expedientes disciplinarios en la página web del Colegio de Abogados. Confirme que el abogado tenga una licencia al día del Colegio de Abogados.

Cuando se reúna con su abogado, tiene que hacerle varias preguntas para saber exactamente qué es lo que va a hacer por usted y cuánto le va a costar. Después tendrá que decidir si este es el abogado que más le conviene.

Hay ciertas preguntas clave que debería hacerle al abogado en su primera reunión:

¿Qué experiencia tiene en este campo? ¿Ha manejado casos como el mío anteriormente?

¿Cuándo es la última vez que manejó un caso como el mío?

¿Cuáles son los pasos que hay que tomar en mi caso? ¿Cuáles son los posibles resultados de mi caso?

¿Cuáles son los pasos que hay que tomar en mi caso? ¿Cuáles son los posibles resultados de mi caso?

¿Cómo me mantendrá informado del progreso de mi caso?

¿Quién más trabajará en el caso: un abogado asociado, asistente legal, paralegal? (Si otro abogado manejará en mayor parte su caso, pregunte si lo puede conocer.)

¿Cuánto cobra por su tiempo y el tiempo de su personal? ¿Cobra por hora, un honorario fijo o en forma contingente? ¿Necesita que le pague un anticipo a cuenta de sus servicios?

¿Qué otros gastos habrá, y cómo se calculan?

¿Qué se puede hacer para reducir los honorarios y costos? (Los costos incluyen las llamadas telefónicas, fotocopias, ayuda administrativa, cuotas de la corte, gastos de viaje, etc.)

¿Me puede dar una estimación por escrito?

¿Con qué frecuencia me enviará una factura?

¿Cómo me puede ayudar usted? ¿Puedo hacer yo parte del trabajo? ¿Qué otra información necesita?

¿Qué alternativas tengo? ¿Es apropiado en mi caso ir a arbitraje o mediación?

Si no comprende algo, no dude en solicitar una explicación más simple. Si decide que quiere contratar a un abogado para manejar sólo partes de su caso (esto se llama representación de alcance limitado, y se describe en detalle en la próxima sección), pregúntele al abogado si estaría dispuesto a representarlo sólo en ciertas partes del caso. Si esta es su situación, lea nuestra sección sobre la representación de alcance limitado.

Una vez que reciba respuestas a sus preguntas, pregúntese usted lo siguiente:

¿Se sentirá cómodo trabajando de cerca con este abogado?

¿Cree que el abogado tiene la experiencia y habilidad necesarias para hacerse cargo del caso?

¿Comprendió la explicación del abogado sobre lo que hay que hacer en su caso?

¿Sus honorarios son razonables?

Si responde que sí a estas preguntas, será momento de contratar a su abogado. Esté seguro que comprenda el acuerdo antes de firmarlo. Si no se siente cómodo con alguno de los términos, NO lo firme. Y si no puede resolver el desacuerdo, quizás le convenga buscar a otro abogado.

Cómo Comprender los Honorarios Legales

Los abogados cobran por sus servicios de distintas maneras. Es importante que aclare bien cuáles son los términos de los honorarios que le va a pagar a su abogado.

Métodos de pago de honorarios

<u>Honorario fijo (también llamado "honorario estándar")</u>: El honorario fijo es el método más común en cuestiones legales rutinarias. Por ejemplo, un abogado puede cobrar a todos sus clientes la misma cantidad de dinero para escribir un testamento simple o un divorcio sin disputa. Antes de aceptar

un honorario fijo, averigüe qué incluye y qué no incluye. Averigüe también si se pueden llegar a agregar otros cargos a la factura.

Honorario por hora: Algunos abogados cobran por hora, y el monto puede variar de un abogado a otro. Pídale al abogado que estime la cantidad de tiempo que tomará su caso, pero esté preparado para que el caso demore más tiempo que lo que estimó el abogado inicialmente.

Anticipo sobre los honorarios: Un anticipo es un pago por adelantado de los servicios legales que va a necesitar el cliente. Esto quiere decir que los honorarios legales se restarán del anticipo hasta que se agote. El abogado después le facturará por cualquier tiempo adicional que utilice en su caso o le pedirá que renueve el anticipo.

A veces, el pago del anticipo es una manera de que el abogado esté a su disposición para manejar sus problemas legales durante un periodo de tiempo. Ciertos tipos de trabajo legal pueden estar cubiertos por el anticipo, mientras que otros serían facturados en forma separada. Los anticipos de honorarios se pueden usar para garantizar que un abogado esté disponible para un caso en particular. Esto quiere decir que el abogado tendría que rechazar otros casos para poder estar disponible. Con este tipo de acuerdo de anticipo, el cliente tiene que pagar además por el trabajo legal que realice el abogado.

Honorario de contingencia: Este tipo de honorario se usa con frecuencia en casos de accidentes, lesiones personales o de otro tipo cuando se demanda a alguien por dinero. Quiere decir que le pagará al abogado un cierto porcentaje del dinero que reciba si gana el caso o llega a un acuerdo fuera de la corte. Si pierde, el abogado no recibirá un honorario. Ya sea que gane o pierda, tendrá que pagar los costos de la corte y ciertos otros gastos. Y, dependiendo de la situación, estos cargos pueden ser muy altos. Pídale al abogado una estimación de estos costos.

Si acepta pagar un honorario de contingencia, verifique que el acuerdo escrito sobre el honorario especifique el porcentaje para el abogado, y si dicho porcentaje se calculará antes o después de deducir los otros costos. Esto puede hacer una gran diferencia.

Honorario reglamentario: Ciertos costos de trabajo legal testamentario y de otro tipo se fijan por ley (o reglamento). Para ciertos otros problemas legales, la corte establece o tiene que aprobar el honorario a pagar.

Gastos de bolsillo

El abogado le cobrará los costos de su caso, además de sus honorarios. Usted será responsable por pagar estos costos aunque el caso no sea exitoso. Los costos se pueden acumular rápidamente. Le conviene pedir a su abogado una estimación escrita de los costos del caso.

He aquí algunos costos típicos:

- Cargos del taquígrafo de la corte para declaraciones juradas, juicios y transcripciones escritas.

- Costos de copia, fax y llamadas telefónicas de larga distancia.

- Honorarios de expertos y consultores.

- Cuotas de presentación, que hay que pagar antes de poder presentar documentos legales ante la corte.

- Honorarios de jurado y costos de viaje del jurado en casos civiles.

- Costos de franqueo, estafeta y mensajería para enviar documentos por correo, por encomienda o personalmente, ya sea a usted o a otras partes involucradas en su caso.

- Honorarios de entrega legal para localizar a las partes y a los testigos y entregarles documentos legales.

- Costos de servicios administrativos en la oficina del abogado.

- Gastos de viaje del abogado cuando viaja en nombre del cliente.

- Honorarios de testigos y cargos por milla.

También es posible que su abogado le cobre por otros costos. Es importante que comprenda todos los costos por los que será responsable.

Cómo Trabajar con su Abogado

Para formar un buen equipo entre abogado y cliente, asegúrese de:

- Que usted y su abogado tengan el mismo objetivo.

- Comprender y sentirse cómodo con el estilo de trabajo del abogado. Pídale al abogado un cronograma claro de lo que va a ocurrir en su caso: cuándo puede esperar que se produzcan eventos significativos y cada cuánto se pondrá el abogado en contacto con usted.

- Proporcionarle al abogado la información y documentos necesarios para comprender su caso.

- Comprender y estar de acuerdo con la manera en que el abogado factura sus servicios.

Si tiene preguntas o preocupaciones sobre su caso legal, consulte con su abogado y escuche sus respuestas. Si a pesar de ello sigue sin aclarar sus dudas, muchos colegios de abogados locales cuentan con programas de relaciones con el cliente que lo pueden ayudar a comunicarse efectivamente con su abogado.

———

Declaración de los Derechos de los Clientes
New York State Bar Association

1. Usted tiene el derecho a que todo el tiempo sea tratado con cortesía y con respeto por su abogado, y por todos los empleados en la oficina de su abogado.

2. Usted tiene el derecho a que su abogado esté capacitado para manejar sus asuntos legales de una forma competente y diligente de acuerdo con los más altos niveles establecidos de servicio profesional. Si usted no está satisfecho con la forma en que su abogado está manejando su caso, usted tiene el derecho en cualquier momento de anular la relación de cliente-abogado (el apruebo de la corte puede ser necesario en ciertos casos o en casos donde su abogado ha puesto una demanda en contra suya por el valor de los servicios que se hayan proveído hasta el punto en que se anuló la relación de cliente-abogado).

3. Usted tiene el derecho a que el consejo de su abogado sea independiente, profesional y juicioso, y a tener la lealtad de su abogado libre de cualquier conflicto de interés.

4. Usted tiene el derecho a que se le cobre un honorario razonable y a que su abogado le explique desde un principio como se va a determinar un cargo y en qué forma y con qué frecuencia se le enviarán las facturas de cobro. Usted tiene el derecho de pedir y de recibir una factura detallada de su cuenta a intervalos razonables. Usted puede rehusarse a aceptar cualquier arreglo financiero que le parezca inadecuado. En el caso de que se disputen ciertos cargos, usted tiene el derecho de solicitar mediación; su abogado le proveerá con la información necesaria acerca del arbitraje en el caso de que exista una disputa, o en caso de que usted la solicite.

5. Usted tiene el derecho a que sus preguntas o asuntos sean manejados con prontitud, y a que sus llamadas telefónicas sean devueltas con rapidez.

6. Usted tiene el derecho a que se le mantenga informado acerca del estado de su caso y a pedir y a recibir copias de documentos relacionados con su caso. Usted tiene el derecho a recibir suficiente información acerca de lo que está aconteciendo para que usted pueda participar de una forma productiva en el desarrollo de su asunto legal.

7. Usted tiene el derecho a que su abogado respete los objetivos legales de su caso, incluyendo si su demanda se vaya o no se vaya a satisfacer con un acuerdo extrajudicial (en ciertos casos, si se va a declarar un acuerdo extrajudicial es necesario que sea aprobado por la corte).

8. Usted tiene el derecho a que sus asuntos privados sean tratados de una forma confidencial y respetuosa, y a que sus secretos y confidencias sean preservadas al extremo permitido por ley.

9. Usted tiene el derecho al comportamiento ético de su abogado en todos los aspectos referentes a sus asuntos y de acuerdo con el Código de Responsabilidad Profesional de Abogacía.

10. Usted tiene el derecho a ser representado legalmente, y no se le puede negar o rehusar representación legal basada en su raza, credo, color, edad, religión, sexo, orientación sexual, su origen nacional o por estar deshabilitado.

Declaración del las Responsabilidades de los Clientes
New York State Bar Association

Los sellos distintivos entre las relaciones de abogados y sus clientes son la confianza, la cortesía y el respeto mutuos. Dentro de esa relación el cliente espera que su abogado le provea con su experiencia, su educación, con consejo juicioso, con amparo o protección legal, y con ser defendido y representado legalmente. Estas expectativas pueden ser realizadas únicamente si el cliente satisface las responsabilidades enumeradas abajo:

1. Se espera que el cliente trate al abogado y al personal de su ofician con cortesía y respeto.

2. El cliente debe de ser totalmente honesto con su abogado en todo lo referente a su caso y debe de informarle de todos los detalles y las circunstancias de su caso aún si esta información puede ser perjudicial o aún cuando el cliente crea que esa información sea poco favorecedora.

3. El cliente debe de honrar los honorarios legales que han sido estipulados en un contrato de acuerdo con la ley.

4. Todas las facturas que se presenten por servicios proveídos de acuerdo con este contrato legal deben de ser resueltos prontamente.

5. Si el cliente desea terminar la relación con su abogado, lo puede hacer proveyendo que cumpla con todas las obligaciones financieras pendientes de acuerdo con el contrato legal, y bajo ciertas circunstancias con el acuerdo de la corte.

6. Aún cuando el cliente espera que su correspondencia, sus llamadas telefónicas y otra comunicación deben de ser contestadas dentro de un tiempo razonable, el cliente debe de reconocer que su abogado tiene también otros clientes que demandan lo mismo de él y consecuentemente su respuesta puede tomar un poco de tiempo.

7. El cliente debe de mantenerse en contacto con su abogado, avisarle de cualquier cambio en dirección o número telefónico y responder rápidamente cuando su abogado requiera de usted su cooperación o información.

8. El cliente debe de reconocer que su abogado está obligado a respetar únicamente los objetivos legales de su caso, y que su abogado no se puede poner en la posición de promover o de proponer situaciones que sean ilegales, que no sean profesionales, que sean contra la ley o contra el Código de Responsabilidad Profesional de Abogacía.

9. El abogado puede rehusar su caso si este abogado tiene conflictos profesionales u otras obligaciones las cuales no le permitan tener el tiempo disponible de representarlo adecuadamente.

10. Su abogado no está bajo ninguna obligación de aceptar a un cliente si él determina que el caso que se le ofrece no tiene mérito legal, si tiene un conflicto de interés, o si cree él que no pueda tener una relación harmoniosa con el cliente.

———

Los Abogados y Sus Honorarios
State Bar of Arizona

La relación personal entre un cliente y su abogado cumple con las necesidades del cliente y es una relación que enriquece tanto al abogado como a su cliente. A veces sin embargo, pueden surgir desacuerdos en torno a los honorarios que quiere cobrar el abogado. Cuando ocurre esta situación, puede ser de ayuda saber que el State Bar of Arizona le ofrece una forma de resolver estos desacuerdos. Este servicio es gratis.

ACUERDO DE HONORARIOS

Por lo general, el abogado y su cliente llegan a un acuerdo mutuo acerca de los honorarios que se cobrará por los servicios del abogado. A partir del 1ero de diciembre de 2003, en la mayoría de los casos los abogados deben comunicarles a sus clientes por escrito la cifra base o tarifa básica de sus honorarios.

Los clientes deben recibir esta información de honorarios por escrito. En caso de que el honorario dependa del resultado de un asunto legal o si el honorario se comparte entre varios abogados, el cliente también debe firmar el acuerdo de honorarios. No se requiere un acuerdo por escrito en el caso de clientes que utilizan los servicios del abogado regularmente si la tarifa por hora será la misma cobrada para otros casos. De cualquier manera, el abogado debe notificar los cambios de honorario por escrito. Si el abogado declara en el acuerdo que una tarifa, un honorario anticipado u otro pago recibido de un cliente se "cobra cuando se recibe," ó "no está sujeto a devolución" o una declaración similar, el abogado debe también avisarle al cliente por escrito que el cliente puede decidir terminar con la relación en cualquier momento y que es posible que todo o parte del honorario esté sujeto a devolución.

DESACUERDOS EN CUANTO AL PAGO DE HONORARIOS

Cuando surgen desacuerdos tocantes la cantidad que se debe pagar en concepto de honorarios, por lo general, el Departamento de disciplina del State Bar no interviene para investigar. Lo que hace el State Bar es ofrecer un programa de arbitraje con un proceso gratis para resolver estas disputas. El Programa de arbitraje de honorarios es de participación voluntaria; para que el arbitraje sea de cumplimiento obligatorio, tanto el abogado como el cliente deben estar de acuerdo con el proceso de arbitraje.

INFORMACIÓN ACERCA DE LAS DISPUTAS EN CUANTO A HONORARIOS

Si usted no está de acuerdo con los honorarios cobrados por su abogado, puede disponer del Programa de arbitraje de honorarios. Este es un programa gratis y de participación voluntaria en el cual se le asigna un árbitro que determinará cuál es una cantidad razonable que el abogado le puede cobrar en concepto de honorarios en consideración con los servicios legales ofrecidos por el abogado. La cantidad disputada deber ser de $500.00 ó más, y el pedido de arbitraje debe someterse dentro de los tres años contados a partir de la fecha en que terminó la relación de colaboración entre el cliente y el abogado. Tanto el cliente como el abogado deben estar de acuerdo en someter el caso a un árbitro, firmando un acuerdo de arbitraje. Asimismo, este programa de arbitraje se ofrecerá sólo en el caso de que no haya un litigio aún sin resolver tocante la disputa de honorarios cobrados.

———

Representación Pro Bono: Puntos Para Abogados Voluntarios

New York City Bar Association

Probablemente usted es el primer abogado que su cliente ha tenido. Aquí están algunas guías generales que pueden ser de gran ayuda. Por favor tenga en mente que puede ser que usted y su cliente tengan un convenio inusual, por lo tanto es muy importante dialogar con su cliente y explicarle la relación abogado-cliente así como cualquier acuerdo en particular. También recuerde que puede ser un poco incómodo para su cliente plantear asuntos como el pago de honorarios y de costos, o divulgar información confidencial o similar. Procure hacer que su cliente se sienta tan cómodo como sea posible. Una forma de intentar esto es siendo usted quien plantea los temas delicados. Por favor, anime frecuentemente a su cliente a que haga preguntas.

¿Qué documentos debo pedir que mi cliente traiga consigo cuando me reúno con él/ella?

Tómese un momento para recordarle a su cliente de traer todos los documentos relacionados que él/ella tiene. Refiérase no sólo a los "documentos," sino también al "papeleo," todas las defensas y sumisiones de cualquier corte y órdenes emitidas por las cortes. Si su cliente habló previamente con otro abogado, pídale que traiga todos los documentos y correspondencia que él intercambió con el abogado. También usted puede comunicarse directamente con el abogado anterior para confirmar que tiene el expediente completo. Es también de gran ayuda pedir información específica sobre cualquier información de contacto que el cliente pueda tener de alguna de las partes contrarias, posibles testigos, agentes policiacos o gubernamentales relacionados al caso, así también como de algún familiar o amigo que pueda ayudarle a ponerse en contacto con su cliente si fuera necesario.

¿Qué debo decir al cliente sobre confidencialidad?

Tenga presente que es posible que su cliente no alcance a entender el concepto de privilegio entre abogado-cliente. Por lo tanto, él/ella puede que no entienda que se arriesga a perder el privilegio si revela a otras personas su comunicación con usted; por otro lado puede ser posible que él/ella no esté enterado de sus obligaciones éticas con respecto a mantener sus confidencias y secretos. Tómese un momento al principio de su relación con el cliente para explicar este tema. Esté seguro de recordar periódicamente a su cliente sobre el alcance del privilegio y las implicaciones de relevarlo del mismo. Por ejemplo, usted puede aceptar o aprobar que su cliente comente a su familia y amigos sobre una decisión del tribunal que sea una cuestión de expediente público. Otro ejemplo: puede recordarle a su cliente que él/ella no debe discutir con otros el consejo que usted le dio. Considere también recordarle a cualquier intérprete que hay ciertos asuntos que son privilegiados, o confidenciales.

¿Necesito una carta de retenedor o una carta de contrato?

Esto se puede determinar por medio de las guías éticas aplicadas en la jurisdicción en la cual usted practica. Aún cuando tal carta no se requiera, es útil presentar en el contrato con su cliente, sus expectativas (como por ejemplo a obligaciones tales como ser veraz con usted, de cooperar, y de intentar presentarse a tiempo para las citas), la ausencia de cualquier conflicto de interés percibido y la comprensión de que habrá notificación mutua si usted o el cliente se entera de tal conflicto, los arreglos con respecto a honorarios y costos, y circunstancias cuando puede ser permitido terminar la relación. Tener tales materias resumidas por escrito promueve claridad, y también proporcionan mayores oportunidades para que el cliente, a su conveniencia, repase y reflexione sobre los términos que aparecen en la carta de contrato.

¿Puedo esperar que el cliente pague mis honorarios o costos?

Generalmente, cuando un abogado acuerda representar a un cliente Pro Bono es porque él/ella no está en una condición financiera para pagar servicios legales, por lo tanto no se espera que el cliente pague por los honorarios. Por lo general, un abogado Pro Bono no espera que el cliente pague los gastos por adelantado. Tómese un momento y aclare sus expectativas con su cliente. Por ejemplo, si usted 2 quiere reservar el derecho de recuperar los gastos incurridos en un caso en el cual obtuvo un veredicto positivo, usted debe ser muy claro al respecto con su cliente (y, otra vez, es recomendable en tales circunstancias poner esto por escrito a su cliente y asegurarse si las regulaciones del Estado requieren esto por escrito).

Igualmente, si usted trabaja junto con otros abogados fuera de su grupo o compañía representando a un cliente de "Pro bono, usted deberá aclarar cualquier expectativa que puedan tener sobre la distribución de costos entre los abogados voluntarios.

¿Debo representar al cliente con respecto a todas sus necesidades legales?

Generalmente, un abogado Pro Bono acuerda representar al cliente con respecto a una necesidad en particular. La carta de retenedor o la carta de contrato puede detallar el alcance de su representación.

¿Cómo estaré en contacto con el cliente si él no tiene un número de teléfono o un correo electrónico?

Por favor tenga presente que la situación financiera de su cliente no se presta para que él/ella incurra en el costo de un teléfono, computadora o de un acceso al Internet. Asimismo, un cliente puede moverse de un sitio a otro o por una u otra circunstancia no tener acceso a la entrega postal o de mensajería. Discuta con su cliente la mejor manera de localizarle. Es decir, si puede ser posible que usted deje un mensaje con un amigo o vecino de confianza el cual pueda pasarle los mensajes. Su cliente puede hacer arreglos para un correo electrónico sin costo y hay lugares donde él/ella puede tener acceso al Internet y al correo electrónico sin costo alguno, usted puede sugerirle que él/ella vaya a una biblioteca pública para conseguir el acceso de Internet y que pida ayuda para iniciar un correo electrónico. Por favor tenga en mente que aún cuando su cliente tenga una línea telefónica, es beneficioso que sea usted el que inicie las llamadas telefónicas de modo que él/ella pueda evitar incurrir gastos.

¿Qué debo hacer si mi cliente no cumple sus citas conmigo?

Es de gran ayuda desde el principio explicar que cualquier falta de cooperación puede afectar en forma negativa el asunto en el que usted está trabajando. Cuando este coordinando citas con su cliente, puede instruirle que llame a su secretaria si él/ella no puede cumplir la cita o si va a llegar tarde. Explíquele que es muy importante llegar a tiempo a las citas en la corte y a otras reuniones de importancia. Igualmente, extienda la misma cortesía y notifique a su cliente lo más pronto posible si usted tiene que volver a programar una cita. Trate de ser flexible cuando coordine las citas con su cliente; puede ser que él tenga dificultad en reunirse con usted durante las horas de oficina. Por ejemplo, él tendría que renunciar a ingresos que ganaría si no hubiese tomado tiempo libre del trabajo para atender a una cita. Entienda, también, que aún las sumas aparentemente modestas, tales como precio de subterráneo ida-vuelta, pueden imponer una carga ante las finanzas de su cliente. Considere tomar medidas para reducir al mínimo el impacto financiero de tales costos.

¿Quién representa a mi cliente si yo dejo mi firma de abogados o la compañía donde trabajo?

Cuando usted asuma la representación de un cliente discuta si está haciéndolo en su capacidad individual o si es a través de su compañía. Le puede ser de gran beneficio consultar con el abogado Pro Bono o el coordinador Pro Bono si en su firma o compañía tienen a alguien actuando en esta capacidad. Recuerde, también, que aunque es éticamente permitido que se retire de una representación, puede que se le apliquen las reglas éticas.

––––––––

¿Qué es lo Menos que Puedo Esperar de mi Abogado o Abogada?
Enrique Silva Avilés, 1997

La conducta de los miembros de la profesión legal está gobernada por los Cánones de Ética Profesional y la interpretación que de éstos hace el Tribunal Supremo de Puerto Rico. Dichos cánones representan la conducta mínima que la sociedad espera de los abogados (el uso de la palabra "abogado" incluye también el género femenino). Desviarse de esa conducta esperada puede conllevar la imposición sanciones por el Tribunal Supremo puesto que dicho Alto Foro posee la jurisdicción disciplinaria sobre los miembros de la profesión.

Discutiré brevemente los deberes básicos que tiene un representante legal hacia su cliente. Como se podrá observar en el transcurso del artículo, muchos de esos deberes aplican desde antes de aceptar el caso y se extienden hasta luego de que la relación abogado-cliente ha concluido. Comencemos.

Un abogado no debe asumir una representación legal si sabe que no podrá rendir una labor competente y/o que la preparación adecuada para el caso provocará gastos o demoras irrazonables al cliente o a la administración de la justicia. Por ejemplo, si un abogado no conoce la manera de presentar una apelación, no debe aceptar una encomienda apelativa.

Antes de aceptar un caso, el abogado tiene que divulgar al posible cliente todas las circunstancias con las partes o terceras personas, al igual que cualquier interés personal en la controversia, que pueda influir en el cliente al decidir si escoge a ese representante legal. Por esta misma línea, el abogado no puede prometer al posible cliente ayuda financiera para gastos médicos o su subsistencia. Sin embargo, el representante legal sí podría adelantar el pago de los gastos necesarios del pleito, al igual que los gastos de investigación y exámenes médicos necesarios para una representación legal competente.

Un abogado tiene hacia el cliente un deber de lealtad completa. Por tal razón, no puede representar intereses encontrados con los de su cliente. Los cánones definen representar "intereses encontrados" cuando, en beneficio de un cliente, es deber del abogado hacer argumentos a los que debería oponerse en cumplimiento de sus obligaciones para con otro cliente. También se deriva de este deber de fidelidad la obligación de no divulgar secretos o confidencias del cliente, y la de adoptar las medidas adecuadas para evitar su divulgación. Obviamente, el abogado tampoco puede utilizar las confidencias del cliente en perjuicio de éste.

Sobre este asunto de las confidencias del cliente, es importante saber que un abogado no puede representar a un cliente en un asunto que esté sustancialmente relacionado al de otro cliente actual o anterior. Esto es conocido como la prohibición de tener una representación simultánea, o sucesiva, adversa. Esta prohibición persigue proteger que las confidencias y secretos que un cliente divulga, o ha divulgado, en una relación profesional no se utilicen en su contra. Con dicha prohibición categórica se fortalece la confianza del cliente en su abogado y se promueve que el cliente haga las divulgaciones necesarias para que lo representen adecuadamente.

La relación abogado-cliente es una de confianza y debe estar fundada en la honradez absoluta. Es por eso que un abogado no puede retener o dilatar la devolución de fondos que el cliente le haya confiado, ni tampoco debe mezclarlos con los suyos y, menos aún, puede el abogado usar dichos fondos de manera indebida. Obviamente, tampoco podría el abogado cobrar honorarios por adelantado y luego no llevar a cabo la gestión profesional que precisamente justificó el adelanto. El abogado debe defender a su cliente de forma capaz y diligente, desplegando su más profundo saber y habilidad. Sin embargo, eso no significa que puede hacer "cualquier cosa" por su cliente. El abogado debe siempre actuar dentro de la letra, propósito y espíritu de la ley. Es por eso que un representante legal no puede excusar su conducta impropia con el pretexto de que sólo seguía instrucciones de su cliente. Después de todo, el abogado debe seguir su conciencia, no la del cliente.

Las obligaciones de ser diligente al defender a su cliente y de no desatender el caso se mantienen aunque al abogado no le hayan pagado los gastos del litigio o los honorarios pactados. De igual forma, los cánones no permiten que un abogado pacte unos honorarios "bajos" con la idea de rendir esfuerzos mínimos. Consistente con eso, el mero hecho que un abogado maneje un caso gratuitamente no lo releva de que sus servicios sean competentes, diligentes y entusiastas. Todas las normas de este párrafo se basan en el principio de que la abogacía es una parte integral de la administración de la justicia y no un simple negocio con fines de lucro.

Durante la tramitación del pleito, el representante legal tiene la obligación de mantener al cliente oportunamente informado de todo asunto que surja en el caso. Claro, los asuntos objeto de esta última obligación son los asuntos importantes. Por ejemplo, si recae una sentencia adversa, al tratarse de un asunto importante, el abogado tiene la obligación de informárselo al cliente. Además, aunque como regla general y en ausencia de un acuerdo a tales efectos, un abogado no está obligado a apelar el caso, éste tiene al menos la obligación de asesorar oportunamente al cliente sobre el derecho de apelar y los métodos relativos a ese remedio.

Igualmente, el abogado tiene que notificar al cliente de cualquier oferta de transacción hecha por la otra parte, y debe aconsejar al cliente que evite o termine el litigio si la controversia es susceptible de un arreglo razonable. Además, el abogado tiene que consultar con el cliente cualquier duda que tenga sobre asuntos que no caigan en el ámbito discrecional del abogado. Luego de que se informen y/o consulten estos asuntos importantes, el abogado debe obedecer la decisión del cliente, siempre y cuando la ley lo permita. Esto incluye, obviamente, obedecer la decisión del cliente de transigir el caso.

Sobre los honorarios profesionales del abogado, es deseable que se llegue a un acuerdo al principio de la gestión profesional y que éste se reduzca a escrito, a pesar que esto último no es un requisito para la validez de dicho acuerdo. Los cánones no favorecen que los honorarios pactados sean "contingentes"—esto es, que el abogado cobre si gana el caso y en proporción a la cantidad concedida en la sentencia o transacción. Este tipo de arreglo de compensación contingente debe ser la excepción, y sólo se permite si dicho arreglo es beneficioso para el cliente o cuando éste lo prefiera después que el abogado le advirtió las consecuencias. Es sumamente impropio pactar honorarios contingentes en casos criminales.

Cuando se pacten honorarios contingentes, el por ciento a cobrar tiene límites impuestos por ley. Por ejemplo, si el demandante es un menor de edad o incapacitado, la porción para el abogado no puede exceder el 25%, a menos que el tribunal autorice un por ciento mayor que no excederá el 33%. Si fuese cualquier otra persona, la compensación contingente no podrá exceder precisamente ese 33%. Otro ejemplo de limitaciones legales sobre honorarios se da en muchas reclamaciones laborales. En esos casos, los abogados de los obreros no pueden cobrar honorarios a sus clientes sino que los honorarios los paga el patrono en la eventualidad que el obrero gane el caso (e.g., reclamaciones de salarios).

Por último, la renuncia a la representación legal es también un área delicada en la relación abogado-cliente. Un abogado no puede renunciar a la representación legal sin obtener primero permiso del tribunal, y debe solicitar ese permiso sólo si existe una razón justificada e imprevista para ello. Antes de renunciar, el abogado debe tomar todos los pasos necesarios para proteger los derechos de su cliente.

Esos pasos incluyen notificar sobre la renuncia al cliente, aconsejarle sobre la necesidad de buscar otro abogado, si aplica, concederle un término para que busque ese nuevo abogado, informarle sobre cualquier fecha límite que esté próxima a vencer y que pueda afectar su caso, informar la necesidad de cumplir con cualquier otra disposición legal pertinente y notificar al tribunal la última dirección del cliente.

Cuando sea efectiva la renuncia o el despido del abogado, según sea el caso, el abogado tiene que entregar, sin dilación alguna, el expediente a su cliente, al igual que todo documento relacionado con el caso. Esta obligación mantiene su vigencia aunque el cliente deba honorarios al abogado. Después de todo, no existe en Puerto Rico el derecho de un abogado a retener documentos y papeles de un cliente, ni existe un gravamen a favor del abogado sobre el producto de una sentencia que éste obtuvo. También el abogado tiene que reembolsar, según se expresó anteriormente, cualquier adelanto de honorarios por servicios que no se han prestado.

———

Desafortunadamente, no todos los abogados ejercen con los estándares éticos en la mente. Cada estado tiene su sistema de sanciones disciplinarias para aquellos abogados que se han olvidado de sus obligaciones.

———

Sanciones Disciplinarias para los Abogados de Washington
Washington State Bar

Introducción

Esta hoja informativa es para toda persona que esté considerando presentar, o ya haya presentado, una queja ante el Colegio de Abogados del Estado de Washington. Hemos traducido esta información para ayudarle y se publica como un servicio público para explicar el proceso disciplinario para abogados y temas relacionados. Sin embargo, todas las comunicaciones con la Oficina del Consejo Disciplinario deberán presentarse en inglés. El Colegio de Abogados del Estado de Washington es una rama de la Corte Suprema del Estado de Washington que regula la conducta de abogados.

El Colegio de Abogados del Estado de Washington no se financia con el dinero de los contribuyentes sino que se financia con fondos pagados por abogados licenciados para ejercer la abogacía en el Estado de Washington.

Presentar una queja es un asunto muy serio porque Ud. está acusando a un abogado de conducta que constituye falta de ética profesional. Antes de presentarnos su queja, por favor considere la posibilidad de resolver la disputa directamente con el abogado. Un abogado puede rehusar a seguir representándole después de que Ud. haya presentado una queja en su contra y Ud. podría tener que buscar un nuevo abogado. Si Ud. es discapacitado, o precisa ayuda para presentar una queja, sírvase llamarnos y tomaremos medidas razonables para asistirle.

Lo Que Nosotros Podemos Hacer

La única autoridad que nosotros tenemos es la de sancionar a un abogado y nuestros recursos son limitados. La Oficina del Consejo Disciplinario evalúa cada queja para determinar si contiene hechos que pudieran demostrar un quebrantamiento a las Reglas de Conducta Profesional, y determina qué acción debe tomarse, en caso de ser necesario.

También se puede obtener una copia de las Reglas de Conducta Profesional en nuestra oficina, solamente en inglés.

Si evaluamos su queja y decidimos que no ha habido quebrantamiento de las reglas, o que no investigaremos su reclamo en mayor detalle, le explicaremos la razón. Nuestras decisiones pueden ser revisadas por un Comité Examinador de tres miembros de la Junta Disciplinaria, compuesto de abogados y de personas que no son abogados. Si investigamos su queja y creemos que hay pruebas suficientes que merezcan mayor gestión, se enviará una recomendación al Comité de Repaso de la Junta Disciplinaria para su consideración.

Lo Que No Podemos Hacer

<u>Reembolso</u>: Los procesos disciplinarios no son sustitutos para su propia demanda contra el abogado. Por lo tanto, en general, Ud. no debiera esperar recibir ningún dinero, o reembolso de dinero perdido, como resultado de su queja.

<u>Consejo Legal</u>: No podemos darle ningún consejo legal, ni representarle, ni podemos recomendarle un abogado. Si Ud. precisa de un abogado, sírvase pedir información a su colegio de abogados local sobre el servicio de referencia de abogados.

<u>Abogados Que No Son Miembros</u>: Si su queja es contra alguien que no es abogado y que no está afiliado a un abogado licenciado, o contra un abogado que no está licenciado para ejercer en el Estado de Washington, le sugerimos se comunique con la Junta para Ejercer la Abogacía. Nosotros mantenemos una lista de todos los abogados licenciados para ejercer la ley.

<u>Disputas por Honorarios</u>: Generalmente, Ud. no debiera esperar que sancionemos a su abogado para resolver una disputa en cuanto a honorarios. Hable con su abogado sobre sus preocupaciones acerca de los honorarios.

<u>Conducta Descortés</u>: No debiera esperar que sancionemos a un abogado por comportarse de una manera que a Ud. le parezca descortés o grosera. Generalmente, mal servicio al cliente no constituye un quebrantamiento de ética.

<u>Casos Relacionados</u>: En general, aplazamos cualquier acción si hay algún litigio pendiente que esté relacionado a su queja.

<u>Abogados Opuestos</u>: Se presentan muchas quejas contra los abogados de la parte opuesta. Aunque no esté de acuerdo con la conducta del abogado opuesto, especialmente si tiene un impacto negativo para Ud., la conducta del abogado puede no ser necesariamente poco ética.

<u>Asuntos Personales</u>: Generalmente, no investigamos asuntos que surjan de la vida personal de un abogado, tales como disputas con vecinos, acreedores, o cónyuges.

<u>Jueces</u>: Generalmente, no investigamos quejas contra jueces. La Comisión de Conducta Jurídica fue creada para examinar las quejas acerca de la supuesta falta de ética profesional o incapacidad legal de un juez o comisionado de la corte.

Quejas Comunes

<u>Errores de Criterio</u>: Muchas de las quejas que recibimos tienen que ver con desacuerdos en la forma de conducir un caso, o de la manera en la cual se debió haber gestionado el caso, pero no son quebrantamientos de ética. Asimismo, una queja sobre errores de criterio no constituye necesariamente un quebrantamiento de ética.

<u>Disputas sobre Expedientes</u>: Un abogado puede quedarse con su expediente si reclama el derecho de gravamen en garantía del pago de una deuda, pero no puede quedarse con su expediente si es que ello interfiriera sustancialmente con sus intereses legales. Si el abogado no quiere entregarle su expediente, considere consultar con otro abogado para resolver el problema.

<u>Problemas de Comunicación</u>: Si su abogado no responde a sus llamadas, escríbale y pídale que le llame. Si no recibe respuesta y está considerando presentar una queja contra su abogado por problemas de comunicación, haga el favor de llamar primero a nuestra oficina. Encontrará mayor información al respecto en nuestro folleto Comunicándose con su Abogado.

<u>Mala Administración de Propiedad o Dinero</u>: Las Reglas de Conducta Profesional contienen reglas estrictas en cuanto al manejo de fondos y propiedad de los clientes. Si luego de consultar con su abogado, Ud. piensa que no ha cumplido con las reglas, Ud. debe tomar medidas inmediatamente: presente una queja en nuestra oficina, comuníquese con su departamento local de policía u oficina de la fiscalía, y obtenga asesoría legal independiente sobre sus derechos legales. Si Ud. cree que un abogado se ha apoderado deshonestamente de sus fondos o propiedad, es posible que clasifique para alguna indemnización del Fondo de Abogados para la Protección de Clientes. Puesto que hay límites en el tiempo que tiene para hacer valer sus derechos, debe actuar de inmediato.

Sus Derechos y Responsabilidades al Presentar una Queja

Su queja debe hacerse por escrito en inglés y debe estar firmada. Preferimos que utilice nuestra forma de quejas, la cual contiene instrucciones adicionales. No hay costo, ni límite de tiempo para presentar una queja.

Su queja será tratada de manera justa para Ud. y el abogado. Las quejas presentadas en nuestra oficina no son públicas cuando se presentan, pero es posible que se hagan públicas. Generalmente, el abogado recibe una copia de su queja.

Si determinamos que su queja merece una investigación, le daremos el nombre del investigador y Ud. tendrá una oportunidad razonable para hablar con esa persona. Si se investiga su queja y el abogado responde a ella, generalmente Ud. recibirá una copia de la respuesta del abogado. Es posible que a Ud. se le pida participar en una o más entrevistas, o que presente información adicional. En general, Ud. tiene el derecho de asistir a cualquier audiencia relacionada a la queja e incluso podría ser citado(a) a prestar testimonio bajo juramento.

Después de una audiencia pública, nosotros podemos recomendar que un abogado sea amonestado, reprendido, que su derecho a ejercer la abogacía sea suspendido, o que sea excluido del ejercicio de la abogacía.

Si su queja es desestimada, Ud. tiene el derecho de apelar la decisión y solicitar una reconsideración dentro del plazo de 45 días a contar de la decisión.

———

Ignacio Galarza Rodríguez, Ex Parte
2011 TSPR 175

Tribunal Supremo de Puerto Rico, San Juan, Puerto Rico, el 24 de octubre de 2011.

En el día de hoy, nuevamente nos encontramos en la necesidad de ejercer nuestra facultad disciplinaria contra un miembro de la profesión legal por su incumplimiento con los requerimientos de este Tribunal. A pesar de las oportunidades concedidas, nos vemos en la obligación de imponer la más severa de las sanciones por una conducta que es temeraria y constituye un desafío.

I. El Lcdo. Ignacio Galarza Rodríguez, fue admitido al ejercicio de la abogacía el 1 de noviembre de 1978 y a la Notaría el 26 de enero de 1979.

La Lcda. Yanis Blanco Santiago, Directora Ejecutiva del Programa de Educación Jurídica Continua (en adelante PEJC), de este Tribunal, nos ha remitido una Resolución de la Junta de Educación Jurídica Continua del 15 de febrero de 2011. En dicha Resolución la Junta de Educación Jurídica Continua tomó la determinación de referir ante la consideración de este Tribunal aquellos abogados y abogadas cuyo periodo bienal de cumplimiento con el Reglamento del Programa de Educación Jurídica Continua del 2005 finalizó en diciembre del 2008 sin que dichos letrados hubieran cumplido con los requisitos de tomar veinticuatro (24) créditos durante el término mencionado

En dicha Resolución la Junta de Educación Jurídica Continua nos informó que el licenciado Ignacio Galarza Rodríguez no había cumplido con dichos requisitos reglamentarios y que tampoco había comparecido por escrito ni en persona a la vista a la que fue citado para explicar las razones por su incumplimiento. Examinada dicha Resolución, le concedimos al Lcdo. Ignacio Galarza Rodríguez un término de veinte (20) días para que mostrara causa, si alguna tuviere, por la cual no debía ser suspendido del ejercicio de la profesión de la abogacía por incumplir con los requisitos de educación jurídica continua del Reglamento de este Tribunal y por no contestar los requerimientos de la Junta de Educación Jurídica Continua

En dicha Resolución apercibimos al Lcdo. Ignacio Galarza Rodríguez que su incumplimiento con los términos de la misma conllevaría su suspensión automática del ejercicio de la abogacía

No obstante, y ante su incomparecencia, el 20 de junio de 2011 le concedimos al licenciado Galarza Rodríguez un término adicional de veinte (20) días para cumplir con la Resolución de 12 de abril de 2011. Le apercibimos, nuevamente, que su incumplimiento podría conllevar la imposición de sanciones disciplinarias incluyendo la suspensión inmediata del ejercicio de la abogacía. Dicha Resolución fue notificada personalmente. El licenciado Galarza Rodríguez ha incumplido con el petitorio cursado.

II. El Canon 9 del Código de Ética Profesional dispone que todo abogado deberá observar hacia los tribunales una conducta que se caracterice por el mayor respeto y diligencia. La naturaleza de la función de abogado requiere de una escrupulosa atención y obediencia a las órdenes de este Tribunal, particularmente cuando se trata de procedimientos sobre su conducta profesional.). Reiteradamente hemos señalado que desatender las órdenes judiciales constituye un serio agravio a la autoridad de los tribunales e infringe el Canon 9. A su vez, hemos advertido que procede la suspensión del ejercicio de la profesión cuando un abogado no atiende con diligencia nuestros requerimientos y se muestra indiferente ante nuestros apercibimientos de imponerle sanciones disciplinarias.

Aun cuando apercibimos al licenciado Galarza Rodríguez de que podrían imponérsele sanciones disciplinarias severas, incluyendo la suspensión del ejercicio de la profesión, este ha hecho caso omiso.

III. Por los fundamentos expuestos en la Opinión *Per Curiam* que antecede, la cual se hace formar parte de la presente Sentencia, se suspende indefinidamente del ejercicio de la abogacía y la notaría al licenciado Galarza Rodríguez. Se le impone el deber de notificar a todos sus clientes de su inhabilidad para continuar representándolos, devolverles cualesquiera honorarios recibidos por trabajos no realizados e informar oportunamente de su suspensión a los foros judiciales y administrativos. Además, tiene la obligación de acreditar ante este Tribunal el cumplimiento con lo anterior, dentro del término de treinta (30) días a partir de la notificación de esta Opinión *Per Curiam* y Sentencia.

Por último, el Alguacil de este Tribunal deberá incautar la obra y el sello notarial del licenciado Galarza Rodríguez y entregarla a la Oficina de la Directora de Inspección de Notaría para la correspondiente investigación e informe.

––––––––

Recursos y Materiales de Trasfondo

12 Preguntas para Formularle a su Posible Abogado, Lawyers.com
     http://research.lawyers.com/12-preguntas-para-formularle-a-su-
     posible-abogado.html

Abogados y Honorario Legales, Alabama State Bar
     http://www.alabar.org/brochures/legal_fees_Spanish.pdf

Cuando no Puedo Pagar un Abogado, Lawyers.com
     http://research.lawyers.com/Cuando-no-puede-pagar-un-abogado.html

Escogiendo y Trabajando con un Abogado, WomensLaw.org
     http://www.womenslaw.org/simple.php?sitemap_id=34&lang=es

Proceso de Quejas Contra Abogados en Florida, The Florida Bar
     http://www.floridabar.org/TFB/TFBResources.nsf/Attachments/AB8CE
     5CE3A4C7FDA852572F8005ED9ED/$FILE/10-
     %20Inquiry%20Concerning%20a%20Florida%20Lawyer%20-Sp-
     W.pdf?OpenElement

CAPÍTULO 3

EL DERECHO Y LAS RELACIONES FAMILIARES

Este capítulo ofrece materiales diversos que le proporcionarán al usuario oportunidades variadas para absorber y practicar conceptos y vocabulario especializados en el área de la familia y todos los aspectos de esa institución que entran en juego dentro de la rama de derecho de familia.

————

A. VISIÓN GENERAL

Al leer la siguiente descripción del derecho de familia, piense en ejemplos de las áreas de la vida familiar que se encuentran regidas por la ley. ¿Qué obligaciones familiares existen para los distintos miembros de una familia? ¿Cómo puede la sociedad obligar a que se cumplan esas obligaciones? Y ¿cuáles son los derechos fundamentales asociados con la unidad familiar?

————

El Derecho de familia

El Derecho de Familia es el conjunto de normas e instituciones jurídicas que regulan las relaciones personales y patrimoniales tanto entre los miembros que integran la familia como con respecto a otras personas y la sociedad y sus instituciones en general. Estas relaciones generalmente empiezan a partir del matrimonio y del parentesco, pero también se crean de otras formas.

NATURALEZA DE LA FAMILIA Y SUS DERECHOS

La familia se ha definido como la unidad humana más natural y básica. Como tal, la familia es digna de recibir protección y apoyo por parte del estado y de la comunidad internacional. Hay varios derechos específicos que se relacionan a esta unidad social. Estos incluyen (con variaciones entre países y, en los Estados Unidos, entre los estados): el derecho de cada persona en edad casadera de casarse y fundar así una familia; la protección del derecho de consentimiento libre y pleno a casarse o juntarse de otras formas; dentro de la unidad familiar, el derecho de plena igualdad entre mujer y hombre; el derecho de decidir si tener hijos o no, de espaciar los hijos como se decida libremente, y de limitar el número de hijos.

Hay una lista de derechos específicamente definidos para los niños, tales como, entre otros: el derecho de identidad; el derecho de ser protegido contra cualquier discriminación; el derecho de tener un nombre y una nacionalidad; el derecho de conocer a sus padres; el derecho de preservar su identidad, nacionalidad, nombre y relaciones familiares; en caso de adopción, el derecho de que ésta cumpla con la autorización de las autoridades competentes y con el consentimiento expreso de los padres debidamente asesorados; a no ser separado de sus padres, excepto por el interés superior del niño; a mantener relaciones personales con ambos padres.

¿Qué es el Derecho de Familia?

Tradicionalmente se ha considerado que el derecho de familia es una sub-rama del derecho civil. Sin embargo, el derecho civil se basa en la persona individual y generalmente se ha pensado que las relaciones de familia no pueden ser regidas sólo por criterios de interés individual y la autonomía de la voluntad. Por eso, hoy en día gran parte de la doctrina considera que es una rama autónoma del derecho, con principios propios.

Esta visión del derecho de familia se ve reflejada en la legislación de varios países que tienen un Código de Familia (aparte de un Código Civil). Estos incluyen la mayoría de los países de América Latina y el Caribe. También se ven cada vez más países y jurisdicciones que han establecido tribunales especializados en el derecho de familia.

Características de la Familia Según el Derecho de Familia

El concepto del derecho de familia contiene aspectos morales o éticos: esta rama jurídica habitualmente posee normas sin sanción o con sanción reducida y obligaciones o deberes que se consideran como incoercibles. Esto implica que no es posible obtener el cumplimiento forzado de la mayoría de las obligaciones de familia. La sociedad tiene que confiar en el sentido ético o la costumbre para el cumplimiento de estos deberes familiares.

El derecho de familia se enfoca en situaciones o estados personales. Es una disciplina de estados civiles: el estado de cónyuge, de separado, de divorciado, de padre, de madre, de hijo, etc. Estos estados civiles pueden crear relaciones o derechos patrimoniales. La forma que puedan tomar estos derechos depende del país y, en los Estados Unidos, del estado.

En general se puede decir que el derecho de familia promueve el interés social por encima del interés individual. Esto lleva a que las normas principales del derecho de familia sean imperativas e indisponibles. No se deja a la voluntad de los individuos la regulación de las relaciones de familia. Aun cuando instituciones como el matrimonio y la adopción se basan inicialmente en la voluntad individual de las personas en ellas involucradas, los efectos civiles, sociales, legales de ambos no dependen de esa voluntad personal. El estado y sus leyes reglamentan casi todos los aspectos del matrimonio y de la adopción. En general, se prohíbe que cualquier estipulación contravenga sus disposiciones.

ACTOS Y DERECHOS DE FAMILIA

Los actos de familia (por ejemplo, el matrimonio, la adopción, etc.) son generalmente solemnes, requieren de ciertas formalidades; y comúnmente no se pueden cambiar (por ejemplo, no pueden estar sujetas a plazo).

Los derechos de familia nacen de los actos de familia. Estos son generalmente irrenunciables, inalienables, intransmisibles e imprescriptibles. También tienden a ser *derechos-deberes* (como la patria potestad). A la vez, los beneficios económicos provenientes de ellos, en algunos casos, pueden renunciarse o prescribir.

MATERIAS DE DERECHO DE FAMILIA

Bajo el rubro "derecho de familia" encontramos muchas materias específicas que abordan aspectos de la formación, la vida, y la disolución familiares. Esta materias incluyen, entre otras: los esponsales; el matrimonio y sus efectos; los regímenes patrimoniales; la nulidad matrimonial; la separación de los cónyuges; el divorcio; la filiación y la adopción; la patria potestad; la autoridad paternal; la tutela y la curatela; el derecho de manutención o mantenimiento.

———

Piense en ejemplos específicos de la manera en que los derechos de familia son:

- Irrenunciables;

- Inalienables;

- Intransmisibles;

- Imprescriptibles.

B. LA FORMACIÓN DE LA FAMILIA: ESPONSALES Y MATRIMONIO

Los Esponsales

La promesa de matrimonio entre dos personas se denomina los esponsales. Técnicamente (e históricamente) las dos personas que prometen mutuamente casarse se consideran esposados o esposos. En al ámbito legal, los esponsales podrían considerarse como un contrato anticipatorio al contrato formal del matrimonio. Sin embargo, los esponsales hoy en día no conllevan el peso jurídico que tenían en épocas pasadas, cuando había rituales y costumbres del compromiso a contraer matrimonio que tenían fuerza de ley.

En aquellos casos de ruptura de la relación antes del matrimonio en que se ha dado algún peso jurídico a la existencia del acuerdo de esponsales, lo máximo que se ha podido obtener ha sido el resarcimiento de los daños y perjuicios por los gastos en que hubiera incurrido la parte inocente. Pero no se ha podido obligar a contraer matrimonio a la parte que ha decidido romper los lazos.

La opinión judicial que sigue proporciona una vista de los orígenes histórico-jurídicos de muchas costumbres y actitudes que se encuentran en torno a las relaciones matrimoniales. Aquí nos encontramos con una sociedad, que en cierta manera todavía existe en muchas partes del mundo, en la que las mujeres consideraban que la promesa matrimonial era inviolable y que en cierto sentido tenía la fuerza de un contrato. La Corte en su fallo recurre a los Códigos Civiles puertorriqueño, español y francés, además de emplear los fundamentos de la equidad.

———

Hortensia Rivera Damiani v. Emilio Fagot, Jr.
79 D.P.R. 555

Tribunal Supremo de Puerto Rico, 29 de junio de 1956

Hortensia Rivera Damiani inició la presente acción contra Emilio Fagot, hijo, reclamando de éste daños y perjuicios por el alegado incumplimiento de su promesa de matrimonio. Las alegaciones de la demanda pueden resumirse así:

El 23 de diciembre de 1947, y como resultado de relaciones amorosas que venían sosteniendo, el demandado convino con la demandante que contraerían matrimonio entre sí, formalizando mutuamente en esa fecha, en la residencia de la demandante en Guayanilla, su compromiso matrimonial; y habiéndolo comunicado ambos a los padres de la demandante, éstos consintieron, de acuerdo con el uso y la costumbre, al referido compromiso. Para esa fecha la demandante era mayor de edad, soltera y estudiante de la Universidad de Puerto Rico y el demandado era también mayor de edad, viudo y propietario, y tanto ella como él podían contraer matrimonio, sin que hubiera impedimento para poderlo contraer entre sí.

La demandante y el demandado continuaron sus relaciones amorosas mientras llegaba el momento de su boda, y a requerimiento del demandado aquélla descontinuó sus estudios en la Universidad para poder permanecer "cerca de éste con mayor dedicación a sus amores y en vista de la proximidad del matrimonio". El demandado, sin causa ni motivo alguno que lo justificara y sosteniendo aún relaciones amorosas con la demandante, quebrantó su promesa, y el 11 de octubre de 1948 contrajo matrimonio en Ponce con otra dama, que es su actual esposa. La demandante estuvo en todo momento dispuesta a cumplir la promesa que había hecho al demandado, y así se lo expresó siempre – la última vez, 3 ó 4 días antes de éste contraer matrimonio.

En virtud de la actuación del demandado, la demandante alegó haber sufrido daños y perjuicios, ascendentes a $15,000, por los siguientes conceptos: (1) sufrimientos morales, angustias mentales, pérdida de salud, dolor, mortificaciones, ansiedad mental, humillación ante sus relacionados, amigos y familiares; (2) daños a su reputación ante la sociedad; (3) fracaso en sus estudios y en sus planes de preparación para el futuro; y (4) fracaso en sus perspectivas económicas basadas en su proyectado matrimonio con el demandado por ser éste persona de gran solvencia económica.

A la anterior demanda opuso el demandado moción de desestimación, fundándose en que aquélla no aducía hechos suficientes para constituir una causa de acción en su contra. Vista la misma ante uno de los jueces del tribunal a quo, fue declarada sin lugar. Contestó entonces el demandado, negando específicamente los hechos esenciales de la demanda, alegando otros en contrario, y reproduciendo... su alegación de falta de hechos constitutivos de causa de acción, fundando la misma en que la acción ejercitada "no existe en la legislación civil de Puerto Rico ni está provista en el artículo 1802 del Código Civil, Edición de 1930".

Celebrado el juicio en sus méritos, el tribunal declaró sin lugar la demanda, exponiendo sus fundamentos en conclusiones de derecho que pueden sintetizarse así:

(1) La acción de daños y perjuicios por el incumplimiento de promesa de matrimonio no está autorizada por nuestro Código Civil ya que al no adoptarse los artículos 43 y 44 del Código Civil Español, la intención de nuestros legisladores fue erradicar totalmente dicha acción.

(2) Ni bajo las leyes generales de contratación ni bajo el artículo 1054 de nuestro Código Civil procede la acción de daños y perjuicios por incumplimiento de promesa matrimonial.

(3) Aún suponiendo que la promesa matrimonial fuera un contrato la reclamación de daños estará limitada a los gastos en que ella incurrió para la ceremonia nupcial no procediendo daños por el sufrimiento de angustias mentales como resultado de dicho incumplimiento.

[E]l apelado sostiene que la acción por incumplimiento de promesa matrimonial no existe, ni está reconocida en forma alguna, en nuestro derecho, ya que la legislación vigente no contiene articulado específico alguno que autorice su ejercicio, por no haberse incorporado a nuestro Código Civil los artículos 43 y 44 del Español; que la promesa de matrimonio no es un contrato, y que la acción por el incumplimiento de dicha promesa tampoco puede incoarse amparándose en disposiciones de carácter general.

El Código Civil Español, que comenzó a regir en Puerto Rico el primero de enero de 1890 disponía, en sus artículos 43 y 44, lo siguiente:

"Art. 43. Los esponsales de futuro no producen obligación de contraer matrimonio. Ningún Tribunal admitirá demanda en que se pretenda su cumplimiento.

"Art. 44. Si la promesa se hubiere hecho en documento público o privado por un mayor de edad, o por un menor asistido de la persona cuyo consentimiento sea necesario para la celebración del matrimonio, o si se hubieren publicado las proclamas, el que rehusare casarse, sin justa causa, estará obligado a resarcir a la otra parte los gastos que hubiese hecho por razón del matrimonio prometido".

Las anteriores disposiciones quedaron fuera de nuestro derecho positivo al comenzar a regir en Puerto Rico, el primero de julio de 1902, el Código Civil Revisado.

¿Significa la ausencia de dichos preceptos --según sostiene la apelante-- que la promesa de matrimonio ha de regirse por las disposiciones de nuestro Código relativas a los contratos en general, y que, por lo tanto, su incumplimiento produce las consecuencias jurídicas previstas en el artículo 1054 en que funda su reclamación de daños y perjuicios? ¿O significa la ausencia de tales preceptos -- según sostiene el apelado -- que nuestro Código no autoriza acción alguna para la reparación de los daños y perjuicios causados por el quebrantamiento culposo de dicha promesa?

I. Los esponsales -- promesa recíproca de futuro matrimonio -- cuyo origen como requisito prematrimonial se atribuye al Derecho griego, se desarrollan en el Derecho romano, y adquieren singular significación en el Derecho canónico. Los esponsales, sin embargo, fueron perdiendo el favor de la opinión pública. ...

Así advino al Derecho español la nueva declaración sobre los esponsales contenida en los artículos 43 y 44 del Código Civil. Algunos autores advierten en esa figura la característica principal del precontrato. En general, sin embargo, la doctrina clasifica los esponsales como una de las variedades del contrato de promesa -- preparatorio del matrimonio -- que participa del carácter de institución de Derecho de familia y también del [carácter] de institución de Derecho contractual ... Los preceptos del Código Civil Español no dejan duda, sin embargo, respecto a la procedencia del resarcimiento de los gastos incurridos por razón del matrimonio prometido -- no a la indemnización de los perjuicios -- fundado ello en la naturaleza contractual que se atribuye a los esponsales.

II. No es propicio el estado actual de nuestro derecho positivo para dar carácter de contrato legal a la promesa de matrimonio. Nada hay en nuestro Código Civil que permita atenuar el rigor del concepto escueto de institución de Derecho contractual que en tal caso habría que atribuirle, para crear -- sin el auxilio del concepto de institución de Derecho de familia que el Código Civil español le presta -- la figura híbrida del contrato esponsalicio español de efectos limitados. La doctrina del Derecho español contemporáneo sobre la naturaleza de los esponsales -- que, como hemos visto, tiene su base en preceptos específicos del Código -- no es asimilable por nuestro Derecho.

Nuestro Código reputa el matrimonio como una institución civil: esa es la institución familiar que constituye la unidad básica de la Sociedad. Para llegar a formarse, requiere la celebración de un contrato matrimonial conforme a las prescripciones de ley: esa es su procedencia, no reconoce otra. Entre los requisitos para su validez está el consentimiento de los contrayentes, voluntad ésta que se expresa en el acto mismo de la ceremonia. Es de orden público que esa voluntad sea expresada libremente, por el interés del Estado en la preservación de su entidad social básica.

Adoptamos, por más racional y conforme a nuestro Derecho, la tesis... que niega eficacia jurídica a la promesa de matrimonio y que funda la acción de daños y perjuicios, no en orden a un contrato sino en orden a la actuación culposa del prometiente que ha causado los daños.

III. Los requisitos para determinar la responsabilidad del prometiente -- conforme a las reglas generales de la responsabilidad civil -- son, según la doctrina al efecto (1) culpa del demandado; (2) perjuicio al demandante y (3) relación de causa a efecto entre la culpa y el perjuicio. La culpa consistirá de la ruptura injustificada, o sea, de la promesa que ha sido violada sin motivos legítimos. A esos fines la promesa no se invoca como contrato, sino como hecho. El perjuicio a ser indemnizado incluye tanto el perjuicio material causado como el perjuicio moral. Y la relación de causa a efecto debe surgir, como es natural, entre la ruptura culposa y el daño sufrido.

IV. Consideramos, a base de la prueba pasada en el tribunal inferior, que los tres elementos fundamentales arriba apuntados están presentes en el caso de autos. Dicha prueba justifica una determinación de responsabilidad culposa de parte del demandado y daños a la demandante [que provienen] directamente de la actuación de aquél.

El resultado a que hemos llegado en cuanto a la procedencia y naturaleza de la causa de acción ejercitada, conlleva la revocación de la sentencia que declaró sin lugar la demanda. No devolveremos, sin embargo, el caso al tribunal sentenciador para ulteriores procedimientos, toda vez que teniendo ante nos las conclusiones a que llegó dicho tribunal y la prueba íntegra, testifical y documental, estamos en condiciones de hacer nuestra propia determinación de daños.

Los sufrimientos morales y angustias mentales, mortificación y humillación ante la sociedad, se fijan en la suma de $1,500. No hay prueba que justifique conceder las partidas reclamadas separada y especialmente de "daños a su reputación ante la sociedad" y "fracaso en sus estudios y en sus planes de preparación para el futuro". La partida reclamada por concepto de "fracaso en sus perspectivas económicas basadas en su proyectado matrimonio con el demandado por ser éste persona de gran solvencia económica" no procede dentro de esta acción.

Por los fundamentos expuestos, la sentencia será revocada y se dictará otra en su lugar declarando con lugar la demanda, condenando al demandado a pagar a la demandante la suma de $1,500 por concepto de daños y perjuicios, las costas, y $300 para honorarios de abogados.

———

El Matrimonio

El matrimonio es una institución social que establece un vínculo conyugal entre dos personas. Se reconoce este lazo jurídica y socialmente. Conlleva la relación conyugal una serie de obligaciones y derechos que se establecen cultural y jurídicamente, dependiendo de la sociedad. Las obligaciones y los derechos que adquieren los dos cónyuges en un matrimonio reflejan el interés del estado en controlar todos los aspectos de la relación, empezando con el matrimonio mismo, y extendiéndose a la adopción, el trato de niños, el divorcio, las herencias, las responsabilidades de padres e hijos, las costumbres, el tamaño de la familia, etc. Hoy en los Estados Unidos los temas del aborto y el matrimonio equitativo (o entre dos personas del mismo género) figuran en la política y en la legislación.

Uno de los papeles principales del matrimonio como institución en la mayoría de los países del mundo es el de legitimar la filiación de los hijos procreados o adoptados por la pareja casada, según el sistema de reglamentación de parentesco vigente.

La naturaleza misma del matrimonio significa que existan varias definiciones de la institución, dependiendo del punto de enfoque. En el derecho occidental, el matrimonio se consideraba una unión de dos personas que tenía por finalidad constituir una familia. Por esto hasta recientemente un elemento esencial de la definición era que ambos contrayentes fueran de géneros o sexos diferentes. Pero últimamente, en muchísimas partes del mundo (incluyendo en los Estados Unidos y en muchos países de América Latina y Europa) esta definición se ha ido modificando y se ven cada vez más leyes, ordenamientos y reglamentos que permiten no sólo el matrimonio o la unión civil entre personas del mismo género, sino también la adopción de hijos, el divorcio, y otros derechos antes reservados a parejas tradicionales.

LA UNIÓN DE HECHO

También llamada matrimonio por ley común, la unión de hecho es la institución social en la que una pareja vive como cónyuges, sin haberse casado legalmente. En unos pocos estados de los Estados Unidos se reconoce el matrimonio por ley común. Para que el Estado reconozca un matrimonio de este tipo se requiere lo siguiente: las dos personas tienen que estar de acuerdo, empleando palabras en tiempo presente, que sí son marido y mujer; los dos tienen que vivir juntos en el mismo lugar como esposos; los dos deben presentarse al público como esposos para que la gente reconozca su estado matrimonial. El matrimonio por ley común contraído en un estado donde se reconoce este tipo de matrimonio es válido en cualquier otro estado.

Impedimentos Matrimoniales

En casi todos los países desarrollados existen ciertas restricciones legales al matrimonio. Entre ellas figuran la edad de consentimiento, la consanguinidad, la afinidad, el estado civil pre-existente.

La consanguinidad o parentesco. La relación sexual y el matrimonio o equivalente entre ascendientes y descendientes o entre hermanos siempre has sido ilegal en la gran mayoría de las sociedades. En los Estados Unidos generalmente se prohíbe, por razones de consanguinidad, el matrimonio entre hermanos, padres e hijos, abuelos y nietos, tíos y sobrinos. La situación de hijos adoptados y padres adoptivos en relación al matrimonio entre sí depende de la ley de cada estado.

La afinidad. La afinidad se define como el parentesco par razones de matrimonio, o el parentesco político. La afinidad se distingue de la consanguinidad en el hecho de que el parentesco no es por sangre. En muchos países se prohíbe el matrimonio entre parientes políticos o por afinidad en línea recta. Los padrastros no pueden casarse con los hijastros; los suegros no pueden casarse con los yernos o nueras; etc. En los Estados Unidos no todos los estados prohíben el matrimonio entre personas relacionadas por afinidad.

La edad. La ley de cada estado en los Estados Unidos establece la edad de consentimiento o edad mínima para contraer matrimonio. Dicho eso, cabe señalar que todos los estados menos uno han determinado que uno se puede casar sin permiso de los padres al cumplir los 18 años. Sólo el estado de Nebraska requiere que los contrayentes tengan 19 años si quieren casarse sin permiso de otros. Varios estados les permiten casarse a las personas menores de 18 años en caso de embarazo, aunque podrían requerir permiso de la corte. Y en algunos estados, si uno de los futuros cónyuges es menor de 16 años, se requiere el permiso de la corte además del permiso parental.

He aquí la situación actual en los demás países de las Américas:

Canadá: Varia de provincia en provincia, pero generalmente 18 años sin permiso, 16 años con permiso de los padres, 14 años con permiso de la corte.

México: 16 años para varones, 14 años para hembras, con permiso de los padres.

Puerto Rico: 21 años (excepto en caso de embarazo o nacimiento de un bebe); 18 años con permiso parental.

En Sudamérica: generalmente 18 años sin permiso; 16 o 14 años con permiso de los padres

La poligamia y la bigamia. En muchos países no se permite la poligamia, que consiste en una unidad matrimonial de un hombre con más de una esposa (la poliginia), o de una mujer con más de un esposo (la poliandria), o de múltiples esposos y esposas (matrimonio de grupo). Desde luego, hay países en que una u otra de estas formas de poligamia si se permite – generalmente, en aquellas sociedades sólo es permisible la poliginia (un hombre con más de una esposa).

En todos los estados de los Estados Unidos, es un crimen cualquier forma de poligamia. Además, es un crimen casarse con una persona si todavía existe un vínculo conyugal legal con otra persona. En este tipo de case, el infractor es culpable de la bigamia.

Otros impedimentos. En los Estados Unidos 32 de los estados requieren una prueba de sangre de las personas que quieren contraer matrimonio. La prueba de sangre es para descubrir la presencia de sífilis. En el caso de una prueba positiva, si la enfermedad no está en período de contagio, sólo se les informa a los novios. Si la enfermedad está en período de contagio no se les otorga una licencia matrimonial.

EL CONVENIO PRENUPCIAL

Muchas parejas en los Estados Unidos y en otros países preparan entre sí, antes de casarse, un contrato o acuerdo que determina los derechos de las partes a la propiedad y la responsabilidad de la deuda. Establece el marco financiero en el que los cónyuges funcionarán dentro del matrimonio y en caso de separación, divorcio o muerte de uno de ellos. Pero de ninguna forma puede un acuerdo prematrimonial afectar los derechos de custodia o de manutención de niños, ya que estos derechos son sujetos a revisión judicial. Los acuerdos prenupciales se reconocen y tienen validez en los 50 estados y en el Distrito de Columbia, pero cada estado tiene sus propias leyes que reglamentan el matrimonio, el divorcio y la custodia, desde luego.

EL MATRIMONIO ENTRE PERSONAS DEL MISMO SEXO

El matrimonio entre personas del mismo sexo (también conocido como matrimonio gay, matrimonio homosexual o matrimonio igualitario) es una unión entre dos adultos reconocida jurídicamente y la convivencia de ellos al igual de una pareja en matrimonio heterosexual, manteniendo la naturaleza, los requisitos y los efectos que el ordenamiento jurídico reconoce a todos a los matrimonios.

En 2001, los Países Bajos (Holanda) fueron el primer Estado en reconocer esta institución. Desde entonces, el matrimonio entre personas del mismo sexo ha sido aceptado jurídicamente en diez países y en varios estados, municipalidades, y otras entidades en otros países. El debate al respecto es intenso en muchos países y varios de ellos han prohibido expresamente este tipo de uniones. Este tipo de matrimonio es legal en: Países Bajos, Bélgica, España, Canadá, Sudáfrica, Noruega, Suecia, Portugal, Islandia, Argentina. También existe en varios estados de los Estados Unidos, en el Distrito Federal y Quintana Roo en México, y en Alagoas, Brasil.

Junto a la institución del matrimonio, y en muchos casos como alternativa, existen instituciones civiles adicionales, muy diferentes en cada país y comunidad, con denominaciones distintas, como la unión civil. En más de 20 países del mundo hay algún tipo de institución cuasi-matrimonial para parejas del mismo sexo. Estos incluyen cuatro países de América Latina (Brasil, Colombia, Ecuador, y Uruguay).

————

Familia y Matrimonio en las Constituciones de las Américas

Si recorremos las constituciones de las republicas americanas, encontraremos una temática socio-cultural que enriquece la discusión sobre lo que es la familia, lo que son las responsabilidades entre padres e hijos, el papel que juega el estado en los asuntos familiares, y las aspiraciones sociales y económicas que se ven involucradas en la institución de la familia.

Sigue un ejemplar de los temas referentes a la familia que encontramos en varias de estas constituciones:

En **Argentina**, se plantea que la "ley establecerá: . . . la protección integral de la familia; la defensa del bien de familia; la compensación económica familiar y el acceso a una vivienda digna."

La constitución **mexicana** va un paso más adelante y declara que: "Toda familia tiene derecho a disfrutar de vivienda digna y decorosa. La ley establecerá los instrumentos y apoyos necesarios a fin de alcanzar tal objetivo".

Reconociendo que no todas las familias cuentan con dos adultos, la constitución del **Ecuador**, entre otras, específicamente "apoyará a las mujeres jefas de hogar".

Costa Rica garantiza lo mismo, y agrega que "igualmente tendrán derecho a esa protección la madre, el niño, el anciano y el enfermo desvalido".

En **Uruguay**, también se estipula que "La ley dispondrá las medidas necesarias para que la infancia y juventud sean protegidas contra el abandono corporal, intelectual o moral de sus padres o tutores, así como contra la explotación y el abuso".

En **Bolivia,** como en casi todos los países vecinos, el estado protege el matrimonio, la familia y la maternidad. También declara su constitución que el "matrimonio descansa en la igualdad de derechos y deberes de los cónyuges".

Las uniones libres, llamadas uniones de hecho, también se protegen en **Bolivia**, siempre y cuando "sean mantenidas entre personas con capacidad legal para contraer enlace y producen efectos similares a los del matrimonio en las relaciones personales y patrimoniales de los convivientes y en los que respecta a los hijos nacidos de ellas".

La constitución de **Cuba** declara que: "El matrimonio es la unión voluntariamente concertada de un hombre y una mujer con aptitud legal para ello, a fin de hacer vida en común. Descansa en la igualdad absoluta de derechos y deberes de los cónyuges, los que deben atender al mantenimiento del hogar y a la formación integral de los hijos mediante el esfuerzo común, de modo que este resulte compatible con el desarrollo de las actividades sociales de ambos".

En **Nicaragua** se establece una protección específica para las mujeres embarazadas: "El Estado otorga protección especial al proceso de reproducción humana. La mujer tendrá protección especial durante el embarazo y gozará de licencia con remuneración salarial y prestaciones adecuadas de seguridad social. Nadie podrá negar empleo a las mujeres aduciendo razones de embarazo ni despedirlas durante éste o en el período postnatal; todo de conformidad con la ley".

La constitución de **Colombia** especifica que la familia se "constituye por vínculos naturales o jurídicos, por la decisión libre de un hombre y una mujer de contraer matrimonio o por la voluntad responsable de conformarla". También declara: 'La honra, la dignidad y la intimidad de la familia son inviolables".

En cuanto a las relaciones entre los miembros de la familia, la constitución de **Colombia** precisa también que "Las relaciones familiares se basan en la igualdad de derechos y deberes de la pareja y en respeto recíproco entre todos sus integrantes. Cualquier forma de violencia en la familia se considera destructiva de su armonía y unidad, y será sancionada conforme a ley".

En **Nicaragua**, también, se precisan las responsabilidades y los deberes mutuos entre los miembros de la familia: "Los padres deben atender el mantenimiento del hogar y la formación integral de los hijos mediante el esfuerzo común, con iguales derechos y responsabilidades. Los hijos a la vez, están obligados a respetar y ayudar a sus padres. Estos deberes y derechos se cumplirán de acuerdo con la legislación de la materia".

"Los hijos mayores de edad están obligados a prestar asistencia a sus padres en caso de necesidad". Así lo establece la constitución de **Paraguay**.

La constitución **guatemalteca** fomenta "la paternidad responsable" y garantiza "el derecho de las personas a decidir libremente el número y espaciamiento de sus hijos". Esto es algo que la constitución de México también resalta: "Toda persona tiene derecho a decidir de manera libre, responsable e informada sobre el número y el espaciamiento de sus hijos".

La constitución **nicaragüens**e es una de las pocas a referirse específicamente a la cuestión de la adopción como manera de formar una familia:

"Se establece el derecho de adopción en interés exclusivo del desarrollo integral del menor".

Varias constituciones enfatizan que no habrá ninguna diferencia jurídica entre los niños nacidos dentro de un matrimonio y aquéllos nacidos fuera del mismo:

"Los padres tienen para con los hijos habidos fuera del matrimonio los mismos deberes que respecto a los nacidos en él. La maternidad, cualquiera sea la condición o estado de la mujer, tiene derecho a la protección de la sociedad y a su asistencia en caso de desamparo". **Uruguay**

"Todos los hijos tienen iguales derechos, sean habidos dentro o fuera del matrimonio. Está abolida toda calificación sobre la naturaleza de la filiación. No se consignara declaración alguna diferenciando los nacimientos, ni sobre el estado civil de los padres en las actas de inscripción de los hijos, ni en ningún otro documento que haga referencia a la filiación". **Cuba**

"Todos los hijos, sin distinción de origen, tienen iguales derechos y deberes respecto a sus progenitores". **Bolivia**

"Los hijos, sin considerar antecedentes de filiación o adopción, tendrán los mismos derechos". **Ecuador**

"Los hijos habidos en el matrimonio o fuera de él, adoptados o procreados naturalmente o con asistencia científica, tienen iguales derechos y deberes. La ley reglamentará la progenitura responsable". **Colombia**

"Los padres tienen con sus hijos habidos fuera del matrimonio las mismas obligaciones que con los nacidos en él". **Costa Rica**

Y **Costa Rica** agrega: "Toda persona tiene derecho a saber quiénes son sus padres, conforme a la ley".

La constitución de la **Republica Dominicana** señala específicamente la protección de la mujer casada, garantizando que ella "disfrutará de plena capacidad civil. La ley establecerá los medios necesarios para proteger los derechos patrimoniales de la mujer casada, bajo cualquier régimen".

Casi todas las constituciones definen el matrimonio como el emparejamiento de un hombre y una mujer. La constitución de **Honduras** es muy precisa en sus protecciones y prohibiciones, previendo los intentos de matrimonio entre una o dos personas transexuales: "Se reconoce el derecho del hombre y de la mujer, que tengan la calidad de tales naturalmente, a contraer matrimonio entre sí, así como la igualdad jurídica de los cónyuges".

Honduras también plantea específicamente: "Se prohíbe el matrimonio y la unión de hecho entre personas del mismo sexo. Los matrimonios o uniones de hecho entre personas del mismo sexo celebrados o reconocidos bajo las leyes de otros países no tendrán validez en Honduras".

La constitución de **Venezuela** es de las más precisas y detalladas en materia de protecciones individuales y de la familia:

"El Estado protegerá a las familias como asociación natural de la sociedad y como el espacio fundamental para el desarrollo integral de las personas. Las relaciones familiares se basan en la igualdad de derechos y deberes, la solidaridad, el esfuerzo común, la comprensión mutua y el respeto recíproco entre sus integrantes. El Estado garantizará protección a la madre, al padre o a quienes ejerzan la jefatura de la familia.

"Los niños, niñas y adolescentes tienen derecho a vivir, ser criados o criadas y a desarrollarse en el seno de su familia de origen. Cuando ello sea imposible o contrario a su interés superior, tendrán derecho a una familia sustituta, de conformidad con la ley. La adopción tiene efectos similares a la filiación y se establece siempre en beneficio del adoptado o la adoptada, de conformidad con la ley. La adopción internacional es subsidiaria de la nacional.

"La maternidad y la paternidad son protegidas integralmente, sea cual fuere el estado civil de la madre o del padre. Las parejas tienen derecho a decidir libre y responsablemente el número de hijos e hijas que deseen concebir y a disponer de la información y de los medios que les aseguren el ejercicio de este derecho. El Estado garantizará asistencia y protección integral a la maternidad, en general a partir del momento de la concepción, durante el embarazo, el parto y el puerperio, y asegurará servicios de planificación familiar integral basados en valores éticos y científicos.

"El padre y la madre tienen el deber compartido e irrenunciable de criar, formar, educar, mantener y asistir a sus hijos e hijas, y éstos tienen el deber de asistirlos cuando aquél o aquélla no puedan hacerlo por sí mismos. La ley establecerá las medidas necesarias y adecuadas para garantizar la efectividad de la obligación alimentaria.

"El Estado garantizará a los ancianos y ancianas el pleno ejercicio de sus derechos y garantías. El Estado, con la participación solidaria de las familias y la sociedad, está obligado a respetar su dignidad humana, su autonomía y les garantizará atención integral y los beneficios de la seguridad social que eleven y aseguren su calidad de vida. Las pensiones y jubilaciones otorgadas mediante el sistema de seguridad social no podrán ser inferiores al salario mínimo urbano. A los ancianos y ancianas se les garantizará el derecho a un trabajo acorde a aquéllos y aquéllas que manifiesten su deseo y estén en capacidad para ello.

"Toda persona con discapacidad o necesidades especiales tiene derecho al ejercicio pleno y autónomo de sus capacidades y a su integración familiar y comunitaria. El Estado, con la participación solidaria de las familias y la sociedad, les garantizará el respeto a su dignidad humana, la equiparación de oportunidades, condiciones laborales satisfactorias, y promoverá su formación, capacitación y acceso al empleo acorde con sus condiciones, de conformidad con la ley. Se les reconoce a las personas sordas o mudas el derecho a expresarse y comunicarse a través de la lengua de señas."

―――――

Una Minoría Dentro de una Minoría

Rafael Álvarez, AARP VIVA, 14 de diciembre de 2011

El día en que Nueva York aprobó su ley de igualdad matrimonial, en junio del 2011, Alexis Rodríguez-Duarte yacía en una cama en un hospital de Manhattan afectado por una infección intestinal. Tal situación, explica su pareja, Humberto "Tico" Torres, los convenció de aprovechar la nueva ley y casarse.

A pesar de 27 años de devoción y compromiso mutuo, no eran reconocidos legalmente como pareja. Al no estar casados, ni el hospital ni ninguna otra institución los reconocería como familiares directos ni tampoco le permitiría a ninguno de ellos tomar decisiones médicas si el otro estuviera incapacitado para hacerlo.

"Nos dimos cuenta de que, en realidad, no gozábamos de ningún derecho; que podía pasarnos cualquier cosa en cualquier momento y no estábamos protegidos", comenta Torres.

Una vez que Rodríguez-Duarte, de 49 años, se recuperó, él y Torres, de 50, se inscribieron en una lotería para determinar quiénes serían los primeros gays y lesbianas neoyorquinos en casarse ante la ley en el Empire State. Se dijeron: "Sí, acepto", y se casaron aquel histórico primer día: el 24 de julio del 2011.

Sólo Nueva York, Connecticut, Iowa, Massachusetts, Nuevo Hampshire, Vermont y el Distrito de Columbia permiten el matrimonio entre personas del mismo sexo. En cuanto al resto del país, los gays y las lesbianas no tienen la opción —ni los nuevos beneficios que llegan con ella— que tuvieron Rodríguez-Duarte y Torres.

"Fue un día hermoso", afirma Torres, "pero agridulce, porque [el matrimonio entre personas del mismo sexo es] un derecho denegado a lo largo del país".

Como homosexuales latinos, el fotógrafo Rodríguez-Duarte y el estilista de moda Torres se consideran una minoría dentro de una minoría. Pese a que algunos hispanos gay y lesbianas creen que los estadounidenses son más receptivos a las uniones entre personas del mismo sexo que la gente de sus países nativos, la pareja no está tan segura de la tolerancia en este país.

EL DERECHO A DECIDIR

"Residimos en West Village [en el bajo Manhattan], un barrio bohemio y *gay-friendly*", dice Torres, "pero siempre hay que tener cuidado". De hecho, a fines de marzo, un homosexual fue agredido en el barrio, aparentemente un delito motivado por la homofobia. Así y todo, ambos hombres disfrutan de presentar al otro como "mi marido", y están contentos con los beneficios que el matrimonio ahora les otorga. Pueden tomar decisiones médicas si el otro está incapacitado para tomarlas, declarar impuestos a nivel estatal en forma conjunta y heredar los activos del otro ante la ausencia de testamento.

Antes de casarse, la pareja vivía en Florida, donde cada uno arribó al dejar Cuba en la década de los sesenta. Torres creció en Hialeah, y Rodríguez-Duarte, en Miami. El estado ha sido lento en otorgar derechos a gays y lesbianas; fue el último de los 50 estados en levantar las prohibiciones contra la adopción de niños por homosexuales.

En Florida, ambos pagaron a una abogada unos $3.000 para elaborar documentos que los protegieran con los mismos derechos que las parejas heterosexuales dan por sentados. "Tuvimos que poner el nombre de cada uno en todo, desde nuestro contrato para el alquiler hasta las cuentas bancarias", dice Rodríguez-Duarte, refiriéndose específicamente a los derechos de supervivencia.

Estos derechos adquieren especial relevancia, explican, cuando un miembro de la pareja fallece. A pesar de ser una pareja homosexual que se ha mantenido unida y que ha venido adquiriendo activos durante 20 años o más, la familia de uno de ellos puede, legalmente, llegar y tomar todo lo que le pertenecía a la persona fallecida.

Elizabeth F. Schwartz, de 40 años, abogada de Miami dedicada a cuestiones que suelen enfrentar la comunidad gay y lesbiana, llevó a cabo el trabajo legal para Rodríguez-Duarte y Torres. Las leyes recientemente aprobadas para Nueva York hacen innecesario gran parte del papeleo que realizó Schwartz, dice, pero ninguna legislación puede erradicar la homofobia.

"Evita parte del papeleo, pero no lo torna obsoleto en su totalidad", afirma, y advierte que aconseja a todas las parejas, sean heterosexuales u homosexuales, que otorguen un poder al esposo o al ser querido, incluso si viven en estados donde las uniones entre personas del mismo sexo son legales.

Schwartz, lesbiana dedicada a la aprobación de leyes sobre igualdad matrimonial no solo en Florida, sino en todo el país, dice: "Parte de mi trabajo más satisfactorio proviene de trabajar sin descanso en un estado donde hay mucho por hacer en este aspecto".

D<small>OS</small> C<small>ULTURAS,</small> M<small>ÁS</small> D<small>ESAFÍOS</small>

Marcela Aguilar, de 40 años, gerente de salud pública en el área metropolitana de Washington, D.C., nació en la Ciudad de Guatemala, donde no se permite el matrimonio entre personas del mismo sexo. Su novia, Ana, de 43 años, viene de la Ciudad de México, que aprobó una ley de igualdad matrimonial en diciembre del 2009.

La pareja planea casarse en Maryland —estado en el que viven y que estuvo a punto de aprobar una ley de igualdad matrimonial en el 2010— cuando sea legal. "Vivo en Estados Unidos por elección", explica Aguilar, y observa que las leyes de otros países, como Argentina, hacen mucho más fácil para gays y lesbianas vivir como les plazca.

Los latinos homosexuales de Estados Unidos, dice, deben franquear los desafíos de ser homosexuales en dos culturas. En Estados Unidos, por ejemplo, "la gente sabe que somos pareja", afirma. "Vivimos abierta y libremente. Las personas homosexuales son más visibles en las calles y en los medios de comunicación" que en su país natal.

"En Guatemala", observa, "no la ves [la homosexualidad abierta]. Y si la ves, no hablas de ello. Censuras todo lo que dices. Es sumamente cansador estar en guarda día tras día tras día. Los homosexuales son golpeados y asesinados".

Le tomó a su madre 15 años contarles a sus parientes que su hija era lesbiana. "Lágrimas. Años de lágrimas", dice Aguilar, cuya relación con su madre se ha reparado, pero sigue siendo frágil.

De todas las indignidades que ha soportado por parte de su familia, ninguna fue tan terrible como dos conversaciones que tuvo con su hermano y su hermana, comenta Aguilar. Ambos profesionales y criados en un hogar guatemalteco de clase alta, le pidieron que ella y su pareja controlaran su comportamiento y fueran "cuidadosas" cuando estuvieran sus hijos cerca. "Me sentí ofendida", dice, "muy, muy triste y ofendida".

También perturba a Aguilar cuántos frutos de una sociedad libre e industriosa le son negados. "No calificamos para acceder a miles de beneficios" disponibles para el resto de la población, afirma.

En virtud de la Ley de Defensa del Matrimonio (Defense of Marriage Act), de 1995, el gobierno federal no reconoce los matrimonios homosexuales. Esto significa que las parejas del mismo sexo, incluso si están casadas en un estado donde es legal, no pueden acceder a los derechos y protecciones federales en que el matrimonio es un condicionante. De hecho, hay por lo menos 1.138 disposiciones legales federales en las que la condición matrimonial puede ser determinante de beneficios y derechos, según un informe del 2004 realizado por la U.S. Government Accountability Office. Estos incluyen el tomarse licencias familiares y médicas, recibir beneficios del Seguro Social como familiar sobreviviente y beneficios inmigratorios derivados de contraer matrimonio con un ciudadano estadounidense.

Aunque una pareja esté legalmente casada, el derecho federal considera a los esposos homosexuales pareja de hecho. Y si bien algunos empleadores pueden ofrecer seguro de salud a las parejas de hecho, lo que el empleador pague por la pareja se cuenta como ingreso imponible. "Debemos pagar impuestos sobre nuestro seguro de salud. No podemos declarar impuestos en forma conjunta", explica Aguilar. Si Maryland no aprueba una ley de matrimonio homosexual en el 2012, ella y su pareja planean casarse en Washington, D.C.

C. LA FORMACIÓN DE LA FAMILIA: LOS HIJOS

Comúnmente se considera la unidad familiar como una que incluye un hijo o más, aunque crecientemente, en muchas sociedades, hay quienes expresamente establecen unidades familiares sin la intención de tener hijos. Sin embargo, por razones tanto culturales como emocionales e incluso biológicas, la mayoría de familias incluyen hijos.

Todos entendemos cual es la manera más común de tener hijos. Esta forma de procrear es reglamentada por leyes desde el momento de la concepción en países o estados que prohíben el aborto, y ciertamente desde el momento del nacimiento.

La fuerza de las leyes y los reglamentos entra en juego cuando una familia se crea a través de la adopción, como veremos en las siguientes tres lecturas.

La Adopción

Hay distintos tipos de adopción y diferentes maneras de coordinar la adopción de un hijo.

TIPOS DE ADOPCIÓN

Los dos tipos de adopción más comunes son la adopción abierta y la adopción cerrada. Estas adopciones pueden ser domésticas o internacionales.

Adopción Abierta. En la adopción abierta, se mantiene algún tipo de contacto entre la familia adoptiva del niño y sus padres biológicos. La madre biológica elige a la familia adoptiva. Tiene la posibilidad de averiguar cuáles son sus valores, estilo de vida, y religión. Ella y los padres adoptivos pueden decidir comenzar una relación. Esta puede incluir visitas frecuentes al menor, llamadas por teléfono, e intercambio de fotografías.

Adopción Cerrada. En las adopciones cerradas o confidenciales, la madre biológica no tiene ningún tipo de información acerca de la familia adoptiva ni ésta de la madre. Las adopciones cerradas son cada vez menos frecuentes. Es posible elegir una adopción cerrada para tener más privacidad.

La Coordinación de la Adopción

Abierta o cerrada, la adopción tiene que ser coordinada de una manera que tome en cuenta las leyes del estado en el cual se está realizando.

Adopción por Agencia Pública o Privada. Las adopciones por medio de agencias se hacen con la ayuda de una agencia pública o privada que está habilitada para actuar como intermediaria entre los padres biológicos y la familia adoptiva. La agencia puede encargarse de proporcionar asesoramiento previo y posterior a la adopción, así como de todos los arreglos relacionados con el parto. También puede brindar asistencia sobre los aspectos legales del proceso de adopción. Las adopciones que se hacen por intermedio de agencias pueden ser abiertas o cerradas, pero generalmente son abiertas.

Adopción Independiente. Las adopciones independientes son organizadas por un abogado. Estos abogados a veces se denominan "abogado de adopción". En una adopción independiente, la persona o las personas que desean adoptar también tienen la posibilidad de recibir asesoramiento y orientación de alguna agencia de adopción local.

Adopción entre Parientes. La adopción entre parientes se produce cuando algún miembro de la familia de los padres biológicos adopta al hijo. Este tipo de adopción también se llama "adopción por parentesco". La madre y sus parientes colaboran juntos con una agencia de adopción, un abogado, o el departamento estatal de servicios humanos para organizar la adopción. En este caso, los adoptantes deben reunir los mismos requisitos legales exigidos para cualquier tipo de adopción. Aun en el caso de que el hijo sea adoptado por un miembro de la familia, la madre perderá todos los derechos como madre del mismo modo que si los adoptantes fueran personas extrañas.

Adopción por Padrastro o Madrastra. Con mucha frecuencia, cuando una persona se casa por segunda vez, la pareja decide que el nuevo cónyuge adoptará al hijo del otro cónyuge que es madre o padre biológico.

Legalidad de la Adopción

La adopción es un proceso legal y vinculante, sea cerrada o abierta, doméstica o nacional. La legalidad es igual para las adopciones por agencia, independientes, entre parientes, y por padrastro o madrastra. Todas las adopciones deben ser aprobadas por un juez en un tribunal. Las leyes de adopción son diferentes en cada estado de los Estados Unidos y en cada país del mundo. Las personas que desean adoptar generalmente consultan a un consejero o abogado de adopción para que se les informe acerca de las leyes del estado y del país donde viven y donde quieren adoptar.

———

Ángel Luis Díaz Cartagena y María Esther Flores Colón, Ex-Parte

2006 WL 3336684 TCA

Tribunal de Apelaciones, San Juan, Puerto Rico, 24 de octubre de 2006.

Se solicita se revoque la sentencia emitida por el Tribunal de Primera Instancia... sobre adopción. Aducen los apelantes que erró el Tribunal de Primera Instancia (en adelante el Tribunal) al desestimar la petición de adopción bajo los fundamentos esbozados en su Sentencia, en contra de la prueba desfilada, obviando el mejor bienestar de los menores, la aceptación de la madre biológica y la recomendación de la Procuradora de Familia y la Unidad de Adopciones del Departamento de la Familia.

Con el beneficio de la comparecencia del Procurador General, en representación de los intereses defendidos de los menores ante el Tribunal por el Procurador de Asuntos de Familia y por entender que no se cometió el error señalado, procedemos a confirmar la Sentencia recurrida.

I. El 19 de octubre de 2005 los apelantes Ángel Luís Díaz Cartagena y Wilma Esther Flores Colón (en adelante los apelantes), presentaron Petición de Adopción. En la misma solicitan la adopción de sus nietos Tamya Marie Figueroa Díaz quien cuenta con 9 años de edad y Ángel David Díaz Flores de 6 años de edad (en adelante los menores), los cuales han residido bajo el mismo techo de los apelantes como si fueran sus hijos desde que nacieron, proveyéndoles a éstos un hogar feliz y de solvencia moral.

Aducen que los menores no han conocido el calor de otro hogar excepto el de ellos. Por tal razón solicitan al Departamento de la Familia que se ordene estudio social, conforme a la ley, y de concederse la adopción por el Tribunal, que se inscriban los menores ante el Registro Demográfico como Tamya Marie Díaz Flores y Ángel David Díaz Flores.

Con fecha de 29 de noviembre de 2005 la Señora María del Carmen Díaz, madre biológica de los menores (en adelante la Sra. Díaz), compareció al Tribunal por propio derecho. Contestó la Petición de Adopción.

Manifestó no tener reparo alguno a la petición y adujo que sus hijos siempre han estado bajo la custodia de los apelantes, que estos le han provisto todo lo necesario para su sustento y siempre les han profesado amor y cuidado, por lo que no tiene duda alguna que en el mañana serán personas de provecho.

En adición, expresó estar consciente que una vez otorgada la adopción por el Tribunal, todo vínculo legal entre sus hijos y ella termina, pasando sus hijos a ser hijos de los apelantes, perdiendo así todos los derechos, privilegios y obligaciones.

Que consciente, libre, voluntariamente e inteligentemente a que se conceda la adopción solicitada por sus padres, los apelantes. Todo esto lo manifestó bajo juramento....

El día 15 de marzo de 2006 el Tribunal celebró vista en su fondo, emitió Sentencia el 10 de abril de 2006. Hizo constar la comparecencia de los apelantes. La Licenciada Maribel Sánchez Muñoz, Procuradora de Relaciones de Familia (en adelante la Procuradora), Sr. Amner Ortiz López, Trabajador Social del Departamento de la Familia y la Sra. Díaz.

Por prueba desfilada el Tribunal estableció que los apelantes son los abuelos maternos de los menores. Que éstos siempre han vivido con ellos. La Sra. Díaz visita la casa de sus padres y comparte con sus hijos los fines de semana. Que ésta se allana a la adopción siempre y cuando ella mantenga relaciones con sus hijos menores, tome determinaciones y nada cambie en su relación con los mismos.

La Procuradora informó que este es un caso muy particular, pero, favoreció la adopción.

El Tribunal expresó que el propósito de la adopción es proveerle unos padres a los menores de edad, que estén huérfanos de éstos, ya sea que han fallecido o han sido abandonados o removidos por el Departamento de la familia.

Así pues, el foro a quo declaró "Sin Lugar" la adopción solicitada.

En desacuerdo, los apelantes radicaron el 22 de mayo de 2006 Apelación Civil. Inconformes alegan que:

Erró el TPI al desestimar la Petición de Adopción bajo los fundamentos esbozados en su Sentencia, en contra de la prueba desfilada, obviando el mejor bienestar de los menores, la aceptación de la madre biológica y la recomendación de la Procuradora de Familia y la Unidad de Adopciones del Departamento de la Familia....

La Procuradora ha comparecido a través del Procurador General de Puerto Rico, en un extenso escrito. Con la comparecencia de esta parte y no así con la de la Sra. Díaz. Este Tribunal Apelativo está en posición de resolver el asunto planteado.

Hasta aquí la relación de hechos pertinentes, procedimos entonces a exponer el derecho aplicable.

II. La adopción es un acto jurídico solemne, el cual supone la ruptura total del vínculo jurídico familiar de una persona con su parentela biológica y la consecuente filiación de ésta con aquel o aquellos han expresado la voluntad de que legalmente sea su hijo. Bajo esta institución, se equipara la relación filiatoria adoptiva con aquella que se produce naturalmente, con iguales deberes y obligaciones jurídicas y sociales.

En Puerto Rico la adopción, como acto jurídico, está rigurosamente reglamentada por el Código Civil en su dimensión sustantiva, y el Código de Enjuiciamiento Civil en su dimensión procesal, hoy Ley de Procedimientos Legales Especiales. La misma declara que, "[e]s un derecho inalienable de los niños el poder vivir y crecer dentro del seno de un hogar feliz y al calor de sus padres". Expresa, además, que ante los diversos males sociales que atentan contra el bienestar de los menores, la intención legislativa va dirigida a prestar particular atención a los menores maltratados, abandonados y desamparados, para que mediante los mecanismos de adopción éstos puedan formar parte de hogares estables, donde a su vez encuentren la felicidad, el amor, la protección y el desarrollo físico, psicológico, mental y moral.

Mediante la aprobación de esta legislación, la Asamblea Legislativa pretendió ampliar y facilitar la utilización del mecanismo de adopción de forma tal que pudiera ser utilizado más ampliamente, y de forma más rápida, por personas que desearan acoger como padres en el seno de su hogar a menores e incapacitados en estado de desamparo y abandono.

... [La adopción] misma cumple varios fines sociales de fundamental importancia para nuestra sociedad contemporánea, pero, principalmente, el propósito de darles a los niños sin padres la oportunidad de criarse en un hogar donde los puedan atender debidamente, y facilitar a los padres sin hijos la oportunidad de tenerlos y asegurar así la continuidad de su familia.

... El propósito de la adopción debe ser alcanzado sin que de ninguna manera se sacrifique el propósito primordial de dicha institución, el bienestar del menor.

... [La legislación] expresa que es imperativo flexibilizar la institución de la adopción para que ésta pueda ser ampliamente utilizada por personas que desean adoptar menores de edad. Dispone que los niños de Puerto Rico merecen tener la oportunidad de que sus vidas se desarrollen al calor de un hogar, sintiendo el amor de unos padres. Expresa, además, que la institución de la familia es el pilar principal de nuestra sociedad, y que por tanto, hay que brindarles a esos niños la oportunidad de formar parte de un seno familiar....

III. En Puerto Rico la unidad del núcleo familiar, la institución de la patria potestad y las relaciones paterno filiales "están de por sí revestidas de un alto interés público y social, tanto para beneficio del hijo como para beneficio del estado". En dichas situaciones el interés no puede ser otro que el bienestar del menor. Los principios antes expuestos se apoyan en el reconocimiento de que la familia funge un papel central en la vida y el desarrollo de todos los seres humanos. Nuestro Tribunal Supremo ha señalado que el desmembramiento de los lazos familiares debe ser el "recurso final ante una situación ineluctable". Conforme a lo señalado por nuestro más alto Foro...el Estado tiene la responsabilidad de velar por aquellos menores que son víctimas de maltrato, abuso y negligencia. Además, tiene el deber de proveer los servicios necesarios para fortalecer la familia de estos menores. Cuando ello no es posible, el Estado debe proveer a los menores un ambiente saludable para su desarrollo.

En su testimonio la Sra. Díaz se allana a la adopción siempre y cuando ella mantenga relaciones con sus hijos menores, tome determinación y nada cambie su relación con los mismos.

En adición, el Escrito en Cumplimiento de Orden del Procurador en su página diez (10), párrafo primero, expresa y citamos:

"Así las cosas, el 20 de enero de 2006, la señora Díaz, madre biológica de los menores T.M.F.D. y A.D.D.F., se presentó a la Unidad de Adopciones del Departamento de la Familia y se reunió con la Trabajadora Social a cargo de este caso … y le indicó que había cambiado de opinión y que no consentía a la adopción. Ésta manifestó que le preocupaba que de declararse con lugar la petición de adopción 'su madre no le permita tomar parte en la crianza y actividades de sus hijos y se los lleve para Estados Unidos y así ella no los volvería a ver'. La señora Díaz manifestó sentirse manipulada por sus padres y que alegadamente por esa situación consintió. Aún así, la señora Díaz aceptó que sus padres siempre se han hecho responsables de los menores, y que son éstos quienes los han sostenido económicamente. También indicó que durante los años de vida de los menores nunca ha hecho gestión alguna para recuperar a sus hijos, ya sea por los tribunales o por arreglo familiar. Ella 'expresó que luchará para tener a sus hijos y que solicitará representación legal para el caso de adopción".

Ante esta situación, el Departamento de la Familia indicó en su informe que antes de considerar el trámite de adopción procedía que se privara a la madre biológica de la patria potestad de los menores.

Así las cosas, el foro de instancia celebró la vista en su fondo de la adopción. De la sentencia surge que cuando testificó la madre biológica, ésta indicó que "se allanaba a la adopción siempre y cuando ella mantenga relaciones con sus hijos menores, tome determinación y en nada cambie relación con los mismos".

Por último, el Tribunal Apelativo no puede descartar y sustituir sus propias apreciaciones, basadas en un examen del expediente del caso, las determinaciones ponderadas del foro de instancia. La determinación de credibilidad del tribunal sentenciador es merecedora de gran deferencia por parte del tribunal apelativo por cuanto es ese juzgador quien, de ordinario, está en mejor posición para aquilatar la prueba testifical desfilada ya que él fue quien oyó y vio declarar a los testigos. La madre de los menores, la Sra. Díaz, no ha sido privada de la patria potestad. Su consentimiento a la adopción fue condicionado. Siendo esta la situación, el Tribunal estaba imposibilitado de declarar con lugar la petición de adopción.

En un caso donde el futuro de los menores es primordial, donde su madre pasaría a ser su hermana, es vital que se demuestre como lo establece nuestro ordenamiento jurídico, que se cumplan con todos los requisitos de la Ley de Adopción. Actuando con mucha cautela no queda en la mente del juzgador que al momento de tomar la decisión de declarar no ha lugar la adopción de los menores, esto lo hizo en beneficio de éstos.

Por los fundamentos expuestos en la Opinión que antecede, la cual se hace formar parte íntegra de la presente, se dicta Sentencia confirmatoria de la emitida por el Tribunal de Instancia, Sala Superior de Caguas, en el presente caso.

Retendría jurisdicción y le ordenaría al Departamento de la Familia que con carácter prioritario y de urgencia inicie el procedimiento encaminado a privar de la patria potestad a la madre biológica de los menores para dar paso al proceso de adopción de los apelantes.

––––––––

La Adopción Homoparental en México

María José Juárez Becerra, Retos Internacionales, Tecnológica de Monterrey

Uno de los principales dilemas en el debate de la adopción homoparental en México se desprende del hecho de que las investigaciones que soportan una postura tanto a favor o en contra de este fenómeno no cuentan con un fundamento científico estable y objetivo. Lo anterior genera indecisión para el Estado al momento de considerar la legalización de la adopción por parte de parejas homosexuales o no. Al mismo tiempo, provoca que la sociedad rechace o apruebe esta cuestión sin argumentos científicamente fundamentados, guiándose principalmente por sus valores y prejuicios. Además, lo más grave es que el debate suele descentralizarse ya que se enfoca más en criticar la homosexualidad en sí que preocuparse por el tema primordial: el bienestar del niño en adopción.

En México las reformas para favorecer a los homosexuales han sido tratadas con timidez y sobre todo con indecisión. Un ejemplo de ello es la *Ley de Sociedad de Convivencia* (2006) la cual "es un acto jurídico bilateral que se constituye, cuando dos personas físicas de diferente o del mismo sexo, mayores de edad y con capacidad jurídica plena, establecen un hogar común, con voluntad de permanencia y de ayuda mutua". Tres años después, en diciembre de 2009, el Distrito Federal se convirtió en la primera ciudad en América Latina que legalizó el matrimonio de parejas del mismo sexo, lo cual generó debate y polémica en el país, ya que este acontecimiento daba lugar a la posibilidad de la adopción de un menor por parte de estas parejas. Las tan variadas opiniones tanto de no expertos como de expertos en la materia no dejaban de ser pronunciadas y escuchadas. Por ejemplo Elva Cárdenas Miranda, doctora en Derecho de la Universidad Nacional Autónoma de México y autora de *La adopción en México: Situación actual y perspectivas* (2010), dijo que este fenómeno "se legisló de manera apresurada y el legislador no tomó en cuenta las repercusiones que tendrá en los niños", lo cual nos lleva a la siguiente pregunta: ¿cuáles repercusiones?

Primeramente, se debe reconocer que en México no se ha llevado a cabo una investigación profunda y científicamente objetiva como para garantizar conclusiones así de severas. Esto se debe, principalmente, a que es un fenómeno verdaderamente reciente, los ejemplos son escasos y no se pueden medir aún las *consecuencias* de la adopción homoparental en la persona. Esto ha provocado que los círculos conservadores del país carezcan de argumentos objetivamente fundamentados para rechazar la adopción homoparental y, consecuentemente, se basen en sus prejuicios, fomentando así la intolerancia y, en el peor de los casos, la homofobia. Se enfocan en defender básicamente la estructura, mejor dicho la *imagen*, de la familia tradicional. Por otro lado, están los que apoyan la adopción homoparental, pero en la mayoría de los casos están enfocados a demostrar que estas parejas son funcionales en la sociedad y que sí pueden formar una familia sin problemas. Es decir, sus argumentos también giran alrededor de la homosexualidad. En estos extremos, el debate se descentraliza y se deja a un lado al tema primordial de la adopción: el fin de brindarle bienestar al niño dentro de una familia que le permita el pleno desarrollo en la sociedad.

Algunas de las investigaciones pioneras en demostrar y comprobar las consecuencias psicológicas de la adopción por parejas homosexuales en los niños cuentan con la desventaja, como se mencionó anteriormente, de que éste es un fenómeno reciente y por lo tanto los ejemplos son escasos. Además poseen otras características que están lejos de proveer resultados precisos, por ejemplo: presentan hipótesis poco claras, situaciones que no son elegidas al azar, los casos son demasiado pequeños o particulares como para que sea válido generalizar las posibles consecuencias (ya sean negativas o positivas) de la adopción homoparental. Por eso es que en México se debe de procurar una investigación objetiva y de calidad que evite caer en alguno de estos errores, y permita tanto al Estado como a la sociedad conocer las verdaderas consecuencias de cualquier índole en los niños adoptados por parejas del mismo sexo.

Sin embargo, desafortunadamente, si en México se diera esta investigación profunda y objetiva daría como resultado que la adopción homoparental sí tiene *efectos negativos* en el niño adoptado. Pero no como consecuencia de tener dos mamás o dos papás, sino porque el niño se enfrentaría con una sociedad intolerante, una sociedad que señalaría su condición de adoptado por una pareja del mismo sexo, por pertenecer a una familia que rompe con la imagen de la familia tradicional. Es aquí cuando se debe de evocar a la responsabilidad del Estado para con los niños según el artículo 2 de la Convención de los Derechos del Niño (1989): "Los Estados Partes tomarán todas las medidas apropiadas para garantizar que el niño se vea protegido contra toda forma de discriminación o castigo por causa de la condición, las actividades, las opiniones expresadas o las creencias de sus padres, o sus tutores o de sus familiares".

Y no hay que olvidar que la sociedad tiene, de igual manera, la obligación de exigirle al Estado por los derechos de los niños.

En México es necesario enfocar el debate en el bienestar de los niños, fuera de la opinión sobre las parejas homosexuales. En la Convención Sobre los Derechos de los Niños se establece lo siguiente: "Reconociendo que el niño, para el pleno y armonioso desarrollo de su personalidad, debe crecer en el seno de la familia, en un ambiente de felicidad, amor y comprensión". Si lo que un niño necesita es una familia estable, y una pareja homosexual a través de los análisis y estudios a los que todos los individuos que buscan adoptar están sometidos, demuestra ser capaz de proveer todo lo que el pequeño necesita, el Estado no le debería de negar el derecho de pertenecer a una familia así al niño. Hay que recordar que la funcionalidad de una familia no depende de si una pareja es homosexual o heterosexual, sino de la interacción y comunicación entre los miembros de la familia. Los niños en adopción necesitan de educación, amor, apoyo, motivación que sólo una familia puede proveer. No hay un argumento válido por el cual se pueda discriminar a una pareja y concluir que no puede formar una familia sólo por el hecho de ser homosexual.

A nivel internacional se acordó que el encargado de velar por el bienestar de los niños es el Estado. En México, la *Ley para la protección de los derechos de niñas, niños y adolescentes* manifiesta que: "Cuando una niña, un niño, un o una adolescente se vean privados de su familia, tendrán derecho a recibir la protección del Estado, quien se encargará de procurarles una familia sustituta y mientras se encuentre bajo la tutela de éste, se les brinden los cuidados especiales que requieran por su situación de desamparo familiar".

En México esto se hace a través del Sistema Nacional para el Desarrollo Integral de la Familia (DIF). Sin embargo, el DIF tiene algunas deficiencias como institución, iniciando por el simple hecho de que son dirigidos por las primeras damas quienes quizá no son las personas más capacitadas para tomar la dirección del mismo. El DIF, al tener fallas desde su estructura, falla en custodiar y perseverar por los derechos de los niños. En México la ley castiga más severamente el robo de autopartes, que el maltrato a un niño[1]. Es más, en el país "el castigo corporal no está prohibido". Lo cual es verdaderamente alarmante, ya que al parecer la adopción homoparental no es el único debate en el que los niños pasan, injustamente, a un segundo plano para la ley.

En México antes de seguir legalizando o rechazando la posibilidad de otorgarle el derecho de adopción a los matrimonios homosexuales, se requiere de un ajuste al objetivo central del debate enfocándose en los niños, quienes tienen todo el derecho de formar parte de una familia, ya sea convencional o no. Tanto las autoridades como la sociedad necesitan dejar de hacer juicios basados en opiniones personales y dedicarse a velar por los derechos de los niños. Además, el Estado en conjunto con los medios de comunicación necesita difundir el respeto y la tolerancia en la sociedad mexicana hacia las parejas homosexuales y sus derechos. Porque independientemente de que la adopción homoparental sea o no legal en todo el país, ya existen las familias *no tradicionales* conformadas por una pareja homosexual que adoptó a un niño, el primer caso se dio el 2 de septiembre de 2011 en el Distrito Federal.

---

[1] Arellano, F. Estudiante de derecho y economía en el ITAM.

Dado a las nuevas tendencias que vivimos no sólo en nuestro país, sino en el mundo, no es posible hacer a un lado el hecho de que las parejas homosexuales están aumentando. Y que los roles que estas parejas están y estarán jugando en nuestra sociedad, cada vez se dan con mayor fuerza y presencia. El hecho de que las familias de parejas homoparentales incrementarán es inexorable, y la ciudadanía debe actuar fomentando el respeto y celebrando la diversidad. Posiblemente ahora parezca un cambio *difícil* de aceptar, sin embargo, todos los grandes cambios han sido polémicos. Tan sólo hace falta recordar cuando en el pasado era impensable darle a la mujer el derecho a votar o de trabajar. Quizá en un futuro, ojalá no sea muy lejano, toda la sociedad deje a un lado la crítica y la negación de los derechos a las parejas homosexuales basadas en sus prejuicios, buscando y defendiendo de una manera objetiva el bienestar del niño en adopción.

————

Pese a la persistencia de la imagen idealizada de una familia con mama y papa, viviendo felices en una casita con jardín y cortinas en las ventanas, la mayoría de las familias hoy en día viven otro tipo de experiencia. En algunas situaciones, es importante por razones tanto personales como legales recurrir al sistema legal para establecer la paternidad de un hijo o una hija. Cada estado tiene sus reglas. Aquí veremos el ejemplo de la manera en que el Estado de Wisconsin trata los asuntos de paternidad.

————

Guía a la Paternidad Legal
Wisconsin Department of Children & Families

¿Qué es la paternidad?

"Paternidad" significa "paternidad legal". Es otra manera de decir que el padre del hijo/a es el padre legal. El proceso por el cual el hombre es el padre legal se llama "establecimiento de paternidad." Establecimiento de paternidad (paternidad legal) permite al padre que su nombre quede en el acta de nacimiento del niño/a. También le da al padre y a su hijo/a derechos especiales.

¿Por qué es importante establecer la paternidad?

Un bebé tiene derecho a tener una madre y un padre, aún cuando sus padres no están casados. Cuando se agrega el nombre del padre en el registro de nacimiento del niño, ese niño tiene derechos especiales. Estos derechos pueden incluir:

- Mantenimiento de menores

- Seguro de salud

- Derecho de registro tribal (para niños nativos americanos)

- Derechos de herencia

- Beneficios de seguro social si el padre muere o queda discapacitado

- Acceso a la historia de salud de la familia del padre (por medio del doctor del niño). Esto es importante porque condiciones tales como diabetes y célula falciforme pueden ser hereditarias.

Aún cuando los padres del niño/a piensen casarse o si los padres del niño viven juntos, establecer la paternidad garantiza los derechos del niño/a. Sólo cuando el nombre del padre del niño se agrega a su acta de nacimiento, podrá estar seguro ese niño de quiénes son sus padres legales.

Cuando se establece la paternidad legal, el padre tiene ciertos derechos:

- Los derechos del padre deben considerarse antes de que el bebé se pueda entregar para adopción.

- El padre tiene derecho a pedir al tribunal que decida sobre la custodia (tomar decisiones sobre su hijo) y visitación del hijo (colocación física).

- El padre tiene derecho a presentar al tribunal un plan de crianza.

¿CÓMO SE ESTABLECE LA PATERNIDAD LEGAL?

En Wisconsin, hay tres maneras para establecer la paternidad:

Reconocimiento voluntario de paternidad. Si la madre y el hombre tienen 18 años de edad o más y están seguros de que ese hombre es el padre, la manera más fácil de establecer la paternidad es con el formulario Reconocimiento Voluntario de Paternidad (Voluntary Paternity Acknowledgment). El padre y la madre firman el formulario Reconocimiento Voluntario de Paternidad después de que nace su bebé. Después de completar y enviar por correo este formulario a la oficina de "Vital Records" se establece la paternidad. El nombre del padre se agregará al certificado de nacimiento.

Si el padre o la madre quieren pruebas genéticas, ellos deben firmar el formulario sólo cuando reciban los resultados de la prueba. Los padres pueden pedir a la agencia local de mantenimiento de menores la prueba genética antes de firmar el formulario Reconocimiento Voluntario de Paternidad. Las agencias de mantenimiento de menores ofrecen pruebas genéticas a precio reducido.

El padre y la madre pueden firmar el formulario Reconocimiento Voluntario de Paternidad ante un notario en el hospital cuando nace el bebé. Todos los hospitales de Wisconsin tienen este formulario. Muchas parteras también tienen este formulario.

El formulario Reconocimiento Voluntario de Paternidad no puede usarse si el hijo/a fue concebido o si nació cuando la madre estaba casada con otro hombre.

Determinación del tribunal. Si se nombra a un hombre como el posible padre y él no está de acuerdo, se programará una audiencia en el tribunal. El tribunal determinará la paternidad. La madre y el hombre recibirán notificación de la audiencia y ambos deberán asistir.

En la audiencia se le explicará al hombre sus derechos y responsabilidades. Si él desea que se haga una prueba genética, deberá pedir al tribunal esas pruebas genéticas.

Si el hombre no asiste al lugar y hora programada, el tribunal igual podrá determinar la paternidad sin la presencia del hombre y podrá nombrarlo como el padre. Esto se define como un "fallo por incomparecencia." El fallo de paternidad por incomparecencia tiene vigencia en la fecha en que se presenta el fallo de paternidad. Una vez que se presenta el fallo, el tribunal podrá ordenar el mantenimiento de menores.

Reconocimiento de hijo dentro de matrimonio (Legitimar). Si la madre y el padre se casan después de nacer el bebé, los padres pueden firmar un formulario de Reconocimiento de hijo de matrimonio (Acknowledgment of Marital Child) para establecer paternidad. Este formulario lo puede obtener el padre o la madre en la agencia de mantenimiento de menores o en la oficina local de Vital Records. El padre y la madre deben firmar este formulario ante notario y enviarlo a la Vital Records del estado. El formulario de Reconocimiento de hijo de matrimonio otorga al niño y a los padres los mismos derechos que tendrían si se hubiesen casado antes de nacer el bebé.

¿QUÉ HACER SI EL HOMBRE O LA MADRE NO ESTÁN SEGUROS DE QUIÉN ES EL PADRE?

Si el hombre o la madre no están seguros, ellos no deben firmar el formulario Reconocimiento voluntario de paternidad. Una vez que se presenta este formulario, tiene el mismo efecto que una determinación del tribunal. El hombre será considerado el padre legal y el tribunal puede ordenar que el hombre pague mantenimiento de menores.

Si no se ha iniciado un proceso legal, el hombre o la madre deberá comunicarse con la agencia local de mantenimiento de menores y pedir que se hagan pruebas genéticas. Las agencias de mantenimiento de menores ofrecen pruebas genéticas a precio reducido.

Si se ha iniciado un proceso legal, el hombre y la madre deberán presentarse a la audiencia a la hora programada. Durante el proceso legal, la agencia de mantenimiento de menores o el tribunal ordenará las pruebas genéticas. Si las pruebas muestran que el hombre no es el padre, el caso será anulado. Si las pruebas muestran una probabilidad de paternidad de un 99% o más, se presumirá que ese hombre es el padre, según la ley de Wisconsin.

¿PARA QUÉ SIRVEN LAS PRUEBAS GENÉTICAS?

Las pruebas genéticas (ADN) se pueden hacer mediante un "frote bucal" o con análisis de sangre. Muchos lugares hacen la prueba de frote bucal y no análisis de sangre. Para la prueba de frote bucal se frota un trozo de algodón dentro de la boca para obtener muestras de células. En ambos tipos de prueba, las muestras se toman del hombre, la madre y el hijo/a. Los resultados de estas pruebas determinarán la probabilidad de que un hombre específico sea el padre.

El tribunal usa los resultados de las pruebas para determinar la paternidad cuando el hombre o la madre no están de acuerdo sobre la paternidad del niño/a. Si las pruebas muestran una probabilidad de paternidad del 99% o más, se supondrá que ese hombre es el padre según la ley de Wisconsin. El hombre tiene derecho a oponerse a los resultados de las pruebas en el tribunal.

Si el hombre o la madre no están seguros, pedir que se hagan pruebas genéticas.

¿QUIÉN PAGA ESTAS PRUEBAS GENÉTICAS?

La agencia de mantenimiento de menores paga las pruebas hasta que se establezca la paternidad. Si las pruebas muestran que un hombre es el padre, se exigirá que él y/o la madre paguen las pruebas. Si las pruebas muestran que ese hombre no es el padre, no le cobrarán a él por esas pruebas.

¿QUÉ DEBE HACER UN HOMBRE, SI ÉL CREE QUE ES EL PADRE?

Aunque el hombre piense ayudar a su bebé y a la madre, es importante que establezca paternidad legalmente. Si la madre no está de acuerdo, el hombre puede ir al tribunal para establecer paternidad. La agencia local de mantenimiento de menores puede ayudarle con este proceso. Al establecer paternidad, se protegen los derechos del padre y del hijo/a. El padre puede crear una relación positiva con sus hijos aún cuando no tenga buena relación con la madre. En el área donde usted vive podría encontrar clases y grupos de apoyo para padres.

¿CUÁNDO SE PUEDE ESTABLECER LA PATERNIDAD?

La paternidad se puede establecer en cualquier momento después de nacer el bebé. Sin embargo, debe haber un trámite legal para establecer paternidad antes de que el hijo/a cumpla 19 años de edad. Para asegurar los derechos del hijo/a y de los padres, es mejor determinar la paternidad lo antes posible.

¿QUÉ PUEDE HACER EL PADRE SI LA MADRE O LA FAMILIA DE ELLA NO LO QUIEREN CERCA DE LA FAMILIA?

Si el hombre cree que es el padre del bebé, es su derecho y responsabilidad establecer paternidad. Esto es lo correcto aún cuando la madre o su familia no le permitan acercarse. La agencia de mantenimiento de menores podría ayudarle con el proceso para establecer paternidad, o él puede contratar un abogado.

¿Necesitará un abogado el hombre o la madre?

El abogado de la agencia de mantenimiento de menores puede presentar una acción judicial para establecer paternidad, pero no puede representar a ninguno de los padres.

Si se nombra al hombre como posible padre, sería conveniente tener representación legal. Si es menor de 18 años y se nombra como posible padre, el tribunal le asignará un abogado, a menos que él tenga el suyo propio. Si él tiene más de 18 años de edad, podrá contratar un abogado.

¿Tendrá que pagar el padre mantenimiento de menores?

Si se determina que el hombre es el padre, se espera que él mantenga a su hijo/a.

¿Qué pasa si el padre va a la escuela?

Si el padre va a la escuela y no puede ayudar a la madre con el mantenimiento del bebé, el tribunal podrá esperar para que se fije el mantenimiento hasta que se gradúe y empiece a trabajar. Si el padre tiene menos de 18 años, el tribunal podría ordenar que los padres de él ayuden con el mantenimiento. Los padres deben hablar con el agente de la oficina de mantenimiento de menores sobre esto.

¿Qué pasa si el padre no tiene trabajo o no gana suficiente dinero?

El tribunal trata de decidir en forma justa cuando fija los pagos de mantenimiento de menores para que todos tengan suficiente dinero para vivir. El tribunal podría ordenar que el padre busque trabajo si él está desempleado y es capaz de trabajar. Tal vez hay programas de voluntarios disponibles que ayuden al padre a obtener un trabajo o si tiene uno, tal vez uno mejor.

¿Se podría enviar al padre a la cárcel?

Si el padre rehúsa intencionalmente pagar el mantenimiento de menores ordenado por un tribunal, se podría acusar al padre de desacato al tribunal o falta criminal de mantenimiento.

¿Puede el padre obtener custodia de su hijo/a?

Según la ley de Wisconsin, cuando los padres de un hijo no están casados, la madre tiene custodia única (para tomar decisiones legales del niño) hasta que el tribunal ordene lo contrario. El padre no necesita tener custodia legal para visitar a su hijo/a.

Si el padre y la madre del niño no están de acuerdo con la custodia legal, el padre puede pedir al tribunal una orden para compartir la custodia legal.

Si el padre y la madre del niño no están de acuerdo con la visitación (colocación física), el padre puede pedir al tribunal una orden de colocación física.

Para las órdenes del tribunal, ambos padres deberán preparar un "Plan de Crianza". El tribunal decidirá después lo que considere mejor para el niño. Los asuntos de custodia y colocación podrán ser discutidos con el servicio de asesoría familiar del tribunal.

TÉRMINOS LEGALES

Presunto padre: El hombre que la madre nombra como el padre del hijo o el hombre que cree ser el padre iniciando un proceso de paternidad. La agencia local de mantenimiento de menores ayudará a la madre y/o al hombre en este proceso de paternidad.

Padre biológico: El padre de nacimiento o natural. El hombre que embaraza a una mujer.

Período de concepción: El período de tiempo en que probablemente el hijo fue concebido. En un embarazo normal, se trata de un período de 60 días, más o menos 240 a 300 días antes del nacimiento.

Custodia: Autoridad que el tribunal da a uno o ambos padres para tomar decisiones importantes relacionadas a sus hijos. La custodia la puede tener un padre (custodia única) o ambos padres (custodia conjunta).

Tutor: Una persona que no sea el padre o la madre legalmente responsable del niño/a. La mayoría de los niños no tienen tutor legal. Esto pasa solamente cuando el tribunal da custodia y colocación legal a una persona que no es el padre ni la madre.

Presunción matrimonial: Cuando la madre está casada al momento de concebir o al nacimiento del bebé, la ley presume que su esposo es el padre legal. Sólo el tribunal puede decidir lo contrario.

Períodos de colocación física: El tiempo que un niño pasa con uno de los padres.

Colocación física primaria: El lugar donde el hijo pasa la mayor parte del tiempo.

Solicitante: Persona que presenta una acción legal o juicio, llamado también demandante.

Demandado: Persona contra quien se inicia la acción legal, también se llama acusado.

————

Los avances científicos y tecnológicos no sólo tienen impacto en el área de las comunicaciones, de la exploración del espacio, de los avances en la búsqueda de la curación del SIDA. También se reflejan en el desarrollo de las nuevas tecnologías de reproducción humana. Las sociedades y sus sistemas jurídicos han tardado un poco en adaptarse plenamente a estos acontecimientos, pero poco a poco se han ido ajustando leyes y códigos para que mejor reflejen la situación actual.

El Estado Libre Asociado de Puerto Rico, en el año 2005, promulgó una ley que pretende regular la inseminación artificial. Siguen selecciones de esta ley.

————

Ley Sobre los Procedimientos de Inseminación Artificial
Estado Libre Asociado de Puerto Rico, Cámara de Diputados, 31 de enero de 2005

EXPOSICIÓN DE MOTIVOS

El ordenamiento jurídico se establece, modifica o deroga a tenor con los cambios en las manifestaciones sociales. Esto es, un estatuto es adoptado, alterado o excluido del ordenamiento a tenor con las alteraciones políticas, sociales o económicas que ocurren en una sociedad. Este hecho obtiene mayor envergadura en el campo del derecho de familia, donde además de los cambios propios de toda sociedad movible, los avances científicos plantean innumerables cuestiones éticas y jurídicas.

De mayor importancia para el derecho de familia, son los constantes cambios o avances en la biología y genética y últimamente, en la embriología. Dentro de ésta última, la inseminación artificial obtiene especial énfasis, ya que en innumerables casos ésta, aparte de los procesos de adopción, es la única forma posible de establecer o crear "familia".

Aun cuando existen argumentos válidos para sostener o fomentar el que las personas, sean parejas o no, interesadas en tener hijos se asistan de los procedimientos de adopción reconocidos por el Derecho, es una verdad insoslayable que la decisión individual de procrear o la autonomía reproductiva es un derecho fundamental comprendido en el derecho a la intimidad, así protegido por las Enmiendas Decimocuarta y quinta de la Constitución Federal....

...[C]oncientes de que el Estado tiene un interés legítimo e importante en legislar estos asuntos, esta Asamblea Legislativa considera sensato establecer, mediante la presente, la "Ley sobre los Procedimientos de Inseminación Artificial", a fin de legalizar los procedimientos relacionados a la fecundación obtenida sin copula o coito. Esto es, permitir la utilización de los procedimientos de inseminación artificial, cuando éstos se realicen en cualquier facilidad en la que se llevan a cabo inseminaciones artificiales utilizando semen de donantes o donantes anónimos, según definidos en esta Ley, establecida acorde con las leyes o reglamentación aplicable y así facultadas por el Departamento de Salud de Puerto Rico.

Cónsono con este propósito, adoptamos las disposiciones contenidas en esta medida, con el propósito de plasmar, expresa y detalladamente, el ordenamiento legal que aplicará a los procedimientos de inseminación artificial, tales como los requisitos relativos al consentimiento de las partes envueltas y la consideración legal como padre o madre legítimos y naturales del hijo concebido mediante una inseminación artificial que se le dará a ciertas partes, inclusive en aquel supuesto en que la inseminación se lleve a cabo con semen almacenado de un hombre fallecido.

Asimismo, y considerando la naturaleza germana al asunto tratado en este estatuto, establecemos disposiciones relativas a los acuerdos sobre madre subrogada, suplente o sustituta. Sin embargo, disponemos la nulidad de este tipo de acuerdos cuando medie precio y prohibimos la publicidad y la gestión comercial con o sin fines de lucro, encaminada a fomentar y ayudar a que se convenga un acuerdo de maternidad subrogada, suplente o sustituta. En cuanto a estos dos últimos, procuramos su aplicación al establecer, como delito grave, su contravención....

DECRÉTESE POR LA ASAMBLEA LEGISLATIVA DE PUERTO RICO

Artículo 1.-Título Corto

Esta Ley se conocerá como "Ley sobre los Procedimientos de Inseminación Artificial".

Artículo 2.-Declaración de Política Pública

La política pública del Gobierno de Puerto Rico, establecer la Ley para la Reglamentación de Clínicas o Bancos de Gameto, es la que a continuación se expresa:

El Gobierno de Puerto Rico tiene un interés legítimo e importante en fomentar y preservar el derecho fundamental constitucional de todo individuo a decidir el tener o engendrar un hijo. La decisión u opción individual y personal de procrear mediante la utilización de métodos alternos, entiéndase la inseminación artificial, está garantizada al amparo de este precepto constitucional.

No obstante, y con el único propósito de salvaguardar la dignidad del procedimiento y la seguridad de las personas envueltas en el mismo, adoptamos la presente a fin de establecer el ordenamiento legal que aplicará a los procedimientos de inseminación artificial, tales como los requisitos relativos al consentimiento de las partes envueltas y la consideración legal como padre o madre legítimos y naturales del hijo concebido mediante una inseminación artificial que se le dará a ciertas partes, inclusive en aquel supuesto en que la inseminación se lleve a cabo con semen almacenado de un hombre fallecido.

Asimismo, declaramos como ajeno o contrario al orden público todo acuerdo o contrato con precio sobre madre subrogada, suplente o sustituta. Esto es, será nulo de pleno derecho el contrato por el que se convenga la gestación, con precio, a cargo de una mujer que renuncia a la filiación materna a favor del contratante o de un tercero.

Igualmente, prohibimos la publicidad y la gestión comercial con o sin fines de lucro, encaminada a fomentar y ayudar a que se convenga un acuerdo de maternidad subrogada, suplente o sustituta.

Para la interpretación de esta Ley, las disposiciones del Código Civil de Puerto Rico de 1930, según enmendado, se entenderán supletorias, siempre que sean interpretadas de manera tal que garanticen el derecho constitucional de toda persona a la autonomía reproductiva, incluyendo la decisión individual de procrear o cómo la criatura debe ser concebida y engendrada, ya sea por concepción o reproducción "normal" o coital o asexual o no coital.

Artículo 3.-Definiciones

Para fines de interpretación y aplicación de esta Ley, los siguientes términos o frases tendrán el significado que a continuación se expresa, a menos que del contexto surja claramente otro significado:

Donación, la colección de semen para ser utilizado en una inseminación artificial.

Donante, cualquier hombre que dona o provee semen para el uso exclusivo de una persona en particular.

Donante Anónimo, cualquier hombre que dona o provee semen para ser utilizado en una inseminación artificial y cuya identidad es desconocida para la persona receptora de semen.

Inseminación artificial, se refiere a la fecundación obtenida sin copula o coito, en un procedimiento en el cual el semen es inoculado mediante jeringuillas o cáteres y depositado en el cuello vaginal o en las cercanías del óvulo femenino. El término "inseminación artificial", incluirá tanto a la inseminación artificial *in vivo*, la homóloga (con semen del marido), y la heteróloga (con semen de donante o donante anónimo), ésta última irrespectivo del estatus civil de la mujer, como a la *in vitro*, cuando se trate del implante del óvulo materno fertilizado en el vientre de la misma mujer de donde aquél procedió.

Madre subrogada, suplente o sustituta, una mujer fértil que acuerda, ser inseminada artificialmente con el semen de un hombre casado, que no es su esposo y procrear un hijo. Una vez el hijo ha nacido, la madre cede la custodia a favor del padre y además, renuncia a sus derechos paterno-filiales sobre el hijo de manera tal que la esposa del padre pueda adoptarlo.

Artículo 4.-Inseminación artificial; autorización; limitaciones

Se autorizan los procedimientos relacionados a la inseminación artificial.

Esta autorización estará limitada a inseminaciones artificiales que se lleven a cabo únicamente en cualquier facilidad en la que se llevan a cabo inseminaciones artificiales utilizando semen de donantes, donantes anónimos o donantes esposos, establecida acorde con las leyes o reglamentación aplicable y así facultadas por el Departamento de Salud de Puerto Rico.

Artículo 5.-Notificación a esposo

Previo a toda inseminación artificial de una mujer casada con semen de un tercero, se requerirá la notificación al esposo por escrito, diligenciada personalmente y con acuse de recibo.

Artículo 6.-Consentimiento de donante

Previo a todo uso de semen de donante, se requerirá el consentimiento por escrito de éste. No obstante:

En el caso que sea la intención del donante que se le trate, para todos los propósitos, como el padre natural del hijo concebido, se deberá obtener, además, el consentimiento de la mujer que se someterá a la inseminación artificial. Esa intención deberá estar consignada en un instrumento público suscrito por ambas partes.

En el caso contrario, que sea la intención del donante que no se le trate, para todos los propósitos, como el padre natural del hijo concebido, se deberá hacer constar así en un instrumento público. Dicho instrumento público estará suscrito por el donante y la mujer que se someterá a la inseminación artificial y consignará que éste renuncia a todo derecho de custodia y patria potestad sobre el hijo que nazca como consecuencia de la inseminación artificial en la que se utilice su semen.

Esta renuncia podrá ser revocada únicamente mediante instrumento público subsiguiente, suscrito por el donante y la madre del hijo concebido mediante inseminación artificial. Este segundo instrumento público será irrevocable.

Para propósitos de este Artículo, el término "donante" no incluirá al hombre casado que dona o provee semen para el uso exclusivo de su esposa.

Artículo 7.-Consentimiento de donante anónimo

Previo a todo uso de semen de donante, anónimo, se requerirá el consentimiento por escrito de éste. El formulario que consigne dicho consentimiento, manifestará además la renuncia del donante anónimo, para todos los fines legales pertinentes, a todo derecho de custodia y patria potestad sobre el hijo que nazca como consecuencia de una inseminación artificial en la que se utilizó su semen. Esta renuncia será irrevocable.

Articulo 8.-Facultad para solicitar la destrucción de semen

En cualquier momento, todo donante o donante anónimo podrá solicitar a la facilidad donde se almacene su semen la destrucción de éste. Una vez se solicite la destrucción, la entidad responsable por el almacenamiento del semen vendrá obligada a así hacerlo.

Artículo 9.-Esposo como padre legítimo y natural del hijo concebido mediante inseminación artificial

Como regla general, cuando se insemina artificialmente a una mujer y ésta da a luz, su esposo será tratado, para todos los propósitos, como el padre legítimo y natural del hijo concebido.

Cuando la inseminación artificial se realizó con semen de un hombre que no es su esposo y ésta da a luz, dicho tercero no adquiere ningún derecho ni obligación inherente a tales cualidades.

Artículo 10.-Donante como padre legítimo y natural del hijo concebido mediante inseminación artificial

Como regla general, el donante cuyo semen es utilizado en la inseminación artificial de una mujer y ésta da a luz, será tratado, para todos los fines legales pertinentes, como si no fuera el padre legítimo y natural del hijo así concebido.

No obstante, cuando con el consentimiento previo del donante y el de la mujer que se sometió a una inseminación artificial, a tenor con lo dispuesto en el inciso (a) del Artículo 6 de esta Ley, en la inseminación se utilizó semen del donante y ésta da a luz, el donante será tratado, para todos los propósitos, como el padre legítimo y natural del hijo concebido.

Para propósitos de este Artículo, el término "donante" no incluirá al hombre casado que dona o provee semen para el uso exclusivo de su esposa.

Artículo 11.-Mujer como única madre legítima y natural del hijo concebido por inseminación artificial

Cuando una mujer se somete a una inseminación artificial y se utiliza semen de un donante que haya hecho constar en un instrumento público su intención de que no se le trate como el padre natural del hijo concebido, a tenor con lo dispuesto en el inciso (b) del Artículo 6 de esta Ley y ésta da a luz, la mujer será tratada, para todos los propósitos, como la única persona con la patria potestad y custodia del hijo concebido. Para propósitos de este inciso, el término "donante" no incluirá al hombre casado que dona o provee semen para el uso exclusivo de su esposa.

Cuando una mujer se somete a una inseminación artificial y se utiliza semen de un donante anónimo y ésta da a luz, la madre será tratada, para todos los propósitos, como la única persona con la patria potestad y custodia del hijo concebido.

Artículo 12.-Inseminación artificial con semen almacenado de hombre fallecido; presunción

Se presumirá, para todos los fines, que un hombre fallecido ha embarazado a una mujer y es el padre del hijo cuando en vida:

- donó o proveyó semen para la inseminación artificial para el uso exclusivo de una persona en particular, que no era su esposa, y consignó su intención que se le trate, para todos los propósitos, como el padre natural del hijo concebido, de acuerdo con lo establecido en el inciso (a) del Artículo 6 de esta Ley; o

- donó o proveyó semen para el uso exclusivo de su esposa, siempre que:

- la mujer se insemina de conformidad con el consentimiento que él había prestado, que consignaba;

- el semen utilizado para la inseminación era semen almacenado del hombre fallecido;

- la mujer quedó embarazada como resultado de la inseminación y el hijo sea el resultado de ese embarazo;

- la mujer no haya contraído matrimonio antes del nacimiento del hijo y;

- no exista evidencia alguna de que antes de su muerte el hombre haya realizado actos razonables para solicitar la destrucción del semen almacenado.

Artículo 13.-Acuerdos sobre madre subrogada, suplente o sustituta; nulidad de acuerdos con precio; prohibición de publicidad y gestión comercial; penalidades

Será requisito de todo acuerdo sobre madre subrogada, suplente o sustituta, su constancia en un instrumento público ejecutado a tenor con las disposiciones aplicables de la Ley Núm. 75 de 2 de julio de 1987.... Este documento público estará suscrito por la madre subrogada, suplente o sustituta que se someterá a una inseminación artificial, el esposo y la esposa de éste último y consignará que la madre subrogada, suplente o sustituta, una vez nazca el niño, cederá todo derecho de custodia y patria potestad sobre el hijo que nazca como consecuencia de la inseminación artificial.

Artículo 14.-Nulidad de acuerdos con precio; prohibición de publicidad y gestión comercial; penalidades

(a) No obstante lo dispuesto anteriormente, será nulo de pleno derecho el contrato por el que se convenga la gestación, con precio, a cargo de una mujer que renuncia a la filiación materna a favor del contratante o de un tercero.

(b) Se prohíbe la publicidad y la gestión comercial con o sin fines de lucro, encaminada a fomentar y ayudar a que se convenga un acuerdo de maternidad subrogada, suplente o sustituta.

Se dispone que la persona que se halle culpable de contravenir las disposiciones de este Artículo, será convicta de delito grave que conllevará la imposición de pena de reclusión por un término no mayor de (5) años ni menor de tres (3) o multa no mayor de cincuenta mil (50,000) dólares ni menor de veinte mil (20,000) dólares o ambas penas a discreción del Tribunal.

Artículo 15.-Responsabilidad civil del Estado y Departamento de Salud

Nada de lo dispuesto en esta Ley autoriza las acciones por daños y perjuicios contra el Estado o sus funcionarios o empleados, incluyendo al Departamento de Salud o sus funcionarios o empleados, por cualquier daño o perjuicio que surja de la aplicación o interpretación de las disposiciones de esta Ley o de cualquier procedimiento relacionado con una inseminación artificial.

Artículo 16.-Interpretación de esta Ley

Las disposiciones de esta Ley serán interpretadas de manera tal que garanticen el derecho constitucional de toda persona a la autonomía reproductiva, incluyendo la decisión individual de procrear o cómo la criatura debe ser concebida y engendrada, ya sea por concepción o reproducción "normal" o coital o asexual o no coital.

No obstante, para la interpretación de esta Ley, las disposiciones del Código Civil de Puerto Rico de 1930, según enmendado, se entenderán supletorias, siempre que no menoscaben de forma alguna el derecho constitucional al que se ha hecho referencia en el párrafo anterior.

Artículo 17.-Separabilidad

Si cualquier parte, párrafo o Sección de esta Ley fuese declarada inválida o nula por un Tribunal con jurisdicción competente, la sentencia dictada a tal efecto sólo afectará aquella parte, párrafo o sección cuya invalidez o nulidad haya sido declarada.

Artículo 18.-Vigencia

Esta Ley comenzará a regir inmediatamente después de su aprobación.

D. EL FINAL DE LA RELACIÓN MATRIMONIAL

Cuando un matrimonio, o una relación cuasi-matrimonial, termina, esto conlleva una serie de consecuencias tanto personales como legales. El fin de este tipo de relación es uno de los acontecimientos en los cuales el estado se ve involucrado en múltiples aspectos. El acto mismo de disolver el matrimonio (por cualquiera de las tres posibles maneras) trae inmediatamente una serie de requisitos burocráticos y jurídicos.

———

La Disolución del Matrimonio

El matrimonio puede disolverse de tres maneras; por la muerte de uno de los cónyuges, por anulación, o por divorcio.

LA ANULACIÓN

La anulación es una declaración por la corte que el matrimonio fue nulo desde un principio. En los EE.UU. se anula un matrimonio si hubo fraude en el contrato de matrimonio. Los fraudes más comunes en el matrimonio que sirven como base de anulación son:

- no tener los cónyuges la edad de consentimiento;

- no haber una intención de casarse, por ejemplo, si se participó en una ceremonia de casamiento como broma;

- tener la intención de nunca tener hijos sin decírselo a su cónyuge;

- estar embarazada por otro que no sea el marido sin informarle al marido;

- sufrir de una enfermedad venérea incurable sin informarle al cónyuge;

- sufrir de una enfermedad mental cuando se contrajo matrimonio;

- ser impotente.

En los países hispanos la anulación ocurre si el matrimonio se realiza con la existencia de uno de los impedimentos legales como la consanguinidad, falta de edad mínima, bigamia o locura. También se puede anular el matrimonio en caso de violencia, dolo (fraude) o error sobre la identidad del individuo o en caso de impotencia anterior a la celebración del matrimonio.

El divorcio

En los EE.UU., las leyes permiten el divorcio por diferentes causas o causales, según el estado. Las causales más comunes son el adulterio; la crueldad mental o física; el abandono; el alcoholismo o la adicción a las drogas; la falta de manutención; la condena a prisión; la impotencia y, con mucha frecuencia hoy día, el deterioro de la vida conyugal. El estado de deterioro de las relaciones conyugales lleva varios nombres. En algunos estados se llama "diferencias irreconciliables", en otros "deterioro irremediable". Las cortes en muchos estados otorgan un "divorcio sin culpa" en base al deterioro de la vida conyugal. En algunos estados el divorcio sin culpa se llama "disolución". En algunos estados se requiere que los cónyuges se separen por determinado período de tiempo antes de otorgarles el divorcio.

Hasta muy recientemente en algunos países hispanos el divorcio fue, en realidad, la separación legal. Fue solo en 2004 que en Chile se aprobó la legalización del divorcio. Para 2011, el divorcio sólo fue prohibido en Filipinas y Ciudad del Vaticano.

En muchos casos, y dependiendo de las leyes estatales, un divorcio es precedido por una separación legal o judicial. Ésta implica la ruptura de la convivencia matrimonial, pero no el fin jurídico del matrimonio. Una separación legal si modifica el matrimonio y la patria potestad, en caso de que haya hijos menores, y crea una nueva situación matrimonial entre los cónyuges.

Pensión alimenticia o manutención

La corte puede obligarle a un esposo a pagarle una pensión alimenticia al otro. En el pasado solo se pagaba la pensión a las esposas. Hoy, en muchos estados, los maridos también pueden tener derecho a una pensión alimenticia o de mantenimiento. Esta pensión puede pagarse regularmente a intervalos específicos o puede pagarse de una sola vez. La manutención temporera se le otorga a uno de los esposos mientras que se espera finalizar el divorcio o mientras se complete un acuerdo permanente de manutención. A veces se denomina pensión alimenticia pendente lite o "pendiente de litigio".

La custodia de Hijos Menores

Después del divorcio, normalmente uno de los padres recibe la custodia de los hijos menores. Se puede dar la custodia de los hijos a alguien que no sea uno de los padres, pero solamente cuando los dos padres son física o moralmente incapaces de custodia a los hijos menores.

Dependiendo del estado, hay tipos de custodia, tales como custodia legal exclusiva y custodia física exclusiva. Esto significa que uno de los padres posee la custodia física de los hijos y toma las decisiones principales en la vida de los hijos. Si se otorga la custodia exclusiva, se le otorga al padre que no tiene la custodia visitas de algún tipo con los hijos.

A veces la corte les da la custodia legal conjunta o compartida o la custodia física conjunta o compartida a los dos padres. Este tipo de custodia requiere el acuerdo mutuo del marido y de la esposa, y cada año es más común. Así ambos padres tienen la responsabilidad de criar a los hijos. Ambos padres toman decisiones importantes concernientes a sus hijos.

Puede haber dos tipos diferentes de custodia conjunta:

1. La custodia legal conjunto puede tener diversas interpretaciones. En su mínima expresión, significa que ambos padres toman decisiones en conjunto en asuntos mayores que afectan a los hijos. La custodia legal conjunta no afecta la residencia física de los hijos.

2. La custodia física conjunta significa que las partes interesadas comparten tiempo físico con los hijos, que viven en ambos hogares. La custodia conjunta física normalmente requiere que los padres vivan en la misma ciudad o área en general. Los estados difieren en los detalles de este tipo de arreglo.

LA MANUTENCIÓN DE HIJOS MENORES

Cuando un matrimonio se disuelve, ambos padres tienen la obligación moral y legal de mantener a los hijos menores. Este tipo de obligación económica existe para asegurar el bienestar de los hijos de la relación matrimonial. Cuando se le otorga la custodia a uno de los padres, generalmente el padre sin custodia se ve obligado a proporcionar la ayuda económica, conocida como manutención. La cantidad y frecuencia de los pagos de manutención, así como otros detalles de esta obligación legal, varían de estado en estado.

LA PROPIEDAD Y LOS BIENES MATRIMONIALES

Las leyes de propiedad matrimonial en los EE. UU. se basan por lo general en la ley común británica. Según la ley común, cualquier propiedad o bienes que trajo uno de los esposos al matrimonio quedaba como propiedad de esa persona. Igualmente, los bienes adquiridos por uno de los esposos por herencia, por su propio trabajo, o como regalo después de casado se consideraban propiedad de ese esposo. En los EE. UU. hay nueve jurisdicciones que no siguen la ley común respecto a la propiedad matrimonial. Estas nueve se llaman "jurisdicciones de propiedad comunitaria". Según sus leyes, los bienes adquiridos durante el matrimonio generalmente pertenecen por igual a los dos esposos, no importa quién los adquirió.

Casi todos los estados tienen estatutos hoy que aseguran una distribución equitativa de la propiedad matrimonial cuando ocurre el divorcio. Estas leyes permiten a los jueces distribuir la propiedad equitativamente entre el marido y la esposa, no importa quién tiene título de propiedad.

———

Maritza Ortiz Sánchez v. Alfredo Héctor Boriero

2006 WL 2380590 TCA

Tribunal de Apelaciones, San Juan, Puerto Rico, el 23 de junio de 2006.

Maritza Ortiz Sánchez, en adelante Ortiz Sánchez, comparece ante este Tribunal de Apelaciones en el interés de que revoquemos la sentencia emitida el 31 de octubre de 2005, notificada el 8 de noviembre siguiente, por la Sala Superior de San Juan del Tribunal de Primera Instancia (T.P.I.).

No habiendo comparecido la parte apelada dentro del término reglamentario, el 23 de marzo de 2006 se dio por sometido el presente recurso. Estando en posición de disponer del mismo, resolvemos.

I. LOS HECHOS E INCIDENTES PROCESALES PERTINENTES

El 14 de febrero de 2004 Ortiz Sánchez contrajo matrimonio con el Sr. Alfredo Héctor Boriero, en adelante Boriero, en el Estado de Georgia. Las partes otorgaron capitulaciones matrimoniales, no procrearon hijos ni adquirieron bienes en común.

El 6 de septiembre de 2005 Ortiz Sánchez presentó en el T.P.I. una demanda de divorcio bajo la causal de adulterio y trato cruel. En la misma alegó que a partir del mes de junio de 2005, cuando acudieron a las Oficinas del Servicio de Inmigración para que se le concediera la residencia legal en Estados Unidos a Boriero, éste había desarrollado una conducta de agresión emocional y física en su contra.

Sostuvo que Boriero la había insultado, ofendido, humillado en privado y en público, y que la había agredido físicamente. Indicó, también, que el viernes 26 de agosto de 2005 estuvo presente y fue testigo de cuando éste sostenía relaciones sexuales con una joven llamada Judith Padilla dentro de un vehículo marca Mercury Topaz.

Por los hechos antes mencionados Ortiz Sánchez presentó dos denuncias en contra de Boriero: una por agresión al amparo de lo dispuesto en el Artículo 3.1 de la Ley de Violencia Doméstica; y otra por adulterio de acuerdo con lo dispuesto en el Artículo 130 del Código Penal de Puerto Rico. En ninguno de los casos se encontró causa probable para arresto en contra de Boriero.

El 31 de octubre de 2005 se celebró la vista del divorcio. Boriero compareció, no obstante el T.P.I. no le permitió presentar prueba, ni contrainterrogar a Ortiz Sánchez. Así las cosas, el 31 de octubre de 2005, notificada el 8 de noviembre siguiente, el T.P.I. emitió la sentencia de divorcio. Sus determinaciones de hechos fueron las siguientes:

"1. La señora Maritza Ortiz Sánchez y el señor Alfredo Héctor Boriero, contrajeron matrimonio entre sí, el día 14 de febrero de 2004, en County of Fulton, State of Georgia.

2. En dicho matrimonio las partes no procrearon hijos.

3. Ambas partes han residido en Puerto Rico por más de un año a la presentación de la demanda.

4. La parte demandada, señor Alfredo Héctor Boriero, trató de forma cruel a la demandante, razón que anuló y frustró los fines legítimos de este matrimonio. Los actos constitutivos de trato cruel e injurias graves fueron los siguientes:

Agresión Emocional

Relación sentimental con tercera persona: Sra. Judith Padilla

La conducta de la parte demandada constituyó un patrón de maltrato conyugal que provocó sufrimientos y amarguras en la parte demandante y anuló los fines legítimos del matrimonio.

5. La parte demandante no incurrió en conducta constitutiva de trato cruel para la parte demandada."

A partir de estas determinaciones, el T.P.I. concluyó que Ortiz Sánchez presentó prueba suficiente para determinar que Boriero incurrió en hechos constitutivos de trato cruel. Declaró roto y disuelto el vínculo matrimonial por la causal de trato cruel e injurias graves.

El 22 de noviembre de 2005 Ortiz Sánchez solicitó la reconsideración de la sentencia bajo el fundamento de que la misma no reflejaba correctamente el motivo de la ruptura del matrimonio, el adulterio. El T.P.I. no consideró la solicitud de reconsideración. Inconforme con la determinación presentó ante nos el presente recurso de apelación.

II. LA CUESTIÓN PLANTEADA

Ortiz Sánchez sostiene que el T.P.I. cometió un único error, a saber:

Erró el Honorable Tribunal de Primera Instancia al determinar que la prueba presentada no guardaba relación al delito de adulterio.

Nos corresponde determinar si debió el T.P.I. dictar sentencia de divorcio por adulterio a la luz de la prueba presentada por Ortiz Sánchez; o, si por el contrario, actuó correctamente al dictar sentencia por trato cruel.

III. EL DERECHO APLICABLE

A. El Divorcio Bajo la Causal de Adulterio

El divorcio, como concepto jurídico, es la institución que permite la disolución del vínculo matrimonial en vida de ambos cónyuges y sólo por efecto de una decisión judicial. El Artículo 95 del Código Civil de Puerto Rico, dispone que el vínculo del matrimonio se disuelve por razón de la muerte de uno de los cónyuges, por nulidad del matrimonio y por el divorcio legalmente obtenido. El divorcio tiene como consecuencia la ruptura total del vínculo matrimonial, y por ende, la división de los bienes de las partes.

Nuestro ordenamiento positivo establece únicamente diez (10) causales para conceder el divorcio, a saber: (1) adulterio de cualquiera de los cónyuges; (2) la condena de reclusión de uno de los cónyuges por delito grave, excepto cuando dicho cónyuge se acoja a los beneficios de sentencia suspendida; (3) la embriaguez habitual o el uso continuo y excesivo de opio, morfina o cualquier otro narcótico; (4) el trato cruel o las injurias graves; (5) el abandono de la mujer por su marido o del marido por su mujer, por un término mayor de un (1) año; (6) la impotencia absoluta perpetua e incurable sobrevenida después del matrimonio; (7) el conato del marido o de la mujer para corromper a sus hijos o prostituir a sus hijas, y la convivencia en su corrupción o prostitución; (8) la propuesta del marido para prostituir a su mujer; (9) la separación de ambos cónyuges por un período de tiempo sin interrupción de más de dos (2) años; y, (10) la locura incurable de cualquiera de los cónyuges sobrevenida después del matrimonio, por un período de tiempo de más de 7 años, cuando impida gravemente la convivencia espiritual de los cónyuges.

Por otra parte, nuestro Tribunal Supremo reconoció una undécima causal proveniente de los derechos fundamentales a la intimidad y protección a la dignidad del ser humano reconocidos en la Sección 1 y 8, del Artículo II de la Constitución del Estado Libre Asociado: el mutuo consentimiento.

Se ha reconocido como adulterio la cohabitación sexual de una persona casada con otra que no es su cónyuge. Constituye adulterio cuando uno de los cónyuges tenga acceso carnal con otra persona de distinto sexo que no sea su consorte, mediante un acto voluntario.

Ya que los actos constitutivos de la causal de adulterio ocurren en privado, puede resultar difícil obtener prueba directa de tales actos. No obstante, es posible establecerla por medio de prueba indirecta o circunstancial, como por ejemplo: que había la oportunidad y disposición para cometer el adulterio y que existía una inclinación afectiva o sexual entre ellos. Además, el hecho básico tiene que ser demostrado de propio y personal conocimiento del testigo.

Nuestro Tribunal Supremo ha señalado en reiteradas ocasiones que "los tribunales tienen el deber, en casos de tan alto interés público como lo son los de divorcio, de cerciorarse que están presentes los elementos que requiere el estado para disolver la unión entre los cónyuges"....

La causal de adulterio reconocida por nuestro Código Civil, constituye una causal culposa, cuya única consecuencia legal patente consiste en que los adúlteros, así declarado por sentencia firme, estarán impedidos de contraer matrimonio entre sí hasta cinco años después de emitida la sentencia.

B. El Divorcio Bajo la Causal de Trato Cruel

El Artículo 96, enumera, entre otras causales para el divorcio, "[e]l trato cruel o las injurias graves".... [T]radicionalmente se ha reconocido que esta causal de trato cruel o injurias graves se refiere a aquella "acción ejercitada en deshonra, descrédito o menosprecio del otro cónyuge. . .

El Tribunal Supremo de Puerto Rico ha aclarado que no existe una definición detallada, precisa y sistemática de lo que constituye trato cruel. Esto hace necesario que se estudien y ponderen las circunstancias de cada caso prestando particular atención, entre otras cosas, al medio social, grado de cultura de los cónyuges y la susceptibilidad de los seres involucrados.

En general, el trato cruel e injurias graves que dan lugar a un divorcio son aquellos que revelan el propósito dañado y persistente de herir. Se trata del tipo de conducta que demuestra el propósito firme y decidido de molestar, injuriar y ofender al otro hasta hacerle insoportable la vida conyugal, destruyendo su felicidad y tranquilidad y anulando los fines legítimos del matrimonio.

La conducta debe ser de tal naturaleza que destruya la tranquilidad de espíritu y felicidad de la parte agraviada. Las meras desavenencias, actitud de carácter o incompatibilidad de caracteres entre los cónyuges no constituyen trato cruel.

Nuestro más alto foro ha señalado que no basta con presentar prueba cualquiera, sino que debe presentarse evidencia preponderante y hacer una demostración clara y satisfactoria del trato cruel e injurias graves, probando los actos específicos de crueldad. No es suficiente que los testigos ofrezcan meras conclusiones u opiniones.

Debe recordarse que para la concesión de un divorcio por trato cruel e injurias graves debe presentarse evidencia preponderante, clara, satisfactoria y convincente que demuestre la existencia de actos específicos de crueldad e injuria grave.

C. La Apreciación de la Prueba

Es norma reiterada que las determinaciones de hechos y la adjudicación de credibilidad que hace un tribunal de primera instancia son merecedoras de gran deferencia por parte de los tribunales apelativos. Un tribunal apelativo de ordinario no debe intervenir con las determinaciones de hechos ni con la adjudicación de credibilidad que ha hecho el juzgador de los hechos, salvo que haya mediado, pasión, prejuicio, parcialidad o error manifiesto.

En nuestro ordenamiento jurídico impera la norma de que un tribunal apelativo sólo intervendrá con las determinaciones interlocutorias procesales del tribunal de instancia, cuando éste haya incurrido en arbitrariedad o en un craso abuso de discreción.

IV. ANÁLISIS DE LA CUESTIÓN PLANTEADA

En su escrito de apelación Ortiz Sánchez argumenta que durante la vista de divorcio presentó evidencia preponderante y suficiente para probar la causal de adulterio. Sostiene que una sentencia de divorcio bajo la causal de adulterio reflejaría el alegado fraude cometido por Boriero al Departamento de Inmigración de los Estados de Unidos de América. Alegó sentirse penalizada por una sentencia de divorcio que no refleja correctamente el motivo de la ruptura matrimonial.

Un análisis de la transcripción de la prueba desfilada ante el T.P.I. en el presente caso, nos mueve a concluir que dicho foro, en el ejercicio de su discernida y ponderada discreción, entendió que no se demostró específicamente el alegado adulterio por parte de Boriero.

Surge de los autos que la única prueba del alegado adulterio presentada durante la vista fue el testimonio de Ortiz Sánchez, quien se limitó a detallar un incidente durante el cual, después de vigilarlo, sorprendió a Boriero con una dama dentro un vehículo en un estacionamiento de un restaurante de comida rápida, en circunstancias que ella entendió sostenían relaciones sexuales.

Lo anterior nos lleva a sostener la determinación del foro apelado, conforme a su apreciación de la prueba, de que procedía el divorcio sólo bajo la causal de trato cruel. Ortiz Sánchez no nos ha demostrado que al así dictaminar el T.P.I. actuara con pasión, prejuicio, parcialidad o error manifiesto. Así determinado, no estamos en posición de sustituir el criterio de dicho foro como juzgador de hechos.

V. LA DISPOSICIÓN DEL RECURSO

Por los fundamentos antes expuestos, se confirma la sentencia de divorcio emitida por el Tribunal de Primera Instancia en el presente caso.

———

Al disolverse un matrimonio con hijos, siempre resulta complicada y penosa, y frecuentemente muy contenciosa, la discusión y determinación de la custodia de esos menores. Cada país y cada estado tiene sus propias leyes que reglamentan cuestiones de custodia, aunque todos comparten una concepción del mejor bienestar del menor.

———

Denise Ayala v. William González

2006 WL 3533097 TCA

Tribunal de Apelaciones, San Juan, Puerto Rico, el 30 de noviembre de 2006.

Los señores William González y Denise Ayala contrajeron matrimonio en el Estado de Florida en los Estados Unidos, el 23 de julio de 1988. El matrimonio procreó un hijo. La pareja residió en el Estado de Florida hasta el momento en que se divorciaron, el 2 de mayo de 2000.

La sentencia de divorcio se dictó en los Tribunales del Estado de Florida y, en ésta, expresamente se dispuso el propósito de retener jurisdicción sobre las partes por haber un menor en el matrimonio disuelto.

Durante el 2003 la señora Ayala y el señor González suscribieron un documento mediante el cual ella expresó su propósito de trasladarse a residir a Puerto Rico con el hijo menor de edad y el padre expresó su consentimiento al traslado. Las partes acordaron, en un procedimiento de mediación, que el menor de edad haría visitas periódicas a su papá en el Estado de la Florida. En consideración a que el padre pagaría todos los viajes del menor a la Florida, las partes acordaron que no se pagaría una pensión alimentaria.

Transcurridos dos años, la señora Ayala compareció ante el Tribunal de Primera Instancia, Sala de Bayamón, (en adelante T .P.I.) y solicitó que se reglamentaran las relaciones paterno filiales y se le impusiera el pago de una pensión alimentaria al señor González. El T.P.I. se declaró sin jurisdicción mediante resolución de 29 de enero de 2004 y reconoció que el proceso judicial continuaba bajo la jurisdicción del Estado de la Florida. El T.P.I. expresó en su resolución dudas sobre si Puerto Rico tenía jurisdicción en el caso, pero decidió y adjudicó no ejercerla y dar deferencia a la acción judicial que se conducía en el Estado de la Florida. La determinación no fue impugnada en un procedimiento en alzada.

Paralelamente, el Tribunal de Primera Instancia del Estado de la Florida dictó una resolución mediante la cual autorizó una solicitud de la señora Ayala a trasladar el expediente a Puerto Rico para que aquí se reglamentaran las relaciones paterno filiales y lo relativo a la pensión alimentaria. El señor González acudió en alzada contra la decisión del Tribunal de Primera Instancia del Estado de la Florida. Eventualmente el Tribunal de Apelaciones del Estado de la Florida dictó una sentencia mediante la cual revocó la orden de traslado del expediente a Puerto Rico. La señora Ayala acudió en alzada ante el Tribunal Supremo del Estado de la Florida sin éxito. Debido a lo antes señalado, el caso regresó al Tribunal de Primera Instancia del Estado de la Florida y allí continuó el trámite del caso. En una audiencia efectuada el 31 de octubre de 2006 se denegó la petición de la señora Ayala para desestimar el pleito por falta de jurisdicción.

La señora Ayala pretendió reactivar el caso en Puerto Rico y solicitó que se ejerciera la jurisdicción sobre el menor, se declarara ilegal el pacto del no pago de pensión alimentaria y se fijara en una cantidad razonable de manera que sirviera para el cuido y beneficio del menor. El T.P.I., luego de ponderar la posición de las partes y examinar los documentos presentados por el señor González que describían el curso procesal judicial del caso en el Estado de la Florida, resolvió declararse sin jurisdicción mediante resolución de 2 de agosto de 2006.

Inconforme con la determinación, la señora Ayala presentó un recurso de apelación y solicita se revoque al T.P.I. por no asumir jurisdicción en este caso. Acude el señor González en oposición y solicita la desestimación por falta de jurisdicción. Evaluado los escritos presentados por las partes procede confirmar la resolución del T.P.I. Veamos....

El Congreso de los Estados Unidos consideró que era necesario aprobar legislación uniforme para todos los estados. Así, en el 1980 se aprobó la ley federal conocida como "Parental Kidnapping Prevention Act " (en adelante PKPA). El estatuto federal procura regular el problema de remoción interestatal de menores por sus padres o parientes. El PKPA, salvo ciertas diferencias significativas en cuanto al esquema de preferencia jurisdiccional, contiene básicamente el mismo lenguaje que el UCCJA. El estatuto identifica los siguientes objetivos principales: (1) promover la cooperación interestatal; (2) facilitar la ejecución de los decretos de custodia de otros estados; (3) prevenir la competencia y el conflicto interjurisdiccional; y (4) frenar la remoción unilateral de los menores por sus parientes para obtener decretos judiciales favorables en otros foros. La ley rige expresamente en todos los estados de los Estados Unidos, en el Distrito de Columbia, en el Estado Libre Asociado de Puerto Rico, y en los territorios y posesiones de los Estados Unidos de América.

El PKPA ocupa el campo en materia de determinaciones interestatales de custodia, por cuanto prevalece sobre cualquier otra legislación estatal....

Como su principal postulado, el PKPA ordena a los tribunales a reconocer entera fe y crédito a los decretos de custodia de otros estados o jurisdicciones, siempre que éstos hayan sido emitidos consistentemente con las disposiciones del estatuto; y el foro original continúe teniendo jurisdicción sobre la materia de custodia del menor....

... [E]l PKPA reconoce cuatro bases jurisdiccionales, que son: (1) jurisdicción del estado de residencia del menor, (2) jurisdicción por contactos significativos con el foro, (3) jurisdicción cuando no existe otro estado con jurisdicción o ha declinado ejercerla, y (4) jurisdicción para situaciones en las que el menor se encuentra en estado de emergencia.

El estatuto establece un esquema de preferencia jurisdiccional mediante el cual se favorece el estado de residencia del menor como el foro que mejor está capacitado para atender las cuestiones de custodia de dicho menor. La ley considera como "estado de residencia" del menor aquel estado o jurisdicción en la que el menor haya vivido con uno o ambos padres, o con un tutor, al menos durante seis meses consecutivos antes de la fecha de inicio de los procedimientos de custodia o fijación de derechos de visita.

Sin embargo, si bien el PKPA da preferencia al estado de residencia del menor sobre cualquier otra jurisdicción, la ley confiere jurisdicción continua al estado o foro que haya emitido un decreto original de custodia, para que este foro haga valer o revise sus determinaciones originales. Debe entenderse que ante la existencia de un decreto original que se ajuste a las disposiciones del estatuto, la jurisdicción continua es el criterio principal, aun cuando ésta no sea la jurisdicción de residencia del menor.

Para que un foro mantenga jurisdicción continua es necesario que se cumplan los siguientes requisitos: (1) un decreto original de custodia consistente con las disposiciones del PKPA, (2) que el foro original mantenga jurisdicción bajo sus propias leyes, y (3) que dicho foro continúe siendo el estado de residencia del menor o al menos una de las partes.

De otro lado y a manera de excepción, la ley reconoce jurisdicción a un foro para modificar determinaciones de custodia emitidas por otros foros cuando el estado o jurisdicción que pretende modificar el decreto ostenta jurisdicción para hacer determinaciones de custodia; y el tribunal del otro foro ha perdido jurisdicción o ha declinado ejercerla. Una vez comenzado un procedimiento de custodia en un estado o jurisdicción, éste sea consistente con las disposiciones del PKPA, y dicho procedimiento se encuentre pendiente; un segundo estado o jurisdicción queda impedido de ejercer jurisdicción, o debe declinar ejercerla.

Conforme a la discusión que antecede, procede que determinemos si los tribunales de Puerto Rico pueden asumir jurisdicción sobre la materia de custodia y pensión alimentaria del menor; o si por el contrario, están impedidos de hacerlo debido a que los tribunales del Estado de la Florida mantienen jurisdicción conforme a la cláusula de jurisdicción continua del PKPA.

El señor González describe detalladamente el curso judicial del caso en el Estado de la Florida que demuestra que ese Estado retuvo la jurisdicción del caso desde el momento mismo de la disolución del matrimonio.

El caso en la Florida refleja que está pendiente de adjudicación ante las Cortes de aquel Estado. La existencia del matrimonio durante los años 1988 hasta su disolución en el 2000 transcurrió en la Florida. La sentencia de divorcio dictada en aquel Estado incluyó una reserva de jurisdicción expresa sobre todas las partes envueltas en el caso y sobre todos los asuntos relacionados al divorcio. En lo pertinente el decreto de divorcio titulado Final Judgment of Dissolution of Marriage de 2 de marzo de 2000, dispuso que:

IT IS, THEREFORE, ORDERED AND ADJUDGED:

This court retains jurisdiction over the parties and the subject matter for the enforcement or modification of this judgment.

Posteriormente, el 24 de febrero de 2003, se modificó la sentencia de divorcio mediante un documento titulado Final Judgment on Supplemental

Petition to Modify and Order on Mediation Agreement. El Tribunal de la Florida se aseguró de plasmar también en este documento la reserva de jurisdicción. Por tal razón, dispuso claramente:

FURTHER ORDERED AND ADJUDGED that:

4. The Court retains jurisdiction as to enforcement of Guardian ad Litem fees....

6. The Court retains jurisdiction over the parties and subject matter for all enforcement or modification of this Final Judgment.

En tal cuadro de hechos debemos confirmar la decisión del T.P.I. que se declaró sin jurisdicción. Concluimos que el Tribunal de Florida retuvo la jurisdicción sobre los asuntos relacionados al divorcio, los ex cónyuges y el hijo menor de edad. Se cumplen los tres requisitos necesarios para que el Estado de la Florida mantenga jurisdicción continua. Primero, existe un decreto original de custodia consistente con las disposiciones del PKPA que fue plasmado en la sentencia de divorcio de 2 de marzo de 2000. Allí se dispuso que ambos padres compartirían la patria potestad del menor y que la custodia física del niño la retendría la madre. Segundo, el foro original que es el Estado de la Florida, mantuvo siempre jurisdicción bajo sus propias leyes y así lo hizo constar en cada uno de sus decretos judiciales. Finalmente, se cumple el último requisito pues una de las partes, el padre del menor, sigue residiendo en el Estado de la Florida.

Por lo tanto, los tribunales de Puerto Rico carecen de jurisdicción para entender en este caso pues el Estado de la Florida mantuvo jurisdicción continua desde el momento en que se disolvió el matrimonio entre la señora Ayala y el señor González.

Nos preocupa el hecho de que la señora Ayala y el señor González pactaran, mediante un acuerdo de mediación, el no pago de pensión y pretendieron compensar ésta con el pago de la transportación aérea del menor de Puerto Rico a Florida. En nuestra jurisdicción, y de igual forma se ha decidido en el Estado de Florida, tal pacto es contrario a la ley y al mejor interés del menor. Los tribunales del Estado de Florida han sido enfáticos al señalar que: "While the parties to a marriage may contract between themselves as to who will assume particular obligations, they cannot contract away their children's right to such [child] support".

Procede permitir que continúe el reclamo en el Tribunal de instancia de Florida y que se dilucide finalmente tal asunto. No tenemos razón para pensar que no serán atendidos adecuadamente los planteamientos de las partes en cuanto a las relaciones paterno filiales y a la fijación de la pensión alimentaria, ahora que se impugnan formalmente ante aquel Tribunal. Corresponde a la representación legal de ambas partes formular, en aquel Estado que retuvo la jurisdicción, los planteamientos de derecho que estimen apropiados.

Por los fundamentos antes expuestos resolvemos confirmar la decisión del Tribunal de Primera Instancia al resolver que no tenemos jurisdicción para atender el caso.

––––––––

No es solamente en casos de divorcio que surge el problema de la custodia de hijos menores. También en casos de padres que no están casados, pueden presentarse situaciones en que la persona sin custodia tiene obligaciones además de derechos.

––––––––

Manual para Padres sin Custodia
Office of the Attorney General, Texas

Introducción

Todos los días nacen en Estados Unidos miles de niños hijos de padres que no están casados. La mayoría de estos padres, igual que los padres casados, reciben al bebé con amor y cariño. Sin embargo, los padres jóvenes, pobres, desempleados, subempleados o incapacitados para trabar enfrentan preocupaciones y problemas particularmente complicados.

Este manual fue escrito para ayudar a los padres sin custodia a entender los temas legales, financieros y de paternidad, relacionados con la manutención de niños y el ser padres. La Procuraduría General considera que les va mejor a los niños cuando tienen el amor y apoyo de ambos padres, y esta guía fue diseñada con esto en mente.

¿Qué es un padre sin custodia?

Dicho de manera sencilla, es el padre que no tiene la custodia de su hijo o hija. En términos legales, se considera a uno de los padres como el padre sin custodia solo después de que una orden de la corte otorga al otro padre el derecho de establecer la residencia principal del niño, a lo que usualmente se le llama la custodia.

La mayoría de las personas piensan en el papá como el padre sin custodia, pero la mamá también puede ser considerada padre sin custodia. En Texas, aproximadamente el 95 por ciento de los padres sin custodia son papás; por lo tanto la mayoría de la información en esta guía está escrita para ellos.

Servicios legales

Si pudieran pagarlo, la mayoría de las personas contratarían a un abogado para que manejaran asuntos como el establecimiento de paternidad y órdenes de manutención y la creación de una orden para establecer tutela, posesión y acceso (lo que la mayoría de las personas llaman custodia y visitas). Muchos padres no pueden pagar un abogado particular. Para ayudar a esos padres, la Procuraduría General distribuye este manual con información básica sobre el establecimiento de la paternidad, la manutención de niños y las órdenes de tutela y posesión. Su propósito no es tomar el lugar de asesoría legal.

La División de la Procuraduría General para la Manutención de Niños es la agencia pública de manutención en el estado de Texas. Abogados de la División de Manutención de Niños representan los intereses del Estado; no al padre con custodia ni al padre sin custodia ni al niño. Ambos padres pueden solicitar establecimiento de la paternidad y servicios de manutención.

Diez cosas que debe saber el padre sin custodia sobre la paternidad y la manutención de niños

Su caso de manutención se decidirá si usted si no responde al citatorio de la corte. Puede ser nombrado el papá legal y se le puede ordenar pagar manutención aunque no se presente a la corte.

Si no está casado con la mamá del niño, para tener derechos legales tiene que establecer la paternidad, ya sea firmando el Reconocimiento de Paternidad (AOP) con la mamá del niño o yendo a la corte. El nombre del papá en el acta de nacimiento no establece una relación legal.

Entienda las consecuencias de firmar un documento legal antes de firmarlo. Una vez que firma y archiva el documento, es muy difícil (a veces imposible) cambiarlo, y casi siempre cuesta mucho.

La Procuraduría General no representa al padre con custodia; representa al Estado de Texas.

Usted puede abrir un caso para establecer la paternidad, determinar la tutela y las visitas y establecer una orden de la corte de manutención médica y de niños.

Dé a la Procuraduría General toda la información posible sobre su situación económica para que la orden de manutención se establezca en una cantidad realista.

Si pasa algo y no puede hacer el pago de manutención completo, pague una parte. El pago parcial muestra que por lo menos está haciendo un esfuerzo. Lo más importante, el pago consistente es una forma de mostrar a su hijo su compromiso con su manutención.

Puede solicitar la revisión y ajuste de la manutención si sus intereses cambian substancialmente.

Evitar la manutención solo empeorará las cosas. La manutención no pagada no desaparece cuando el niño cumple 18 años, o si usted se declara en bancarrota, va a la cárcel o se muda a otro estado. Los pagos atrasados acumulan una sanción de seis por ciento de intereses. Eso significa que el saldo aumenta cada mes que no se paga.

Si el niño se muda a vivir con usted, avise a la oficina de manutención y pida un cambio en el estado del caso. Siga pagando la manutención hasta que la Procuraduría General o la corte le informe que ya no tiene que hacerlo.

Establecimiento de la paternidad

¿Qué significa la palabra paternidad?

Legal y biológicamente, la palabra "paternidad" significa ser el papá. En Texas, si el papá biológico no está casado con la mamá, no se le considera el papá legal del niño hasta que se establece la paternidad por medio de un proceso legal. Hasta que eso no sucede, el papá no tiene derechos legales sobre su hijo y el niño no tiene una conexión legal a él.

Se asume que el hombre que está casado con la mamá cuando nace el niño es el papá legal. Tiene derechos legales porque está casado con la mamá.

¿Por qué importa la paternidad?

Hay muchas razones por las que los padres solteros establecen la paternidad. Las razones más comunes son:

Los padres quieren que el nombre del papá aparezca en el acta de nacimiento del bebé. Si los papás no están casados al nacer el niño, se tiene que establecer la paternidad para que el nombre del papá pueda aparecer en el acta de nacimiento.

Los padres quieren proteger los derechos del niño a beneficios legales y económicos importantes del papá. Ejemplos incluyen Seguro Social, beneficios para dependientes de militares, seguro médico y herencia.

Los padres quieren proteger la conexión legal entre el papá y el niño. Si el papá no establece la paternidad y le ocurre algo a la mamá y no puede cuidar al niño, este puede entrar al sistema de cuidado temporal o a custodia del estado en lugar de quedarse con el papá.

¿Cómo se establece la paternidad?

Cuando los padres no están casados, hay dos formas de establecer la paternidad:

1) Reconocimiento de paternidad: la forma más sencilla y rápida es que ambos padres biológicos por voluntad propia firmen el Reconocimiento de Paternidad (AOP). Los padres solo deben hacerlo si ambos están completamente seguros de que el hombre es el papá. Muchos padres firman el AOP en el hospital cuando nace el niño, pero también pueden firmarlo yendo a la oficina de manutención de niños de la Procuraduría General, la oficina del secretario del condado o la Unidad de Estadísticas Vitales del Departamento Estatal de Servicios de Salud. Se puede llenar el AOP antes de que nazca

el niño y en cualquier momento después del nacimiento (y antes de que haya una orden de la corte de paternidad).

2) Orden de la corte: si los padres no están completamente seguros de quién es el papá, o si uno de ellos no quiere establecer la paternidad voluntariamente, entonces se puede hacer por medio de una orden de la corte que puede incluir pruebas genéticas (de paternidad). La Procuraduría General ayuda a los padres que quieren usar pruebas genéticas para establecer la paternidad y no se cobra por estas.

Las órdenes de la corte se pueden obtener de dos diferentes maneras:

La forma más fácil es por medio de una reunión con ambos padres es la oficina de manutención, llamada Proceso de Revisión de Manutención de Niños (CSRP). En la reunión CSR, los padres todavía pueden solicitar pruebas genéticas, pero tienen que estar de acuerdo en otros temas como la cantidad a pagar de manutención, la manutención médica y las visitas. La oficina de manutención obtendrá la firma del juez en la orden acordada durante la CSRP.

La otra manera es ir a la corte y presentarse ante el juez, el cual revisará las pruebas y emitirá una decisión sobre la paternidad y la manutención de niños.

Si recibe un citatorio para presentarse ante la corte que lo identifica como el papá de un niño (la mamá o el estado afirma que usted es el papá), tiene que responder a la corte o la Procuraduría General antes de la fecha del citatorio o puede ser nombrado el papá legal del niño sin que usted esté presente. Si esto ocurre, usted es legal y económicamente responsable del niño. Se le ordenará manutención de niños y tendrá que pagar. Muchos hombres piensan que si no se presentan a la corte, no puede pasar nada y no se les puede forzar a pagar manutención. Esta creencia es completamente falsa. Si, por alguna razón, no puede presentarse ante la corte, tiene que presentar una respuesta (una respuesta sencilla escrita) diciendo que no es el papá del niño y quiere que se haga una prueba genética. La respuesta se tiene que presentar ante la corte y la Procuraduría General antes de la fecha de la audiencia.

¿Cuáles son los beneficios legales de establecer la paternidad?

Para los padres que no están casados:

Establecer la paternidad crea una relación legal entre usted y el niño. Si no se establece la paternidad, usted no tiene derechos como papá.

Usted tendrá los derechos y las responsabilidades de un papá casado con la mamá. Esto incluye el derecho de compartir decisiones sobre el niño, acceso a los archivos médicos y educativos del niño, derecho de dar consentimiento para tratamiento médico de emergencia y derecho de asistir a actividades escolares.

Tendrá derecho de pedirle a la corte días y horas específicas de visita si usted y la mamá ya no están juntos y no pueden llegar a un acuerdo.

Su nombre puede aparecer en el acta de nacimiento del niño.

<u>Para el niño:</u>

Es elegible para recibir Seguro Social, beneficios del servicio militar y de veteranos que usted haya obtenido.

Si usted tiene seguro médico, quizás también llene los requisitos para recibirlo.

Se beneficiará de saber que usted lo reclamó legalmente.

Tendrá el nombre de usted en su acta de nacimiento.

Un inmigrante indocumentado ¿puede establecer la paternidad aunque no esté casado con la mamá?

Un estado migratoria legal no es requisito para establecerla paternidad. Un inmigrante indocumentado tiene las mismas oportunidades disponibles que cualquier otro papá para establecer la paternidad.

Con la mamá del niño puede firmar el Reconocimiento de Paternidad (AOP).

Puede ir a la corte y presentarse ante el juez. Este revisará las pruebas y tomará una determinación sobre la paternidad y la manutención de niños.

Puede abrir un caso de manutención de niños y participar en el Proceso de Revisión de Manutención de Niños (CSRP).

¿Qué es la tutela? ¿Cómo se determinan la tutela y las visitas?

Tutela simplemente significa los derechos y las responsabilidades de un padre. Algunas personas se refieren a esta como la custodia. En Texas, el Código Familiar asume que los padres tendrán *tutela conjunta* (compartirán los derechos y las responsabilidades) mientras sea lo mejor para el niño. La corte quizás no otorgue tutela conjunta en casos en los que ocurrió violencia familiar o en los que uno de los padres no ha mostrado la capacidad de hacer lo mejor para el niño. Usualmente uno de los padres (el padre con custodia) tiene el derecho principal de determinar dónde vive el niño.

La corte pude modificar la Orden Estándar de Posesión según lo que sea mejor para el niño. Por ejemplo, si el niño está muy pequeño (menor de tres años), o si el padre sin custodia ha tenido muy poco contacto con él o nada. Por lo general no se considera que lo mejor para el niño sea estar inmediatamente bajo el cuidado del padre sin custodia por periodos de tiempo largos. En esos casos, la corte puede ordenar una Orden Modificada de Posesión en la que el horario de visitas es más corto al principio (quizás todos los sábados por cuatro horas) y se alarga hasta que se llega al tiempo establecido por la Orden Estándar de Posesión. Una vez más, la preocupación de la corte es determinar qué es lo mejor para el niño.

¿Cómo determina la corte qué es lo mejor para el niño?

Si bien es difícil medir qué es lo mejor para un niño, las cortes familiares en Texas siguen unas pautas básicas. A continuación se encuentran algunos puntos que la corte quizás tome en consideración para determinar qué es lo mejor para el niño:

- Deseos del niño;

- Necesidades emocionales y físicas del niño ahora y en el futuro;

- Peligro emocional y físico para el niño ahora y en el futuro;

- Habilidades de paternidad de las personas que buscan la custodia;

- Programas disponibles para ayudar a estas personas a lograr lo mejor para el niño;

- Planes de estas personas o de la agencia que solicita la custodia del niño;

- Estabilidad del hogar o el lugar de colocación;

- Actos u omisiones del padre, las cuales pueden indicar que la relación existente entre el padre y el hijo es adecuada o no lo es; y

- Cualquier excusa por los hechos u omisiones del padre.

Manutención de Niños

El método usual para pagar la manutención de niños es que el dinero se tome directamente de su cheque de paga y se envíe a la Unidad Estatal de Distribución. Si la corte ordena que su empleador tome la manutención médica y de niños del cheque de paga, por ley el empleador tiene que hacerlo. Los empleadores de Texas pueden cobrar hasta 10 dólares mensuales por retener dinero para la manutención. El empleador no puede discriminar en su contra por el procedimiento de retención de manutención. Si el empleador no está descontando la manutención del cheque de paga ni enviándola, usted sigue siendo responsable de pagarla.

Texas ha establecido una fórmula para calcular la cantidad que el padre sin custodia debe pagar como manutención de niños.

Si la corte cree que usted no está ganando el dinero que debería (por ejemplo, si puede trabajar 40 horas a la semana y solo está trabajando 10) la manutención podría basarse en su potencial de ingresos. Es decir, los ingresos que usted podría ganar.

La manutención medica niños. ¿Por qué tengo que pagar también manutención médica?

La manutención médica y de niños son dos obligaciones diferentes que la corte le puede requerir a uno o ambos padres. Las pautas del Código Familiar de Texas que se usan para establecer la manutención actualmente asumen que la persona que paga manutención también pagará el seguro médico del niño. Si el padre con custodia tiene que proporcionar cobertura médica, la corte le ordenará a usted que pague manutención adicional, es decir manutención médica en efectivo.

¿Se le puede encarcelar a un hombre por no pagar la manutención?

Sí. Puede ser enviado a la cárcel por hasta seis meses si no paga la manutención de niños. La base legal para enviarlo a la cárcel es "desacato a la corte". Desacato a la corte es un término legal que significa que no está cumpliendo una orden de la corte. También se le puede multar con hasta 500 dólares por cada infracción y quizás tenga que pagar los honorarios de los abogados y costos de la corte.

Un hombre que se encuentra en esta situación tiene derecho a que lo represente un abogado durante un procedimiento por desacato. Si se cumplen las siguientes condiciones, también tiene derecho a que el gobierno le proporcione un abogado sin costo para él:

1) Tiene que comprobar que sus ingresos son muy bajos o que no tiene ingresos; y

2) El resultado de la audiencia tiene que ser que lo más probable es que lo manden a la cárcel.

En algunos casos, la ley permite que el hombre sea enviado a la cárcel por un periodo de tiempo específico o que pague una multa. Esto sucede cuando es procesado penalmente y mandado a la cárcel por no pagar, lo cual es un delito penal. A partir del primero de septiembre de 1999, una condena por un delito penal es suficiente para deportar a una persona que no es ciudadana de Estados Unidos.

Relación entre las visitas y la manutención

La manutención y las visitas son temas separados. No pagar la manutención no debe afectar la capacidad del padre de ver al niño. Hay muchas otras sanciones que posiblemente ocurran si el padre no paga manutención de niños. Algunas de estas sanciones incluyen: colocar su fotografía en lugares públicos y privados y en las noticias, revocar su licencia de conducir, tomar sus reembolsos de impuestos, negar licencias ocupacionales, negar préstamos o subvenciones estatales y mandarlo a la cárcel.

Finalmente, cabe recordar que con mayor frecuencia nuestras sociedades estarán enfrentando la disolución de matrimonios o uniones de hecho entre personas del mismo género, y estas suscitan cuestiones muy parecidas a las que acompañan la disolución entre personas de diferentes géneros.

Divorcio entre Personas del Mismo Sexo
Beth Daniels, AARP VIVA, 20 de julio de 2011

Si me hubieran preguntado hace 30 años, cuando por primera vez me declaré lesbiana, cuál sería el asunto de más urgencia para mí, la igualdad de derechos al matrimonio ni siguiera hubiera estado en mi lista de los 10 temas más importantes.

En los años 80, la comunidad homosexual tenía asuntos más importantes que atender: la seguridad en el trabajo, la integridad física, los derechos de equidad de vivienda y la política sobre el SIDA, por no hablar de la políticamente poderosa Mayoría Moral y su agenda homofóbica. Por lo tanto, el matrimonio era algo que la mayoría en mi grupo consideraba inalcanzable si no irrelevante.

Pero los tiempos han cambiado. Los asuntos que alguna vez parecían inextricables se han resuelto con mejoras medibles para nuestra comunidad —leyes en contra de la discriminación y de adopción más favorables se han establecido en muchos estados y también se han legalizado las parejas de hecho, uniones civiles y hasta el matrimonio— y en un período de tiempo relativamente corto.

Yo, también, he cambiado. Para mí, conseguir la igualdad de derechos al matrimonio ha llegado al punto de máxima importancia. Me di cuenta de su importancia justo cuando estaba pasando por lo que denomino mi gran divorcio gay.

A todos los efectos prácticos, estoy casada por segunda vez. Mi primer matrimonio duró ocho años y produjo una criatura a quien amo entrañablemente. Pero ante los ojos de la ley, mi matrimonio nunca sucedió porque vivo en Virginia, donde las uniones entre personas del mismo sexo son ilegales. Igualmente, mi divorcio nunca sucedió oficialmente —aunque personalmente, puedo asegurar que sí sucedió—.

La Adopción de un Hijo

Conocí a mi ex en 1997 en una cita a ciegas. Donna (no es su verdadero nombre) y yo nos entendimos desde un principio, a pesar de nuestras diferencias: ella estaba muy centrada en su carrera profesional y muy exitosa en su trabajo como productora multimedia; yo era una editora que laboraba con entidades sin fines de lucro con misiones de justicia social. Aún así, compartíamos muchos de los mismos valores fundamentales.

Después de varios años juntas, Donna me dijo que quería comprar una casa en el norte de Virginia, no muy lejos de su mamá y su hermana. Yo no había querido vivir en ese estado porque consideraba sus leyes abiertamente hostiles hacia las personas homosexuales. Pero dejé que me convenciera, dada la tasa relativamente baja de impuestos y la proximidad al trabajo y a la familia.

Pronto después, Donna y yo decidimos adoptar un hijo. Escogimos una agencia cordial hacia las personas homosexuales en otro estado que nos permitiera revelar a los padres biológicos que a su hijo lo criarían lesbianas. De todos modos, el estudio del hogar de adopción se debía realizar en el estado donde vivíamos, y como Virginia prohíbe la adopción por parejas del mismo sexo, una de nosotras tendría que ser la madre oficial. Como Donna era la propietaria de la casa con los ingresos más altos, pensamos que su perfil era el mejor y decidimos que debería ser ella la madre oficial.

Después de intentar adoptar tres veces sin éxito, por fin recibimos a Tommy en nuestro hogar —un dulce niño de dos semanas con ojos bellos y expresivos, que pronto desarrolló una risa fácil y contagiosa—. Tomé una licencia sin sueldo de mi empleador, una organización religiosa que tenía todas las razones, doctrinales y jurídicas, para no permitírmela pero que me la aprobó de todos modos. Cuando regresé al trabajo, mis jefes acordaron un horario flexible y generoso por los próximos varios meses. Mientras tanto, Donna había conseguido un puesto prolongado en el extranjero y tenía un horario agotador.

LA SEPARACIÓN CON UN HIJO

Como pasa a menudo cuando llega un bebé a la familia, las expectativas que teníamos la una con la otra empezaron a cambiar en direcciones opuestas: yo esperaba que Donna disminuyera su horario de trabajo; ella esperaba que yo me encargara de la mayor parte del cuidado del bebé y de los quehaceres domésticos. Con el tiempo, a medida que aumentaba el estrés, Donna y yo perdimos la costumbre de ser amables entre sí. Dejamos de comunicarnos y empezamos a sentir resentimiento mutuo.

Dejé a Donna cuando Tommy tenía tres años de edad. Si hubiera estado casada con un hombre, hubiera tenido todas las expectativas, como encargada de la crianza de mi hijo, a llevármelo conmigo, y quizás recibir algún tipo de pensión alimenticia para compensar los años de ingresos y potencial de ganancias disminuidos. Pero como no soy, oficialmente, la mamá de Tommy, no podía negociar un acuerdo de custodia vinculante, ni mucho menos hablar de manutención.

En teoría, hubiera hasta podido dejar a Tommy y a Donna y nunca mirar atrás. Nunca ayudarlos. Nunca visitarlos. El estado de Virginia —que irónicamente promociona los valores de la familia— no me exige nada. Por supuesto, nunca se me ocurrió proceder de tal manera. Lo que más temía era que de algún modo me apartaran de Tommy; eso hubiera partido mi corazón en un millón de pedazos. Y Donna, legalmente, tiene el derecho a negarme el acceso a él; algo que no ha hecho ni nunca haría.

Al final, ella y yo acordamos una custodia compartida en igualdad de condiciones, tras negociaciones tensas y costosas con mediadores, que necesitábamos consultar en vez de abogados, pues nuestro acuerdo caía fuera del sistema jurídico. De hecho, tuvimos que redactar nuestro acuerdo con mucho cuidado, ya que una ley que entró en vigencia en el 2004 en el estado de Virginia amplió la prohibición del matrimonio entre personas del mismo sexo a incluir "otros acuerdos entre personas del mismo sexo que pretenden conceder los privilegios u obligaciones del matrimonio", uno de los cuales es la custodia de un menor. Así que aún cuando Donna y yo hacíamos lo correcto bajo la más difícil de las circunstancias, Virginia estaba deseosa de recordarnos que nuestra "clase" es diferente a los demás residentes del estado.

SENTIMIENTOS SOBRE LA IGUALDAD DE DERECHOS

Fue entonces cuando pude apreciar plenamente la importancia crítica de la igualdad de derechos al matrimonio. (Me da horror el término matrimonio gay; me suena arcaico, como "señora doctor"). Mi divorcio no divorcio me convenció que los cónyuges, de cualquier sexo, se deben considerar parejas equitativas legal y socialmente. No importa la configuración de la familia, ambos padres deben tener responsabilidad equitativa respecto a sus hijos. Y deben tener protección equitativa por si acaso se dificultan las cosas. No deberían tener que preocuparse si el estado donde viven —o al que se muden por un empleo, o para cuidar a un familiar— los tratará equitativamente si una de las partes muere o se separan.

Como siempre supe, Virginia es uno de los estados que parecen ser más hostiles hacia las personas homosexuales. Sus leyes dejan claro que prefiere no tener personas como yo por sus alrededores. Pero aunque parezca raro, al vivir aquí nunca sentí que estaba de más. He tenido interacciones sin incidentes con prácticamente todos los que he conocido a lo largo de los años —vecinos, otros padres, maestros, enfermeras, médicos— y hasta me han apoyado. Las personas que he tratado cara a cara —por lo menos en el norte de Virginia y por lo menos a mi cara— parecen actuar con más sentido, compasión y respeto que las leyes del estado les dictarían.

Eso me parece muy alentador. No todos tienen que estar de acuerdo con la elección de pareja de matrimonio de una persona para desearles suerte a la pareja —o consolarse sabiendo que están protegidos para bien o para mal—.

RECURSOS Y MATERIALES DE TRASFONDO

En General

El Derecho a la Familia

http://www.hrea.net/learn/guides/derecho-a-la-familia.html

El Matrimonio

Convención Sobre el Consentimiento para el Matrimonio, la Edad Mínima para Contraer Matrimonio y el Registro de los Matrimonios, Oficina del Alto Comisionado de las Naciones Unidas para los Derechos Humanos.

http://www2.ohchr.org/spanish/law/matrimonio.htm

Lista – Para Contraer Matrimonio, FindLaw en español.

http://espanol.findlaw.com/ley-de-familia/matrimonio-viviendo-juntos/lista-para-contraer-matrimonio.html

Matrimonio y Divorcio, Embajada de los Estados Unidos, Quito, Ecuador

http://spanish.ecuador.usembassy.gov/service/vivir-en-el-ecuador/matrimonio-y-divorcio.html

La Adopción

Abuelos que Crían Nietos: Guía de Recursos e Información, Condado de Riverside (CA), Oficina Sobre el Envejecimiento
http://www.rcaging.org/opencms/system/galleries/download/ooaging/ResourceGuide_spa.pdf

Adopción: ¿Por Dónde Comienzo? Hojas Informativas para las Familias, U.S. Department of Health and Human Services, Administration for Children and Families, Child Welfare Information Gateway
http://www.childwelfare.gov/pubs/empiezo.cfm

La Paternidad

Casi todos los estados tienen materiales e información electrónicos sobre este tema.

La Disolución

Disolución de un Matrimonio o Pareja de Hecho Registrada

http://divorcio.cc-courthelp.org/index.cfm?fuseaction=page.viewPage&pageID=3243

El Divorcio en California

http://www.womenslaw.org/laws_state_type.php?id=161&state_code=CA&lang=es

La Duración y el Proceso de Divorcio

http://espanol.findlaw.com/ley-de-familia/divorcio/divorcio-duracion.html

CAPÍTULO 4

EL DERECHO PENAL

Este capítulo ofrece al estudiante la oportunidad de aumentar su conocimiento de temas y vocabulario referentes al campo del derecho penal, empezando con la clasificación de los tipos de conducta considerados como delictivos y atravesando las múltiples etapas del proceso penal, incluyendo el arresto, el juicio, la condena, la apelación, el encarcelamiento. También podrán considerar alternativas a las condenas actuales, la situación y los derechos de las víctimas y los testigos, y el área de los delitos menores.

———

A. VISIÓN GENERAL

Esta introducción al campo del derecho penal les dará una vista de los tipos de conducta que han llegado a considerarse como criminales o delictivos. Algunos actos se condenan como criminales universalmente, y en casi toda época de la historia. Otras formas de conducta han llegado a definirse como delictivas en algunas partes del mundo pero no en otras.

———

Tipos de Delito o Crimen

El delito se define como una conducta clasificada por la legislatura como un acto o actos que contravienen las leyes vigentes. Es una conducta culpable y punible. Hay ciertos actos que en todo país, toda sociedad, toda época de la historia se han considerado como fuera de la ley, como delitos. Ejemplos de este tipo de conducta son: el asesinato, la violación, el robo, y el secuestro. Crimen y delito son términos equivalentes, aunque por lo general delito es un término genérico y crimen se refiere a un delito especifico. Pero cada crimen, cada delito se define en la ley codificada.

Generalmente, en el mundo actual, una conducta que se trata como delictiva tiene que corresponder a una definición existente en algún estatuto aprobado por el congreso o la legislatura. Esta definición generalmente es acompañada por la descripción del castigo o las penas posibles en caso de culpabilidad. Es decir, no se pueden inventar nuevos delitos o nuevos castigos sin pasar por un proceso legislativo.

Hay otros delitos y crímenes que se consideran universales porque existen convenios y tratados internacionales que los definen y que establecen procedimientos y castigos. Estos incluyen, entre otros, el genocidio, la piratería naval y aérea, el tráfico de personas.

Sería correcto decir que el homicidio se considera como un acto criminal en todas las sociedades. Sin embargo, no siempre es delictivo el tomarle la vida a otro ser humano: hay situaciones en las que se puede matar sin ser castigado, tales como la guerra, el ejercicio de una profesión (médicos, enfermeros, policías, jueces, ministros de gobierno). También hay circunstancias específicas en las que se le permite a una persona tomarle la vida a otra persona, como por ejemplo en defensa propia o en defensa de otro.

Por otro lado, en cada país existe la posibilidad de que el gobierno crea delitos, crímenes, y castigos, mediante nueva legislación. Se ha hablado mucho, por ejemplo, de que en Singapur es un delito mascar goma o chicle en la calle. Y negar la existencia del holocausto es un crimen en Alemania.

LOS DELITOS CONTRA LA VIDA

Homicidio y Asesinato

Ambos delitos consisten en matar a otra persona. Pero el asesinato generalmente se define como más grave que el mero homicidio, porque conlleva alevosía, ensañamiento, o motivos abyectos. El asesinato también puede implicar la recompensa o un deseo general de obtener lucro a raíz de la actividad homicida.

El homicidio sólo es punible si se puede establecer responsabilidad penal. Es decir, en ocasiones se puede justificar el homicidio legalmente donde no existe responsabilidad penal: cuando ocurrió en legítima defensa, cuando fue parte de la prevención de un delito más grave, o cuando se llevo a cabo en respuesta a un mando superior o un deber legal.

Existen muchos tipos de homicidio y asesinato. Las diferencias en nombre y en severidad (reflejada en términos del castigo específico) tienen que ver con la relación entre el homicida y su víctima. Así, la persona que mata a su madre o su padre comete el parricidio; si mata a su cónyuge comete el uxoricidio; si mata al rey o al presidente, comete el magnicidio.

Existen diferentes clasificaciones del homicidio, pero se pueden dividir en tres categorías generales: el homicidio doloso, el homicidio involuntario, y el homicidio preterintencional. Es importante señalar que en cada país y en cada estado de los Estados Unidos, existen clasificaciones y términos para cada una de estas que pueden diferir de un lugar a otro. Pero los contornos amplios de estas clasificaciones pueden generalizarse.

- El homicidio doloso es aquel que demuestra la intención positiva de causarle la muerte a la víctima.

- El homicidio involuntario (que también se llama homicidio culposo o negligente) es aquel en el cual el homicida sabe que la muerte de la víctima es posible y cree que podrá evitarla, pero falla y la víctima muere.

- El homicidio preterintencional es aquel en que el homicida quiere lastimar a la víctima, no matarla, pero actúa de una manera en la que debía haber previsto la muerte como probable, tal como arrojar a una persona a una piscina, sin saber si ella podía nadar o no y la persona muera ahogada.

OTROS DELITOS CONTRA LA PERSONA

La Agresión

El delito denominado agresión significa el tocar ilegalmente a otra persona. Requiere una intención criminal o una conducta imprudente.

El Asalto

El asalto criminal implica la intención de agredir. Puede ser algo como apuntarle una pistola a alguien, sin tirar. A veces es difícil distinguir entre asalto y agresión; es por eso que en algunos estados de los Estados Unidos se ha eliminado la distinción entre los dos.

LOS DELITOS CONTRA LA REPUTACIÓN O EL HONOR

El Insulto o la Injuria

El insulto consiste en una palabra o frase utilizada con la intención de ofender o insultar a otra persona. También es insulta cuando la persona a la cual va dirigida la palabra o frase la toma como tal, aunque la persona que habla no tuvo tal intención. Es muy difícil determinar si algo es insulto o no, ya que es bastante subjetivo y también refleja realidades sociales y culturales. Así es que insultos típicos pueden tener que ver con las actividades sexuales de la persona a quien se dirige la injuria, o con sus progenitores o con sus capacidades mentales.

La Calumnia

La calumnia es un tipo de insulto. En este caso, consiste en la imputación a una persona de haber cometido un hecho que se considera un delito sabiendo el declarante que tal imputación es falsa.

LOS DELITOS CONTRA LA LIBERTAD E INDEMNIDAD SEXUAL

La Violación

La violación consiste en el tener relaciones sexuales con otra persona sin que esta haya consentido, empleando violencia física, psicológica y/o emocional. Se considera generalmente como uno de los delitos más graves, casi tan grave que el asesinato. El criminal aquí se llama violador.

El Estupro

El estupro ocurre cuando un adulto tiene relaciones sexuales con una persona menor de edad o cualquiera que no tenga la edad o capacidad legal para consentir en materia sexual. Puede o no conllevar el empleo de engaños, chantaje, o una diferencia en posición de poder o influencia. Cada país tiene una definición diferente de este delito, ya que a veces se vincula a prácticas culturales e históricas.

El Abuso Sexual

El abuso sexual es definido como cualquier actividad sexual entre dos personas sin consentimiento de una. El abuso sexual puede producirse entre adultos, de un adulto a un menor o incluso entre menores.

LOS DELITOS CONTRA LA LIBERTAD

El Secuestro

El secuestro implica la privación ilegal de la libertad de una persona por parte de otra persona o un grupo de personas. Generalmente, ocurre durante un tiempo determinado, con el objetivo de conseguir un rescate o algún otro resultado (frecuentemente un resultado político). El que cometa este delito se conoce como un secuestrador.

En los Estados Unidos, el secuestro es un crimen federal y en algunas ocasiones los secuestradores han sido ejecutados.

La Tortura

La tortura consiste en causarle daño físico o psicológico con la intención de obtener información o una confesión de la víctima o de otra persona (un pariente, por ejemplo).

El Uso de la Tortura por las Autoridades

Desde la antigüedad la aplicación de castigo físico para obtener una confesión o ejecutar una sentencia ha sido una práctica común. La Inquisición instaurada por la Iglesia Católica, los tribunales Protestantes, y otras entidades usaron la tortura para forzar a quienes era acusados de herejía a reconocer su culpa.

El uso de la tortura es ampliamente considerado como ineficaz, ya que la víctima confesará sea cierta la acusación o no, e incluso inventará hechos con tal de hacer cesar la tortura.

La tortura hoy en día es un método común utilizado por los regímenes totalitarios, el crimen organizado, y las organizaciones terroristas. También existe la tortura en los países democráticos, donde los cuerpos policiales locales o nacionales y los cuerpos militares emplean métodos de tortura en sus interrogaciones.

Las Amenazas

La expresión de una amenaza puede ser un delito mayor o un delito menor, según las circunstancias. Consiste en el anuncio de un mal futuro que es posible, impuesto y determinado con la finalidad de causar inquietud o miedo en el amenazado.

El mal ha de ser posible, en el sentido de que la persona amenazada puede tener motivos para creer en su verosimilitud.

Que el mal sea impuesto significa que el amenazado no tiene control sobre los hechos que lo desencadenarán, por tanto, su culminación depende exclusivamente del sujeto activo. El hecho previsto ha de tener una clara repulsa social.

Finalmente la determinación viene dada por la expresión cierta de un hecho. La amenaza tiene la finalidad de causar inquietud en el amenazado produciéndole un estado o un ánimo de miedo.

LOS DELITOS CONTRA LA PROPIEDAD

El Hurto

Este es el término legal para el robo. El hurto consiste en el apoderamiento ilegitimo de la propiedad de otra persona, sin utilizar fuerza ni violencia o intimidación. Tiene que existir la intención de robar.

La gravedad de este delito depende del valor económico de la cosa hurtada. Así, si el valor es grande se considera como delito mayor; si el valor es menor, es delito menor.

El Latrocinio

El latrocinio es el hurto de la propiedad ajena de la persona, en contra de la voluntad de la persona, por la fuerza, la violencia o la amenaza de violencia. La diferencia entre el hurto y el latrocinio es que el latrocinio implica la toma de la propiedad de la persona de la víctima por fuerza, mientras que el hurto solo se refiere a la toma de la propiedad ajena.

El Robo por Escalamiento

El robo por escalamiento es el acto de abrir y entrar en un hogar u otro lugar con la intención de cometer un delito, generalmente un robo. También se llama allanamiento.

El Atraco a Mano Armada

Un atraco a mano armada es un tipo de robo en el cual el autor del delito causa la violencia o intimidación en la víctima mediante la utilización de armas, ya sea un arma blanca o un arma de fuego.

Generalmente, el robo con arma se considera como más grave que el robo que no utiliza arma, porque el primer ejemplo implica no solamente la amenaza a la propiedad sino también el peligro de las personas.

La Estafa

La estafa es otro delito contra la propiedad ajena. Consiste en la perpetración de un engaño o un acto fraudulento para conseguir propiedad de otra persona. Hay varias modalidades de este delito, dependiendo del tipo de engaño que se emplee. La situación en que el engaño se produce de un modo activo (la forma más frecuente) es diferente a la situación en que en engaño es pasivo.

La Extorsión

Para ser extorsión, el delito tiene que ser uno en que se le obliga a una persona, a través de la violencia o la intimidación, a realizar u omitir un acto o negocio jurídico con ánimo de lucro y con la intención de producir un perjuicio de carácter patrimonial.

El Incendio

Un incendio es la ocurrencia de fuego no controlado que puede ser extremadamente peligrosa para los seres vivos y las estructuras. La exposición a un incendio puede producir la muerte, generalmente por inhalación de humo o por desvanecimiento producido por ella y posteriormente quemaduras graves.

Los Delitos contra la Seguridad de los Medios de Transporte y de Comunicación

La Piratería

La piratería es una práctica, tan antigua como la navegación misma, en la que una embarcación privada o una estatal amotinada ataca a otra en aguas internacionales o en lugares no sometidos a la jurisdicción de ningún Estado, con un propósito personal para robar su carga, exigir rescate por los pasajeros, convertirlos en esclavos y muchas veces apoderarse de la nave misma. Su definición según el Derecho Internacional puede encontrarse en el artículo 101 de la Convención de las Naciones Unidas sobre el derecho del mar.

Los Delitos contra la Salud Pública

El Narcotráfico

El narcotráfico es un delito contra la salud pública, consistente en la realización, normalmente con fines lucrativos, de actos que sirvan para promover, favorecer o facilitar el consumo ilegal de drogas naturales o sintéticas, ya sean estupefacientes, psicotrópicos o de cualquier otro tipo. Se trata de acciones que, aunque recogidas y definidas de forma muy diversa, están contempladas en las diferentes legislaciones como hechos ilícitos y son objeto de represión tanto en el ámbito interno como internacional. Todas ellas son englobadas habitualmente bajo la denominación de narcotráfico.

———

Investigación de Delitos

Manual de Instrucciones para la Evaluación de la Justicia Penal, Naciones Unidas,
Nueva York, 2010

Presentación del Tema

Un sistema de justicia penal ecuánime y eficaz, uno de cuyos elementos inseparables es la investigación de los delitos, fomenta la confianza del público y lo alienta a respetar el orden público. En esencia, la investigación de delitos es el proceso por el cual se descubre al autor de un delito, cometido o planeado, mediante la reunión de hechos (o pruebas), si bien también puede suponer la determinación, ante todo, de si se ha cometido o no un delito. La investigación puede ser reactiva, es decir, aplicada a delitos que ya se han perpetrado, o proactiva, es decir, encaminada a evitar cierta actividad delictiva planeada para el futuro.

Hay dos enfoques básicos de la gestión de la investigación de delitos. En algunos sistemas, caracterizados por jurisdicciones con tradición de derecho romano, el encargado de la investigación es un fiscal o un funcionario judicial, por ejemplo, un juez de instrucción. En estos casos, los investigadores trabajan bajo la dirección del fiscal o del juez de instrucción y, en realidad, puede incluso existir un organismo especial encargado del cumplimiento de la ley denominado "policía judicial". En el segundo enfoque, que suele encontrarse en jurisdicciones de tradición de common law, las investigaciones las lleva a cabo la policía de manera más o menos independiente de los fiscales hasta que el caso, y el sospechoso acusado, pasan a manos de la fiscalía ante los tribunales. Sin embargo, dentro de estos dos sistemas básicos hay muchas variaciones. Por ejemplo, en muchas jurisdicciones de common law, los fiscales colaboran estrechamente con los investigadores policiales, por lo menos con respecto a ciertos tipos de delitos. Pero independientemente del sistema, los principios fundamentales siguen siendo los mismos: establecer quién cometió el acto ilícito y reunir suficientes pruebas para asegurar su condena.

En muchos modelos de derecho romano, suele haber dos fases en el proceso de investigación: la fase previa a la investigación o de reunión de inteligencia y la investigación propiamente dicha. Por lo común, la policía es enteramente responsable de la etapa previa a la investigación (en que se procura determinar si realmente se ha cometido un delito y reunir la información básica) tras lo cual el caso pasa a manos del fiscal. En otros países, incluidos los que siguen el modelo del common law, el proceso no se divide en etapas; el término "investigación" se aplica a todo el proceso a partir del momento en que se recibe la primera información sobre la comisión de un delito.

La definición de qué constituye una falta o un delito puede variar. En muchos países se establece una categoría aparte para las faltas tales como el exceso de velocidad o el uso de un transporte público sin boleto, con el nombre de infracciones o faltas, que se incluyen en un código aparte o en una sección aparte del código dedicada a estos delitos leves. En otros países se considera que estos actos son de carácter "administrativo" y no se incluyen en el código penal. Por consiguiente, estos actos ilícitos no están sujetos a investigación penal ni son de la competencia de un fiscal, sino que se ventilan en tribunales administrativos de menor categoría. Sin embargo, en términos generales, la definición de qué es lo que constituye un delito grave será básicamente la misma y reconocible en cualquier país, aun cuando los detalles concretos puedan variar. Por ejemplo, la expresión "robo con escalamiento" o "robo con allanamiento de morada" puede referirse, en un país, solo al hecho de entrar en una casa con intención de robar. En otros, la expresión puede incluir la intención de causar daños o de cometer una violación, pero el acto ilícito de entrar en una casa con la intención de cometer un delito es común a todas las jurisdicciones.

Otra cuestión que ha de tenerse en cuenta es que en el caso de ciertos delitos puede existir un tiempo límite o plazo dentro del cual se puede acusar a una persona de haber cometido ese delito; es lo que se entiende por "prescripción". En algunos países, incluso algunos delitos graves no pueden llevarse ante la justicia una vez que han prescrito por ley. Sin embargo, en otros países, especialmente los delitos graves, nunca prescriben; de este modo, es posible acusar a una persona de la comisión de un delito años después, cuando salen a la luz nuevas pruebas.

Cualquiera sea el sistema de investigación de delitos que se haya desarrollado o adoptado, existe un principio universal que debe preservarse en cualquier sistema de justicia penal: la premisa de que los sospechosos son inocentes hasta que se pruebe su culpabilidad. Los investigadores deben cerciorarse de que sus sospechas se basen en una evaluación objetiva de los hechos y de que no hayan manipulado los hechos para ajustarlos a sus sospechas.

Para investigar un delito de manera eficaz, el investigador necesita facultades amplias. Entre otras, las de:

- Detener a un sospechoso;

- Incautar bienes como elementos de prueba;

- Hacer registros de locales y personas en busca de pruebas;

- Interrogar a sospechosos (y, al hacerlo, cuestionar su honradez y carácter, que en algunos países podría, por lo demás, considerarse un acto de difamación, lo cual constituye un acto ilícito);

- Exigir la entrega de muestras; por ejemplo, huellas dactilares y ADN, y sacar fotografías;

- Practicar procedimientos de identificación;

- Entrevistar a testigos, incluidas las víctimas;

- Hacer preguntas a miembros del público;

- Obtener y mantener información personal y confidencial;

- Usar métodos de vigilancia técnica y personal y de otros medios intrusivos para observar a ciertas personas;

- Hacer trabajo encubierto (es decir, hacerse pasar por otra persona) o recurrir a informantes;

- Proteger y reubicar a testigos;

- Emprender actividades que en otras circunstancias serían ilícitas, como la posesión de sustancias prohibidas, el porte de armas, la entrada en locales mediante el uso de la fuerza o el seguimiento de tráfico ilícito en Internet.

Cada vez es más frecuente que un investigador necesite también recurrir a la asistencia internacional a fin de seguir la pista de actividades de delincuentes a través de fronteras internacionales. Normalmente existen organizaciones internacionales y acuerdos bilaterales que pueden ofrecer apoyo, pero es preciso que estos mecanismos sean accesibles y viables para cualquier investigador que trabaja a nivel local.

Además de formarse una idea clara de las ventajas y desventajas del enfoque estatal de la investigación policial de los delitos, el evaluador debería poder determinar qué oportunidades existen para la reforma y el desarrollo. La asistencia técnica en el ámbito de la investigación policial, dentro del contexto de un marco estratégico más amplio, puede incluir una labor encaminada a fortalecer los siguientes elementos:

- Redactar nuevas leyes o enmendar las existentes;

- Poner en práctica y dar seguimiento al marco jurídico pertinente, incluidos los códigos de conducta o el código de procedimiento penal o ambas cosas;

- Crear capacidad en materia de ciencias forenses;

- Mejorar las competencias y normas de la investigación, especialmente en las esferas especializadas, tales como la investigación financiera, la delincuencia cibernética, las técnicas de entrevistas e interrogatorios;

- Obtener el equipo y establecer los procedimientos necesarios para la gestión adecuada y segura de los elementos de prueba;

- Mejorar los procedimientos de identificación, incluido el empleo de retratos robot, identificación fotográfica y ruedas de identificación;

- Establecer normas y directrices e impartir cursos de instrucción en el empleo de mecanismos de vigilancia encubierta y de informantes;

- Difundir las buenas prácticas para el interrogatorio de sospechosos; elaborar las directrices y los materiales didácticos pertinentes.

———

El sistema de derecho de un país está estrechamente vinculado a la historia nacional. En el artículo que sigue, se podrá ver cómo la estructura del sistema de derecho penal en los Estados Unidos se evalúa en el contexto de los documentos fundadores del país, sobre todo la Constitución y las primeras diez enmiendas. Al leer, piense en cinco aspectos fundamentales que podrían definir o que mejor caracterizan el sistema penal estadounidense.

———

Guía Sobre los Procesos Penales en los Estados Unidos
Organización de los Estados Americanos (OEA)

Introducción a las Prácticas y Procedimientos

En los Estados Unidos, tanto el gobierno federal como los estados están facultados para procesar delitos penales. El gobierno federal y cada uno de los estados cuentan con sus propios estatutos penales, sistemas de tribunales, fiscales y agencias policiales. Que un delito particular sea procesado por el estado o por el gobierno federal depende de factores demasiado numerosos y complejos para abordarse en este documento breve.[1]

Como consecuencia tanto de la legislación como de la práctica, los delitos que con mayor frecuencia son procesados por el gobierno federal incluyen los relacionados con el narcotráfico, el crimen organizado y los delitos financieros, fraudes a gran escala y aquellos delitos en que existe un interés federal especial, por ejemplo, los cometidos contra funcionarios federales y los fraudes en contra de los Estados Unidos. Asimismo, existen ciertos delitos que solamente el gobierno federal puede procesar. Entre ellos se incluyen los relacionados con aduanas, con impuestos federales y los de espionaje y traición.

Los estados procesan la mayoría de los delitos contra las personas, como asesinatos y agresiones, y muchos en contra de la propiedad, como robos y

---

[1] Las bases para la jurisdicción penal federal son particularmente complicadas y son exclusivas del sistema jurídico de los Estados Unidos. Por ejemplo, para poder ser procesados en un tribunal federal, ciertos delitos federales requieren que se hayan involucrado o hayan sido utilizados el correo, el teléfono o el telégrafo estadounidenses, o que haya habido tráfico o transporte entre estados. La naturaleza peculiar de estos elementos jurisdiccionales se reconoce en muchos tratados modernos de extradición al establecerse que la existencia o inexistencia de estos elementos no debe considerarse al determinar si un delito sería punible, por ejemplo, en México y en los Estados Unidos.

asaltos. De hecho, los estados procesan un número mucho mayor de delitos que el gobierno federal.[2]

Aunque los estados tienen amplias facultades para procesar muchos tipos de delitos, pueden investigar y procesar solamente los cometidos dentro de sus demarcaciones. Sin embargo, las atribuciones del gobierno federal se extienden a todo el país. Por lo tanto, el gobierno federal a menudo está en mejor posición para investigar y procesar actividades delictivas complejas y de gran escala.

La Oficina de Asuntos Internacionales de la División de Delitos del Departamento de Justicia de los Estados Unidos se encarga de todas las extradiciones internacionales, además de la asistencia jurídica internacional, tanto para fiscales estatales como federales. Como tal, supervisa el trámite de las solicitudes de extradición y pruebas de los gobiernos extranjeros en los tribunales estadounidenses.

Aunque existen diferencias en los procesos penales entre los distintos estados y entre éstos y el gobierno federal, ciertos principios medulares del derecho penal y la práctica en los Estados Unidos se aplican por igual a todas las investigaciones y procesos estatales y federales.

En primer lugar, en todo el país la investigación y el proceso de un delito son responsabilidad del poder ejecutivo. Los fiscales, investigadores y policías son miembros del poder ejecutivo y no del judicial. En los Estados Unidos no existe el concepto de juez investigador, como los hay en los sistemas civiles.

Por lo tanto, el papel de los jueces en la investigación de los delitos es limitado. Sin embargo, ciertas acciones durante una investigación sólo pueden llevarse a cabo con la autorización de un juez. Solamente un juez puede dictar una orden de cateo e incautación de pruebas de delitos; solamente un juez puede ordenar la grabación de conversaciones telefónicas; solamente un juez puede tomar medidas para obligar a cumplir una orden de comparecencia (una orden de que un testigo rinda testimonio o presente documentos u otras pruebas que obren en su poder, bajo pena de privación de la libertad si se niega a hacerlo); y, excepto en circunstancias limitadas, solamente un juez puede dictar orden de arresto contra una persona acusada.[3]

Siempre que un fiscal (o, en algunos casos, un policía) determina que se requiere este tipo de acción judicial en una investigación, presenta una solicitud formal ante el tribunal y plantea hechos o pruebas legalmente sufi-

---

[2] La combinación de los sistemas jurídicos federal y estatales se debe a nuestro sistema de gobierno federal.

[3] En el sistema federal, un secretario del tribunal puede dictar orden de arresto si existe ya una acusación formal contra una persona por un delito. Como se discutirá más detalladamente en seguida, una acusación formal es la determinación por parte de un jurado de acusación de que existe causa probable para creer que se ha cometido un delito y de que cierta persona lo cometió. La legislación de los Estados Unidos estipula que solamente puede dictarse una orden de arresto tras una determinación de causa probable. Puesto que la acusación formal es suficiente por sí sola para establecer causa probable, una orden de arresto tras una acusación formal no requiere en general una determinación adicional de causa probable por un juez.

cientes para apoyar la acción solicitada. Un juez dicta la orden solicitada solamente si determina que existen bases de hecho suficientes para hacerlo. Por ejemplo, en el caso de una solicitud de orden de cateo, el tribunal debe determinar que las pruebas presentadas son suficientes para establecer causa probable para creer que se ha cometido un delito y que pueden encontrarse pruebas de dicho delito en un sitio específico que será cateado.

En segundo lugar, la Constitución de los Estados Unidos exige ciertos requisitos de procedimiento en casos penales, que se aplican a procesos tanto estatales como federales. Por ejemplo, una persona acusada de un delito grave tiene derecho de juicio por jurado y representación de un abogado. En el juicio, el acusado tiene derecho de interrogar a las personas que rindan testimonio en su contra.[4] Además, ninguna persona puede ser forzada a prestar testimonio en contra de sí misma.[5] Asimismo, la Constitución requiere que no se dicte ninguna orden excepto si se ha determinado que existen pruebas suficientes que apoyen una determinación de "causa probable".

Así pues, no se puede dictar orden de arresto contra alguien excepto si hay pruebas suficientes que apoyen una determinación de que es más probable que improbable que se ha cometido un delito y que la persona en cuestión lo cometió....

II. Procedimientos en casos penales federales

A. Investigación e interposición formal de cargos

Cuando un organismo investigador federal considera que tiene pruebas de alguna infracción al derecho estadounidense, los investigadores presentan sus conclusiones al Fiscal Estadounidense de su Distrito. Uno de los Subfiscales Estadounidenses analiza el caso e interroga al investigador detalladamente para determinar si las pruebas demuestran que existe causa probable para creer que se ha cometido un delito.

Si las pruebas no son suficientes para establecer causa probable, el Subfiscal Estadounidense puede pedir al investigador que prosiga con su investigación o, alternativamente, puede decidir que se deben presentar las pruebas ante un jurado de acusación y que éste debe proseguir con la investigación del caso.

Si el Subfiscal Estadounidense determina que sí existe causa probable, presenta las pruebas ante el jurado de acusación y le solicita que vote respecto a un cargo propuesto. Este cargo se denomina acusación formal. Sin embargo, en algunos casos no hay tiempo suficiente para presentar el caso ante un jurado de acusación por la necesidad urgente de arrestar a la persona que se cree que cometió el delito.

---

[4] Este derecho se denomina derecho de confrontación y es garantizado por la Sexta Enmienda de la Constitución estadounidense.

[5] Este derecho se conoce como privilegio contra la autoincriminación o privilegio de la Quinta Enmienda, pues lo garantiza la Quinta Enmienda de la Constitución. Cualquier persona puede hacer valer este derecho, sin ser necesario que haya sido formalmente acusada de algún delito.

En estos casos, el Subfiscal Estadounidense solicita al juez que dicte una orden de arresto basada en una declaración jurada, llamada la denuncia, que establece los hechos esenciales de la imputación. La denuncia, o las declaraciones juradas que se presentan con la denuncia, también deben exponer pruebas suficientes que establezcan causa probable para creer que el delito específico denunciado fue cometido por la persona a quien se le está imputando. Si, después de una revisión cuidadosa, el juez determina que existen pruebas suficientes para cumplir con el requisito de causa probable, dicta la orden de arresto contra la persona en cuestión. Si una persona es arrestada de conformidad con este procedimiento, el Subfiscal Estadounidense debe presentar posteriormente el caso ante el jurado de acusación y obtener una acusación formal.

Un jurado de acusación se integra por entre 16 y 23 ciudadanos cuya obligación es votar, después de analizar las pruebas, respecto a un cargo penal propuesto. En general el jurado de acusación sólo oye pruebas del gobierno. Un sujeto investigado (es decir, una persona en la que se enfoque una investigación) no puede ser citado a comparecer ante un jurado de acusación, pero puede presentar testimonio voluntariamente ante el jurado de acusación. Esto ocurre en muy raras ocasiones.

Para que una persona sea acusada formalmente, por lo menos 12 miembros del jurado de acusación deben determinar que existe causa probable para creer que la persona o las personas que serán acusadas cometieron el delito o delitos que se les imputarán. Mientras el jurado de acusación delibera sobre la acusación formal, es decir, decide si emitirá una acusación formal, el fiscal y el agente, el relator de la corte y todas las demás personas deben permanecer fuera de la sala del jurado.

Las personas acusadas de delitos sujetos a penas superiores a un año de privación de la libertad tienen derecho de ser acusadas formalmente por un jurado de acusación.[6] El jurado de acusación no determina la culpabilidad o inocencia del acusado, ya que esta determinación solamente puede efectuarse en un juicio.

Un fiscal federal no está facultado para dictar una orden de comparecencia que requiera que una persona rinda testimonio o presente pruebas que obren en su poder. El jurado de acusación sí está facultado para dictar estas órdenes, por lo que disfruta de atribuciones investigativas sustanciales. En la práctica, el Subfiscal Estadounidense y otros fiscales federales generalmente dictan órdenes de comparecencia a nombre del jurado de acusación. Sin embargo, el jurado de acusación puede ordenar por su propia voluntad la comparecencia de otros testigos.

Cuando se ordena comparecer a un testigo ante el jurado de acusación, el Subfiscal Estadounidense generalmente plantea las preguntas, aunque en muchos casos los jurados también hacen preguntas a los testigos. Un testigo

---

[6] Una persona puede renunciar a su derecho de acusación formal por un jurado de acusación. Cualquier persona que renuncia a este derecho es acusada en un documento llamado "información".

ante un jurado de acusación, al igual que un testigo en un juicio, no puede
ser obligado a presentar pruebas que tenderían a demostrar que cometió un
delito. Como se dijo antes, este derecho se conoce como el privilegio de la
Quinta Enmienda o privilegio contra la autoincriminación.

Los procesos ante un jurado de acusación son registrados textualmente
por un estenógrafo y son confidenciales. Constituye un delito que un fiscal o
un miembro de un jurado de acusación hable públicamente sobre un proceso
ante un jurado de acusación. Además, un fiscal no puede revelar información
sobre un jurado de acusación a otro fiscal o a un investigador, excepto si dicho fiscal o investigador está involucrado en la misma investigación penal.
La información recopilada por un jurado de acusación puede revelarse solamente si lo ordena un tribunal federal. Rara vez se da este tipo de permiso.
Por supuesto, las pruebas obtenidas por el jurado de acusación pueden utilizarse posteriormente en el juicio, si el jurado de acusación dicta una acusación formal contra una o más personas por un delito.[7]

En el caso de delitos complejos, como, por ejemplo, la mayoría de los
fraudes bancarios, es esencial la participación de un jurado de acusación
desde el principio para que la investigación sea eficaz. En tales casos, el fiscal y el investigador trabajarán en muy estrecha relación desde el inicio de
la investigación.

B. El arresto del acusado

En el sistema federal, los acusados generalmente son arrestados una
vez que un jurado de acusación les ha imputado formalmente un delito (como se dijo antes, un juez puede dictar orden de arresto antes de la acusación
formal si se presenta una denuncia que exponga pruebas suficientes para
establecer causa probable). Generalmente, el Subfiscal Estadounidense solicita al tribunal que dicte orden de arresto contra la persona nombrada en la
acusación formal.[8] Dependiendo de varios factores, después del arresto, el
acusado puede ser puesto en libertad bajo fianza (libertad provisional o condicional) en tanto se da el juicio, o puede permanecer encarcelado. Estos factores incluyen la gravedad del delito, los antecedentes delictivos del acusado
y las probabilidades de que se fugue. Un juez determina si un acusado debe
permanecer encarcelado o ser liberado y, en ese caso, bajo qué condiciones.
Estas condiciones pueden incluir el requisito de que el acusado, o alguna
persona que actúe en su nombre, entregue como garantía dinero o bienes
que perderá si el acusado no se presenta al juicio.

---

[7] Los testigos que declaran ante un jurado de acusación generalmente son citados a rendir testimonio nuevamente en el juicio, donde el acusado o su abogado defensor pueden contrainterro-
garlos para probar la credibilidad de sus testimonios. Esto se debe a que la persona acusada
tiene derecho de careo e interrogación de todos los testigos presentados en su contra en un juicio
abierto al público. Así pues, el testimonio de un testigo ante el jurado de acusación generalmente no se usa en el juicio para determinar si el acusado es culpable de los cargos en su contra
excepto si el testigo cambia su testimonio durante el juicio o no está disponible para el juicio.

[8] La orden de arresto simplemente especifica el delito o delitos imputados y ordena la detención
de la persona acusada de dichos delitos. La orden de arresto no es el documento acusatorio. El
documento acusatorio, en el que se acusa a la persona a quien se le imputa el delito, es la acusación formal, la denuncia o la información.

Poco después de su detención, el acusado será presentado ante un juez. El juez informa al acusado los cargos en su contra y le pregunta si se declara culpable o inocente de dichos cargos. Este trámite es la comparecencia.

C. El juicio del acusado

Según la Constitución de los Estados Unidos, una persona acusada de cualquier delito, excepto los de muy baja cuantía, tiene derecho de juicio por jurado. Éste es el jurado de juicio o jurado en primera instancia, algunas veces llamado "petit jury". Los jurados de primera instancia para casos penales se componen de 12 ciudadanos que deben estar todos de acuerdo sobre la culpabilidad del acusado para que se le declare culpable. Durante el juicio, el fiscal debe probar "fuera de toda duda razonable" que el acusado cometió el delito o delitos que se le imputan. El acusado no tiene obligación alguna de rendir testimonio o presentar testigos a su nombre.[9] Sin embargo, el acusado que decide rendir testimonio es juramentado igual que cualquier otro testigo y puede ser procesado por perjurio igual que cualquier otro testigo.

Durante un juicio por jurado, el jurado determina si las pruebas en contra del acusado son suficientes para condenarlo. Los jurados deben basar su determinación solamente en las pruebas que se presentan durante el juicio. Si llegan a estar convencidos personalmente de que un acusado cometió el delito que se le imputa, pero determinan que las pruebas presentadas por la parte acusadora no prueban su culpabilidad sin lugar a duda razonable, deben declararlo inocente.

El juez preside el juicio y dictamina sobre cualquier cuestión jurídica, incluyendo si las pruebas son admisibles (es decir, si pueden presentársele al jurado para que las utilice en su determinación de la culpabilidad del acusado respecto a los cargos). El juez también instruye al jurado respecto a los principios jurídicos que debe aplicar para decidir si el acusado es culpable o no.

Un acusado puede renunciar a su derecho de juicio por jurado. El juez se constituye entonces en el "juzgador de los hechos" y determina si las pruebas presentadas son suficientes para declarar al acusado culpable fuera de toda duda razonable.

Durante un juicio, el juez puede, ocasionalmente, interrogar a un testigo. No obstante, el interrogatorio de los testigos es tarea principalmente del fiscal y el abogado defensor quienes se encargan de la mayoría o la totalidad de las preguntas.

Un relator de la corte lleva un registro textual de todo lo dicho durante el juicio por los testigos, el fiscal, el abogado defensor y el juez. Lo anterior incluye todo lo que se dice en las consultas en el estrado, donde el fiscal y el

---

[9] De hecho, se prohíbe al fiscal comentar incluso sobre el hecho de que no testifique, y el juez instruye al jurado respecto a que no debe considerar su silencio como prueba de culpabilidad.

abogado defensor debaten cuestiones jurídicas —por ejemplo, si una prueba es admisible— ante el juez, pero donde no puede oírlos el jurado.

Si el acusado es declarado culpable, el juez es el responsable de imponer la sentencia. Un acusado declarado culpable puede apelar su condena después del juicio ante la Corte de Apelaciones del circuito en que se ubica el Tribunal de Distrito en que fue condenado. En caso de ser absuelto, el fiscal no puede apelar. En ciertas circunstancias, el acusado puede apelar también la sentencia que se le impuso. El fiscal y el abogado defensor deben especificar qué partes del registro textual del juicio y de las pruebas desean que considere la corte de apelaciones para decidir sobre la apelación. No se permite presentar pruebas nuevas en la apelación.

1. Declinación de la acusación

Uno de los aspectos más significativos del sistema jurídico estadounidense es la amplia discreción de que gozan los fiscales en cuestiones penales. Por ejemplo, un fiscal federal puede declinar la persecución de un delito si considera que no es suficientemente importante para justificar el proceso en una corte federal. Por ejemplo, la cantidad de drogas involucradas o las pérdidas de una víctima pueden ser relativamente pequeñas. Los investigadores pueden presentar sus pruebas a un fiscal estatal (suponiendo que el delito pueda ser procesado en un tribunal estatal) y, nuevamente, el fiscal estatal tiene discreción para perseguir el delito o declinar la acusación. De la misma manera, un fiscal federal puede declinar la acusación de un delito menor si considera que existe una alternativa aceptable al proceso, como el acuerdo del acusado de compensar a la víctima del delito.

Los acusados de delitos menores no violentos pueden ser elegibles para un desvío previo al juicio a un programa que generalmente incluye una restitución para la víctima. Si el acusado completa con éxito el programa, no es procesado y puede evitar que se le registren antecedentes penales.

Otro caso en que un fiscal puede declinar la acusación o no pedir al jurado de acusación que dicte una acusación formal es cuando, a pesar de existir suficientes pruebas para que se arreste a la persona —es decir, causa probable— el fiscal sabe que no contará con pruebas adicionales para condenarla durante un juicio. En estas circunstancias, el fiscal no está obligado a intentar obtener una orden de detención. De hecho, si un fiscal presenta una demanda u obtiene una acusación formal de un jurado de acusación y hace que se arreste a un acusado bajo estas circunstancias, podría considerarse un abuso de la discreción del fiscal.

2. Negociación de declaración de culpabilidad

La mayoría de los casos penales en los Estados Unidos concluyen antes de que se efectúe un juicio o incuso durante el juicio mismo cuando el acusado se declara culpable. A menudo estas declaraciones de culpabilidad son el resultado de negociaciones entre el fiscal y el abogado defensor en un proceso llamado *plea bargaining,* en el que se pacta un acuerdo de declaración de culpabilidad o *plea bargain.* En un *plea bargain*, el acusado, generalmente a través de su abogado, acepta declararse culpable de algunos o de todos los cargos en su contra a cambio de ciertas acciones del fiscal. El fiscal puede acordar retirar uno o más de los cargos o hacer una recomendación al juez respecto a la sentencia que se impondrá o no oponerse a una sentencia sugerida por la defensa.[10] El acuerdo del fiscal es vinculante para los Estados Unidos. Como parte de un acuerdo de declaración de culpabilidad, el acusado puede también comprometerse a rendir testimonio verídico sobre delitos de los que tiene conocimiento. Por lo tanto, un fiscal puede utilizar el acuerdo de declaración de culpabilidad para obtener de un delincuente menor testimonios necesarios para condenar a uno más importante.

La declaración de culpabilidad tiene que hacerse frente a un juez. Un relator de la corte registra textualmente todo lo dicho en el proceso. Antes de que un juez acepte una declaración de culpabilidad, interroga al acusado en el pleno de la corte para asegurarse de que el acusado comprenda su derecho de declararse inocente y exigir un juicio; de que el acusado se está declarando culpable voluntariamente; de que el acusado comprende los términos del acuerdo de declaración de culpabilidad y las consecuencias de su declaración de culpabilidad; de que el acusado no se ha visto sujeto a coerción o promesas indebidas por parte del fiscal; y de que la declaración de culpabilidad está basada en los hechos. Si el juez no queda satisfecho con las respuestas del acusado a sus preguntas, rechaza su declaración de culpabilidad.

3. Concesiones de inmunidad

Obtener las pruebas necesarias para condenar a personas involucradas en grupos de delincuencia organizada es especialmente difícil. La naturaleza hermética de estos grupos y su poder de intimidación dificultan mucho a los fiscales obtener los testimonios necesarios contra sus líderes. A menudo los testigos externos al grupo temen rendir testimonio. Las personas internas al grupo generalmente no sólo no están dispuestas a testificar, sino que además pueden utilizar su privilegio de la Quinta Enmienda contra la auto-incriminación y negarse a testificar respeto a delitos en los cuales participaron. La atribución especial de los fiscales de obtener inmunidad para los testigos a menudo les permite obtener testimonios que son cruciales en estos casos.

En primer lugar, el fiscal puede determinar que la cooperación o el testimonio que prevé obtener de un acusado de poca monta será especialmente significativo y que su testimonio o cooperación guardan mayor peso que la necesidad de procesar a ese acusado por delitos menores. En estos casos, el fiscal puede acordar no llevar la acusación contra esa persona por los delitos respecto a los cuales se espera que testifique o coopere, por ejemplo, proporcionando información y pistas para investigación. Así, el fiscal puede obtener inmunidad contra la acusación por ciertos delitos.

---

[10]http://www.oas.org/juridico/mla/en/usa/en_usa-int-desc-guide.html   _ftnref16#_ftnref16.   Un juez no tiene la obligación de seguir la recomendación del fiscal respecto a la sentencia, por lo que advierte al acusado de ello antes de que acepte declararse culpable, a fin de que no se den malos entendidos sobre la fuerza de la recomendación del fiscal (en contraste, la decisión del fiscal de retirar algunos cargos es vinculante para la corte).

En segundo lugar, el fiscal puede determinar que una inmunidad menos amplia es pertinente. Esta inmunidad menos amplia, llamada "inmunidad de uso", está diseñada para evitar que un testigo utilice el privilegio contra la autoincriminación. En estos casos, el fiscal solicita a la corte que obligue al testigo a rendir testimonio y se le asegura al testigo que este testimonio (y cualquier información derivada de él) no podrá ser usado en un proceso en su contra. Este tipo de inmunidad es regido por un estatuto aprobado por el Congreso específicamente para hacer frente a los problemas para obtener pruebas en casos de delincuencia organizada. Un fiscal puede llevar una acusación en contra de una persona a la que se le ha otorgado este segundo tipo de inmunidad, siempre que las pruebas en su contra no hagan uso o se deriven del testimonio que se le obligó a rendir.

Así como en la Constitución de los Estados Unidos encontramos los fundamentos en cuanto garantías jurídicas para los ciudadanos que enfrentan el sistema de derecho penal (y civil), también las constituciones de América Latina y el Caribe incluyen, en mucho detalle, la serie de protecciones que el estado le otorga al ciudadano o residente. Es interesante leer este resumen buscando los aspectos parecidos y los aspectos diferentes en comparación con nuestra Constitución.

Las Garantías Jurídicas en las Constituciones de América Latina

A. Protecciones generales:

- Todas las personas disfrutan de la igual protección de la ley en el ejercicio de sus derechos. (Chile, México)

- Todas las personas tienen el derecho a la libertad personal y a la seguridad individual. (Chile, Perú)

- Ninguna persona o corporación puede tener fuero, ni gozar más emolumentos que los que sean compensación de servicios públicos y estén fijados por la ley. (México)

- Subsiste el fuero de guerra para los delitos y faltas contra la disciplina militar. (México)

- Los tribunales militares en ningún caso y por ningún motivo podrán extender su jurisdicción sobre personas que no pertenezcan al ejército. Cuando en un delito o falta del orden militar estuviese complicado un paisano, conocerá el caso la autoridad civil que corresponda. (México)

- Ninguna persona podrá hacerse justicia por sí misma, ni ejercer violencia para reclamar su derecho. (México)

- La administración de la justicia garantiza el principio de la legalidad; protege y tutela los derechos humanos mediante la aplicación de la ley en los asuntos o procesos de su competencia. (Nicaragua)

- Toda persona tiene derecho de acceso a los órganos de administración de justicia para hacer valer sus derechos e intereses, incluso los [derechos] colectivos o difusos, a la tutela efectiva de los mismos y a obtener con prontitud la decisión correspondiente. (Venezuela)

- El Estado garantizará una justicia gratuita, accesible, imparcial, idónea, transparente, autónoma, independiente, responsable, equitativa y expedita, sin dilaciones indebidas, sin formalismos o reposiciones inútiles. (Venezuela)

B. Condiciones del arresto o detención:

- Nadie puede ser arrestado o detenido sino en virtud de mandato escrito de autoridad competente, expedido con las formalidades legales y por motivo previamente establecido en la ley. (Honduras, México, Perú)

- El delincuente in-fraganti puede ser aprehendido por cualquier persona para el único efecto de entregarlo a la autoridad. (Honduras, México)

- El arrestado o detenido debe ser informado en el acto y con toda claridad de sus derechos y de los hechos que se le imputan. (Honduras)

- El arrestado o detenido tiene derecho a comunicarle su detención a un pariente o persona de su elección. (Honduras)

- Nadie podrá ser retenido por el ministerio público por más de 48 horas, después de las cuales deberá ordenarse su libertad o ponérsele a disposición de la autoridad judicial. (México, República Dominicana)

- Se prohíbe el traslado de cualquier detenido de un establecimiento carcelario a otro lugar sin orden escrita y motivada de la autoridad judicial competente. (República Dominicana)

C. Condiciones del juicio o proceso:

- Nadie puede ser juzgado por comisiones o tribunales especiales o leyes privativas. (Bolivia, Chile, Costa Rica, México, Paraguay)

- Nadie puede ser sometido a otros jueces que los designados con anterioridad al hecho de la causa. (Bolivia, Chile, Costa Rica, Cuba, Paraguay)

- El debido proceso se aplicará a toda clase de actuaciones judiciales y administrativas. (Colombia)

- Todo juicio criminal empezará por acusación de parte o del acusador público, quedando abolidas las pesquisas secretas. (Uruguay)

- Toda persona tiene derecho a ser juzgada por tribunales y jueces competentes, independientes e imparciales. (Paraguay)

- Toda persona tiene derecho a que se le juzgue en juicio público, salvo los casos contemplados por el magistrado para salvaguardar otros derechos o las buenas costumbres. (Paraguay, República Dominicana)

- Nadie puede ser juzgado más de una vez por el mismo hecho punible. (Costa Rica, México, Paraguay, República Dominicana)

- Se prohíbe reabrir causas penales fenecidas y juicios fallados con autoridad de cosa juzgada, salvo cuando proceda el recurso de revisión. (Costa Rica, Paraguay)

- La publicación sobre procesos judiciales en curso debe realizarse sin prejuzgamiento. El procesado no deberá ser presentado como culpable antes de la sentencia ejecutoriada. (Paraguay)

- La prueba de la verdad y de la notoriedad no serán admisibles en los procesos que se promoviesen con motivo de publicaciones de cualquier carácter que afecten al honor, a la reputación o a la dignidad de las personas, y que se refieren a delitos de acción penal privada o a conductas privadas que esta Constitución o la ley declaran exentas de la autoridad pública. (Paraguay)

D. Condiciones del testimonio:

- Nadie puede ser obligado a declarar contra sí mismo en materia penal. (Bolivia, Chile, Colombia, Costa Rica, Paraguay, República Dominicana)

- Quedan abolidos los juramentos de los acusados en sus declaraciones o confesiones, sobre hecho propio; y prohibido el que sean tratados en ellas como reos. (Uruguay)

- Nadie puede ser obligado a declarar contra su cónyuge. (Chile, Colombia, Costa Rica, Paraguay)

- Nadie puede ser obligado a declarar contra su compañero permanente. (Colombia, Paraguay)

- Nadie puede ser obligado a declarar contra sus parientes consanguíneos hasta el cuarto grado inclusive. (Bolivia, Colombia, Paraguay)

- Nadie puede ser obligado a declarar contra sus parientes afines hasta el segundo grado. (Bolivia, Colombia, Paraguay)

- Nadie puede ser obligado a declarar contra sus parientes civiles de primer grado.(Colombia)

- Nadie puede ser obligado a declarar contra sus parientes colaterales hasta el tercer grado, inclusive de consanguinidad o afinidad. (Costa Rica)

- No se puede obligar a que declaren en contra del inculpado sus ascendientes, descendientes, y demás personas que, según los casos y circunstancias, señale la ley. (Chile, Costa Rica)

- Es nula, de pleno derecho, la prueba obtenida con violación del debido proceso. (Colombia, Cuba)

- No se ejercerá violencia ni coacción de clase alguna sobre las personas para forzarlas a declarar. (Cuba)

- Queda vedado el juicio criminal en rebeldía. La ley proveerá lo conveniente a este respecto. (Uruguay)

E. Presunción de inocencia o culpabilidad:

- Se presume la inocencia del encausado mientras no se pruebe su culpabilidad. (Bolivia, Paraguay, Perú)

F. Derecho de defensa:

- El derecho de defensa de la persona en juicio es inviolable. (Bolivia, Chile, Costa Rica, Cuba, Paraguay, Paraguay, República Dominicana)

- La ley arbitrará los medios para otorgar asesoramiento y defensa jurídica a quienes no puedan procurárselos por sí mismos. (Chile, Paraguay, Uruguay)

- Desde el momento de su detención o apresamiento, los detenidos tienen derecho a ser asistidos por un defensor. (Bolivia, Paraguay)

- Toda persona tiene derecho a la comunicación previa y detallada de la imputación, así como de disponer de copias, medios y plazos indispensables para la preparación de su defensa en libre comunicación. (Paraguay)

- Toda persona tiene derecho a ofrecer, practicar, controlar e impugnar pruebas. (Paraguay)

- Toda persona tiene derecho a que no se le opongan pruebas obtenidas o actuaciones producidas en violación de las normas jurídicas. (Paraguay)

- Toda persona tiene derecho al acceso, por sí o por intermedio de su defensor, a las actuaciones procesales, las cuales en ningún caso pueden ser secretas para ellos. (Paraguay)

- Toda persona tiene derecho a la indemnización por el Estado en caso de condena por error judicial. (Paraguay)

G. Condiciones de la sentencia o condena:

- Nadie puede ser condenado a pena alguna sin haber sido oído y juzgado previamente en proceso legal. (Bolivia, Chile, Colombia, México, República Dominicana, Uruguay)

- Nadie sufrirá pena alguna si no ha sido impuesta por sentencia ejecutoriada y por autoridad competente. (Bolivia, Chile, Colombia, Costa Rica, Cuba, México, República Dominicana)

- La condena penal debe fundarse en una ley anterior al proceso. (Bolivia, Chile, Colombia, Costa Rica, Cuba, Perú)

- Sólo se aplicarán las leyes posteriores cuando sean más favorables al encausado. (Bolivia, Colombia, Cuba, Paraguay)

- A ninguna ley se dará efecto retroactivo en perjuicio de persona alguna. (México)

- Se permite el apremio corporal en materia civil o de trabajo o las detenciones que pudieren decretarse en las insolvencias, quiebras o concursos de acreedores. (Costa Rica)

- En los juicios del orden criminal queda prohibido imponer, por simple analogía y aún por mayoría de razón, pena alguna que no esté decretada por una ley exactamente aplicable al delito que se trata. (México)

- Nadie puede ser aprisionado por deudas de carácter puramente civil. (México, República Dominicana)

- Queda prohibida la práctica de absolver de la instancia. (México)

H. Derecho a apelar la sentencia:

- Toda sentencia judicial puede ser apelada o consultada, salvo a las excepciones que consagre la ley. (Colombia)

- La corte superior no puede agravar la pena impuesta cuando el condenado sea apelante único. (Colombia)

I. Habeas Corpus:

- Quien estuviere privado de su libertad, y creyere estarlo ilegalmente, tiene derecho a invocar ante cualquier autoridad judicial, en todo tiempo, por si o por interpuesta persona, el Habeas Corpus, el cual debe resolverse en el término de 36 horas. (Colombia, República Dominicana)

- Toda persona privada de su libertad sin causa o sin las formalidades legales, o fuera de los casos previstos por las leyes, será puesta inmediatamente en libertad a requerimiento suyo o de cualquier persona. (República Dominicana)

- Toda persona tiene garantía de habeas corpus o de exhibición personal cuando, en su detención o prisión legal, se apliquen al detenido o preso tormentos, torturas, vejámenes, exacción ilegal y toda coacción, restricción o molestia innecesaria para su seguridad individual o para el orden de la prisión. (Honduras)

B. EL PROCESO PENAL: EL ARRESTO

Las dos lecturas que siguen formarán la base de unos ejercicios que llevarán a cabo en la clase, tomando los papeles de acusado y abogado. El profesor les informará en detalle sobre estas simulaciones. Los estudiantes deben leer y absorber los temas sobresalientes de estos dos documentos para poder presentarse en rol.

Los Derechos del Acusado

Derechos Generales

El derecho de presunción de inocencia hasta que se compruebe la culpabilidad en un juicio público imparcial.

El derecho de asistencia legal. En un caso penal, el acusado tiene derecho a un abogado competente. El sistema legal de algunos países garantiza que los acusados de bajos recursos cuenten con un abogado provisto por el estado o por el sistema de defensa pública, especialmente en casos de delitos graves y aquellos con posibilidades de sentencias severas. El acusado tiene el derecho de hablar con su abogado antes de cualquier interrogatorio policial, durante el proceso y en cualquier otra etapa crítica del proceso en su contra. El acusado puede renunciar al derecho de asistencia legal, pero debe hacerlo en el entendido de que reconoce las consecuencias de ello.

El derecho contra la auto incriminación. El cargo de prueba en un caso criminal corresponde al demandante. El acusado no tiene que proveer a la policía o a la fiscalía ninguna prueba que pueda ser usada en su contra. Este derecho protege al acusado contra la posibilidad de ser forzado a revelar hechos incriminatorios. Esto evita el uso de la tortura o de otro medio para forzar confesiones.

El derecho de información. Esto comprende el derecho a saber cuáles son los cargos en su contra, de confrontar a los testigos y de tener acceso a la evidencia en su contra.

El derecho a un juicio público y expedito, con un juez o un jurado imparcial, en el área donde el delito fue cometido. Al mismo tiempo, el acusado debe disponer de tiempo suficiente para preparar su defensa.

El derecho a presentar una defensa. Esto comprende la capacidad de mostrar hechos y evidencia, de examinar a los testigos de la fiscalía durante el juicio y de exigir la comparencia de testigos en su favor. También incluye la posibilidad de contar con testigos expertos independientes.

El derecho de apelación si los derechos procedimentales y de debido proceso del acusado no fuesen respetados.

Los Derechos de los Detenidos y Encarcelados

De acuerdo con Amnistía Internacional, las personas detenidas o encarceladas legalmente pierden por un tiempo el derecho a la libertad y enfrentan restricciones en otros derechos como los de privacidad, libertad de movimiento y libertad de reunión. Aunque se presume que los detenidos son inocentes hasta que sean sentenciados, tanto los detenidos como los prisioneros son intrínsecamente vulnerables porque están bajo control del estado. El derecho internacional reconoce esto y atribuye una responsabilidad especial a los estados para proteger a los detenidos y encarcelados. Cuando el estado priva a una persona de su libertad, asume el deber de cuidar de ella. Este deber es el de preservar la seguridad y bienestar de las personas privadas de su libertad. Los detenidos no deben ser sometidos a ninguna otra restricción salvo las que resulten de su privación de la libertad.

De acuerdo con el Manual para un Juicio Justo de Amnistía Internacional, los derechos de las personas detenidas incluyen:

- Condiciones humanas de detención;

- Provisión de necesidades básicas, incluyendo alimentación, vestido, servicios sanitarios, de higiene y de salud;

- Acceso a luz natural y facilidades para recreación y ejercicio físico;

- Permiso para realizar actividades religiosas; y

- Comunicación con otros, incluyendo quienes se encuentren fuera de la prisión.

―――――

Derecho Penal
Washington State Bar Association

Definición de delito

Un delito es una violación de una ley penal específica. Los delitos en Washington recaen por lo regular en dos categorías: (1) delitos mayores y (2) delitos menores. El castigo exacto que se puede imponer al emitir condena de un delito depende del tipo de delito y de los antecedentes penales anteriores de la persona.

En términos generales, un delito mayor es aquel por el cual la sentencia puede ser de más de un año en prisión. En el estado de Washington, existen tres clases de delitos mayores: clase A, clase B y clase C. Los delitos mayores de la Clase A son los más graves.

Existen dos categorías de delitos menores en este estado: delito menor grave (que tienen un castigo de hasta un año en prisión y/o una multa de $5,000) y delito menor (que tienen un castigo de hasta 90 días en prisión y/o una multa de $1,000).

Las condenas para ciertos delitos pueden requerir sentencias mínimas obligatorias y los castigos pueden aumentarse si el delito ocurrió mientras se estaba en posesión de un arma de fuego o de un arma mortal. La Ley de Reforma de sentencias de Washington rige los castigos a delitos mayores en este estado. Salvo por circunstancias especiales, el tribunal debe sentenciar al infractor dentro de un rango particular establecido por el Organismo legislativo del estado.

Los infractores que cometen un delito por primera vez pueden optar a consideraciones especiales en la emisión de sentencias por delitos que no impliquen violencia. Si el tribunal otorga libertad condicional como parte de la sentencia del tribunal, se puede poner a una persona a realizar trabajos comunitarios bajo supervisión por entre 12 a 24 meses.

Definición de arresto

Usted está bajo arresto, si un oficial de las fuerzas de seguridad (o algunas veces, un ciudadano civil) lo toma en "custodia". Lo anterior significa que usted no se considera libre de huir de la escena debido al contacto con el oficial.

No todas las detenciones que le haga un oficial de la policía significan que se encuentra bajo arresto. Si sólo lo detienen por corto tiempo, entonces posiblemente haya estado "detenido", más bien que legalmente arrestado.

Por lo general, no se requiere de una orden judicial para realizar un arresto, si existe una causa probable para creer que la persona arrestada ha cometido un delito. Asimismo, es posible que no se necesite de una orden judicial cuando se ha cometido un delito menor en la presencia del oficial que realiza el arresto o en ciertos delitos menores, fuera de la presencia del mismo.

Sus derechos, en caso de que lo detenga la policía:

Puede preguntar por qué se le detuvo. Asimismo, puede preguntar si está bajo arresto y, en caso negativo, si está libre para irse. Si lo detiene un oficial, tiene derecho a preguntar si está bajo investigación por un delito.

Si el oficial le sugiere que está bajo investigación, entonces tiene derecho de negarse a responder cualquier pregunta. Asimismo, no tiene que estar bajo arresto para negarse a responder preguntas que le haga un oficial. Por lo regular, posiblemente se le solicite su identificación. Si desea, puede responder a las preguntas del oficial. Debe recordar que se puede utilizar en su contra cualquier cosa que diga al oficial, en caso de que se le imputen cargos posteriormente (ya sea que dé o no una "declaración" formal), siempre que:

- Se le haya informado sobre sus derechos constitucionales antes de efectuar una declaración o

- Usted le haya indicado cualquier cosa voluntariamente al oficial y no estaba bajo arresto.

Estos derechos o "advertencias según la Ley Miranda", como se les conoce algunas veces, son resultado de un reglamento de la Corte Suprema de 1966. Como resultado de este caso, la policía debe informarles a las personas acusadas de un delito sobre ciertos derechos, que son:

- Tiene derecho a permanecer callado. Cualquier cosa que diga o firme puede ser utilizada en su contra en un tribunal.

- Tiene derecho a un abogado de su elección. Su abogado puede estar presente antes o durante cualquier interrogatorio y al efectuar o firmar cualquier declaración.

- Si no puede pagar un abogado, el tribunal le nombrará uno, sin que deba pagar usted los costos. Tiene el derecho de que esté presente este abogado antes y durante el interrogatorio y de efectuar o firmar cualquier declaración.

Por ley, si se le arresta formalmente, se le puede solicitar que pose para una fotografía y que imprima sus huellas digitales después de su arresto. Si se emite una citación (para delitos menores e infracciones), es legal que se le pida firmar la citación. Al firmar, usted acusa recibo de ella y promete comparecer en una fecha futura en el tribunal. La firma en una citación de ninguna manera implica la admisión de culpa. No obstante, si se rehúsa a firmar una citación, esto puede derivar en que el oficial lo arreste legalmente y le impute cargos por un delito menor adicional por haberse rehusado a firmar la citación.

Aun cuando se presume que es inocente hasta que se le encuentre cul-pable y que posiblemente no haya hecho nada malo, es su deber como ciuda-dano actuar de manera responsable. Intentar huir o resistirse al arresto no sólo es ilegal, sino insensato. Esto muy bien puede derivar en cargos adicio-nales, tales como causar que un asunto menor se convierta en un delito ma-yor.

Cateos de la policía

Muchos cateos de la policía requieren órdenes de cateo, pero no todos. Si usted consiente o permite que la policía le realice un registro personal o un cateo en su propiedad, no se necesita de una orden y cualquier evidencia que se encuentre puede utilizarse en su contra. Tiene derecho legal a rehusarse a dar su consentimiento para un cateo. Debe dejar en claro su rechazo, pero no interfiera físicamente, si la policía continúa cateando sin su permiso.

Existen algunas otras instancias en que los oficiales de policía no nece-sitan una orden ni su consentimiento para realizar un cateo. Como por ejemplo, si se le detiene o arresta.

La policía lo puede registrar para determinar si carga un arma. Asi-mismo, pueden catear el área que está inmediatamente a su alrededor. Los oficiales de policía también pueden realizar un cateo sin una orden, en caso de tener causa probable para creer que se pueda encontrar evidencia y cuando existan ciertas circunstancias de "emergencia", tales como cuando de otro modo se destruyera evidencia valiosa antes de que se pueda obtener una orden.

Un oficial de la policía puede realizarle un registro o catear su propie-dad al obtener una orden del tribunal. Si se realiza un cateo con una orden, la policía debe dejar una copia de la orden y una lista (o inventario) de los elementos confiscados.

Sus derechos, si se le imputa un delito

Todos los derechos que se discutieron anteriormente siguen siendo váli-dos, si se le imputa formalmente un delito. Además, tiene el derecho de que se le lleve "rápidamente" ante un juez para determinar la causa probable y la fijación de una fianza. Si se le lleva en custodia, esto debe hacerse "tan pronto como sea práctico", pero en cualquier caso, antes del cierre de horas hábiles del siguiente día de tribunales.

Una persona a quien se le imputa un delito tiene la responsabilidad de comparecer ante el tribunal en las fechas y en los momentos que se le ins-truya. Dicha persona debe cumplir con cualquier otra condición específica de liberación que fije el tribunal pendiente de juicio. Algunas de estas condicio-nes pueden incluir no comunicarse con ciertos testigos en el caso o que se le requiera vivir en una dirección particular.

Sus derechos en el tribunal

Cuando comparece en el tribunal, tiene el derecho de que se le indique la naturaleza de los cargos en su contra y de que éstos se le lean formalmente en tribunal abierto. (Puede renunciar a este derecho, si lo desea, y si se le indicaron los cargos anteriormente.) Tiene derecho a un abogado y, si no puede pagar uno, tiene derecho a que se le nombre uno para que lo represente.

En un juicio formal, tiene el derecho a un juicio ante un jurado, a confrontar a los testigos en su contra, así como a llamar a los testigos en su propio nombre sin que esto implique costos para usted. Si se le condena después de un juicio, tiene el derecho de apelar dicha condena en un tribunal superior.

Si se declara culpable de un cargo, su abogado y el tribunal deben indicarle los derechos a los que está renunciando al entablar un alegato de culpabilidad. Entre éstos se incluye su derecho a un juicio y el derecho a apelación.

Tiene el derecho de conocer la sentencia máxima que puede imponerle el tribunal y la recomendación que el fiscal realizará al tribunal acerca de su caso. En Washington, por lo regular el tribunal no le informará anticipadamente cuál será su sentencia. No obstante, se le debe informar sobre la sentencia máxima que se le puede imponer y sobre cualquier sentencia mínima obligatoria que sea válida.

Servicios de un abogado

Si puede costearse un abogado pero no conoce uno, puede solicitarles sugerencias a amigos, compañeros de trabajo o a un empleador. Muchos colegios de abogados de los condados cuentan con servicios de referencia de abogados.

Si no puede costearse un abogado, el secretario del tribunal puede ayudarle a localizar a un abogado nombrado. Antes de que pueda recibir la ayuda del abogado nombrado, puede presentar una declaración financiera ante el tribunal o la dependencia que determinará su elegibilidad. Es importante ser honesto en cualquier declaración jurada financiera que se presente al tribunal.

Si desea que le asista un abogado, es buena idea consultarle a uno antes de tomar cualquier decisión sobre su caso. Tiene derecho a un abogado en todas las etapas del procedimiento y puede solicitarle al tribunal que retrase las diligencias hasta que tenga una oportunidad razonable de obtener un abogado.

––––––––

Al leer el fallo que sigue, busquen los grandes conceptos jurídicos referentes a los derechos del acusado. Identifiquen donde puedan ejemplos de las protecciones contra la autoincriminación, la falta de advertencia Miranda, y condiciones del arresto.

———

Pueblo de Puerto Rico v. Javier Viruet Camacho
173 D.P.R 563

Tribunal Supremo de Puerto Rico, San Juan, Puerto Rico, el 14 de abril de 2008.

El 4 de abril de 2006, se presentó una denuncia contra Javier Viruet Camacho, por violaciones a la Ley de Armas y el delito de Asesinato en Primer Grado, a raíz de hechos ocurridos el 21 de marzo de 2006. Se le imputó que en tal fecha Viruet Camacho, "ilegal, voluntaria, premeditada y criminalmente dio muerte al ser humano Katherine Oliver Valentín, con la intención de causársela mediando premeditación", al apuñalarla en diferentes partes del cuerpo con un arma blanca.

Tras la presentación de los pliegos acusatorios correspondientes, Viruet Camacho presentó una moción solicitando supresión de una alegada confesión de los hechos. Alegó que su medio hermano, Raymond Viruet Delgado, quien se desempeña como oficial del Departamento de Corrección, y a quien hasta ese momento nunca había conocido, lo llamó por teléfono, quedando en encontrarse con él…. Continuó indicando que luego de conocerlo, le pidió una identificación para saber si era agente de la policía y Viruet Delgado únicamente le mostró su licencia de conducir. Indicó que tras verificar su identidad, le abrazó y le expresó que había cometido un error, a lo cual Viruet Delgado le indicó que se había enterado por una noticia en el periódico y que interesaba entregarlo a las autoridades. Posteriormente, en el Cuartel de la Policía…, Viruet Camacho alegadamente le relató a Viruet Delgado lo ocurrido en la fecha de los hechos.

Viruet Camacho aduce que la confesión o admisiones obtenidas por Viruet Delgado son inadmisibles debido a que éste actuó como funcionario del orden público y no le hizo las advertencias de ley correspondientes, en contravención a su derecho contra la autoincriminación.

En oposición a la solicitud de supresión, el Estado expuso que Viruet Delgado no actuó como funcionario del orden público, por lo cual no tenía la obligación de hacer advertencia de ley alguna. De otra parte, señaló que un fiscal, personalmente, le hizo las advertencias de ley a Viruet Camacho cuando éste fue llevado al precinto… y en tal ocasión, Viruet Camacho no solicitó la asistencia de un abogado sino indicó que quería hablar con su hermano. Así, sostuvo que la confesión obtenida fue voluntaria e inteligente.

En la vista de moción de supresión celebrada el 30 de enero de 2007, el ministerio público presentó el testimonio de Viruet Delgado. Tras evaluar la prueba desfilada, así como los argumentos de las partes, el tribunal de instancia declaró no ha lugar la moción de supresión de evidencia y señaló el caso para juicio.

Inconforme con tal determinación, Viruet Camacho presentó petición de certiorari y moción en auxilio de jurisdicción ante el Tribunal de Apelaciones, alegando que nunca renunció a su derecho contra la autoincriminación, por lo cual la confesión era inadmisible. En su recurso, adujo que la prueba presentada por el ministerio público fue insuficiente para establecer que se le impartieron las advertencias de ley o que renunció voluntaria, consciente e inteligentemente a su derecho a no auto incriminarse. El foro apelativo denegó la expedición del auto de certiorari. Al así hacerlo, dicho foro indicó que el ministerio público descargó su responsabilidad de probar que la confesión obedeció a una renuncia voluntaria, consciente e inteligente....

Inconforme aún, Viruet Camacho acudió ante este Tribunal mediante petición de certiorari y moción en auxilio de jurisdicción.

Expedimos el recurso. Con el beneficio de la comparecencia de las partes, procedemos a resolver.

I... De entrada, el derecho a un debido proceso de ley prohíbe el uso de mecanismos de coacción física o mental hacia el sospechoso, con el propósito de obtener declaraciones incriminatorias. Así, para que sea admisible, toda declaración del interrogado debe ser libre y voluntaria.

Por otro lado, nuestra Constitución y la Constitución de los Estados Unidos garantizan el derecho de todo ciudadano contra la autoincriminación. Sobre el particular, nuestra Constitución establece, de forma expresa, que "[n]adie será obligado a incriminarse mediante su propio testimonio y el silencio del acusado no podrá tenerse en cuenta ni comentarse en su contra."

Ciertos derechos han sido subsumidos en el derecho contra la autoincriminación, a saber, el derecho de un sospechoso de la comisión de un delito a permanecer callado, a no incriminarse, a que su silencio no pueda ser utilizado en su contra y a la asistencia de un abogado. ...

Ahora bien, el derecho contra la autoincriminación no es absoluto ni opera automáticamente. Éste se activa en la etapa adversativa de una investigación, o sea, cuando el Estado enfoca la investigación en un sospechoso en particular. Cuando los funcionarios del orden público interrogan a un sospechoso, que se encuentra bajo custodia, con el propósito de obtener declaraciones incriminatorias y sin hacerle las debidas advertencias de ley, cualquier declaración que haga el sospechoso será inadmisible. Dicho mecanismo pretende controlar la conducta policiaca, dirigida a la obtención de declaraciones incriminatorias sin antes informarle al sospechoso sobre sus derechos constitucionales.

Por el contrario, una admisión o confesión que no es producto de un interrogatorio, o sea, cuando es ofrecida voluntariamente o de forma espontánea, es admisible en evidencia, por estar ausente el elemento de coacción. ... Incluso, cuando la persona relata hechos delictivos, de forma espontánea y voluntaria, el funcionario del orden público ni siquiera tiene la obligación de interrumpirle para hacerle las advertencias de ley. Sólo tendría la obligación de hacerlo si luego procede a interrogarle.

Del mismo modo, es admisible una confesión voluntaria hecha por un sospechoso que se encuentra bajo custodia y quien ha sido advertido de los derechos constitucionales que le cobijan, siempre que sus declaraciones no sean producto de un interrogatorio y de conducta coercitiva de parte de funcionarios del orden público. Después de todo, las confesiones o admisiones voluntarias son una práctica deseable y favorecida tanto en nuestro ordenamiento como a nivel federal.

Aun cuando el derecho contra la autoincriminación puede ser renunciado válidamente, ya sea mediante una confesión o admisión espontánea o una renuncia expresa de sus derechos, es necesario demostrar ante el foro judicial que la renuncia fue voluntaria, consciente e inteligente. En reiteradas ocasiones, hemos señalado que, al evaluar si la renuncia es válida, debemos determinar, primeramente, si el abandono del derecho es voluntario en el sentido de que sea producto de una elección libre y deliberada. Es decir, que no medie intimidación, coacción o violencia de parte de los funcionarios del Estado. En segundo término, es preciso que la renuncia sea consciente e inteligente, en tanto el sospechoso sea informado adecuadamente sobre el privilegio constitucional contra la autoincriminación y tenga pleno conocimiento del derecho abandonado así como de las consecuencias que acarrea dicha decisión. Es de particular importancia advertirle que cualquier manifestación podrá ser usada en su contra en un proceso criminal. ...

En resumen, hemos establecido que una confesión o admisión es inadmisible, por ser violatoria del derecho contra la autoincriminación, cuando se satisfacen todos los siguientes cuatro requisitos: (1) que al momento de obtenerse la declaración impugnada ya la investigación se haya centralizado sobre la persona en cuestión y ésta sea considerada como sospechosa de la comisión de un delito; (2) que al momento de prestar la declaración en cuestión el sospechoso se encuentra bajo la custodia del Estado, (3) que la declaración haya sido producto de un interrogatorio realizado con el fin de obtener manifestaciones incriminatorias, y (4) que no se le haya advertido sobre los derechos constitucionales que nuestro ordenamiento le garantiza

Ahora bien, al evaluar si la renuncia al derecho contra la autoincriminación es válida, los tribunales debemos evaluar la totalidad de las circunstancias, entre éstos, las circunstancias personales y particulares del sospechoso, el periodo de tiempo que estuvo bajo custodia policiaca antes de prestar la confesión, la conducta policiaca mientras estuvo bajo custodia y si efectivamente estuvo o no asistido por un abogado al confesar. ....

Es preciso destacar que el peso de la prueba recae sobre el Estado, a quien le corresponde probar que la confesión o admisión efectuada constituye una renuncia válida al derecho contra la autoincriminación y, por tanto, es admisible en evidencia. Para que un tribunal pueda determinar, a base del criterio de la "totalidad de las circunstancias", si dicha renuncia fue voluntaria, consciente e inteligente, el Estado debe presentar prueba tendente a demostrar cuáles fueron las advertencias que se le hicieron al sospechoso y cuáles eran las circunstancias en las cuales éste prestó la confesión.

La admisibilidad de una confesión es determinada preliminarmente por el juez de instancia, quien tras escuchar la prueba que tengan a bien presentar las partes, y evaluarla en ausencia del jurado, determina si ésta es admisible. Si el juez concluye que la confesión es admisible, al acusado le asiste el derecho de presentar prueba, durante la continuación del proceso, tendente a demostrar que la confesión fue obtenida en violación a su derecho a no auto incriminarse o cualquier otra defensa que estime pertinente.

II. En su recurso, Viruet Camacho argumenta que su hermano, Raymond Viruet Delgado, es un guardia de corrección y actuó como funcionario del orden público al "arrestarle". Sostiene que éste no le hizo las advertencias de ley de rigor cuando lo "arrestó", y al así proceder, violentó su derecho contra la autoincriminación y el debido proceso de ley. Como consecuencia de ello, alega que toda declaración incriminatoria que él le hizo a Viruet Delgado es inadmisible; señala, además, que las posibles admisiones hechas previo a su "arresto", también deben excluirse porque al realizarlas desconocía que su hermano era funcionario del orden público. Aduce que éste tenía la obligación de identificarse como tal inmediatamente, indicarle su intención de entregarlo a las autoridades y advertirle sobre su derecho contra la auto-incriminación.

De otra parte, Viruet Camacho alega que el ministerio público no ha demostrado cuáles fueron las advertencias de ley específicas que le fueron impartidas por el fiscal a cargo del caso. A su juicio, el ministerio público no cumplió con el quantum de prueba requerido para probar que la renuncia al derecho contra la autoincriminación, y por tanto, la alegada confesión, fue obtenida válidamente. En particular, señala que el único testimonio ofrecido por el Estado fue el de Raymond Viruet [Delgado], quien no estuvo presente cuando se le hicieron las alegadas advertencias de ley.

De entrada, es preciso determinar si Raymond Viruet Delgado actuó como un "funcionario del orden público" al "arrestar" a Viruet Camacho.

En su Artículo 8, la Ley Orgánica de la Administración de Corrección, creó un cuerpo de oficiales correccionales, responsables de custodiar a los confinados, conservar el orden y la disciplina en las instituciones correccionales, proteger a la persona y la propiedad, supervisar y ofrecer orientación social a los confinados, y desempeñar aquellas funciones asignadas por el Administrador de Corrección. Entre otros asuntos, se les confirió a los oficiales de corrección la facultad de "perseguir a confinados evadidos y liberados contra quienes pesa una orden de arresto emitida por la Junta de Libertad Bajo Palabra y prenderlos a cualquier hora, y en cualquier lugar", utilizando los mismos medios autorizados a los agentes del orden público para realizar un arresto.

[N]uestra Asamblea Legislativa ha creado otros cuerpos policiales, además de la Policía de Puerto Rico, cuya función principal es proveer seguridad a sectores particulares que así lo requieren. Éstos, al amparo de las leyes especiales que habilitan sus cargos, ostentan la facultad de efectuar arrestos en el desempeño de sus funciones. Entre tales cuerpos policiales, designamos a los oficiales de corrección de la Administración de Corrección.

[L]a autoridad de cada funcionario del orden público para realizar arrestos se circunscribe a los mandatos de la ley particular que creó su cargo y mediante la cual se delimitan sus responsabilidades y facultades.

Del Artículo 8 de la Ley Orgánica de la Administración de Corrección, surge que los oficiales de corrección únicamente tienen autoridad para realizar un arresto en el desempeño de sus funciones como tal. ...[E]s forzoso concluir que si bien un oficial de corrección técnicamente tiene la autoridad para efectuar un arresto, tal facultad se extiende a los períodos en los cuales descarga sus funciones como oficial de corrección y, además, se refiere únicamente al arresto de prófugos de la justicia. Cualquier arresto efectuado por un oficial de corrección, fuera de su función como tal, constituye un arresto por una persona particular cuya validez queda sujeta al cumplimiento con la Regla 12 de Procedimiento Criminal.

Del expediente ante nuestra consideración surge claramente que Viruet Camacho no era un confinado ni un prófugo de una institución penal. Ni siquiera existía una orden de arresto en su contra. Por lo cual, Raymond Viruet Delgado carecía de autoridad para arrestarlo bajo la Regla 11 de Procedimiento Criminal, en carácter de funcionario del orden público. En las circunstancias particulares de este caso, Viruet Delgado excedió las facultades que le concede el Artículo 8 de la Ley Orgánica de la Administración de Corrección.

En vista de que Viruet Delgado carecía de autoridad para arrestar a Viruet Camacho bajo la Regla 11 de Procedimiento Criminal, se suscita una interrogante en torno a la validez del arresto efectuado. Consecuentemente, nos corresponde determinar si la actuación de Raymond Viruet Delgado constituyó un arresto válido por una persona particular bajo la Regla 12 de Procedimiento Criminal. De así serlo, Raymond Viruet Delgado no tenía la obligación de hacerle las advertencias de ley, sino de entregarlo inmediatamente a las autoridades.

III. ¿Actuó correctamente Viruet Delgado? Entendemos que sí. La aseveración hecha por Viruet Camacho a los efectos de que había cometido "un error" fue completamente voluntaria. Incluso, su expresión ni siquiera fue la respuesta a una pregunta formulada por Viruet Delgado. Ciertamente, no se trata de una admisión inadmisible porque cuando Viruet Camacho hizo tal declaración no se encontraba bajo custodia, ni estaba siendo interrogado por un funcionario del orden público. Adviértase que en vista de que Viruet Delgado no actuó como un funcionario del orden público, y siendo considerado como un ciudadano particular, este último no tenía la obligación de hacer las advertencias de ley.

Luego de su arresto, no existe prueba alguna tendente a demostrar que Viruet Camacho hizo alguna otra declaración incriminatoria desde el momento en que fue esposado hasta su llegada al Cuartel de la Policía..., al cual fue transportado por su hermano. ...

Una vez arribaron al Cuartel de la Policía..., el Fiscal Ayende, en presencia del Agente Montalvo, le leyó las advertencias de ley a Viruet Camacho. Cuando Viruet Camacho llegó al cuartel, el Fiscal Ayende le preguntó a éste, en presencia de Viruet Delgado, si deseaba que se le hicieran las adver- tencias nuevamente, a lo cual Viruet Camacho indicó que las había entendi- do completamente. Viruet Camacho le expresó al Fiscal Ayende y al Agente Montalvo que no les iba a decir nada, que sólo hablaría con su hermano. An- te tal declaración, el fiscal y el agente se retiraron del cuarto, y Viruet Del- gado le preguntó a Viruet Camacho qué había sucedido. Es ahí que Viruet Camacho le confiesa en detalle a su hermano lo sucedido. Viruet Delgado declaró que, en ese momento, Viruet Camacho indicó que les contaría al fis- cal y al agente todo lo que le había relatado, pero cuando éstos entraron nuevamente al cuarto, en lugar de relatarle los hechos al fiscal y al agente, Viruet Camacho solicitó la asistencia de un abogado. No surge de la prueba que, posterior a ese momento, Viruet Camacho haya hecho alguna otra de- claración incriminatoria o haya sido interrogado por el fiscal o algún agente.

Así, pues, surge que el Fiscal a cargo del caso le hizo las advertencias de ley a Viruet Camacho cuando llegó al cuartel y éste indicó haberlas entendi- do completamente.

El récord está huérfano de prueba que sustente la posición de Viruet Camacho. Por el contrario, el testimonio de un testigo que merezca crédito es prueba suficiente de cualquier hecho. Del testimonio de Viruet Delgado sur- ge que el fiscal le preguntó a Viruet Camacho, en presencia de él, si quería que le hicieran nuevamente las advertencias de ley, y éste destacó que no necesitaba que se las hicieran otra vez porque las había entendido bien. Así, rechazó el ofrecimiento del fiscal de impartírselas nuevamente en presencia de su hermano. De lo anterior, determinamos que Viruet Camacho fue ad- vertido debidamente de sus derechos constitucionales.

En el caso de autos, Viruet Camacho conocía a cabalidad el derecho que le asistía a permanecer callado y a obtener la asistencia de un abogado, y aun así, optó por hacerle manifestaciones a su hermano en torno a los hechos por los cuales se le imputa el delito de asesinato. De modo que re- nunció de forma voluntaria, consciente e inteligente a su derecho contra la autoincriminación.

De otra parte, de la exposición narrativa de la prueba surge que el Fis- cal Ayende no estuvo presente cuando Viruet admitió los hechos. Tampoco estuvo presente el Agente Montalvo. Ninguno de los dos se encontraba en el cuarto donde conversaron Viruet Camacho y Viruet Delgado; de lo cual, se puede concluir que éstos no interrogaron a Viruet Camacho con el propósito de que confesara o hiciera declaraciones incriminatorias. No hubo coacción de parte de los funcionarios públicos. De la prueba vertida ante el tribunal de instancia tampoco surge que en momento alguno éstos hayan instado a Raymond Viruet Delgado a extraerle información a Viruet Camacho, sino por el contrario, éste indicó de forma voluntaria que quería hablar con su hermano a solas. Cuando el fiscal y el agente volvieron a entrar al cuarto, fue que Viruet Camacho solicitó la asistencia de un abogado, esa vez en pre- sencia de Raymond Viruet. Del expediente no surge que luego de ello, Viruet

Camacho haya hecho otras declaraciones incriminatorias, o se le haya sometido a un interrogatorio.

Tomando en cuenta lo anterior, concluimos que estamos ante una confesión o admisión voluntaria que no fue producto de conducta coercitiva de parte del Estado, ni fue obtenida durante un interrogatorio efectuado por funcionarios del orden público, elementos necesarios para tornar una declaración incriminatoria en evidencia inadmisible. Viruet Camacho hizo las declaraciones incriminatorias a una persona particular. Siendo ello así, dichas declaraciones son admisibles, aun cuando sean incriminatorias, porque no está presente el elemento de coacción necesario para su exclusión. Incluso, una confesión hecha libremente a un funcionario del orden público, tras las advertencias de ley, es admisible porque no existe el elemento de coacción necesario para que se configure una confesión y así excluirle bajo el derecho contra la autoincriminación.

Adviértase, además, que "no se activan las salvaguardas de Miranda cuando el sospechoso hace declaraciones incriminatorias a terceros que no son agentes, como a parientes, amigos o conocidos...". Las declaraciones incriminatorias efectuadas en ese contexto no están sujetas a exclusión bajo el derecho contra la autoincriminación. Así, cualquier manifestación hecha voluntariamente por un sospechoso a personas particulares, incluyendo familiares, es admisible en evidencia. ....

V. En mérito de lo antes expuesto, procede dictar Sentencia confirmatoria de la determinación del tribunal de primera instancia declarando no ha lugar la moción de supresión de evidencia, devolviéndose el caso ante dicho foro para la continuación de los procedimientos de conformidad con lo aquí resuelto.

C. EL PROCESO PENAL: EL JUICIO

Antes de que el acusado llegue al momento del juicio, hay varias etapas en el procedimiento penal por las cuales tendrá que (o podrá) pasar, incluyendo:

- consultas con un abogado,

- la posibilidad de fianza o prisión preventiva,

- la acusación formal,

- posiblemente un jurado indagatorio,

- peticiones antes del juicio, y

- posiblemente un convenio declaratorio.

Todo esto antes del juicio al cual el acusado tiene un derecho que está plasmado en la Constitución de los Estados Unidos.

Veamos de más cerca estas etapas en el procedimiento penal.

———

Procedimiento Penal

Guía Sobre los Procesos Penales en los Estados Unidos, Organización de los Estados
Americanos (OEA)

Todos los estados y el gobierno federal tienen sus propios reglamentos de procedimiento penal. El Reglamento Federal de Procedimiento Penal lo redactan las comisiones jurídicas asesoras y lo promulga el Tribunal Supremo, sujeto a enmienda por parte del Congreso. Los reglamentos del procedimiento penal de los estados generalmente son instituidos por la legislatura de cada estado.

De los 23 derechos diferentes incluidos en las primeras ocho enmiendas de la Constitución 12 tienen que ver con el procedimiento penal. Antes de la Segunda Guerra Mundial, estos derechos se hacían valer sólo para proteger al individuo del gobierno federal. Desde la Segunda Guerra Mundial prácticamente todos estos derechos han sido incorporados mediante la cláusula del debido proceso de la 14ta. Enmienda y también se han aplicado en la ejecución de las leyes estatales. La Constitución federal fija un mínimo, no un tope a los derechos del ciudadano frente a la policía, los fiscales, los tribunales y las autoridades penitenciarias. Los estados pueden otorgar más derechos a los acusados de delitos penales. Por ejemplo, estados como el de Nueva York protegen substancialmente más los derechos de los sospechosos de delitos y de los acusados de delitos que el Tribunal Supremo de Estados Unidos.

En el lenguaje legal estadounidense la expresión procedimiento penal se refiere a las limitaciones constitucionales, estatutarias y administrativas de las investigaciones policiales (registro de personas, lugares y cosas; incautación e interrogación) así como a los pasos formales del proceso penal. Tanto la Cuarta como la Quinta Enmienda protegen a la ciudadanía, no sólo a los delincuentes y sospechosos de delito, de una actividad policial extralimitada.

Derecho al Asesoramiento Legal

El derecho al asesoramiento de abogado comienza cuando el individuo sospechoso es acusado, o sea al iniciarse el proceso judicial. Si el acusado es pobre de solemnidad, el juez le asigna un abogado defensor en su primera comparecencia ante el tribunal. De acuerdo con una decisión del Tribunal Supremo de Estados Unidos (Gideon contra Wainwright, 1963) el gobierno debe designar abogados defensores a los pobres de solemnidad acusados de delitos graves. Casos posteriores ampliaron este fallo para incluir todos los casos en que haya la posibilidad de que el acusado sea enviado a una cárcel o prisión.

Fianza y Prisión Preventiva

Si el acusado se declara inocente, el juez debe decidir si se le libera en espera del juicio, en cuyo caso, también decide si se le debe imponer fianza u otras condiciones. Históricamente, los tribunales han decidido que debe ponerse en libertad al acusado a menos que haya peligro de que huya. Típicamente, a pesar de la supuesta conexión entre la fianza y el asegurar la comparecencia a juicio, los jueces imponen fianzas elevadas a los individuos arrestados por delitos graves, debido a su preocupación por la seguridad pública, es decir, la posibilidad de que el acusado cometa otros delitos si se lo libera. El derecho federal permite la detención preventiva sin fianza en determinadas situaciones cuando el tribunal opina que el acusado presenta una amenaza grave de peligro futuro para la comunidad y que ninguna combinación de condiciones de libertad garantizaría razonablemente la seguridad de la comunidad.

Acusación Formal y Jurado Indagatorio

Los fiscales estadounidenses tienen amplia facultad discrecional para decidir si se acusa al arrestado y el tipo y número de cargos en su contra. Sin embargo, al principio del proceso, la mayoría de los fiscales declara sin lugar las acusaciones contra un porcentaje considerable de arrestados por las siguientes razones:

- la conducta del arrestado no constituyó delito;

- aunque hubo un delito es demasiado insignificante para someterlo a juicio;

- aunque hubo delito, no es posible probarlo en ese momento y con respecto a ese acusado; y

- aunque hubo delito, el fiscal opina que la remisión, antes del juicio, a un programa de tratamiento o de otro tipo de programa es la solución más aconsejable.

El fiscal puede, hasta el momento en que comience el juicio, declarar sin lugar voluntariamente los cargos de que se imputa al acusado, sin que ello obre como obstáculo a nuevas acciones posteriores sobre la misma causa. La Sexta Enmienda dispone que no habrá acción penal a menos que medie acusación del jurado indagatorio. Este jurado de indagatorio es un cuerpo que investiga y determina si existen suficientes pruebas para procesar. Sin embargo, el Tribunal Supremo ha dictaminado que éste es uno de los pocos derechos establecidos por la Declaración de Derechos que no obliga a los estados. Por tanto, cada estado puede decidir por sí mismo si hace uso del jurado indagatorio para iniciar el procedimiento penal.

Al acusado se le debe llevar ante el juez, dentro de un período corto de tiempo, para informarle de los cargos que se le imputan. Durante esta audiencia inicial el juez lee los cargos contra el acusado y le exige que se declare culpable o inocente con respecto a cada uno de ellos, o inocente por razones de alteración de las facultades mentales. En general los estados también permiten la declaración de "nolo contendere" (acto procesal mediante el cual el acusado no se opone a la acusación ni la acepta), lo que en la práctica equivale a declararse culpable. Una declaración de inocencia puede cambiarse posteriormente a la admisión de culpabilidad. Sólo en circunstancias limitadas puede retractarse de una admisión de culpabilidad.

Peticiones Antes del Juicio

El reglamento de procedimientos penales dispone que el acusado y su abogado tengan un determinado número de días para interponer peticiones antes del juicio que impugnen la suficiencia legal de la acusación o información o para solicitar la eliminación de las pruebas. Además, el acusado puede pedir la exhibición limitada de determinadas pruebas en posesión del fiscal. Según la mayoría de los reglamentos de los estados, la defensa, si así lo solicita, tiene derecho a la copia de cualquier declaración hecha por el acusado, copias de pruebas científicas y la lista de los testigos de cargo. En algunas jurisdicciones el acusado debe notificar por adelantado a la parte acusadora de su intención de atenerse a una determinada defensa, tal como una coartada o alteración de las facultades mentales.

Convenio Declaratorio

A menudo la práctica estadounidense de "convenio declaratorio" se mal entiende. Esta práctica podría llamarse con mayor exactitud sistema de "descuentos" de admisión de culpabilidad. Más del 90 por ciento de los fallos condenatorios son el resultado de admisión de culpabilidad. Para la mayoría de quienes admiten culpabilidad no ha habido "convenio"; más bien el acusado ha aceptado la oferta del fiscal de dejar sin efecto algunos cargos a cambio de que el acusado se declare culpable de uno o más de los cargos restantes.

En el ámbito federal, existe la tradición del "convenio de cargo", esto significa que antes de que comience el juicio el fiscal deja sin efecto los cargos más graves y el acusado admite culpabilidad de un cargo menor. En algunos condados y ciudades el juez ofrece explícitamente el descuento de la pena aplicable. Por ejemplo, le promete al acusado un término mínimo de reclusión de tres años y un máximo de cinco si admite culpabilidad antes del juicio; no obstante, el acusado puede arrostrar un mínimo de 5 a 10 años de prisión y un máximo de 15 si en el juicio se le declara culpable.

Derecho a Juicio

El acusado tiene derecho a un juicio público. Por consiguiente, las salas de los tribunales están abiertas al público, incluyendo a periodistas. En realidad, según fallo del Tribunal Supremo, el acusado no puede renunciar al derecho a juicio público, puesto que la ciudadanía comparte ese derecho; tampoco puede un juez prohibir que la prensa informe sobre los procesos penales. Esto no quiere decir, sin embargo, que se deban admitir en las salas de los tribunales las cámaras (de fotografía, de cine o de televisión). Algunos estados, como California, permiten la cobertura en vivo por televisión de los procesos penales. Sus partidarios afirman que esta cobertura ofrece educación legal a una enorme cantidad de público que de otra manera no presenciaría nunca un juicio penal. Sus críticos arguyen que las cámaras de televisión en las salas de los tribunales influyen en la conducta de los abogados, del juez y de los jurados y alteran la atmósfera de estas salas. En los tribunales federales no se admiten cámaras.

En virtud de la Sexta Enmienda, el acusado de delito penal tiene el derecho constitucional de ser juzgado rápidamente. La ley que fija los términos de prescripción, no el derecho a ser juzgado rápidamente, gobierna la demora que puede haber entre la ejecución del delito y la presentación de cargos. La Constitución prescribe que no deberá haber demora indebida entre la acusación y el juicio. Sin embargo, el Tribunal Supremo no ha especificado nunca un período definido de tiempo que de excederse violaría ese derecho. Cada caso tiene que ser evaluado individualmente. Todos los estados tienen leyes de juicios rápidos que establecen limitaciones de tiempo dentro del cual el fiscal y los tribunales deben someter a juicio al acusado.

La Sexta Enmienda garantiza también al acusado de un delito penal el derecho a juicio por jurado. Sin embargo, como sucede con la mayoría de los derechos, puede renunciarse a él. El acusado puede elegir un juicio sin jurado ante un solo juez o declararse culpable. Generalmente los acusados tienen una mayor probabilidad de absolución en juicios con jurado. Entre un cuarto y un tercio de los juicios por jurado terminan en absolución. Con todo, algunos acusados prefieren el juez al jurado porque creen que es más probable que el juez perciba las lagunas en la causa de la parte acusadora; que el juez sentenciaría en forma más indulgente después de un juicio "sin jurado" o que la naturaleza del delito podría enfurecer al jurado en contra del acusado.

Aunque la Constitución no lo requiere, en el sistema federal y prácticamente en todos los estados, el jurado debe llegar a un veredicto unánime; el jurado que no puede hacerlo es un "jurado en desacuerdo". En ese caso se declara el juicio nulo y el fiscal o la parte que promueve la acción debe decidir sobre un nuevo juicio. No hay límite en cuanto al número de veces que se puede enjuiciar a un acusado, pero pocos acusados son enjuiciados más de tres veces.

El Juicio

Solamente el 10 por ciento o menos de los casos penales en Estados Unidos se resuelven mediante juicio. El juicio penal tiene su base en el procedimiento contencioso. El abogado de la defensa representa vigorosamente a su cliente, bien sea que crea o no en su culpabilidad. El fiscal representa al estado y al pueblo, pero también tiene la responsabilidad ética de actuar como un ministro de la justicia.

La Constitución requiere que, para poder declarar culpable al acusado, sea quien sea el que determine los hechos relativos a una causa, el jurado o el juez, debe concluir que el fiscal ha demostrado la validez de cada uno de los elementos del delito más allá de una duda razonable. Este es el significado de la máxima, tantas veces citada, "al acusado se le presume inocente".

Ambas partes tienen el derecho a ofrecer sus propios testigos y a citar a los testigos que no quieran comparecer voluntariamente. Los abogados someten a interrogatorio a sus propios testigos y a contrainterrogatorio a los testigos de la otra parte. El juez, pero no los miembros del jurado, puede formular preguntas a los testigos, sin embargo, de acuerdo con el procedimiento contencioso estadounidense, los abogados hacen prácticamente todas las preguntas y el juez actúa de árbitro imparcial. Acogiéndose a la Quinta Enmienda, el testigo puede rehusarse a declarar si cree, con fundamento, que el testimonio podría incriminarlo. El fiscal tiene la potestad de otorgar inmunidad al testigo y luego exigirle que conteste a todas las preguntas. (La defensa no tiene tal facultad). La inmunidad abarca cualquier delito admitido por el testigo, así como cualquier otro delito que los investigadores descubran como resultado del testimonio motivo de inmunidad.

———

En muchas ocasiones, antes de que se llegue al momento del juicio, el acusado, a través de su abogado, presenta peticiones para tratar de eliminar cierta evidencia, por ejemplo. En el caso judicial que sigue, verá cómo decide la corte cuando el acusado impugna la manera en que fue identificado como el asesino.

———

Pueblo de Puerto Rico v. Martín J. Mejías Ortiz
160 D.P.R. 86, 2003 WL 21751513, 2003 TSPR 124, P.R.

Tribunal Supremo De Puerto Rico, San Juan, Puerto Rico, el 18 de julio de 2003

En el recurso de epígrafe nos corresponde determinar si la identificación del acusado mediante fotografías tiene suficientes garantías de confiabilidad, de manera que sea admisible en evidencia.

I. El Ministerio Público presentó varias acusaciones contra el Sr. Martín J. Mejías Ortiz mediante las cuales le imputó la comisión de asesinato en primer grado y violaciones de la Ley de Armas de Puerto Rico. El principal testigo de cargo fue el Sr. José L. Colón Rodríguez, hermano del occiso, quien identificó al acusado mediante fotografías. El juicio se señaló para el 13 de junio de 2002.

El 31 de mayo de 2002 el acusado presentó una moción para solicitar la supresión de la identificación. Alegó que el procedimiento mediante el cual se llevó a cabo la identificación por fotografías carecía de confiabilidad y que fue sugestivo. El Tribunal de Primera Instancia ordenó la celebración de una vista. La defensa presentó como testigos a los Sres. Sergio De Jesús Torres, Gadiel Rosado Pérez y José L. Colón Rodríguez. Examinemos el procedimiento conducente a la identificación del acusado, según surge de la prueba testifical.

El señor Colón Rodríguez, hermano del occiso, relató que el 17 de febrero de 2002, aproximadamente a las cinco de la madrugada, se encontraba comprando alimentos en una guagua de ventas ambulantes llamada "Mi sueño". Para entonces había claridad en el lugar donde fue cometido el delito. De repente, escuchó unas detonaciones que provenían de su lado derecho. Luego escuchó a una persona decir "[e]se es el hermano, tírale, tírale, tírale". El testigo volteó a la derecha y observó a un hombre armado, al que no conocía, quien le indicó que no se moviera. Luego de observarlo por un período de dos a siete segundos, comenzó a correr en dirección contraria a donde se encontraba la persona armada. El día de los hechos no fue entrevistado por la policía. Cuatro días después, el 21 de febrero, lo citaron para una entrevista con el agente Gadiel Rosado Pérez. En la entrevista describió al agresor como una persona de aproximadamente cinco pies y diez pulgadas de estatura, entre tez blanca y trigueña, con barba escasa y bigote (estilo "candado") y con el cabello corto. Señaló que el agresor estaba vestido con una camisa blanca y aseguró que no recordaba el pantalón que llevaba puesto. Manifestó al agente Rosado Pérez que durante el funeral de su hermano le habían dicho que el asesino se llamaba Martín John.

Luego de la entrevista, el agente Rosado Pérez le presentó nueve fotografías para que indicara si alguna de las personas era el asesino de su hermano. El señor Colón Rodríguez inmediatamente señaló al hombre en la fotografía número cuatro como el agresor, quien aparecía con barba y bigote prácticamente imperceptibles. El testigo manifestó, además, que durante la identificación nadie le sugirió que entre las fotografías se encontraba la del acusado.

El sargento Sergio De Jesús Torres estuvo a cargo de la investigación en la escena del crimen. Manifestó que al llegar al lugar de los hechos entrevistó a un amigo del occiso que lo estaba acompañando, el Sr. Edgar Vargas Álvarez. Éste describió al agresor como "una persona joven, delgada, trigueña", con una estatura de cinco pies o cinco pies y nueve pulgadas. El sargento De Jesús Torres preparó un "bosquejo preliminar con recolección del crimen", en el que anotó todos los datos sobre lo ocurrido, sin embargo, no incluyó la descripción que le dieron del agresor. Indicó que anotó la descripción en una libreta y que entregó la hoja de papel al supervisor de turno.

De otra parte, en la vista se presentó el testimonio del agente Gadiel Rosado Pérez, quien estuvo a cargo de la investigación. Declaró que entrevistó al señor Vargas Álvarez, amigo de la víctima, pero éste no ofreció una descripción del acusado. Además, señaló que citó al señor Colón Rodríguez para entrevistarlo y éste le manifestó que el asesino era un hombre "delgado[o], no muy oscuro, con bigote y chiva escasa y pelo corto", que medía entre cinco pies y seis pulgadas, y cinco pies y ocho pulgadas, y que en el funeral le indicaron que se llamaba Martín John. Con el beneficio de la descripción, procedió a buscar unas fotografías, en ausencia del testigo, para que identificara al alegado agresor. Optó por utilizar el referido procedimiento de identificación, ya que buscó al acusado en su residencia con la intención de llevar a cabo una rueda de detenidos, pero no fue posible localizarlo. Por otro lado, indicó que desconocía que el acusado tuviese pendiente otro juicio en su contra en el Centro Judicial de San Juan y que se enteró de tal circunstancia posteriormente.

Para llevar a cabo la identificación, el agente Rosado Pérez utilizó fotografías generadas por computadora de acuerdo con los rasgos físicos que surgieron de la descripción y que más se parecían al sospechoso. Indicó que la persona que aparecía en la fotografía número uno tenía barba y bigote (estilo "candado"); seis de las personas solamente tenían bigote; la persona que aparecía en la fotografía número nueve no tenía bigote, y el número cuatro -donde aparecía el acusado- tenía barba y bigote "bien bajito", casi imperceptible. El agente Rosado Pérez indicó que el señor Colón Rodríguez inmediatamente identificó la persona en la fotografía número cuatro como el asesino de su hermano. Aunque levantó un acta sobre la identificación, testificó que no incluyó en ésta la descripción que proveyó el señor Colón Rodríguez, ya que "esa información iba a ser parte de la declaración jurada que iba a prestar el testigo en la Fiscalía, posterior a la identificación".

Luego de la identificación mediante fotografías, el agente Rosado Pérez continuó con las gestiones para localizar al sospechoso. Tras varias diligencias del sargento Lili, supervisor del testigo, el acusado llegó al Cuartel General acompañado de su abogada, la licenciada Hoffmann. Ésta manifestó al agente Rosado Pérez y a su supervisor que el acusado no participaría en la rueda de detenidos, indicándolo en un acta bajo su firma.

Luego de recibir la prueba relacionada con la confiabilidad de la identificación, mediante Resolución de 6 de diciembre de 2002, el Tribunal de Primera Instancia ordenó su supresión al encontrar que "no [hubo] evidencia escrita alguna en la etapa investigativa de que haya habido identificación o descripción física previa al comentario en la funeraria de parte de un desconocido". El 13 de febrero de 2003 el Ministerio Público presentó un recurso de certiorari ante el Tribunal de Circuito de Apelaciones (en adelante Tribunal de Circuito), en el cual alegó que el foro de instancia incidió al suprimir la identificación. El foro apelativo emitió una sentencia que confirmó la determinación del tribunal de instancia.

Inconforme, el Ministerio Público acudió ante nos mediante un recurso de certiorari y adujo que el Tribunal de Circuito erró al resolver que la identificación del acusado carece de garantías de confiabilidad. Mediante Resolución de 25 de marzo de 2003, concedimos un término al acusado para mostrar causa por la cual no debemos revocar la decisión que emitió el Tribunal de Circuito. El acusado no ha comparecido ante este Tribunal. No obstante, con el beneficio de la transcripción de la prueba y de los documentos que constan en autos, estamos en posición de resolver y procedemos a así hacerlo.

II. La identificación del acusado es una etapa esencial en el procedimiento criminal, ya que no puede subsistir una convicción sin prueba que señale al imputado como la persona que cometió los hechos delictivos. La Regla 252 de Procedimiento Criminal dispone los procedimientos para la identificación mediante rueda de detenidos y fotografías. La mencionada regla persigue evitar que los funcionarios del Estado a cargo de un procedimiento de identificación interfieran indebidamente con los testigos, sugiriéndoles la persona que deben identificar. En aquellos casos en que la víctima o el testigo de la comisión de un delito no conozca personalmente al sospechoso, el procedimiento más aconsejable para la identificación es llevar a cabo una rueda de detenidos. Sin embargo, el mero hecho de que no se celebre tal procedimiento, no tiene el efecto automático de viciar o hacer inadmisible la identificación. De acuerdo con el profesor Chiesa, "[e]l elemento de si era necesario celebrar una rueda que no se efectuó afectará más el valor probatorio que la admisibilidad de la prueba de identificación en el juicio".

En vista de lo anterior, es permisible una identificación mediante fotografías, siempre que no medien circunstancias que impliquen sugestión o que requieran la utilización de otros mecanismos de identificación. En Pueblo v. Rosso Vázquez señalamos que:

El procedimiento de identificación mediante fotografías es sostenido a menos que se trate de una situación tan crasamente sugestiva que dé lugar a una identificación errónea. … A fin de cuentas, lo importante no es el método que se utilice para la identificación del acusado, lo importante es que la identificación sea libre, espontánea y confiable.

La confiabilidad del procedimiento utilizado debe examinarse a la luz de las circunstancias particulares de cada caso. Previamente hemos indicado que los elementos a considerar son: la oportunidad que tuvo el testigo de observar al acusado en el momento en que ocurre el acto delictivo; el grado de atención del testigo; la corrección de la descripción; el nivel de certeza en la identificación, y el tiempo que transcurrió entre el crimen y la confrontación. Cuando de la totalidad de las circunstancias surja que la identificación tiene suficientes garantías de confiabilidad, ésta debe admitirse. Por otro lado, conviene señalar que es suficiente la evidencia directa de un testigo que le merezca al juzgador entero crédito para probar cualquier hecho, salvo que por ley se disponga otra cosa. La conclusión del juzgador de hechos sobre la confiabilidad de la prueba de identificación de un acusado "tiene todo el respeto y validez que ordinariamente se extiende a las determinaciones de hecho". . .

Examinemos los anteriores factores para determinar si la identificación del acusado mediante fotografías tiene suficientes garantías de confiabilidad.

III. En el caso de autos, el señor Colón Rodríguez, testigo presencial de los hechos, manifestó que tras escuchar unas detonaciones, miró hacia la derecha y observó al acusado. Aunque no fue entrevistado por la Policía el día del crimen, cuatro días más tarde se entrevistó con el agente Rosado Pérez y describió al acusado con una estatura de cinco pies y diez pulgadas, aproximadamente, entre tez blanca y trigueña, pelo corto, con barba escasa y bigote (estilo "candado"). El testigo pudo ofrecer la anterior descripción ya que observó al acusado por espacio de dos a siete segundos, y porque había claridad en el lugar donde se cometió el delito.

Los hechos relacionados con la identificación del acusado revelan que, efectivamente, el testigo tuvo oportunidad de ver al acusado. El hecho de que solamente lo haya observado por varios segundos no vicia de sugestividad la identificación. En decisiones anteriores hemos admitido identificaciones donde los testigos observaron a los acusados por pocos segundos. En Pueblo v. Figueroa Torres admitimos una identificación donde el testigo observó al agresor por unos "cuantos segundos", y en Pueblo v. De Jesús Rivera admitimos una identificación luego de que el testigo observó al acusado por un período de diez a doce segundos.

De otra parte, la prueba demuestra que aunque el testigo se puso nervioso durante el incidente, pudo fijarse bien en los rasgos físicos del acusado. Durante la vista de supresión de la identificación, la defensa trató de demostrar que el testigo corrió luego de ver al acusado porque se puso nervioso y, por ende, no lo pudo observar detenidamente. Resulta razonable considerar que la reacción normal de una persona que presencia un acto criminal como el que ocurrió en el caso ante nos, sería estar *95 nerviosa. Sin embargo, este factor no puede viciar automáticamente una identificación sin estar presentes otros elementos que indiquen falta de confiabilidad.

En tercer lugar, la corrección de la descripción que ofreció el señor Colón Rodríguez quedó demostrada por la correspondencia entre el testimonio -ofrecido tanto en la vista de supresión como en la vista preliminar- y los rasgos físicos del acusado. Ahora bien, en las fotografías que se le mostraron al testigo, seis de las personas tenían bigote; una tenía barba y bigote (estilo "candado"); una no tenía bigote, y el acusado aparecía con barba y bigote escasos, "una lanita", de acuerdo con el testimonio del agente Rosado Pérez. El testigo identificó al acusado a pesar de aparecer en la fotografía sin la barba y sin el bigote que lucía el día de los hechos. Esta discrepancia en el aspecto físico del acusado al momento de los hechos y de la confrontación no afecta la admisibilidad de la identificación, sino que constituye un factor a considerarse por el juzgador para estimar el valor probatorio del testimonio del testigo durante el juicio. Más aún, entendemos que la selección de las fotografías resultó beneficiosa para el acusado, ya que resultaba más difícil identificarlo con un aspecto distinto al que lucía el día de los hechos. Por otro lado, aunque al señor Colón Rodríguez le indicaron en el funeral de su hermano que el asesino se llamaba Martín John, no existe evidencia indicativa de que el agente Rosado Pérez le sugiriera al testigo que entre las fotografías se encontrara esa persona, de manera que se viera afectada la identificación espontánea y voluntaria que hizo el testigo.

En cuarto lugar, el señor Colón Rodríguez demostró absoluta certeza al llevar a cabo la identificación. El agente Rosado Pérez testificó que al enseñarle las fotografías al testigo, éste identificó al acusado inmediatamente. Manifestó que "[f]ue automático. Luego que él toma el cartón en sus manos él señala el número 4 como la persona que es". Finalmente, el procedimiento de identificación mediante fotografías se llevó a cabo trascurridos cuatro días desde la comisión del delito. Este período es lo suficientemente cercano al momento de los hechos, por lo que es razonable que aún el testigo tuviera claro en su mente el recuerdo de la escena del crimen.

Del anterior análisis se puede colegir que la seguridad que demostró el testigo y la correspondencia entre las descripciones prestadas por éste, tanto en la etapa investigativa como en la vista preliminar y en la vista de supresión de evidencia, hacen confiable la identificación del acusado. Aunque reconocemos la deferencia que merecen las determinaciones de hecho del Tribunal de Primera Instancia, entendemos que la identificación en el caso de autos es admisible y que corresponde al juzgador de hechos, en la celebración del juicio, adjudicar el valor probatorio que merezca la evidencia relacionada con ésta. En otras palabras, debe armonizar la prueba y analizarla en conjunto a los fines de determinar el peso que ha de concederle a ésta en su totalidad. . . Establecida la confiabilidad de la identificación mediante fotografías, la utilización de ese procedimiento se debe validar y, por lo tanto, los agentes del orden público no tenían que recurrir necesariamente a la celebración de una rueda de detenidos. Además, conviene tomar en consideración que luego de la identificación mediante fotografías, los agentes lograron la comparecencia del acusado y de su representación legal al Cuartel General para que se celebrara una rueda de detenidos, pero fueron estos últimos quienes se negaron a participar. En síntesis, la totalidad de las circunstancias demuestran que la identificación mediante fotografías fue correcta y confiable.

Por los fundamentos antes expuestos, expedimos el auto solicitado y revocamos las sentencias del Tribunal de Circuito y la del foro de instancia, y devolvemos el caso para que continúen los procedimientos de forma compatible con lo aquí resuelto.

––––––––

Como hemos señalado, los sistemas de derecho penal en los países de América Latina difieren en muchos aspectos del nuestro, aunque aquellos países están viviendo una época de grandes cambios y reformas a esos sistemas. Sin embargo, es importante comprender que para millones de personas, el juicio, el jurado, el testimonio, y la evidencia son conceptos que se entienden de una forma muy distinta de la nuestra.

En la lectura que sigue, tenemos lo que en Nicaragua (y en otros países) se llama el Escrito de Denuncia, que es el instrumento escrito mediante el cual la víctima de un delito, o su representante (en este caso, la madre de la víctima), inicia la demanda criminal contra el acusado. Este Escrito se presenta al juez, acusando al delincuente, identificando las leyes controvertidas, nombrando a los testigos, y rogándole al juez que imponga la pena apropiada.

¿Quiénes son los protagonistas de este drama? ¿Qué ocurrió? ¿Quiénes fueron testigos y de qué acciones? ¿Quién presenta la demanda? ¿Qué es lo que pide?

––––––––

Escrito de Denuncia

Nicaragua

Señora Juez, Cuarto del Distrito del Crimen de Managua

Yo, Lenín Antonio Solari Baca, mayor de edad, soltero, abogado y de este domicilio, con Cédula de Identidad Nicaragüense No. 001-150575-0023B, actuando en representación de la señora María Lourdes Rodríguez Peralta, misma que demuestro con Poder Especial para Acusar, otorgado a las diez de la mañana del día nueve de febrero del año dos mil tres, ante los oficios notariales del Licenciado Oscar Danilo Peralta Mayorga, que acompaño en original y dos fotocopias para que una vez razonadas y cotejadas las mismas, me sea devuelto el original.

En tal carácter, pido a su Autoridad, se me tenga como representante de la señora María Lourdes Rodríguez Peralta y se me brinde la intervención de ley como en derecho corresponde. Ante usted con el debido respeto comparezco, a Acusar al reo Juan Carlos Rosales Martínez, quien es mayor de edad, del domicilio de Managua y de oficio desconocido, de ser el autor del homicidio doloso cometido en perjuicio del hoy occiso Carlos José Ampie Rodríguez, mayor de edad, soltero, estudiante de economía y del domicilio de Managua, conforme el Artículo 128 del Código Penal.

Hechos:

Resulta, Señora Juez, que a las dos de la tarde del día treinta de enero del año dos mil tres, encontrándose el ahora difunto Carlos José Ampie Rodríguez, hijo de mi representada, fumándose un cigarrillo en el corredor del aula de clase L-4 de la Universidad Centroamericana, cuando se le acercó el reo Juan Carlos Rosales, quien comenzó a ofenderlo verbalmente, reclamándole el difunto Carlos José Ampie Rodríguez, que por qué lo agredía en esa forma. Acto seguido, el reo Juan Carlos Rosales, introdujo su mano derecha en el bolsillo derecho trasero de su pantalón, sacando un filoso cuchillo y procediendo a propinarle una estocada en la parte derecha del abdomen del hoy difunto Carlos José Ampie Rodríguez, cayendo éste sobre el piso del corredor, producto de la herida mortal, en el mismo momento en que el reo Juan Carlos Rosales salió corriendo, buscando la salida del módulo del recinto universitario.

Al ver que el reo Juan Carlos Rosales le dio la cuchillada a Carlos José Ampie Rodríguez, los estudiantes Pedro Andrés Castillo Ruiz, José Raúl Estrada Obregón, y Marlon Javier Palacios Fernández, que se encontraban en el aula L-4 del mismo recinto, procedieron a seguir al hechor, dándole alcance al final del pasillo y procediendo a su captura, quitándole el cuchillo ensangrentado con la sangre de Carlos José Ampie Rodríguez, producto de la estocada que le había dado a éste.

En ese mismo momento, Hugo Alexander Robleto Jarquín y Mauricio Ernesto Morales Fonseca llamaron a una patrulla de la Policía Nacional de la Estación Tres del mando de los oficiales Francisco Gerardo Jirón Calero y Roger Ramiro Centeno Zelaya, los que procedieron a la captura del hechor y ocuparon el cuchillo ensangrentado y procedieron a trasladarlo a la Estación Tres de la Policía Nacional.

Acusación:

Señora Juez, en vista de los hechos relacionados y en mi calidad de representante legal de la señora María Lourdes Rodríguez Peralta, madre del ahora difunto Carlos José Ampie Rodríguez, Acuso a Juan Carlos Rosales Martínez como único autor del delito de homicidio doloso en perjuicio de Carlos José Ampie Rodríguez y pido se tome como prueba instrumental del delito cometido el cuchillo ensangrentado que ocupó en el lugar de los hechos el oficial de policía Francisco Gerardo Jirón Calero y se llamen a declarar a los testigos presenciales del hecho, los estudiantes Pedro Andrés Castillo Ruiz, José Raúl Estrada Obregón, Marlon Javier Palacios Hernández, Hugo Alexander Robleto Jarquín, y Mauricio Ernesto Morales Fonseca a y los oficiales de policía Francisco Gerardo Jirón Calero y Roger Ramiro Centeno Zelaya, que dieron captura al reo Juan Carlos Rosales Martínez y al conductor de la ambulancia Ernesto José Castillo Flores, y a los enfermeros Christopher Armando Huerta Urbina y Octavio Gerardo Parajón Mendoza, que acudieron a dar auxilio a la víctima hoy difunto Carlos José Ampie Rodríguez, reservándome el derechos de presentar otros hechos probatorios que acontezcan dentro del proceso y pido, Señora Juez, se dicte Auto de Segura y Formal Prisión en contra del reo Juan Carlos Rosales Martínez y se aplique justicia imponiendo la pena correspondiente al delito cometido conforme al Artículo 128 del Código Penal.

Señalo lugar para oír notificaciones, mi oficina que sita en Bello Horizonte 1-115, en esta ciudad.

Este escrito lo presento en original y dos copias.

En la ciudad de Managua, a los treinta y un días del mes de enero del año dos mil tres.

Firma

———

A diferencia del Escrito de Denuncia, en los dos fallos que siguen, las personas acusadas de delitos mayores han pasado por sus juicios, pero alegan que estos no se dieron como era debido. Al leer y analizar la argumentación de los dos jueces, el lector debe tratar de identificar cuáles son los aspectos más fuertes y cuáles los más débiles de lo que plantean los dos acusados. ¿Está de acuerdo con las conclusiones de los jueces en estos dos casos?

———

Pueblo de Puerto Rico v. José Cruz Rodríguez, Ángel Díaz Santiago y Jorge Ortiz Santiago

2005 WL 2456905 TCA

Tribunal de Apelaciones, San Juan, Puerto Rico, a 18 de agosto de 2005.

SENTENCIA

Comparecen ante nos los apelantes, Jorge Ortiz Santiago, Ángel Díaz Santiago y José Cruz Rodríguez, y nos solicitan la revisión de una sentencia emitida por el Tribunal de Primera Instancia…, el 24 de noviembre de 2003…. Mediante la referida sentencia, el Tribunal de Primera Instancia dictó sentencia condenatoria contra los apelantes por el delito de Agresión agravada Grave y Agresión Simple bajo el Código Penal del 1974.

Luego de estudiado los hechos, así como el derecho aplicable, se confirma la sentencia apelada por ser conforme a derecho.

I. Los hechos pertinentes al caso de autos ocurrieron la noche del 25 de agosto de 2002. Esa noche el Sr. Carlos Teissoniere, Ernesto Castro Santiago y Pedro Manuel Castro Santiago (estos últimos dos hermanos) se encontraban en una discoteca…. Se produjo en la discoteca una pelea en la cual las personas mencionadas estuvieron involucradas. En efecto, el Sr. Ernesto Castro Santiago forcejeó con el "bouncer" del local y el dueño llamó a la policía.

Los tres individuos mencionados salieron del local con la intención de abandonar el lugar. Éstos se encontraban subiendo al auto cuando llegó la policía. El dueño de la discoteca y el "bouncer" caminaron hacia la patrulla y le expresaron a los policías que: "estos son los guapos" refiriéndose al Sr. Carlos Teissoniere, Ernesto Castro Santiago y Pedro Manuel Castro Santiago. Las personas involucradas en el incidente al ver la patrulla salieron del auto para hablar con los policías. Tengamos presente que la pelea inicial había ocurrido dentro de la discoteca y no se había extendido al exterior del local.

Así las cosas, mientras Ernesto Castro hablaba con uno de los agentes de la policía, llegó el agente Cruz y le propinó una bofetada en la cara, según testificaron los testigos de la fiscalía. Así comenzó una segunda pelea fuera del local en la cual varios oficiales de la policía estuvieron involucrados, algunos de ellos vestidos de civiles.

Ernesto Castro Santiago testificó que había alrededor de 30 agentes entre patrullas y motoras, que el agente Cruz le dio una bofetada y posteriormente el agente Ortiz le dio en la espalda con un rotén, que aún una vez esposado y dentro de la patrulla los acusados de epígrafe no cesaron de agredirlo.

Pedro Manuel Castro Santiago testificó que fue el agente Cruz vestido de civil quien dio el primer golpe a su hermano Ernesto Castro. Luego, éste se le acercó para darle también pero esquivó el golpe y logró pegarle en la cara al agente. También, le dió una patada en el estómago al agente Cruz. Es importante mencionar que Pedro Manuel Castro es instructor del arte marcial del Tae Kwon Do. Luego de este intercambio de golpes inicial, esposaron a Pedro Castro, pero no cesaron los golpes a éste ya que los agentes José Cruz y Ángel Díaz no cesaron de agredirlo. Pedro Castro testificó que había presente unos cincuenta policías entre civiles y uniformados.

Carlos Teissoniere también testificó que fue el agente Cruz quien comenzó la pelea, que el agente Ángel Díaz le dio con un rotén y perdió el conocimiento. Cuando recuperó el conocimiento estaba esposado y luego el agente Ortiz le fracturó un dedo y le sacó del bolsillo doscientos dólares ($200.00). Carlos Teissoniere declaró que había alrededor de 20 guardias presentes.

Wirnelia Pérez Cruz declaró que conocía a los perjudicados desde hace cuatro años. En su declaración expresó que vio al agente Ortiz golpeando a Carlos Teissoniere con la macana estando este último esposado y en el suelo lleno de sangre. Además, declaró que Carlos Teissoniere, Ernesto Castro Santiago y Pedro Manuel Castro Santiago habían salido voluntariamente de la discoteca luego de la pelea inicial dentro del local. También declaró que al ser interrogada por el Fiscal Miranda se sintió intimidada.

Pedro Rodríguez conocido de Carlos Teissoniere, Ernesto Castro Santiago, Pedro Manuel Castro Santiago y Wirnelia Pérez Cruz también declaró que el agente Cruz comenzó la pelea fuera del local agrediendo a Ernesto en la cara.

El Fiscal Benjamín Miranda, único testigo de defensa, declaró que entrevistó a Wirnelia Pérez y a Pedro Rodríguez. Su testimonio se limitó a señalar que Wirnelia no vio la pelea, que Ernesto Castro le dio al agente Carlos y que el agente Marrero dijo que el incidente "estaba tan feo que le dio miedo bajarse y pidió refuerzos". También declaró que Pedro Rodríguez no vio nada.

Esta fue la prueba que desfiló en instancia sobre los hechos a base de la exposición narrativa sometida y estipulada por las partes. Los testimonios de fiscalía no fueron controvertidos por la defensa. También se presentaron fotografías las cuales corroboraron dichos testimonios en cuanto a la gravedad de las agresiones.

El Tribunal de Instancia dictó sentencia condenatoria el 24 de noviembre de 2003. Inconforme con tal dictamen, los apelantes acuden ante nos mediante recurso de apelación y nos señalan la comisión del siguiente error por parte del Tribunal de Instancia:

Erró el Tribunal de Primera Instancia de Puerto Rico al declarar culpables y convictos a los acusados-apelantes de los delitos apelados, a pesar de que la prueba que tuvo ante sí no estableció la culpabilidad de éstos, más allá de duda razonable y fundada, ya que las actuaciones de los apelantes estuvieron dentro del marco que les autoriza la ley a la hora de efectuar un arresto.

Con el beneficio de la comparecencia de ambas parte así como de la exposición narrativa de la prueba estipulada por ambas, nos encontramos en posición de resolver.

II. Apreciación de la Prueba en Casos Criminales y su Revisión por Tribunales Apelativos

El Estado tiene la obligación de demostrar la culpabilidad del acusado más allá de duda razonable mediante la presentación, en juicio público, de evidencia suficiente en derecho. Dicha prueba debe versar sobre todos los elementos del delito imputado y su conexión con el acusado.

Claro está, duda razonable no significa que toda duda posible, especulativa o imaginaria tenga que ser destruida a los fines de establecer la culpabilidad del acusado con certeza matemática. Sólo se exige que la prueba establezca aquella certeza moral que convence, dirige la inteligencia y satisface la razón

La prueba que presente el Ministerio Público debe ser satisfactoria, es decir, que produzca certeza o convicción moral en una conciencia exenta de preocupación, La insatisfacción con la prueba es lo que se conoce como duda razonable

La apreciación hecha por el juzgador de los hechos sobre la culpabilidad de todo acusado es una cuestión mixta de hecho y de derecho. Por tal razón, la determinación de culpabilidad más allá de duda razonable puede ser revisada en apelación como cuestión de derecho.

No obstante, al apreciar la evidencia presentada ante el juzgador de los hechos, los tribunales apelativos deben reconocer la inigualable posición en que está el Tribunal de Primera Instancia. Por ello y con el fin de mantener un adecuado balance al evaluar el veredicto recaído, en la medida en que los jueces de primera instancia y los jurados están en mejor posición de apreciar y aquilatar la prueba presentada, su apreciación merecerá gran deferencia y los tribunales apelativos no intervendrán con la misma en ausencia de pasión, prejuicio, parcialidad o error manifiesto. Sólo ante la presencia de estos elementos, o cuando la apreciación de la prueba no concuerde con la realidad fáctica o ésta sea inherentemente imposible o increíble se habrá de intervenir con la apreciación efectuada. Sin embargo, esto no hace que dichas determinaciones sean infalibles.

III. En el caso ante nos, la defensa no proveyó en instancia testimonio o prueba suficiente para crear en la mente del juzgador la duda razonable suficiente para absolver a los acusados. Por el contrario, la defensa se limitó a presentar el testimonio de un sólo testigo, el Fiscal Miranda, quien no observó los hechos en cuestión sino que tan sólo percibió sus repercusiones posteriores. En cambio, el Ministerio Público presentó múltiples testigos, todos ellos (salvo Víctor Castro Santiago, hermano de Ernesto y Pedro) testigos directos de los eventos pertinentes al caso de autos. Todos los testigos de Fiscalía declararon bajo juramento sobre la brutalidad policíaca sobrellevada por los acusados contra Carlos Teissoniere y los hermanos Castro Santia-

go. Además, nos parece sumamente sorprendente que aún con la gran cantidad de oficiales de la policía presentes al momento de los hechos la defensa
no pudiese procurar ni tan siquiera un testigo que refutara la versión de los
testigos de Fiscalía.

En ausencia de los elementos antes esbozados, nos corresponde deferir
al criterio del juzgador de hechos que tuvo la oportunidad de apreciar el testimonio del testigo. Creído el testimonio de los testigos de cargo, la prueba
fue suficiente para probar los elementos de los delitos imputados y la conexión de los apelantes con los mismos, más allá de la duda razonable.

La prueba desfilada en corte y no controvertida por la defensa fue suficiente para establecer la culpabilidad de los acusados aquí apelantes más
allá de duda razonable para todos los elementos del delito. Por ello en ausencia de error craso, abuso de discreción o pasión y parcialidad por parte
del foro a quo, le debemos deferencia a las determinaciones de dicho tribunal.

IV. Por los fundamentos anteriormente expuestos, se confirma la sentencia apelada por ser conforme a derecho.

————

Pueblo de Puerto Rico v. Luis A. Rodríguez Vicente
2006 WL 2168985 TCA

Tribunal de Apelaciones, San Juan, Puerto Rico, el 5 de junio de 2006.

La causa que atendemos resulta de difícil y ajustado discernimiento.
Luego de considerarla integral y cabalmente nos compele revocar al hermano foro de Instancia, para no retener en nuestro ánimo una insatisfacción o
intranquilidad de conciencia tal, que se estremezca nuestro sentido básico de
justicia. Exponemos.

El apelante Luis A. Rodríguez Vicente, también conocido por el apodo
de Taiwán, ("el apelante") recurre contra una sentencia dictada en su contra
por el Tribunal de Primera Instancia ... (T.P.I. o, Instancia), en la que se le
condenó a una pena total de 119 años de reclusión por el asesinato de Alberto Alexis Rivera Méndez, 99 años por violación al Artículo 83 del Código Penal de Puerto Rico, y 20 años por delito de infracción al Artículo 5.04 de la
Ley de Armas.

El apelante fue juzgado por jurado quien rindió un veredicto unánime
de culpabilidad. El juicio comenzó a celebrarse el 28 de febrero de 2005, con-
tinuando los días 1, 2 y 3 de marzo del mismo año, dictándose la referida
sentencia el 30 de marzo de 2005. La apelación fue oportunamente presentada del 29 de abril de 2005, la que se perfeccionó y quedó finalmente sometida el 8 de mayo del presente.

Estando la causa sometida procedemos a disponer como anticipado....

II. Conforme surge del expediente la prueba de cargo presentada en el juicio consistió de los testimonios de la Agente Omayra Laboy Lind; la señora Nereida Meléndez, madre del occiso; el Agente Luis A. Roque Rodríguez; la señora Johana Ramos Vega, esposa del occiso y testigo presencial de los hechos; el Agente Alberto Giraud Vega; el Dr. Francisco Cortés, perito patólogo forense; y el señor Edward Pérez Benítez, examinador de armas de fuego del Instituto de Ciencias Forenses.

En síntesis, éstos testificaron lo siguiente. El domingo 18 de enero de 2004, poco después de las 2:00 p.m. el occiso, Alberto Alexis Rivera Méndez, ("Alberto" o, "el occiso") regresó a su casa en su vehículo de motor un Honda Prelude, con su esposa Johana Ramos Vega y el hijo menor de ambos, luego de comprar en una tienda una cerveza Heineken y un "kit" para brillar gomas de carro. La residencia descrita es la casa núm. 261 de la Calle Patricio Cora en la barriada San Cristóbal de Cayey.

Las versiones ofrecidas por los testigos indican que la secuencia de eventos comenzó cuando Alberto quien conducía su vehículo, "chilló gomas" al pasar por un badén localizado próximo a su residencia. Al otro lado de la calle se encontraba Taiwan con unos amigos. Al bajarse Alberto de su automóvil, Taiwan lo increpa y el primero fue donde estaba el segundo con sus amigos suscitándose una acalorada discusión. Hubo intercambio de puñetazos entre Taiwan y Alberto. La prueba resulta conflictiva de quien lanzó el primer golpe aunque no hay duda que Alberto luego de estacionarse sobre la acera y dejando el vehículo encendido se dirigió hacia el apelante y luego de comenzada la discusión se tiraron los puñetazos intercediendo los amigos para concluir la pelea. El Dr. Francisco Cortés describió al occiso de 75" pulgadas de estatura, equivalente a 6' pies con 3" pulgadas y peso aproximado de 200 libras, pelo negro, presenta bigote y barba y unos tatuajes. De la fotografía Exhibit 1-E puede inferirse que Alberto se bajó del vehículo con una botella de cerveza en la mano.

Surge que la discusión habida entre el occiso y Taiwán ocurrió porque Alberto acostumbraba a chillar las gomas de su vehículo en el vecindario.

Luego de la discusión e intercambio de golpes el apelante fue a su vehículo, un Cavalier rojo estacionado en las inmediaciones donde ocurrió la trifulca y sacó un bate y acto seguido se levantó la camisa sacando un arma de fuego con la que ultimó al occiso de seis disparos, tres de los cuales se realizaron luego que Alberto cayera al pavimento.

La consideración de tiempo y lugar por los testimonios examinados, es que los hechos de la discusión entre el occiso y el apelante, los puñetazos y, los disparos fueron seguidos sin que percibamos lapsos aún tenues, de tiempo entre ellos. Los vehículos del occiso y el apelante repetimos, estaban muy cerca del uno del otro.

Antes de impartirles las instrucciones a los señores del Jurado, el T.P.I. discutió con el fiscal y la defensa, las instrucciones específicas que habían de impartirse. La defensa solicitó que se instruyera al Jurado sobre los delitos de Asesinato en Segundo Grado y Homicidio. El Fiscal Del Valle indicó que no tenía objeción a que se proveyera la instrucción sobre el delito de Asesinato en Segundo Grado, oponiéndose se hiciera lo propio sobre el delito de Homicidio. Luego de escuchar las partes el Tribunal dispuso que no ofrecería la instrucción de delito de Homicidio.

Conforme ya indicado, el 3 de marzo de 2005, el apelante fue declarado culpable por el jurado de haber cometido el delito de asesinato en primer grado e infracción al artículo 5.4 de la Ley de Armas.

Inconforme con el desenlace del proceso, el apelante presentó el recurso de título en el cual adujo la comisión de seis errores. En síntesis cuestionó la apreciación de la prueba realizada por el jurado; al no brindarle el tribunal la instrucción del delito de homicidio...al Jurado como le fuera solicitado, ello en virtud de la prueba presentada; al no brindarle la instrucción de la doctrina de posesión incidental de arma de fuego, y, al imponerle las penas al acusado para cumplirlas de manera consecutiva sin haberse demostrado agravantes, conducta anterior delictiva o hechos impropios por parte del apelante, errando así el Tribunal en el ejercicio de su discreción.

III. Por haberse cometido el segundo error señalado, omitir la instrucción del delito de homicidio, y por constituir el mismo un error fundamental que viola la garantía fundamental de un juicio justo, resulta inoficioso discutir los restantes errores señalados. A esos efectos, el Tribunal Supremo expresó lo que a continuación citamos:

"La omisión de dar instrucciones sobre el delito de homicidio voluntario, solicitadas oportunamente por la defensa, constituye en este caso un error tan perjudicial que viola la garantía fundamental de un juicio justo y que, en consecuencia, obliga a la revocación de las sentencias dictadas contra los apelantes por el delito de asesinato en primer grado y a la celebración de un nuevo juicio."

El artículo 85, del Código Penal, lee en parte: "Toda persona que matare a otra en ocasión de súbita pendencia o arrebato de cólera será sancionada con pena de reclusión por un término fijo de diez (10) años".

El Tribunal Supremo ha expresado reiteradamente interpretando la Regla 136 de Procedimiento Criminal, que dispone sobre las instrucciones que el tribunal debe impartirle al Jurado antes de que éste se retire a deliberar lo siguiente: "Las instrucciones impartidas al jurado deben incluir no sólo los elementos del delito o delitos imputados sino también los elementos de delitos inferiores al imputado o comprendidos dentro de éste". La referida Regla 136 está en sintonía con la Regla 147 de Procedimiento Criminal que provee:

"El acusado podrá ser declarado culpable de la comisión de cualquier delito inferior necesariamente comprendido en el delito que se le imputa; o de cualquier grado inferior del delito que se le imputa; o de tentativa de cometer el delito que se le imputa a cualquier otro delito necesariamente comprendido en él, o de cualquier grado que el mismo tenga, si tal tentativa constituye, por sí misma, un delito."

Mientras haya alguna prueba que tienda a indicar la posibilidad de un homicidio el juez viene obligado a transmitirle al jurado las instrucciones pertinentes sobre el referido delito y es al Jurado a quien le corresponde aquilatar dicha prueba y determinar el delito por el cual debe responder el acusado.

Según percibimos las circunstancias que antecedieron la lamentable muerte de Alberto se hacía indispensable que se instruyera al jurado sobre los elementos del delito de Homicidio. A saber, Alberto mantenía un patrón de chillar gomas en la comunidad. La diferencia de opinión entre él y el apelante estriba en si lo hacía en presencia de niños.

Es Alberto el que para su vehículo en el encintado, se baja del mismo dejando el motor encendido y se dirige caminando hacia el apelante donde se inicia una acalorada discusión que concluye en una riña entre ambos con la sola duda de quien lanzó el primer puñetazo si el apelante o, Alberto. Alberto es descrito como una persona que mide seis pies con tres pulgadas y pesa 200 libras. Cuando se bajó de su vehículo para ir a donde estaba el apelante con unos amigos, lo hace con una botella de cerveza en la mano.

Es luego de la riña que precipitada y repentinamente, que el apelante va a su vehículo, situado muy cerca del vehículo de Alberto, a unos 20" pies, y saca un bate, que no usa según la prueba pero, portaba un arma debajo de la camisa, pistola Calibre 40 y le dispara el occiso en unas seis ocasiones en dos ráfagas separadas. Durante la contienda de discusiones, pudo haber habido dos, los ánimos se describen como caldeados. El ambiente se percibe como uno de enojo y, enfado predominando la vehemencia de la ira.

Ante el panorama descrito y habiendo la defensa así solicitado, el Jurado debió ser instruido sobre los elementos del delito de Homicidio.

Al enfrentarnos a la tarea de revisar cuestiones relativas a convicciones criminales, siempre nos hemos regido por la norma a los efectos de que la apreciación de la prueba corresponde, en primera instancia, al foro sentenciador por lo cual los tribunales apelativos sólo intervendremos con dicha apreciación cuando se demuestre la existencia de pasión, prejuicio, parcialidad o error manifiesto. Sólo ante la presencia de estos elementos o, cuando la apreciación de la prueba no concuerde con la realidad fáctica o ésta sea inherentemente imposible o increíble, habremos de intervenir con la apreciación efectuada.

Sabido es que, ante la ausencia de un mecanismo infalible para encontrar la verdad, la determinación de lo que es o no cierto es un deber de conciencia, deber éste que no está reservado sólo al juzgador de los hechos sino que compete asimismo a los tribunales apelativos. Es decir, aún cuando nuestra función revisora tiene ciertas limitaciones, ello no implica que el foro contra cuyo dictamen se recurre está exento de errar como tampoco supone que, en el afán de ceñirnos a la doctrina de la deferencia, permitiremos que prevalezca un veredicto condenatorio incluso estando convencidos de que un análisis integral de la prueba no establece la culpabilidad del acusado más allá de duda razonable o, que el jurado no tuvo todas las alternativas de los posibles veredictos que podría rendir. Nosotros, al igual que el juzgador de los hechos en el Tribunal de Instancia, tenemos no sólo el derecho sino el deber de tener la conciencia tranquila y libre de preocupación.

IV. Por lo antes expresado, se revoca la sentencia apelada y se ordena la celebración de un nuevo juicio.

D. El Proceso Penal: La Condena

Terminado el juicio, el acusado que se ha encontrado culpable pasa luego por varias etapas pos-juicio, que se detallan en la lectura que sigue.

Sentencia
Guía Sobre los Procesos Penales en los Estados Unidos, Organización de los Estados Americanos (OEA)

Las legislaturas, los tribunales, los departamentos de libertad condicional, las juntas de libertad vigilada y, en algunas jurisdicciones, las comisiones que determinan la pena aplicable, tienen, todos, una función en el proceso de imposición de la sentencia. En lo que se refiere a la primera de estas agencias, la sanción penal, o por lo menos la pena máxima permisible por cada delito, la prescriben los legisladores.

Las leyes de los estados sobre la imposición de las penas varían considerablemente y algunas veces en un mismo estado éstas difieren según el delito. La sanción la impone el juez, luego de una audiencia especial para imponer la pena durante la cual el fiscal y el abogado de la defensa presentan sus argumentos en favor de la sentencia que cada cual considere apropiada. Generalmente, al acusado se le da la oportunidad de dirigirse al tribunal antes de la sentencia. En algunas jurisdicciones, la víctima o un representante de ésta, puede dirigirse al tribunal también. El abogado defensor muy posiblemente hará hincapié en el remordimiento del acusado, sus responsabilidades familiares, las buenas perspectivas de trabajo y su receptibilidad a tratamiento de consulta externa (si es necesario) dentro de la comunidad; el fiscal, por su parte, probablemente destacará antecedentes penales previos, el perjuicio causado a la víctima y a su familia y la necesidad de disuadir a otros posibles delincuentes.

Al juez lo asesora le entidad encargada de la libertad condicional que investiga independientemente los antecedentes del acusado, los antecedentes penales previos, las circunstancias del delito y demás factores. El juez no tiene que hacer una determinación formal de los hechos, ni necesita redactar una opinión para explicar o fundamentar la sentencia. La sentencia no puede ser apelada siempre y cuando se encuentre dentro de los límites estatutarios.

Sanciones

La libertad condicional es la sentencia que más comúnmente dictan los jueces de los tribunales penales estadounidenses. De hecho, el acusado puede evitar ser recluido si observa buena conducta y se adhiere al reglamento, normas y requisitos de comparecencia de la entidad encargada de la libertad a prueba. El juez decide la duración del período de libertad vigilada; no es inusual que éste sea de varios años. El juez tiene también la facultad de imponer condiciones especiales, tales como la participación en un programa de tratamiento de la toxicomanía, mantenimiento del empleo o asistencia a la escuela, si se trata de un menor.

La reclusión carcelaria es un tipo de sentencia que se utiliza ampliamente; en 2001, en un día cualquiera, la población reclusa en Estados Unidos llega a aproximadamente 2 millones. [En 2012 esta cifra fue más alta: casi 2.25 millones de reclusos federales y estatales.] Cada uno de los estados, así como el gobierno federal, tiene su propio sistema penitenciario. Las administraciones penitenciarias clasifican a los transgresores (de acuerdo con el riesgo de peligro, riesgo de fuga, edad, etc.) para asignarlos a una institución penal de seguridad máxima, mediana o mínima.

En años recientes, la confiscación de la propiedad ha aumentado en forma espectacular como sanción penal, especialmente en los casos relacionados con las drogas y el crimen organizado. Típicamente las leyes de confiscación de la propiedad disponen que, como parte de la sanción penal, el juez puede ordenar que el acusado pierda toda propiedad empleada para cometer el delito (automóviles, barcos, aviones e incluso casas) y/o el producto de la actividad delictiva (empresas, cuentas bancarias, valores, etc.).

Los tribunales de Estados Unidos imponen multas con menor frecuencia. Cuando lo hacen, usualmente esto es además de otras sanciones. Tradicionalmente el monto de las fianzas ha sido bajo, ciertamente mucho más bajo que el honorario de un abogado penalista privado. Recientemente, sin embargo, las multas máximas han aumentado espectacularmente. El Tribunal Supremo ha dictaminado que cuando se imponen multas, no se puede recluir al acusado por falta de pago de las mismas, a menos que la falta de pago sea deliberada.

————

Como se ha mencionada arriba, actualmente en todos los países de América Latina se están planteando e implementando profundas reformas a los sistemas de derecho tanto civil como penal, incluyendo reformas procesales. Las décadas venideras serán testigos del alcance y éxito de estos esfuerzos.

Mientras tanto, el corto artículo que sigue expone un solo aspecto de estas reformas: un esfuerzo por acelerar los procesos penales para poder avanzar más rápidamente. Piense en el significado de lo que se ve en la corte de este juez peruano. ¿Qué sentencia dicta? ¿Cuál fue el crimen? ¿Cuánto tiempo le tomó al juez llegar a su decisión? ¿Le parece que el acusado recibió justicia?

———

Juez Bate Récord al Dictar una Sentencia Penal en 11 Minutos

Reforma en Marcha, Lima, Perú, Año III, No. 24, febrero de 2009

Boletín de distribución gratuita del Poder Judicial – Corte Suprema de Justicia del Perú

Once minutos le bastaron al juez Vidal Raymundo Banda Prado, para sentenciar a un ladrón atrapado por vecinos de un barrio de Huaura, a cuatro años de prisión suspendida y al pago de una reparación civil de 300 soles, en una audiencia realizada el 23 de febrero.

El imputado Elber Omar Garay Vásquez, de 19 años de edad, sin antecedentes, acababa de asaltar a Pedro Javier León López, bajo la amenaza de un arma.

Esta fue la tercera vez en que el juez Banda Prado bate sus propios récords al expedir sentencia contra imputados para quienes los fiscales solicitaron la modalidad de terminación anticipada que contempla el Nuevo Código Procesal Penal. En esta ocasión el fiscal Jimmy Hans López Sobrino solicitó al juez una audiencia de Investigación Preparatoria.

El doctor Banda Prado, Juez del Juzgado de Investigación Preparatoria de Emergencia de la Corte de Huaura, inició la audiencia solicitada a las 4.30 de la tarde y emitió su sentencia 11 minutos después, tiempo cronometrado por personal de la Corte de Huaura y la Fiscalía.

Anteriormente, el 5 de febrero, el mismo magistrado sentenció al autor de un robo agravado, en 18 minutos. El caso fue presentado por el Fiscal Oswaldo Ramírez Altamirano, quien solicitó prisión preventiva contra José Luis Prado Chinchay, por delito de robo agravado, en perjuicio de la empresa Shogalán S. A. y William Armando Montes Hoces.

El doctor Banda Prado abrió la audiencia a las tres de la tarde y el Fiscal fundamentó la terminación anticipada. Luego, el Fiscal, el abogado defensor, doctor Antonio Penas Sandoval, y el imputado conferenciaron breves minutos y pidieron se aplique el principio de terminación anticipada. El juez concedió la petición dictó sentencia que condenó al imputado José Prado Chinchay a cuatro años de prisión efectiva y a pagar una reparación civil de 200 soles.

La última audiencia marcó un récord entre todos los procesos que se ventilan en las Cortes del país donde rige el Nuevo Código Procesal Penal que privilegia el principio de celeridad y oportunidad en los juicios penales.

Hay que recordar que la primera sentencia dictada en la Corte de Huaura en aplicación del Nuevo Código duró 90 minutos, es decir hora y media y también sancionó un delito contra el patrimonio en la modalidad de robo agravado.

———

Un tema muy común en asuntos de procedimiento penal es la extradición, el proceso en el cual un país o un estado permite el traslado de un acusado a otro estado o país que ha entablado contra él una demanda penal. Las constituciones de América Latina y el Caribe contienen declaraciones y protecciones en torno al proceso de extradición, y el documento que sigue ofrece algunos ejemplos de esto.

———

La Extradición en las Constituciones de América Latina

Colombia

Artículo 35. La extradición se podrá solicitar, conceder u ofrecer de acuerdo con los tratados públicos y, en su defecto, con la ley. Además, la extradición de los colombianos por nacimiento se concederá por delitos en el exterior, considerados como tales en la legislación penal colombiana. La extradición no procederá por delitos políticos. No procederá la extradición cuando se trate de hechos cometidos con anterioridad a la promulgación de la presente norma.

Costa Rica

Artículo 31. La extradición será regulada por la ley o por los tratados internacionales y nunca procederá en casos de delitos políticos o conexos con ellos, según la calificación costarricense.

Ecuador

Artículo 25. En ningún caso se concederá la extradición de un ecuatoriano. Su juzgamiento se sujetará a las leyes del Ecuador.

México

Artículo 15. No se autoriza la celebración de tratados para la extradición de reos políticos, ni para la de aquellos delincuentes del orden común que hayan tenido en el país donde cometieron el delito, la condición de esclavos; ni de convenios o tratados en virtud de los que se alteren las garantías y derechos establecidos por esta constitución para el hombre y el ciudadano.

Nicaragua

Artículo 43. En Nicaragua no existe extradición por delitos políticos o comunes conexos con ellos, según calificación nicaragüense. La extradición por delitos comunes está regulada por la ley y los tratados internacionales. Los nicaragüenses no podrán ser objeto de extradición del territorio nacional.

Panamá

Artículo 24. El Estado no podrá extraditar a sus nacionales ni a los extranjeros por delitos políticos.

Perú

Artículo 37. No se concede extradición si se considera que ha sido solicitada con el fin de perseguir o castigar por motivo de religión, nacionalidad, opinión o raza. Quedan excluidos de la extradición los perseguidos por delitos políticos o por hechos conexos con ellos. No se consideran tales el genocidio ni el magnicidio ni el terrorismo.

Venezuela

Artículo 271. En ningún caso podrá ser negada la extradición de los extranjeros o extranjeras responsables de los delitos de deslegitimación de capitales, drogas, delincuencia organizada internacional, hechos contra el patrimonio público de otros Estados y contra los derechos humanos.

En los Estados Unidos, como en América Latina, se han visto esfuerzos por reformar el sistema de justicia penal. Una de las áreas en las que vemos estos esfuerzos se da en torno a las pautas sobre las sentencias penales. En el documento que sigue, el secretario de justicia de los Estados Unidos enuncia sus opiniones sobre la política federal de sentencias.

La Política Federal de Sentencias
Eric Holder, Secretario de Justicia de los EE.UU, 4 de junio de 2009

El sistema federal de sentencias, que incluye directrices y estatutos obligatorios mínimos para sentencias, ha sufrido cambios significativos desde la decisión de la Corte Suprema en *Estados Unidos contra Booker*. Las directrices siguen brindando una referencia para la emisión de sentencias en todos los casos criminales federales. Sin embargo, datos de la Comisión de Sentencias muestran que el porcentaje de demandados sentenciados dentro de las directrices ha disminuido desde la decisión. Si bien todavía no queda claro el impacto total de tendencias recientes en jurisprudencia de sentencias, estas novedades deben controlarse detenidamente. Por ejemplo, debemos evaluar si las prácticas actuales de emisión de sentencias muestran un aumento de las disparidades injustificadas de sentencias basadas en diferencias regionales o hasta diferencias en la filosofía jurídica entre jueces que trabajan en el mismo tribunal. Pero también debemos estar preparados para aceptar el hecho de que no todas las disparidades deben ser rechazadas. El deseo de tener un sistema de sentencias casi mecánico nos ha alejado de determinaciones individualizadas basadas en los hechos, lo que considero, que dentro de lo razonable, debe ser nuestro objetivo.

También debemos ser conscientes del hecho de que la población carcelaria federal sigue aumentando. Este hecho ejerce una gran presión sobre los recursos correccionales. El número de presidiarios en las prisiones federales, estatales o locales se ha cuadruplicado desde 1980, alcanzando más de 2.2 millones de presos en la actualidad. Un dato especialmente preocupante es que la creciente población carcelaria limita la capacidad de los agentes correccionales de brindar tratamiento contra las drogas y otros servicios necesarios para minimizar la reincidencia. Un estudio de 2002 del Buró de Estadísticas Judiciales realizó un seguimiento de una muestra de más de un cuarto de millón de presos liberados en 15 estados en 1994. En los tres años posteriores, dos tercios de estos delincuentes fueron arrestados al menos una vez por un nuevo delito, casi la mitad fueron condenados por un nuevo delito y otro cuarto fueron sentenciados nuevamente a prisión por una nueva condena.

El sistema federal de sentencias actual sigue siendo blanco de críticas de jueces, académicos y abogados en todo el país. Estas críticas van desde inquietudes sobre sentencias mínimas obligatorias hasta el uso de conducta absuelta en decisiones de sentencias. En consecuencia, una revisión exhaustiva de políticas federales de emisión de sentencias y correcciones, teniendo en cuenta posibles reformas, es un hecho bienvenido y necesario.

El vigésimo quinto aniversario de la Ley de Reforma de Sentencias brinda una buena oportunidad para reflexionar sobre el estado de las sentencias federales. La Comisión de Sentencias de los EE.UU. ha comenzado una revisión del impacto de *Booker* y del sistema federal de sentencias en su totalidad solicitando testimonios en audiencias regionales. Esas audiencias identificaran las prácticas que contribuyen a los objetivos de la Ley de Reforma de Sentencias y las que no.

Al mismo tiempo, el Departamento de Justicia ha comenzado su propia revisión interna de políticas de emisión de sentencias y correcciones. Les he pedido a miembros de la comunidad del Departamento de Justicia [Department of Justice (DOJ)] – tanto en Washington, DC, como en las Fiscalías Federales de todo el país – que participen en el Grupo de Trabajo de Emisión de Sentencias y Correcciones encabezado por el Secretario de Justicia Adjunto de los EE.UU. Nuestra revisión considerará:

- la estructura de la emisión de sentencias federales, lo que incluye el papel de las sentencias mínimas obligatorias;

- las políticas de acusación y sentencia del propio Departamento;

- alternativas al encarcelamiento y el reingreso;

- eliminación de la disparidad en la emisión de sentencias por crack y cocaína en polvo; y

- un análisis de otras disparidades injustificadas en las sentencias federales.

Como parte de esa revisión, estamos solicitando la opinión de partes interesadas clave como las fuerzas del orden público, miembros del Congreso, la comunidad de defensa y apoyo, y jueces.

Estamos encarando esta tarea con un conjunto específico de valores básicos. Aplicaremos esos principios para crear un sistema de emisión de sentencias y correcciones que proteja al público, sea justo con las víctimas y los demandados, elimine las disparidades injustificadas en las sentencias, reduzca la reincidencia y controle la población de las prisiones federales. Al hacerlo, debemos crear un sistema que nos permita desmantelar pandillas y organizaciones de narcotráfico que plagan a tantas de las calles de nuestro país, y que también nos permita combatir con eficacia delitos tan variados como los delitos violentos, la explotación infantil, el tráfico sexual y el fraude financiero. Pero no alcanza con enfocarse en el castigo. El sistema federal de sentencias también debe adoptar el compromiso del Presidente respecto de reducir la reincidencia y brindar oportunidades a los delincuentes para que se conviertan en miembros activos de la sociedad al cumplir su sentencia.

La confianza pública también es un elemento esencial de un sistema de justicia criminal eficiente. Nuestras leyes y su aplicación no solo deben ser justas, sino que también deben ser percibidas de esa manera. Una percepción de injusticia debilita la autoridad gubernamental en el proceso de justicia criminal. Lleva a víctimas y testigos de delitos a pensarlo dos veces antes de cooperar con las fuerzas del orden público, tienta a los jurados a ignorar la ley y los hechos al decidir en un caso criminal, y hace que el público cuestione los motivos de los funcionarios gubernamentales. Por lo tanto, debemos crear un sistema en que la base actual de la sentencia de un caso en particular sea clara para todas las partes y el público, y en que las propias sentencias correspondan verdaderamente al delito cometido.

Una cosa me queda muy clara: debemos revisar nuestra política federal de emisión de sentencias por cocaína. Hace quince años, la Comisión de Sentencias de los Estados Unidos informó por primera vez sobre las diferencias entre la emisión de sentencias en casos de crack y de cocaína en polvo. Desde ese entonces, la necesidad de reevaluar las leyes federales de emisión de sentencias por cocaína solo se ha hecho más fuerte. Este gobierno cree firmemente que la disparidad en las sentencias por delitos asociados al crack y la cocaína en polvo es injustificada, crea una percepción de injusticia y debe ser eliminada. Este cambio debe ser tratado en el Congreso.

No existe ninguna tensión entre un esquema de emisión de sentencias que es eficiente y justo y uno que es severo y equitativo. Debemos trabajar con estos objetivos idénticos en mente y lo debemos hacer ahora. Ha pasado demasiado tiempo, demasiadas personas han sido tratadas con desigualdad y demasiados de nuestros ciudadanos han empezado a dudar de nuestro sistema de justicia criminal. Debemos ser honestos los unos con los otros y tener la valentía de hacer preguntas difíciles sobre nosotros mismos y nuestro sistema. Debemos romper con las posturas partidarias anticuadas y agotadas que se han interpuesto en el camino del progreso y las reformas que se necesitan. Tenemos un momento que se debe aprovechar para asegurarnos de que todos nuestros ciudadanos sean tratados de manera coherente con los ideales representados en nuestros documentos fundacionales. Este Departamento de Justicia está preparado para actuar. Esperamos trabajar con todos ustedes.

E. LA PENA DE MUERTE

El otro tema actual que provoca no solo discusiones energéticas sino hasta confrontaciones contenciosas es la pena de muerte. Es un tema que no deja de apasionar tanto a sus críticos como a las personas que apoyan este tipo de condena penal.

Los materiales que siguen incluyen datas estadísticos, documentos internacionales, un artículo estudioso y un fallo judicial. Además, el profesor le entregara una serie de materiales que delinean los argumentos en contra y a favor de la pena capital, para que se prepare a participar en un debate sobre el tema.

Datos Sobre la Pena de Muerte en el Mundo
(2011, 2012)

Al menos 676 personas fueron ejecutadas en 20 países en 2011, excluida China.

Al menos 18.750 personas estaban condenadas a muerte a finales de 2011.

El número de países que no practican la pena de muerte asciende a 141. Son 57 los países donde todavía se usa.

Los países de Norte América, Centro América, América Latina y el Caribe cuyas leyes no establecen la pena de muerte para ningún delito son: Argentina, Canadá, Colombia, Costa Rica, Ecuador, Haití, Honduras, México, Nicaragua, Panamá, Paraguay, República Dominicana, Uruguay, Venezuela.

Los países de Norte América, Centro América, América Latina y el Caribe cuyas leyes establecen la pena de muerte únicamente para delitos excepcionales, como los delitos previstos en el código penal militar, o los cometidos en circunstancias excepcionales, como los cometidos en tiempo de guerra son: Bolivia, Brasil, Chile, El Salvador, Perú.

Los países de Norte América, Centro América, América Latina y el Caribe que mantienen la pena de muerte para los delitos comunes como el asesinato pero que pueden ser considerados abolicionistas de hecho dado que no han ejecutado a nadie durante los últimos diez años y se cree que mantienen una política o una práctica establecida de no llevar a cabo ejecuciones. En esta lista se incluyen también países que se han comprometido internacionalmente a no hacer uso de la pena capital son: Granada, Surinam.

Los países de Norte América, Centro América, América Latina y el Caribe que mantienen la pena de muerte para delitos comunes son: Antigua y Barbuda, Bahamas, Barbados, Belice, Cuba, Dominica, Estados Unidos de América, Guatemala, Guyana, Jamaica, St. Kitts y Nevis, San Vicente y las Granadinas, Santa Lucía, Trinidad y Tobago.

La mayoría de las ejecuciones tuvieron lugar en Arabia Saudí (82+), Corea del Norte (30+), China (miles), Estados Unidos (43), Irak (68+), Irán (360+), Somalia (10) y Yemen (41+).

China ejecutó a más personas que el resto del mundo en su conjunto; se desconoce el verdadero alcance de la aplicación de la pena de muerte en este país al ser estos datos un secreto de Estado.

En Oriente Medio, el número de ejecuciones confirmadas aumentó en casi un 50 por ciento respecto al año anterior, debido al fuerte incremento en Arabia Saudí, Irak, Irán y Yemen. Hay noticias de que en Irán se habrían producido un gran número de ejecuciones sin confirmar o secretas, lo que llevaría incluso a duplicar el número de ejecuciones notificadas.

Estados Unidos fue el único país del continente americano que ejecutó en 2011.

Bielorrusia fue el único país de Europa y de la antigua Unión Soviética que llevó a cabo ejecuciones en 2011.

Al menos tres personas fueron ejecutadas en Irán por delitos cometidos cuando eran menores de 18 años de edad, en flagrante violación del derecho internacional.

Se sabe que se han llevado a cabo ejecuciones públicas en Irán, Corea del Norte, Arabia Saudí y Somalia.

En 2011, Estados Unidos siguió siendo el único país del continente americano que llevó a cabo ejecuciones, un total de 43, que se registraron en 13 de los 34 estados que mantienen la pena de muerte. De éstos, la mayoría (74 por ciento) se llevó a cabo en los estados del sur, con 13 ejecuciones en Texas, el 30 por ciento del total. Otros estados que llevaron a cabo ejecuciones fueron: Alabama (6), Arizona (4), Carolina del Sur (1), Delaware (1), Florida (2), Georgia (4), Idaho (1), Mississippi (2), Missouri (1), Ohio (5), Oklahoma (2) y Virginia (1).

En 2011 se impusieron 78 nuevas condenas a muerte. Esta cifra supone un acusado descenso del uso de la pena de muerte, de casi la mitad, desde 2001, cuando se impusieron 158.

Asimismo, Estados Unidos es el único país del G8 donde se llevaron a cabo ejecuciones.

También se registraron casos de pena de muerte a extranjeros, como el de un ciudadano mexicano ejecutado en Texas, Humberto Leal, pese a la decisión vinculante de un tribunal internacional, según la cual se le habían negado sus derechos consulares tras su detención.

En 16 estados y el Distrito de Columbia se ha rechazado el uso de la pena de muerte. En enero de 2011, el gobernador de Illinois firmó el proyecto de ley de abolición de la pena de muerte y conmutó la pena capital impuesta a 15 hombres pendientes de ejecución. Esta no es sino la señal más reciente de que Estados Unidos está alejándose gradualmente de un castigo cuyos costes y riesgos el país ha empezado a reconocer como inaceptables. Oregón declaró una moratoria en 2011. Connecticut abolió la pena de muerte en abril de 2012.

———

Protocolo a la Convención Americana Sobre Derechos Humanos Relativo a la Abolición de la Pena de Muerte
Comisión Interamericana de Derechos Humanos, Organización de los Estados Americanos

Preámbulo

Los Estados Partes en el Presente Protocolo,

Considerando:

Que el artículo 4 de la Convención Americana sobre Derechos Humanos reconoce el derecho a la vida y restringe la aplicación de la pena de muerte;

Que toda persona tiene el derecho inalienable a que se le respete su vida sin que este derecho pueda ser suspendido por ninguna causa;

Que la tendencia en los Estados americanos es favorable a la abolición de la pena de muerte;

Que la aplicación de la pena de muerte produce consecuencias irreparables que impiden subsanar el error judicial y eliminar toda posibilidad de enmienda y rehabilitación del procesado;

Que la abolición de la pena de muerte contribuye a asegurar una protección más efectiva del derecho a la vida;

Que es necesario alcanzar un acuerdo internacional que signifique un desarrollo progresivo de la Convención Americana sobre Derechos Humanos, y

Que Estados Partes en la Convención Americana sobre Derechos Humanos han expresado su propósito de comprometerse mediante un acuerdo internacional, con el fin de consolidar la práctica de la no aplicación de la pena de muerte dentro del continente americano,

Han Convenido en suscribir el siguiente:

Protocolo a la Convención Americana Sobre Derechos Humanos Relativo a la Abolición de la Pena de Muerte

Artículo 1

Los Estados Partes en el presente Protocolo no aplicarán en su territorio la pena de muerte a ninguna persona sometida a su jurisdicción.

Artículo 2

1. No se admitirá ninguna reserva al presente Protocolo. No obstante, en el momento de la ratificación o adhesión, los Estados Partes en este instrumento podrán declarar que se reservan el derecho de aplicar la pena de muerte en tiempo de guerra conforme al derecho internacional por delitos sumamente graves de carácter militar.

2. El Estado Parte que formule esa reserva deberá comunicar al Secretario General de la Organización de los Estados Americanos, en el momento de la ratificación o la adhesión las disposiciones pertinentes de su legislación nacional aplicables en tiempo de guerra a la que se refiere el párrafo anterior.

3. Dicho Estado Parte notificará al Secretario General de la Organización de los Estados Americanos de todo comienzo o fin de un estado de guerra aplicable a su territorio.

Artículo 3

El presente Protocolo queda abierto a la firma y la ratificación o adhesión de todo Estado Parte en la Convención Americana sobre Derechos Humanos

La ratificación de este Protocolo o la adhesión al mismo se efectuará mediante el depósito de un instrumento de ratificación o de adhesión en la Secretaría General de la Organización de los Estados Americanos.

Artículo 4

El presente Protocolo entrará en vigencia, para los Estados que lo ratifiquen o se adhieran a él, a partir del depósito del correspondiente instrumento de ratificación o adhesión en la Secretaría General de la Organización de los Estados Americanos (OEA).

Ratificaron: Argentina, Brasil, Chile, Costa Rica, Ecuador, Honduras, México, Nicaragua, Panamá, Paraguay, Uruguay, Venezuela

No Ratificaron: Antigua y Barbuda, Bahamas, Barbados, Belice, Bolivia, Canadá, Colombia, Dominica, El Salvador, Estados Unidos de América, Grenada, Guatemala, Guyana, Haití, Jamaica, Perú, St. Kitts y Nevis, St.

Lucia, St. Vincent y las Granadinas, Suriname, Trinidad y Tobago, República Dominicana

———

Moratoria del Uso de la Pena de Muerte

Naciones Unidas, Resolución 62/149 aprobada por la Asamblea General, 76ª sesión plenaria, 18 de diciembre de 2007

La Asamblea General,

Guiándose por los propósitos y principios contenidos en la Carta de las Naciones Unidas,

Recordando la Declaración Universal de Derechos Humanos, el Pacto Internacional de Derechos Civiles y Políticos y la Convención sobre los Derechos del Niño,

Recordando también las resoluciones sobre la cuestión de la pena de muerte aprobadas en los últimos diez años por la Comisión de Derechos Humanos en todos sus períodos de sesiones consecutivos, la última de las cuales es la resolución 2005/59, de 20 de abril de 2005,4 en que la Comisión exhortó a los Estados que todavía mantienen la pena de muerte a abolirla completamente y, entretanto, establecer una moratoria de las ejecuciones,

Recordando además los importantes resultados obtenidos por la antigua Comisión de Derechos Humanos sobre la cuestión de la pena de muerte, y previendo que el Consejo de Derechos Humanos podría continuar trabajando sobre esta cuestión,

Considerando que el uso de la pena de muerte menoscaba la dignidad humana, y convencida de que una moratoria del uso de la pena de muerte contribuye a la mejora y al desarrollo progresivo de los derechos humanos, que no hay pruebas concluyentes del valor de la pena de muerte como elemento disuasorio, y que todo error judicial o denegación de justicia en la ejecución de la pena de muerte es irreversible e irreparable,

Acogiendo con beneplácito las decisiones adoptadas por un número creciente de Estados de aplicar una moratoria de las ejecuciones, seguida en muchos casos por la abolición de la pena de muerte,

1. Expresa su profunda preocupación por que se siga aplicando la pena de muerte;

2. Exhorta a todos los Estados que todavía mantienen la pena de muerte a que:

a) Respeten las normas internacionales que establecen salvaguardias para garantizar la protección de los derechos de los condenados a muerte, en particular las normas mínimas, estipuladas en el anexo de la resolución 1984/50 del Consejo Económico y Social, de 25 de mayo de 1984;

b) Faciliten al Secretario General información sobre el uso de la pena de muerte y la observancia de las salvaguardias para garantizar la protección de los derechos de los condenados a muerte;

c) Limiten progresivamente el uso de la pena de muerte y reduzcan el número de delitos por los que se puede imponer esa pena;

d) Establezcan una moratoria de las ejecuciones, con miras a abolir la pena de muerte;

3. Exhorta a los Estados que han abolido la pena de muerte a que no la reintroduzcan;

4. Pide al Secretario General que le presente, en su sexagésimo tercer período de sesiones, un informe sobre la aplicación de la presente resolución;

5. Decide seguir examinando la cuestión en su sexagésimo tercer período de sesiones, en relación con el tema titulado "Promoción y protección de los derechos humanos".

Roper v. Simmons: La Pena de Muerte y el Adolescente

Sally Díaz Roldán, *Revista Clave,* Universidad Interamericana de Puerto Rico, Facultad de Derecho, Vol. 1, Núm. 1, 2006

Introducción

La pena de muerte como sanción es considerada por muchos como una violación a los derechos humanos, en específico el derecho a la vida. La comunidad internacional ha adoptado una serie de tratados de derechos humanos que prohíben explícitamente la pena de muerte para menores de 18 años. Aquellos países que sentencien o ejecuten a un menor bajo la pena de muerte violan las leyes internacionales en tres formas: (i) violan sus obligaciones bajo los tratados, (ii) violan el derecho consuetudinario internacional, y, (iii) violan una norma perentoria de ley internacional. .... Estados Unidos se excluyó de la lista de países que ejecutan menores con la decisión del Tribunal Supremo federal en el caso *Roper v. Simmons*. Esta decisión consideró hallazgos científicos que corroboran la incapacidad de un menor para discernir como lo hace un adulto. El Tribunal Supremo de los Estados Unidos analizó los estándares evolutivos de decencia de una sociedad en madurez para determinar si la Octava Enmienda de su constitución considera un castigo cruel e inusitado la pena de muerte para los menores de dieciocho años al momento de cometer un delito. *Roper v. Simmons* representa un adelanto en la posible abolición de la pena de muerte en los Estados Unidos. Sin embargo, no vislumbramos esta posibilidad en un futuro inmediato.

Trasfondo Histórico de la Pena de Muerte en Estados Unidos

Los estatutos relacionados a la pena de muerte como sanción fueron declarados inconstitucionales por el Tribunal Supremo de los Estados Unidos en *Furman v. Georgia*, 408 U.S. 238 (1972). En esta ocasión una mayoría de los jueces señaló que la "imposición y ejecutoria de la pena de muerte…constituía un castigo cruel e inusitado en violación a la Octava y la Décimo Cuarta enmiendas de la Constitución. La decisión de este caso se enfocaba en las fallas del existente sistema de justicia criminal, más importante en la discreción no guiada del jurado que resultaba en sentencias caprichosas y arbitrarias". Luego en el 1976, el Tribunal Supremo de los Estados Unidos restituyó la pena de muerte, concluyendo que la misma no ofendía los estándares evolutivos de decencia que marcaban el progreso de una sociedad en proceso de madurez. Sostuvo el Tribunal Supremo que un estatuto apropiadamente escrito puede frenar y guiar la discreción usada para realizar decisiones en cuanto a la pena de muerte. A partir de entonces, las sentencias del Tribunal Supremo federal comenzaron un proceso de exclusión entre los candidatos a la pena de muerte. Comenzando con *Thompson v. Oklahoma*, en el cual el Tribunal Supremo federal concluye que la Cuarta y la Octava Enmiendas de la Constitución prohíben la ejecución de personas que cuentan con dieciséis años o menos al momento del delito. Este proceso continuó en el 2002, cuando el más alto tribunal federal en *Atkins v. Virginia*, revocó al Tribunal Supremo de Virginia al decidir que las ejecuciones de criminales mentalmente incapacitados constituyen un castigo cruel e inusitado prohibido por la Octava Enmienda de la Constitución de Estados Unidos. Este caso sentó las bases para la decisión del caso *Roper v. Simmons*, en el cual se decide que las ejecuciones de criminales que cometen delitos condenables a pena de muerte siendo menores de dieciocho años, constituyen también un castigo cruel e inusitado bajo la Octava enmienda. La decisión del Tribunal Supremo federal en este caso, extrajo a Estados Unidos de la lista de países que ejecutan ofensores juveniles. …

La Pena de Muerte como Sanción

En Estados Unidos se reconocen cinco maneras de ejecutar a un sentenciado a la pena de muerte: inyección letal, electrocución, gas letal, ahorcar y el llamado paredón o fusilamiento. La mayor parte de los estados optan por la inyección letal, algunos ofreciendo gas letal o electrocución como alternativa a sentenciados. Independientemente de cuál método se utilice, existe oposición a la pena de muerte como sanción.

Las razones para oponerse a la pena de muerte como medida punitiva son variadas. Entre aquellas razones enumeradas por la Amnistía Internacional de Estados Unidos, se encuentran las siguientes:

a. No detiene la violencia. Aún cuando esta medida punitiva es promovida como mecanismo para detener la violencia, la realidad es que no existe evidencia que demuestre que ésta es más efectiva que otras medidas. La Amnistía Internacional como argumento disuasivo a la pena de muerte destaca que los estudios científicos realizados no han podido nunca encontrar pruebas convincentes que demuestren que la pena capital tiene un mayor poder disuasorio frente al crimen que otros castigos. …

b. Está predispuesta a la discriminación. El mismo Tribunal Supremo de los Estados Unidos a través del Juez Thurgood Marshall ha dicho que es evidente que la carga de la pena capital recae en los pobres, los ignorantes y los miembros de la sociedad menos privilegiados.

c. Ha sido utilizada para silenciar. Esta medida se ha utilizado y aún se utiliza para reprimir y/o eliminar oponentes políticos luego de exponerlos a juicios injustos.

d. Es irreversible. Esta razón es una de las más relevantes debido a que sabemos que la justicia no es infalible, que se han sentenciado inocentes en innumerables ocasiones. Un inocente sentenciado a cumplir cárcel puede salir de prisión cuando logre probar su inocencia, pero uno sentenciado a pena de muerte una vez ejecutado no tiene remedio disponible de probar su inocencia. ...

e. No es una solución. Sólo engendra más violencia y crea un mayor número de víctimas que perpetua el ciclo de violencia.

El Caso *Roper v. Simmons*

<u>Los Hechos</u>

A la edad de diecisiete años, Christopher Simmons había expresado que quería matar a una persona, no a alguna en particular. Discutió el plan con dos amigos de quince y dieciséis años, les propuso que entraran a una casa, robaran y mataran a una persona atándola y lanzándola desde un puente. Simmons aseguró a sus amigos que no les pasaría nada porque eran menores. El día de los hechos, Simmons y sus dos amigos, se reunieron cerca de las 2:00 a.m. para llevar a cabo el plan. Uno de los amigos desistió del plan. Simmons y el otro menor se acercaron a casa de su víctima pero el hombre no se encontraba en casa. En el camino alcanzaron ver una ventana rota en una casa móvil y entraron por la puerta trasera de la misma. Simmons encendió la luz del pasillo, la víctima despertó y preguntó quién estaba allí. Simmons entró a su habitación reconociéndole, ya que ambos habían estado involucrados en un accidente de auto anteriormente. Los menores cubrieron los ojos y la boca de la víctima con cinta adhesiva, amarraron sus manos, la colocaron en su automóvil, y condujeron hasta el parque estatal.

Una vez allí, aseguraron los amarres, cubrieron su cara con una toalla, la condujeron hasta un puente sobre el río, ataron sus pies y manos juntos con cables eléctricos, cubrieron su cabeza totalmente con cinta adhesiva y la tiraron desde el puente.

El esposo de la víctima, al llegar a su casa y no encontrarla, la reportó desaparecida. Esa misma tarde un pescador encontró el cuerpo, mientras, Simmons presumía del asesinato comentándoles a sus amigos que había tenido que matar a una mujer porque había visto su cara. La víctima estaba viva y consciente. Una autopsia posterior determinó que murió ahogada.

Christopher Simmons tenía diecisiete años cuando fue acusado de asesinato. Fue interrogado por la policía y admitió su crimen sin la asistencia de abogado o de sus padres. Un oficial le sugirió que si confesaba no sería sentenciado a la pena de muerte. Esta confesión fue la prueba necesaria que lo llevo a ser sentenciado a pena de muerte.

La defensa de Simmons no llamó a declarar testigos disponibles a su favor y de los pocos testigos que incluyó falló en obtener información crítica. El testimonio se circunscribió a enfatizar en que Simmons era un buen hermano, un hijo amoroso que mantenía una buena relación con su madre y una persona compasiva que apoyaba a sus amigos y a su familia.

Tampoco investigó ni presentó el historial de abuso de sustancias, su funcionamiento mental, su enfermedad mental ni los efectos del abuso sufrido en su infancia en su desarrollo y comportamiento. Después de ser sentenciado a la pena de muerte, el psicólogo clínico, Robert L. Smith, evaluó a Christopher encontrando que era víctima de un ambiente disfuncional en el hogar. Tenía una madre sumida en sí misma y desvalida y que no tenía un modelo masculino amoroso y que le respaldara. Concluyó, además, que tenía un duradero historial de abuso de marihuana y alcohol que comenzó a los 13 años y que sufría de un desorden de personalidad.

Estos efectos psicológicos pudieron proveer al jurado de factores mitigantes que el jurado debió haber tenido disponibles cuando se les pidió considerar por qué un joven de diecisiete años, sin historial de violencia y sin récord criminal cometería este asesinato.

Christopher Simmons se ha convertido en un prisionero modelo que trabajó con grupos religiosos y programas preventivos diseñados para evitar que los adolescentes cometan crímenes. En sus propias palabras, "I am definitely sorry for all of the suffering I've caused people especially the victims, I just wish there was a way to make things right. I wish I could let people know how genuinely I've had to deal with it for the eight years I've been in prison and had to look in the mirror everyday. . .I want to continue to help troubled teens, as I once was, and I presently get the opportunity to in a Youth Enlightenment Program (Y.E.P.) that we have here at this prison. . . I came to death row a very messed up, drug addicted, 17-year-old runaway that had to grow up here in the worst of prison realities. I've had to wake up every day facing the pain and suffering I've caused others. . ."

Trasfondo de Christopher Simmons

Los padres de Simmons se divorciaron poco después de su nacimiento. Al momento de cometer el crimen que lo llevo a ser sentenciado a la pena de muerte vivía con su madre y su padrastro, manteniendo contacto y visitas regulares con su padre y su madrastra a pesar de que la relación entre ambas familias era y es aún hostil. El padrastro de Simmons, un alcohólico crónico, lo amenazaba, intimidaba, le gritaba y le pegaba. Su disciplina consistía en azotarlo con una correa. Siendo un niño pequeño, su padrastro lo llevó a un bar y lo forzó a ingerir bebidas alcohólicas para que sus amigos se entretuvieran. En otra ocasión lo llevó de pesca y lo amarró a un árbol por horas para que no se fuera del lugar. Un amigo de Simmons reportó haber visto su oreja sangrando luego de una paliza que le diera su padrastro, lo que le causó daño severo al tímpano.

La madre de Simmons era intimidada y temía a su esposo, por lo que nunca intervino para evitar los abusos que este cometía contra Simmons. Los otros dos hijos biológicos del padrastro eran tratados mejor que Christopher. Simmons terminó utilizando drogas y bebidas alcohólicas para aliviar el dolor de una infancia abusada.

Marco Procesal

El Tribunal Supremo de Missouri

En agosto de 2003, el Tribunal Supremo de Missouri determinó que la ejecución de aquellos que cometen crímenes siendo menores de dieciocho (18) años viola los estándares evolutivos de decencia y es, por tanto, prohibida al amparo de la Octava Enmienda de la Constitución federal. Este Tribunal obvio la sentencia a muerte y resentenció a Simmons a cadena perpetua sin la posibilidad de probatoria. De esta decisión apela el Ministerio Público.

El Tribunal Supremo Federal

El pasado 1ro de marzo de 2005, el Tribunal Supremo federal confirmó al Tribunal Supremo de Missouri, estableciendo que la Octava y Catorceava enmiendas de la Constitución de los Estados Unidos prohíben la ejecución de ofensores que cuentan con dieciocho (18) años o menos al momento de la comisión del crimen. La decisión consideró el estándar evolutivo de decencia que marca el progreso de una sociedad en madurez. Este análisis es central en el análisis de la Octava enmienda de la Constitución federal. De acuerdo al profesor de Derecho y salud pública, Jeffrey Fagan, de la Universidad de Columbia, "un castigo puede ser inconstitucionalmente cruel e inusitado bajo la Octava enmienda si existe un actual consenso social contra la imposición de ese castigo.

Estos estándares deben medirse por factores objetivos en su máxima extensión posible". El profesor menciona que de acuerdo a la jurisprudencia se ha descansado en dos factores para establecer el consenso social en cuanto a la pena de muerte. Estos son: la legislación estatal y las sentencias de los jurados. En cuanto al primero de estos factores, la legislación estatal, el profesor Fagan menciona que un número mayor de estados se oponen a la pena de muerte para los menores. Continúa diciendo el profesor Fagan que "[e]n 15 años ningún estado desde la decisión de Stanford ha reducido la edad para la pena de muerte a menores de dieciocho años a diecisiete o dieciséis, aún cuando Stanford estableció el límite para la pena de muerte en dieciséis años. ....".

En cuanto al factor que envuelve las sentencias de jurados señala el profesor que "la creciente existencia de exoneraciones en casos de pena capital y el alto índice de revocaciones de sentencias capitales en los tribunales apelativos estatales pueden contribuir a la negatividad de los jurados a imponer sentencias de muerte". Concluye el profesor Fagan en su artículo que "existe evidencia, aún en los estados que teóricamente permiten el uso de la pena de muerte en los adolescentes, de una norma social emergente en oposición a la pena de muerte para los ofensores juveniles, la cual en los últimos años ha reducido el número de jóvenes sentenciados a muerte a casi cero".

La decisión de *Roper v. Simmons* en cuanto a la ejecución de menores se basó en tres factores que distinguen a los adolescentes menores de dieciocho años de los adultos:

a. la falta de madurez y un subdesarrollado sentido de responsabilidad se encuentran en los jóvenes más frecuentemente que en adultos;

b. los jóvenes son más vulnerables o susceptibles a influencias negativas y presiones exteriores incluyendo la de sus compañeros;

c. el carácter de un joven no está tan bien formado como el del adulto.

El juez Kennedy emitió la opinión mayoritaria del caso *Roper v. Simmons,* en la que expresó, "when a juvenile offender commits a heinous crime, the State can exact forfeiture of some of the most basic liberties, but the State cannot extinguish his life and his potential to attain a mature understanding of his own humanity". A raíz de esta decisión, los líderes de las organizaciones contra la pena de muerte han hecho expresiones loables entre las cuales se encuentra la del Dr. William F. Schulz, Director Ejecutivo de Amnistía Internacional de los Estados Unidos de América: "Today, the Court repudiated the misguided idea that the United States can pledge to leave no child behind while simultaneously exiling children to the death chamber. Now, the US can proudly remove its name from the embarrassing list of human rights violators that include China, Iran and Pakistan – nations that still execute juvenile offenders. It can take pride in knowing that it is now in the company of the honorable nations that abandoned this antiquated practice years ago."

Hallazgos Científicos en el Desarrollo del Adolescentes

Entre los Amici Curia sometidos al Tribunal Supremo federal se encuentra uno sometido por diferentes organizaciones médicas en conjunto. Éstas expusieron en su memorando de derecho el siguiente argumento: "La mente de los adolescentes trabaja diferente a la nuestra. Los padres lo saben. Este Tribunal lo ha dicho. La legislatura lo ha asumido por décadas o más. Ahora, nueva evidencia científica arroja luz a las diferencias".

En este memorando basado en evidencia científica, la defensa recalca que los adolescentes como grupo, aún a la edad de dieciséis o diecisiete, son más impulsivos que los adultos, subestiman los riesgos y sobrevalúan los beneficios a corto tiempo. Nos dice además que son más susceptibles a la tensión, más volátiles emocionalmente y menos capaces de controlar sus emociones que los adultos. En resumidas cuentas, concluye que no se puede esperar que el adolescente medio actúe con el mismo control y previsión que un adulto maduro. En el mismo escrito se discute que la explicación científica a estas diferencias es de carácter anatómico, toda vez que el cerebro de los adolescentes, específicamente las áreas asociadas al control de impulsos, regulación de las emociones, la evaluación del riesgo y el razonamiento moral no alcanza un estado totalmente maduro hasta después de los dieciocho años. Estas deficiencias se refuerzan con factores como la tensión, la emoción y la presión de grupo.

La discusión de este tema en el memorando nos lleva a las observaciones que los científicos han hecho a través de sofisticadas técnicas de imágenes, usualmente a través de los estudios de resonancia magnética, que han revelado lo siguiente:

a. los adolescentes dependen para ciertas tareas más que los adultos en el área del cerebro asociada a impulsos primitivos de agresión, coraje y miedo, contrario a los adultos, que procesan esta información a través del área del cerebro asociada al control de impulsos y buen juicio.

b. Las regiones del cerebro asociadas al control de impulsos, asunción de riesgos y razonamiento moral son las últimas en desarrollarse en la adolescencia tardía.

Estos hallazgos describen al adolescente promedio, aquellos que han sufrido teniendo además, trauma cerebral, familias disfuncionales, violencia o abuso no pueden medirse bajo este estándar.

Entre los investigadores que han estudiado el funcionamiento del cerebro en los adolescentes se encuentra la doctora Deborah Yurgelun-Todd, directora de neuropsicología y neuroimagen cognoscitiva del Mclean Hospital en... Massachusetts. Esta doctora, considerada una autoridad en la materia, en su más reciente estudio sugiere que el cerebro de los adolescentes trabaja de manera distinta al de los adultos cuando procesan información emocional de un estímulo externo. En una entrevista se le preguntó a la doctora Yurgelun-Todd qué le decía su estudio acerca de los adolescentes, a lo que contestó, "una de las implicaciones de mi trabajo es que el cerebro está respondiendo diferente al mundo externo en los adolescentes comparado con los adultos. En particular con la información emocional, el cerebro de los adolescentes pueden estar respondiendo más con una reacción de la entrañas que con una respuesta más pensada. Si ese es el caso, entonces una de las cosas que puede esperarse es que tendrás una respuesta de comportamiento impulsiva, en lugar a una respuesta necesariamente pensada o medida". A la doctora se le preguntó también en cuanto al riesgo asumido por los adolescentes, a lo cual explicó que "los adolescentes no están pensando sobre las consecuencias de su comportamiento, lo cual lleva a creer que son más impulsivos porque no están preocupados acerca de si lo que están haciendo tiene o no consecuencias negativas".

La Ciencia y *Roper v. Simmons*

Durante el proceso judicial de *Roper v. Simmons*, en el Tribunal Supremo Federal, neurólogos, psiquiatras y profesores de las más prominentes universidades estadounidenses expresaron su opinión a favor y en contra de excluir a los menores de dieciocho años de la pena de muerte.

Algunos argumentos a favor fueron que el cerebro del adolescente funciona fundamentalmente en diferentes formas al del adulto, que la información recopilada en cuanto a este extremo crea una duda razonable en cuanto a que un adolescente pueda ser hallado culpable por un crimen en la extensión en que se encuentra a un adulto, y que el cerebro alcanza su madurez entre los veinticinco y veintiséis años. Por otro lado, algunos investigadores señalan que no existe evidencia que relacione específicamente las características de los cerebros de los adolescentes con alguna condición legal relevante como incapacidad de ejercer un juicio moral o inhabilidad para controlar impulsos asesinos, que la información recopilada en cuanto al cerebro no demuestran que los adolescentes típicamente tengan disminuida la capacidad legal para los crímenes y que debe considerarse el contexto cultural.

Aún cuando estos estudios científicos, según alegan algunos, no están del todo sustentados y esto debido en parte a que los estudios del cerebro humano están en una etapa inicial donde queda mucho por descubrir, sin duda deben ser considerados en el sistema legal. Después de todo, estos estudios confirman lo que muchos profesionales en los campos de la medicina, la educación, la psicología y en especial los padres habían reconocido en cuanto a la falta de capacidad en los adolescentes.

El profesor de derecho, Robert E. Shepperd, Jr., de la Universidad de Richmond en Virginia, concluye que "el entendimiento de las razones neurológicas de cómo funcionan los adolescentes en la sociedad y en el sistema legal es importante para aquellos abogados que representan adolescentes en los tribunales juveniles o de familia o en el sistema criminal de justicia. También puede ser importante comunicar esta información a otros en el curso de los procedimientos legales que envuelven a estos jóvenes". El profesor Shepperd opina que estos jóvenes son menos culpables de lo que son enjuiciados y que son inherentemente más vulnerables a los procesos de investigación policíaca, juicio y sentencia. Además, indica que "las técnicas ampliamente utilizadas en encuentros con la policía combinada con la vulnerabilidad neurológica y psicológica de los adolescentes los llevan a consentir a la intrusión de la policía con su libertad y acceder a interrogatorios que los llevan a falsas confesiones que resultan en la convicción de inocentes". El profesor alerta, además, que "hay una gran necesidad de cautela en admitir evidencia incautada en registros o confesiones consentidas que se obtengan con las advertencias de Miranda o sin ellas y sobre todo aquellas confesiones que se hagan sin el beneficio de abogado".

Es importante resaltar que el factor de la juventud ha sido utilizado como agravante por el ministerio público. Utilizando la juventud del acusado intentan presentarlo como un monstruo en potencia menospreciando no solo la posible capacidad de rehabilitación sino también la incapacidad mental de los menores. El profesor de derecho, Victor L. Streib de la Universidad de Ohio, plantea que "el más obvio factor mitigante en los homicidios cometidos por menores es la juventud del ofensor". En su escrito cita la opinión disidente de la Juez O'Connor, quien señala que "el aparente intento de utilizar la juventud del peticionario como una circunstancia agravante es problemático. . .". Este tipo de problema responde sin duda a la inacción del poder legislativo en cuanto a algunas áreas relacionadas a los menores. Por un lado, los menores no están capacitados para ingerir bebidas alcohólicas, votar y entrar en contratos pero, por el otro, sí están capacitados para responder como adultos y ser sentenciados a sanciones que coartan toda probabilidad de rehabilitación o arrepentimiento por actos cometidos debido a sus deficiencias neurológicas y psicológicas. El profesor Streib culmina su artículo diciendo que "el mero factor de su juventud nos debe dar mayor esperanza de que ellos girarán sus vidas hacia alternativas positivas contrario a los adultos ya endurecidos".

Cuadro Internacional ante la Pena de Muerte

La comunidad internacional ha adoptado una serie de tratados de derechos humanos que prohíben explícitamente la pena de muerte para los menores de dieciocho años. Dos de los tratados en derechos humanos más importantes son internacionales, otros dos son regionales comprendiendo solamente África y América, individualmente. Los tratados internacionales que establecen esta restricción son la Convención Internacional de Derechos Civiles y Políticos y la Convención de los Derechos del Niño.

La Convención Internacional de Derechos Civiles y Políticos es uno de los tratados de derechos humanos primordiales, siendo adoptado por aproximadamente ciento cincuenta países. Este tratado establece que la pena de muerte no deberá ser impuesta por crímenes cometidos por personas menores de dieciocho años. La Convención de los Derechos del Niño fue ratificada por cerca de ciento noventa y dos países excepto Estados Unidos y Somalia. Ésta establece que ni la pena de muerte ni el encarcelamiento de por vida sin la posibilidad de salir deben ser impuestos por ofensas cometidas por personas menores de dieciocho años. Los tratados regionales, el africano y el americano, han gozado de amplia aceptación en estas regiones. Además de estos tratados, la prohibición se ha extendido a leyes de guerra y a tratados de derecho humanitario internacional.

El Consejo Económico y Social, en su resolución 1984/50, de 25 de mayo de 1984, estableció las Salvaguardias para Garantizar la Protección de los Derechos de los Condenados a la Pena de Muerte aún vigentes.

a. la pena de muerte sólo podrá imponerse en los delitos más graves;

b. excluye de la misma a menores de dieciocho (18) años en el momento de cometer el delito, mujeres embarazadas o que hayan dado a luz recientemente, y las personas que hayan perdido la razón;

c. sólo podrá imponerse cuando la culpabilidad del acusado se base en pruebas claras y convincentes;

d. con un proceso jurídico que ofrezca todas las garantías posibles para asegurar un juicio justo incluyendo la asistencia letrada adecuada en todas las etapas del proceso;

e. el derecho de apelación ante un tribunal de jurisdicción superior;

f. las ejecuciones se harán de forma que se cause el menor sufrimiento posible.

La Amnistía Internacional opina que la exclusión de los menores ofensores de la pena de muerte está tan aceptada en ley y en práctica que se ha convertido en una regla de derecho consuetudinario, una práctica aceptada como ley, obligando a todos los estados independientemente de cuáles tratados hallan o no firmado, excepto aquellos que persistentemente la han objetado. Aquellos países que sentencien o ejecuten a un menor a pena de muerte violan las leyes internacionales en tres formas: (i) violan sus obligaciones bajo los tratados, (ii) violan el derecho consuetudinario, y, (iii) violan una norma perentoria de ley internacional. ...

El Juez Kennedy en *Roper v. Simmons* menciona que "su decisión de que la pena de muerte es un castigo desproporcionado para ofensores menores de 18 años encuentra reafirmación en la realidad de que Estados Unidos es el único país en el mundo que continúa ofreciendo sanción oficial a la pena de muerte juvenil". Este juez consideró el panorama internacional, señalando que el Tribunal Supremo ha hecho referencia a las leyes de otros países y a las autoridades internacionales como instructivas en la interpretación de la prohibición contra castigos crueles e inusitados de la Octava enmienda.

Conclusión

Roper v. *Simmons* representa un paso adicional en la extinción de la pena de muerte en los Estados Unidos. Reconocemos que el camino para la total extinción de esta grave sanción en los Estados Unidos aún es arduo. Sin embargo, a través de las organizaciones que se oponen a este castigo, de la concientización de la comunidad jurídica en general y de la continua realización de artículos referentes a este tema se logrará cambiar la percepción de que esta sanción es una solución a los problemas sociales que nos aquejan. Una vez esta percepción cambie habrán cambiado a su vez los estándares evolutivos de decencia de la sociedad en madurez que permitirán al Tribunal Supremo federal declarar inconstitucional la pena de muerte por ser un castigo cruel e inusitado prohibido por la Octava enmienda de la Constitución de los Estados Unidos.

Pueblo de Puerto Rico v. Juan Martínez Cruz c/p Juan Martínez
2005 WL 3144169 TCA

Tribunal de Apelaciones, San Juan, Puerto Rico, EL 17 de octubre de 2005.

Comparece el Procurador General de Puerto Rico y nos solicita que revoquemos la Resolución del Tribunal de Primera Instancia,... en la cual la extradición de Juan Martínez Cruz (en adelante recurrido) al estado de

Pennsylvania se condicionó a que no se solicitase la imposición de la pena de muerte de ser encontrado culpable por los cargos que se le imputan.

Por los fundamentos que expondremos a continuación, confirmamos la Resolución recurrida.

I. El 20 de septiembre de 2002 el Tribunal de Distrito de los Estados Unidos para el Distrito de Pennsylvania, expidió una orden de arresto en contra del recurrido, por alegada violación de la sección 1073 del Título 18 del United States Code. A éste se le imputa haberse fugado hacia el estado de Carolina del Norte y posteriormente hacia la Isla de Puerto Rico para evitar ser procesado por asesinato y otros delitos. No fue hasta el 26 de febrero de 2003 que se presentó ante el Tribunal de Primera Instancia (en adelante TPI),... querella por el Agente Richard Carrera Gutiérrez, por la cual [se] determinó causa probable para el arresto y fianza por la cantidad de $100,000.00, siendo el recurrido ingresado a la penitenciaria por no haber podido prestar dicha fianza.

El 3 de junio de 2003 el Gobernador de Pennsylvania, Hon. Edward G. Rendell, presentó Petición de Extradición ante el Gobierno del Estado Libre Asociado de Puerto Rico (en adelante ELA) para que se extraditara el recurrido hacia su jurisdicción, de manera que se iniciara el procedimiento en su contra por los cargos de asesinato, conspiración y posesión ilegal de armas. En virtud de la referida petición de extradición,... el 17 de junio de 2003 el Gobernador Interino del ELA en esa fecha... procedió a ordenar la extradición y entrega del recurrido. ...[L]a defensa del recurrido presentó Solicitud de Hábeas Corpus, en la cual se planteó que al recurrido se le acusa de un delito que en el estado de Pennsylvania podría acarrear la pena de muerte, y que al estar prohibida por la Constitución del ELA dicha condena, se violaría la misma en caso de que fuese trasladado a dicha jurisdicción. En contraposición, el Ministerio Fiscal planteó que la Constitución del ELA no era de aplicación en el caso de autos, sino que únicamente aplicaba la Cláusula de Extradición de la Constitución de Estados Unidos....

El TPI... ordenó la extradición del recurrido hacia Pennsylvania, pero con la condición que si en su día fuera hallado culpable, no le sea impuesta la pena de muerte. De dicha sentencia recurre ante nos el Procurador General vía recurso de certiorari, y plantea que:

Erró el Tribunal de Primera Instancia al no resolver la controversia exclusivamente a base de la Ley Federal de Extradiciones y la Ley Uniforme de Extradición Criminal de Puerto Rico, con arreglo a las cuales procedía declarar con lugar la demanda de extradición y sin lugar el recurso de hábeas corpus, independientemente de la aplicación a Puerto Rico de la Cláusula Constitucional de Extradición en la Constitución de los Estados Unidos.

II. Mediante el Tratado de París, firmado el 10 de diciembre de 1898, Puerto Rico fue cedido a los Estados Unidos de América. El Artículo 2 de dicho Tratado reza así:

"Puerto Rico, Indias Occidentales, Guam España cede a los Estados Unidos la Isla de Puerto Rico y las demás que están ahora bajo su soberanía en las Indias Occidentales, y la Isla de Guam en el archipiélago de las Marianas o Ladrones"

Por su parte, el Artículo 9 señala que:

"Los derechos civiles y la condición política de los habitantes naturales de los territorios aquí cedidos a los Estados Unidos, se determinarán por el Congreso".

Transcurridos los años, el Congreso de los Estados Unidos proclamó la Ley 600, en la que reconoció el derecho del pueblo de Puerto Rico a tener un gobierno propio y lo autorizó a crear su propia Constitución. Luego de un arduo y laborioso proceso de redacción realizado por los miembros de la Convención Constituyente, se presentó ante el Congreso la Constitución del ELA, la cual fue aprobada por éste el 3 de julio de 1952... Inmediatamente, la Convención Constituyente procedió a realizar las sesiones pertinentes para aprobar las condiciones estipuladas por el Congreso, entrando así en vigor la Constitución el 25 de julio de 1952...

En cuanto a [la versión final de] la Constitución, no hubo objeción alguna por parte del Congreso de los Estados Unidos.

Una vez enmendada y puesta en vigor la Constitución, ésta se convirtió en la Ley Suprema de Puerto Rico y cualquier ley sobrevive tan sólo en cuanto es compatible con aquella. .....

III. Inicia la Constitución del ELA [con un] Preámbulo....

Dentro de los derechos allí consagrados encontramos el derecho a la vida. La sección 7 del Artículo II reconoce como derecho fundamental del ser humano el derecho a la vida y, a su vez, prohíbe el uso de la pena de muerte. La prohibición de dicha pena responde a la convicción firme de que dicha pena, lejos de constituir la ejemplaridad y el escarmiento que algunos pretenden, estimula la satisfacción de sentimientos sádicos sin disminuir en lo más mínimo, según la experiencia universal demuestra, el número o frecuencia de delitos capitales. Ni desde un punto de vista teórico, ni tampoco por consideraciones prácticas, es recomendable. Al eliminarla por precepto constitucional, se expresa la posición moral del pueblo puertorriqueño acerca del valor inviolable de la vida humana.

"Desde hace muchos años se vienen ejecutando personas en nombre de la justicia sin que semejante tropel de muerte y sangre haya demostrado que tiene el menor sentido disuasorio. Ni como argumento profiláctico, ni como elemento correctivo, ni como factor ejemplarizante, la también llamada pena capital ha demostrado eficacia alguna."

"Que no es disuasoria lo demuestra la práctica en dos países: en Rusia y en Estados Unidos, ambos con pena capital, el índice de criminalidad es de los mayores en el mundo. No existe un solo estudio científico que demuestre que la existencia de la pena de muerte es un método efectivo de disuasión del delito."....

Las cifras más recientes de criminalidad recopiladas en países donde no existe la pena capital no demuestran que la abolición haya producido efectos negativos. En Canadá, por ejemplo, el índice de homicidios por cien mil (100,000) habitantes descendió del nivel máximo del 3.09 en 1975, año anterior a la abolición de la pena de muerte para el delito de asesinato, al 2.41 en 1980, y desde entonces ha descendido aún más. En 2003, veintisiete (27) años después de la abolición de la pena capital, el índice de homicidios era del 1.73 por cien mil (100,000) habitantes, un cuarenta y cuatro por ciento (44%) inferior al de 1975, y el más bajo en tres décadas....

[B]ajo el Derecho Internacional cuando un Estado solicita a otro la extradición de una persona para que sea procesada criminalmente, se activan una serie de derechos y garantías que le protegerán durante todo el proceso de extradición e inclusive de que sea extraditado cuando en el Estado solicitante sea de aplicación la pena de muerte.

La Convención contra la Tortura y Otros Tratos o Penas Crueles, Inhumanos o Degradantes del 26 de junio de 1987 estableció en su Artículo 3 que ningún Estado parte procederá a la expulsión, devolución o extradición de una persona a otro Estado cuando haya razones fundadas para creer que estaría en peligro de ser sometida a tortura. ....

Dentro de los Estados que han ratificado la referida convención, encontramos a los Estados Unidos. Este último ratificó la convención el 21 de octubre de 1994.

En el Pacto Internacional de Derechos Civiles y Políticos del 23 de marzo de 1976, se dispuso en el Artículo 6 que "el derecho a la vida es inherente a la persona humana. Este derecho estará protegido por ley. Nadie podrá ser privado de la vida arbitrariamente". Es necesario aclarar que dicho Pacto no crea derechos. Es por ello que ante la necesidad de tener un instrumento internacional por medio del cual los países se obligarán a eliminar la pena de muerte, y considerando que la abolición de la pena de muerte contribuye a elevar la dignidad humana y desarrollar progresivamente los derechos humanos, se procedió a extender el alcance del Pacto antes mencionado mediante el Segundo Protocolo Facultativo del Pacto Internacional de Derechos Civiles y Políticos destinado a abolir la pena de muerte. En el Artículo 1 del mismo se estableció que "no se ejecutará a ninguna persona sometida a la jurisdicción de un Estado Parte en el presente Protocolo. Cada uno de los Estados Partes adoptará todas las medidas necesarias para abolir la pena de muerte en su jurisdicción."

Debemos indicar que Estados Unidos ratificó el Pacto Internacional de Derechos Civiles y Políticos el 8 de junio de 1992, más aún no ha ratificado el Segundo Protocolo Facultativo destinado a abolir la pena de muerte.

Sin embargo, a pesar de que el Pacto ratificado por Estados Unidos no crea derechos, a la luz de lo expresado por el Tribunal Supremo de los Estados Unidos en el caso Roper v. Simmons, debe entenderse que en casos en los cuales esté en controversia la aplicación de la pena de muerte es legítimo mirar la opinión internacional junto con los instrumentos internacionales que versen sobre la aplicación de dicho castigo. El Juez Kennedy, en su opinión mayoritaria, señaló que en efecto la sociedad se ha movido hacia limitar la aplicación de la pena de muerte. Aun cuando la percepción internacional sea persuasiva, contribuye al aclarar los valores que permean en nuestra sociedad actual. "The opinion of the world community, while not controlling our outcome, does provide respected and significant confirmation for our own conclusions".

IV. Sabido es que nuestra Constitución fue aprobada por el Congreso de los Estados Unidos, y que ella claramente establece la prohibición a la pena de muerte, sin que hubiese objeción a dicha disposición. Aún cuando existiera en esta jurisdicción dicha pena en épocas anteriores, la misma fue erradicada totalmente de nuestro sistema jurídico gracias a la evolución de esta sociedad y a los grandes redactores de nuestra Constitución, progresistas favorecedores de los derechos del hombre. Por ello, en el Preámbulo de nuestra Constitución se hizo un compromiso en aras de asegurar para nosotros y nuestra posteridad el goce cabal de los derechos humanos.....

Este Tribunal en cumplimiento con su función protectora de la Constitución y de las leyes, con respeto a la vida del ser humano y en ánimo de hacer justicia, no puede revocar la decisión del TPI, y más aún cuando el derecho que cobija al recurrido proviene de nuestra Ley Suprema.

Ahora, esto no significa que se esté pasando por alto lo establecido por el Tribunal Supremo de los Estados Unidos en cuanto a la extradición. Recordemos que en el presente caso sí se realizará la extradición, pero con una condición. ...El presente caso no se trata de una limitación caprichosa, ni de pretender variar el derecho penal del estado de Pennsylvania o ir por encima de la Ley Federal de Extradición. Aquí se procura proteger el derecho a la vida de un puertorriqueño, al cual ni tan siquiera está claro en el récord que se le hayan radicado cargos por las alegadas violaciones al Código Penal de dicha jurisdicción. ...

Tampoco se está solicitando a Pennsylvania que quebrante sus leyes, pues su Código Penal le concede un grado de discreción al estado para elegir el tipo de pena que le será impuesta a un convicto de asesinato. Dicho Código Penal indica que *"a person who has been convicted of a murder of the first degree shall be sentenced to death or to a term of life imprisonment"*. Como surge del texto anteriormente transcrito, no está establecida una pena única, sino que al menos concede alternativas....

Nuestra Constitución, cuerpo de normas supremas que se impone a la legislación ordinaria, otorga a la Rama Judicial amplios poderes para examinar actuaciones alegadamente inconstitucionales del Poder Legislativo o Ejecutivo al amparo de la relación dinámica de la separación de poderes. Precisamente, en el caso de autos la acción del Gobernador de Puerto Rico de extraditar al recurrido al estado de Pennsylvania sin la condición de que no se le imponga la pena capital, redundaría en la violación de la Carta de Derechos de nuestra Constitución. Por tanto, al sí estar facultados para revisar la presente acción, no le asiste la razón al Procurador General al plantear que este Foro no tiene jurisdicción para dilucidar aspectos relacionados con la pena a la que podría estar sujeto el recurrido.

El derecho a la vida no es un concepto abstracto ni una mera aspiración internacional, es un derecho integrado en nuestra Carta de Derechos. Por ende, es menester de la Rama Ejecutiva actuar conforme a dicha disposición constitucional cuya verdadera raíz proviene del sentir del pueblo puertorriqueño.

Así como no es un concepto abstracto para nosotros, no lo es para los Estados Unidos. A pesar de que en la Carta de Derechos de su Constitución no se incluyó dicho derecho, los Estados Unidos han ratificado tratados y pactos internacionales que promueven el respeto a la vida de todos los seres humanos. Y según surge de nuestra discusión sobre el derecho internacional, los tratados ratificados por los Estados Unidos aplican tanto a ellos como a todas sus jurisdicciones. En consecuencia, el ELA que por su relación constitucional con los Estados Unidos constituye una de sus jurisdicciones, y no habiendo sido una jurisdicción excluida de los tratados ratificados sobre el derecho a la vida y la pena de muerte, le son de aplicación los mismos.

Por último, tampoco le asiste la razón al Procurador General en su argumento de que el recurrido no puede solicitar que se proteja su derecho a la vida por medio de un auto de hábeas corpus. No podemos pasar por alto que este es el único mecanismo provisto por las leyes en el que el recurrido puede válidamente atacar su extradición.

V. Por los fundamentos antes expuestos, se expide el auto de certiorari y se confirma al Tribunal de Primera Instancia.

F. EL PROCESO PENAL: LA APELACIÓN

Las personas que han sido condenadas a penas de encarcelamiento u otras disfrutan del derecho de apelación y la mayoría de los fallos impresos que tenemos a nuestra disposición, y que forman la base del sistema de precedentes en el cual se llevan a cabo los procedimientos jurídicos, disponen de las apelaciones hechas sobre una multiplicidad de bases legales.

Las apelaciones pueden tener resultados diferentes que llevan o bien a la modificación de la condena, o a un juicio nuevo, o a la exoneración. La mayor parte de las apelaciones no tienen los resultados que busca el apelante.

Apelación y Recursos Después de la Condena

Guía Sobre los Procesos Penales en los Estados Unidos, Organización de los Estados
Americanos (OEA)

La Constitución no le garantiza el derecho de apelar a quien ha sido declarado culpable, pero todas las jurisdicciones permiten por lo menos una apelación como derecho y muchos estados tienen dos niveles de tribunales de apelación y dos niveles de apelación. En el segundo nivel de apelación, en algunas jurisdicciones, el tribunal tiene discreción para conocer únicamente las causas que escoja. Debido a la garantía de excepción de cosa juzgada, el fiscal no puede apelar un veredicto de inocencia. Por tanto, la sentencia absolutoria se mantiene aunque esté basada en un error insigne del juez al interpretar la ley o en una determinación incomprensible de los hechos por parte del juez o el jurado.

Una vez que el transgresor ha agotado sus apelaciones ante el tribunal de un estado, puede presentar una petición de "habeas corpus" ante el tribunal del distrito federal (de primera instancia) en la que alegue que el estado, al mantenerlo recluido, viola sus derechos legislados o constitucionales garantizados por el gobierno federal. (Los reclusos federales también pueden presentar ante los tribunales federales peticiones de reparación posteriores a la condena, por ejemplo, en casos en que nuevas pruebas, que no habrían podido ser descubiertas antes del juicio, demuestran su inocencia). El derecho de habeas corpus está garantizado por la Constitución y su cumplimiento por una ley federal. En algunas circunstancias limitadas, el transgresor que no tuvo éxito en su primer intento de habeas corpus puede presentar peticiones adicionales de habeas corpus al argumentar que han ocurrido otras violaciones constitucionales.

Libertad Vigilada, Absolución y Conmutación

Tradicionalmente las juntas que deciden la libertad vigilada han tenido una función importante en que se libera a los prisioneros. Todos los estados tienen sus juntas de libertad vigilada cuyos miembros son nombrados por el gobernador. Estas juntas usualmente son componentes de una agencia principal de libertad vigilada que supervisa a los transgresores cuando salen de la cárcel. La ley de cada estado establece cuando un prisionero llena los requisitos de libertad vigilada, de tal manera que existe una variación considerable entre los estados.

En un sistema penal en el que el juez sólo especifica una sentencia máxima, el prisionero podría llenar los requisitos de libertad vigilada, por ejemplo, después de cumplir una tercera parte de la sentencia. Los miembros de la junta de libertad bajo palabra usualmente realizan entrevistas breves en la prisión con el posible candidato. En general la junta está interesada en la adaptación del recluso en la prisión, pero, invariablemente considerará los hechos relativos al delito así como los antecedentes penales previos de éste.

Por último, los gobernadores de los estados están facultados para perdonar o conmutar las sentencias dictadas en sus respectivos estados. El presidente de Estados Unidos tiene una potestad similar con respecto a transgresores dentro del ámbito federal. A menudo las leyes contemplan el nombramiento de una junta de perdón, que estudia las peticiones, realiza las investigaciones y formula recomendaciones positivas al jefe ejecutivo. Con frecuencia se insta a los gobernadores, especialmente de los estados donde abunda la pena capital, a que conmuten las sentencias de muerte. A diferencia de muchos otros países, la amnistía general no forma parte del Derecho o de la tradición estadounidenses.

Siguen cuarto fallos, todos de las cortes de Puerto Rico. En ellos, el Tribunal enfrenta varios problemas en el procedimiento penal que los apelantes alegan merecen un cambio en su estado de prisionero. En estos casos el estudiante podrá seguir de cerca el razonamiento judicial en torno a cuestiones de profundo significativo para los apelantes.

Pueblo de Puerto Rico v. Waldemar Fernández Rodríguez

2011 TSPR 188, 183 DPR ____

Tribunal Supremo de Puerto Rico, San Juan, Puerto Rico, el 9 de diciembre de 2011.

Este recurso nos presenta la oportunidad de examinar la imbricación inexorable del privilegio abogado-cliente con el deber ético de confidencialidad que todo abogado le debe a sus clientes y el derecho constitucional a no auto incriminarse que posee toda persona imputada de delito. En específico, debemos resolver si determinada información que vincula al peticionario con conducta delictiva -ofrecida a un agente del orden público por su abogado- constituye materia privilegiada inadmisible en evidencia; o, por el contrario, si dicha información es admisible por razón de una renuncia al privilegio y al derecho a no incriminarse. Veamos.

I. El caso que nos ocupa tiene su génesis en un doble asesinato ocurrido el 1 de noviembre de 2006, en el Barrio Venezuela de Río Piedras. Se desprende del legajo, que en horas de la tarde de ese día Waldemar Fernández Rodríguez acudió al Cuartel General de la Policía (en adelante, Cuartel General) en compañía de su abogado, Lcdo. Luis Carbone, y de su amigo, también abogado, el Lcdo. Ovidio Zayas. Una vez en el Cuartel General, el señor Fernández Rodríguez, el licenciado Carbone y el licenciado Zayas fueron entrevistados por el Sargento José Curbelo Muñiz, adscrito a la División de Homicidios.

A preguntas del sargento Curbelo el licenciado Carbone expresó que en ese momento su cliente no emitiría declaración alguna sobre los hechos, pero que posteriormente sí lo haría. Consecuentemente, el sargento Curbelo le leyó las advertencias de ley al señor Fernández Rodríguez y éste las firmó en presencia de su abogado. Luego, el señor Fernández Rodríguez fue puesto en una celda bajo la custodia de otros agentes. Acto seguido, el sargento Curbelo se reunió aparte y a solas con el licenciado Carbone para indagar sobre el arma con que alegadamente se habían cometido los asesinatos.

A raíz de la investigación de los hechos, se presentaron sendas denuncias contra el peticionario. El 3 de enero de 2007 se celebró la vista al amparo de la Regla 6 de Procedimiento Criminal. El peticionario estuvo representado por varios abogados, entre ellos el licenciado Carbone. Éstos no objetaron el testimonio en cuestión del sargento Curbelo. Escuchada la prueba, se determinó causa probable para arresto contra el señor Fernández Rodríguez.

Luego de varias suspensiones, la vista preliminar comenzó el 25 de mayo de 2007, y se extendió por varios meses. ...

...[E]l Ministerio Público presentó como parte del desfile de prueba siete testigos, entre los que figuró el sargento Curbelo. Éste declaró que el día 1 de noviembre de 2006, como a las 5:00 p.m., escuchó por radio que hubo una muerte violenta en la barriada Venezuela de Río Piedras, por lo que se personó al lugar. Estando en la escena, fue instruido para que acudiera al Cuartel General debido a que allí se encontraba una persona relacionada a los hechos acaecidos acompañado de dos abogados. El testigo añadió que en el Cuartel General entrevistó al licenciado Carbone y que éste le indicó que representaba al señor Fernández Rodríguez. Específicamente, señaló que el licenciado Carbone le expresó que el señor Fernández Rodríguez no haría declaración alguna en ese momento ya que estaba muy nervioso y que posteriormente ofrecería una declaración completa de los hechos ocurridos.

El sargento Curbelo declaró, además, que con posterioridad a que el licenciado Carbone le informara que su cliente guardaba relación con los hechos ocurridos en la barriada Venezuela, ellos tres (el señor Fernández Rodríguez, el licenciado Carbone y él) se ubicaron en una oficina del cuartel para hacerle las advertencias de ley al imputado. Así, señaló que el señor Fernández Rodríguez leyó las advertencias de rigor y las firmó en presencia de su abogado. Continuó narrando que el señor Fernández Rodríguez fue puesto bajo la custodia de otro agente en un lugar distinto a la oficina donde se encontraban, por lo que procedió a entrevistar a solas al licenciado Carbone.

Así las cosas, el sargento Curbelo declaró que durante la entrevista el licenciado Carbone manifestó que su cliente estaba siendo extorsionado por los occisos desde hacía un tiempo. De inmediato, el sargento Curbelo le inquirió al licenciado Carbone sobre la localización del arma de fuego utilizada para cometer los asesinatos, a lo que éste contestó que estaba tirada en una jardinera de una casa aledaña al área de los hechos. Con esa información, el sargento Curbelo procedió a llamar a la agente Daliza Ortiz Claudio, quien se encontraba en la escena del crimen. Una vez estableció comunicación con la agente, el sargento Curbelo le pasó el teléfono al licenciado Carbone para que éste le explicara a la agente Ortiz Claudio los detalles sobre la ubicación exacta del arma. Al no poder localizar el cargador ni las municiones, pero sí el arma de fuego, la agente Ortiz Claudio llamó de vuelta al sargento Curbelo para explicarle lo sucedido. Así, el sargento Curbelo la comunicó nuevamente con el licenciado Carbone y éste le indicó a la agente dónde estaban el cargador y las municiones.

En su contrainterrogatorio, el sargento Curbelo reconoció que la información abogado-cliente es de naturaleza privilegiada. De igual forma, a preguntas de la defensa, indicó que una vez le hizo las advertencias de ley al señor Fernández Rodríguez no le preguntó si iba a emitir una declaración ya que el licenciado Carbone le había dicho expresamente que su cliente no iba a hacer manifestación alguna porque se encontraba muy nervioso. Asimismo, el testigo añadió que a su entender el señor Fernández Rodríguez no había hecho renuncia alguna a su privilegio abogado-cliente, como tampoco autorizó al licenciado Carbone a que declarara por él. Finalmente, durante su contrainterrogatorio, el sargento Curbelo admitió que no le preguntó al señor Fernández Rodríguez si renunciaba a sus derechos constitucionales y que éste no había autorizado al licenciado Carbone a divulgarle información privilegiada.

En consecuencia, el señor Fernández Rodríguez solicitó que se suprimiera el testimonio del sargento Curbelo, así como la evidencia ocupada. En apoyo de su petitorio, el imputado adujo que el testimonio del sargento Curbelo era inadmisible debido a que era producto de una declaración confidencial que él le hizo a su abogado, que esta declaración era de naturaleza privilegiada y que estaba cobijada por el privilegio abogado-cliente. También alegó, que el arma y las municiones ocupadas constituían frutos del árbol ponzoñoso pues su descubrimiento fue producto directo de una conversación privilegiada.

Luego de diversos trámites procesales, el Tribunal de Primera Instancia emitió una resolución mediante la cual descalificó al licenciado Carbone como abogado del señor Fernández Rodríguez y lo citó para que compareciera como testigo a la vista de supresión de evidencia. Además, el foro primario citó como testigo al licenciado Zayas, quien estuvo presente en ciertas conversaciones entre el licenciado Carbone y el imputado Fernández Rodríguez. Todo ello en aras de escudriñar adecuadamente la solicitud de supresión del testimonio del sargento Curbelo.

Así, pues, el Tribunal de Primera Instancia celebró una vista de supresión de evidencia en la que testificaron el licenciado Carbone y el licenciado Zayas, entre otros. En esencia, el licenciado Carbone negó haber informado al sargento Curbelo sobre la localización del arma, cargador y municiones debido a que no estuvo en el lugar de los hechos y desconocía totalmente esta información. Por su parte, el licenciado Zayas testificó, en lo pertinente, que el 1 de noviembre de 2006 acompañó al señor Fernández Rodríguez al Cuartel General en calidad de amigo y no como su abogado.

Culminada la vista de supresión de evidencia, el Tribunal de Primera Instancia dictó dos resoluciones. En la primera de ellas, el foro primario declaró *no ha lugar* la moción de supresión de evidencia presentada por el señor Fernández Rodríguez. En el referido dictamen, el tribunal de instancia señaló que no le confirió credibilidad al testimonio del licenciado Carbone ni al del licenciado Zayas porque habían omitido hechos importantes y fueron inconsistentes sus declaraciones.

Cónsono con lo anterior, el tribunal primario sostuvo que no se había violado el privilegio abogado-cliente del señor Fernández Rodríguez. Ello, debido a que su intención siempre fue acudir al Cuartel General para entregarse. A esos efectos, añadió que Fernández Rodríguez compareció acompañado y asesorado por su abogado, el licenciado Carbone; se presentó con la intención de hacer unas declaraciones sobre un doble asesinato que había ocurrido esa misma tarde; y estuvo presente cuando su abogado divulgó la razón para su comparecencia.

De otra parte, en la segunda resolución, el Tribunal de Primera Instancia determinó causa probable para acusar por dos cargos de asesinato.

Subsiguientemente, el Pueblo presentó las acusaciones según autorizadas contra el señor Fernández Rodríguez. El imputado presentó una *Moción de Desestimación*. En su escrito adujo que la determinación de causa probable para acusar fue contraria a derecho debido a que la prueba presentada en la vista preliminar era inadmisible e ilegal por ser producto de información privilegiada, la cual fue confiada por el imputado a su representante legal. Además, señaló que la única prueba que lo ataba a los hechos era el testimonio del sargento Curbelo y, siendo el mismo inadmisible, la determinación de causa probable era contraria a derecho. La Fiscalía presentó su oposición al petitorio de desestimación presentada por el imputado.

Luego el foro primario emitió una resolución en la que denegó la solicitud de desestimación del imputado. En su dictamen puntualizó que aunque el señor Fernández Rodríguez no renunció a su privilegio abogado-cliente, el testimonio del sargento Curbelo era admisible. Ello, debido a que el sargento Curbelo actuó conforme a la doctrina de "autoridad aparente". Es decir, el sargento Curbelo estaba convencido de que el licenciado Carbone estaba autorizado a divulgar [la] información que divulgó. Ciertamente aparentaba tenerla. Las propias actuaciones del licenciado Carbone son las que dan base "a la buena fe de los agentes de la policía y permite llegar a una creencia o conclusión razonable de que la persona que representa tener la autoridad... la tiene".

Inconforme, el imputado presentó un recurso de *certiorari* ante el Tribunal de Apelaciones. El Ministerio Público, por su parte, se opuso oportunamente. Estudiados los argumentos de las partes, el Tribunal de Apelaciones dictó una sentencia y confirmó la resolución recurrida. Sostuvo que la determinación de causa probable para acusar fue conforme a derecho toda vez que el peticionario renunció tácitamente al privilegio abogado-cliente. Ello, pues la prueba desfilada reveló que su intención siempre fue acudir al Cuartel General para entregarse.

Además, el foro apelativo intermedio señaló que el peticionario no objetó oportunamente el testimonio del sargento Curbelo durante la vista de causa probable para arresto. Por esta razón, dicho foro coligió que era innecesario que el Tribunal de Primera Instancia aplicara por analogía la doctrina de "autoridad aparente".

Nuevamente insatisfecho, el imputado presentó una petición de *certiorari* ante este Tribunal. En ella señaló la comisión de los siguientes errores:

Erró el Tribunal de Apelaciones al confirmar la resolución del Tribunal de Primera Instancia denegando la moción de desestimación presentada por el peticionario a pesar de que la determinación de causa probable fue contraria a derecho ya que la misma se basó en prueba que legalmente no era admisible.

Es errada la decisión del foro apelativo intermedio a los efectos de que medió una renuncia implícita al privilegio abogado-cliente porque: el peticionario había comparecido voluntariamente al Cuartel General de la Policía en relación a una investigación de unos hechos delictivos; la información ofrecida por el abogado que lo representó en ese momento no fue compelido a ofrecer la información en relación a dónde se encontraba el arma de fuego sino que brindó voluntariamente y sin coacción tal información; y no invocó oportunamente dicho privilegio en el procedimiento judicial seguido en su contra.

Con el beneficio de la comparecencia de las partes y sus respectivos alegatos, procedemos a resolver.

II. Como es sabido, los privilegios surgen de la Constitución, de la ley, de las Reglas de Evidencia o de las leyes especiales. La Constitución, por un lado, puede crear privilegios, como lo es el que se deriva del derecho contra la autoincriminación. Por otro lado, la Constitución puede limitar -y hasta suprimir- el alcance de un privilegio cuando su aplicación está reñida con un derecho fundamental.

Los privilegios evidenciarios buscan adelantar valores e intereses sociales que por consideraciones de política pública se estiman superiores a la búsqueda de la verdad.

En ese contexto, todo proceso judicial, particularmente el criminal, tiene el fin esencial de descubrir la verdad de lo acontecido, razón por la cual no debe exceptuarse o excluirse la debida exposición de los hechos pertinentes, salvo que exista un interés superior o de mayor jerarquía para la sociedad o para la persona que se interponga a ese fin. Dicho de otro modo, los privilegios, por su naturaleza y función, impiden el descubrimiento de ciertos actos, hechos o comunicaciones por existir intereses en conflicto que intervienen con esa búsqueda exhaustiva de la verdad. Es por ello que los privilegios, contenidos en las Reglas de Evidencia, se interpretan restrictivamente. De ahí que el fundamento de los privilegios sea totalmente independiente de la búsqueda de la verdad. Es decir, se excluye materia privilegiada por razones y consideraciones de política pública, para adelantar valores o intereses sociales ajenos o antagónicos a la búsqueda de la verdad, tan fundamental para la más justa adjudicación de las controversias judiciales.

El Privilegio Abogado-Cliente

Al momento de los hechos delictivos ante nuestra consideración, la Regla 25 de las derogadas Reglas de Evidencia de Puerto Rico encarnaba el privilegio abogado-cliente de la siguiente manera:

(A) Según usadas en esta regla, las siguientes expresiones tendrán el significado que a continuación se indica:

(1) **Abogado:** Persona autorizada o a quien el cliente razonablemente creyó autorizada a ejercer la profesión de abogado; incluye a la persona así autorizada y a sus asociados, asistentes y empleados de oficina.

(2) **Cliente:** Persona natural o jurídica que, directamente o a través de representante autorizado, consulta a un abogado con el propósito de contratarle o de obtener servicios legales o consejo en su capacidad profesional; incluye al incapaz que consulta él mismo a un abogado o cuyo tutor o encargado hace tal gestión con el abogado a nombre del incapaz.

(3) **Comunicación Confidencial:** Aquella comunicación habida entre un abogado y su cliente en relación a alguna gestión profesional, basada en la confianza de que no será divulgada a terceras personas, salvo a aquellas personas que sea necesario para llevar a efecto los propósitos de la comunicación.

(B) Sujeto a lo dispuesto en esta regla, el cliente, sea o no parte en el pleito o acción, tiene el privilegio de rehusar revelar, y de impedir que otro revele, una comunicación confidencial entre él y su abogado. El privilegio puede ser invocado no sólo por el poseedor del privilegio que es el cliente, sino también por una persona autorizada a invocarlo en beneficio de éste, o por el abogado a quien la comunicación fue hecha si lo invoca a nombre de y para el beneficio del cliente.

El privilegio abogado-cliente es el más antiguo de los privilegios que emanan del derecho común.

Desde su génesis, el privilegio abogado-cliente ha protegido el vínculo de confianza de esta relación fiduciaria ya que revelar las confidencias del cliente constituye, no sólo un acto de traición, sino que viola el deber de lealtad del abogado.

En la actualidad, los privilegios tienen un poseedor; esto es, una persona a favor de la cual se crea el privilegio. Ese titular es el que tiene el derecho a invocar el privilegio y de objetar la evidencia que se presenta en violación al mismo.

Así, no sólo son privilegiadas las comunicaciones del cliente al abogado, sino también las hechas del abogado al cliente en el curso del asesoramiento legal. En fin, el privilegio se extiende en ambas direcciones.

De igual forma, "es suficiente con que el cliente razonablemente crea que con quien habla es un abogado, aunque en realidad no lo sea. Si una persona se hace pasar por abogado, sin realmente serlo, y el cliente razonablemente cree que la persona es abogado, las comunicaciones confidenciales son privilegiadas". Para que el privilegio opere, no es necesario que el abogado esté admitido al ejercicio de la abogacía en Puerto Rico, sino basta con que esté admitido en alguno de los Estados de los Estados Unidos.

Acorde con lo expresado, el privilegio abogado-cliente puede ser invocado, no sólo por quien lo posee -el cliente-, sino también por una persona autorizada a invocarlo en beneficio de ésta, o por el abogado a quien la comunicación fue hecha si lo invoca a nombre de y para beneficio del cliente. Se reconoce que el privilegio puede ser planteado por el abogado en beneficio del cliente, hasta tanto se demuestre que el abogado no está autorizado para actuar en tal carácter.

Además, el privilegio abogado-cliente impide al abogado divulgar una comunicación confidencial que le hizo su cliente, y si el abogado le divulga a un tercero la comunicación confidencial, el tercero no podrá testificar sobre ella ante objeción del cliente (poseedor del privilegio) o su representante. No obstante, el abogado sí puede testificar sobre una conversación con una persona que no es su cliente, en cuyo caso no hay comunicación privilegiada alguna protegida por el privilegio. En otras palabras, las manifestaciones que a un abogado haga una persona que no es su cliente, no son privilegiadas, pudiendo dicho abogado declarar en cuanto a las mismas.

En ese sentido, para que un tribunal reconozca la existencia de una comunicación privilegiada es necesario que concurran cuatro condiciones fundamentales, a saber: (1) la comunicación tiene que haberse originado en la confianza de que no será divulgada; (2) este elemento de confiabilidad tiene que ser esencial para mantener plena y satisfactoriamente la relación entre las partes; (3) la relación debe ser una que la comunidad considere debe ser diligentemente promovida; y (4) el perjuicio que causaría la divulgación de la comunicación debe ser mayor que el beneficio obtenido por la correcta disposición del pleito.

Renuncia de los Privilegios

Todos los privilegios, incluyendo los de rango constitucional son renunciables. Una renuncia será voluntaria si es "realizada sin que haya mediado intimidación, coacción o violencia por parte de los funcionarios del Estado en el procedimiento que culmina en la toma de la confesión". Es decir, para que se entienda renunciado un privilegio su dueño o poseedor, debe ser advertido o informado por las autoridades pertinentes, de su derecho al privilegio y de la existencia del mismo.

Interpretación Restrictiva de los Privilegios

La Regla 35 de Evidencia proveía que los privilegios evidenciarios debían interpretarse restrictivamente "en relación a cualquier determinación sobre la existencia de un privilegio".

Esta Curia ha invocado en numerosas ocasiones el concepto de la interpretación restrictiva para limitar el alcance o no permitir la aplicación de un privilegio. La interpretación restrictiva del privilegio, pudiera inclinar la balanza en contra de su reconocimiento. Ahora bien, ante la ausencia de una renuncia expresa es imperativo evaluar la totalidad de las circunstancias, donde se protegen unos derechos constitucionales.

D. Consideraciones Éticas del privilegio y relación Abogado-Cliente: sus implicaciones con el Derecho Constitucional a no auto incriminarse

La relación abogado-cliente es una *sui generis*. Es de naturaleza fiduciaria y está basada en la honestidad, lealtad y fidelidad absoluta. Ello responde, en gran medida, a las inexorables exigencias éticas muy particulares de la profesión legal. Así, esta relación se fundamenta –en gran medida- en el deber de lealtad y de confidencialidad que le debe todo abogado a su cliente. Su fin es utilitario ya que permite que una persona obtenga consejo legal con la confianza de que la comunicación se origina en un supuesto de confidencialidad y que la misma no será divulgada más allá de lo necesario para llevar a cabo sus fines. Esta obligación continúa aun después de haber cesado las relaciones del abogado y cliente.

El abogado tiene el deber de guardar todas las confidencias que recibe de su cliente. De igual modo, "tanto el abogado como terceras personas están obligadas a respetar ese vínculo de lealtad que debe profesar un abogado hacia su cliente mediante el reconocimiento de un privilegio probatorio invocable por el cliente, incluso frente a terceros".

Precisamente, es ese deber de secreto profesional y la necesidad de que las comunicaciones habidas entre el cliente y su abogado no sean divulgadas a terceros, lo que hace que la garantía constitucional a no auto incriminarse también esté encarnada dentro de nuestro esquema probatorio. Ello, pues cuando un abogado divulga información confidencial sin la autorización previa de su cliente, incurre en una de las faltas éticas de mayor gravedad; particularmente en contra de los deberes de lealtad y confidencialidad que debe honrarle a sus clientes. Más aún, si la información divulgada de forma no autorizada incrimina penalmente a su cliente, el abogado, aparte de incurrir en conducta impropia, viola el derecho a la no autoincriminación de su cliente.

Empero, si las circunstancias particulares del caso revelan que el cliente renunció adecuadamente a su derecho a no auto incriminarse y a su privilegio, el abogado no habrá incurrido en conducta impropia alguna.

E. *Quantum* de prueba en la Vista Preliminar y los fundamentos para Desestimación

Conforme nuestro ordenamiento procesal criminal y su jurisprudencia interpretativa, la vista preliminar debe celebrarse en todos los casos de delito grave.

Por su parte, durante la celebración de la vista preliminar el imputado de delito puede presentar prueba a su favor y contrainterrogar a los testigos presentados por el Ministerio Público. De esta forma, si luego de evaluar la prueba desfilada el juez de instancia queda convencido que existe causa probable para acusar al imputado, debe autorizar que se presente la acusación en contra de éste

En este sentido, reiteradamente hemos resuelto que la vista preliminar posee los rasgos de un modelo procesal híbrido que permite evaluar, tanto la validez del arresto, como las probabilidades de que la persona sea culpable del delito grave que se le imputa. No obstante, cabe recalcar que en esta etapa del procedimiento no se hace una adjudicación en los méritos sobre la culpabilidad del imputado.

En consecuencia, la vista preliminar no involucra una adjudicación final en los méritos. Su función no es establecer la culpabilidad del acusado. Más bien, su objetivo es auscultar si, en efecto, el Estado tiene una justificación adecuada para continuar con un proceso judicial en contra del imputado. En esta etapa, la prueba no tiene que evidenciar la culpabilidad del acusado más allá de duda razonable, sino, como mencionáramos, debe probar todos los elementos constitutivos del delito y conectar razonablemente al imputado con la comisión del mismo.

Corolario de esta visión, el Ministerio Fiscal no está en la obligación de presentar toda la evidencia que posea. Sólo se le requiere que presente aquella prueba constitutiva del *quantum* necesario para establecer que existe causa probable sobre todos los elementos del delito y su conexión con el imputado. En fin, la existencia de causa probable en la etapa de la vista preliminar concede la debida autorización al Ministerio Público para presentar la acusación de rigor.

Así, ante una determinación de causa probable para acusar, el remedio exclusivo del acusado lo es solicitar la desestimación del procedimiento celebrado en su contra. En esencia, esta moción le permite al acusado solicitar la desestimación del pliego acusatorio, o cualquier cargo incluido en éste, "cuando no se ha determinado causa probable por un juez u ordenado su detención para responder del delito con arreglo a la ley y a derecho".

Esta moción de desestimación puede ser invocada por dos fundamentos; a saber: (1) la determinación de causa probable es contraria a derecho porque hubo una ausencia total de prueba en la vista preliminar; ó (2) se infringió alguno de los requisitos o derechos procesales que se deben observar en la vista preliminar.

III. En el caso que nos ocupa, el peticionario Fernández Rodríguez aduce que el testimonio del sargento Curbelo es inadmisible en evidencia debido a que fue obtenido en violación al privilegio abogado-cliente y en detrimento de su derecho a no auto incriminarse. A consecuencia de ello, nos solicita que revoquemos la sentencia dictada por el Tribunal de Apelaciones y ordenemos la supresión del referido testimonio y el arma de fuego, municiones y cargador ocupados. Le asiste la razón, en parte.

A. Privilegio abogado-cliente del señor Fernández Rodríguez y la admisibilidad del testimonio del sargento Curbelo

Primeramente, no tenemos duda alguna que entre el peticionario Fernández Rodríguez y el licenciado Carbone existió una relación abogado-cliente. Los documentos contenidos en el expediente judicial, así como las transcripciones de los testimonios del sargento Curbelo y del propio licenciado Carbone, revelan que durante el transcurso de esta relación fiduciaria el señor Fernández Rodríguez le confió al licenciado Carbone la información relacionada con la comisión de los actos delictivos imputados. La comunicación entre el señor Fernández Rodríguez y el licenciado Carbone se originó con la expectativa de que no sería divulgada; ese elemento de confidencialidad jugó un papel esencial para mantener la relación fiduciaria entre las partes; la comunidad claramente considera que esta relación debe ser promovida diligentemente; y el perjuicio que causó la divulgación de la comunicación es palpablemente mayor al beneficio obtenido. Consecuentemente, la comunicación en controversia -y toda la información confiada al licenciado Curbelo- constituye materia privilegiada protegida por el privilegio abogado-cliente.

En segundo lugar, entendemos que las circunstancias particulares de este caso tampoco muestran que el poseedor del privilegio abogado-cliente haya renunciado al mismo. En otras palabras, no se desprende del expediente, como tampoco se presentó prueba alguna, que demuestre que el señor Fernández Rodríguez renunció a su privilegio abogado-cliente. Al contrario, las mociones y recursos presentados, al igual que la prueba desfilada ante el Tribunal de Primera Instancia, demuestran que en ningún momento el señor Fernández Rodríguez divulgó la información confidencial a un tercero ajeno a la relación abogado-cliente.

Por ello, entendemos que el Tribunal de Apelaciones erró al concluir que la intención y el comportamiento del señor Fernández Rodríguez constituyó una renuncia implícita a su privilegio abogado-cliente. Esa línea de razonamiento no toma en consideración los antecedentes fácticos particulares del caso de marras. Nos explicamos.

El expediente judicial sostiene que al llegar al Cuartel General, el licenciado Carbone expresó que el señor Fernández Rodríguez no emitiría declaración alguna sobre los hechos acontecidos porque se encontraba muy nervioso, pero que posteriormente sí lo haría. Asimismo, resulta importante puntualizar que en el momento preciso en que el licenciado Carbone le divulgó la información privilegiada al sargento Curbelo ya se le habían leído las advertencias al señor Fernández Rodríguez y éste se encontraba en otro lugar, o sea, en una celda bajo la custodia de otros agentes del orden público. Además, del propio testimonio del sargento Curbelo se desprende que el señor Fernández Rodríguez no autorizó al licenciado Carbone a que emitiera declaración alguna a su nombre.

El hecho de que durante la vista de determinación de causa para arresto la representación legal del imputado no haya objetado el testimonio del sargento Curbelo, no significa que ante las circunstancias presentes el imputado haya renunciado al privilegio abogado-cliente. Tampoco implica que el propio imputado, quien es el poseedor del privilegio, haya renunciado por no objetar una parte específica del testimonio. Si bien el privilegio abogado-cliente no tiene rango constitucional, en situaciones particulares como la presente tal privilegio se encuentra interrelacionado con el derecho constitucional a la no autoincriminación. Resultaría en una injusticia exigirle a un ciudadano conocimiento sobre materia evidenciaria y sobre la forma de levantar una objeción correcta, que sea oportuna y que esté fundamentada, como condición para el reconocimiento de sus derechos en aquellas instancias en que goza de una representación legal. Como sabemos, en el caso de autos el imputado contó con representación legal y, por lo tanto, sería incorrecto colegir que al no haber objetado él mismo, permitió la divulgación de información privilegiada.

Cónsono con lo anterior, resulta forzoso colegir que el señor Fernández Rodríguez no renunció implícitamente a su privilegio abogado-cliente. Aquí, los actos del cliente (señor Fernández Rodríguez), en unión a las circunstancias particulares presentadas, no apoyan otra conclusión. En consecuencia, el foro apelativo intermedio incidió al concluir que el testimonio del sargento Curbelo y el arma de fuego, cargador y municiones ocupadas eran admisibles en evidencia. Éstos fueron obtenidos en contra del privilegio abogado-cliente del imputado y de su derecho a no auto incriminarse.

Ahora bien, lo expresado anteriormente no dispone por completo del asunto ante nuestra consideración. La supresión del testimonio del sargento Curbelo se limita única y exclusivamente a la parte que contempla información de naturaleza privilegiada. Es decir, la inadmisibilidad del testimonio del sargento Curbelo se circunscribe a las expresiones vertidas por éste mediante las cuales narró lo divulgado por el licenciado Carbone en violación al privilegio abogado-cliente del señor Fernández Rodríguez.

Por consiguiente, el sargento Curbelo podrá testificar en su día sobre cualquier información que le conste de propio y personal conocimiento, como también sobre cualquier otra información que se derive del proceso de investigación que no sea de naturaleza privilegiada.

B. Determinación de causa probable para acusar y la moción de desestimación presentada por el señor Fernández Rodríguez al amparo de la Regla 64(p) de Procedimiento Criminal

Conforme esbozamos en páginas anteriores, el *quantum* de prueba requerido en la vista preliminar le exige al Ministerio Público presentar evidencia que demuestre todos los elementos constitutivos de determinado delito y la conexión razonable del imputado con la comisión del mismo.

Así, pues, en esta ocasión surge del expediente que las partes estipularon la siguiente prueba: (1) el informe de balística; (2) una prueba de ADN; (3) el análisis forense de la ropa incautada al señor Fernández Rodríguez; (4) servilletas y marcas de sangre de uno de los occisos; y (5) el registro del arma de fuego y la licencia de tiro al blanco del señor Fernández Rodríguez. Esta prueba estipulada, en unión a las declaraciones vertidas por el sargento Curbelo que no involucran materia privilegiada, así como los testimonios vertidos por los demás testigos presentados por la Fiscalía, es suficiente en derecho y cumple con el *quantum* de prueba exigido en la vista preliminar. En consecuencia, el Tribunal de Apelaciones actuó correctamente al avalar la determinación de causa probable para acusar alcanzada por el Tribunal de Primera Instancia.

Colegimos, pues, que el foro apelativo intermedio no incidió al sostener la determinación del foro primario mediante la cual se declaró *no ha lugar* la moción de desestimación presentada por el señor Fernández Rodríguez. Contrario a lo alegado por el peticionario, no hubo una ausencia total de prueba durante la celebración de la vista preliminar. En cambio, la prueba estipulada entre las partes y la restante prueba desfilada durante la vista preliminar cumplió a cabalidad con el estándar requerido para sostener una determinación de causa probable para acusar al señor Fernández Rodríguez. Por ello, no procede que se desestimen los pliegos acusatorios presentados en contra del acusado.

Asimismo, es oportuno puntualizar que no cabe duda que de la prueba admisible y presentada en la vista preliminar se conecta al imputado con la comisión del delito de Asesinato y las infracciones a la Ley de Armas. De igual modo, de la referida prueba puede inferirse razonablemente, que la intención del señor Fernández Rodríguez cuando se presentó al Cuartel acompañado de su abogado fue para entregarse a las autoridades por estar relacionado con el crimen imputado.

C. Derecho a no Auto incriminarse del señor Fernández Rodríguez y los Deberes de Lealtad y Confidencialidad del licenciado Curbelo para con su cliente

Los deberes de lealtad y secreto profesional que emanan del Canon 21 de Ética Profesional y que todo abogado debe honrarle a sus clientes, tienen una relación directa con la garantía constitucional de toda persona a no auto incriminarse. Estos deberes toman mayor relevancia, y multiplican exponencialmente las repercusiones negativas, cuando la conducta impropia desplegada por el abogado consiste en divulgar de forma no autorizada información confidencial de su cliente. Ello es así, debido a que la conducta impropia desplegada implica la imposición de responsabilidad penal a su cliente. Consecuentemente, cuando un abogado incurre en este tipo de conducta impropia, aparte de conducirse en detrimento de su cliente y los derechos constitucionales que le cobijan, actúa en contra de los deberes éticos impuestos por el Canon 21 de Ética Profesional. Tal proceder es altamente censurable.

En esta ocasión, según señaláramos, surge del expediente judicial que el licenciado Carbone divulgó información privilegiada de su cliente sin la debida autorización. Ello constituye un quebrantamiento de los deberes de lealtad y confidencialidad impuestos por el Canon 21 de Ética Profesional. Consecuentemente, debe ordenársele a la Procuradora General que investigue la conducta del licenciado Carbone como representante legal del señor Fernández Rodríguez para la iniciación del procedimiento disciplinario correspondiente.

En vista de lo anterior, advertimos que cualquier letrado que incurra en conducta de esta naturaleza y en contravención a los principios que rigen el Código de Ética Profesional, será objeto de severas sanciones disciplinarias.

IV. Por los fundamentos antes esbozados, se modifica la sentencia emitida por el Tribunal de Apelaciones a los fines de no admitir en evidencia las partes del testimonio del sargento Curbelo que involucran materia privilegiada. Asimismo, ordenamos la supresión del arma de fuego, cargador y municiones ocupadas por ser producto de dicho testimonio.

Sin embargo, confirmamos la determinación del foro apelativo intermedio a los fines de declarar *no ha lugar* la moción de desestimación presentada por el señor Fernández Rodríguez. Se devuelve el caso de autos al Tribunal de Primera Instancia para la continuación de los procedimientos conforme con los pronunciamientos vertidos en esta Opinión.

Finalmente, se le ordena a la Oficina de la Procuradora General a que investigue la conducta desplegada por el licenciado Carbone en calidad de representante legal del señor Fernández Rodríguez para la iniciación del procedimiento disciplinario correspondiente.

———

Pueblo de Puerto Rico v. Antonio Rodríguez Pagán

2011 TSPR 92, 182 DPR ____

Tribunal Supremo de Puerto Rico, San Juan, Puerto Rico, el 17 de junio de 2011.

Este caso nos brinda la oportunidad de examinar los efectos jurídicos de la equivocación respecto a la víctima del asesinato en nuestro ordenamiento penal. En particular, debemos considerar si el elemento de deliberación necesario para sostener una convicción de asesinato en primer grado es atribuible al sujeto activo cuando la víctima interviene en el ataque y recibe el golpe mortal dirigido a otra persona. Por las razones que expondremos a continuación, revocamos la Sentencia del Tribunal de Apelaciones que modificó la convicción original de asesinato en primer grado a segundo grado y restituimos la convicción original.

I. En la noche del 29 de noviembre de 2004, una veintena de jóvenes se encontraban jugando en la cancha de baloncesto del sector Quebrada del Agua de Ponce. Entre ellos estaban Fernando Rodríguez Muñiz y Héctor Luis Mejías Sánchez. Mientras jugaban, el señor Rodríguez Muñiz se percató de que dos personas, que no pudo identificar en la lejanía, se acercaban a la cancha cruzando por el parque de pelota aledaño cuyas luces estaban apagadas. Cuando estas personas entraron a la cancha, el señor Rodríguez Muñiz las reconoció e identificó en el juicio como el señor Antonio Rodríguez Pagán y su padre, el señor Antonio Rodríguez González, ambos vecinos de la comunidad. Incluso, la vivienda de éstos colindaba con el parque de pelota por el cual cruzaron para adentrarse a la cancha de baloncesto. Cuando la pareja se les acercó, el señor Rodríguez Muñiz les dijo: "¡Eh!, vamos a hablar por los problemas de ayer". Acto seguido, el señor Rodríguez González se vira, saca un arma que tenía consigo y dispara contra el señor Rodríguez Muñiz. Éste logró esquivar el disparo y se tiró al piso. Inmediatamente después, el señor Rodríguez Muñiz se levanta y le dice al señor Rodríguez González: "¡Ah!, si la sacaste y la usaste ahora vas a tener que matarme". El señor Rodríguez Muñiz comenzó a caminar hacia el frente en dirección del señor Rodríguez González. Durante este intercambio, los señores Rodríguez Pagán y Rodríguez González comenzaron a caminar en dirección de su casa. Mientras el señor Rodríguez Muñiz se acercaba al señor Rodríguez González, el hijo de éste, Antonio Rodríguez Pagán, quien ya se encontraba dentro del patio de la casa, sacó un arma que llevaba consigo y disparó dos veces corridas contra el señor Rodríguez Muñiz a una distancia de entre diez a quince pies. No obstante, el señor Héctor Luis Mejías Sánchez logró empujar al señor Rodríguez Muñiz exclamando "¡Nandito, cuidado, cuidado!". Uno de los disparos alcanzó al señor Mejías Sánchez mientras éste echaba hacía el lado al señor Rodríguez Muñiz. Después de ser llevado al hospital, el señor Mejías Sánchez falleció el 3 de diciembre de 2004 a los 22 años de edad.

Poco después del incidente, llegó a la escena el policía Miguel Colón Dávila para investigar una querella sobre detonaciones en el área y la posibilidad de que hubiera un herido de bala. Al llegar al parque de pelota, se encontró con un grupo de personas allí reunidas. Dirigiéndose al grupo, el agente Colón Dávila les informó que estaba investigando una querella y algunos de los presentes le indicaron que se dirigiera a la casa de los acusados. Al entrar a la residencia, el agente preguntó si alguien había escuchado algo relacionado con los incidentes en el parque. El señor Rodríguez Pagán le expresó "yo fui el que disparé". Acto seguido, el agente Colón Dávila le leyó sus derechos y lo arrestó. Además, le pidió que le enseñara el arma de fuego que utilizó. El señor Rodríguez Pagán le mostró y entregó una pistola Glock calibre 45. Poco después, el señor Rodríguez González admitió que él también había disparado "al aire" y, tras ser advertido de sus derechos, le hizo entrega al policía de su revólver calibre 357. Además de esta evidencia, posteriormente la policía recuperaría dos casquillos de bala en el patio de la vivienda de los acusados que daba directamente al parque de pelota.

Padre e hijo fueron acusados por asesinato en primer grado actuando en concierto y común acuerdo. El juicio se ventiló ante un tribunal de derecho. Además del agente Colón Dávila y del señor Rodríguez Muñiz, por el Pueblo también testificaron los agentes Orlando Echevarría Figueroa, Omar López Rodríguez y Carlos Rivera Pérez, así como las doctoras Rosa M. Rodríguez Castillo y María Vázquez. Del testimonio de éstos surge que la bala extraída al señor Mejías Sánchez pertenecía a la pistola Glock calibre 45 que el señor Rodríguez Pagán entregó al agente Colón Dávila.

Por la defensa únicamente testificó el señor Pedro Luis Pérez Torres como testigo de reputación. Éste declaró que los acusados le daban servicio de fumigación a su negocio y que eran personas muy responsables y tranquilas, que tenían muchas amistades y eran personas muy buenas en la comunidad. Tras las argumentaciones finales por la fiscalía y los abogados de defensa, el Tribunal de Primera Instancia encontró culpable al señor Rodríguez Pagán de asesinato en primer grado y, por tener duda razonable, absolvió al señor Rodríguez González. El foro de instancia sentenció al señor Rodríguez Pagán a 99 años por asesinato en primer grado y a 5 años por Ley de Armas a ser cumplidas de manera consecutiva.

Inconforme con el fallo del Tribunal de Primera Instancia, el señor Rodríguez Pagán recurrió al Tribunal de Apelaciones. En lo pertinente, alegó que el foro primario incidió en su apreciación de la prueba y que no se probó su culpabilidad más allá de duda razonable. Un panel del foro apelativo resolvió por mayoría, y en su sentencia manifestó lo siguiente: "[S]entimos en nuestra conciencia una perturbadora intranquilidad con respecto a la configuración del asesinato en su modalidad de primer grado". En efecto, el Tribunal determinó que "no se configuraron los elementos esenciales para la comisión de delito de asesinato en primer grado" por haber "duda razonable para la configuración de la referida modalidad del asesinato perpetrado". En particular, el foro apelativo no quedó convencido de que se probara el elemento de deliberación que era necesario para sostener el fallo de culpabilidad de asesinato en primer grado. Específicamente manifestó que "no se probó que el apelante, fría y calculadamente, disparara alevosamente en ánimo de ultimar a balazos a la víctima".

Inconforme con esta determinación del Tribunal de Apelaciones, la Procuradora General acudió ante este Tribunal alegando que el foro intermedio había errado al modificar la Sentencia del Tribunal de Primera Instancia en cuanto al grado del asesinato. El Estado alega que el caso de autos se trató "de un asesinato pensado, planificado y deliberado" lo que demuestra la existencia de una intención específica de matar. En particular, argumenta que el foro apelativo "entró en consideraciones sobre los elementos subjetivos del delito que propiamente le compete inferir de los hechos al juzgador". Aduce además que el recurrido incurrió en una conducta fría y calculada como lo demuestra el que acudiera armado junto a su padre a la cancha de baloncesto, que dispararan sus armas de fuego a corta distancia de sus blancos y que ambos la emprendieran a tiros contra el señor Rodríguez Muñiz. En síntesis, expone el Estado que la prueba demuestra que el señor Rodríguez Pagán llegó a la cancha decidido a matar. El 27 de abril de 2009 expedimos el auto de *certiorari*. Resolvemos.

II. Como los hechos de este caso sucedieron antes de la vigencia del actual Código Penal, iniciamos nuestra discusión analizando las disposiciones pertinentes del Código Penal de 1974. Ese Código definía el delito de asesinato de la siguiente manera: "Asesinato es dar muerte a un ser humano con malicia premeditada". Por su parte, el artículo 83 del mismo Código establecía los diferentes grados en los que se dividía dicho delito:

Constituye asesinato en primer grado:

(A) Todo asesinato perpetrado por medio de veneno, acecho o tortura, toda clase de muerte alevosa, deliberada y premeditada, o cometida al perpetrarse o intentarse algún incendio agravado, violación, sodomía, robo, escalamiento, secuestro, estragos, mutilación o fuga....

Todos los demás asesinatos serán considerados de segundo grado.

No obstante la división en dos grados, el asesinato es, bajo el Código anterior y el actual, un solo delito. En ambos casos, se trata de un delito cometido intencionalmente, pues el asesinato "es un delito que, por su definición y naturaleza, conlleva un acto perverso, malintencionado y contrario a los valores éticos y morales de nuestra sociedad".

... [L]a "malicia premeditada" es un elemento mental requerido en el delito de asesinato independientemente de si es de primer o segundo grado. La diferencia en la intención entre uno y otro grado es el elemento de la deliberación. Es decir, la resolución o decisión de matar, después de darle alguna consideración al acto. Este elemento de deliberación se refiere a la decisión formada como resultado de pensar y pesar cuidadosamente las consideraciones en pro y en contra del propuesto curso de acción. Ahora bien, cualquier periodo de tiempo, por corto que sea, será suficiente para que pueda tener lugar la deliberación. Incluso, hemos sostenido que ese lapso de tiempo puede ser tan rápido como el pensamiento.

En el presente caso, el elemento de deliberación debe analizarse a la luz del artículo 15 del Código Penal de 1974 que ofrece la siguiente definición de la intención:

El delito es intencional:

(a) Cuando el resultado ha sido previsto y querido por la persona como consecuencia de su acción u omisión;

(b) Cuando el resultado sin ser querido ha sido previsto o pudo ser previsto por la persona como consecuencia natural o probable de su acción u omisión. ...

Hemos resuelto que cuando se hace referencia al elemento de la deliberación como requisito para la comisión del delito de asesinato en primer grado ello equivale a que el sujeto activo haya tenido la intención específica de matar. ...

Coincidimos con la sala de instancia de que en este caso está presente el elemento de la deliberación. ... [N]uestro examen del expediente, incluyendo la transcripción del testimonio del testigo principal, el señor Rodríguez Muñiz, deja meridianamente claro que el señor Rodríguez Pagán no disparó apuntando a la víctima, el señor Mejías Sánchez. Más bien, la intervención de la víctima produjo que ésta recibiera el disparo. La deliberación se produjo, por tanto, respecto al señor Rodríguez Muñiz, pero quien falleció fue el señor Mejías Sánchez y nos corresponde analizar si esa realidad conlleva alguna consecuencia jurídica en cuanto a la existencia de deliberación.

En nuestro ordenamiento, el error por parte del sujeto activo puede eximirle de responsabilidad penal. Bajo el Código de 1974, esta figura estaba recogida en los artículos 17 y 19. El primero se refería al error sobre la persona. El segundo al error de hecho.

El error en la persona recogido en el artículo 17, que proviene de la doctrina del derecho norteamericano conocida como intención transferida, no exime de responsabilidad penal pues la intención criminal del sujeto activo, dirigida contra determinado sujeto pasivo, se traslada a la persona que en efecto recibió el injusto. Es decir, la intención criminal dirigida contra el blanco original se atribuye al sujeto activo aunque la víctima real del acto sea otra.

Nuestra jurisprudencia no ha discutido el error sobre la persona en más de cincuenta años y aun en aquella ocasión no fue necesario discutirlo a fondo. Es a 1939 que tenemos que recurrir para encontrar cómo este Tribunal, empleando figuras del *common law*, atendió una controversia similar a la de autos.

[En el pasados] expresamos que "todas las autoridades están de acuerdo en que si una persona con la intención de matar a otra le ataca e incidentalmente mata a un tercero contra quien no tenía intención alguna de hacerle daño, es culpable de lo mismo que si el interfecto hubiera sido la persona contra quien fue dirigida la agresión". Esto es cónsono con el artículo 17 del Código Penal de 1974. Es decir, una vez establecida la intención del sujeto activo, y en el caso del asesinato en primer grado la deliberación o intención específica de matar, el que la víctima no haya sido la persona a quien se dirigía la acción, ya sea por error en la identificación o porque el golpe se lanzó accidentalmente, no evita que el delito cometido contra el tercero sea el mismo que el que se intentó cometer contra el blanco original de la conducta criminal....

En el caso ante nuestra consideración, la víctima del asesinato no fue el blanco del disparo hecho por el acusado. Para calificar ese error debemos analizar lo que se denomina por la doctrina como el error *in objecto* o *in persona*, así como el error *aberratio ictus* o en el golpe, ambos discutidos dentro del concepto general de error de hecho.

El error *in objecto,* también conocido como *in persona*, ...es cuando "A mata a B tomándolo equivocadamente por C". Es decir, bajo esta modalidad de error de hecho, el sujeto activo confunde al sujeto pasivo: mata a A pensando que era B.

Por otra parte, el error [en el golpe], también conocido como error en el golpe, es... [cuando] "A apunta contra B, pero su pulso vacila y alcanza a C".

En el caso de autos, estamos ante un error en el golpe, figura que ha generado mucho debate y división entre los tratadistas. La mayoría propone que el error en el golpe, al igual que en la persona, no varía en lo absoluto la responsabilidad penal del sujeto activo. La propuesta de que el error en el golpe no exime de la responsabilidad penal y que, como ocurre en países de *common law*, el dolo dirigido a la víctima pensada se transfiere a la víctima real, se basa en que el bien jurídico protegido por el delito de asesinato es la vida humana en sí y no la vida de un ser humano en particular. ...

En el delito de asesinato, el bien jurídico protegido es la vida humana, mas no la vida de una persona determinada. Por tanto, en el caso de un asesinato producto de un error, en la persona o en el golpe, donde estaba presente el dolo directo de primer grado al haber deliberación o premeditación, no hace diferencia qué ser humano finalmente sea privado de la vida, ya sea porque el sujeto activo disparó pensando que su blanco era otra persona o, como en este caso, que el golpe no alcanzó a la víctima pretendida porque un tercero se interpuso. En ambos casos la intención de matar a un ser humano estaba presente....

Lo anterior es cónsono con nuestro ordenamiento penal vigente. ... Una vez el sujeto activo ha deliberado matar a un ser humano y actúa conforme a esa deliberación, es irrelevante si mata a la persona equivocada o si falla en su golpe y alcanza a un tercero. En todos esos casos, sigue presente el elemento de la deliberación y se ha matado a un ser humano. Eso es todo lo que nuestro ordenamiento requiere para que se entienda cometido el asesinato en primer grado en su modalidad de premeditación o deliberación.

III. En el caso de autos, un tribunal de derecho encontró al acusado culpable de asesinato en primer grado en su modalidad de deliberación. En Puerto Rico, la presunción de inocencia es uno de los derechos fundamentales que le asiste a todo acusado de delito. Por consiguiente, su culpabilidad debe ser probada más allá de duda razonable. Esto es consustancial con el principio de presunción de inocencia y es un elemento del debido proceso de ley. Por tanto, el peso de la prueba permanece, durante todas las etapas del proceso a nivel de instancia, sobre el Estado. Para sostener un veredicto de culpabilidad, la prueba presentada debe ser suficiente en derecho, es decir, se debe probar la culpabilidad del acusado más allá de duda razonable....

En este caso, tanto los elementos objetivos del delito de asesinato como la intención específica de matar requerida por el artículo 84 del Código Penal de 1974, según definida por el artículo 15(a), están sostenidos por la prueba que obra en el expediente. De éste surge que el acusado y su padre se presentaron a la cancha de baloncesto el día de los hechos armados y con la intención de matar, es decir, tras mediar deliberación. Su intención original era matar al señor Fernando Rodríguez Muñiz. Contra éste disparó el padre del acusado en una ocasión y el propio acusado en dos ocasiones posteriores. El disparo del padre falló su objetivo. Igual ocurrió con los disparos del acusado dirigidos contra el señor Rodríguez Muñiz. No obstante, uno de estos disparos alcanzó al señor Héctor Luis Mejías Sánchez, quien al ver que el acusado le disparaba a su amigo, lo empujó, lo cual le causó la muerte. Estos hechos están ampliamente sostenidos por la prueba admitida y creída por el juzgador de los hechos, y es suficiente en derecho para un fallo de culpabilidad por asesinato en primer grado. Erró el Tribunal de Apelaciones al modificarlo.

Por las razones previamente expuestas, se revoca la Sentencia del Tribunal de Apelaciones y se reinstala el fallo de culpabilidad emitido por el Tribunal de Primera Instancia por asesinato en primer grado.

———

Pueblo de Puerto Rico v. Ángel Vega Pabón
144 DPR 416

En el Tribunal Supremo de Puerto Rico, San Juan, Puerto Rico, el 25 de noviembre de 1997.

¿Puede una persona sin licencia para poseer un arma cometer tanto el delito de posesión ilegal (Art. 6) como el de portación ilegal (Art. 8) cuando utiliza dicho instrumento dentro del perímetro de su hogar? Mediante recurso de certiorari comparece ante nos el Ministerio Público y solicita que revoquemos las sentencias del Tribunal de Circuito de Apelaciones y del Tribunal de Primera Instancia que desestimaron la acusación contra Ángel Vega Pabón por violación del Art. 8 de la Ley de Armas (portación ilegal). Ambos foros concluyeron que no se configuró el elemento de transportación o conducción del arma requeridos por el Art. 8 de la Ley de Armas. Revocamos.

I. En el caso de autos no existe controversia sobre los hechos esenciales. El día 12 de julio de 1995 se suscitó una discusión en la residencia del acusado y aquí recurrido Ángel Vega Pabón. Este y el occiso Jorge E. Pacheco Núñez (c/p Pocholo) pelearon en la marquesina de la residencia, ubicada en Alturas de Campo Rico en Río Grande.

José E. Pacheco Núñez, hermano de Pocholo, testificó en la vista preliminar que cuando llegó a casa del acusado Vega Pabón, éste y Pocholo ya estaban peleando. Vio al acusado con la cara ensangrentada y luego vio al hijo del acusado con un revólver en la mano. En ese momento, el hermano salió corriendo. Oyó dos disparos, se volteó y vio al acusado con un arma en la mano, y a Pocholo caer muerto en la entrada de la marquesina.

Luego del suceso, el policía Ricardo Santos se presento en el lugar de los hechos, en donde Vega Pabón le entrego pacíficamente el arma, cuyo número de serie estaba borrado.

No hay controversia en cuanto a que el acusado Vega Pabón se encontraba en todo momento en la marquesina de su residencia y a que éste no tenía licencia para poseer ni para portar un arma de fuego.

El Ministerio Público radicó cargos contra Vega Pabón por asesinato en primer grado [y otras] infracciones: posesión ilegal, portación ilegal, y número de serie mutilado [.] En vista preliminar, el Tribunal de Primera Instancia encontró causa probable para acusar a Vega Pabón por asesinato en primer grado y por [posesión ilegal y portación ilegal]. No encontró causa probable para acusar por [número de serie mutilado].

[L]a defensa presentó una moción de desestimación de las acusaciones por infracciones a la Ley de Armas, alegando ausencia total de prueba en cuanto a los elementos de portación y posesión. En corte abierta, el tribunal de instancia desestimó la acusación por violación al Art. 8 de la Ley de Armas (portación ilegal) por considerar que no se había, configurado el elemento de transportación y conducción del arma.

Inconforme, el Procurador General recurrió de dicha determinación al Tribunal de Circuito de Apelaciones, el cual confirmó la determinación de instancia.

El Procurador General acude ante nos mediante recurso de certiorari y plantea que erró el Tribunal de Circuito de Apelaciones al estimar que los precedentes del Tribunal le obligaban a resolver que cuando una persona no tiene licencia para poseer un arma, su portación dentro del perímetro de su residencia no constituye una violación al Art. 8 de la Ley de Armas, que penaliza la portación de ésta sin licencia.

Por las razones que expondremos a continuación, revocamos al Tribunal de Circuito de Apelaciones y resolvemos que la portación de un arma dentro del perímetro de su residencia por una persona que no tiene licencia para poseer esa arma, constituye una infracción al Art. 8 de la Ley de Armas.

II. La posesión, sin licencia, de un arma de fuego está tipificada como un delito en el Art. 6 de la Ley de Armas, el cual dispone que:

Toda persona que tenga o posea_ cualquier pistola, revólver u otra arma de fuego sin tener una licencia para ello expedida como más adelante se dispone, será culpable de delito menos grave, y si ha sido convicta con anterioridad de cualquier infracción a este capítulo o de cualquiera de los delitos especificados en la sec. 427 de este capítulo, o usare el arma en la comisión de uno de dichos delitos, será culpable de delito grave.

Por su parte, el Art. 8 de la Ley de Armas penaliza la portación, sin licencia, de armas de fuego cargadas. Dispone el mismo de la siguiente forma:

Toda persona que porte, conduzca o transporte cualquier pistola, revólver o cualquier otra arma de fuego cargada, que porte, conduzca, transporte cualquier pistola, revólver, o cualquier otra arma de fuego y al mismo tiempo porte, conduzca o transporte municiones que puedan usarse para disparar tal pistola, revólver u otra arma de fuego, sin tener una licencia para portar armas expedida según más adelante se dispone, será culpable de delito grave.

De conformidad con la Ley, para portar legalmente un arma de fuego es menester contar con una licencia para poseer. En los casos en que no se tenga licencia para poseer el arma, no se está autorizado a portarla en ningún sitio. El hecho de que una persona cargue sobre su persona un arma de fuego necesariamente implica, o conlleva a su vez, la posesión o tenencia física de la misma. Sin embargo, se puede poseer un arma sin necesariamente portarla, como lo sería cuando se guarda en un lugar de la residencia o negocio.

Para incurrir en violación al Art. 6 sólo hay que poseer un arma de fuego sin la correspondiente autorización, mientras que para que se conforme una violación al Art. 8 tienen que estar presentes no sólo el elemento de posesión de un arma, sino también su portación.

Del lenguaje del Art. 8 no se desprende el lugar en que tiene la persona que no tiene licencia para portar armas efectivamente comete el delito de portación ilegal. Sin embargo, de otras disposiciones de la misma Ley de Armas surge que las licencias sólo autorizan a portar un arma legalmente en el lugar, tiempo y circunstancias expresados en ella. El Art. 15 de la mencionada Ley establece además que toda persona a quien como jefe de familia, comerciante o agricultor le haya sido expedida una licencia de tener y poseer un arma de fuego por el Superintendente de la Policía, podrá no sólo poseer sino también portar dicha arma de fuego dentro de los linderos, limites y colindancias de su residencia, de su sitio de negocio o de su finca, según sea el caso.

Como puede apreciarse, un permiso o licencia para poseer un arma conlleva a su vez una autorización limitada para portar dicho arma dentro de un perímetro en particular desprende, pues, que aquél que esté autorizado a poseer y a quien se le ocupare un arma sobre su persona no comete el delito de portación ilegal si está portando el arma dentro del perímetro permitídole por la licencia de posesión.

Así pues, de los [...] precedentes se desprende que la persona que no tiene una licencia para poseer un arma de fuego incurre en violación al Art. 6 de la Ley de Armas con sólo tener bajo su control un arma de fuego, aunque no la lleve consigo o sobre su persona. Así ocurre, por ejemplo, cuando e1 arma está en su residencia, en cualquier lugar bajo su control. Sin embargo, a la persona a quien se le ocupare un arma de fuego en su casa, y no la tiene sobre su persona, podrá acusársele de posesión ilegal si ésta no contara con una licencia para poseer, más no podrá acusársele de portación por el hecho de que no llevaba el arma consigo, o sobre su persona; porque no la estaba cargando.

Sin embargo, el ciudadano que tenga licencia para poseer un arma de fuego, infringirá dicho artículo siempre que porte, conduzca o transporte dicha arma de fuego más allá de los límites de su residencia, negocio o finca, respectivamente, independientemente del hecho de que dicha portación ocurra o no en una vía pública.

Para incurrir en infracción al Art. 8, la persona que n está autorizada a poseer un arma de fuego sólo debe portar e arma, no importa el sitio donde lo haga. La portación en vía pública es condición suficiente pero no necesaria para comisión del delito tipificado en el Art. 8 de la Ley de Armas.

En el caso de marras el acusado no tenía licencia para poseer ni para portar un arma de fuego. De los hechos se desprende que efectivamente portaba el arma sobre su persona.

Por considerar que el acusado que no está autorizado a poseer un arma, tampoco puede, por tanto, llevarla consigo, ni siquiera en su residencia, revocamos la desestimación de la acusación por violación al Art. 8 de la Ley de

Armas. A tales efectos revocamos cualquier interpretación anterior brindada a dicha disposición legal que sea inconsistente con lo aquí expresado.

Por los fundamentos que anteceden se revoca la sentencia apelada.

Se emitirá la sentencia correspondiente.

G. Alternativas al Encarcelamiento

A través del mundo se encuentran ejemplos de formas de castigar a los delincuentes que no implican la pérdida completa de libertad que conlleva una condena de encarcelamiento. Por múltiples razones – humanitarias, religiosas, pragmáticas – las sociedades siguen buscando cómo penar, cómo rehabilitar, cómo curar, cómo reformar a las personas culpables de delitos. En los artículos que siguen, vemos dos esfuerzos por encontrar maneras nuevas y más eficaces para lidiar con el problema del delito y los delincuentes. En otros capítulos de este libro hay otros ejemplos de esfuerzos por reformar el sistema.

Reformando las Leyes Rockefeller de Drogas
Sheldon Silver, Portavoz de la New York State Assembly

En el 1973, Nueva York aprobó leyes que, en su momento, fueron consideradas como las más fuertes en toda la nación en la lucha contra las drogas. La supuesta Era de las Leyes Rockefeller de Drogas eliminó la autoridad de los jueces para imponer sentencias y les exigió que impusieran sentencias mínimas obligatorias a los delincuentes de drogas. Nueva York gasta millones de dólares anualmente encarcelando a delincuentes de drogas.

Más de 35 años después de ser aprobadas, es evidente que las leyes Rockefeller han fallando en combatir efectivamente el abuso de drogas o el impacto de la incidencia de crímenes violentos en el estado de Nueva York. En lo que sí han triunfado es en encarcelar a miles de delincuentes por delitos menores; la mayoría de ellos afroamericanos y latinos sin antecedentes de crímenes violentos. A los neoyorquinos les cuesta más de $500 millones al año encarcelar a todos los individuos condenados por violaciones de drogas al nivel estatal.

Por casi una década, la Asamblea del Estado de Nueva York ha aprobado legislación para reformar estas leyes, enfatizando el restaurarle la autoridad a los jueces y proveer alternativas a la encarcelación, en casos donde un tratamiento apropiado para combatir la adicción a las drogas sea necesario para el delincuente.

En el 2004, logramos convencer al entonces gobernador Pataki y a la mayoría en el Senado a tomar los primeros pasos para reformar las Leyes Rockefeller de Drogas. Gracias a la persistencia de la Asamblea, Nueva York redujo las sentencias máximas de prisión convirtiendo todas las sentencias en sentencias indeterminadas, eliminó las cadenas perpetuas, duplicó los cargos de las dos clases de ofensas más graves y aprobó la reducción de sentencias. Otras enmiendas por las cuales hemos luchado le han permitido a los que ya habían sido sentenciados bajo estas leyes a solicitar una reducción de sus sentencias.

A pesar de estos primeros pasos, todavía las leyes Rockefeller originales se mantienen vigentes; los jueces aún carecen de verdadera autoridad. Las sentencias mínimas obligatorias aún están vigentes para la mayoría de los crímenes no-violentos en menor grado. Los afroamericanos y los latinos continúan en la cárcel a niveles desproporcionados por posesión de pequeñas cantidades de narcóticos.

Este año, el gobernador David Paterson le pidió a Nueva York que finalmente reforme las Leyes Rockefeller de Drogas. La Asamblea del Estado de Nueva York está comprometida a unirse a Paterson para hacer que el 2009 sea el año en que Nueva York restaure sentido común en las leyes de drogas de una vez por todas.

INFORMACIÓN DE TRASFONDO: ¿QUÉ SON LAS LEYES ROCKEFELLER DE DROGAS?

Las Leyes Rockefeller de Drogas fueron aprobadas en el 1973, bajo la ideología de que la única forma para acabar con el abuso de drogas y crímenes violentos era imponiendo fuertes sentencias máximas de prisión y términos mínimos de prisión a los encontrados culpables por delitos de drogas. Antes del 1973, las cortes tenían la discreción y la flexibilidad para sentenciar a los criminales de drogas a muchos años de prisión cuando las circunstancias lo ameritaban, o a libertad condicional u otras alternativas a la prisión cuando los hechos lo ameritaban. Las Leyes Rockefeller de Drogas eliminaron casi toda la discreción judicial e impusieron una medida tipo "unitalla" para el abuso de las drogas y sus ramificaciones.

Estas leyes ignoraron y continúan ignorando las implicaciones de salud y sociales provocadas por el abuso de las drogas. El sistema de justicia criminal y las alternativas limitadas a las sentencias de prisión forman una matriz que impiden que estos problemas sean tratados. Estas leyes ignoran el hecho inescapable de que la dependencia a los químicos es tal vez el asunto de salud más serio que afecta a este estado. Se estima que el abuso de drogas sin tratamiento le cuesta $346 billones al año a la economía de los Estados Unidos. En vez de tratar la adicción al abuso de sustancias como una epidemia, miles de individuos que no juegan una función importante en el comercio de las drogas, pero que vendieron o usaron pequeñas cantidades de drogas, están en la cárcel a causa de sentencias mínimas obligatorias.

INTENTOS DE REFORMA: 1975, 1979, 2004, 2005

En 1975 y 1979 la Legislatura ajustó la parte inferior de las sentencias para un grupo selecto de criminales de drogas de alto nivel. Este grupo selecto aún era sujeto a sentencias máximas de cadena perpetua.

En el 2004, bajo el liderato de la Asamblea de Nueva York y defensores de la reforma a las leyes de drogas, Nueva York tomó un primer paso reduciendo las sentencias máximas de prisión y convirtiendo las sentencias indeterminadas a determinadas (por ejemplo, en vez de ser sentenciado a un término máximo de 8 años y 1/3 a 25 años por posesión con intención de vender drogas, un individuo ahora enfrenta, dependiendo de las circunstancias, hasta 9 años en prisión — aunque bajo cualquier escenario, un criminal tiene que pasar un tiempo bajo la custodia de oficiales en una prisión estatal, se eliminan las cadenas perpetuas, se duplican las sentencias para las dos clases de crímenes de drogas más graves y se proveen otros tipos de sentencias. Otras enmiendas han permitido que aquellos que han sido sentenciados bajo estas leyes busquen la reconsideración limitada de sus sentencias.

Durante los últimos siete años, la Asamblea de Nueva York ha aprobado legislación consistentemente que ampliaría la reforma y mejoraría los aspectos más duros de las leyes de drogas, siempre con el objetivo de restaurarle a las cortes la discreción de decidir casos y proveer alternativas a las sentencias. El Senado y los últimos gobernadores se mostraron indiferentes a las llamadas de la Asamblea para crear una reforma.

Las Leyes Rockefeller de Drogas en el día de hoy

Más de 35 años después de que estas leyes fueron establecidas, individuos declarados culpables por cometer un delito clase B por ofensa de drogas, uno de los cargos más comunes por drogas, (típicamente "posesión con intención de vender") deben ir a una prisión estatal, y los que hayan sido convictos por un delito previo solamente pueden recibir una alternativa a la sentencia de prisión si el fiscal acusador está de acuerdo.

En otras palabras, bajo las leyes actuales, cualquier persona encontrada culpable de posesión con intención de vender dos paquetitos de narcóticos del tamaño de dos sobrecitos de azúcar debe ir a prisión. La posesión de narcóticos con intención de dar a o compartir con otros es considerada una venta bajo las leyes del estado de Nueva York; la persona que le provee drogas a otro no tiene que recibir dinero alguno.

Impacto en el índice de crimen

Cuando las leyes fueron establecidas en el 1973, había 11 homicidios por cada 100,000 habitantes en el estado de Nueva York. Tras 17 años de hacer cumplir estas leyes, el índice de asesinatos había aumentado a 14.5 homicidios por cada 100,000 neoyorquinos. La misma tendencia se puede notar en el índice de robos, otro índice importante del crimen.

Durante los 35 años de la implantación de las Leyes Rockefeller de Drogas, los datos demuestran que el índice de crimen aumentó en todas partes hasta mediados de los años del 1990 cuando el crimen comenzó a bajar en todas las categorías. Muchos factores no relacionados con sentencias obligatorias para los delincuentes de drogas han causado bastante fluctuación en el índice de criminalidad durante los últimos 35 años. Sin embargo, debe notarse que el número de personas en la cárcel por haber cometido crímenes de drogas empezó a estabilizarse durante los años del 1990, al mismo tiempo que el índice de criminalidad empezó a bajar. Toda evidencia existente sugiere que no hay correlación entre el índice de crímenes violentos y los términos mínimos obligatorios de prisión para los delincuentes de drogas.

IMPACTO EN EL ABUSO DE DROGAS

Según la Encuesta Familiar Nacional sobre el Uso de Drogas realizada por el Departamento de Salud de los Estados Unidos, el uso ilícito de las drogas no ha disminuido entre los neoyorquinos desde que las Leyes Rockefeller de Drogas fueron establecidas en el 1973.

El gran número de personas enviadas a prisión todavía sufre las consecuencias de no haber recibido tratamiento por su adicción. Por ejemplo, un estudio muestra que 83 por ciento de los reclusos en prisiones estatales tienen un problema identificado de abuso de sustancias (82 por ciento de los reclusos y 88 por ciento de las reclusas). Otro estudio indica que el uso de drogas por los reclusos el mes antes de cometer el delito aumentó entre 1991 y 1997, de 50 por ciento en el 1991 a 57 por ciento en el 1997. De igual forma, el uso de drogas por los reclusos al momento de cometer un delito aumentó de 31 por ciento en el 1991 a 33 por ciento en el 1997. El mismo reporte determinó que más de 77.5 por ciento de los arrestados por droga, examinados al momento del arresto en Nueva York, resultaron positivos.

IMPACTO DESPROPORCIONADO DE LAS LEYES ROCKEFELLER DE DROGAS EN COMUNIDADES DE COLOR

Un reporte del 2004 determinó que el índice de uso de drogas ilícitas es 8.1 por ciento para los blancos, 7.2 por ciento para los hispanos y 8.7 por ciento para los afroamericanos. Además, el índice de uso de drogas entre los jóvenes de 12 a 17 años de edad es más alto para los blancos que para los afroamericanos y los latinos.

Aun así, hoy en día el 90 por ciento de los que están en la cárcel por crímenes de drogas son afroamericanos y latinos. Los afroamericanos componen el 58.5 por ciento de los delincuentes encarcelados en las prisiones estatales; los latinos el 31.5 por ciento; y los blancos el 8.9 por ciento.

Actualmente hay más de 13,400 delincuentes por motivos de drogas en las cárceles estatales representando el 21 por ciento de los reclusos y el 33 por ciento de las reclusas. El 39 por ciento de estos delincuentes están en las prisiones estatales por posesión de drogas y no por vender, y el 80 por ciento de los delincuentes en estas prisiones nunca ha sido condenado por crímenes violentos.

CRITERIOS PARA UNA VERDADERA REFORMA DE LAS LEYES ROCKEFELLER DE DROGAS

La Asamblea está comprometida a reformar las Leyes Rockefeller de Drogas de una vez por todas en el 2009. Creemos que los siguientes criterios deben encabezar cualquier esfuerzo de reforma:

Las drogas ilícitas deben permanecer ilícitas. Los adultos que vendan drogas a menores, las personas que usan armas en tratos de drogas y los líderes de pandillas de drogas merecen castigos severos.

Las sentencias mínimas obligatorias para delincuentes que cometan delitos menores deben ser eliminadas. Obligar a que los jueces sentencien a los adictos y a los vendedores de droga callejeros a prisiones estatales no ha impactado el índice criminal ni reducido la adición, pero sí ha creado aumentos masivos en la cantidad de personas en las cárceles de Nueva York con un número desproporcionado de latinos y afroamericanos en dichas prisiones.

Una verdadera autoridad judicial significa un final a las sentencias mínimas de prisión obligatorias para crímenes de droga clase B y para crímenes no-violentos por segunda vez, y el poner un énfasis igual a las alternativas de encarcelamiento y tratamiento. Con excepción a crímenes más serios, los jueces de Nueva York ya tienen la autoridad para ajustar las sentencias apropiadas en actos criminales. Los jueces deben de tener el poder para tomar decisiones informadas sobre si las circunstancias merecen imponer una sentencia a una prisión estatal cuando se trata de crímenes por droga, así como lo hacen en casos de agresión, robo, daños a la propiedad y muchos otros tipos de crimen.

Los Fiscales de Distrito deben continuar jugando un papel importante en el proceso, pero no deben de tener el poder para vetar la autoridad de un juez. En efecto, a la medida que hay iniciativas auspiciadas por los fiscales de distrito, tales como la de Tratamiento contra las Drogas como Alternativa a la Encarcelación (DTAP), programa que han demostrado ser exitoso con las poblaciones limitadas a las que sirven, los jueces tendrán la autoridad para continuarlas. Las sentencias máximas determinadas, existentes para delitos de primer y segundo nivel clase B, deben ser mantenidas para que si un juez decide que las circunstancias lo ameritan, aquellos que cometieron el delito cumplan sentencias severas.

TRATANDO EL ABUSO DE LAS DROGAS COMO UN ASUNTO DE SALUD PÚBLICA

El abuso de drogas no es sólo un asunto de justicia criminal sino también un asunto de salud pública — y si podemos tratar el problema de salud pública, también trataremos en gran medida el problema de justicia criminal; esto significa crear más alternativas al encarcelamiento. El estado ya ha malgastado recursos (incluyendo, según algunos estimados, más de 800 camas de tratamiento que pueden estar disponibles fácilmente), que deben ser puestos en orden para terminar un ciclo de adicción a la cárcel, donde los acusados permanecen adictos, y luego regresan a la sociedad donde las puertas giratorias continúan en marcha. Las reformas exitosas romperán este ciclo.

AHORROS DE LA REFORMA A LAS LEYES ROCKEFELLER DE DROGAS

Se estima que Nueva York ya ha ahorrado $99.22 millones gracias a la reforma limitada de las leyes de drogas que se ha implantado hasta ahora. Cuesta aproximadamente $45,000 al año encarcelar a un recluso en una prisión estatal, y según el Departamento de Servicios de Corrección, hay más de 13,000 delincuentes que están en la cárcel por crímenes relacionados con las drogas (más o menos un quinta parte de todos los reclusos y una tercera parte de todas las reclusas). Si las reformas son implementadas completamente, el ahorro estimado para el estado, no sólo sería en los costos de encarcelamiento sino también en otros beneficios colaterales, tales como servicios de salud y bienestar público sumados al aumento de productividad de personas salvadas de los efectos draconianos de este régimen de leyes.

––––––––

¿Qué pasaría si, en lugar de seguir el método probado y cierto para ocuparse de un delincuente, hubiera un enfoque más efectivo, de base más popular? En lugar de pasar por un largo proceso de enjuiciamiento, en el cual el delincuente puede o no ser declarado culpable, la comunidad podría trabajar con y a través de una agencia especial organizada para mediar entre el delincuente y la víctima. Dennis Maloney, director de "Juvenile Community Justice" (Justicia Comunitaria Juvenil), una organización de gobierno local que colabora estrechamente con organizaciones no gubernamentales para poner de relieve la prevención del delito y la colaboración, describe el sistema de "justicia comunitaria" que funciona en el Condado de Deschutes, en Oregón.

––––––––

El Surgimiento de la Justicia Comunitaria

Dennis Maloney, e-Journal USA, *Temas de la Democracia*, Vol. 6, Núm. 1, 15 de agosto de 2001

Considere las siguientes circunstancias. Una noche, luego de trabajarhasta tarde, usted alcanza a tomar el último autobús.

Luego de bajar del autobús en la parada acostumbrada, usted comienza a caminar hacia su casa. Al acercarse a su casa, observa una situación perturbadora. Oye a un grupo de niños que lloran. Están de pie junto a una mujer que yace sobre la acera.

Cuando usted corre hasta allí, nota lo que parece ser una figura masculina que se escurre entre las sombras hacia el callejón.

¿Qué haría usted?

Les he planteado esta pregunta a millares de ciudadanos en docenas de estados norteamericanos. La respuesta es constante.

Primero, usted atiende a la mujer, verifica sus signos vitales y determina la naturaleza de sus lesiones. Segundo, observa los niños para averiguar si ellos también han sido agredidos. Tercero, recurre a un vecino para que llame al número telefónico de ayuda de emergencia apropiado y despache a la policía para que ubique y arreste al delincuente. Esta secuencia, atender a la víctima del crimen, tomarle el pulso a la comunidad circundante y, luego, ocuparse del delincuente, parece ser un protocolo norteamericano en respuesta a un delito.

FALLAS DEL SISTEMA

Si ésta es, en realidad, la serie de acciones que se emprenden en el momento en que ocurre el crimen, ¿por qué la justicia penal estadounidense parece adherirse a un protocolo que es virtualmente opuesto? En Estados Unidos establecemos servicios legales, financiados por el gobierno, en beneficio del delincuente, le proporcionamos consejo e intervenciones terapéuticas y, aun después de encarcelarlo, le proveemos amplios servicios educativos y vocacionales. Entre tanto, las víctimas del crimen languidecen mientras se las entienden por sí mismas con sus traumas. En consecuencia, el público norteamericano ha llegado a la conclusión de que el sistema de justicia penal se ha vuelto tan concentrado en el delincuente que, en esencia, nos hemos convertido defensores del delincuente. Muchos hasta nos perciben como defensores del delincuente a expensas de la víctima y de las necesidades de la comunidad. Esta paradoja no debería aceptarse nunca, y nunca lo será.

El sistema estadounidense ha dependido del encarcelamiento como el medio preferido y, en muchos casos, el único de hacer que los delincuentes sean responsables de su comportamiento. Hay pruebas crecientes de que podemos imprimir más profundamente en el delincuente los efectos personalizados de su comportamiento si involucramos a la víctima en todo el procedimiento. Esto, a su vez, puede despertar en el delincuente un sentido mucho más profundo de responsabilidad.

Reconozcamos en primer lugar que las cárceles ocupan un lugar indiscutible para controlar a los delincuentes peligrosos durante las deliberaciones antes del juicio y, subsecuentemente, para castigar a esos delincuentes por sus actos perversos. Estos criminales requieren que se los coloque en prisiones seguras durante largos períodos. Pero es necesario recordar también que una gran cantidad de víctimas sufren pérdidas materiales a manos de delincuentes que no presentan una tendencia demostrada hacia la violencia. Estos delitos incluyen actos tales como el robo, el allanamiento de morada, el vandalismo y el giro de cheques sin fondos. Estos delitos representan el 90 por ciento de todos los que se cometen en Estados Unidos. En estos casos puede ser más satisfactorio y, por cierto, menos costoso, hacer que el delincuente sea directamente responsable ante la víctima y la comunidad.

Esto puede lograrse permitiéndole a la víctima determinar un nivel apropiado de restitución, identificar una cantidad significativa de servicio de trabajo comunitario y, con la ayuda de un mediador entrenado, hacer arreglos para que la víctima le exprese al delincuente, cara a cara, el trauma que sufrió como resultado del delito.

De hecho, si el sistema de justicia penal reservara el espacio que hay en las prisiones para los delincuentes peligrosos que causan daños personales a otros y para aquellos delincuentes crónicos e imparables que cometen delitos contra la propiedad, podríamos tomar lo que ahorraríamos y proveerles a las víctimas amplios y muy necesarios servicios de tratamiento. Podríamos también financiar enfoques viables de prevención del delito, por mucho la mejor manera de impedir que haya víctimas.

Esto nos lleva a un tercer elemento del sistema de justicia penal estadounidense: la prevención del delito. Tenemos un sistema con la información más abarcadora que haya disponible en lo que respecta a lugares, ocasiones, frecuencia y patrones de la actividad delictiva. Pero si examinamos los recursos dedicados a prevenir el delito, encontramos que hay amplia oportunidad de mejorar. Así como el sistema, en su mayor parte, le presta tradicionalmente poca atención a la víctima, también le ha prestado demasiado poca atención a una verdadera discusión en torno a la prevención del delito. El sistema se ocupa primordialmente del movimiento de los delincuentes, dependiendo a menudo de respuestas muy costosas. Este enfoque, opinan algunos, es miope.

JUSTICIA COMUNITARIA

En el Condado de Deschutes, en Oregón, y en un puñado de otras jurisdicciones en Estados Unidos, un grupo de funcionarios judiciales ha formado equipo con funcionarios locales elegidos, representantes legislativos y ciudadanos particulares para identificar las deficiencias del sistema y, lo que es más importante, para construir un sistema de justicia penal mejor, un sistema que hemos llegado a reconocer como la "justicia comunitaria".

Dentro de la estructura judicial de una comunidad, a la víctima se la considera el principal "cliente" del sistema de justicia, a los delincuentes se los hace responsables de modos constructivos y significativos, y a la prevención del delito se le asigna una prioridad elevada. La participación del ciudadano en la atención de las necesidades de las víctimas, la determinación de prioridades, la mediación en los requerimientos de restitución y la supervisión de los proyectos de servicio de trabajo comunitario son de primera importancia en la estrategia de justicia de una comunidad. Los funcionarios del sistema judicial recalcan con mucho cuidado que este cambio es posible mientras permanecen invariables los requisitos del debido proceso de ley.

El Condado de Deschutes ha tomado varias medidas para demostrar que procede con seriedad respecto de su nueva visión del sistema judicial. Luego de una serie de reuniones convocadas por el juez presidente del Tribunal de Circuito, Stephen Tiktin, en relación con la necesidad de que el sistema de justicia local realzara los servicios a las víctimas y la prevención del delito, el condado aprobó una "resolución oficial" para responder al liderato del grupo. Esta resolución, a su vez, acicateó una serie de acciones que han hecho avanzar rápidamente el sistema hacia un modelo de justicia comunitaria.

He aquí algunos ejemplos de ideas que se han puesto en práctica desde la aprobación de la resolución:

Mejor atención a las víctimas

La Oficina del Fiscal de Distrito del Condado de Deschutes ha desarrollado un complemento completo de servicios a las víctimas. El departamento atiende las necesidades de las víctimas desde el momento en que se informa sobre el crimen hasta el momento en que se hace el último pago de restitución.

Este programa de ayuda a las víctimas sigue el patrón del "código" estadounidense de emergencias hospitalarias. Los delitos en que una persona es víctima de actos de violencia se clasifican en el código azul, y el programa asegurará que la víctima tenga a su lado un voluntario de apoyo a los pocos minutos de recibida una llamada. A los delitos de menos gravedad se les da una respuesta en cuestión de horas, y en un par de días, luego de recibido el informe, se entra en contacto con las víctimas de delitos menores. Las víctimas reciben también otros servicios, tales como consejo en casos de trauma, alojamiento temporal de ser necesario, información y ayuda legal en registrar las pérdidas. Las víctimas del crimen reciben un mensaje claro: "Usted es un miembro honesto de nuestra comunidad; usted ha sido agraviado, y es nuestra tarea hacer todo lo podamos para asegurar que se le restaure en la mayor medida posible. Estaremos de su lado hasta que recupere una sensación de seguridad".

El Tribunal de Circuito de Deschutes ha impulsado una gama completa de oportunidades para que las víctimas se involucren directamente en el proceso judicial. El tribunal le ha dado una prioridad particularmente alta a los servicios de mediación entre víctima y delincuente. De acuerdo con este enfoque, las víctimas pueden optar por enfrentarse cara a cara con los delincuentes para explicarles las consecuencias humanas de sus pérdidas, manifestar su necesidad de recuperar pérdidas financieras y determinar los requerimientos apropiados de servicios comunitarios. Voluntarios sumamente entrenados hacen más fácil la sesión. El Departamento de Justicia Comunitaria, formado recientemente, coordina el programa para el tribunal.

Los primeros resultados de esta estrategia son muy alentadores

Las víctimas dan cuenta de un nivel de satisfacción mucho más alto con la mediación que con los procesos judiciales tradicionales. Y los acuerdos a que se llega son mucho más durables que las órdenes corrientes de libertad condicional. Los delincuentes pagan restitución a una tasa mucho más elevada, que se acerca al 90 por ciento, en comparación con el promedio nacional de libertad condicional de apenas el 33 por ciento.

El Departamento de Justicia Comunitaria convierte posturas que en una ocasión se concentraban en ofrecerles consejo a los delincuentes, en otras que recalcan el apoyo y el consejo a las víctimas. El viejo sistema preguntaba en cada caso de aplicación de la ley: "¿En qué condiciones está el delincuente? ¿Cuáles son sus necesidades? ¿Qué servicios se requieren para cambiar su comportamiento?". El nuevo sistema pregunta: "¿Cuál es la situación de la víctima? ¿De qué grado son sus padecimientos? ¿Qué tiene que hacer el delincuente para compensar a la víctima?"

El departamento sigue administrando y supervisando el comportamiento del delincuente. Pero el contexto primordial de la supervisión tiene que ver con la responsabilidad del delincuente de restituir a la víctima y pagar la restitución. La responsabilidad, y no el consejo, es la prioridad máxima de la supervisión del delincuente.

Una manera más creativa de abordar los delitos contra la propiedad

La comunidad empresarial del Condado de Deschutes ha unido fuerzas con el Departamento de Justicia Comunitaria para formar lo que ha llegado a conocerse como la Junta de Rendición de Cuentas al Comerciante. La junta se ha formado por varias razones:

El hurto en las tiendas, el robo al por menor y los cheques sin fondos le imponen un costo terrible a los comerciantes de la zona, costo que en algunos casos amenaza la viabilidad de algunas empresas pequeñas.

La Oficina del Fiscal de Distrito llegaba a un punto donde apenas podía permitirse llevar ante la justicia el gran número de casos, ya que cada encausamiento le costaba al presupuesto del departamento de 600 a 900 dólares en honorarios de abogados y otros costos de personal. El costo era el mismo si la cantidad de dinero robado era grande o pequeña.

Los comerciantes, aun cuando apoyaban el Programa de Mediación entre Víctima y Delincuente, no disponían de tiempo para pasar por el proceso de mediación en todos los casos.

Como resultado de estas circunstancias, los comerciantes organizaron un programa en el que uno de ellos actuaría como víctima sustituta en una docena de casos y determinaría el nivel de restitución apropiado. De esta manera, se maneja el caso sin necesidad de un enjuiciamiento costoso, el comerciante víctima tiene una oportunidad de hacerles sentir a los rateros de tienda y a los ladronzuelos la gravedad de lo que le hacen a la familia de las pequeñas empresas, y los comerciantes reciben su restitución con más rapidez, y a una tasa más elevada, que a través de los procedimientos judiciales tradicionales.

Construcción de comunidades más viables

Uno de los cambios destacados que han ocurrido debido al compromiso del departamento con la justicia comunitaria es que ahora se considera a la sentencia de servicio a la comunidad como un recurso para construir comunidades más viables. El servicio a la comunidad se ha usado tradicionalmente como medida punitiva. En el Condado de Deschutes, de acuerdo con la filosofía general de la justicia comunitaria, el servicio de trabajo se considera un medio de restituirles a las víctimas y la comunidad.

Dentro de este contexto, el departamento ha colaborado diligentemente con agencias comunitarias sin fines de lucro para abordar una gama de proyectos innovadores. Estos incluyen:

- entrar en sociedad con un Club Rotario local para ayudar a construir un centro para niños víctimas de abuso,

- unir fuerzas con una agencia local contra la pobreza para ayudar a recaudar dinero destinado a un alojamiento de transición consistente en 70 unidades,

- trabajar para construir un parque comunitario en honor de un ex educador comunitario; y

- desarrollar una relación formal con Habitat for Humanity (organización que construye viviendas para personas de escasos recursos), en la que los delincuentes han construido viviendas con los auspicios de esa organización.

Con este enfoque, la comunidad del departamento recibe beneficios tangibles y los delincuentes comienzan a forjar un vínculo con la comunidad, reduciendo en consecuencia la probabilidad de que cometan actos de vandalismo. La comunidad ha demostrado apoyo abrumador a este enfoque.

Estrategias de prevención

Esta cuestión puede muy bien haber inspirado el modo de pensar más creativo del condado. Al analizar el sistema de corrección juvenil del estado, el condado determinó que Oregón, por inadvertencia, creó un incentivo para que los condados usen las instalaciones de corrección estatales. En Oregón los condados no pagan nada por usar las instituciones estatales, de modo que, en esencia, los condados pueden optar por colocar a los delincuentes juveniles, molestos pero no necesariamente peligrosos, en las instalaciones de corrección estatales. No es sorprendente que haya y, probablemente, siempre habrá presión a favor de ampliar las instituciones juveniles para alojar a los delincuentes juveniles de los condados. Si bien aparentemente esto parece ser financieramente beneficioso para los gobiernos de los condados, sólo sirve para empujar hacia arriba la población y los costos de las prisiones, con lo que amenaza otros servicios estatales esenciales, tales como la educación.

El Condado de Deschutes y la Administración de Asuntos Juveniles de Oregón elaboraron una manera de revertir esta tendencia. El condado ofreció cambiar a una base de subsidios en bloque según la cual podía administrar sus propias instalaciones para delincuentes juveniles no peligrosos que, de otro modo, habrían sido colocados en instituciones estatales. Los programas locales se pagan con fondos procedentes de los subsidios en bloque, con el acuerdo de que cualquier ahorro puede reinvertirse en estrategias de prevención del delito. Y el ahorro puede ser significativo, tanto como varios centenares de miles de dólares al año. Una Comisión de ciudadanos para Niños y Familias administra el dinero. Estos ciudadanos aportan al programa una fuerte perspectiva empresarial, y hacen diferencias claras entre gastos e inversiones. Este enfoque innovador ganó el apoyo de la legislatura estatal y del gobernador John A. Kitzhaber.

Si este programa da resultados y se extiende a otros condados, Oregón saldrá ganando de dos maneras. La actual población carcelaria puede, por lo menos, disminuir, y los dólares que una vez se destinaron a costosas operaciones carcelarias pueden reinvertirse en estrategias comunitarias de prevención del delito.

Estos son apenas unos pocos ejemplos de los esfuerzos emprendidos desde que se inició la iniciativa de justicia comunitaria. Al involucrarse más los ciudadanos y las víctimas, hay disponible una inagotable energía creativa para transformar el sistema de justicia penal en un sistema de justicia comunitaria.

Es evidente que la justicia comunitaria responde en primer término a las necesidades de las víctimas, ofrece soluciones creativas para responsabilizar a los delincuentes no violentos y destaca la prevención del delito como un aspecto importante de las actividades diarias del sistema de justicia penal. La participación activa de los ciudadanos en todos los aspectos del sistema judicial es un elemento central de esta filosofía. Esta participación ciudadana sirve para expandir el sentido de responsabilidad con miras a conseguir comunidades más seguras, mucho más allá de los profesionales del sistema de justicia. Con este nuevo sentido de pertenencia y responsabilidad, los ciudadanos aportarán gustosos energía y recursos que nunca han estado disponibles a través medios financiados con el dinero de los contribuyentes. Armados de una nueva filosofía y equipados con liderazgo y recursos provistos por los mismos ciudadanos, el futuro aparece más brillante y seguro para aquellos lugares que van en procura de la justicia comunitaria.

Resolución sobre Justicia Comunitaria

Resolución No. 96-122

Por cuanto los ciudadanos del Condado de Deschutes deben tener derecho al más alto nivel de seguridad pública, y

Por cuanto las crecientes tasas de delincuencia juvenil y adulta plantean una amenaza a la condición y sensación de seguridad de nuestros ciudadanos, y

Por cuanto una estrategia general de reducción del delito requiere hacer hincapié, de manera equilibrada, en la prevención del delito, la intervención temprana y los esfuerzos de corrección efectivos, y

Por cuanto la Justicia Comunitaria encarna una filosofía que involucra a la comunidad para liderar todas las estrategias de prevención y reducción del delito,

Por tanto, la Junta de Comisionados del Condado de Deschutes adopta la Justicia Comunitaria como la misión y propósito centrales de los esfuerzos de corrección comunitarios del condado.

Además, el condado crea por la presente un Departamento de Justicia Comunitaria para reemplazar el Departamento de Corrección Comunitaria.

SE RESUELVE que el Departamento de Justicia Comunitaria trabajará en asociación con la ciudadanía del condado para llevar a cabo iniciativas efectivas de prevención del delito, control del delito y reducción del delito.

SE RESUELVE, ADEMAS, que el condado construirá un Centro de Justicia Comunitaria para proveer servicios y programas para que se restituya a las víctimas del delito, para que los delincuentes se responsabilicen y ganen las competencias para convertirse en ciudadanos responsables y productivos, y para que la comunidad tenga acceso un centro organizativo de la amplia gama de esfuerzos de lucha contra el crimen.

DADO EN ESTE 25to. día de septiembre de 1996 por la Junta de Comisionados del Condado de Deschutes (Oregón, Estados Unidos de América).

H. LOS DERECHOS DE LAS VÍCTIMAS DEL CRIMEN

Hemos visto que en el sistema de derecho penal, las personas acusadas de delito y las personas condenadas por ser culpables tienen una serie de derechos y protecciones, además de sus obligaciones bajo la ley. A su vez, el estado y todos los participantes estatales en la investigación del delito, la acusación del presunto delincuente, el procedimiento judicial y la condena al final – en toda etapa del proceso hay reglas, prácticas, obligaciones que rigen.

Una parte muy importante en el mundo del derecho penal es la víctima del delito. También los testigos juegan un papel central en todo el proceso. A los niveles internacional, nacional, estatal, municipal, y local existen una serie de protecciones y derechos para víctimas y testigos del delito.

Carta de Derechos de Víctimas y Testigos
Rama Judicial de Puerto Rico

La Legislatura de Puerto Rico, mediante una legislación especial (Ley Núm. 22 del 22 de abril de 1988), ha dispuesto medidas para garantizar los derechos de las víctimas y los testigos en los procesos judiciales y en las investigaciones que se realicen. También, a través de enmiendas al estatuto, se han establecido protecciones especiales en aquellos casos en que las víctimas o testigos del delito sean menores de edad, menores incapaces y/o con impedimentos.

De conformidad con la Carta de Derechos establecida sobre el particular, toda persona que sea víctima o testigo de delito en Puerto Rico tendrá derecho a:

- Recibir un trato digno y compasivo por parte de todos los funcionarios y empleados públicos que representen las agencias que integran el sistema de justicia criminal durante las etapas de investigación, procesamiento, sentencia y disposición posterior del caso criminal que se inste contra el responsable del delito.

- Tener acceso a servicio telefónico, libre de costo, para comunicarse con su familia o allegado más cercano o con su abogado, tan pronto entre en contacto con el sistema de justicia criminal.

- Reclamar que se mantenga la confidencialidad de la información sobre su dirección y números telefónicos cuando así lo estime necesario para su seguridad personal y de sus familiares, así como el privilegio de la comunicación habida entre la víctima y su consejero.

- Recibir todos los servicios de protección para sí y para sus familiares, contra las posibles amenazas y daño que puedan sufrir por parte del responsable del delito, sus secuaces, amigos y familiares incluyendo, sin que se entienda como una limitación, la línea telefónica de emergencia, albergue, cambio de dirección e identidad y vigilancia directa.

- Ser orientado sobre todos aquellos programas de asistencia médica, psicológica, social y económica que estén disponibles en el Estado Libre Asociado de Puerto Rico, recibir información correcta por parte de los funcionarios y empleados de las agencias públicas y privadas que administran estos programas y a que se les oriente sobre el procedimiento para tramitar la solicitud de estos servicios.

- Recibir para sí y para sus familiares todos aquellos servicios y beneficios que provean los programas de asistencia médica, psicológica, social y económica que estén disponibles en el Estado Libre Asociado y para los cuales sea elegible.

- Ser notificado del desarrollo de la investigación, procesamiento y sentencia del responsable del delito, ser consultado antes de que se proceda a transigir una denuncia o acusación contra el autor del delito y ser informado de los procedimientos posteriores a la sentencia cuando la víctima o el testigo así lo solicite a la Policía de Puerto Rico, al Negociado de Investigaciones Especiales y al Ministerio Fiscal.

- Lograr que el Ministerio Fiscal promueva la rápida ventilación de los casos criminales contra el responsable del delito y, en especial, los casos de delitos sexuales, maltrato y violencia doméstica.

- Estar presente en todas las etapas del procesamiento contra el responsable del delito cuando lo permitan las leyes y reglas procesales, excepto en aquellos casos en que lo prohíba el tribunal por razón de que la víctima sea testigo en el proceso criminal o por otras circunstancias; y que la Policía de Puerto Rico, el Negociado de Investigaciones Especiales o el Ministerio Fiscal le informen prontamente cuando su presencia no sea necesaria en el tribunal.

- Recibir en todo momento en que esté prestando testimonio en un tribunal o en un organismo cuasi judicial un trato respetuoso y decoroso por parte de abogados, fiscales, jueces y demás funcionarios y empleados, y la protección del juez o del funcionario que preside la vista administrativa en caso de hostigamiento, insultos, ataques y abusos a la dignidad y a la honra del testigo o de sus familiares y allegados.

- Cuando se trate de una víctima de violación, no ser preguntada sobre su historial sexual.

- Cuando sea menor de edad o incapacitado, no ser preguntado sobre el alcance del deber de decir la verdad, que no se le tome juramento o afirmación en este sentido, e instar las acciones por delitos sexuales y maltrato dentro del término prescriptivo extendido.

- Tener a su disposición un área en el Tribunal donde se esté ventilando el proceso judicial contra el responsable del delito que esté separada del acusado, sus secuaces y amigos y familiares y, cuando no esté disponible esta área separada, recibir otras medidas protectoras.

- Lograr que se le releve de la comparecencia personal en la vista de determinación de causa probable para el arresto, cuando su testimonio conlleve un riesgo a su seguridad personal o de su familia o cuando se vea física o emocionalmente imposibilitada.

- Someter al tribunal sentenciador un informe sobre el efecto económico y emocional que le ha ocasionado la comisión del delito.

- Recibir la compensación económica que le corresponde por razón de su comparecencia en el proceso judicial así como la concesión de licencia judicial y reinstalación en el empleo.

- Recibir el beneficio de restitución por parte del responsable del delito en todos aquellos casos en que las leyes así lo provean.

- Recibir devueltos tan pronto sea posible, todos aquellos bienes de su propiedad que se hayan retenido por las autoridades con el propósito de ser utilizados como evidencia.

———

Declaración sobre los Principios Fundamentales de Justicia para las Víctimas de Delitos y del Abuso de Poder

Adoptada por la Asamblea General de las Naciones Unidas en su Resolución 40/34, de 29 de noviembre de 1985

A.-Las víctimas de delitos

1. Se entenderá por "víctimas" las personas que, individual o colectivamente, hayan sufrido daños, inclusive lesiones físicas o mentales, sufrimiento emocional, pérdida financiera o menoscabo sustancial de los derechos fundamentales, como consecuencia de acciones u omisiones que violen la legislación penal vigente en los Estados Miembros, incluida la que proscribe el abuso de poder.

2. Podrá considerarse "víctima" a una persona, con arreglo a la presente Declaración, independientemente de que se identifique, aprehenda, enjuicie o condene al perpetrador e independientemente de la relación familiar entre el perpetrador y la víctima. En la expresión "víctima" se incluye además, en su caso, a los familiares o personas a cargo que tengan relación inmediata con la víctima directa y a las personas que hayan sufrido daños al intervenir para asistir a la víctima en peligro o para prevenir la victimización.

3. Las disposiciones de la presente Declaración serán aplicables a todas las personas sin distinción alguna, ya sea de raza, color, sexo, edad, idioma, religión, nacionalidad, opinión política o de otra índole, creencias o prácticas culturales, situación económica, nacimiento o situación familiar, origen étnico o social, o impedimento físico.

Acceso a la justicia y trato justo

4. Las víctimas serán tratadas con compasión y respeto por su dignidad. Tendrán derecho al acceso a los mecanismos de la justicia y a una pronta reparación del daño que hayan sufrido, según lo dispuesto en la legislación nacional.

5. Se establecerá y reforzarán, cuando sea necesario, mecanismos judiciales y administrativos que permitan a las víctimas obtener reparación mediante procedimientos oficiales u oficiosos que sean expeditos, justos, poco costosos y accesibles. Se informará a las víctimas de sus derechos para obtener reparación mediante esos mecanismos.

6. Se facilitará la adecuación de los procedimientos judiciales y administrativos a las necesidades de las víctimas:

a) Informando a las víctimas de su papel y del alcance, el desarrollo cronológico y la marcha de las actuaciones, así como de la decisión de sus causas, especialmente cuando se trate de delitos graves y cuando hayan solicitado esa información;

b) Permitiendo que las opiniones y preocupaciones de las víctimas sean presentadas y examinadas en etapas apropiadas de las actuaciones siempre que estén en juego sus intereses, sin perjuicio del acusado y de acuerdo con el sistema nacional de justicia penal correspondiente;

c) Prestando asistencia apropiada a las víctimas durante todo el proceso judicial;

d) Adoptando medidas para minimizar las molestias causadas a las víctimas, proteger su intimidad, en caso necesario, y garantizar su seguridad, así como la de sus familiares y la de los testigos en su favor, contra todo acto de intimidación y represalia;

e) Evitando demoras innecesarias en la resolución de las causas y en la ejecución de los mandamientos o decretos que concedan indemnizaciones a las víctimas.

7. Se utilizarán, cuando proceda, mecanismos oficiosos para la solución de controversias, incluidos la mediación, el arbitraje y las prácticas de justicia consuetudinaria o autóctonas, a fin de facilitar la conciliación y la reparación en favor de las víctimas.

Resarcimiento

8. Los delincuentes o los terceros responsables de su conducta resarcirán equitativamente, cuando proceda, a las víctimas, sus familiares o las personas a su cargo. Ese resarcimiento comprenderá la devolución de los bienes o el pago por los daños o pérdidas sufridos, el reembolso de los gastos realizados como consecuencia de la victimización, la prestación de servicios y la restitución de derechos.

9. Los gobiernos revisarán sus prácticas, reglamentaciones y leyes de modo que se considere el resarcimiento como una sentencia posible en los casos penales, además de otras sanciones penales.

10. En los casos en que se causen daños considerables al medio ambiente, el resarcimiento que se exija comprenderá, en la medida de lo posible, la rehabilitación del medio ambiente, la reconstrucción de la infraestructura, la reposición de las instalaciones comunitarias y el reembolso de los gastos de reubicación cuando esos daños causen la disgregación de una comunidad.

11. Cuando funcionarios públicos u otros agentes que actúen a título oficial o cuasioficial hayan violado la legislación penal nacional, las víctimas serán resarcidas por el Estado cuyos funcionarios o agentes hayan sido res-

ponsables de los daños causados. En los casos en que ya no exista el gobierno bajo cuya autoridad se produjo la acción u omisión victimizadora, el Estado o gobierno sucesor deberá proveer al resarcimiento de las víctimas.

Indemnización

12. Cuando no sea suficiente la indemnización procedente del delincuente o de otras fuentes, los Estados procurarán indemnizar financieramente:

a) A las víctimas de delitos que hayan sufrido importantes lesiones corporales o menoscabo de su salud física o mental como consecuencia de delitos graves;

b) A la familia, en particular a las personas a cargo, de las víctimas que hayan muerto o hayan quedado física o mentalmente incapacitadas como consecuencia de la victimización.

13. Se fomentará el establecimiento, el reforzamiento y la ampliación de fondos nacionales para indemnizar a las víctimas. Cuando proceda, también podrán establecerse otros fondos con ese propósito, incluidos los casos en los que el Estado de nacionalidad de la víctima no esté en condiciones de indemnizarla por el daño sufrido.

Asistencia

14. Las víctimas recibirán la asistencia material, médica, psicológica y social que sea necesaria, por conducto de los medios gubernamentales, voluntarios, comunitarios y autóctonos.

15. Se informará a las víctimas de la disponibilidad de servicios sanitarios y sociales y demás asistencia pertinente, y se facilitará su acceso a ellos.

16. Se proporcionará al personal de policía, de justicia, de salud, de servicios sociales y demás personal interesado capacitación que lo haga receptivo a las necesidades de las víctimas y directrices que garanticen una ayuda apropiada y rápida.

17. Al proporcionar servicios y asistencia a las víctimas, se prestará atención a las que tengan necesidades especiales por la índole de los daños sufridos o debido a factores como los mencionados en el párrafo 3 supra.

B.-Las víctimas del abuso de poder

18. Se entenderá por "víctimas" las personas que, individual o colectivamente, hayan sufrido daños, inclusive lesiones físicas o mentales, sufrimiento emocional, pérdida financiera o menoscabo sustancial de sus derechos fundamentales, como consecuencia de acciones u omisiones que no lleguen a constituir violaciones del derecho penal nacional, pero violen normas internacionalmente reconocidas relativas a los derechos humanos.

19. Los Estados considerarán la posibilidad de incorporar a la legislación nacional normas que proscriban los abusos de poder y proporcionen remedios a las víctimas de esos abusos. En particular, esos remedios incluirán el resarcimiento y la indemnización, así como la asistencia y el apoyo materiales, médicos, psicológicos y sociales necesarios.

20. Los Estados considerarán la posibilidad de negociar tratados internacionales multilaterales relativos a las víctimas, definidas en el párrafo 18.

21. Los Estados revisarán periódicamente la legislación y la práctica vigentes para asegurar su adaptación a las circunstancias cambiantes, promulgarán y aplicarán, en su caso, leyes por las cuales se prohíban los actos que constituyan graves abusos de poder político o económico y se fomenten medidas y mecanismos para prevenir esos actos, y establecerán derechos y recursos adecuados para las víctimas de tales actos, facilitándoles su ejercicio.

Las Víctimas de Delitos Federales Tienen Derechos

Federal Bureau of Investigation (FBI)

Cuando un delito ocurre generalmente te enteras de muchos de los detalles: el nombre del supuesto agresor, el tipo de delito, el lugar del incidente y el castigo que le espera al sospechoso, si es que él o ella es detenido.

Pero generalmente no se circula mucha información sobre las víctimas. Eso no significa, sin embargo, que han sido olvidadas.

Hay muchos programas cuyo objetivo es asistir a víctimas de delitos a nivel local, estatal y federal. Las víctimas de delitos federales tienen ciertos derechos, incluyendo acceso a varios servicios, algo que agencias como el FBI ofrecen cuando entran en contacto con la víctima de un delito.

LOS DERECHOS DE LAS VÍCTIMAS DE UN DELITO

El impacto de un delito frecuentemente va más allá después de que el caso sea procesado y vaya a juicio. Es por eso que el FBI hace un esfuerzo importante para asegurarse de que las víctimas en una investigación federal reciban la asistencia a la cual tienen derecho.

Un delito federal puede variar desde actos violentos y robos mayores a corrupción pública y delitos de cuello blanco, como fraude hipotecario y de seguros. También podría incluir delitos de odio, tráfico de personas, delitos cibernéticos y terrorismo, por mencionar algunos.

Las víctimas de delitos federales tienen varios derechos, incluyendo:

- Recibir una protección razonable del acusado.

- Ser notificadas de manera oportuna y precisa sobre cualquier procedimiento público en los juzgados relacionado al delito o a la libertad del acusado.

- Con algunas excepciones, no ser excluidas de dichos procedimientos legales públicos.

- Ser escuchadas razonablemente en cualquier procedimiento público en el juzgado de distrito en temas relacionados a la puesta de libertad del acusado, una declaración de culpabilidad, condena o liberación condicional de la persona.

- Entablar una comunicación con el abogado público a cargo del caso.

- Indemnización total y a un tiempo razonable de acuerdo a la ley.

- Procedimientos libres de demoras no razonables.

- El derecho a ser tratados con equidad y con respeto a la privacidad y dignidad de la víctima.

SERVICIOS DISPONIBLES A VÍCTIMAS DE DELITOS

En la mayoría de los casos, hay programas de asistencia para ayudar a víctimas de cualquier tipo de delito, independientemente si es local, estatal o federal. El FBI, por ejemplo, tiene un programa de asistencia a víctimas que cuenta con más de 100 especialistas de tiempo completo a lo largo del país que proveen todo tipo de servicios a víctimas de delitos federales, incluyendo:

- Intervención durante una crisis.

- Asistencia inmediata en el lugar de los hechos.

- Ayuda a la víctima para hablar por teléfono con miembros de su familia.

- Transportación.

- Asesoramiento durante una crisis.

- Vivienda temporal de emergencia.

- Transporte al hospital.

- Asistencia para acceder a fondos de compensación en el estado donde viven.

- Trabajadores sociales entrenados para proveer servicios para niños.

Las víctimas de delitos también pueden visitar crimevictims.gov, un sitio web creado por la Oficina de Víctimas de Delitos del Departamento de Justicia. El portal incluye muchos recursos en español incluyendo enlaces a sitios oficiales, publicaciones, bases de datos y líneas telefónicas.

I. LOS DELITOS MENORES

Infracciones y Delitos Menores

La clasificación de los delitos tiene que ver generalmente con varios elementos. En primer lugar, la seriedad del delito determina su clasificación. Así es que en el caso de los delitos contra la propiedad, por ejemplo, la clasificación descansa en el valor de la propiedad dañada o tomada: cuánto mayor es el valor de la propiedad, más grave es el delito. Y se utiliza el mismo principio en la clasificación de los delitos contra las personas.

Además de la gravedad del delito, los factores que contribuyen a la clasificación de los delitos son: antecedentes penales anteriores del acusado; el nivel de mala voluntad, intento, indiferencia, o crueldad del acto; si la víctima es miembro de una clase protegida.

Cada estado tiene clasificaciones específicas para los delitos. La primera clasificación es la que distingue entre el delito grave ("felony") y el delito menor o la ofensa menor. En algunos estados existe también la infracción u ofensa pequeña. Los estados típicamente asignan grados a cada delito definido, los cuales responden a la severidad del acto e implican el tipo de sanción que se pedirá.

DEFINICIONES

Cada país, y en los Estados Unidos, cada estado, tiene un sistema de categorización de delitos que reflejan una combinación de las características y gravedad del acto con el tipo de tratamiento que recibe el infractor, incluyendo el tipo de castigo que puede imponerse. Así es que se puede hablar en términos generales de lo que son las infracciones y los delitos menores, pero al entrar en definiciones y descripciones detalladas, hay que recordar que estas dependen de la localidad en la cual se comete el acto.

En general, las infracciones son violaciones de una ley o de un reglamento, que típicamente son bastante leves, incluyendo las infracciones de tránsito. Una infracción es menos grave que un delito menor y puede no ser considerada técnicamente como un delito, dependiendo de las circunstancias y de la estructura penal local. Generalmente, la persona que comete una infracción recibirá una boleta o un citatorio, sin que haya una condena al encarcelamiento u otros castigos más graves.

Un delito menor es un delito menos serio que un delito mayor pero más grave que una infracción. Los delitos menores típicamente se castigan con de una multa o un termino de encarcelamiento menor de un ano en una cárcel local (municipal o del condado), o ambas cosas. Muchas jurisdicciones dividen los delitos menores en tres clases: delitos menores grandes, delitos menores ordinarios, y delitos menores pequeños. Los delitos menores pequeños generalmente contemplan una pena de prisión de menos de seis meses y una multa de $500 o menos. El castigo prescrito para los delitos menores grandes es mayor que lo prescrito para los delitos menores ordinarios y menos que lo prescrito para los crímenes. Algunos estados definen un delito menor grande como "cualquier delito que no sea un crimen o un delito menor".

Típicamente, los fiscales no llaman a un jurado en casos de delitos menores. Generalmente se presenta como un cargo escrito o una llamada "información". En algunos estados, el acusado pobre no tiene derecho a un abogado de oficio si se le acusa de haber cometido un delito menor.

TIPOS DE CONDUCTA

Infracciones

- Arrojo de basura

- Cruzar la calle imprudentemente

- Infracción de tránsito

- Infracción de una ley u ordenanza local

- Perturbación de la paz

- Saltarse un semáforo

Delitos Menores ("Misdemeanor")

- Abuso sexual

- Acosamiento (acecho, hostigamiento)

- Acosamiento (acecho, hostigamiento) por teléfono

- Agresión

- Agresión doméstica

- Alteración del orden público

- Asalto

- Asalto con agravantes

- Carterismo (hurto o robo de cartera o bolsillo)

- Conducir en forma culposa, con imprudencia

- Conducta con imprudencia grave o culposa

- Cruzar la calle imprudentemente

- Daño a propiedad

- Destrucción de propiedad ajena

- Embriaguez publica

- Embriaguez y alteración del orden público

- Engaño con intención fraudulenta, con intención de defraudar

- Frecuentar una prostituta

- Hurto de mercancía de una tienda

- Hurto menor

- Hurto menor o Ratería

- Indecencia en público

- Interferencia con reportar la violencia doméstica

- Intrusión a propiedad

- Intrusión a vehículo

- Intrusión residencial

- Invitación a otros para el comercio carnal

- Manejar bajo la influencia

- Manejar con un permiso suspendido o revocado

- Manejar en estado de ebriedad o embriaguez (borracho, bajo la influencia)

- Menor de edad con alcohol

- Molestia pública

- Obstruir el cumplimiento del deber de un policía

- Pintar grafiti en una pared pública

- Poner en peligro la vida o la salud de un menor de edad

- Posesión de aditamentos para el uso de drogas

- Posesión de aguja hipodérmica

- Posesión de marijuana (cantidad mínima especificada)

- Prostitución

- Quebrantar la paz

- Ratería

- Resistencia a un agente de la policía

- Robo

- Robo de auto

- Vandalismo

- Violación de una orden de protección

[Algunos delitos menores pueden ser tratados como delitos graves dependiendo del historial penal del acusado. Así es que un hurto podría considerarse menor en una situación pero sería visto como delito grave si el acusado tuviera un historial penal. Lo mismo se da en casos de robo de auto, por ejemplo.]

CONSECUENCIAS PENALES

Los delitos menores generalmente llevan a multas y/o encarcelamiento de menos de 12 meses, típicamente en una cárcel municipal o de condado. También se puede castigar al acusado con libertad probatoria, servicio comunitario, o encarcelamiento durante un cierto número de fines de semana. El ser condenado por un delito menor no necesariamente implica la pérdida de derechos civiles, pero podría resultar en la suspensión de la licencia profesional, el empleo público, o la pérdida del permiso de conducir.

Alteración del Orden Público
Estado de California

Cada estado tiene leyes que controlan la conducta de las personas en lugares públicos. Estas leyes definen como ilícitas varias actividades definidas en los estatutos y asigna sanciones en caso de que se violen. Se ha dicho que estas leyes existen para que la policía pueda arrestar a alguien cuya conducta es fastidiosa o inoportuna, sin que llegue a ser ni peligrosa ni criminal. Por otro lado, se ha señalado que el estado tiene la obligación de mantener la paz y la orden sociales y que cierto tipo de conducta, si no se reprime en su inicio, podría llevar a una situación social alarmante.

La ley referente a la alteración del orden público está codificada en el Artículo 647 del Código Penal de California. La alteración del orden público es en sí un delito menor "de amplio alcance" que corresponde a una gran variedad de actividades distintas, incluyendo las siguientes:

Amenaza pública

Conducta lasciva en público - Tocarse a sí mismo, o tocar a otro, los genitales, nalgas o senos con el fin de obtener placer o para molestar a otra persona (por ejemplo, una persona que tiene la mano sobre sus genitales mientras hace insinuaciones o comentarios provocativos a la gente pasa, podría ser arrestada por **alteración del orden público**)

Embriaguez en la vía pública – encontrarse bajo los efectos del alcohol o de las drogas en un sitio público al punto de que la persona constituya una amenaza para su propia seguridad o para la de otros y/o se encuentre obstruyendo el paso en la vía pública

Fisgonear o espiar a través de una ventana – Asomarse a través de una ventana o una puerta en una estructura privada mientras se encuentra uno merodeando en el área sin razón (por ejemplo, a un "**mirón**" se le pueden imputar cargos de alteración del orden público)

Fisgonear por medios electrónicos – asomarse a través de un agujero o cualquier orificio a una recámara, camerino de bronceado, probador o cualquier otra área privada, utilizando algún dispositivo además de la simple vista (por ejemplo, una cámara o binoculares)

Interrumpir una reunión pública licita

Mendigar, limosnear

Merodear con fines delictivos cerca de un baño público con el propósito de tomar parte en un acto lascivo o ilícito (por ejemplo, alguien que espera en la entrada de un baño para hombres en el aeropuerto de Los Ángeles con el fin de abordar a otra persona y pedir u ofrecer sexo podría ser arrestado por alteración del orden público)

Merodear sin un propósito legítimo – el estar parado o deambulando cerca o alrededor de la propiedad de un tercero sin tener ningún propósito legítimo para ello

Ocupación ilícita de un inmueble – vivir en un inmueble o cualquier otro sitio sin permiso del dueño

Pleito público

Prostitución – todo aquel que **solicite u ofrezca**, o que esté de acuerdo en participar con otro en un acto de prostitución

Ruido excesivo y sin parar

———

Conducir en Estado de Embriaguez
Estado de New Jersey

Efectos del Alcohol

El alcohol es una droga que afecta la capacidad general de conducir. El alcohol puede impartirle al automovilista demasiada confianza e impedirle pensar claramente.

El automovilista que bebe puede cometer más errores. Aunque un automovilista piense que no está intoxicado, el alcohol afectará su manera de conducir. Beber aun una cantidad pequeña de alcohol aumenta la probabilidad de que el automovilista tenga un accidente. Nunca conduzca si ha bebido.

Conducir bajo la influencia de bebidas intoxicantes significa que el alcohol ha deteriorado los sentidos y buen juicio del conductor. El alcohol comienza a afectar el tiempo de reacción, la coordinación y el equilibrio después de tan sólo tres o cuatro bebidas. También hay un efecto negativo sobre la visión y la capacidad de juzgar las distancias, por lo que resulta más difícil reaccionar y conducir con prudencia. El tiempo es lo único que le puede devolver la sobriedad a una persona. El organismo elimina lentamente el alcohol. El hígado oxida (quema) la mayoría (el 90 por ciento) del alcohol en el proceso de desintoxicación. El otro 10 por ciento se elimina en el aliento, la orina y el sudor. Este hecho es el motivo principal por el que los métodos para desembriagar rápidamente no funcionan.

Además, diferentes estudios han comprobado definitivamente que la combinación de alcohol con ira es la causa de gran parte de la agresión e imprudencia al conducir que puede provocar accidentes viales mortales. Si bien en la mayoría de los choques relacionados con el alcohol son de un solo vehículo, con frecuencia resultan en la muerte o lesión grave de varias personas, entre ellos pasajeros, peatones y otros automovilistas.

¿Cuánto es Demasiado?

La única manera científica de saber es mediante la concentración de alcohol en la sangre o BAC (por sus siglas en inglés). El BAC del automovilista se puede conocer con un sencillo análisis del aliento. Cuatro factores determinan el BAC:

- La cantidad de alcohol consumido

- El peso corporal

- La velocidad de consumo de las bebidas

- La cantidad de alimentos consumidos

La mejor manera de reducir el riesgo de un choque ocasionado por un conductor que ha bebido es no conducir después de haber consumido bebidas alcohólicas.

En New Jersey, es ilegal que un individuo de 21 años de edad o más conduzca si su BAC es de 0.08 por ciento o más. (N.J.S.A. 39:4-50). En el caso de individuos menores de 21 años de edad, es ilegal conducir con un BAC de 0.01 por ciento o más. Los infractores estarán sujetos a fuertes sanciones además de otras sanciones impuestas por conducir en estado de ebriedad/conducir en estado de intoxicación (DUI/DWI, por sus siglas en inglés) (N.J.S.A. 39:4-50.14).

Si un automovilista que ha bebido tiene un BAC ligeramente superior al 0.05 por ciento, el riesgo de causar un accidente automovilístico se duplica. El riesgo es seis veces mayor al conducir con un BAC del 0.10 por ciento. El riesgo es 25 veces mayor al conducir con un BAC del 0.15 por ciento.

Observación: Las leyes estatales disponen que negarse a que le hagan una prueba de aliento equivale a conducir con un BAC del 0.08 por ciento si se trata de la primera ofensa. La sanción actual para ambos es la pérdida del privilegio de conducir por un periodo de siete meses a un año, que será aplicada concomitante o consecutivamente, según falle el juez (N.J.S.A. 39:4-50.4a). En New Jersey, el automovilista que se niegue a que le hagan la prueba de aliento también queda sujeto a un recargo de la MVC sobre su seguro anual de $1,000 por tres años

(N.J.S.A. 17:29A-35). El incumplimiento de pago de dicho recargo resultará en la suspensión indefinida del privilegio de conducir mientras no se pague el recargo.

Todas las bebidas contienen aproximadamente ½ onza de alcohol. Lo que cuenta no es la clase de alcohol, sino la cantidad de bebidas. Una bebida equivale a 15 onzas de alcohol con una graduación alcohólica del 86% o una botella o lata de cerveza de 12 onzas o una copa de vida de 5 onzas.

Es importante recordar que no importa cuál sea la bebida alcohólica consumida. La cerveza típica contiene casi la misma cantidad de alcohol que una medida típica de whisky o una copa de vino. Por ejemplo, 1 ½ onzas de whisky con una graduación alcohólica del 80%, 12 onzas de cerveza o 5 onzas de vino de mesa contienen la misma cantidad de alcohol: aproximadamente ½ onza de alcohol por bebida. Diferentes estudios han demostrado que la mayoría de la gente arrestada por conducir en estado de ebriedad había bebido cerveza.

Aunque los alimentos reducen la velocidad de absorción del alcohol en el torrente sanguíneo, comer no previene un alto índice de BAC si se beben sostenidamente grandes cantidades. Beber en exceso siempre produce un BAC elevado. Comer no desembriaga al automovilista. La mejor manera de evitar conducir después de haber bebido es tener a un automovilista designado, recurrir al transporte público o llamar a un taxi.

No Conduzca si ha Bebido

Beber alcohol afecta el raciocinio del automovilista y reduce su tiempo de reacción. A veces el alcohol también le imparte el automovilista un sentido falso de que es capaz de hacer cualquier cosa. Los oficiales de la policía estudian específicamente cómo reconocer ciertas señales delatoras de que un automovilista ha bebido.

- Exceso de velocidad: El conductor intoxicado suele pensar que no es peligroso conducir rápido.

- Zigzagueo: Aunque el conductor intoxicado permanezca en el carril adecuado, a veces le cuesta trabajo conducir en línea recta.

- Conducir demasiado despacio: A veces el conductor intoxicado trata de ser muy precavido y conduce más lentamente que el resto del tráfico.

- Movimientos bruscos: El conductor intoxicado puede sufrir breves lapsos mentales y no mantener una velocidad constante en un camino despejado.

- Paradas repentinas: El conductor intoxicado a veces frena de repente en los semáforos o señales de tránsito en lugar de hacerlo gradualmente.

Buen Anfitrión y el Conductor que ha Bebido

Siempre sea buen anfitrión. Si va a servir alcohol en su fiesta, siempre ofrezca bebidas sin alcohol y alimentos o tentempiés nutritivos. Nunca insista en que un invitado beba una bebida con alcohol ni insista en que se tome otra copa.

Deje de servir alcohol bastante tiempo antes de que termine la fiesta. Si alguien bebe demasiado, no le permita conducir. Si no hay otro medio de transporte, sugiera una siesta o invite a la persona a que se quede a dormir. Como último recurso, notifique a la policía. El anfitrión podría verse involucrado en una demanda si un invitado que ha bebido choca después de salir de la fiesta.

Designe un Conductor

New Jersey fue el primer estado del país en lanzar oficialmente la campaña para designar a un conductor *"Hero Campaign for Designated Drivers"*, la cual anima a todos los residentes del estado a que participen en los programas de conductor designado siempre que viajen, ya sea como automovilistas o pasajeros. Ser el conductor designado es una gran responsabilidad. El conductor designado es responsable del transporte seguro de amigos o miembros de la familia que hayan bebido alcohol. El conductor designado no sólo garantiza la seguridad de las personas que está llevando a casa, sino también la de los demás automovilistas.

El automovilista que decida tener a un conductor designado cuando asista a una función donde se servirá alcohol demuestra madurez y consideración por los demás automovilistas con quienes comparte el camino.

No Conduzca si ha Tomado Drogas

En New Jersey es ilegal conducir un vehículo automotor bajo la influencia de cualquier droga ilícita. En las etiquetas de las medicinas que requieren receta se describen los efectos secundarios típicos. El conductor no debe tomar ninguna medicina que "puede causar somnolencia o mareo" *(may cause drowsiness or dizziness)* antes de conducir. Pregúntele al farmacéutico si algún medicamento de venta sin receta puede afectar su habilidad para conducir. Entre las medicinas que pueden afectar la aptitud para conducir se cuentan las pastillas para resfriados, los tranquilizantes y algunas medicinas de venta con receta.

Nunca combine medicinas sin preguntarle a un profesional sobre los posibles efectos secundarios o el efecto que podría tener sobre su aptitud para conducir. Nunca se debe mezclar alcohol con ninguna droga o medicina.

Si un oficial de la policía se lo pide, el automovilista que haya tomado medicinas recetadas tendrá que comprobar que tiene una receta. Si el automovilista no tiene la receta de la medicina y se requiere una receta para obtener la medicina, la medicina se considerará ilícita.

Después del alcohol, la marihuana es la droga que más se encuentra entre los conductores que han chocado. El uso de marihuana puede afectar al automovilista de las siguientes maneras:

- Pérdida de la capacidad de seguir la trayectoria: Esto se refiere a la capacidad de mantener el vehículo en un carril determinado.

- Cálculo de la distancia: Ir demasiado pegado al auto de adelante puede causar problemas.

- Atención: La falta de atención a la tarea de conducir puede ser causa de que el automovilista se pegue demasiado al auto que va adelante, que se salga de su carril, etc.

- Falta de concentración: Conducir es una tarea que requiere atención constante al tráfico, al camino, al estado del tiempo, los pasajeros, los instrumentos, etc.

EL PRIVILEGIO DE CONDUCIR

Conducir es un privilegio, no un derecho. La ley estatal permite o dispone suspender el privilegio de conducir de un individuo por ciertas infracciones vehiculares, lo cual significa que se le quitará al automovilista su licencia y que por lo tanto no podrá conducir durante un periodo de tiempo determinado. Además de la suspensión de la licencia, pueden imponerse multas y encarcelamiento por las infracciones de tránsito. La duración de la suspensión depende de la ley que se haya quebrantado y cuántas sentencias reciba el automovilista. Asimismo, la restauración de la licencia de conducir depende de los tipos de infracción y la cantidad de sentencias. El infractor habitual es el automovilista cuya licencia de conducir ha sido suspendida tres veces en tres años. Con el fin de evitar problemas, es importante conocer y obedecer las leyes de tránsito de New Jersey, cuyo objeto es proteger a todos los automovilistas.

Algunas suspensiones se deciden caso por caso. Si la sentencia no es obligatoria, el Administrador en Jefe de la MVC o los tribunales pueden suspender los privilegios de conducir. Los motivos para la pérdida del privilegio de conducir pueden incluir, entre otros, lo siguiente:

- No comparecer ante el tribunal o no pagar las multas

- No pagar los recargos vehiculares

- Conducir con la licencia suspendida

- No tener comprobante de seguro

- Descalificación física o mental

- Consumo de alcohol o drogas

- Infracciones de tránsito

- Ser culpable en un accidente mortal

- No responder a un citatorio de la MVC

El Administrador en Jefe de la MVC también puede exigir la revalidación de cualquier persona que considere conductor problemático. Esa revalidación ayudará a determinar si se debe suspender el privilegio de conducir.

Conducir en Estado de Ebriedad (DUI)

El conductor menor de 21 años de edad (la edad legal para comprar/consumir una bebida alcohólica) en quien se determine una concentración de alcohol en la sangre (BAC, por sus siglas en inglés) del 0.01 por ciento o más mientras opera un vehículo automotor será sancionado (N.J.S.A. 39:4-50.14). Actualmente el BAC para conductores de 21 años de edad o más es del 0.08 por ciento (N.J.S.A. 39:4-50).

En New Jersey, una persona debe tener 21 años de edad para poder comprar, poseer o consumir bebidas alcohólicas. Es ilegal beber siendo menor de edad y puede tener graves consecuencias para el joven que bebe y para el adulto que le facilita bebidas alcohólicas al menor de 21 años de edad.

Un conductor menor de 21 años de edad que compra o bebe alcohol en un establecimiento que tiene una licencia para servir bebidas alcohólicas puede estar sujeto a una multa de $500 y a perder su licencia por seis meses. Si una persona menor de 21 años de edad no tiene licencia para conducir, la suspensión comenzará cuando reúna los requisitos para recibir la licencia.

Además, es posible que la persona tenga que participar en un programa de educación o tratamiento para alcoholismo.

Sanciones Obligatorias

Primera infracción/BAC del 0.08% o más pero inferior al 0.10%

- Suspensión del privilegio de conducir por tres meses

- Multa de $250 a $400

- Participación de 12 a 48 horas en un Centro de Recursos para el Conductor Intoxicado

- Cuota del IDRC de $230 por día

- Encarcelamiento de hasta 30 días

- Cuota de $100 para el fondo que hace cumplir las leyes contra conducir en estado de ebriedad

- Cuota de $100 para el fondo de cumplimiento, rehabilitación y educación sobre el alcohol

- Recargo anual de $1,000 por tres años

- Cuota de $75 para el fondo de servicios para vecindarios seguros

- Posible requisito de dispositivo de bloqueo del encendido de seis meses a un año

Primera infracción/BAC del 0.10% o más

- Suspensión del privilegio de conducir de siete meses a un año

- Multa de $300 a $500

- Participación de 12 a 48 horas en un Centro de Recursos para el Conductor Intoxicado

- Cuota del IDRC de $230 por día

- Encarcelamiento de hasta 30 días

- Cuota de $100 para el fondo que hace cumplir las leyes contra conducir en estado de ebriedad

- Cuota de $100 para el fondo de cumplimiento, rehabilitación y educación sobre el alcohol

- Recargo anual de $1,000 por tres años

- Cuota de $75 para el fondo de servicios para vecindarios seguros

- Posible requisito de dispositivo de bloqueo del encendido de seis meses a un año

Primera infracción de menor de edad/BAC del 0.01% o más pero inferior al 0.08% (N.J.S.A. 39:4-50.14)

- Suspensión de 30 a 90 días del privilegio de conducir (el día en que el automovilista reúna los requisitos para obtener una licencia o el día de la condena, lo que ocurra después).

- 15 a 30 días de servicio comunitario.

- Participación en un programa de Centro de Recursos para el Conductor Intoxicado o en un programa de educación sobre el alcohol y seguridad vial según lo prescriba el Administrador en Jefe de la MVC.

Los tribunales pueden disponer que los infractores por DUI utilicen un dispositivo de bloqueo del encendido en su vehículo. El dispositivo de bloqueo se conecta al vehículo con el fin de impedirle al automovilista que lo arranque si su aliento supera cierto valor del nivel de alcohol en la sangre. El requisito del dispositivo de bloqueo es independiente de cualquier otra sanción dispuesta en virtud del estatuto estatal que trata sobre conductores ebrios. La instalación es de seis meses a tres años, a partir del momento en que se haya rehabilitado la licencia de conducir después de la suspensión.

Prueba de Aliento

New Jersey tiene una ley de consentimiento implícito. Eso significa que el automovilista que conduce en los caminos de New Jersey ha acordado, por el solo hecho de utilizar los caminos de New Jersey, someterse al análisis del aliento a cargo de un oficial de la policía o un empleado de un hospital después de haber sido arrestado por conducir en estado de ebriedad. El automovilista que se niegue a someterse a un análisis del aliento será detenido y llevado a un hospital, donde el personal podrá tomar una muestra de sangre.

En New Jersey, el automovilista que se niegue a que le hagan la prueba de aliento queda sujeto a un recargo de la MVC sobre su seguro anual de $1,000 por tres años. El incumplimiento de pago de dicho recargo resultará en la suspensión indefinida del privilegio de conducir mientras no se pague el recargo. El automovilista que se niegue a someterse a un análisis del aliento será detenido y llevado a un hospital, donde el personal podrá tomar una muestra de sangre.

Las leyes estatales disponen que negarse a que le hagan una prueba de aliento equivale a conducir con un BAC del 0.10 por ciento si se trata de la primera ofensa. La sanción actual por negarse es la pérdida del privilegio de conducir por un periodo de siete meses a un año, que será aplicada concomitante o consecutivamente, según falle el juez.

Dispositivo del Bloqueo del Encendido

Si se suspendió la licencia del conductor debido a una infracción por DUI, el tribunal puede exigirle al individuo que instale un dispositivo de bloqueo del encendido a fin de restaurar plenamente su privilegio de conducir. El dispositivo se conecta al vehículo con un analizador de aliento incorporado e impide que el vehículo arranque si el BAC del automovilista supera el 0.05 por ciento. El requisito del dispositivo de bloqueo es independiente de cualquier otra sanción dispuesta en virtud del estatuto estatal que trata sobre conductores ebrios. La instalación dispuesta por el tribunal puede ser exigida para:

- Primera infracción por DUI: Instalación del bloqueo durante seis meses a un año (a criterio del juez)

- Segunda infracción por DUI: Instalación de un dispositivo de bloqueo durante uno a tres años o suspensión de dos años del privilegio de registrar un automóvil

- Tercera infracción por DUI: Instalación de un dispositivo de bloqueo durante uno a tres años como condición de la restauración del privilegio de conducir o una suspensión de 10 años del privilegio de registrar un automóvil.

Si el tribunal le impone a un automovilista la condena de instalar un dispositivo de bloqueo, el automovilista recibirá una notificación de la MVC en el que se explica cómo obtener el dispositivo y una notificación adicional de la MVC confirmando la suspensión.

Centro de Recursos para el Conductor Intoxicado

La ley estatal dispone que cualquier automovilista que sea condenado por una infracción de tránsito relacionada con el alcohol deberá ser detenido en un IDRC. En cada uno de los 21 condados de New Jersey hay un IDRC en donde se detiene a los automovilistas que cometen una infracción por primera y tercera vez. Los automovilistas que cometen una infracción por segunda son detenidos en uno de los tres IDRC regionales. La División de Servicios para Adictos del Departamento de Salud y Servicios a Envejecientes de New Jersey en colaboración con el Programa para Conductores Intoxicados, coordina todos los IDRC.

Durante la detención, todos los infractores asisten a un programa de educación sobre el alcohol y la seguridad vial. El centro evalúa a cada infractor para determinar si padece un problema de alcoholismo o drogadicción y determina si requiere tratamiento. Los infractores que requieran tratamiento son remitidos a un proveedor apropiado para un programa de tratamiento de 16 semanas como mínimo.

La participación satisfactoria en un programa asignado por el estado es una de las condiciones para readquirir la licencia. El incumplimiento resultará en la extensión del plazo de la pérdida del privilegio de conducir y la posibilidad de encarcelamiento.

———

Arresto por Manejar Bajo la Influencia
Estado de California

INFORMACIÓN GENERAL

Acabo de ser arrestado por manejar bajo la influencia. ¿Qué sucederá ahora?

Se requiere por ley que el oficial remita inmediatamente al DMV una copia del aviso de suspensión o revocación de cualquier licencia de manejar que se tome en posesión junto con un reporte juramentado. El DMV automáticamente lleva a cabo una revisión administrativa que incluye una examinación del reporte del oficial, la orden de suspensión o revocación y cualquier resultado de exámenes realizados. Si la suspensión o revocación se confirma durante la revisión administrativa, puede solicitar una audiencia para objetar la suspensión o revocación.

Usted tiene el derecho de solicitar una audiencia del DMV dentro de un período de 10 días a partir del momento en que se recibe la orden de suspensión o revocación. Si la revisión muestra que no existe ninguna base para dar lugar a la suspensión o revocación, la acción se anulará. El DMV le notificará por escrito únicamente si la suspensión o revocación se anula después de la revisión administrativa.

Al momento de mi arresto, el oficial confiscó mi licencia de manejar. ¿Cómo la recupero?

Se le devolverá su licencia de manejar al finalizar la suspensión o revocación, siempre que haga un pago de reexpedición de $125 al DMV y presente prueba de responsabilidad financiera. El pago por reexpedición de licencia permanece en $100 si usted tuviera menos de 21 años y estuviera suspendido bajo la Ley de Cero Tolerancia al Consumo de Alcohol de acuerdo con el *Código de Vehículos de California* §§23136, 13353.1, 13388, 13392. Si se determina que no existe ninguna base para la suspensión o revocación, se le expedirá o devolverá su licencia de manejar.

El oficial me emitió una orden de suspensión y licencia provisional. ¿Qué se supone que debo hacer con este documento?

Usted puede manejar durante 30 días a partir de la fecha en que la orden de suspensión o revocación se expidió, siempre y cuando se le haya expedido una licencia de manejar de California y ésta no haya vencido o si su privilegio de manejar no esté suspendido o revocado por alguna otra razón.

El aviso de suspensión que el oficial me dio al momento de mi arresto indica que tengo diez días para solicitar una audiencia ad-

ministrativa. ¿Cuál es el fin de esta audiencia y qué puede hacer por mí?

Una audiencia es su oportunidad para mostrar que la suspensión o revocación no tiene justificación.

¿Por cuánto tiempo estará suspendido mi privilegio de manejar si tomé el examen químico?

Si tiene 21 años o más, se sometió al examen de sangre, aliento u orina (si se aplica) y los resultados mostraron una concentración de alcohol en la sangre (BAC) de 0.08% o más:

- La primera ofensa tendrá una suspensión de 4 meses.

- La segunda ofensa o posterior en un período de 10 años, tendrá una suspensión de 1 año.

Si es menor de 21 años, se sometió a un examen preliminar para determinar la presencia de alcohol (PAS) u otro examen químico y los resultados mostraron una BAC de 0.01% o más, se suspenderá su privilegio de manejar durante 1 año.

¿Necesito una audiencia para obtener una licencia de manejar restringida para ir ida y vuelta al trabajo?

No. La solicitud para una licencia restringida no podrá considerarse en la audiencia en el DMV. Debe solicitar una licencia restringida para manejar hacia y desde el trabajo en cualquier oficina local del DMV.

El oficial declaró que me negué a tomar el examen químico. ¿Qué significa esto?

A usted se le exige por ley que se someta a un examen químico para determinar el contenido de alcohol y/o drogas en su sangre. Usted no se sometió a o no completó un examen de sangre o aliento después que el oficial se lo solicitó. A partir de enero de 1999, el examen de orina ya no está disponible a menos que:

- El oficial sospeche que usted estaba manejando bajo la influencia de drogas o una combinación de drogas y alcohol **o bien**

- Ambos exámenes de sangre y de aliento no estén disponibles, **o bien**

- Usted sea hemofílico, **o bien**

- Esté tomando medicamentos anticoagulantes y que tenga una condición cardíaca.

¿Por cuánto tiempo estará suspendido mi privilegio de manejar por no tomar el examen químico?

Si usted tenía **21 años o más** al momento del arresto y se negó a someterse a o no completó un examen de sangre, aliento u orina (si se aplica):

- La primera ofensa tendrá una suspensión de 1 año.

- La segunda ofensa dentro de un período de 10 años, tendrá una revocación de 2 años.

- La tercera o subsiguiente ofensa en un período de 10 años, tendrá una revocación de 3 años.

Si tenía **menos de 21 años** al momento de ser detenido o arrestado y se negó a someterse a o no completó el examen preliminar para determinar la presencia de alcohol (PAS) o cualquier otro examen químico:

- La primera ofensa tendrá una suspensión de 1 año.

- La segunda ofensa dentro de un período de 10 años, tendrá una revocación de 2 años.

- La tercera o subsiguiente ofensa en un período de 10 años, tendrá una revocación de 3 años.

¿En qué se diferencia la suspensión o revocación del DMV por arresto por DUI de la suspensión o revocación después de mi condena en una corte penal?

La suspensión o revocación del DMV es únicamente una acción **administrativa inmediata** que se toma en contra de su privilegio de manejar solamente. A esto se le llama Administrativa Por Sí (APS). Cualquier sanción impuesta por el DMV bajo APS es independiente de cualquier sentencia de encarcelamiento, multa u otro castigo penal impuestos por la corte cuando una persona es condenada por manejar bajo la influencia (DUI).

La suspensión o revocación que viene después de una condena en la corte es una acción **obligatoria**, para la cual puede imponerse el encarcelamiento, multa o castigo penal.

¿Cómo puedo encontrar un Programa sobre Manejar bajo la Influencia del Alcohol/Drogas (DUI) según lo ordenó la corte?

Se requiere que toda persona condenada por un primer delito por DUI cumpla con un programa aprobado para conductores que manejan en estado de embriaguez. En caso de una segunda condena consecutiva, deberá cumplir con un programa de 18 a 30 meses.

———

Recursos y Materiales de Trasfondo

La Pena de Muerte

¿A Favor o en Contra de la Pena de Muerte?

> http://www.taringa.net/posts/info/12081599/_A-favor-o-en-contra-de-la-pena-de-muerte_.html

La Pena de Muerte

> http://www.ub.edu/penal/historia/trs/pdem1.html

La Pena de Muerte en el Mundo

> http://www.diputados.gob.mx/cedia/sia/spe/SPE-ISS-06-09.pdf

Víctimas de Delitos a Favor de Alternativas a la Pena de Muerte

> http://www.californiacrimevictims.org//Publications/CCV%20Brochure%20Spanish.pdf

Derechos de las Víctimas

Guía de los Derechos de las Víctimas

> http://www.co.washington.or.us/Juvenile/Programs_and_Services/VictimServices/upload/Victims-Rights-Guide-Span.pdf

Los Derechos de la Víctima

> http://www.nccourts.org/Citizens/Spanish/Rights.asp

Limpiar los Antecedentes Criminales

Cómo Borrar los Antecedentes Penales (New Jersey)

> http://www.lsnjlaw.org/espanol/crimenes/antecedentes/borrar/index.cfm

Cómo Borrar sus Antecedentes Penales (Illinois)

> http://www.ayudalegalil.org/index.cfm?fuseaction=spanish.dsp_content&contentid=7805#

Cómo Hacer para "Limpiar" su Record Criminal (Rhode Island)

> http://providenceenespanol.com/noticia/11637/como-hacer-para-limpiar-su-record-criminal

Delitos que Afectan el Estatus Migratorio (Florida)

> http://www.elparacaidista.com/immi/immi150.cfm

Limpie sus Antecedentes Penales (California)

http://www.courts.ca.gov/1070.htm?rdeLocaleAttr=es

¿Por Qué Debe Limpiar sus Antecedentes Criminales? (Georgia)

http://www.lawhelp.org/documents/216739SPCriminal.pdf?stateabbrev
=/GA/

CAPÍTULO 5

LOS DERECHOS INDIVIDUALES Y CIVILES

En este capítulo encontrará materiales sobre los siguientes derechos individuales y civiles:

- El Derecho a la Vivienda

- El Derecho al Trabajo

- El Derecho al Voto

- El Derecho a la Educación

- El Derecho al Idioma

En cada sección, podrá leer y discutir opiniones jurídicas, textos legislativos, planteamientos políticos y constitucionales, y materiales descriptivos que abarcan una variedad de sub-temas importantes.

Al leer los materiales que siguen, piense en los parecidos y las diferencias entre la visión de estos derechos en nuestro país y en los demás países del mundo, sobre todo los países de América Latina. Enfóquese también en lo que tendría que hacer para explicarle a un hispano-hablante los detalles y las complejidades de estos derechos individuales y civiles en términos del impacto que tienen en la vida diaria de los ciudadanos o residentes de los Estados Unidos.

A. VISIÓN GENERAL

Los Derechos Individuales y Civiles

En los Estados Unidos, los derechos civiles provienen de la Constitución, de sus enmiendas, y de una serie de estatutos específicos. Estos derechos incluyen lo que llamamos libertades civiles, que se definen en las primeras diez enmiendas a la Constitución, el llamado "Bill of Rights". Estas libertades incluyen las garantías de la libertad de hablar, la libertad de prensa, la libertad de reunión, y la libertad de religión.

Los derechos civiles también comprenden el derecho al proceso debido, el derecho de votar en las elecciones, el derecho a un trato justo e igualitario por parte de la policía y las cortes, y el derecho a disfrutar de los beneficios de una sociedad democrática, tales como acceso a la educación pública, a las instituciones públicas de recreo, al transporte público, a la vivienda, y a todo tipo de facilidades públicas.

La División de Derechos Civiles del Departamento de Justicia del gobierno federal es la agencia responsable de hacer cumplir la ley civil y penal federal que prohíbe la discriminación en base a la raza, el sexo o género, la discapacidad, la religión, el origen nacional o la ciudadanía. Específicamente, la División puede actuar en casos de discriminación en la educación, el empleo, la vivienda, el crédito, establecimientos e instalaciones de servicio público, la votación, ciertos programas de financiación y conducción federal, entre otros.

Cada estado comprende, dentro de su gobierno estatal, una o varias oficinas que funcionan al nivel estatal tal como funciona la División de Derechos Civiles federal.

Las Leyes de los Estados Unidos que Prohíben la Discriminación

Título VII del Acta de Derechos Civiles (Título VII): La Discriminación en el Empleo

El Título VII declara como práctica ilegal el discriminar contra una persona en todos los aspectos del proceso de empleo por causa de su *raza, color, religión, género (sexo) u origen nacional*. Esto aplica a las agencias de empleo y organizaciones laborales así como a los empleadores e incluye el reclutar y despedir, la compensación, la asignación o la clasificación, los traslados, las promociones, las cesantías o la reintegración (layoff and recall), los exámenes, el uso de las facilidades de la compañía, los programas de entrenamiento y aprendizaje, los beneficios marginales, el tiempo de ausencia (leave), y otros términos, condiciones y privilegios de empleo. La mayor excepción es una calificación ocupacional bona fide razonablemente necesaria para la operación normal de un negocio o empresa en particular.

Título I del Acta de Americanos con Discapacidades (ADA por sus siglas en inglés): La Discriminación en el Empleo

Esta ley declara ilegal el discriminar contra una persona debido a una *discapacidad o inhabilidad percibida*, en todas las partes del proceso de empleo. Específicamente, se incluyen como parte del proceso de empleo los procedimientos de solicitud de empleo, el reclutar, el ascenso o despido de empleados, compensación de empleados, entrenamiento en el empleo, y otros términos, condiciones y privilegios de empleo.

ADEA (Siglas en inglés): La Discriminación por Edad en el Empleo

La ADEA declara ilegal el discriminar contra una persona por razón de su edad, *[40 años de edad o mayores; el Acta de Derechos Civiles de Florida (FCRA por sus siglas en inglés) cubre a los trabajadores de cualquier edad].*

EPA (siglas en inglés) o El Acta Sobre Igualdad Salarial: La Discriminación Salarial

La EPA declara ilegal el discriminar contra empleados por razón de sexo, es decir, hombre o mujer, mediante el pago de salarios a empleados a una tarifa menor que la tarifa a la cual el sexo opuesto está siendo pagado por trabajos iguales en el empleo, el rendimiento del cual requiere destrezas, esfuerzo y responsabilidades iguales, y las cuales se ejecutan bajo condiciones de trabajo similares.

Título VIII del Acta de Derechos Civiles: La Discriminación en la Vivienda

Esta ley es comúnmente conocida como la Ley de Equidad en Vivienda (Fair Housing Act), bajo la cual es ilegal discriminar contra cualquier persona en la venta o alquiler de vivienda residencial debido a la *raza, color, religión, sexo, discapacidad, estado familiar y origen nacional.*

Protección contra las Represalias

Además, los individuos están protegidos de *represalias* bajo el Título VII, ADA, ADEA, EPA, Capítulo 57 y la FCRA por (1) haber sometido un cargo de discriminación, (2) haberse opuesto a cualquier práctica que haya sido establecida como práctica ilegal en el empleo o (3) haber testificado, asistido o participado en cualquier manera en una investigación, proceso o vista de acuerdo a la ley.

Asimismo, los individuos están protegidos de *represalias*, bajo el Título VIII y el Capítulo 57, los cuales declaran ilegal el coaccionar, intimidar, amenazar, o interferir con cualquier persona en el ejercicio o disfrute de, o en consecuencia de haber ayudado o alentado a cualquier otra persona en el ejercicio o disfrute de cualquier derecho otorgado o protegido por la ley.

En el artículo que sigue se encuentran ejemplos del tipo de conducta que constituye discriminación por razones de origen nacional. Los ejemplos demuestran que las leyes contra la discriminación existen para proteger a las personas contra cualquier tipo de trato desigual en el trabajo, la educación, la vivienda, los alojamientos públicos, y otras áreas.

La Discriminación por Origen Nacional: Protecciones Federales

Departamento de Justicia de los EE.UU., División de Derechos Civiles

Introducción

Las leyes federales prohíben la discriminación basada en el origen nacional, la raza, el color, la religión, la desabilidad [también se usa el término discapacidad], el sexo y la situación familiar de una persona. Las leyes que prohíben la discriminación por origen nacional establecen que es ilegal discriminar contra una persona por su lugar de nacimiento, linaje, cultura o idioma. Esto significa que a las personas no se les puede negar la igualdad de oportunidades porque ellas o sus familias son de otro país, porque tienen un nombre o un acento relacionado con un grupo de cierto origen nacional, porque participan en ciertas costumbres que se relacionan con un grupo de cierto origen nacional o porque se relacionan o están casadas con alguien de cierto origen nacional.

La División de Derechos Civiles del Departamento de Justicia se preocupa de que en los Estados Unidos se deje de denunciar la discriminación por origen nacional debido a que las víctimas no conocen sus derechos legales o porque temen hacer sus denuncias ante el gobierno. Para resolver este problema, la División de Derechos Civiles ha establecido un Comité de Origen Nacional para ayudar a los ciudadanos y a los inmigrantes a comprender y ejercer mejor sus derechos legales.

Conozca Sus Derechos Legales

La División de Derechos Civiles del Departamento de Justicia hace cumplir leyes federales que prohíben la discriminación en:

- La Educación

- El Empleo

- La Vivienda

- Los Préstamos

- Los Alojamientos Públicos

- La Ejecución de la Ley y la Mala Conducta Policial

- La Votación

La División también hace cumplir las leyes que prohíben la discriminación por motivos de discapacidad, protege los derechos civiles de personas que se encuentran detenidas en ciertas instituciones estatales o locales, y encausa delitos motivados por la raza, el color o el origen nacional de las víctimas.

En algunos casos, la División sólo puede participar si existe una "tendencia o práctica" de discriminación. "Tendencia o práctica" generalmente quiere decir que hay más de un solo incidente de discriminación y que existe una política o conducta repetitiva que resulta discriminatoria.

Las Infracciones Penales de Derechos Civiles

- *Un joven de ascendencia sudasiática es asaltado al salir de un concierto en un club nocturno. El asaltante, miembro de un grupo racista de cabezas rapadas, grita epítetos racistas mientras golpea a la víctima con los puños y un tubo hasta dejarlo inconsciente en el estacionamiento del club.*

- *En las reuniones del Ku Klux Klan, uno de sus miembros le dice a otros que los mexicanos y los puertorriqueños deberían "regresar al lugar de donde vinieron". Queman una cruz frente a la casa de una joven pareja de hispanos para atemorizarlos y obligarlos a mudarse del vecindario. Antes de quemar la cruz, el acusado muestra un revólver y le entrega otro a uno de sus amigos en caso de que las víctimas traten de detenerlos.*

- *Una compañía estadounidense busca trabajadores en un pequeño pueblo mexicano con la promesa de que tendrán un buen empleo y un buen sueldo. La compañía trae a los mexicanos ilegalmente a los Estados Unidos en un camión cisterna vacío. Cuando por fin llegan a su destino en los Estados Unidos, los trabajadores reciben la amenaza de que, si intentan salir de la fábrica, los matarán.*

La Sección Penal de la División de Derechos Civiles (Criminal Section) enjuicia a personas acusadas de emplear la fuerza o la violencia para interferir en los derechos protegidos federalmente de una persona por causa de su origen nacional. Estos derechos incluyen áreas como la vivienda, el empleo, la educación o el uso de instalaciones o servicios públicos.

Los Derechos de las Personas con Desabilidades

- *Una HMO que acepta pacientes de Medicaid le dice a una mujer mexicano-americana con parálisis cerebral que vuelva otro día a pedir una cita, a pesar de que presta asistencia inmediata a otros.*

Este ejemplo puede constituir no sólo una infracción de las leyes federales que prohíben la discriminación por motivos de desabilidad, sino también de las leyes que prohíben la discriminación por origen nacional.

La Educación

- *Una niña tiene problemas para hablar inglés, pero su escuela no le presta la asistencia necesaria para ayudarla a aprender inglés y las otras materias.*

- *Una escuela con mayoría de estudiantes haitianos no ofrece cursos de honor para estudiantes sobresalientes. Otras escuelas del distrito que no tienen muchos estudiantes haitianos sí ofrecen esos cursos y también otros cursos avanzados como "Advanced Placement (A.P.)."*

Estos ejemplos pueden constituir infracciones de la ley federal que prohíbe la discriminación en la educación por motivo del origen nacional de las personas. La Sección de Oportunidades Educacionales de la División (Education Section) vela por el cumplimiento de estas leyes en escuelas primarias y secundarias, al igual que en universidades y colegios universitarios públicos. La Sección de Oportunidades Educacionales aborda la discriminación en todos los aspectos de la educación, entre ellos la asignación de estudiantes a escuelas y clases, el transporte de los estudiantes, la contratación y colocación de profesores y personal administrativo, la distribución de los recursos de las escuelas y la disposición de programas educacionales que ayuden a aprender inglés a estudiantes con conocimientos limitados de este idioma.

El Empleo

- *El supervisor de un trabajador de tránsito lanza frecuentes epítetos racistas contra éste porque su familia es de Irán. La semana pasada el jefe puso un letrero falso en el tablero de avisos en que le decía a todos que no confiaran en ese trabajador porque era un terrorista.*

- *Una mujer que inmigró de Rusia solicita un trabajo como contadora. El patrón la rechaza porque habla con acento, aunque es capaz de desempeñar las tareas del trabajo.*

- *Una empresa procesadora de alimentos exige a los candidatos con aspecto o acento extranjero que muestren documentos de autorización de trabajo antes de permitirles llenar una solicitud de empleo, mientras que los candidatos blancos nacidos en el país no tienen que enseñar ningún documento antes de completar las solicitudes. Además, los documentos de los empleados con raices étnicas son revisados más detenidamente y resultan rechazados con mayor frecuencia que los mismos tipos de documentos mostrados por empleados blancos nacidos en el país.*

Estos ejemplos pueden constituir infracciones de la ley que prohíbe la discriminación contra un empleado o solicitante a un trabajo por causa de su origen nacional. Esto quiere decir que un empleador no puede disciplinar, acosar, despedir, o rehusarse a contratar o a ascender a una persona debido a su origen nacional.

Además, un patrón puede infringir la ley federal al exigir documentos específicos de autorización de trabajo, como una tarjeta verde, o rechazar dichos documentos únicamente porque pertenecen a candidatos de ciertos orígenes nacionales.

La Vivienda

- *Una familia nativa de Hawaii busca un apartamento. El agente de alquileres le dice que no hay ningún apartamento disponible, aunque sí los hay y se los muestra a solicitantes blancos.*

- *Un agente de bienes raíces muestra casas a una familia Latina solamente en barrios Latinos y se rehúsa a mostrar a la familia casas en vecindarios de blancos.*

Estos ejemplos pueden constituir infracciones del Acta de Vivienda Justa. Dicha ley prohíbe la discriminación por motivos de origen nacional, raza, color, sexo, religión, desabilidad o situación familiar (presencia de niños menores de 18 años) en asuntos de vivienda.

Los Préstamos

- *A una mujer Latina le cobran una tasa de interés y cargos más altos que a clientes blancos del sexo masculino que tienen antecedentes financieros similares y que solicitan la misma clase de préstamo.*

Este ejemplo puede constituir una infracción de las leyes federales que prohíben la discriminación en préstamos por motivos de origen nacional, raza, color, sexo, religión, discapacidad y estado civil o porque una parte de los ingresos de una persona proviene de asistencia pública. Si usted piensa que se le ha negado un préstamo debido a su origen nacional u otro motivo previsto por las leyes, puede pedirle al prestamista una explicación por escrito de las razones por las que rechazó su solicitud.

Si el préstamo es para la hipoteca de una vivienda, para realizar mejoras en una casa o para otras razones relacionadas con vivienda, puede presentar una denuncia ante el Departamento de Vivienda y Desarrollo Urbano. Si su experiencia formó parte de una tendencia o práctica de discriminación, también puede llamar a la Sección de Vivienda Justa para pedir más información sobre sus derechos o para presentar una denuncia. Si el préstamo es por motivos aparte de la vivienda (como un préstamo para comprar un carro), puede presentar una denuncia ante la Sección de Vivienda Justa de la División o ante la agencia reguladora del prestamista.

Los Alojamientos Públicos

- *En un restaurante, un grupo de estadounidenses de ascendencia asiática espera más de una hora para recibir servicio, mientras que los clientes blancos y Latinos lo reciben con prontitud.*

- *En un hotel, a unos huéspedes estadounidenses de origen haitiano se les comunica que deben pagar en efectivo en lugar de con tarjeta de crédito, les cobran precios más altos que a otros clientes y no se les brindan las mismas comodidades, como toallas y jabón.*

Estos ejemplos pueden constituir infracciones de las leyes federales que prohíben la discriminación por motivos de origen nacional, raza, color o religión en alojamientos públicos. Los alojamientos públicos incluyen hoteles, restaurantes y locales de entretenimiento.

La Ejecución de la Ley y la Mala Conducto Policial

- *Los policías constantemente detienen automóviles conducidos por Latinos que cometen ciertas infracciones del tránsito, pero rara vez lo hacen con conductores blancos que cometen las mismas infracciones.*

- *Un policía que interroga en la calle a un hombre de origen vietnamita, se enfada cuando aquél es incapaz de responder a sus preguntas porque no habla inglés. El oficial arresta al hombre por perturbar el orden público.*

Estos ejemplos pueden constituir infracciones de la Cláusula de Igualdad de Protección de la Constitución de los Estados Unidos. También pueden ser infracciones de la Ley Ómnibus para el Control de la Delincuencia y Calles Seguras de 1968. Dicha ley prohíbe la discriminación por origen nacional, raza, color, religión o sexo por parte de un departamento de policía que reciba fondos federales a través del Departamento de Justicia de los Estados Unidos. Asimismo, pueden infringir el Título VI de la Ley de Derechos Civiles de 1964, que prohíbe la discriminación por agencias encargadas de hacer cumplir las leyes y que reciben asistencia financiera federal, incluso bienes decomisados.

Los Derechos Civiles de Personas Institucionalizadas

- *Una cárcel no traduce las audiencias disciplinarias a los detenidos que no hablan inglés.*

- *Un hospital siquiátrico de un estado no cuenta con los medios para proporcionar tratamiento a personas que no hablan inglés.*

Estos ejemplos pueden constituir infracciones de la Cláusula de Igualdad de Protección de la Constitución de los Estados Unidos. La Sección de Litigios Especiales vela por el cumplimiento de los derechos constitucionales de las personas detenidas en instituciones de gobiernos estatales o locales, como las prisiones, las cárceles, los centros correccionales para menores, los asilos para ancianos, y los centros o instituciones para las personas con desabilidades psiquiátricas o del desarrollo.

Los Programas que Reciben Asistencia Federal

- *Una agencia de servicios sociales no da información ni entrenamiento para trabajo en coreano aun cuando una cuarta parte de los residentes locales sólo habla coreano.*

- *Un hospital cercano a la frontera entre Texas y México viste a sus agentes de seguridad con ropa similar a los uniformes del Servicio de Inmigración y Naturalización (INS) para ahuyentar a los Latinos de la sala de emergencias. A los pacientes Latinos se les indica que deben traer sus propios traductores para poder ver a un doctor.*

Estos ejemplos pueden constituir infracciones de las leyes federales que prohíben la discriminación por motivos de origen nacional, raza o color de parte de quienes reciben fondos federales

La Votación

- *A pesar de las peticiones de los votantes de una gran comunidad de habla hispana, los funcionarios electorales se rehúsan a proporcionar materiales de elecciones en español, entre ellos los formularios de inscripción y las papeletas para votar de muestra, y a permitir que los de habla hispana lleven traductores a la cabina de votación.*

- *Un funcionario electoral exige a un votante de piel oscura, que tiene un apellido poco común, que muestre una prueba de su ciudadanía estadounidense, pero no se la exige a los votantes blancos.*

La conducta de los funcionarios electorales puede infringir las leyes federales que prohíben la discriminación en las votaciones. Las Actas de Derechos de Votar no prohíben específicamente la discriminación por origen nacional. Sin embargo, ciertas disposiciones de esas leyes establecen que es ilegal limitar o negar el derecho a votar a cualquier ciudadano no sólo por motivos de raza o color, sino también por pertenecer a un grupo de minoría idiomática. Además, las leyes también exigen que en ciertas jurisdicciones se proporcionen materiales electorales y asistencia en idiomas distintos del inglés.

Por añadidura, la Sección 208 del Acta de Derechos de Votar permite a los votantes que necesiten ayuda por motivos de ceguera, desabilidad o porque no sepan leer o escribir, llevar a alguien (que no sea su patrón o representante de un sindicato) para que los ayude. Esto significa que un votante que necesite ayuda para leer la papeleta para votar en inglés, puede llevar a un amigo o a un miembro de su familia para que se la traduzca. En algunos lugares, los funcionarios electorales deben proporcionar información, como la inscripción de votantes y la papeleta para votar, en cierto(s) idioma(s) además del inglés. Esto puede incluir la presencia de traductores que ayuden a los votantes a votar.

———

Cuando una persona cree que ha sido víctima de la discriminación, existen muchos recursos al nivel federal y en cada estado para buscar un remedio. La Oficina de Derechos Civiles del gobierno federal ha establecido una serie de pasos a tomar si una persona desea demandar contra la entidad que se acusa de discriminación.

En la clase, el profesor les ayudará a prepararse para participar, como abogado o cliente, en varios escenarios que ilustrarán el procedimiento a seguir en caso de una demanda. También podrán investigar lo que implica defenderse contra tal demanda.

———

El tema de los derechos individuales y civiles siempre ha sido de primera importancia en América Latina y el Caribe. Las constituciones de todos los países de la región y las declaraciones de las organizaciones internacionales proporcionan materiales interesantes en su enfoque, que a veces difiere del enfoque estadounidense en algunos aspectos importantes.

———

Los Derechos Civiles en las Constituciones de América Latina

Las siguientes selecciones de varias de las constituciones de los países de América Latina le darán una idea de las áreas de parecido y de diferencia entre esos documentos y la Constitución de los Estados Unidos de América en cuanto a la protección de derechos civiles e individuales.

Argentina

Artículo 14. Todos los habitantes de la Nación gozan de los siguientes derechos conforme a las leyes que reglamenten su ejercicio; a saber: de trabajar y ejercer toda industria lícita; de navegar y comerciar; de peticionar a las autoridades; de entrar, permanecer, transitar y salir del territorio argentino; de publicar sus ideas por la prensa sin censura previa; de usar y disponer de su propiedad; de asociarse con fines útiles; de profesar libremente su culto; de enseñar y aprender.

Bolivia

Artículo 7. Toda persona tiene los siguientes derechos fundamentales, conforme a las leyes que reglamenten su ejercicio:

e. A recibir instrucción y adquirir cultura;

f. A enseñar bajo la vigilancia del Estado;

Artículo 180. El Estado auxiliará a los estudiantes sin recursos económicos para que tengan acceso a los ciclos superiores de enseñanza, de modo que sean la vocación y la capacidad de condiciones que prevalezcan sobre la posición social y económica.

Costa Rica

Artículo 24. Se garantiza el derecho a la intimidad, a la libertad y al secreto de las comunicaciones. Son inviolables los documentos privados y las comunicaciones escritas, orales o de cualquier otro tipo de los habitantes de la República. Sin embargo, la ley, cuya aprobación y reforma requerirá los votos de dos tercios de los Diputados de la Asamblea Legislativa, fijará en qué casos podrán los Tribunales de Justicia ordenar el secuestro, registro o examen de los documentos privados, cuando sea absolutamente indispensable para esclarecer asuntos sometidos a su conocimiento.

México

Artículo 4. La nación mexicana tiene una composición pluricultural sustentada originalmente en sus pueblos indígenas. La ley protegerá y promoverá el desarrollo de sus lenguas, culturas, usos, costumbres, recursos y formas especificas de organización social, y garantizará a sus integrantes el efectivo acceso a la jurisdicción del estado. En los juicios y procedimientos agrarios en que aquellos sean parte, se tomaran en cuenta sus prácticas y costumbres jurídicas en los términos que establezca la ley. El varón y la mujer son iguales ante la ley. Esta protegerá la organización y el desarrollo de la familia. . .

Uruguay

Artículo 57. La ley promoverá la organización de sindicatos gremiales, acordándoles franquicias y dictando normas para reconocerles personería jurídica. Promoverá, asimismo, la creación de tribunales de conciliación y arbitraje. Declarase que la huelga es un derecho gremial. Sobre esta base se reglamentará su ejercicio y efectividad.

———

No se da con frecuencia en este país una discusión sobre la identidad civil, aunque en realidad es un tema profundamente importante para millones de personas en el mundo, y en los Estados Unidos. En base al programa de la Organización de los Estados Americanos que se detalla en el artículo que sigue, el estudiante debe pensar en las situaciones actuales en este país en que importan el concepto y la realidad de la identidad civil. ¿Qué beneficios conlleva la identidad civil? ¿Qué problemas surgen en la ausencia de la identidad civil?

———

La Identidad Civil: El Programa de la Universalización
Organización de los Estados Americanos (OEA)

El Programa de Universalización de la Identidad Civil en las Américas (PUICA) apoya el fortalecimiento de los registros civiles para promover el derecho a la identidad y alcanzar la universalización de la identidad civil en la región.

La Organización de los Estados Americanos (OEA) cuenta con una vasta experiencia de asistencia en materia de registro civil para los países de América Latina y el Caribe. Bajo el compromiso de apoyar a los Estados Miembros en sus esfuerzos para reducir la pobreza, la inequidad, así como promover la gobernabilidad democrática, la OEA ha desarrollado diversos programas y proyectos entre los cuales se encuentra el de apoyo a los registros civiles de la región para su fortalecimiento y modernización. Mediante el Programa de Identidad Civil, la OEA está contribuyendo a la universalización del registro civil, apoyando a hacer efectivo el derecho a la identidad para millones de personas.

En los diez últimos años, la OEA ha brindado asistencia técnica a diversos países de la región en los procesos de modernización de sus registros civiles, promoviendo su integración, accesibilidad y seguridad. En sus diversos proyectos, la Organización ha aplicado una perspectiva integral que tiene en cuenta la importancia de la identidad civil tanto para la protección de los derechos humanos como para la gobernabilidad democrática y la elaboración de planes de desarrollo social y económico.

El compromiso de la OEA y sus Estados Miembros con el registro universal ha sido reafirmado mediante el Programa Interamericano para el Registro Civil Universal y Derecho a la Identidad, aprobado en la Asamblea General de 2008. En este acuerdo, los Estados establecen las bases para trabajar juntos para fortalecer la cooperación en materia de identidad civil, promover el intercambio de buenas prácticas, consolidar instituciones permanentes que sean accesibles a toda la población y, entre otros, alcanzar la universalidad del registro de nacimiento para el año 2015.

En sus proyectos de asistencia técnica y apoyo a más de trece Estados de América Latina y el Caribe, la OEA está aplicando diversas estrategias para contribuir con los Estados en la reducción del subregistro y el fortalecimiento permanente de sus instituciones nacionales, desarrollando, entre otros:

- Campañas de registro móviles

- Sistemas de registro de nacimiento hospitalario

- Talleres de sensibilización en centros escolares y de salud

- Construcción de bases de datos electrónicas

- Recuperación de registros destruidos

- Foros virtuales sobre identidad civil

- Marcos legales para los procesos de modernización

- Mecanismos para el intercambio de buenas prácticas

- La integración del registro civil con otras entidades del Estado y programas sociales

- Investigaciones y estudios de utilidad para los Estados sobre identidad civil

En sus diferentes iniciativas, la Organización busca la cooperación tanto de parte de entidades locales como de otros organismos internacionales que trabajan en la materia. En este sentido, se cuenta con un acuerdo de cooperación entre la OEA, el Fondo de las Naciones Unidas para la Infancia (UNICEF) y el Banco Interamericano de Desarrollo (BID) para la unión de esfuerzos en proyectos en la promoción de la identidad civil.

Asimismo, la OEA realiza un trabajo colaborativo con el Consejo Latinoamericano de Registros Civiles y Estadísticas Vitales (CLARCIEV), entidad que reúne a las instituciones de registro civil de la región. Mediante el apoyo al CLARCIEV y la cooperación con otros organismos, la OEA está contribuyendo a consolidar mecanismos y espacios para la difusión y el intercambio de buenas prácticas entre instituciones registrales. Se ha creado una metodología para identificar e inventariar las buenas prácticas, que se están implementando mediante talleres, manuales y asistencias técnicas. Todas estas estrategias buscan impulsar la generación de políticas públicas que apoyen la universalidad del registro civil.

La identidad civil es una necesidad fundamental de las personas para promover la protección de derechos, la gobernabilidad democrática y el desarrollo de los Estados de América Latina y el Caribe. La OEA, a través de su apoyo a los registros civiles, está ejecutando proyectos que tienen un impacto real en mejorar la vida de millones de personas en la región. La estrategia es siempre promover la sustentabilidad de sus resultados para lograr un progreso permanente.

B. LA VIVIENDA

Aunque no encontramos nada en la Constitución de los Estados Unidos que le garantice a todo ciudadano o residente una vivienda digna y adecuada, el tema del derecho a la vivienda es un tema de enfoque internacional. Al leer los materiales en esta sección, es importante identificar los aspectos del llamado derecho a la vivienda que existen como protecciones en este país, y aquellos elementos del derecho a la vivienda que no se encuentran protegidos aquí.

¿Existe el Derecho a la Vivienda?
Naciones Unidas

La falta de vivienda adecuada es uno de los problemas más acuciantes a que se enfrenta la humanidad. El Centro de las Naciones Unidas para los Asentamientos Humanos calculó en 1995 que más de 1.000 millones de personas en todo el mundo ocupan viviendas que no reúnen las debidas condiciones y que la población de personas sin hogar en todo el mundo supera los

100 millones. La Organización Mundial de la Salud ha hecho hincapié en que la vivienda es el factor ambiental único más importante asociado a la enfermedad y la esperanza de vida. En muchas naciones de todo el mundo, la falta de vivienda adecuada se ha vinculado a epidemias, delincuencia y malestar social.

A escala mundial, el gasto público en vivienda es notablemente bajo en comparación con otras esferas. El Programa de las Naciones Unidas para el Desarrollo calcula que en 1990 el gasto público en vivienda se elevó al 3,32% del conjunto de fondos públicos disponibles. La educación, en cambio, recibió el 15% y la atención de salud el 6,4%.

DERECHO A UNA VIVIENDA ADECUADA

La necesidad de una vivienda adecuada se describe en varios instrumentos internacionales de derechos humanos, incluídos en la Declaración Universal de Derechos Humanos (artículo 25), el Pacto Internacional de Derechos Económicos, Sociales y Culturales (artículo 11), la Convención Internacional sobre la Eliminación de todas las Formas de Discriminación Racial (artículo 5), la Convención sobre la Eliminación de Todas las Formas de Discriminación Contra la Mujer (artículo 14) y la Convención sobre los Derechos del Niño (artículo 27). La Declaración sobre el Derecho al Desarrollo también contiene una referencia al respecto (artículo 8). La vigilancia de la aplicación de esos pactos y convenciones a nivel nacional corre a cargo de comités de expertos con carácter permanente.

Durante los debates que tuvieron lugar en el 15° período de sesiones de la Comisión de Asentamientos Humanos y el Comité Preparatorio II en Nairobi, en abril y mayo de 1995, todos los países acordaron que el objetivo de lograr una vivienda adecuada para todos reviste gran importancia y es preciso esforzarse por conseguirlo. No obstante, algunos países manifestaron su desacuerdo sobre si el derecho a la vivienda existe como derecho humano reconocido en el derecho internacional.

En Nairobi, muchos Estados Miembros de las Naciones Unidas expresaron la opinión de que la vivienda es un componente indispensable de la base que todo individuo necesita para participar plenamente en la sociedad y, con ello, beneficiar a ésta. Sin vivienda, el individuo no podría beneficiarse de muchos de los derechos humanos reconocidos por la comunidad internacional. El derecho a la intimidad, el derecho a la no discriminación, el derecho al desarrollo, el derecho a la higiene ambiental y el derecho al nivel más alto posible de salud mental y física, entre otros, dependen del acceso a una vivienda adecuada.

Aunque reconocen la importancia de una vivienda adecuada para todos como objetivo importante que hay que conseguir, algunos países aducen que sería contraproducente reconocer universalmente como derecho humano la necesidad de una vivienda adecuada, pues con ello se asignaría una carga demasiado grande a los recursos de los Estados, exponiéndolos a las decisiones de terceras partes y posiblemente a sanciones, si se los considerase culpables de no respetar ese derecho. La vivienda adecuada se propone como meta alternativa y explícita para la comunidad internacional.

Esos países creen que es mejor invertir las energías internacionales en defender los derechos que ya están claramente establecidos; que no se ha establecido claramente que el derecho a la vivienda tenga rango jurídico internacional y que el plan mundial de acción propuesto para la Segunda Conferencia de las Naciones Unidas sobre los Asentamientos Humanos (Hábitat II) no es el mecanismo apropiado para hacerlo.

En la reunión de la Comisión de Asentamientos Humanos de las Naciones Unidas, celebrada en mayo de 1995 en Nairobi, tuvieron lugar intensas deliberaciones sobre este aspecto. El jefe de la delegación de los Estados Unidos de América ante la conferencia, David Hales, insistió en que aunque no había desacuerdos de fondo respecto del objetivo de proporcionar vivienda adecuada a todos, preocupaban a los Estados Unidos las repercusiones jurídicas internacionales que tendrían el reconocimiento explícito del derecho a la vivienda.

"Se trata de una cuestión jurídica y técnica, muy sencilla, que guarda relación con el uso de las palabras", dijo. "En los Estados Unidos tenemos derechos legalmente establecidos. Si a escala internacional acordamos que existe el derecho a la vivienda, ello implica que podría recurrirse a una tercera parte para decidir e intervenir en caso de violación de ese derecho. Ello podría implicar también sanciones contra un país que no esté respetando ese derecho. No deben confundirse los derechos claramente establecidos con necesidades, aspiraciones y objetivos."

Por otra parte, Miloon Kothari, Codirector del Centre on Housing Rights and Evictions (Centro dedicado a la cuestión del derecho a la vivienda y los desahucios), organización no gubernamental con sede en los Países Bajos, opina que es indispensable afirmar explícitamente que el derecho a la vivienda es un derecho humano."No se trata simplemente de una cuestión jurídica y técnica. El derecho a la vivienda es un instrumento poderoso y sirve de impulso a grupos de mujeres y de niños de la calle, entre otros. La negación de ese derecho supondría un tremendo paso atrás".

IMPLICACIONES DEL DERECHO A LA VIVIENDA

En el párrafo 1 del artículo 2 del Pacto Internacional de Derechos Económicos, Sociales y Culturales se señala el cometido de los Gobiernos en el proceso encaminado a garantizar el disfrute universal de los derechos reconocidos en ese Pacto, entre los que se incluye el derecho a la vivienda.

"Cada uno de los Estados Partes en el presente Pacto se compromete a adoptar medidas. . . hasta el máximo de los recursos de que disponga, para lograr progresivamente, por todos los medios apropiados, inclusive en particular la adopción de medidas legislativas, la plena efectividad de los derechos aquí reconocidos."

En [un] informe [se] ofreció una aclaración más detallada de las implicaciones del reconocimiento oficial del derecho a la vivienda como un derecho humano independiente al señalar que "el reconocimiento jurídico y las obligaciones inherentes al derecho a la vivienda, básicamente, <u>no implican lo siguiente</u>:

"(a) Que se exija al Estado que construya viviendas para toda la población; (b) Que el Estado haya de suministrar vivienda gratuitamente a todos los que la soliciten; (c) Que el Estado necesariamente deba cumplir con todos los aspectos de este derecho inmediatamente después de asumir los deberes de hacerlo; (d) Que el Estado deba confiar exclusivamente en sí mismo o en el mercado no regularizado para garantizar a todos este derecho, © Que este derecho se manifieste del mismo modo exactamente. En todas las circunstancias o lugares."

También [se] afirmó que se debía considerar e interpretar que el reconocimiento del derecho a la vivienda, en su sentido más amplio, implicaba lo siguiente:

"(a) Que una vez que se hayan aceptado formalmente tales obligaciones, el Estado tratará por todos los medios apropiados posibles de garantizar que todos tengan acceso a recursos de vivienda adecuados para la salud, el bienestar y la seguridad, de conformidad con otros derechos humanos. (b) Que se pueda exigir o pedir a la sociedad que suministre o facilite el acceso a los recursos de vivienda si una persona carece de hogar o su vivienda es inadecuada o, en general, es incapaz de conseguir todos los derechos vinculados implícitamente al derecho a la vivienda. (c) Que el Estado, directamente al asumir las obligaciones jurídicas, adopte una serie de medidas que indiquen el reconocimiento en su política y sus leyes de cada uno de los aspectos constituyentes del derecho en cuestión."

Obligaciones jurídicas de la comunidad internacional

El reconocimiento del derecho a la vivienda como derecho humano trae consigo toda una serie de consecuencias para la comunidad internacional, en particular para los gobiernos y los organismos internacionales, [ya que] todos los Estados tienen la obligación de cooperar en la protección y la promoción de los derechos económicos, sociales y culturales.

El Centre for Housing Rights and Evictions (COHRE) hace hincapié en que el derecho a la vivienda guarda más relación con la voluntad política que con los métodos y medios de proporcionar efectivamente vivienda a las poblaciones. Señala también que aunque la estructura física de una vivienda, esto es, su infraestructura y las instalaciones conexas, y la seguridad de la tenencia son elementos importantes, se supeditan en gran medida a la disponibilidad de suelo y a que éste sea accesible y asequible, a la disponibilidad de materiales poco costosos y a que las personas tengan derecho o no a elegir el lugar donde desean vivir; todo ello depende a su vez de que los gobiernos procuren o no que se cumplan esas condiciones.

ELEMENTOS DEL DERECHO A LA VIVIENDA

Según el derecho internacional, los individuos gozan de los siguientes derechos:

U) Seguridad jurídica de la tenencia

Todos los individuos están protegidos por la ley contra el desahucio, el hostigamiento y otras amenazas. Los Estados Partes están obligados a adoptar medidas inmediatas para garantizar la seguridad jurídica de la tenencia a quienes carecen de esa protección, tras consultar realmente a los afectados.

2) Disponibilidad de servicios, materiales e infraestructura

Todos los individuos tienen derecho a un acceso sostenible a los recursos comunes, el agua potable, el combustible de cocina, la calefacción y el alumbrado, las instalaciones de saneamiento y lavado, el almacenamiento de alimentos, la eliminación de residuos, la evacuación de aguas residuales y los servicios de emergencia.

3) Precios razonables

Los costos relacionados con la vivienda no deben alcanzar un nivel que amenace o comprometa la consecución y satisfacción de otras necesidades básicas. Hay que establecer subsidios de vivienda para las personas que no tengan acceso a ésta y proteger a los arrendatarios contra los alquileres excesivos. Los Estados deberían garantizar la disponibilidad de materiales de construcción en las regiones en que éstos se obtienen principalmente de sustancias naturales.

4) Vivienda habitable

Una vivienda adecuada es aquella cuyos moradores disponen de espacio suficiente y están protegidos contra los elementos y otros riesgos para la salud, como las estructuras peligrosas y los vectores de enfermedades. Se debe garantizar la seguridad física de los ocupantes.

5) Acceso a la vivienda

Todos los individuos que tengan derecho a una vivienda adecuada también deben tener acceso a ella. Hay que garantizar cierto grado de prioridad en la esfera de la vivienda a grupos desfavorecidos, como las personas de edad, los niños, las personas con discapacidades físicas, los enfermos desahuciados, los individuos infectados con VIH, los enfermos crónicos, los enfermos mentales, las víctimas de desastres naturales, los que viven en zonas expuestas a desastres naturales y otros grupos.

6) Ubicación

Una vivienda adecuada debe estar ubicada de modo que permita el acceso a los lugares de trabajo, los servicios de atención de la salud, las escuelas, las guarderías infantiles y otros servicios sociales. No se deben construir viviendas en zonas donde la contaminación represente una amenaza para el derecho a la salud.

7) Adecuación cultural

Una vivienda adecuada debe permitir la expresión de la identidad y la diversidad culturales. No se deben sacrificar las dimensiones culturales de la vivienda en aras del desarrollo o la modernización.

Estos son algunos aspectos relacionados con el derecho a una vivienda adecuada que ponen de manifiesto la complejidad del tema e ilustran las diversas perspectivas que los Estados deben tener en cuenta para cumplir la obligación jurídica de satisfacer el derecho a la vivienda de sus poblaciones, de conformidad con lo dispuesto en el Pacto Internacional de Derechos Económicos, Sociales y Culturales. Cualquier persona, familia, hogar, grupo o comunidad que viva en condiciones que no satisfagan plenamente esos requisitos podría argüir justificadamente que se está violando uno de los derechos humanos, su derecho a una vivienda adecuada, reconocido por el derecho internacional.

No obstante, habida cuenta de la situación jurídica poco clara de la mayoría de los derechos económicos, sociales y culturales, no es probable que el derecho a la vivienda sea aplicable, especialmente en los países en desarrollo, donde la mayoría de las personas no disponen de los medios necesarios para adquirir una vivienda adecuada. Todo indica que el ejercicio gradual del derecho a la vivienda está estrechamente vinculado al avance general del desarrollo económico y social

---

El Derecho a la Vivienda en las Constituciones de América Latina

Colombia

Artículo 51. Todos los colombianos tienen derecho a una vivienda digna. El Estado fijará las condiciones necesarias para hacer efectivo este derecho y promoverá planes de vivienda de interés social, sistemas adecuados de financiación a largo plazo y formas asociativas de ejecución de estos programas.

Costa Rica

Artículo 65. El Estado promoverá la construcción de viviendas populares y creará el patrimonio familiar del trabajador.

Cuba

Artículo 9. El Estado... trabaja por lograr que no haya familia que no tenga una vivienda confortable.

México

Artículo 4. Toda familia tiene derecho a disfrutar de vivienda digna y decorosa. La ley establecerá los instrumentos y apoyos necesarios a fin de alcanzar tal objetivo.

Nicaragua

Artículo 64. Los nicaragüenses tienen derecho a una vivienda digna, cómoda y segura que garantice la privacidad familiar. El Estado promoverá la realización de este derecho.

Panamá

Artículo 113. El Estado establecerá una política nacional de vivienda destinada a proporcionar el goce de este derecho social a toda la población, especialmente a los sectores de menor ingreso.

Uruguay

Artículo 45. Todo habitante de la República tiene derecho a gozar de vivienda decorosa. La ley propenderá a asegurar la vivienda higiénica y económica, facilitando su adquisición y estimulando la inversión de capitales privados para ese fin.

———

Aunque la Constitución de los Estados Unidos no menciona el derecho a la vivienda, existen leyes federales y estatales que establecen protecciones contra varios tipos de discriminación en la vivienda, así como obligaciones del propietario a ofrecer y mantener viviendas habitables. La Ley de Equidad de Vivienda es un arma importante en la protección de los derechos en el ámbito de la vivienda.

———

Ley de la Equidad de Vivienda
U.S. Department of Housing and Urban Development

HUD ha desempeñado un rol fundamental en la administración de la Ley de Equidad de Vivienda desde su aprobación en 1968. Las modificaciones de 1988 han aumentado en gran medida el rol de velar por su cumplimiento que desempeña el Departamento. Primero, las clases que ahora están protegidas han demostrado ser una importante fuente de nuevos reclamos. Segundo, el rol extendido de HUD como regulador del cumplimiento de la Ley llevó al Departamento más allá de la investigación y concilia-ción a un área de imposición obligatoria de la Ley.

Los reclamos presentados a HUD son investigados por la Oficina de Equidad de Vivienda e Igualdad de Oportunidades [*Office of Fair Housing and Equal Opportunity (FHEO)*]. Si no se llega a una conciliación satisfac-toria del reclamo, FHEO determinará si existe una causa razonable para creer que se ha producido una práctica discriminatoria en materia de vi-vienda. Cuando se encuentra una causa razonable, las partes involucradas en el reclamo son notificadas por medio de una Determinación de HUD y también por un Cargo de Discriminación, y se programa una audiencia ante un Juez de legislación administrativa de HUD. Cualquiera de las partes - el reclamante o el demandado - puede poner fin a la instancia administrativa programada por HUD optando, en su lugar, por el litigio del problema en una corte federal.

Cada vez que una de las partes elige esta opción, el Departamento de Justicia asume el rol de HUD como asesor y busca la resolución del conflic-to en nombre de las personas agraviadas, y el problema continúa como una acción civil. Cualquiera de las dos formas de acción - la intervención del Juez de legislación administrativa o la acción civil en una corte federal - está sujeta a revisión en la Corte de Apelaciones de EE.UU.

INFORMACIÓN BÁSICA SOBRE LA LEY DE EQUIDAD DE VIVIENDA

¿Qué tipos de vivienda cubre esta ley?

La Ley de Equidad de Vivienda cubre la mayor parte de las viviendas. En algunas circunstancias, la Ley exime a edificios ocupados por propieta-rios con no más de cuatro unidades, viviendas unifamiliares vendidas o al-quiladas sin la participación de un agente de bienes raíces, y viviendas ad-ministradas por organizaciones y clubes privados que limitan la ocupación de las mismas a sus integrantes.

¿Qué está prohibido?

En la venta y alquiler de viviendas:

- Está prohibido realizar alguna de las siguientes acciones por motivos de raza, color, nacionalidad, religión, sexo, condición familiar o discapacidad:

- Negarse a alquilar o vender una vivienda

- Negarse a negociar una vivienda

- Hacer que una vivienda no esté disponible

- Negar una vivienda

- Establecer distintos términos, condiciones o privilegios para la venta o alquiler de una vivienda

- Brindar servicios o instalaciones de vivienda diferentes

- Negar falsamente que la vivienda está disponible para su inspección, venta o alquiler

- Para obtener una ganancia, inducir al propietario a vender o alquilar su propiedad aduciendo el probable arribo al vecindario de personas de una cierta raza (*"blockbusting"*) o

- Negar a alguien el acceso o la participación en una instalación o servicio (como un servicio de lista múltiple) relacionado con la venta o alquiler de una vivienda.

En los préstamos hipotecarios:

- Está prohibido realizar alguna de las siguientes acciones por motivos de raza, color, nacionalidad, sexo, condición familiar o impedimento (discapacidad):

- Negarse a otorgar un préstamo hipotecario

- Negarse a brindar información concerniente a préstamos

- Imponer distintos términos o condiciones en un préstamo, tales como tasas de interés, puntos u honorarios

- Discriminar en la tasación de una propiedad

- Negarse a adquirir un préstamo o

- Establecer distintos términos y condiciones para la adquisición de un préstamo.

Además:

Es ilegal:

- Amenazar, coaccionar, intimidar o interferir con cualquier persona que esté ejercitando el derecho de equidad de vivienda o ayudando a otros que ejercitan este derecho.

- Anunciar o realizar alguna declaración que indique una limitación o preferencia por motivos de raza, color, nacionalidad, sexo, condición familiar o impedimento. Esta prohibición contra la publicidad discriminatoria se aplica a viviendas unifamiliares y a viviendas ocupadas por propietarios que están de otro modo exentas de la Ley de Equidad de Vivienda.

PROTECCIÓN ADICIONAL SI USTED TIENE UNA DISCAPACIDAD

Si usted o alguien asociado con usted:

- Tiene una discapacidad física o mental (incluyendo impedimentos auditivos, visuales y motores; alcoholismo crónico; enfermedad mental crónica; SIDA; Complejo Relacionado con el SIDA y retardo mental) que limita en forma sustancial una o más actividades esenciales

- Tiene registros de dicha discapacidad o

- Se considera que posee dicha discapacidad;

su arrendador no puede:

- Negarse a permitirle realizar modificaciones razonables a su vivienda o áreas de uso común, a su cargo, si fuera necesario para que la persona discapacitada pueda utilizar la vivienda. Donde sea razonable, el arrendador puede permitir cambios sólo si usted acuerda restaurar la propiedad a su condición original una vez que abandone la vivienda.)

- Negarse a realizar modificaciones razonables a reglas, políticas, prácticas o servicios si esto fuera necesario para que la persona discapacitada pueda utilizar la vivienda.

Ejemplo: Un edificio que tiene una política de no admitir mascotas debe permitir que un inquilino con discapacidad auditiva tenga un perro como guía.

Ejemplo: Un complejo de apartamentos que ofrece un amplio espacio para estacionamiento debe aceptar un pedido de una persona con un impedimento motor de tener un espacio reservado cerca de su apartamento si fuera necesario para asegurar el acceso a su apartamento.

Sin embargo, no se facilitará una vivienda a una persona que constituya un riesgo directo a la salud o seguridad de otros, o que consuma drogas ilegales.

Oportunidades de Vivienda para Familias

Una edificación o comunidad no puede discriminar por motivos de condición familiar, a menos que califique como vivienda para personas de la tercera edad. Es decir, no puede discriminar contra familias en las cuales uno más niños menores de 18 años vivan con:

- Un padre solo

- Una persona que tenga custodia legal del niño o niños, o

- La persona designada por el padre o el custodio legal, con la autorización por escrito del padre o custodio.

La protección de la condición familiar también rige para las mujeres embarazadas y para cualquier persona que tenga la custodia legal de un niño menor de 18 años.

Exención: Las viviendas para personas de la tercera edad están exentas de la prohibición contra discriminación por condición familiar si:

- El Secretario de HUD ha determinado que la vivienda está especialmente diseñada para y ocupada por personas de la tercera edad bajo un programa de gobierno federal, estatal o local, o

- Está ocupada solamente por personas de 62 años de edad o mayores, o

- Alberga al menos a una persona de 55 años de edad o mayor en al menos el 80 por ciento de las unidades ocupadas, y adhiere a una política que demuestra una intención de alojar personas de 55 años de edad o mayores

SI CREE QUE SE HAN VIOLADO SUS DERECHOS

HUD está listo para brindar ayuda ante cualquier problema de discriminación en materia de vivienda. Si usted cree que se han violado sus derechos, tiene a su disposición el Formulario de Reclamo por discriminación en materia de vivienda.

Información para suministrar a HUD:

- Su nombre y dirección

- El nombre y la dirección de la persona acerca de la cual desea presentar el reclamo (el demandado)

- La dirección y otra identificación de la vivienda en cuestión

- Una breve descripción de la supuesta violación (el hecho por el cual usted cree que se han violado sus derechos)

- La(s) fecha(s) de la supuesta violación

¿QUÉ SUCEDE CUANDO PRESENTA UN RECLAMO?

HUD lo notificará cuando reciba su reclamo. Normalmente, HUD también:

- Notificará al supuesto violador sobre su reclamo y permitirá que dicha persona presente una respuesta

- Investigará su reclamo y determinará si existe una causa razonable para creer que la Ley de Equidad de Vivienda ha sido violada

- Lo notificará si no puede completar la investigación dentro de los 100 días de haber recibido el reclamo

CONCILIACIÓN

HUD intentará llegar a un acuerdo con la persona contra la cual usted presentó el reclamo (el demandado). Un acuerdo de conciliación debe protegerlo tanto a usted como al interés público. Si se firma un acuerdo, HUD no realizará ninguna otra acción relativa a su reclamo. Sin embargo, si HUD tiene una causa razonable para creer que pueda no cumplirse el acuerdo, HUD recomendará que el Secretario de Justicia entable una demanda.

REMISIÓN DEL RECLAMO

Si HUD ha determinado que su agencia local o estatal tiene los mismos poderes de equidad de vivienda que HUD, remitirá su reclamo a dicha agencia para su investigación y lo notificará sobre dicha remisión. Esta agencia debe comenzar a trabajar en su reclamo dentro de los 30 días; de lo contrario, HUD puede retirar el reclamo de dicha agencia.

¿QUÉ SUCEDE SI USTED NECESITA AYUDA DE INMEDIATO?

Si necesita ayuda inmediata para detener un problema serio ocasionado por la violación a la Ley de Equidad de Vivienda, HUD puede brindarle ayuda tan pronto como usted presente el reclamo. HUD puede autorizar al Secretario de Justicia a acudir a los tribunales para buscar desagravio temporario o preliminar, quedando pendiente la resolución de su reclamo si:

- Es probable que se produzca un daño irreparable sin la intervención de HUD

- Existe evidencia sustancial de que ha ocurrido una violación a la Ley de Equidad de Vivienda

Ejemplo: Un constructor acuerda vender una vivienda, pero después de conocer que el comprador es una persona de color, no cumple con el acuerdo. El comprador presenta un reclamo a HUD. HUD puede autorizar al Secretario de Justicia a acudir a los tribunales para evitar la venta a otro comprador hasta que HUD investigue el reclamo.

¿QUÉ SUCEDE DESPUÉS DE LA INVESTIGACIÓN DE UN RECLAMO?

Si después de investigar su reclamo HUD encuentra una causa razonable para creer que ha habido discriminación, le informará al respecto. Su caso se presentará en una audiencia administrativa dentro de los 120 días, a menos que usted o el demandado desee que su caso se presente en una Corte de Distrito Federal. De cualquiera de las dos maneras, será sin cargo para usted.

Audiencia Administrativa:

Si su caso se presenta en una audiencia administrativa, los abogados de HUD litigarán el caso a su favor. Usted puede tomar intervención en el caso y ser representado por su propio abogado, si así lo desea. Un Juez de Legislación Administrativa (ALA por sus siglas en inglés) tendrá en cuenta las evidencias presentadas por usted y por el demandado. Si el Juez determina que hubo discriminación, el demandado puede tener que:

- Compensar al demandante por daños y perjuicios reales, incluyendo humillación, dolor y sufrimiento.

- Suministrar desagravio judicial o equitativo, por ejemplo, hacer que la vivienda esté disponible para usted.

- Abonar al Gobierno Federal una multa civil para reivindicar el interés público. Las multas máximas son de $10,000 para una primera violación y $50,000 para una tercera violación en un período de siete años.

- Abonar los costos y honorarios correspondientes al abogado.

Corte de Distrito Federal

Si usted o el demandado optan por presentar su caso en una Corte de Distrito Federal, el Secretario de Justicia presentará una demanda y litigará el caso a su favor. Del mismo modo que el Juez de Legislación Administrativa, la Corte de Distrito puede solicitar desagravio e indemnización por daños y perjuicios reales, y el pago de honorarios y costos del abogado. Además, la corte puede imponer una multa como castigo ejemplar.

Además

Usted puede iniciar una demanda: Usted puede iniciar una demanda, a su cargo, en la Corte de Distrito Federal o en la Corte del Estado dentro de los dos años de producida una supuesta violación. Si no puede hacerse cargo de los honorarios de un abogado, la Corte puede disponer de un abogado para usted. Usted puede presentar una demanda aun después de presentar un reclamo, si no ha firmado un acuerdo de conciliación y un Juez de Legislación Administrativa no ha iniciado una audiencia. Una corte puede ordenar el pago de una indemnización por daños y perjuicios y castigo ejemplar, y el pago de los honorarios y costos del abogado.

Otras Herramientas para Combatir la Discriminación en Materia de Vivienda:

Si no se cumple con la orden de un Juez de Legislación Administrativa, HUD puede buscar desagravio temporario, cumplimiento de la orden o una orden restrictiva en una Corte de Apelaciones de EE.UU.

El Secretario de Justicia puede presentar una demanda en una Corte de Distrito Federal si existe una causa razonable para creer que está ocurriendo una práctica de discriminación en materia de vivienda.

———

Los Sin Techo y el caso de *Callahan v. Carey*

Este caso (NO. 79-42582, Sup. Ct. N.Y. Co., 18 de octubre de 1979) fue una demanda colectiva iniciada en nombre de hombres sin techo de la zona del Bowery, en Manhattan, con la que se buscaba una medida cautelar temporaria que ordenara a la Ciudad de Nueva York proveer un refugio para dichos hombres. Los demandantes se basaron en el artículo XVII, párrafo 1, de la Constitución del Estado, el cual requiere que el Estado provea "la ayuda, asistencia y apoyo de los necesitados en la manera y por el medio que la legislatura determine periódicamente". La demanda citaba antecedentes legislativos de la convención constituyente de Nueva York de 1938 para argumentar que dicho artículo tenía por objetivo otorgar derechos a quienes deben recurrir a la sociedad para satisfacer las necesidades básicas de la vida.

El juez de instrucción aceptó las pruebas de que durante los inviernos anteriores los hombres sin techo habían perdido extremidades por congelación, que varios habían muerto y que la situación podía agravarse el invierno siguiente debido al cierre de varios refugios. La corte ordenó una medida cautelar temporaria ordenando el suministro de un refugio.

Las partes aceptaron un decreto judicial con previo acuerdo de las partes que exigía que la Ciudad de Nueva York proporcionara suficientes camas para satisfacer las necesidades de todos los hombres sin techo que solicitaran refugio, con la condición de que cumplieran con estándares de necesidad de asistencia y necesitaran un refugio temporario "debido a disfunciones físicas, mentales o sociales". El decreto de Callahan también estableció estándares mínimos para los refugios respecto del ancho y el diseño de las camas y el suministro de provisiones, y exigió que la ciudad proporcionara a los solicitantes de abrigo "información escrita claramente" relacionada "con otros tipos de asistencia pública a la que pudieran tener derecho". El juez de instrucción mantuvo su jurisdicción sobre la implementación del decreto.

CUMPLIMIENTO DE LA DECISIÓN Y OTROS RESULTADOS

Robert Callahan murió en las calles de la ciudad antes de que se firmara el decreto judicial. El derecho a refugio fue otorgado a las mujeres sin techo en *Eldredge v. Koch*, 98 AD2d 675 (1 Dept. 1983) y a las familias sin techo en *McCain v. Koch*, 117 AD2d 198 (1 Dept. 1987), revisado parcialmente, 70 NY2d 109. Los casos de hipotermia severa y muerte entre los sin techo disminuyeron drásticamente después del decreto. La sala de apelaciones dictaminó en 2003 que negar el refugio por 30 días como medio para hacer cumplir las nuevas reglas de asistencia social no se contradecía con el decreto.

IMPORTANCIA DEL CASO

Este caso fue una victoria histórica dentro de un sistema legal que no es favorable a los derechos ESC. Ha servido como base para las campañas de defensa y para otros reclamos judiciales iniciados para hacer cumplir el decreto coordinados por la Coalition for the Homeless [Coalición para los Sin Techo]. El decreto y su cumplimiento judicial continuo constituyen un primer modelo para la exigibilidad de largo plazo de remedios complejos para las violaciones de los derechos ESC. La referencia hecha por el juez de instrucción a los sin techo como "descarte", sin embargo, demuestra qué actitudes prevalecen hacia estas personas.

———

¿Qué piensa de las cuestiones planteadas por este caso? ¿Cree que el problema de los sin techo se podría resolver a nivel nacional siguiendo el ejemplo de *Callahan v. Carey*?

———

El Derecho de Dueño y Arrendatario

Cada estado de los Estados Unidos tiene leyes específicas que rigen la relación entre propietario e inquilino (dueño y arrendatario). Incluso, los condados y las municipalidades pueden tener leyes, reglas, y códigos de vivienda. Algunos estados en los Estados Unidos basan sus leyes sobre propietarios e inquilinos en la Ley uniforme residencial de propietarios e inquilinos (URLTA, *Uniform Residential Landlord and Tenant Act*), además del Código modelo residencial de propietarios e inquilinos (*Model Residential Landlord-Tenant Code*). Las leyes sobre la relación propietario-inquilino de los estados comparten algunos principios generales del derecho de propietarios e inquilinos, como el derecho contractual y el derecho de propiedad que regulan las relaciones entre las dos partes.

También hay leyes federales que regulan las relaciones entre inquilino y propietario. Estas leyes enfocan el alquiler y la locación residenciales y comerciales. La Ley de derechos civiles de 1966 (*Civil Rights Act*) y la Ley federal de igualdad de acceso a la vivienda (*Federal Fair Housing Act*) prohíben la discriminación en el mercado de venta y de alquiler de viviendas.

La ley federal prohíbe la discriminación por motivos de:

- Raza
- Color

- Religión

- Nacionalidad

- Sexo

- Edad

- Incapacidad física

- Incapacidad mental

- Situación familiar

LAS RESPONSABILIDADES DEL INQUILINO

El inquilino tiene que pagar el alquiler (la renta) puntualmente, según lo que se ha establecido en el contrato de locación o arrendamiento. Si el inquilino no paga el alquiler a tiempo, el propietario puede presentar una demanda y pedir el desalojo (o desahucio) del inquilino. Durante el proceso de desalojo, el propietario tiene que observar las leyes estatales: no puede tomar medidas por su cuenta. "Por su cuenta" significa, por ejemplo, desalojar al inquilino por la fuerza, desalojar los bienes del inquilino o cambiar las cerraduras de la propiedad.

El inquilino tiene la obligación de mantener la propiedad en un estado razonable. Los detalles de esta responsabilidad generalmente se encuentran en el contrato de arriendo o locación. Generalmente, el contrato incluye la obligación del inquilino de dejar la propiedad en el mismo estado en que la recibió al finalizar el período de locación. Esto no incluye el desgaste y la depreciación razonables. Si el inquilino deja la propiedad en buenas condiciones, el dueño tiene la obligación de devolverle el depósito de garantía que generalmente el inquilino le habrá pagado al firmar el contrato de locación.

LAS RESPONSABILIDADES DEL PROPIETARIO

Cuando firma un contrato de alquiler, el dueño tiene la obligación de entregar la posesión física del inmueble o apartamento al inquilino. Cuando la propiedad se ha arrendada, el propietario sólo tiene derecho a inspeccionar la propiedad después de dar aviso con 24 horas de anticipación, excepto en casos de emergencia.

Los inquilinos tienen derecho al uso y goce del inmueble sin la intromisión del propietario. Si el propietario desaloja injustamente al inquilino de la propiedad, estará violando este derecho y el arrendatario podrá demandar contra el dueño. También se viola el derecho cuando un problema en el inmueble continuamente interfiere en la capacidad del inquilino de usar la propiedad y el propietario no soluciona el problema luego de que el inquilino le informara al respecto.

En los casos de locación residencial, el propietario es responsable de hacer que la propiedad sea mínimamente habitable. Los estándares de vivienda se especifican en las leyes estatales y en los códigos de vivienda municipales. Si el código de vivienda no se cumple, el inquilino puede negarse a pagar el alquiler u obtener una indemnización por daños de parte del propietario. El propietario no puede desalojar o sancionar al inquilino por denunciar el incumplimiento del código de vivienda.

EL ALQUILER

El plazo de duración de un alquiler puede variar de acuerdo con el contrato de locación. Una locación puede acordarse por un período de tiempo específico, como una locación anual o mensual, o puede terminarse por cualquiera de las partes en cualquier momento. La locación extinguible se conoce como locación "por tiempo indeterminado". Cuando el inquilino se niega a dejar la propiedad cuando se ha llegado al tiempo especificado, el alquiler se denomina "precario". Cuando esto sucede, el inquilino sigue siendo responsable de pagar el alquiler hasta que sea desalojado o se llegue a un nuevo acuerdo de alquiler.

En el caso del alquiler "por tiempo indeterminado" se requiere un aviso oportuno, mientras que no se requiere aviso alguno para terminar una locación que tiene una fecha de finalización predeterminada. El *Common Law* establece que el propietario o el inquilino deben dar aviso con un tiempo de anticipación equivalente al período de tiempo del alquiler. Esto significa que si un alquiler se paga mensualmente, entonces se requiere un aviso previo de un mes para terminar el contrato de locación.

El profesor de esta clase les dará a los estudiantes una serie de materiales para que practiquen todos los conceptos y el vocabulario de la ley de propietario e inquilino, mediante escenarios simulados entre cliente y abogado.

C. EL TRABAJO

El derecho a trabajar para poder sostenerse a sí mismo y a su familia no es un derecho plasmado en la Constitución de los Estados Unidos. Sin embargo, en el segundo párrafo de la Declaración de Independencia se hace referencia a los derechos inalienables: la vida, la libertad y la búsqueda de la felicidad. Este último derecho inalienable, la búsqueda de la felicidad, se ha interpretado como el derecho a perseguir una vida feliz mediante la capacidad de ganar adecuadamente en el trabajo.

El hecho es que el trabajo es central a la vida humana. Es por eso que existen protecciones y garantías en torno a todos los aspectos de esta actividad: la consecución de trabajo, las condiciones en el trabajo, lo que se le paga a un trabajador por el trabajo que hace, los derechos colectivos de los trabajadores y los derechos de los patronos – todo esto y más se reglamenta a los niveles internacional y nacional.

———

Derechos en el Trabajo
Organización Internacional del Trabajo (OIT)

"La acción normativa es una herramienta indispensable para convertir en realidad el trabajo decente." Juan Somavía, Director General de la OIT, 2001

La consecución de la meta del trabajo decente en la economía globalizada, requiere la adopción de medidas en el plano internacional. La comunidad internacional responde a este desafío, en parte desarrollando instrumentos jurídicos internacionales sobre comercio, finanzas, medio ambiente, derechos humanos y trabajo. La OIT contribuye a este marco jurídico elaborando y promoviendo unas normas internacionales del trabajo orientadas a garantizar que el crecimiento económico y el desarrollo vayan de la mano de la creación de trabajo decente. La estructura tripartita, única de la OIT, garantiza que estas normas sean respaldadas por los gobiernos, por los empleadores y por los trabajadores. En consecuencia, las normas internacionales del trabajo establecen las normas sociales mínimas básicas acordadas por todos aquellos que participan en la economía global.

INTRODUCCIÓN A LAS NORMAS INTERNACIONALES DEL TRABAJO

Convenios y recomendaciones

Las normas internacionales del trabajo son instrumentos jurídicos preparados por los mandantes de la OIT (gobiernos, empleadores y trabajadores) que establecen unos principios y unos derechos básicos en el trabajo. Las normas se dividen en convenios, que son tratados internacionales legalmente vinculantes que pueden ser ratificados por los Estados Miembros, o recomendaciones, que actúan como directrices no vinculantes. En muchos casos, un convenio establece los principios básicos que deben aplicar los países que lo ratifican, mientras que una recomendación relacionada complementa al convenio, proporcionando directrices más detalladas sobre su aplicación. Las recomendaciones también pueden ser autónomas, es decir, no vinculadas con ningún convenio.

Aplicación y promoción de las normas

Las normas internacionales del trabajo están respaldadas por un sistema de control que es único en el ámbito internacional y que contribuye a garantizar que los países apliquen los convenios que ratifican. La OIT examina regularmente la aplicación de las normas en los países miembros y señala áreas en las que se podría mejorar su aplicación. Si existe algún problema en la aplicación de las normas, la OIT presta colaboración a los países, a través del diálogo social y la asistencia técnica.

Diálogo social

El diálogo social desempeña un papel decisivo en alcanzar el objetivo de la OIT de promover oportunidades para que mujeres y hombres obtengan trabajo decente y productivo en condiciones de libertad, igualdad, seguridad y dignidad humana. La definición de diálogo social de la OIT incluye todos los tipos de negociación, consulta e intercambio de información entre representantes de gobiernos, empleadores y trabajadores sobre temas de interés común.

El diálogo social y la práctica del tripartismo entre los gobiernos y las organizaciones representativas de trabajadores y de empleadores tanto en el plano nacional como en el internacional resultan ahora aún más pertinentes para lograr soluciones y fortalecer la cohesión social y el Estado de derecho, entre otros medios, mediante las normas internacionales del trabajo."

DECLARACIÓN DE LA OIT SOBRE LA JUSTICIA SOCIAL PARA UNA GLOBALIZACIÓN EQUITATIVA

La manera en que se efectúa este diálogo social varía de acuerdo al país y la región. Puede tratarse de un proceso tripartito, en el que el gobierno interviene como parte oficial en el diálogo, o bien consistir en relaciones bipartitas establecidas exclusivamente entre los trabajadores y las empresas, con o sin la participación indirecta del gobierno. El proceso de diálogo social puede ser informal o institucionalizado, siendo con frecuencia una combinación de ambos tipos. Por otra parte, puede ser interprofesional, sectorial, o combinar ambas características.

Condiciones que hacen posible el diálogo social

La OIT apoya el tripartismo en los Estados miembros mediante la promoción del diálogo social en el diseño y la aplicación de estrategias nacionales. Las condiciones de empleo justas, el trabajo decente y un desarrollo que beneficie a todos no pueden ser alcanzados sin el consentimiento y el esfuerzo de trabajadores, empleadores y gobiernos. Con el fin de respaldar este esfuerzo uno de los objetivos estratégicos de la OIT es el reforzamiento del diálogo entre sus mandantes tripartitas. Ayuda a gobiernos y a organizaciones de empleadores y trabajadores a establecer relaciones laborales sólidas, a adaptar la legislación laboral para hacer frente a retos económicos y sociales, y a mejorar la administración del trabajo.

Las estructuras y los procesos del diálogo social, cuando son exitosos, tienen el potencial de resolver importantes temas económicos y sociales, promover una buena gobernanza, avanzar en la paz y estabilidad social e industrial, y estimular el progreso económico. La eficacia del diálogo social depende de:

- Respeto de los derechos fundamentales de libertad sindical y negociación colectiva

- Organizaciones de trabajadores y empleadores fuertes e independientes con la capacidad técnica y los conocimientos necesarios para participar en el diálogo social

- Voluntad política y compromiso de todos los participantes al intervenir en el diálogo social

- Respaldo institucional adecuado

La OIT asiste a gobiernos y a organizaciones de empleadores y trabajadores a establecer relaciones laborales sólidas, a adaptar la legislación laboral para hacer frente a retos económicos y sociales, y a mejorar la administración del trabajo. Al apoyar y reforzar a las organizaciones de trabajadores y empleadores, la OIT ayuda a generar las condiciones necesarias para establecer un diálogo entre ellas y con los gobiernos.

Comité de Libertad Sindical (CLS)

La eficacia del diálogo implica el derecho de constituir libremente grupos y afiliarse a los mismos para promover y defender sus intereses laborales. La libertad sindical y la negociación colectiva se encuentran entre los principios fundacionales de la OIT. Poco después de la adopción de los Convenios núms. 87 y 98 sobre libertad sindical y negociación colectiva, la OIT llegó a la conclusión de que el principio de libertad sindical requería otros procedimientos de control para garantizar su cumplimiento en los países que no habían ratificado los convenios pertinentes. Como consecuencia, en 1951, la OIT creó el Comité de Libertad Sindical (CLS) con el objetivo de examinar las quejas sobre las violaciones de la libertad sindical, hubiese o no ratificado el país concernido los convenios pertinentes.

Protección social

El acceso a un nivel adecuado de protección social es un derecho fundamental de todos los individuos reconocido por las normas Internacionales del trabajo y por las Naciones Unidas. Además, es considerado un instrumento para la promoción del bienestar humano y el consenso social, que favorece la paz social y es indispensable para lograrla, y por lo tanto para mejorar el crecimiento equitativo, la estabilidad social y el desempeño económico, contribuyendo a la competitividad.

Sólo 20 por ciento de la población mundial tiene una protección social adecuada, y más de la mitad no tiene ninguna cobertura. Estas personas enfrentan peligros en el lugar de trabajo, y tienen pensiones y seguros de salud débiles o inexistentes. Esta situación refleja los niveles de desarrollo económico: en los países menos adelantados ni siquiera 10 por ciento de los trabajadores está protegido por la seguridad social, en los países de mediano ingreso la cobertura oscila entre 20 y 60 por ciento, mientras que en los países más industrializados se acerca al 100 por ciento.

La Protección Social es uno de los cuatro objetivos estratégicos del Programa Trabajo Decente que contiene principios fundamentales para el trabajo de la OIT. Desde su creación en 1919, la OIT promueve políticas y ofrece a los Estados miembros instrumentos y asistencia con el objetivo de mejorar y extender la cobertura de la protección social a todos los grupos sociales y a mejorar las condiciones y la seguridad laboral.

En materia de protección social, la OIT ha establecido tres objetivos principales que reflejan las tres dimensiones fundamentales de la protección social:

Aumentar la eficacia y extender la cobertura de los sistemas de seguridad social

Promover la protección de los trabajadores, que incluye: condiciones de trabajo decentes, como salarios, tiempo de trabajo y salud y seguridad en el trabajo, todos componentes esenciales del trabajo decente

Promover la protección de grupos vulnerables, como los trabajadores migrantes, sus familias y los trabajadores en la economía informal, mediante programas y actividades específicos. Además, se utilizará todo el potencial del mundo del trabajo para responder a la pandemia del SIDA, con especial atención al fortalecimiento de la capacidad de los mandantes tripartitos

Los países de las Américas miembros de la OIT son: Antigua y Barbuda, Argentina, Bahamas, Barbados, Belice, Bolivia, Brasil, Canadá, Chile, Colombia, Costa Rica, Cuba, Dominica, Ecuador, El Salvador, Granada, Guatemala, Guyana, Haití, Honduras, Jamaica, México, Nicaragua, Panamá, Paraguay, Perú, República Dominicana, St. Kitts y Nevis, Santa Lucía, San Vicente y las Granadinas, Suriname, Trinidad y Tobago, Estados Unidos, Uruguay, Venezuela.

————

El Derecho Laboral en las Constituciones de América Latina

Argentina

Artículo 14 bis. El trabajo en sus diversas formas gozará de la protección de las leyes, las que asegurarán al trabajador: condiciones dignas y equitativas de labor; jornada limitada; descanso y vacaciones pagados; retribución justa; salario mínimo vital móvil; igual remuneración por igual tarea; participación en las ganancias de las empresas, con control de la producción y colaboración en la dirección; protección contra el despido arbitrario; estabilidad del empleado público; organización sindical libre y democrática, reconocida por la simple inscripción en un registro especial.

Bolivia

Artículo 7. Toda persona tiene los siguientes derechos fundamentales, conforme a las leyes que reglamenten su ejercicio:

d. A trabajar y dedicarse al comercio, la industria o a cualquier actividad lícita, en condiciones que no perjudiquen al bien colectivo;

j. A una remuneración justa por su trabajo que le asegure para sí y su familia una existencia digna del ser humano;

Costa Rica

Artículo 56. El trabajo es un derecho del individuo y una obligación con la sociedad. El Estado debe procurar que todos tengan ocupación honesta y útil, debidamente remunerada, e impedir que por causa de ella se establezcan condiciones que en alguna forma menoscaben la libertad o la dignidad del hombre o degraden su trabajo a la condición de simple mercancía. El Estado garantiza el derecho de libre elección de trabajo.

Ecuador

Artículo 36. El Estado propiciará la incorporación de las mujeres al trabajo remunerado, en igualdad de derechos y oportunidades, garantizándole idéntica remuneración por trabajo de igual valor.

Panamá

Artículo 61. A todo trabajador al servicio del Estado o de empresas públicas o privadas o de individuos particulares se le garantiza su salario o sueldo mínimo. Los trabajadores de la empresa que la Ley determine participarán en las utilidades de las mismas, de acuerdo con las condiciones económicas del país.

Artículo 62. La Ley establecerá la manera de ajustar periódicamente el salario o sueldo mínimo del trabajador, con el fin de cubrir las necesidades normales de su familia, mejorar su nivel de vida, según las condiciones particulares de cada región y de cada actividad económica; podrá determinar asimismo el método para fijar salarios o sueldos mínimos por profesión u oficio.

Uruguay

Artículo 55. La ley reglamentará la distribución imparcial y equitativa del trabajo.

Igualdad de Oportunidades en el Empleo
Comisión para la Igualdad de Oportunidades en el Empleo (EEOC)

Leyes Sobre la Igualdad de Oportunidades en el Empleo

Si usted opina que un patrono, una agencia de empleo o un sindicato ha discriminado contra usted al solicitar un empleo o por presentar una querella por discriminación basada en raza, color, sexo, religión, origen nacional, edad o discapacidad, puede presentar una querella de discriminación ante la Comisión para la Igualdad de Oportunidades en el Empleo de los Estados Unidos (EEOC).

La EEOC hace cumplir las siguientes leyes federales contra la discriminación en el empleo:

- El Título VII de la Ley de Derechos Civiles de 1964 (Título VII) prohíbe la discriminación de empleo por motivo de raza, color, religión, sexo u origen nacional;

- la Ley de Igualdad Salarial de 1963 (Equal Pay Act EPA) protege a hombres y mujeres que desempeñen substancialmente el mismo trabajo en el mismo establecimiento contra la discriminación de salarios por motivo de sexo;

- la Ley contra la Discriminación por Edad en el Empleo de 1967 (Age Discrimination in Employment Act ADEA) protege a los individuos de 40 años de edad o más contra la discriminación en el empleo por motivo de edad;

- el Título I de la Ley de Americanos con Discapacidades de 1990 (American with Disabilities Act ADA) prohíbe la discriminación en el empleo contra individuos cualificados con discapacidades; y

- la Ley de los Derechos Civiles de 1991 proporciona indemnización monetaria en los casos de discriminación intencional en el empleo.

Según el Título VII, la ADA y la ADEA, es ilícito discriminar en cualquier aspecto del empleo, incluyendo contratación, despido, salario, asignación, transferencia, ascenso, despido involuntario, reintegro, prestaciones suplementarias, planes de retiro, licencia, o cualquier otro beneficio o condición en el empleo.

Estas leyes prohíben el hostigamiento sexual, así como el hostigamiento por motivo de raza, color, religión, sexo, origen nacional, discapacidad o edad y la discriminación por motivo de embarazo. Es ilícito también tomar represalias contra un individuo por presentar una querella por discriminación, tomar parte en una investigación o por oponerse a prácticas discriminatorias.

Los Patronos Cubiertos

El Título VII y la ADA cubren a todos los patronos privados, los gobiernos estatales y locales, y las instituciones educativas que emplean a 15 o más individuos. La ADEA cubre a todos los patronos privados, los gobiernos estatales y locales, y las instituciones educativas con 20 o más empleados. Estas leyes cubren también a las agencias de empleo públicas y privadas, los sindicatos y los comités obrero-patronales que controlan el aprendizaje o el entrenamiento.

La EPA protege a todos los empleados cubiertos por la Ley Federal de Salarios y Horarios (Ley de Normas Laborales Justas). Esta ley cubre a casi todos los patronos.

El Título VII, la ADEA y la EPA también aplican a los empleados federales. Además, la Sección 501 de la Ley de Rehabilitación de 1973, tal como está enmendada, incorpora los requisitos de no discriminación en el empleo de la ADA, para proteger a los empleados con discapacidades del gobierno federal. Si desea mayor información sobre cómo presentar una querella de discriminación en un empleo federal, comuníquese con la oficina de la EEOC de la agencia federal donde tuvo lugar la supuesta discriminación.

Prácticas Discriminatorias en el empleo

Bajo el Título VII de la Ley de Derechos Civiles de 1964, la Ley de Americanos con Discapacidades (ADA) y la Ley contra la Discriminación por Edad en el Empleo (ADEA), es ilegal discriminar en cualquier aspecto laboral, incluyendo:

- empleo y despido;

- compensación, asignación o calcificación de empleados;

- transferencia, ascenso, despido o reintegración;

- avisos de empleos;

- contratación;

- pruebas;

- uso de facilidades;

- programas de entrenamiento y aprendizaje;

- beneficios complementarios;

- sueldo, planes de retiro y licencia por discapacidad; u

- otros términos y condiciones de empleo.

Las prácticas prohibidas bajo estas leyes también incluyen:

- hostigamiento por raza, color, religión, sexo, origen nacional, discapacidad o edad;

- represalias contra un individuo por presentar una querella por discriminación, participar en una investigación u oponerse a prácticas discriminatorias;

- decisiones de empleo basadas en estereotipos o suposiciones acerca de las aptitudes, características o desempeño de los individuos de determinado sexo, raza, edad, religión o grupo étnico, o individuos con discapacidades; y

- negar oportunidades de empleo a una persona por estar casada o estar asociada con un individuo de una raza, religión u origen nacional en particular, o un individuo con una discapacidad. El Título VII también prohíbe la discriminación por participar en escuelas o lugares de culto asociados con un grupo racial, étnico o religioso en particular.

Los patronos están obligados a colocar anuncios para todos los empleados comunicándoles sus derechos bajo las leyes que pone en vigor La EEOC y su derecho de quedar libres de represalias. Esos anuncios deben ser accesibles, según sea necesario, para las personas con discapacidades visuales u otras que afecten la lectura.

Otras Prácticas Discriminatorias bajo las Leyes Federales EEO

Título VII

El Título VII prohíbe no sólo la discriminación intencional sino también las prácticas que tienen el efecto de discriminar a individuos por su raza, color, origen nacional, religión o sexo.

Discriminación por Origen Nacional

Es ilegal discriminar a un individuo por su lugar de nacimiento, abolengo, cultura o características lingüísticas comunes a un grupo étnico específico.

Una regla que obligue a los empleados a hablar sólo inglés en el trabajo puede violar el Título VII, salvo que un patrono demuestre que el requisito es necesario para llevar adelante la empresa. Si el patrono cree que tal regla es necesaria, los empleados deben ser informados acerca de cuándo es obligatorio hablar inglés y las consecuencias de violar esa regla.

La Ley de Control y Reforma Inmigratoria (IRCA) de 1986 obliga a los patronos a asegurar que los empleados contratados estén legalmente autorizados a trabajar en los EE.UU. Sin embargo, un patrono que solicita la verificación de empleo sólo para individuos de un origen nacional en particular, o de individuos que parecen o suenan como extranjeros, puede violar tanto el Título VII como la IRCA; la verificación debe obtenerse de todos los solicitantes y empleados. Los patronos que imponen requisitos de ciudadanía o muestran preferencias por ciudadanos estadounidenses en cuanto a oportunidades de empleo o contratación también pueden violar la IRCA.

Acomodo Religioso

Un patrono está obligado a acomodar de manera razonable la creencia religiosa de un empleado o de un potencial empleado, a menos que hacerlo le imponga una carga onerosa.

Discriminación por razón de Sexo

Las amplias prohibiciones del Título VII contra la discriminación sexual cubren específicamente:

- El Hostigamiento Sexual. Esto incluye prácticas que van desde pedidos directos de favores sexuales hasta condiciones laborales que crean un ambiente hostil para personas de cualquier género, incluyendo el acoso a personas del mismo sexo (la medida de "ambiente hostil" también se aplica al acoso por raza, color, origen nacional, religión, edad y discapacidad).

- Discriminación por Embarazo. El embarazo, el parto y otras condiciones médicas relacionadas deben tratarse del mismo modo que otras condiciones o enfermedades temporales.

Existen derechos adicionales para los padres y otros bajo la Ley de Licencia Médica y Familiar (FMLA), que está puesta en vigor por el Ministerio de Trabajo de los EE.UU.

Ley contra la Discriminación por Edad en el Empleo

La amplia prohibición de la ADEA contra la discriminación por edad también prohíbe específicamente:

- Declaraciones o especificaciones en anuncios o avisos de empleos de limitaciones o preferencias de edad. Un límite de edad sólo puede ser especificado en la circunstancia excepcional en la que la edad haya sido probada como una calificación ocupacional bona fide (BFOQ); la discriminación por edad en programas de aprendizaje, incluyendo los programas de aprendizaje conjuntos obrero-patronales; y

- la negación de beneficios a empleados mayores. Un patrono puede reducir los beneficios por edad sólo si el costo de brindar los beneficios reducidos a los empleados mayores es igual al costo de proveer los beneficios a los empleados más jóvenes.

Ley de Igualdad Salarial

La Ley de Igualdad Salarial (en inglés) (EPA) prohíbe la discriminación por sexo en el pago de salarios o beneficios, en los casos en que hombres y mujeres realicen trabajos que demanden una habilidad, esfuerzo y responsabilidad similares, para el mismo patrono y bajo las mismas condiciones de trabajo.

Nótese que: Los patronos no pueden reducir los salarios de ninguno de los dos sexos para igualar el sueldo de hombres y mujeres. Puede haber una violación a la EPA en caso de que se haya pagado o se pague un salario distinto a una persona que realizó el mismo trabajo antes o después que un empleado del sexo opuesto. También puede haber una violación si un sindicato hace que el patrono viole la ley.

Títulos I y V de la Ley de Americanos con Discapacidades

La ADA prohíbe la discriminación por discapacidad en todas las prácticas de empleo. Es necesario comprender diversas definiciones importantes de la ADA para saber quién está protegido por la ley y qué prácticas constituyen discriminación ilegal:

Individuo con discapacidad

Un individuo con una discapacidad bajo la ADA es una persona que tiene una discapacidad físico o mental que limita en forma substancial una o más de las actividades principales del diario vivir, tiene un historial de tal discapacidad o se considera que tiene tal discapacidad. Las actividades principales del diario vivir son aquellas que una persona común puede realizar con poca o ninguna dificultad, como caminar, respirar, ver, oír, hablar, aprender y trabajar.

Individuo Cualificado con una Discapacidad

Un empleado o solicitante cualificado con una discapacidad es alguien que cumple con los requisitos laborales de habilidad, experiencia, educación y demás del puesto que ocupa o al que aspira, y que, con o sin un acomodo razonable, puede desempeñar las funciones esenciales de ese puesto.

Acomodo razonable

Los acomodos razonables pueden incluir, pero no se encuentran limitados a, hacer que la infraestructura existente utilizada por los empleados sea de fácil acceso y pueda ser usada por personas con discapacidades; reestructurar el trabajo; modificar los planes de trabajo; proveer licencias adicionales sin goce de sueldo; realizar reasignaciones a puestos vacantes; adquirir o modificar equipos o dispositivos; ajustar o modificar exámenes, material de entrenamiento o políticas; y suministrar lectores o intérpretes cualificados. Los acomodos razonables pueden ser necesarios para solicitar un empleo, para desempeñar funciones laborales o para gozar de los beneficios y privilegios del empleo de los que gozan las personas sin discapacidades. Un patrono no está obligado a reducir los requisitos de producción para realizar un acomodo razonable. En general, un patrono no está obligado a suministrar artículos de uso personal, como anteojos o audífonos.

Carga Onerosa

Un patrono está obligado a realizar un acomodo razonable para un individuo cualificado con una discapacidad salvo que hacerlo imponga una carga onerosa sobre el funcionamiento de la empresa del patrono. Carga onerosa significa una acción que requiere dificultades o gastos significativos al considerarla en delación a factores como el tamaño de la empresa, los recursos financieros y la naturaleza y estructura de su funcionamiento.

Encuestas y Exámenes Prohibidos

Antes de realizar una oferta de empleo, un patrono no puede preguntarles a los solicitantes acerca de la existencia, naturaleza o severidad de una discapacidad. Los solicitantes pueden ser interrogados sobre sus habilidades para desempeñar funciones laborales. Una oferta de trabajo puede estar condicionada por los resultados de un examen médico, pero sólo si el examen es obligatorio para todos los empleados en la misma categoría de empleo. Los exámenes médicos de los empleados deben estar relacionados con el trabajo y ser compatibles con las necesidades de la empresa.

Consumo de drogas y alcohol

Los empleados y solicitantes que consuman drogas ilegalmente no están protegidos por la ADA, si el patrono toma medidas por dicho consumo. Las pruebas para detectar el consumo ilegal de drogas no son consideradas exámenes médicos y, por lo tanto, no están sujetas a las restricciones de la ADA sobre exámenes médicos. Los patronos pueden comparar a los individuos que consumen drogas ilegalmente o a los individuos alcohólicos con los mismos requisitos de desempeño que a otros empleados.

Ley de Derechos Civiles de 1991

La Ley de Derechos Civiles de 1991 (en inglés) presento grandes cambios en las leyes federales contra la discriminación en el empleo puestas en vigor por la EEOC. Promulgada en parte para revertir diversas decisiones de la Corte Suprema que limitaban los derechos de las personas protegidas por estas leyes, la ley también provee protecciones adicionales. La ley autoriza indemnizaciones compensatorias y daños punitivos en casos de discriminación intencional, y dispone la obtención de honorarios de abogados y la posibilidad de juicios con jurado. También faculta a La EEOC a expandir su asistencia técnica y actividades de extensión.

Hostigamiento Sexual en el Lugar de Trabajo

Comisión para la Igualdad de Oportunidades en el Empleo (EEOC)

El Hostigamiento Sexual es una forma de discriminación por razón de sexo que viola el Título VII de la Ley de Derechos Civiles de 1964 (en inglés). El Título VII se aplica a patronos con 15 o más empleados, incluyendo gobiernos estatales y locales. También se aplica a agencias de empleo y organizaciones laborales, así como al gobierno federal.

Los avances sexuales mal recibidos, los pedidos de favores sexuales y otras conductas verbales o físicas de naturaleza sexual constituyen hostigamiento sexual cuando esta conducta explícita o implícitamente afecta al empleo de un individuo, interfiere de manera irrazonable en el rendimiento del individuo en su trabajo o crea un ambiente de intimidación, hostil u ofensivo.

El hostigamiento sexual puede producirse en una variedad de circunstancias, incluyendo, entre otras, las siguientes:

- La víctima, así como el hostigador, puede ser una mujer o un hombre. La víctima no tiene que ser del sexo opuesto.

- El hostigador puede ser el supervisor de la víctima, un agente del patrono, un supervisor en otra área, un compañero de trabajo o alguien que no sea un empleado.

- No es necesario que la víctima sea la persona hostigada, también puede ser alguien afectado por la conducta ofensiva.

- El hostigamiento sexual ilegal se puede producir sin daño económico o despido de la víctima.

- La conducta del hostigador debe ser mal recibida.

Es útil para la víctima informar directamente al hostigador que la conducta es mal recibida y que debe cesar. La víctima debe quejarse al patrono por medio de cualquier mecanismo de queja o sistema de reclamo disponible.

La prevención es la mejor herramienta para eliminar el hostigamiento sexual en el lugar de trabajo. Se recomienda que los patronos tomen las medidas necesarias para impedir que ocurra el hostigamiento sexual. Claramente deben comunicar a los empleados que el hostigamiento sexual no será tolerado. Pueden hacer eso brindando entrenamiento sobre hostigamiento sexual a sus empleados y estableciendo un proceso de queja o reclamo efectivo, e iniciando acciones inmediatas y apropiadas para cuando un empleado se queje.

También es ilegal tomar represalias contra un individuo por oponerse a las prácticas de empleo discriminatorias por sexo o por presentar una querella por discriminación, testificar o participar de algún modo en una investigación, proceso o juicio, conforme al Título VII.

————

Programa de Trabajo Decente
Organización Internacional del Trabajo (OIT)

Misión y objetivos

La Organización Internacional del Trabajo (OIT) está consagrada a promover la justicia social y los derechos humanos y laborales reconocidos a nivel internacional, la Organización, prosiguiendo su misión fundadora: la paz laboral es esencial para la prosperidad.

La misión de la OIT está agrupada en torno a cuatro objetivos estratégicos:

- Promover y cumplir las normas y los principios y derechos fundamentales en el trabajo.

- Crear mayores oportunidades para que mujeres y hombres puedan tener empleos e ingresos dignos.

- Mejorar la cobertura y la eficacia de una seguridad social para todos.

- Fortalecer el tripartismo y el diálogo social

Para apoyar la consecución de estos objetivos, la OIT cuenta con un bagaje único de experiencias y conocimientos sobre el mundo del trabajo, que ha adquirido a lo largo de casi 100 años de dar respuestas a las necesidades de trabajo decente, de medios de vida y de dignidad de personas alrededor del mundo. La OIT está al servicio de sus mandantes tripartitos – y de la sociedad en general – de diversas maneras, entre ellas:

Formulando políticas y programas internacionales para promover los derechos humanos fundamentales, mejorar las condiciones de trabajo y de vida, y aumentar las oportunidades de empleo

Elaborando normas internacionales del trabajo respaldadas por un sistema singular de control de su aplicación

Formulando e implementando, en asociación activa con sus mandantes, un amplio programa de cooperación técnica internacional, para ayudar a los países a llevar a la práctica dichas políticas

Llevando a cabo actividades de formación, educación e investigación que contribuyen al progreso de todos estos esfuerzos

Promover el trabajo decente para todos

El trabajo decente es esencial para el bienestar de las personas. Además de generar un ingreso, el trabajo facilita el progreso social y económico, y fortalece a las personas, a sus familias y comunidades. Pero todos estos avances dependen de que el trabajo sea trabajo decente, ya que el trabajo decente sintetiza las aspiraciones de los individuos durante su vida laboral.

La puesta en práctica del Programa de Trabajo Decente se logra a través de la aplicación de los cuatro objetivos estratégicos de la OIT que tienen como objetivo transversal la igualdad de género:

<u>Crear Trabajo</u> – una economía que genere oportunidades de inversión, iniciativa empresarial, desarrollo de calificaciones, puestos de trabajo y modos de vida sostenibles.

Garantizar los derechos de los trabajadores – para lograr el reconocimiento y el respeto de los derechos de los trabajadores. De todos los trabajadores, y en particular de los trabajadores desfavorecidos o pobres que necesitan representación, participación y leyes adecuadas que se cumplan y estén a favor, y no en contra, de sus intereses.

Extender la protección social – para promover tanto la inclusión social como la productividad al garantizar que mujeres y hombres disfruten de condiciones de trabajo seguras, que les proporcionen tiempo libre y descanso adecuados, que tengan en cuenta los valores familiares y sociales, que contemplen una retribución adecuada en caso de pérdida o reducción de los ingresos, y que permitan el acceso a una asistencia sanitaria apropiada.

Promover el diálogo social – La participación de organizaciones de trabajadores y de empleadores, sólidas e independientes, es fundamental para elevar la productividad, evitar los conflictos en el trabajo, así como para crear sociedades cohesionadas.

Un Concepto de la OIT Consensuado a Nivel Mundial

El concepto de Trabajo Decente fue formulado por los mandantes de la OIT – gobiernos y organizaciones de empleadores y trabajadores – como una manera de identificar las prioridades de la Organización. Se basa en el reconocimiento de que el trabajo es fuente de dignidad personal, estabilidad familiar, paz en la comunidad, democracias que actúan en beneficio de todos, y crecimiento económico, que aumenta las oportunidades de trabajo productivo y el desarrollo de las empresas.

Creación de Empleos

La persistencia de la pobreza, el aumento de la desigualdad de los ingresos y el lento crecimiento del empleo, agravados día a día como consecuencia de la crisis financiera y económica y del cambio climático, limitan de forma importante el progreso económico y social. Se pone así de manifiesto la necesidad de que todos los países promuevan un crecimiento integrador y con alto coeficiente de empleo. El desempleo es más alto que nunca en la historia, y por eso nunca antes había sido tan necesario colocar el empleo en el centro de las estrategias económicas y sociales. Incluso entre quienes sí tienen una ocupación, la generalización de la pobreza pone en relieve la necesidad de un número mucho mayor de empleos productivos y decentes.

El ritmo de creación de trabajo decente es muy bajo en todo el mundo, y por lo tanto es necesario aumentar la coordinación internacional sobre políticas macroeconómicas, y desarrollar al nivel nacional políticas activas de mercado laboral.

El Programa Global de Empleo

La OIT identifica estrategias que pueden ayudar a generar y sostener el trabajo e ingreso decente, incluidas en un Programa Mundial del Empleo que ha sido desarrollado por los tres mandantes de la OIT - los empleadores, trabajadores y gobiernos.

El objetivo principal del Programa es lograr que el empleo ocupe un lugar central en las políticas económicas y sociales. En armonía con los Objetivos de Desarrollo del Milenio, y mediante la creación de empleo productivo, el Programa se propone mejorar la vida de las personas que están desempleadas o que reciben una remuneración que no es suficiente para mantener a su familia y salir de la pobreza.

Durante el período 2010-2015, la estrategia de la OIT destinada a fomentar el empleo pleno, productivo y libremente elegido incluirá los siguientes resultados fundamentales:

- políticas coordinadas y coherentes que generen empleos productivos, trabajo decente y oportunidades de obtener ingresos

- políticas de desarrollo de las competencias profesionales para aumentar la empleabilidad de los trabajadores, la competitividad de las empresas y la capacidad integradora del crecimiento

- políticas y programas que promuevan empresas sostenibles y la iniciativa empresarial

---

¿Qué es E-Verify?

Servicio de Ciudadanía e Inmigración de Estados Unidos (USCIS)

E-Verify es un sistema basado en el internet que compara la información del Formulario I-9, Verificación de Elegibilidad de Empleo del empleado, con datos del Departamento de Seguridad Nacional de los EE.UU. y de la Administración del Seguro Social para confirmar que el empleado tiene derecho a trabajar.

¿POR QUÉ E-VERIFY?

¿Por qué entra la gente ilegalmente a los EE.UU.? Vienen a trabajar. Los estadounidenses pueden y deben optar por premiar a aquellas compañías que obedecen la ley y contratan a una fuerza laboral legal.

El Departamento de Seguridad Nacional de los EE.UU. está trabajando para eliminar el empleo no autorizado. Al usar E-Verify para determinar el derecho a trabajar de sus empleados, las compañías pasan a formar parte de la solución a este problema.

Verificar el derecho a trabajar no sólo es hacer las cosas bien: es la ley.

¿QUIÉNES USAN E-VERIFY?

Más de 225.000 empleadores de empresas grandes y pequeñas en todos los EE.UU. usan E-Verify para verificar el derecho a trabajar de sus empleados. Cerca de 1000 empresas nuevas se inscriben cada semana.

Para la mayoría de las empresas, la participación en E-Verify es voluntaria. Sin embargo, es posible que ciertas leyes estatales o reglamentos federales obliguen a algunas a usar E-Verify. En Arizona y Misisipí, por ejemplo, la mayoría de los empleadores están obligados a usar E-Verify. El uso de E-Verify también es obligatorio para empleadores con contratos o subcontratos federales que incluyan la cláusula de Reglamentos de Adquisición Federal ("Federal Acquisition Regulation"), de E-Verify.

VERIFICACIÓN INSTANTÁNEA DEL DERECHO A TRABAJAR

Las características más impresionantes de E-Verify son su rapidez y exactitud. E-Verify es el único servicio que verifica los datos de los empleadores al compararlos con los millones de registros del gobierno y, en cuestión de segundos, brinda los resultados. No hay otro programa que pueda proporcionar tal tranquilidad mental en tan poco tiempo.

E-Verify compara la información que un empleado presenta en el Formulario I-9, Verificación de Elegibilidad de Empleo (Employment Eligibility Verification), con los millones de registros del gobierno y, generalmente en pocos segundos, suministra los resultados. Si la información concuerda, ese empleado tiene derecho a trabajar en los EE.UU. Si no concuerda, E-Verify le avisa al empleador y el empleado podrá seguir trabajando mientras resuelve el problema.

E-Verify funciona al comparar la información proporcionada en el Formulario I-9, que el empleado llena y el empleador entra en el sistema, con:

455 millones de registros de la Administración del Seguro Social (SSA, por sus siglas en inglés)

80 millones de registros del Departamento de Seguridad Nacional de los EE.UU. (DHS, por sus siglas en inglés)

Las bases de datos del Departamento de Seguridad Nacional de los EE.UU. contienen registros sobre visas expedidas para trabajar, condición de inmigración y naturalización y expedición de pasaportes de los EE.UU., los cuales permiten que E-Verify pueda comparar información con la de una variedad de fuentes muy amplia.

ESTADÍSTICAS DE E-VERIFY

El 96 por ciento de las respuestas iniciales coinciden con la condición del empleado respecto a su derecho a trabajar;

El 93,1 por ciento de todos los casos de E-Verify tienen que ver con empleados cuyo derecho a trabajar se confirmó inicialmente;

El 2,9 por ciento de todos los casos de E-Verify tienen que ver con trabajadores sin derecho a trabajar, lo cual fue confirmado por el sistema.

Las estadísticas muestran que E-Verify funciona. E-Verify confirma instantáneamente el derecho a trabajar en la mayoría de los casos, o bien identifica personas que no tienen derecho a trabajar en los EE.UU. Aún para aquellos empleados que inicialmente reciben un aviso de incompatibilidad para trabajar y cuyo derecho a trabajar luego se confirma, E-Verify les informa sobre posibles errores en los registros gubernamentales. Si estos empleados pueden resolver sin demora las incompatibilidades, E-Verify puede ahorrarles mucho tiempo y evitarles mucha frustración en el futuro.

Características Favorables para los Negocios

E-Verify brinda tranquilidad mental al garantizar que los empleados estén legalmente autorizados a trabajar en los EE.UU. E-Verify elimina la incertidumbre del trámite de determinar el derecho a trabajar de un empleado acabado de contratar y es una herramienta poderosa para proteger a los negocios en contra de aquéllos que intenten engañar al sistema.

Entonces, ¿no habrá gato encerrado? No, en lo absoluto, pues la ley ya requiere que las empresas llenen el Formulario I-9 para cada uno de los empleados recién contratados y, en el proceso de confirmar el derecho a trabajar, E-Verify funciona en armonía con el Formulario I-9.

Características de E-Verify

Acceso seguro las 24 horas del día: se puede entrar en E-Verify a cualquier hora del día, desde cualquier lugar y sin necesidad de un software especial. Lo único que se necesita es un explorador de Internet y acceso a la Internet.

Resultados instantáneos: los resultados sobre el derecho de trabajar que tengan la mayoría de los empleados se pueden ver en pocos segundos.

Comprobación de errores: E-Verify puede avisar a los empleados sobre discrepancias y posibles errores en sus expedientes en los registros gubernamentales. Si se resuelven los errores con prontitud, en vez de esperar, los empleados pueden ahorrarse mucho tiempo y evitar después mucha frustración.

Correspondencia fotográfica: E-Verify ofrece una herramienta para comparar fotos con el objetivo de combatir el uso de documentos falsos y asegurar que los documentos que los empleados presenten sean auténticos.

Tranquilidad mental al cumplir con la ley: las empresas que usan E-Verify obtienen una "presunción refutable" que cumplen con el Formulario I-9 y con las leyes que rigen el derecho a trabajar.

Flexibilidad de acceso para el usuario: con dos papeles de usuarios distintos de donde escoger, las compañías pueden seleccionar lo que sus usuarios pueden ver y hacer en E-Verify.

Informes sobre el uso: E-Verify ofrece a las empresas la posibilidad de controlar el uso, con el fin de ayudarlas en sus esfuerzos por cumplir con la ley.

Flexibilidad de aplicación: con E-Verify, las empresas pueden decidir sobre su participación lugar por lugar (las leyes estatales y los reglamentos federales pueden limitar el uso de esta característica).

Apoyo para grandes empresas: E-Verify ofrece características en su método de acceso para administradores corporativos que permiten que las compañías puedan conectarse y manejar varios de sus sitios en los que se empleen E-Verify.

Capacitación interactiva: E-Verify ofrece un cursillo completo por Internet, así como guías de consulta rápida, manuales de usuarios y otras publicaciones para ayudar a los usuarios.

Servicio al cliente: nunca se sentirá solo cuando use E-Verify. Los servicios al cliente de E-Verify están disponibles para brindarle ayuda técnica y con el programa.

PARA EMPLEADORES

Los empleadores son un vínculo fundamental para detener el empleo no autorizado. E-Verify es un recurso importante para que ellos puedan garantizar una fuerza laboral estadounidense legal.

Esta sección del sitio web está dirigida a los empleadores que participan en E-Verify. En ella se incluye información detallada acerca del proceso de verificación y otros temas de importancia para los usuarios de E-Verify.

PARA EMPLEADOS

La Ley de Reforma y Control de Inmigración (IRCA, por sus siglas en inglés) de 1986 prohíbe que los empleadores contraten trabajadores que no cumplen con los requisitos legales. Para cumplir con esta ley, los empleadores tienen que obtener información sobre la identidad de un empleado y su elegibilidad de empleo. Asimismo, deben documentar dicha información en el Formulario I-9, Verificación de Elegibilidad de Empleo, durante los primeros tres días laborables luego de que el empleado comience a trabajar de manera remunerada. Como empleado, usted tiene que proporcionar cierta información en el formulario, tal como su nombre, fecha de nacimiento y número de Seguro Social. También tiene que presentar la debida documentación de apoyo.

E-Verify es un sistema que utiliza el Internet para que las empresas puedan verificar la elegibilidad de sus empleados para trabajar en los Estados Unidos. E-Verify está estrechamente relacionado al Formulario I-9 y su finalidad es reforzar el proceso de verificación de elegibilidad de empleo. La información permite a los empleadores cumplir con los requisitos del Formulario I-9, que por ley, deben seguir. Todos los empleadores deben verificar la elegibilidad de empleo de su personal con el Formulario I-9. La participación en E-Verify es generalmente voluntaria. Sin embargo, algunos empleadores pueden estar obligados a utilizar E-Verify debido a ciertas leyes estatales o reglamentaciones federales. Por ejemplo, para la mayoría de los empleadores de Arizona y Mississippi, el uso de E-Verify es obligatorio. Además, la participación en E-Verify es obligatoria para los empleadores que tienen ciertos tipos de contratos con el gobierno, tales como aquellos que contienen una cláusula exigiendo el uso obligatorio de E-Verify.

E-Verify compara la información de su Formulario I-9 con los registros del Departamento de Seguridad Nacional de EE.UU. y la Administración del Seguro Social para confirmar su elegibilidad de empleo. El 96.9% de los empleados cuya elegibilidad se consulta a través de E-Verify son confirmados de manera automática como elegibles para trabajar en Estados Unidos.

Si usted es un empleado cuyo empleador participa en E-Verify, es importante que comprenda cómo funciona el programa. Al familiarizarse con E-Verify, usted puede ayudar a garantizar que la verificación de su empleo sea rápida y sencilla.

DERECHOS Y RESPONSABILIDADES DE LOS EMPLEADOS

Si considera que su empleador ha discriminado en su contra, le sugerimos que realice la denuncia.

Conozca sus derechos — Lista rápida

Los empleadores tienen que publicar un aviso para informar a los posibles empleados acerca del uso de E-Verify. Es aceptable que el empleador envíe una notificación electrónica en caso de que la publicación del aviso no pueda ser expuesta en un lugar que sea visible para los posibles empleados.

E-Verify tiene que utilizarse únicamente para los nuevos empleados y no se puede utilizar para verificar la elegibilidad para el empleo de los empleados en funciones, salvo que el empleador sea un contratista federal que tenga la obligación de usar E-Verify en virtud del Reglamento Federal de Adquisición (FAR, por sus siglas en inglés).

Si un empleador opta por usar E-Verify, tiene que utilizarlo para todos los empleados nuevos, independientemente del origen nacional o la ciudadanía. Si los empleados nuevos de una planta tienen que pasar por la verificación de E-Verify, ello debe ser puesto en vigor de forma equitativa y uniforme.

E-Verify puede utilizarse únicamente luego de la contratación del empleado y de la aceptación del empleo. El empleado y el empleador tienen que completar el Formulario I-9, Verificación de Elegibilidad de Empleo, antes de que el empleador pueda usar E-Verify. Los empleadores no pueden investigar previamente a los solicitantes a través de E-Verify.

Si un empleado recibe una discrepancia de información o una Falta de Confirmación Provisional (TNC, por sus siglas en inglés) en E-Verify, el empleador tiene que proporcionar información inmediatamente al empleado sobre cómo impugnar la TNC, incluyendo el resultado escrito emitido por E-Verify.

Si un empleado decide impugnar la TNC, el empleador tiene que proporcionarle al empleado un documento de referencia emitido por E-Verify con instrucciones específicas e información de contacto.

Los empleadores no podrán tomar represalias en contra de un empleado como consecuencia de su impugnación de la TNC. Se consideran represalias el despido, la suspensión, la retención del pago, la falta de capacitación u otro incumplimiento relativo a su empleo.

Se tienen que otorgar ocho días laborables del gobierno federal al empleado para que se comunique con la agencia federal correspondiente a fin de resolver la TNC.

Como empleado, usted tiene que proporcionar información correcta a su empleador. Si se casó recientemente, cambió su nombre, o cambió su ciudadanía, tiene la obligación de notificar de manera oportuna a la Administración del Seguro Social (SSA, por sus siglas en inglés). Muchas TNC obtenidas por medio de E-Verify pueden ser evitadas y se producen cuando los empleados proporcionan información actualizada en su Formulario I-9, Verificación de Elegibilidad de Empleo, pero no actualizan los registros en la Administración del Seguro Social. Usted puede reducir significativamente las probabilidades de recibir una TNC asegurándose de que los registros del gobierno sean los correctos y estén actualizados.

Si recibe una TNC, tiene que decidir si la va a impugnar o no. Si decide impugnar una TNC, tiene que comunicarse con la agencia correspondiente para resolver la discrepancia dentro de los ocho días laborables del gobierno federal a partir de la fecha de la notificación. Para resolver una TNC de la Administración del Seguro Social, tiene que visitar una de sus oficinas y llevar el documento de referencia y cualquier otra documentación requerida. Para resolver una TNC del Departamento de Seguridad Nacional, tiene que llamar al número que encontrará en su documento de referencia.

Cómo Denunciar Violaciones

Si considera que un empleador ha violado las normas del programa E-Verify o lo ha tratado de manera discriminatoria o injusta, le sugerimos que realice una denuncia. E-Verify es una valiosa herramienta que pueden usar los empleadores para garantizar la legalidad de la mano de obra, pero pueden utilizarla de manera incorrecta. El Departamento de Seguridad Nacional de EE.UU. y el Departamento de Justicia de EE.UU. tienen el compromiso de proteger los derechos de los empleados y tomarán medidas contra los empleadores que no cumplen las normas establecidas. Usted puede recibir una indemnización si experimenta la pérdida de su trabajo debido a las violaciones del empleador. También tiene derecho a la reincorporación en el trabajo. Los empleadores pueden enfrentar sanciones civiles por violar las normas de E-Verify.

NUESTRO COMPROMISO CON LA CONFIDENCIALIDAD

La confidencialidad es más que un valor fundamental que los estadounidenses veneran; es la ley. E-Verify se compromete a proteger su confidencialidad y derechos civiles con el mismo esmero con que el DHS protege a nuestra patria. Los principios de confidencialidad y las medidas de seguridad se incorporan a cada trámite y procedimiento de E-Verify y cualquier cambio que se haga a E-Verify incorpora el mayor nivel posible de protección de la confidencialidad. En nuestra calidad de custodios de su información personal, esperamos ser merecedores de su confianza, o sea, su **T.R.U.S.T.** Nos esforzamos por lograrlo siendo **Transparentes** en los avisos al público sobre la información que tenemos y sobre su uso; **Responsables** en el manejo de la información; limitando el **Uso** de información; manteniendo su **Seguridad** administrativa, técnica y física; y confiando la **Tutela** de su información a un personal debidamente capacitado.

Transparencia

E-Verify hace todo lo posible por ser transparente con el público con respecto a qué tipo de información se recopila, cómo se usa y cómo se protege. En el Registro Federal, E-Verify ha publicado Notificaciones detalladas sobre el Sistema de Registros (System of Records Notices, SORN) que enumeran todos los aspectos del programa. Los empleadores inscritos en E-Verify colocan avisos acerca de su participación, en inglés y en español, en lugares públicos de sus trabajos.

Responsabilidad

Todos los miembros del personal, incluyendo a los federales y contratistas, son responsables ante la ley por el manejo debido de la información personal, de conformidad con sus obligaciones oficiales. El abuso en el manejo de información puede ser un crimen, que trae como consecuencia sanciones personales al miembro del personal. Se exige que los usuarios de los empleadores acaten todos los requisitos de seguridad y confidencialidad de conformidad con lo convenido cuando se inscribieron en E-Verify. Cualquier intento de evadir los controles de seguridad o de abusar al sistema puede traer como consecuencia la pérdida de su acceso a E-Verify.

Uso

E-Verify utiliza la cantidad mínima de datos necesarios para confirmar la identidad de una persona y su condición respecto a su derecho a trabajar. Asimismo, se devuelve una cantidad mínima de información en respuesta a solicitudes. Sólo se emplea la información para determinar si un individuo tiene derecho a trabajar. La información se copia o se comparte cuando fuere necesario para confirmar la condición o para fines de ejecución de la ley.

Seguridad

Debido a la susceptibilidad de la información que E-Verify recopila y usa, se ha puesto en marcha un conjunto de controles técnicos, operacionales y de seguridad física a fin de garantizar la integridad, confidencialidad y disponibilidad de la información que E-Verify maneja sobre un individuo. A continuación, algunos ejemplos:

- Cuentas específicas de usuarios y contraseñas complicadas que se tienen que cambiar con frecuencia para tener acceso al sistema;

- Cuentas de usuarios que se bloquean después de varios intentos fallidos por ingresar al sistema;

- Interrupciones de sesiones activas dentro de la interfaz de E-Verify;

- Conteo de datos durante los descansos, así como durante la transmisión de datos, entre la estación de trabajo del empleador y el sistema;

- Trámites para denunciar abusos de información y para tomar medidas en caso de que éstos sucedan.

Tutela por personal capacitado

Los usuarios tienen que tomar un curso por Internet, y aprobar el examen para demostrar su dominio al final del mismo, antes de que puedan usar E-Verify para verificar el derecho de un individuo a trabajar. Esta capacitación y prueba de dominio garantizan que los usuarios entiendan el uso y manejo adecuados de la información en el sistema de E-Verify. Además, todos los empleados del DHS tienen la obligación de recibir todos los años capacitación y aprobación de exámenes sobre el uso de la computadora, así como acerca del conocimiento sobre la confidencialidad, que trata del manejo de información personal compartida.

D. El Voto

El derecho a votar libremente en elecciones locales, estatales y nacionales es un derecho que en la mayoría de los países modernos se ha ganado con la sangre y los esfuerzos de pioneros y héroes. No es esto una exageración, como verá al leer la historia de la ley estadounidense del derecho al voto.

El derecho al voto recibe muchos tipos de protecciones en este país. También en América Latina vemos que se enuncian fuertes garantías en las constituciones. Sin embargo, es un derecho, como tantos más, que constantemente hay que proteger.

Historia de la Ley del Derecho al Voto
The Leadership Conference

En marzo de 1965, en un puente en las afueras de Selma, Alabama, nacía una segunda fase de la revolución de los derechos civiles. Los activistas de los derechos civiles, dirigidos por el Dr. Martin Luther King, Jr. y otros, se tomaron las calles en una protesta pacífica por el derecho al voto para los afro-americanos. Se encontraron con palos y violencia. Muchos fueron golpeados y heridos seriamente, incluyendo un joven activista llamado John Lewis – quien es ahora el diputado Lewis.

Pero los activistas no marcharon en vano. La televisión trajo este conflicto entre la violencia y la protesta moral pacífica, a hogares a través de los Estados Unidos de Norte América.

Cinco días después, el presidente Lyndon Johnson anunció en una sesión conjunta del Congreso que él llevaría una propuesta de ley eficaz para el derecho al voto. Repitiendo el himno espiritual del movimiento de los derechos civiles, simplemente dijo, "venceremos." Él - y nosotros - vencimos. En agosto 6 de 1965, el Presidente Johnson aprobó el proyecto de ley del derecho al voto, aclamada por muchos como la ley de derechos civiles más eficaz en la historia de este país.

ANTES DEL VRA

Antes de la guerra civil, a casi la totalidad de afro-americanos se les había quitado el derecho al voto a través de los estados. Los votantes latinos hicieron frente a barreras similares para votar en Texas y otras partes del sudoeste, al igual que los votantes nativo-americanos y asiático-americanos en el oeste. Incluso después de la promulgación de la décimoquinta enmienda a la constitución, en 1870, que dio a todos los hombres, sin distinción de raza, color, o condiciones anteriores de esclavitud el derecho a votar, sin embargo muchos estados continuaron utilizando varios métodos para evitar que la gente de color votara, incluyendo pruebas de lectura y escritura, impuestos para poder votar, el impedimento del derecho a votar de ex prisioneros, la intimidación, amenazas, e incluso violencia. También, hasta 1965, las leyes federales no desafiaban la autoridad de los estados y localidades de establecer y administrar sus propios requisitos de votación.

EL VRA

La ley del derecho al voto de 1965 fue diseñada para tratar los asuntos discutidos anteriormente. Esta ley prohíbe la discriminación basada en la raza, y requiere que ciertas jurisdicciones proporcionen ayuda bilingüe a los votantes de minorías que no hablan inglés fluidamente. La sección 2 de la ley, que impide el uso de prácticas o procedimientos de votación que discriminen contra votantes de minorías, se ha utilizado con éxito para atacar la discriminación en la votación incluyendo los requisitos restrictivos para registrar a los votantes, los planes distritales que diluyen la fuerza de votación de las minorías, las anexiones discriminatorias, y la ubicación de las urnas de votación en sitios inaccesibles para los votantes de las minorías raciales o étnicas.

La sección 5 de la ley requiere "preacreditación" federal antes de que las jurisdicciones abarcadas (es decir, jurisdicciones especificadas con una historia de prácticas que restringen los derechos al voto de las minorías) puedan realizar cambios en prácticas o procedimientos de votación existentes. La ley también le otorga al Departamento de Justicia la autoridad para designar observadores federales y examinadores para monitorear las elecciones y asegurarse de que sean conducidas imparcialmente. Inicialmente los esfuerzos de parte del gobierno fueron concentrados en eliminar las pruebas de lectura y escritura, impuestos para poder votar, y prácticas discriminatorias de registro entre otras cosas.

En 1975, la ley del derecho al voto fue enmendada para tratar los derechos al voto de los grupos de las minorías que no hablan inglés fluidamente. Las secciones 4(f) (4) y 203 de la ley se aplican en jurisdicciones que tengan un número significativo de votantes con limitado o ningún dominio del idioma inglés y requieren que tales jurisdicciones proporcionen ayuda y materiales de electorales en idiomas relevantes además del inglés.

LA CORTE SUPREMA Y EL VRA

Sin embargo, en el año 1980, la Corte Suprema dio un retroceso significativo a la aplicación del derecho al voto. En el caso de la ciudad de *Mobile vs. Bolden*, la Corte sostuvo que para establecer una violación de la Sección 2, el demandante tenía que demostrar que la política o procedimiento en cuestión fue motivado por un propósito discriminatorio.

Cuando el Congreso renovó la ley del derecho al voto en 1982, anuló la decisión de *Bolden*, poniendo en claro que es innecesario probar que ciertas prácticas de registro y de votación se han establecido con la intención de discriminar. En lugar de eso, la Sección 2 es violada si una corte concluye que una práctica de votación tiene el efecto de discriminar contra votantes de las minorías, sea o no que los demandantes puedan establecer que fueron motivados por prejuicios.

Las segunda enmienda de 1982 permite que la gente ciega, incapacitada, o analfabeta sea asistida en la votación por casi cualquier persona de su preferencia.

Después del censo de 1990 y de la después de los resultados de la ronda de redistribución distrital, el número de los representantes negros y latinos en el Congreso y en las cámara de representantes estatales a través del país aumentó dramáticamente.

Sin embargo, en 1993, la Corte Suprema dio otro golpe a la causa del derecho al voto de las minorías. En el caso de *Shaw vs. Reno*, la Corte decretó que el duodécimo distrito electoral de Carolina del Norte, el primer distrito en Carolina del Norte en elegir a un afro-americano al Congreso desde la reconstrucción, tenía una "forma tan extraña" que podría violar los derechos de los votantes blancos. La mayoría sugirió que tales distritos "extraños", podrían generar un estricto escrutinio a pesar de que los votantes blancos no podrían demostrar ningún daño específico para sí mismos. En otras palabras, un votante blanco podría desafiar una decisión de redistribución distrital simplemente alegando que la raza era un factor decisivo al trazar las líneas del distrito – incluso sin presentar evidencia de que la capacidad de los demandantes blancos de participar había sido deteriorada o que sus votos habían sido diluidos.

En otro caso de los años 90, *Reno vs. El Consejo Escolar de la parroquia Bossier*, la Corte Suprema sostuvo que el gobierno federal podría aprobar o "preacreditar" un cambio de votación por una jurisdicción amparada bajo la Sección 5 de la ley, incluso si tal cambio fue motivado con un propósito discriminatorio. Esta decisión ha obstaculizado severamente la efectividad de la Sección 5 y por lo tanto la capacidad del gobierno para luchar contra la discriminación hacia los votantes que pertenecen a minorías raciales o étnicas.

En 2003, la Corte Suprema publicó otra decisión, *Georgia vs. Ashcroft*, que tiene implicaciones para la aplicación de la Sección 5. La Corte interpretó la Sección 5 para permitir preacreditación en ciertas circunstancias si la "influencia" política total de las minorías votantes no es disminuida, incluso si su capacidad de elegir a candidatos de su preferencia si lo es. Esta decisión fue un abandono radical de la pasada práctica del Departamento de Justicia y de la Corte del Distrito de Columbia.

Acta de Derechos de los Electores

La Ley del Derecho al Voto de 1965 protege a todos los estadounidenses del discrimen racial. Esta ley también protege los derechos electorales de personas con destrezas limitadas en el idioma inglés. El principio fundamental es que el sufragio de todos es igual, y que ni la raza ni la lengua deben ser un obstáculo para que seamos parte del proceso electoral. La Ley del Derecho al Voto establece que estas y otras prácticas discriminatorias son ilegales, y les otorga a los ciudadanos civiles el derecho de iniciar litigios ante el tribunal federal para detener dichas prácticas. Recientemente los tribunales han aplicado esta ley para eliminar el discrimen racial en los métodos de elección para los organismos legislativos locales y estatales y en la elección de los trabajadores electorales. Puede encontrar La Ley del Derecho al Voto en el Código de los Estados Unidos de Norte América, 42 U.S.C. 1973 a 1973aa-6.

La Ley de Acceso Electoral para los Ancianos y los Discapacitados de 1984 (42 U.S.C. 1973ee a 1973ee-6) estipula que las casillas electorales a nivel nacional deben ser físicamente accesibles para personas discapacitadas.

La Ley del Voto para Ciudadanos Uniformados y Ciudadanos en el Extranjero de 1986 (42 U.S.C. 1973ff a 1973ff-6) estipula que los estados deben asegurarse de que los miembros de nuestras fuerzas armadas que se encuentren estacionados fuera del país, y los ciudadanos que se encuentren viviendo en el extranjero, puedan registrarse y votar en ausencia durante elecciones federales.

La Ley de Registro Nacional Electoral de 1993 (usualmente llamada ley del "votante motorizado") estipula que los estados deben ofrecer oportunidades de registro a la gente que solicite o reciba servicios de agencias gubernamentales, desde oficinas que expidan licencias de conducir, a agencias de servicios sociales, hasta oficinas de servicios públicos. La ley estipula que los estados no deben eliminar a los electores del registro tan sólo porque no hayan votado, y estipula que los estados deben mantener sus registros electorales actualizados, eliminando los nombres de aquellos electores que hayan fallecido o se hayan mudado.

La Ley Ayude a América a Votar de 2002 (Ley Pública 107-252 Título III) estipula que el estado debe proveer instrucciones electorales, incluyendo la manera de corregir errores; proveer privacidad y libertad a todos los electores; proveer acceso a un idioma alterno; proveer un voto provisional a aquellos que tal vez estén registrados pero cuyos nombres no aparecen en el registro electoral oficial; proveer instrucciones para asegurarse de que el voto sea contabilizado, y proveer información sobre a quién comunicarse si se cree que estos derechos han sido violados.

El Departamento de Justicia aplica cada una de estas leyes trabajando con los gobiernos locales y estatales, grupos defensores y ciudadanos civiles, y también inicia litigios cuando es necesario; para asegurarse de que las garantías estipuladas por el Congreso protegen a todos. Además, los ciudadanos civiles pueden iniciar un litigio según lo establecido en la Ley de Acceso Electoral para los Ancianos y los Discapacitados y la Ley de Registro Nacional Electoral. Cualquier persona que tenga quejas de discriminación electoral puede comunicarse con el Departamento de Justicia, para dar aviso del problema, dónde sucedió, y cómo afecta el voto de las minorías. No hay formularios o procedimientos especiales, simplemente llame al número gratuito (800) 253-3931. También puede llamar a la Oficina del Secretario de Estado al (402) 471- 2554. Según lo establecido en la Sección 401 de la HAVA, el Procurador General de Justicia de Estados Unidos hace cumplir los requerimientos de tecnología y administración electoral no discriminatorias que se aplican a los estados según las secciones 301, 302 y 303 del título III. Estas responsabilidades han sido delegadas a la División de Derechos Civiles, asignando la mayor responsabilidad a la Sección Electoral, que conjuntamente con la Sección de Derechos de Discapacidad coordinará los mandatos de discapacidad de HAVA.

———

La Pérdida del Derecho al Voto en América Latina

Bolivia

Artículo 28. El ejercicio de los derechos políticos se suspende en los siguientes casos, previa sentencia ejecutoriada mientras la pena no haya sido cumplida:

Por tomar armas y prestar servicio en fuerzas armadas enemigas en tiempos de guerra; por defraudación de recursos públicos; por traición a la patria.

Chile

Artículo 16. El derecho de sufragio se suspende:

Por interdicción en caso de demencia; por hallarse la persona acusada por delito que merezca pena aflictiva o por delito que la ley califique como conducta terrorista...

Colombia

Artículo 99. La calidad de ciudadano en ejercicio es condición previa e indispensable para ejercer el derecho de sufragio, para ser elegido y para desempeñar cargos públicos que lleven anexa autoridad o jurisdicción.

Cuba

Artículo 132. Tienen derecho al voto todos los cubanos, hombres y mujeres, mayores de dieciséis años de edad, excepto:

a) los incapacitados mentales, previa declaración judicial de su incapacidad;

b) los inhabilitados judicialmente por causa de delito.

Ecuador

Artículo 64. El goce de los derechos políticos se suspenderá, además de los casos que determine la ley, por las razones siguientes:

Sentencia ejecutoriada que condene a pena privativa de libertad, mientras ésta subsista.

México

Artículo 38. Los derechos o prerrogativas de los ciudadanos se suspenden:

Por estar sujeto a un proceso criminal por delito que merezca pena corporal, a contar desde la recha del auto de formal prisión;

Durante la extinción de una pena corporal;

Por vagancia o ebriedad consuetudinaria, declarada en los términos que prevengan las leyes;

Por estar prófugo de la justicia, desde que se dicte la orden de aprehensión hasta que prescriba la acción penal; y

Por sentencia ejecutoria que imponga como pena esa suspensión.

———

Leyes Estatales Sobre Privación del Derecho al Voto a Delincuentes
Non Profit Vote

En todos los estados, salvo dos, los ciudadanos en edad de votar condenados por un delito mayor tienen prohibido votar, como mínimo, durante algún período de tiempo. Las leyes varían. Algunos estados restituyen el derecho al voto en forma automática. Otros privan permanentemente de dicho derecho a ciertos ex convictos, o les requieren que soliciten el restablecimiento de sus derechos al gobernador o a una junta gubernamental.

Muchas personas con condena previa no votan porque creen erróneamente que no tienen derecho a hacerlo. ¡Conozca la ley en su estado!

Las personas encarceladas por un delito mayor mantienen el derecho al voto en: Maine y Vermont.

El derecho al voto se restituye automáticamente al salir de la cárcel en: Distrito de Columbia, Hawaii, Illinois, Indiana, Massachusetts, Michigan, Montana, Nueva Hampshire, Dakota del Norte, Ohio, Oregón, Pennsylvania, Rhode Island y Utah.

El derecho al voto se restituye automáticamente al salir de la cárcel y terminar el período de libertad condicional (las personas en libertad vigilada pueden votar) en: California, Colorado, Connecticut, Nueva York y Dakota del Sur.

El derecho al voto se restituye automáticamente al cumplir la sentencia (esto incluye cárcel, libertad condicional y libertad vigilada) en: Alaska, Arizona[1], Arkansas, Georgia, Idaho, Kansas, Louisiana, Maryland, Minnesota, Missouri, Nebraska[2], Nueva Jersey, Nuevo México, Carolina del Norte, Oklahoma, Carolina del Sur, Texas, Washington, Virginia Occidental y Wisconsin.

———

[1] En Arizona, el derecho al voto se restituye automáticamente si se ha cometido sólo un delito grave. Sin embargo, si a una persona se la declara culpable de dos o más delitos graves, el derecho al voto sólo puede restituirse por medio de un juez o si se si la persona es insultada.

[2] Después de cumplir todos los períodos de una sentencia, Nebraska impone un período de espera obligatorio de dos años.

La restitución del derecho al voto depende del tipo de condena y/o de la determinación tomada en respuesta a una petición o solicitud individual al gobierno en: Alabama, Delaware, Mississippi[3], Nevada, Tennessee y Wyoming.

El derecho al voto puede restituirse SOLAMENTE por medio de una petición o solicitud individual al gobierno en: Florida, Iowa, Kentucky y Virginia.

La restitución del derecho al voto a ex convictos puede producir beneficios tangibles tanto para la persona como para la comunidad. Un estudio de 2011 de la Comisión de Libertad Condicional de Florida encontró que los ex convictos cuyos derechos civiles habían sido restituidos tenían probabilidades mucho más bajas de volver a la cárcel que otros ex presidiarios, con índices de reincidencia del 11% y el 33% respectivamente.

———

Millones Podrían Recuperar Derecho al Voto

Matthew Cardinale, Agencia de Noticias Inter Press Service

ATLANTA, Estados Unidos, 1 feb [2010] (IPS) - Un fallo histórico en el estado de Washington sería el primer paso para restituir el derecho al voto a millones de personas que perdieron esa facultad en Estados Unidos por haber cometido delitos graves.

Los jueces del noveno circuito federal A. Wallace Tashima y Stephen Reinhardt fallaron a favor de ciudadanos privados del derecho al voto por haber recibido penas superiores a un año de prisión, en una decisión de dos contra uno.

El secretario de Estado de Washington, Sam Reed, y el fiscal general Rob McKenna apelarán la decisión judicial ante la Corte Suprema de Estados Unidos.

Si la demanda prospera, 47.000 ciudadanos que están en la cárcel o bajo supervisión del estado de Washington recuperarán el derecho al voto, dijo el director de comunicaciones de Reed, David Ammons.

Además, el caso podría tener repercusiones sobre la situación de los convictos en otros estados, al allanar el camino a demandas similares.

La organización Sentencing Project, que aboga por un sistema penal más justo, calcula que 5,3 millones de ciudadanos no pueden votar porque recibieron una condena penal superior a un año de prisión y viven en uno de los 48 de los 50 estados de este país que privan a los convictos y ex con-

———

[3] En Mississippi, sólo las personas condenadas por uno de 21 delitos mayores específicos pierden el derecho al voto. Todas las demás lo conservan, aun mientras están encarceladas. El derecho al voto sólo puede ser restituido por el gobernador o por una ley que debe ser aprobada por ambas cámaras de la legislatura.

victos de ese derecho. De esa cifra, aproximadamente cuatro millones salieron de la cárcel.

"Es una victoria absoluta", dijo a IPS Kara Gotsch, directora de proyectos de Sentencing Project. "La disparidad racial y la discriminación que existe en el sistema judicial penal es algo que nos preocupa como organización desde hace tiempo", aseguró.

"Que el tribunal reconozca que la discriminación racial es un problema en sí mismo es una observación importante, pero el hecho de que esto también pueda repercutir en las leyes sobre el derecho al voto de los convictos también lo es", dijo Gotsch.

En cuanto al posible impacto del fallo, emitido a comienzos de año, otros "podrían probar similares reclamos en otros estados. ¿Por qué el sistema de justicia penal del estado de Washington habría de ser más discriminatorio que el de Alabama? Los demandantes podrían presentar procesos similares y tener éxito", dijo Gotsch.

Pero no todos consideran que el fallo sea una victoria. Las constituciones de Estados Unidos y Washington, "y las leyes de 47 estados más concuerdan en que los convictos pueden perder este importante derecho civil cuando violan los derechos de otros al cometer atroces violaciones de la ley", declaró Reed.

"Me complace que el fiscal general plantee el caso ante la Corte Suprema de Estados Unidos, y espero un resultado positivo", afirmó.

Aunque en el pasado se presentaron numerosas demandas para restituir la capacidad de sufragar a los procesados de delitos graves, este caso es singular porque se concentra en el impacto racial que la privación de ese derecho tiene en relación con la histórica Ley de Derecho al Voto (LDV).

El Congreso (parlamento) de Estados Unidos aprobó la LDV en 1965.

El fallo en Washington "se basó en (el argumento de) que el estado violaba la LDV. El país tiene una historia de discriminación racial en sus leyes de derecho al voto, como los impuestos al sufragio" y las pruebas de alfabetización exigidas para poder votar, señaló Gotsch.

"La discriminación racial contra las minorías siempre ha sido una inquietud en las leyes de derecho al voto debido a esta historia. (Los jueces en Washington) pudieron argumentar que la raza influye en quienes son capaces de votar porque... existe discriminación en el sistema penal de justicia", agregó.

"Las minorías son procesadas y condenadas en mayor proporción (que el resto de la población)", lo cual hace que ese sesgo se refleje en la cantidad de electores "privados de su derecho al voto por la Constitución de Washington", argumentaron los abogados demandantes, según el fallo de la corte de apelaciones del distrito noveno.

En consecuencia, la ley en Washington "provoca la privación... del voto por causa de la raza, en violación de la LDV", sostuvieron. Los demandantes en el caso son los afroestadounidenses Muhammad Shabazz Farrakhan, Al-Kareem Shadeed, Marcus Price y Timothy Schaaf, el hispano Ramón Barrientes y el indígena Clifton Briceño. La demanda se presentó ante un tribunal por primera vez en 1996.

El tribunal de distrito había fallado previamente a favor del estado de Washington. Sin embargo, la corte federal de apelaciones anuló y remitió el caso al tribunal inferior. Este luego falló a favor del estado por segunda vez.

La corte de apelaciones del circuito federal invalidó el fallo nuevamente, y decidió a favor de los demandantes.

"Explicamos cómo el artículo 2 'totalidad de las circunstancias' de la LDV requiere que las cortes consideren cómo una práctica de votación denegada interactúa con factores externos como 'las condiciones sociales e históricas' para concluir en la privación del derecho al voto sobre la base de la raza o el color", dictaminó el tribunal de apelaciones.

Gotsch cree muy probable que la Corte Suprema tome el caso dado que otros tribunales de circuitos federales de Estados Unidos llegaron a conclusiones distintas en casos similares sobre la LDV y los convictos de delitos graves.

Entre esos fallos están los casos del primer circuito de Massachusetts, del segundo circuito de Nueva York y del onceavo circuito de Florida, según el blog de Judicial Watch, una organización dedicada a vigilar el cumplimiento de las leyes.

Entre tanto, los procesados por delitos graves en Washington y 47 estados más siguen privados del derecho al voto.

Organizaciones de derechos humanos y legisladores estatales y federales aplican distintas estrategias para restituir el derecho a esos ciudadanos.

El proyecto de Ley de Restauración Democrática se presentó en el Congreso de Estados Unidos en 2009 para restituir el derecho al voto a los convictos en las elecciones nacionales.

Técnicamente, el proyecto no restituiría el derecho al voto en las elecciones estatales, sobre las cuales los estados tienen competencia. Pero en la práctica podría tener efecto a nivel estatal también, porque sería muy complicado permitir a los convictos votar en las elecciones federales y no en las estatales.

Debido a los esfuerzos de organizaciones como Sentencing Project, la National Association for the Advancement of Coloured People (Asociación Nacional para el Progreso de las Personas de Color) y otras, la tendencia en la última década ha sido que las legislaturas estatales y los gobernadores cambien sus leyes para permitir el derecho al voto de algunos convictos.

Diecinueve estados ampliaron o facilitaron el acceso al voto de convictos desde 1997, señaló Gotsch. (FIN/2010)

Derecho al Voto en las Constituciones de América Latina

Costa Rica

Artículo 93. El sufragio es función cívica primordial y obligatoria y se ejerce ante las Juntas Electorales en votación directa y secreta, por los ciudadanos inscritos en el Registro Civil.

Panamá

Artículo 135. El sufragio es un derecho y un deber de todos los ciudadanos. El voto es libre, igual, universal, secreto y directo.

Perú

Artículo 31. Los ciudadanos tienen derecho a participar en los asuntos públicos mediante referéndum; iniciativa legislativa; remoción o revocación de autoridades y demanda de rendición de cuentas. Tienen también el derecho de ser elegidos y de elegir libremente a sus representantes, de acuerdo con las condiciones y procedimientos determinados por ley orgánica.

Tienen derecho al voto los ciudadanos en goce de su capacidad civil. Para el ejercicio de este derecho se requiere estar inscrito en el registro correspondiente.

El voto es personal, igual, libre, secreto y obligatorio hasta los setenta años. Es facultativo después de esa edad.

Es nulo y punible todo acto que prohíba o limite al ciudadano el ejercicio de sus derechos

Uruguay

Artículo 77. Todo ciudadano es miembro de la soberanía de la Nación; como tal es elector y elegible en los casos y formas que se designarán.

Artículo 78. Tienen derecho al sufragio, sin necesidad de obtener previamente ciudadanía legal, los hombres y las mujeres extranjeros, de buena conducta, con familia constituida en la República, que poseyendo algún capital en giro o propiedad en el país, o profesando alguna ciencia, arte o industria, tengan residencia habitual de quince años, por lo menos, en la República.

E. LA EDUCACIÓN

La educación siempre se ha considerado como una de las actividades más importantes para el avance humano. Por eso es que el derecho a la educación juego un papel central en tantas declaraciones internacionales. También en las constituciones y leyes de América Latina, y en las leyes de este país, el derecho a una educación adecuada es crítico.

Derecho a la Educación
UNESCO

La educación es un derecho humano fundamental, esencial para poder ejercitar todos los demás derechos. La educación promueve la libertad y la autonomía personal y genera importantes beneficios para el desarrollo. Sin embargo, millones de niños y adultos siguen privados de oportunidades educativas, en muchos casos a causa de la pobreza.

Los instrumentos normativos de las Naciones Unidas y la UNESCO estipulan las obligaciones jurídicas internacionales del derecho a la educación. Estos instrumentos promueven y desarrollar el derecho de cada persona a disfrutar del acceso a la educación de calidad, sin discriminación ni exclusión. Estos instrumentos constituyen un testimonio de la gran importancia que los Estados Miembros y la comunidad internacional le asignan a la acción normativa con miras a hacer realidad el derecho a la educación. Corresponde a los gobiernos el cumplimiento de las obligaciones, tanto de índole jurídica como política, relativas al suministro de educación de calidad para todos y la aplicación y supervisión más eficaces de las estrategias educativas.

La educación es un instrumento poderoso que permite a los niños y adultos que se encuentran social y económicamente marginados salir de la pobreza por su propio esfuerzo y participar plenamente en la vida de la comunidad.

ACCIÓN NORMATIVA

De conformidad con sus textos fundacionales, el sistema de las Naciones Unidas y la UNESCO han asumido la responsabilidad de crear la mayoría de instrumentos internacionales relativos a la educación que se han aprobado desde el final de la Segunda Guerra mundial.

Un gran número de instrumentos normativos –convenciones, declaraciones, recomendaciones, marcos de acción, cartas- preparados por la UNESCO y las Naciones Unidas así como otros producidos por entidades de ámbito regional, proporcionan un marco estatutario para el derecho a la educación. Estos instrumentos atestiguan la gran importancia que los Estados Miembros le conceden a la acción normativa orientada a hacer realidad ese derecho.

Estos instrumentos son sumamente importantes porque:

- Definen las normas, reafirman los principios fundamentales y les dan sustancia concreta; de no ser así, seguirían siendo "principios", sin una aplicación clara.

- Dan forma a los compromisos que los Estados Miembros han contraído con respecto al derecho a la educación, a fin de que éstos puedan aplicarlos en la esfera nacional.

NORMALIZACIÓN

El derecho a la educación está en el eje mismo de la misión de la UNESCO. Con el fin de llevar a cabo esta misión, la Organización ha elaborado diversos instrumentos normativos –convenciones, declaraciones, recomendaciones, cartas y programas de acción- referentes al derecho a la educación

Instrumentos de la UNESCO

Estos instrumentos normativos se clasifican en dos categorías: los que son vinculantes, porque son adoptados y ratificados por los Estados Miembros, y los que, aun cuando no tienen carácter vinculante, comportan una gran autoridad política y moral, que los dota de un carácter casi obligatorio. Los segundos suelen constituir un paso de avance hacia la creación de instrumentos vinculantes y la génesis del derecho consuetudinario.

INSTRUMENTOS NORMATIVOS

Instrumentos de las Naciones Unidas

Las Naciones Unidas tienen muchos instrumentos normativos referentes al derecho a la educación, que van desde la Declaración Universal de Derechos Humanos hasta diversas convenciones, declaraciones, recomendaciones, marcos y programas de acción, orientados a garantizar la aplicación de este derecho o de alguno de sus aspectos particulares.

A dimensiones específicas del derecho a la educación se refieren en particular el Pacto Internacional de Derechos Económicos, Sociales y Culturales (1966), la Convención sobre los Derechos del Niño (1989) y la Convención sobre la eliminación de todas las formas de discriminación contra la mujer (1979).

Otro tratado, la Convención Internacional sobre la Eliminación de todas las Formas de Discriminación Racial (1965), exige a los Estados Partes "eliminar la discriminación racial en todas sus formas. . .", en lo relativo, entre otros, "al derecho a la educación y la formación profesional".

Algunos textos o instrumentos, en particular los Artículos 13 y 14 del Pacto Internacional de Derechos Económicos, Sociales y Culturales, son sin duda más amplios que otros. El Artículo 13 del Pacto se considera el más abarcador de todos en lo tocante al derecho a la educación.

RECONOCIMIENTO INTERNACIONAL

Para consolidar el derecho a la educación, los Estados han aprobado un conjunto de normativas internacionales que se apoyan mutuamente, como los eslabones de una cadena. Esos instrumentos componen un corpus jurídico amplio que está en plena evolución, lo que da testimonio del desarrollo paulatino de este derecho.

Breve cronología de los instrumentos internacionales en los que se reconoce el derecho a la educación:

- 1946: Aprobación de la Constitución de la UNESCO.

- 1948: Aprobación de la Declaración Universal de Derechos Humanos, por la Asamblea General de las Naciones Unidas.

- 1959: Aprobación de la Declaración sobre los Derechos del Niño, por la Asamblea General, en noviembre de 1959.

- 1960: Convención relativa a la Lucha contra las Discriminaciones en la Esfera de la Enseñanza, aprobada por la Conferencia General de la UNESCO, el 14 de diciembre de 1960.

- 1965: Convención Internacional sobre la Eliminación de todas las Formas de Discriminación Racial, aprobada por la Asamblea General mediante la Resolución 2106 A (XX) del 21 de diciembre de 1965.

- 1966: Pacto Internacional de Derechos Económicos, Sociales y Culturales, aprobado en 1966, Artículo 13.

- 1974: Recomendación sobre la Educación para la Comprensión, la Cooperación y la Paz Internacionales y la Educación relativa a los Derechos Humanos y las Libertades Fundamentales, aprobada por la Conferencia General en su 18ª reunión, París, 19 de noviembre de 1974.

- 1978: Carta Internacional de la Educación Física y el Deporte, aprobada por la Conferencia General el 21 de noviembre de 1978.

- 1979: Convención sobre la eliminación de todas las formas de discriminación contra la mujer, aprobada por la Asamblea General de las Naciones Unidas, en Nueva York, el 18 de diciembre de 1979

- 1989: Convención sobre la Enseñanza Técnica y Profesional, aprobada por la Conferencia General en su 25ª reunión (París, 10 de noviembre de 1989).

- 1989: Convención sobre los Derechos del Niño, aprobada por la Asamblea General de las Naciones Unidas en noviembre de 1989

- 1990: Declaración Mundial sobre Educación para Todos: La Satisfacción de las Necesidades Básicas de Aprendizaje, aprobada por la Conferencia Mundial sobre Educación para Todos, celebrada en Jomtien (Tailandia), del 5 al 9 de marzo de 1990.

- 1997: Declaración de Hamburgo sobre la Educación de Adultos, aprobada en la Quinta Conferencia Internacional sobre Educación de Adultos, Hamburgo (Alemania), 18 de julio de 1997.

- 2000: Marco de Acción de Dakar. Educación para Todos: Cumplir nuestros compromisos, comunes, aprobado por el Foro Mundial sobre la Educación, celebrado en Dakar (Senegal), del 26 al 28 de abril de 2000.

- 2001: Recomendación Revisada relativa a la Enseñanza Técnica y Profesional, aprobada por la Conferencia General en su 31ª reunión, (París, 2 de noviembre de 2001).

- 2006: Convención sobre los derechos de las personas con discapacidad.

PRINCIPIOS FUNDAMENTALES

La Constitución de la UNESCO establece ciertos principios fundamentales, tales como el principio de la no discriminación, la igualdad de oportunidades y de trato, el acceso universal a la educación y el principio de solidaridad.

Estos principios proporcionan las bases y directrices que guían la acción normativa de la Organización.

El principio de no discriminación

Todos los seres humanos deben tener acceso a la educación, tanto de derecho como de hecho. El principio de no discriminación está formulado en el inciso b) del párrafo 2 del Artículo I de la Constitución de la UNESCO. Guiada por su misión de alcanzar gradualmente ". . .el ideal de la igualdad de posibilidades de educación para todos, sin distinción de raza, sexo ni condición social o económica alguna", la UNESCO aprobó en 1960 The Convention against Discrimination in Education.

Esta Convención representa un hito en la tarea de crear una base jurídica para el derecho a la educación. La Convención fue el primer tratado internacional que se aprobó específicamente sobre la educación. En otros instrumentos elaborados por la UNESCO y las Naciones Unidas también figura este principio. Por ejemplo, el Artículo 2 de la Declaración Universal de Derechos Humanos prohíbe toda forma de discriminación.

En el Artículo 1 de la Convención relativa a la Lucha contra las Discriminaciones en la Esfera de la Enseñanza, el concepto de "discriminación" abarca toda distinción, exclusión, limitación o preferencia, fundada en la raza, el color, el sexo, el idioma, la religión, las opiniones políticas o de cualquier otra índole, el origen nacional o social, la posición económica o el nacimiento, que tenga por finalidad o por efecto destruir o alterar la igualdad de trato en la esfera de la enseñanza.

Igualdad de oportunidades y de trato

La primera mención de la "igualdad de oportunidades" que figura en un tratado internacional sobre la educación aparece en el preámbulo de la Constitución de la UNESCO ("los Estados Partes en la presente Constitución, persuadidos de la necesidad de asegurar a todos el pleno e igual acceso a la educación. . .").

El Artículo 26 de la Declaración Universal de Derechos Humanos proclama algo análogo, aunque lo formula de manera algo diferente, al estipular que "el acceso a los estudios superiores será igual para todos, en función de los méritos respectivos".

Tanto la Convention against Discrimination in Education de 1960 como la Convención sobre los Derechos del Niño de 1989 mencionan el principio general de "igualdad de oportunidades". De hecho, la Convención de 1960 se concibió, en parte, con el fin de promover este principio ("procurar la igualdad de posibilidades y de trato para todas las personas" en la esfera educativa), e incluyó el Artículo 4 que trata del tema con este fin específico.

La Convención sobre la Enseñanza Técnica y Profesional de 1989 reconoce también "el derecho a la igualdad de acceso a la enseñanza técnica y profesional".

El acceso universal a la educación

El acceso universal a la educación es la piedra angular del derecho a la educación. Este principio se encuentra en la mayoría de los instrumentos que la UNESCO ha elaborado en la esfera de la educación, traducido en contenidos normativos.

El principio de solidaridad

El principio de la "solidaridad intelectual y moral" de la humanidad, consagrado en la Constitución de la UNESCO, es una fuente de inspiración en la tarea de hacer realidad el derecho de todos a la educación.

LAS OBLIGACIONES DEL ESTADO

Al igual que los demás derechos humanos, el derecho a la educación les impone a los Estados tres niveles de obligación:

La obligación de respetar, la de proteger y la de cumplir con cada uno de los "rasgos esenciales" (disponibilidad, accesibilidad y adaptabilidad) del derecho a la educación. La obligación de respetar exige que el Estado evite tomar medidas que estorben o impidan el disfrute del derecho a la educación.

La de proteger obliga al Estado a tomar medidas para prevenir que una tercera parte pueda interferir en el ejercicio del derecho a la educación. A su vez, la obligación de cumplir entraña la de facilitar y suministrar. La obligación de facilitar le impone al Estado la adopción de medidas positivas con el fin de ayudar a los particulares y a las comunidades a disfrutar del derecho a la educación.

Además, los Estados tienen también la obligación de hacer efectivo el derecho a la educación.

La responsabilidad de los Estados

La responsabilidad de los gobiernos se reiteró en la Declaración Mundial sobre Educación para Todos (1990). Al aprobar esta Declaración, los participantes en la Conferencia Mundial sobre Educación para todos (marzo de 1990) se comprometieron a "actuar en colaboración en nuestras propias esferas de responsabilidad, tomando todas las medidas necesarias para alcanzar los objetivos de la educación para todos.

Los Gobiernos que participaron en el Foro Mundial sobre la Educación (abril de 2000), reiteraron su compromiso colectivo de adaptar el derecho a la educación a las realidades de hoy y de mañana. La responsabilidad que suscribieron en el Marco de Acción de Dakar entraña obligaciones jurídicas, cuyo alcance puede apreciarse a la luz del derecho humanitario internacional.

La importancia de ese compromiso se evocó en la primera reunión del Grupo de Alto Nivel sobre la Educación para Todos (EPT), que se celebró en la Sede de la UNESCO los días 29 y 30 de octubre de 2001. En el curso de esta reunión, los participantes hicieron hincapié en la "responsabilidad fundamental que tienen los gobiernos en la educación, y más concretamente en la tarea de impartir una educación básica de calidad para todos que sea gratuita y obligatoria".

Un estudio especial que se encargó en 2000 como parte de la evaluación de la EPT puso de manifiesto la índole de esa responsabilidad. Dicho estudio documentó hasta qué punto las poblaciones desarraigadas y otros grupos desfavorecidos carecen de servicios educativos. En algunos casos, promociones enteras de niños se ven privados de enseñanza básica. En algunas situaciones, toda una generación puede quedarse sin esos conocimientos fundamentales. El estudio insistió en que la comunidad internacional tiene la responsabilidad de afirmar el derecho humano fundamental a la educación aun en condiciones de emergencia, y de proporcionar recursos. Una recomendación esencial fue que la educación en situaciones de emergencia se integrara desde el comienzo en el proceso de desarrollo del país, y no fuera considerada como una actividad de "auxilio". (Informe final del Foro Mundial sobre la Educación, Dakar (Senegal), 26-28 de abril de 2000, UNESCO, 2000, pág. 24).

SUPERVISIÓN

La posibilidad de hacer realidad el derecho a la educación depende de la eficacia de su aplicación. Las obligaciones y los compromisos políticos contraídos a tenor de los instrumentos internacionales deben reflejarse en las constituciones y las legislaciones nacionales, y luego traducirse en políticas y programas. Los Estados Miembros tienen la obligación de presentar informes sobre las medidas que adoptan para aplicar los instrumentos normativos.

Los instrumentos de la UNESCO

La UNESCO supervisa la aplicación de sus instrumentos normativos con el fin de lograr que se apliquen más ampliamente, con el apoyo de los Estados Miembros en calidad de promotores principales, así como las organizaciones internacionales, los encargados de adoptar decisiones, los docentes, la comunidad intelectual y todos los copartícipes de la sociedad civil.

El examen de los informes periódicos: La Constitución de la UNESCO estipula que "cada Estado Miembro someterá a la Organización, en el momento y la forma que decida la Conferencia General, informes sobre las leyes, reglamentos y estadísticas relativos a sus instituciones y actividades educativas, científicas y culturales, así como sobre el curso dado a las recomendaciones y convenciones (. . .) (Artículos IV (4) y VIII).

Los informes periódicos que presentan los Estados Miembros proporcionan a la Organización y a la comunidad internacional información sobre las medidas que han adoptado con miras a cumplir con sus obligaciones, de conformidad con esos instrumentos.

Instrumentos de las Naciones Unidas

La mayoría de los organismos de las Naciones Unidas que se ocupan de los derechos humanos facilitan la supervisión permanente de la aplicación de los instrumentos internacionales de derechos humanos según un sistema de revisión periódica de la información, que incluye los informes de los Estados Miembros, las organizaciones intergubernamentales y no gubernamentales, y las comunicaciones sobre presuntas violaciones de esos derechos y, por consiguiente, del derecho a la educación.

En lo que atañe a la supervisión de la aplicación de las convenciones sobre derechos humanos de las Naciones Unidas, el Comité de Derechos Económicos, Sociales y Culturales (CESCR) de las Naciones Unidas, en tanto que órgano del tratado, supervisa la aplicación del derecho a la educación, según estipulan los Artículos 13 y 14 del Pacto Internacional de Derechos Económicos, Sociales y Culturales.

Cada Estado Parte en el Pacto Internacional de Derechos Económicos, Sociales y Culturales (1966) tiene la obligación de presentar cada cinco años un informe al Comité. Esos informes abarcan todos los derechos que figuran en el Pacto y explican qué hace el Estado para aplicar el derecho a la educación (Artículos 13 y 14 del Pacto Internacional).

Otros órganos de tratados de las Naciones Unidas cuya labor tiene relación con la supervisión del derecho a la educación son los siguientes: el Comité sobre los Derechos del Niño (CRC) que supervisa este derecho a tenor de lo dispuesto en los Artículos 28 y 30 de la Convención sobre los Derechos del Niño (1989), y el Comité sobre la eliminación de todas las formas de discriminación contra la mujer, que supervisa este derecho a tenor de lo dispuesto en el Artículo 10 de la Convención sobre la eliminación de todas las formas de discriminación contra la mujer (1979).

La colaboración entre la UNESCO y las Naciones Unidas

En el sistema de las Naciones Unidas, la UNESCO desempeña una función primordial y ejerce la principal responsabilidad en el ámbito de la educación.

Los órganos de tratados de las Naciones Unidas supervisan la aplicación de los instrumentos normativos del sistema en materia de derechos humanos. La colaboración de la UNESCO con esos órganos se centra en el derecho a la educación.

Apoyo y colaboración

La preocupación principal cuando se hace el seguimiento de la aplicación de los instrumentos normativos de la UNESCO relativos al derecho a la educación consiste en velar por que las obligaciones contraídas por los Estados Miembros se incorporan a los sistemas jurídicos nacionales. La responsabilidad central recae sobre los gobiernos, tal como destacó la primera reunión del Grupo de Alto Nivel sobre la Educación para Todos (Sede de la UNESCO, octubre de 2001): "formular las prioridades y la legislación relativas a la educación de manera coherente con los convenios sobre derechos humanos y los objetivos de la EPT".

Las bases jurídicas en los sistemas nacionales

El derecho a la educación sólo puede ponerse al alcance de sus beneficiarios cuando las obligaciones de los Estados se incorporan al sistema jurídico nacional y su aplicación se garantiza de manera eficaz. Por consiguiente, es fundamental que el derecho a la educación en todas sus dimensiones se integre en la constitución y la legislación de todos los Estados Miembros.

La UNESCO ha comenzado el análisis de las cláusulas constitucionales y la legislación nacional relativas al derecho a la educación en diversos países y proporciona asistencia técnica a los Estados Miembros en la tarea de desarrollar y modernizar dicho ordenamiento jurídico.

La puesta en práctica y la justiciabilidad del derecho a la educación

La realización cabal del derecho a la educación depende de la aplicación eficaz de las obligaciones contraídas por los Estados. Cuando ocurre una violación del derecho a la educación, los ciudadanos deben disponer de vías jurídicas que les permitan apelar a las cortes de justicia o los tribunales administrativos. El sistema judicial desempeña una función esencial en la defensa del derecho a la educación en tanto que derecho obligatorio por ley. Las instituciones nacionales de derechos humanos y los defensores del pueblo (*ombudsmen*) deben ejercer también una función en este ámbito, en los países donde esas entidades existen.

La UNESCO colabora con el CESCR para abordar las cuestiones referentes a los mecanismos institucionales y los sistemas judiciales o cuasi judiciales necesarios para aplicar el derecho a la educación. El Grupo Mixto de Expertos UNESCO (CR)/Consejo Económico y Social (CESCR) sobre el Seguimiento del Derecho a la Educación (2006) ha hecho hincapié en la prioridad que debe concederse a la justiciabilidad del derecho a la educación y ha recomendado que lleven a cabo investigaciones y estudios sobre ejemplos de derecho consuetudinario y jurisprudencia existentes.

———

El siguiente artículo presenta información histórica muy interesante, ya que, en el contexto de una discusión del caso de Brown contra la Mesa Directiva Escolar, proporciona datos sobre la lucha por la integración escolar en Arizona en una época anterior a los años en que se luchó por eliminar la segregación racial en la educación pública a nivel nacional.

———

La Promesa de Brown contra La Mesa Directiva Escolar

Terry Goddard, Procurador General de Arizona (Marzo de 2005)

Introducción

El 17 de mayo de 1954, el Tribunal Supremo de los Estados Unidos publicó su decisión sobre Brown contra La Mesa Directiva Escolar, revocando la doctrina "separados pero iguales" en la educación pública. Dicha decisión cambió para siempre las relaciones raciales en los Estados Unidos y prometió una era de armonía racial.

Ahora, 50 años después de la decisión de Brown, es hora de considerar si la promesa de igualdad, respeto mutuo y a entendimiento entre las razas ofrecida por la Corte en el caso Brown ha sido realizada.

Historia de Arizona

Arizona tiene un turbulento historial en relaciones étnicas. La segregación en las escuelas públicas, los impedimentos a votar para las minorías étnicas y otras formas de discriminación, han perjudicado la experiencia de Arizona.

A principios de 1900, la segregación racial en la educación era legal en Arizona. En 1909, la Legislatura Territorial aprobó una ley permitiendo a los distritos escolares segregar a los estudiantes de ascendencia africana de otros estudiantes. El Gobernador Joseph Kibbey vetó la legislación, pero la Legislación Territorial invalidó su veto y la nueva ley entró en vigor el 17 de marzo de 1909. Cuando la Mesa Directiva Escolar de Educación Primaria de Phoenix adoptó subsiguientemente una norma de segregación, Kibbey, quien entonces era un abogado con práctica privada, entabló una demanda a favor del demandante afro americano Samuel F. Bayless, quien se oponía a enviar a sus hijos a una escuela segregada. El Juez Edward Kent de la Corte Superior del Condado Maricopa le prohibió al distrito escolar que requiriera que los niños del Sr. Bayless asistieran a una escuela reservada para niños afro americanos. Los niños del Sr. Bayless tenían que viajar distancias más largas para llegar a la escuela Madison Street School que la distancia que los niños blancos tenían que viajar para asistir a sus escuelas. Además, los niños tenían que cruzar las vías del ferrocarril en su camino a la escuela. El Juez Kent concluyó que los niños afro americanos "por estas dos razones... no estaban 'recibiendo instalaciones educativas substancialmente iguales a las instalaciones educativas provistas y ofrecidas'" a los niños blancos del distrito.

En 1912, la Corte Suprema de Arizona revocó la decisión del Juez Kent y remitió el caso a la Corte Superior del Condado Maricopa, "con direcciones de que el mandato judicial fuera rescindido y el caso fuera desestimado." Al confirmar la constitucionalidad del estatuto de Arizona autorizando las escuelas segregadas, el Tribunal Supremo de Arizona citó al caso *Plessy vs. Ferguson* y otros casos de la corte del estado. El Tribunal Supremo concluyó que la constitución no requería que los distritos escolares aseguraran que los estudiantes viajaran la misma distancia a la escuela. Con respecto a las vías del ferrocarril, el Tribunal Supremo concluyó que: "Al cruce de las vías del ferrocarril como otra inconveniencia que es acompañada con los riesgos de ser atropellado; pero en esta época de automóviles y tranvías es el deber del peatón, en cualquier lugar en el que se encuentre, mantener los ojos bien abiertos."

El fallido reto legal del Sr. Bayless no disuadió a otros para que entablaran demandas legales para detener la segregación en las escuelas de Arizona. Los padres que retaban estas prácticas, y frecuentemente los abogados que los representaban, eran personas de una clase muy especial. Ellos arriesgaban la pérdida de sus empleos, amistades, y posiciones en la comunidad, especialmente cuando vivían en un pequeño poblado como Tempe, Arizona en la década de 1920.

En 1925, Adolpho "Babe" Romo presentó una demanda ante la Corte Superior del Condado Maricopa contra William E. Laird y los otros miembros de la mesa directiva Escolar de Educación Primaria de Tempe, pidiendo que sus hijos fueran admitidos en la escuela 10th Street School bajo los mismos términos y condiciones que todos los otros niños de su edad en el área. El distrito requería que sus cuatro hijos asistieran a la escuela 8th Street School, la cual estaba reservada exclusivamente para estudiantes de ascendencia española o mexicana. El Sr. Romo fue representado por Edward B. Goodwin y Harold J. Janson. La Mesa directiva de Tempe confió en un estatuto estatal de 1913, el cual autorizó a los distritos escolares "a realizar dicha segregación de grupos de estudiantes como éstos sintieran que fuera conveniente."

Este estatuto proporcionó a los oficiales públicos la discreción de discriminar contra la gente de color.

En ese entonces, el Estado de Arizona clasificaba a los México americanos como "caucásicos" con el propósito del censo. Sin embargo, la Mesa Directiva Escolar de Tempe segregó a los niños Romo y a otros estudiantes debido a que hablaban español. A pesar de que el mandato "separados pero iguales" originalmente se enfocó en los afro americanos, frecuentemente era aplicado a los hispanos y a otras poblaciones minoritarias. El Juez de la Corte Superior del Condado Maricopa Joseph S. Jenckes, falló a favor del Sr. Romo, concluyendo que los maestros de la escuela 8th Street School, quienes no eran certificados, no eran iguales a los maestros de la escuela 10th Street School y en otras instalaciones sólo para blancos. La Junta votó para contratar a maestros certificados para la escuela 8th Street School, lo cual hizo que el Distrito Escolar de Tempe se encontrase dentro del mandato "separados pero iguales" del caso *Plessy*. Los distritos escolares de Arizona continuaron segregando a los estudiantes basados en el hecho de que hablaban español.

En 1951, la doctrina separados pero iguales fue retada otra vez en Arizona. El caso *Gonzáles vs. Sheely* fue presentado por Ralph Estrada y Greg García de Phoenix, Arizona, y A.L. Wirin, de Los Ángeles, California, representando a Porfirio Gonzáles y a Faustino Curiel, a favor de sus cuatro hijos menores y aproximadamente a 300 otras personas de ascendencia

mexicana, contra la Mesa Directiva Escolar de Educación Primaria de Tolleson Número 17. El Distrito requería que los niños de ascendencia mexicana asistieran a la escuela reservada exclusivamente para niños de ascendencia mexicana, y se rehusaba a admitirlos en otras escuelas dentro del
Distrito. El Juez de la Corte de Distrito de los Estados Unidos J. Ling dictaminó que el asunto podía proceder como demanda colectiva.

Los demandantes se basaron en la decisión de 1947 en California del
caso *Méndez vs. el Distrito Escolar Westminster del Condado Orange*, el
cual retó la práctica de segregar a los estudiantes exclusivamente basados
en sus antecedentes étnicos. La Corte de Distrito concluyó que las prácticas
del Distrito Escolar de Tolleson eran similares a las prácticas del Distrito
Escolar de Westminster. Ambos distritos alegaban que la segregación de los
estudiantes se basaba en la creencia de que los estudiantes carecían de suficientes habilidades en el idioma inglés. La Corte rechazó este argumento,
observando que las pruebas usadas para evaluar la habilidad del idioma de
los estudiantes no era fiable y "no era propicio para inculcar el goce de derechos civiles que son de principal importancia en el sistema público escolar
educativo en los Estados Unidos." La Corte concluyó que el distrito realmente segregaba a los estudiantes basándose en los apellidos en español de
los estudiantes. Al emitir un mandato preliminar contra el Distrito, la Corte dictaminó que:

La segregación de los niños en edificios escolares separados debido a su
raza u origen nacional, como se logra por medio de regulaciones, costumbres y usos de encuestados, constituye una denegación de la protección
equitativa de las leyes garantizadas a los peticionarios como ciudadanos de
los Estados Unidos por las provisiones de la Décimocuarta Enmienda a la
Constitución de los Estados Unidos... Un requisito primordial en el sistema
americano de educación pública es la igualdad social. Debe estar abierta a
todos los niños de las asociaciones escolares unificadas, sin importar el linaje.

La decisión del caso *Gonzáles* tuvo poco impacto a nivel estatal, ya que
los demandantes retaron las costumbres y prácticas de un solo distrito escolar, y no la constitucionalidad del Estatuto de Arizona que permitía la segregación racial de los estudiantes.

El asunto constitucional fue planteado en 1953, en un caso envolviendo
a la escuela preparatoria Carver High School. La escuela preparatoria
Phoenix Union High School y el Distrito Colegial Junior College District
requerían que todos los estudiantes afro americanos asistieran a la escuela
Carver High School. Los padres de Robert B. Phillips, Jr., Tolly Williams y
David Clark, Jr. establecieron una demanda en la Corte Superior del Con-
dado Maricopa a través de sus abogados, Herbert Finn, Hayzel B. Daniels y
Stewart Udall. La demanda retó el derecho del Distrito de rehusarse a ad-
mitir a niños afro americanos a las escuelas Phoenix Union High School y
West High School. El Distrito fue representado por el Procurador General
Ross Jones, el Procurador General Adjunto James S. Bartlett, y el Procura-
dor del Condado William P. Mahoney, Jr.

El 9 de febrero de 1953, 14 meses antes de que el Tribunal Supremo de los Estados Unidos decidiera el caso Brown, el Juez de la Corte Superior Fred C. Struckmeyer, Jr. dictaminó que el Estatuto de Arizona permitiendo que las juntas escolares segregaran a los estudiantes afro americanos constituía una delegación ilegal del poder por parte de la Legislatura de Arizona:

Es fundamental para nuestro sistema de gobierno que los derechos del hombre sean determinados por las leyes y no por oficiales u oficinas administrativas... Si la legislatura puede conferir a la mesa directiva escolar el poder arbitrario de segregar a los estudiantes con ancestros africanos de aquellos con ancestros caucásicos, entonces el mismo derecho debe existir para segregar a los estudiantes con ancestros franceses, alemanes, chinos, españoles, u otros... o por cualquier razón que pueda ser dictada por puro antojo.

El Juez Struckmeyer reconoció que el Tribunal Supremo de los Estados Unidos había decidido que un estado, actuando a través de su legislatura, podía segregar a los estudiantes, siempre y cuando se proporcionaran instalaciones equitativas. Sin embargo, él clarificó que él no estaba de acuerdo y encontró una base legal para ordenar la abolición de la segregación racial del distrito escolar. Sus palabras fueron un precursor elocuente de la decisión de la Corte en el caso Brown. "La democracia rechaza cualquier teoría de ciudadanía de segunda clase. No hay ciudadanos de segunda clase en Arizona." El Juez Struckmeyer hizo notar que el principio establecido por la Declaración de Independencia "que todos los hombres son creados iguales" requiere la evaluación constante del estado de las minorías en nuestra sociedad. El Juez Struckmeyer emitió un mandato permanente contra el Distrito.

El distrito escolar apeló la decisión del Juez Struckmeyer. Sin embargo, el 7 de julio de 1953, la Junta decidió dar por terminado su sistema de escuelas segregadas y cerrar la escuela Carver High. El 10 de noviembre de 1953, el Tribunal Supremo de Arizona desestimó la apelación como simulacro. Considerando que más de 14 años después de su decisión en el caso Brown, el Tribunal Supremo concluyó que muchos distritos escolares aún no habían seguido su mandato de integración "a toda velocidad deliberada", la acción de Phoenix Union fue asombrosamente veloz.

Otro caso de Arizona, decidido el 5 de mayo de 1954, fortaleció aún más el concepto de que un estatuto permitiendo a un distrito escolar segregar basándose en la raza era una "delegación ilegal del poder legislativo", el Juez Charles C. Bernstein de la Corte Superior del Condado Maricopa dictaminó en el caso Heard vs. Davis que el Distrito Escolar Wilson no tenía el poder de segregar a los estudiantes basándose únicamente en la raza, porque el estatuto dando a los distritos escolares esta autoridad, era una delegación ilegal del poder que está prohibida por la Constitución de los Estados Unidos. Fallando a favor de los demandantes, el Juez Bernstein también concluyó que las "oportunidades, ventajas e instalaciones educativas ofrecidas y disponibles a los niños blancos de edad escolar primaria" no se ofrecían equitativamente a los niños afro americanos. El caso Méndez, el caso de la Escuela Primaria de Tolleson, y ahora los casos de las escuelas Phoenix Union High School y Wilson School fueron un anticipo a lo que sucedería después en el caso *Brown*. Al tomar sus decisiones, las cortes en cada instancia confiaron en más que el precedente legal. Ellas escucharon a testigos expertos, quienes testificaron sobre el impacto de la segregación racial en los niños. El Juez Bernstein comentó en su opinión sobre Heard:

En todos los casos, las cortes han considerado la igualdad física de las instalaciones en la planta educativa y escolar; sin embargo, existen desigualdades intangibles en la segregación. Éstas son más difíciles de demostrar. Sin embargo, conocemos el impacto en los niños de la raza negra: Estos niños parecían estar ya sea en conflicto con su estatus, o haberse resignado a sustentar una auto-imagen inferior. Nuestra experiencia general mientras observamos el estatus humano cada día, nos dice que la segregación intensifica en lugar de aligerar la tensión racial. En lugar de animar la cooperación racial, fomenta la sospecha y el miedo mutuo, lo cual es la base de la violencia racial.

Caso Brown contra La Mesa Directiva Escolar – El Caso

Para 1954, la escena se había establecido para que el Tribunal Supremo de los Estados Unidos considerara el asunto de la segregación escolar en el caso Brown. El análisis provisto en las decisiones de Arizona y California insinuó la dirección que tomaría la corte más alta. El historiador Rubén Flores comentó que el caso Méndez tenía una influencia directa en la racionalización del caso Brown. Earl Warren, el Gobernador de California en los tiempos de la decisión del caso *Méndez*, ahora era el Presidente del Tribunal Supremo. Thurgood Marshall, quien había escrito el resumen amigo de la Asociación Nacional para el Avance de la Gente de Color "NAACP" (por sus siglas en inglés) en desempeño el caso *Méndez*, fue uno de los cinco abogados argumentando el caso *Brown* ante el Tribunal Supremo. La NAACP jugó un papel significativo y proporcionó a los apelantes una dirección distinta – el uso de la investigación de ciencias sociales y de la educación, para mostrar el impacto de la segregación en nuestra sociedad. La doctrina "separados pero iguales" establecida en el caso *Plessy* y su aplicación a la educación pública estaba directamente ante la Corte en el caso *Brown*. Exitosos retos previos a la segregación tuvieron que probar el tratamiento desigual o una delegación ilegal de poder por parte de la legislatura del estado. Los cambios a las prácticas racialmente discriminatorias se tenían que imponer caso por caso. Sin embargo, el caso *Brown*, se trataba de escuelas segregadas que eran reconocidas como instalaciones equitativas, o por lo menos, escuelas en el proceso de "ser igualadas, con respecto a edificios, currículum, calificaciones y salarios de los maestros, y otros factores 'tangibles'." La Corte comentó que:

Por lo tanto, nuestra decisión no puede convertirse en simplemente una comparación de esos factores tangibles en las escuelas negras y blancas envueltas en cada uno de estos casos. En lugar de esto, nosotros debemos fijarnos en el efecto que tiene la segregación en sí sobre la educación pública... [Es necesario que] "consideremos a la educación pública en la luz de su desarrollo completo y su sitio actual en la vida americana a través del país."

Actualmente, la educación es quizás la función más importante de los gobiernos estatales y locales. Las leyes de asistencia escolar obligatoria y los grandes gastos para la educación demuestran nuestro reconocimiento de la importancia de la educación para nuestra sociedad demócrata. Se requiere en el desempeño de nuestras responsabilidades públicas más básicas, hasta el servicio en las fuerzas armadas. Es la fundación misma de la buena ciudadanía. Actualmente es el principal instrumento para despertar a los niños hacia los valores culturales, prepararlos para la capacitación profesional futura, y ayudarlos a ajustarse normalmente a su ambiente. En estos días, es dudoso que se pueda esperar razonablemente que cualquier niño tenga éxito en la vida si se le niega la oportunidad de ser educado. Dicha oportunidad, cuando el estado se ha hecho cargo de proveerla, es un derecho que debe estar disponible a todos en términos equitativos.

En el caso *Brown*, el Tribunal Supremo hizo una amplia declaración de que "separados pero iguales" era inconstitucional, deshaciéndose de la dolorosa legacía del caso *Plessy* en la educación pública. La Corte también pidió más argumentos con respecto al tipo de alivio requerido, considerando las amplias diferencias entre las circunstancias locales en los cuatro casos previos.

La Corte emitió "*Brown II*» en 1955, después de escuchar argumentos delineando los variados asuntos alrededor de la implementación. *Brown II* enfatizó la importancia que juegan los principios equitativos en el desarrollo de remedios. "El interés personal de los demandantes depende de la admisión a las escuelas públicas tan pronto como sea practicable en una base no discriminatoria" ponderó contra la habilidad del distrito escolar de cumplir con la orden de la Corte "en una forma sistemática y efectiva." Al remitir los casos, la Corte reconoció que los distritos escolares locales podrían arrastrar los pies en la implementación de la orden de la Corte. Así que la Corte ordenó a las cortes de distrito que "realicen tales procedimientos y den tales órdenes y decretos consistentes con esta opinión como sean necesarios y apropiados para que la admisión a las escuelas públicas se haga en una base no discriminatoria racialmente, con toda la velocidad prudente de las partes en estos casos".

Cuando el Tribunal Supremo declaró unánimemente en el caso *Brown* que "en el campo de educación pública no cabe la doctrina 'separados pero iguales,'" fundamentalmente cambió nuestro sistema educativo, y todos aspectos de las relaciones entre las razas en nuestro país. Más tarde, el Congreso moderó el movimiento nacional hacia la integración, aprobando la Ley de los Derechos Civiles en 1964. La decisión del caso *Brown* presentó un claro reto para que nuestro país rechazara cualquier discriminación basada únicamente en la raza. Nosotros en Arizona, deberíamos enorgullecernos de que la implementación de las órdenes de las Cortes para integrar a las escuelas, tomó mucho menos tiempo en nuestro estado que en cualquier otra parte del país.

Impacto del Caso Brown en Otras Áreas

Las razones de la Corte en el caso Brown crearon oportunidades para el cambio en otras áreas en las cuales el gobierno provee servicios o beneficios, entre ellas, instalaciones y acomodaciones públicas, voto, empleo, y hasta el matrimonio. El 6 de octubre de 1959, Grace Gibson O'Neill, la Escribana de la Corte Superior del Condado Pima, rehusó aceptar la solicitud de la licencia matrimonial de Henry Oyama y Mary Ann Jordan porque la ley de Arizona prohibía el matrimonio entre una persona de "sangre caucásica" y una persona de la "raza mongol." En lugar de ir a California, donde dichos matrimonios eran legales, la pareja deseaba casarse en Arizona, en su iglesia, ante sus familias y amigos. El 11 de diciembre de 1959, a través de sus abogados Frank J. Barry, Charles E. Ares y Paul G. Rees, Jr., ellos presentaron una demanda buscando una declaración de que el estatuto de Arizona violaba la Primera y Décimocuarta Enmiendas de la Constitución de los Estados Unidos y el Artículo II, Secciones 4 y 13 de la Constitución de Arizona.

El Sr. Oyama y la Srita. Jordan también pidieron un "mandato obligatorio requiriendo que el demandado les emitiera una licencia matrimonial." Marvin S. Cohen, Procurador Civil Adjunto en Jefe del Condado Pima, representó al demandado. Después de escuchar el testimonio de los demandantes y el testimonio del Dr. Edward Spicer, un antropólogo, el Juez de la Corte Superior del Condado Pima Herbert F. Krucker, otorgó a los demandantes todos los remedios solicitados el 23 de diciembre de 1959. Henry Oyama y Mary Ann Jordan se casaron en Tucsón el 28 de diciembre de 1959.

El fallo fue apelado ante el Tribunal Supremo de Arizona, pero la apelación fue desestimada el 1° de mayo de 1962 como simulacro, debido a que la legislatura enmendó el estatuto en marzo de 1962 para eliminar la provisión anti-mestizaje. El registro en apelación incluye referencias al caso Brown:

La revisión de ley de los artículos citados en el resumen de los apelados... indica más claramente de lo que los abogados podrían desear, cualquier constitucionalidad prima facie de las leyes del mestizaje de hace una generación, desde el caso Brown contra La Mesa Directiva Escolar, dichos estatutos ya no pueden sostenerse. No es una solución en esta época progresista confiar en anticuados precedentes judiciales.

El caso Brown también proporcionó el ímpetu para enfocarse a otras antiguas prácticas discriminatorias basadas únicamente en la raza. Comenzando con la Ley de los Derechos Civiles de 1964, el Congreso y muchas legislaturas estatales comenzaron a prohibir la discriminación basada en la raza y el género. La Ley de los Derechos Electorales de 1965 prohibió el uso de pruebas de alfabetismo y otras barreras para la gente deseando registrarse para votar. El Congreso aprobó la Ley de los Derechos Civiles de 1968 para prohibir la discriminación en la venta o renta de vivienda. También hizo que fuera un crimen federal el cruzar líneas estatales para incitar un disturbio, reflejando la continua discordia y tenciones raciales en este país. Después del asesinato del Rev. Dr. Martin Luther King, Jr. en 1968, el Presidente Johnson convenció exitosamente al Congreso para que promulgara la Ley de Vivienda Justa de 1968, dando por terminada una contenciosa batalla que comenzó en 1966.

Las divisiones económicas en el país eran significativas, como lo indican los hallazgos realizados por la Comisión Nacional de Asesoría Sobre Disturbios Civiles del Presidente Johnson (Comisión Kerner):

- El país estaba dividido a través de las líneas raciales y socioeconómicas.

- 40 por ciento de las personas que no eran blancas vivían bajo la línea federal de pobreza del gobierno.

- Los hombres negros eran dos veces más propensos a ser desempleados que los blancos y tres veces más propensos a contar con empleos de bajas habilidades.

La legislación trató de resolver estas disparidades económicas. El Presidente Johnson declaró una "Guerra Contra la Pobreza" durante su primer discurso del Estado de la Unión el 8 de junio de 1964. El Congreso aprobó la Ley de Oportunidades Económicas de 1964, el cual incluyó iniciativas como el programa preescolar Head Start, el programa de empleos JobCorps, el Programa de Estudio y Trabajo para Estudiantes Universitarios, Voluntarios en Servicio de América (VISTA por sus siglas en inglés), el programa juvenil de vecindarios Neighborhood Youth Corps (NYC), educación básica y capacitación de empleo para adultos, y Programas de Acción Comunitaria (CAPs por sus siglas en inglés).

La Legislatura de Arizona aprobó estatutos reflejando la legislación federal. Arizona estableció la Comisión de Derechos Civiles en 1965. En las décadas de 1960 y 1970 la atención del público y del gobierno se enfocó en los derechos civiles de individuos y la eliminación de la discriminación basada en raza, género e incapacidad.

Caso *Brown contra La Mesa Directiva Escolar* – El Legado

El 50° Aniversario nos da una oportunidad de reflexionar si la promesa del caso Brown ha sido cumplida. Ciertamente, los cambios ordenados por la Corte han sido frustrantemente lentos en implementarse en algunas partes de nuestro país. La abolición de la segregación en las escuelas, particularmente en el sur, no prosiguió a "toda la velocidad prudente". En Virginia, los distritos resistieron la integración cerrando las escuelas mezcladas racialmente. En Arkansas, fueron necesarias tropas federales para proteger a los estudiantes afro americanos. Para evitar el cumplimiento, muchos distritos escolares adoptaron planes de "libertad de selección", lo cual aminoró el paso de la integración de las escuelas. En 1971, casi 20 años después del caso Brown, el Tribunal Supremo dictaminó que las cortes tenían el poder de ordenar que los estudiantes fueran transportados en autobuses, de ser necesario, para eliminar la segregación impuesta por el estado.

¿La promesa de la igualdad racial y el respeto mutuo previstos en el caso Brown ha sido lograda en Arizona? A pesar de que las cortes de Arizona se adelantaron al Tribunal Supremo ordenando la abolición de la segregación y nuestras escuelas hicieron una encomiable labor cumpliendo con la integración ordenada por la corte, nuestro Estado continúa luchando con asuntos raciales. La discriminación racial abierta ha disminuido durante varios años y las oportunidades han aumentado mientras los individuos minoritarios reafirmaron sus derechos garantizados por los estatutos estatales y federales, así como por la Constitución de los Estados Unidos.

A pesar de que las confrontaciones raciales han disminuido en Arizona, si la economía se debilita y aumenta el desempleo o el subempleo, las tensiones raciales también pueden aumentar. Además, el aumento de "grupos de odio" causa inquietud sobre la posibilidad de violencia.

Se siguen registrando quejas de discriminación en vivienda justa y empleo en la Oficina del Procurador General y en la Comisión de Oportunidades Equitativas de Empleo, y se continúan registrando quejas sobre violaciones a los derechos electorales de ciudadanos de habla hispana y nativo americanos. Prácticas prestamistas predadoras se están enfocando en las comunidades minoritarias de Arizona. Arizona continúa siendo uno de sólo 18 estados sujetos a la Sección 5 de la Ley de los Derechos Electorales. Las minorías raciales continúan atrasadas en el logro educativo, y el Estado de Arizona está luchando para satisfacer sus responsabilidades de cumplir con las necesidades educativas de los niños que no hablan inglés.

Arizona continúa luchando con los retos que surgen por su diversidad. Problemas asociados con inmigración de indocumentados y controversias relacionadas con el papel del idioma inglés en las escuelas y el gobierno provocan vigorosos y frecuentemente divisorios debates políticos. Como un estado con 22 naciones indias, una creciente población Latina, y fuertes comunidades afro americanas y asiáticas así como innumerables grupos minoritarios, es importante que continuemos trabajando juntos para satisfacer las necesidades de todos los arizonenses.

La perspectiva del activista de derechos humanos Elías García es significativa si Arizona cumplirá con el mandato que nos dio el caso Brown hace 50 años:

La victoria del caso *Brown vs. la Junta* ha surgido como un faro de luz, una fuente de inspiración para... poblaciones minoritarias en sus respectivas luchas hacia la paz y justicia en esta sociedad... Personas étnicas minoritarias deben tomar seriamente las lecciones aprendidas del caso Brown y entender que... [n]uestros enemigos son el racismo, el prejuicio, la discriminación, el odio, la envidia, la pobreza, el desempleo y la falta de educación, no el uno o el otro.

A pesar de que nuestro récord está lejos de ser perfecto, es importante enorgullecernos por el hecho de que los arizonenses, por medio de su sistema legal, han contribuido mucho a la abolición ordenada de la segregación de las escuelas públicas. Valerosos y previsores individuos, miembros de juntas escolares, administradores de escuelas, jueces, y abogados en ambos lados de los casos de segregación, todos contribuyeron al reto de las antiguas tradiciones de la educación segregada, y al reemplazo pacífico de las mismas con escuelas integradas. Jueces como Struckmeyer y Bernstein, abogados como Estrada, Finn y Daniels, fiscales como Mahoney y Cohen, y valientes ciudadanos como Oyama, Romo, Phillips y Heard, junto con cientos de otros que vieron una injusticia y lucharon por eliminarla, deberían vivir durante largo tiempo en nuestras memorias.

Cincuenta años después del caso Brown, nosotros en Arizona tenemos mucho qué agradecer y mucho trabajo qué hacer.

———

También varias décadas antes de Brown hubo por lo menos dos casos en los cuales las comunidades mexicanas en California lograron la integración de sus hijos en las escuelas públicas de la región.

———

El Incidente de Lemon Grove

Robert R. Álvarez, Jr., The Journal of San Diego History, Vol. 32, No. 2, Spring 1986
(Traducción del inglés al español por Victoria Ortiz, agosto de 2012)

Cuando se habla del fin de la segregación escolar en los Estados Unidos, generalmente no se menciona a la comunidad mexicana del sur de California. La mayoría de la gente piensa que empezó con el caso histórico de la Corte Suprema, *Brown contra la Junta Directiva Escolar de Topeka.*[1]

---

[1] El caso de Brown fue la culminación de una larga serie de acciones legales que buscaban la igualdad para los afroamericanos en los Estados Unidos, comenzando con *Plessy v. Ferguson* en 1896. Aquel caso, que tenía que ver con el viaje ferroviario y sólo indirectamente con la educación, estableció un precedente para las leyes de "separado pero igual" (leyes de Jim Crow) que existieron hasta el dictamen de Brown en 1954. Una serie de casos relacionados directamente a la educación igual se presentaron a través del país a principios del siglo 20. En 1927, la Corte Suprema aprobó el que el estado de Mississippi mandara a un niño chino a una escuela para niños negros. Ver Daniel M. Berman, *It Is So Ordered: The Supreme Court Rules on School Segregation* (New York: W.W. North and Company, 1966); Carlos Manuel Haro, *Mexicano/Chicano Concerns and School Desegregation in Los Angeles* (Los Angeles: Chicano Studies Center Publications, University of California, 1977); Hubert H. Humphrey, ed., *School Desegregation: Documents and Commentaries* (New York: Thomas Y. Cromwell Co., 1964); Select Committee on Equal Educational Opportunity, United States Senate, "1972 Selected Court Decisions Relating to Equal Educational Opportunity" (Washington D.C.: U.S. Government Printing Office) and D. Shoemaker, *With All Deliberate Speed: Segregation-Desegregation in Southern Schools* (New York: Harper and Brothers, 1957).

En los años '30s, una variedad de casos en torno a los derechos de los negros para asistir a colegios estatales se presentaron en todo el país, incluyendo Maryland (1936), Missouri (1938), Oklahoma (1948) y Texas (1948). (Haro 1977). En 1954 había 17 estados en los Estados Unidos, todos en el sur o contiguos con los estados sureños, y el Distrito de Columbia que por ley obligaron el mantenimiento de escuelas segregadas. Cuatro estados (Arizona, Kansas, Nuevo México y Wyoming) permitían decisiones locales sobre varias formas de segregación; 16 estados prohibían la segregación, pero la vigilancia en cuanto cumplimiento con la ley fue variable. Los 11 estados que quedaban no tenían ninguna ley sobre la segregación en relación con negros o chicanos y en su mayoría no se presentaron casos en las cortes. (Ibid.) En California, sin embargo, había leyes que excluían a los indígenas americanos, legalizando la segregación de personas de descendencia indígena.

Recientemente se ha descubierto que los primeros casos judiciales en torno a la desegregación escolar ocurrieron en el suroeste y en California durante los años 1930s.[2]

En aquellos casos, los oficiales escolares apuntaron a los inmigrantes mexicanos y sus comunidades para ser segregados. Un caso de especial importancia, que ha empezado a tomar su lugar en la historia social de los derechos civiles, ocurrió en el Condado de San Diego durante los años 1930s, en la comunidad entonces rural de Lemon Grove Este caso, *Roberto Álvarez vs. The Board of Trustees of the Lemon Grove School District*, fue el primer caso legal exitoso en los Estados Unidos que enfocara la cuestión de la segregación racial de las escuelas.[3]

Tiene importancia en la historia de San Diego y de los Estados Unidos, no sólo porque ocurrió pero porque la comunidad se organizó para demandar en la corte y porque la comunidad ganó el caso. Así fue que establecieron el derecho de sus hijos a la igualdad escolar, a pesar de los sentimientos locales, regionales y nacionales que favorecían no sólo la segregación sino la deportación física de la población mexicana de los Estados Unidos.[4]

Este caso evidencia la lucha por los derechos de la comunidad mexicana de San Diego y su marcha hacia la igualdad en la educación no sólo para sus propios hijos sino para toda la población mexicana en el estado de California y los Estados Unidos.

En 1930, la ciudad de Lemon Grove tenía cierto número de negocios relacionados con las tierras agrícolas productivas. En 1926, el periódico "La Mesa Scout", describió la ciudad como "uno de los lugares más bonitos en el distrito suburbano de San Diego... con colinas que rodean el pueblo cubiertas de bellos limonares y naranjales que producen cientos de miles de dólares...cada año".

Entre las ventajas de Lemon Grove señalaban una "excelente organización de damas", uno de los mejores campos de golf en el Sur de California,

---

[2] Robert R. Alvarez, Jr., "School Segregation in the 1930s: A Mexican American Case," Paper presented to the 82nd American Anthropological Association in Los Angeles; Francisco E. Balderrama, *In Defense of La Raza: The Los Angeles Mexican Consulate and the Mexican Community, 1929 to 1936* (Tucson: University of Arizona Press, 1982); Meyer Weinberg, *A Chance to Learn* (Boston: Cambridge University Press, 1977).

[3] Descubrí este caso cuando estaba haciendo investigaciones de campo sobre la migración y adaptación de familias mexicanas de Baja California. Mi propia familia había venido del sur y al entrevistar a mi padre y a otros participantes centrales en el caso descubrí que la acción legal había sido tomada por parte la comunidad mexicana. Una subvención de la Fundación Spencer para investigación educacional me permitió enfocarme en el caso. También le debo mucho a mi hermana, Guadalupe Álvarez Cooper, quien hizo entrevistas y descubrió el antiguo microfilme del expediente judicial.

[4] Otras versiones de este trabajo que relacionan el caso escolar a la reforma de la inmigración se han presentado en varios lugares. *Véase* Robert Álvarez, Jr., "Public Sentiment and Public Policy Towards Immigration Reform: A Lesson From a 1930 Mexican Desegregation Case," Paper presented at the symposium: Mexican Migration and the U.S. Border Region: Anthropological Perspectives. Society for Applied Anthropology, San Diego, 1983, and Álvarez, "School Segregation in the 1930s." El caso presentado aquí fue la base para una película documental de PBS, producida por KPBS-TV San Diego. Este documental es el segundo en una serie sobre las familias de Lemon Grove con orígenes en Baja California. El primero fue "The Trail North", y fue transmitido en 1983.

caminos pavimentados, iglesias, y una "cámara de comercio muy activa que con gusto le prestará ayuda a cualquiera que desee establecerse aquí...". Además de estas oportunidades cívicas y comerciales, Lemon Grove tenía su propia escuela primaria. "Recientemente se ha terminado de construir un edificio que ofrece todas las instalaciones requeridas para las escuelas mejor equipadas".

Al describir a los residentes, el articulo plantea que en "... el distrito de Lemon Grove se encuentran personas de las mejores clases que han elegido establecer su hogar en el Condado de San Diego.... Entre esas personas están los profesionales y los hombres de negocio de San Diego... Sería difícil encontrar en cualquier otro lugar una mejor clase de personas". Este retrato maravilloso de Lemon Grove y de sus residentes destacados fue eclipsado en 1931 cuando la comunidad mexicana puso a prueba a la junta escolar por en cuanto a los derechos escolares de sus hijos e hijas.[5]

Además de sus ciudadanos distinguidos, había familias mexicanas que se habían establecido en Lemon Grove a principios de siglo. La mayoría de las familias había llegado al Condado de San Diego provenientes de un número de pueblos en Baja California.[6] Muchos de ellos seguido un circuito minero en Baja California, llegando a San Diego por tierra. Otros llegaron en buque de vapor desde puertos de empresa y pueblos costaneros. Había familias que llegaron de San José del Cabo, Cabo San Lucas, Loreto, Comonduy, San Ignacio, Calmalli, y otros pueblos que hoy en día son meramente topónimos en el desierto central. La mayoría de las familias había soportado juntos la migración hacia el norte, compartiendo privaciones y experiencias familiares. Cuando llegaron a San Diego, estos californios buscaron ayuda y camaradería entre sí al cruzar a los Estados Unidos.[7]

Para los californios, como para cualquier otro mexicano, Lemon Grove ofrecía empleo en la agricultura, en una cantera minera, en un almacén ferroviario además del acceso bastante fácil a la creciente ciudad de San Diego. Era una comunidad geográficamente limitada, muy parecida a los pueblos de donde habían llegado. Fueron unas cincuenta familias las que se establecieron aquí, la mayoría de las cuales provenían de Baja California. Las familias incluyeron Cesena, Álvarez, Castellanos, Smith, Blackwells, Arce, Mesa y otras quienes se unieron para formar una comunidad de Baja Californios en Lemon Grove.

Su unidad y persistencia fueron puestas a prueba como nunca antes durante los principios del año de 1931. La mayoría de estas familias había estado en Lemon Grove por varios años y tenían prole que eran ciudadanos de primera generación nacidos en los Estados Unidos. Setenta y cinco de estos niños asistían a la Lemon Grove Grammar School (la escuela primaria), donde había un total de 169 alumnos inscritos.

---

[5] *La Mesa Scout*, 1926. Se obtuvo esta copia de la Lemon Grove Historical Society. No aparecen mes ni dia.

[6] El asentamiento y desarrollo de esta comunidad se describen en Robert Álvarez, "Familia: Migration and Adaptacion in Alta and Baja California 1800-1975," tesis de doctorado, Stanford University, 1979.

[7] *Ibid.*

El 5 de enero de 1931, Jerome T. Green, el Director de la Lemon Grove Grammar School, actuando bajo las instrucciones de los miembros de la junta directiva escolar, se paró en la puerta de la escuela y dejó entrar a todos los alumnos menos los alumnos mexicanos. El Director Green anunció que los alumnos mexicanos no eran aptos para esa escuela, que no podían entrar, y les dijo que se fueran a un edificio de dos piezas que se había construido para los alumnos mexicanos.[8]

Acongojados, avergonzados y enojados, los niños mexicanos se fueron de la escuela y volvieron a sus casas. Bajo instrucciones de sus padres, se negaron a asistir a la disque nueva escuela que habían construido para ellos. En las palabras de los alumnos de esa época, "No era una escuela. Era un viejo edificio. Todos le decían 'La Caballeriza'".[9]

La junta escolar no había previsto tal reacción. Habían esperado que los niños mexicanos y sus familias fueran dóciles, siguieran las órdenes y asistieran a la nueva escuela. Los padres y las madres de los niños mexicanos se unieron y a través del Consulado de México, consiguieron ayuda legal y apoyo. El incidente de la escuela se convirtió en el caso de prueba del poder del Fiscal y la junta escolar para crear una escuela separada para los niños mexicanos.[10]

La junta escolar había planeado cuidadosamente esta separación. El 23 de julio de 1930, seis meses antes de la entrada atrancada, la junta se había reunido. Hablaron de la separación que la Cámara de Comercio había apoyado.[11] El 13 de agosto, se convocó a una reunión especial de la junta ya que la situación de la escuela había llegado a condiciones de emergencia y la "junta quería una escuela especial para los niños mexicanos". No se hizo ningún esfuerzo por informar a los padres mexicanos, y la junta, en una siguiente reunión, decidió no dar aviso oficial para no comprometerse por escrito.[12] Veinte días después, los niños fueron expulsados de la escuela principal. Los pupitres y todas las pertenencias personales de los alumnos habían sido transportados a la "nueva" estructura.

Estas acciones por parte de la junta escolar no fueron incidentes aislados y se habían sancionado en gran parte por la Gran Depresión y el resultante sentimiento anti-mexicano, no sólo en San Diego sino en todo el estado de California y en todo el país. Para comprender las fuerzas sociales que dieron ímpetu a esta acción, es importante comprender los grandes sucesos

---

[8] Corte Superior del Estado de California, Condado de San Diego. Petición por una Orden de Mandato, Num. 66625, 13 de febrero de 1931. Este es el único expediente oficial del caso legal que exista. Una búsqueda prolongada en los expedientes municipales y del condado llevaron al descubrimiento del caso de la escuela en la colección de microfilme de la Corte Superior. El microfilme se había deteriorado muchísimo, pero todavía era legible.

[9] Entrevistas con Roberto Álvarez, Sr. y Mary Smith Álvarez, febrero de 1981, San Diego, California.

[10] *San Diego Sun,* 10-11 de febrero de 1931.

[11] Minutas de la Junta Escolar de Lemon Grove, 23 de julio de 1930. Mi abuela, Ramona Castellanos, había guardado copias de las minutes de la junta, además de artículos sobre el caso de los periódicos del condado de San Diego. Estos fueron los documentos principales que llevaron a la investigación y la comprensión que se presentan aquí.

[12] *Ibid.*

socio-económicos e históricos que condicionaron los acontecimientos de 1930 en San Diego y en Lemon Grove.

Antes de cualquier plan o decisión por parte de la junta escolar de Lemon Grove con respeto a la separación mexicana, había habido varios antecedentes públicos oficialmente sancionadas que sentaron las bases para acciones a nivel de comunidades locales a través del estado de California. Entre esos se encontraron: (1) cambios nacionales en la política de inmigración, específicamente creados para frenar la inmigración mexicana hacia los Estados Unidos; (2) un plan nacional de repatriación dirigido a resolver el problema de los extranjeros mexicanos que se consideraba como la mayor causa del desempleo y de los gastos de servicios públicos; (3) en California, los informes y las medidas oficiales que aumentaron los prejuicios y temores latentes con respecto a la creciente población mexicana. Los acontecimientos de la época son importantes aquí porque ilustran el ambiente social dentro del cual la junta escolar actuó y también ilustran las barreras que enfrentaba la comunidad mexicana de Lemon Grove al buscar la justica.

Antes del siglo 20, la inmigración mexicana no presentaba ningún problema para los Estados Unidos. Pero ya para 1920 el país presenciaba una fuerte campaña restriccionista. Grandes afluencias de mexicanos llegando en el suroeste y una creciente población mexicana global estimularon preocupaciones entre el público sobre la inmigración y instalación de mexicanos extranjeros en los Estados Unidos.[13] Para 1924, en la mayoría de las grandes ciudades de los Estados Unidos existían barrios mexicanos. Omaha tenía una población de 1,000; en Detroit llegó a 15,000 en 1929; en Chicago, Kansas, y otras ciudades estadounidenses había poblaciones mexicanas grandes.[14] Pero la mayoría de los mexicanos vivían en los estados del suroeste: Arizona, Colorado, Nuevo México y California.

En 1924, el gobierno actuó para tomar control de la migración sin restricción. Por toda la frontera entre México y los Estados Unidos por primera vez se impuso un impuesto de capitación para los inmigrantes mexicanos.[15] Además, el Congreso creó la Patrulla Fronteriza como una fuerza que combatiría la entrada de mexicanos a los Estados Unidos.

Además de las acciones del gobierno, la prensa prestó atención a la creciente población mexicana. En 1928, cuando el Senado estadounidense

---

[13] Además de su temor a la inmigración, Ricardo Romo declara que "...Durante el período 1915-1917, se vieron casos de histeria parecidos a, y a veces más extremos que, aquéllos dirigidos en otras partes del país en contra de los comunistas, contra los mexicanos que vivían en los Estados Unidos quienes alegadamente estaban a punto de hacer una revolución que retomaría todo el suroeste para México". Ricardo Romo, "Mexican Workers in the City: Los Angeles 1915-1930," Ph.D. Thesis, University of California, Los Angeles, 1975, pp. 104-132.

[14] Abraham Hoffman, *Unwanted Mexican-Americans in the Great Depression* (Tucson: University of Arizona Press, 1974), p. 12.

[15] *Véase* Alvarez, "Familia;" Gilberto Cardenas, "United States Immigration Policy Toward Mexico: An Historical Perspective," *Chicano Law Review,* II (Summer, 1975); Lawrence Cardoso, "Mexican Emigration to the United States, 1900-1930: An Analysis of Socio-Economic Causes," Ph.D. Thesis, University of Connecticut, 1970 and Manuel Garcia, *The Desert Immigrants* (New Haven: Yale University Press, 1982).

inició audiencias sobre la Restricción de la Inmigración del Hemisferio Occidental,[16] y hasta fines de 1929, el *Saturday Evening Post*, con una tirada que sobrepasaba 2.7 millones de lectores, publicó una serie de artículos apoyando enérgicamente una política restriccionista que limitaría la inmigración mexicana.[17] En un editorial con fecha del 7 de enero de 1928, el *Post* declaró: "Toda consideración de prudencia y política bien fundada indica que la inmigración mexicana tendrá que ser controlada bajo restricciones de cuota".[18]

Kenneth L. Roberts, quien había escrito una serie de artículos a favor de la restricción de la inmigración europea, durante este periodo se dedico a escribir sobre los mexicanos.[19] En un artículo en el *Post* declaró que: "La avalancha morena de peones mexicanos – la inmigración de indígenas y mestizos mexicanos – ha aumentado de año en año".[20] Refiriéndose a California, Roberts señaló: "En Los Ángeles...se pueden ver las calles sin fin con las chozas apiñadas de los mexicanos analfabetos, enfermizos y empobrecidos... dando a luz a un sin número de ciudadanos americanos con la prodigalidad indiferente de conejos...".[21]

Estas acciones y condiciones acrecieron rápidamente y para 1931 – cuando la junta directiva escolar había empezado sus acciones – se había establecido una política nacional de repatriación.[22] El Presidente Hoover creía que los extranjeros mexicanos contribuían al problema del desempleo porque les tomaban los trabajos a los euro-americanos. Hizo grandes esfuerzos no sólo por poner alto a la inmigración legal e ilegal sino también para expulsarlos. En 1931, el Secretario de Trabajo propuso una solución al problema del desempleo, al anunciar que había 400,000 inmigrantes ilegales en los Estados Unidos. Declaró que "...bajo las disposiciones de las leyes de inmigración podríamos deportar a 100,000 de estos ilegales".[23]

Además de la prensa, el creciente prejuicio contra los mexicanos se reflejó también en los informes estatales. En 1930, el Gobernador de California recibió un informe que había encargado con el título "Mexicanos en California". El informe considera a todas las personas de descendencia mexicana como mexicanos y no distingue entre los mexicanos nacidos en México y los ciudadanos estadounidenses de descendencia mexicana.[24] El informe

---

[16] Robert A. Divine, *American Immigration Policy* 1924-1952 (New Haven: Yale University Press, 1957), pp. 52-76.

[17] *Ibid.,*Hoffman, *Unwanted Mexican-Americans;* Romo, "Mexican Workers"; and Robin F. Scott, "The Mexican in the Los Angeles Area, 1920-1950: From Acquiescence to Activity," Ph.D. Thesis, University of Southern California, 1971.

[18] Hoffman, *Unwanted Mexican-Americans, p.* 23.

[19] Divine, *American Immigration Po,* p. 56.

[20] Romo, "Mexican Workers," p. 74.

[21] *Ibid.*

[22] Balderrama, *In Defense of La Raza;* Emory Bogardus, *Mexicans in the United States* (Los Angeles: University of Southern California Press, 1934); Cardoso, "Mexican Emigration;" Divine, *American Immigration Policy;* Hoffman, *Unwanted Mexican-Americans;* Romo, "Mexican Workers" and Scott, "The Mexican in Los Angeles."

[23] Hoffman, *Unwanted Mexican-Americans,* p. 39.

[24] R and E Research Associates, "Mexicans in California," A Report to Governor Clement C. Young, 1931.

se organiza en torno a cuatro partes, proporcionando estadísticas detalladas, pronósticos del futuro, y alarmantes tasas de crecimiento de la población mexicana en los Estados Unidos

Los autores del informe se enfocan en la parte sureña de California y declaran que entre 1910 y 1920 el aumento en el número global de mexicanos para el estado fue de 159% y para las 12 ciudades del Sur de California fue de 215%. El aumento para la década en San Diego fue de 124%. El informe apoyó la versión estereotipada del restriccionista que veía al mexicano como dócil y no asimilable, alguien que no tenía ningún deseo de convertirse en un ciudadano estadounidense permanente.[25]

Para enero de1931, la prensa de Los Ángeles que se distribuía en San Diego estaba dedicando sus artículos al problema de los ilegales. El *Illustrated Daily News* del 26 de enero de 1931 declaró: "Los ilegales deportables se ahorrarían problemas y gastos si se fueran de aquí de inmediato". El *Examiner* anunció: "Los ilegales deportables incluyen a mexicanos, japoneses y otros sin detalles calificantes".[26] Durante el siguiente año los oficiales policiacos de los municipios y los condados efectuaron redadas públicas para arrestar a mexicanos. Una de estas redadas incluyó a un parque en Los Ángeles. El resultado final en los Estados Unidos fue la deportación y la repatriación voluntaria de cientos de miles de mexicanos y ciudadanos estadounidenses de descendencia mexicana.

Los problemas económicos de la Depresión crearon una división tremenda entre aquellos que estaban a favor de restringir la inmigración mexicana, especialmente en el área suroeste de los Estados Unidos, y los anti-restriccionistas que luchaban por los derechos de los inmigrantes de México y de otros países también. La inseguridad económica junto con las actitudes del público llevó a la expulsión forzada y legalizada de mexicanos e incluyendo especialmente a las personas de descendencia mexicana – sin importar su nacionalidad – que fueron tratados como chivos expiatorios en el suroeste. En el Condado de San Diego, esta actitud no fue tan flagrante. Pero sería difícil creer que no tuviera efectos en San Diego y Lemon Grove el sentimiento nacional expresado en los periódicos y las revistas dominantes de la época y subrayado por parte de los dirigentes estatales y federales.

La actitud nativista y restriccionista fomentada por los problemas económicos de la depresión y el antecedente de segregación en la forma de las escuelas de americanización le dio a la junta escolar licencia para segregar a los niños. La segregación de niños mexicano-americanos fue extensiva en California y Tejas. En 1928, la matriculación en 64 escuelas en ocho condados de California fue del 90 al 100% mexicano-americano.[27] Durante

---

[25] *Ibid.*

[26] Hoffman, *Unwanted Mexican-Americans,* p. 47.

[27] Meyer Weinberg declara que en 1928, había 16 escuelas como esta en San Bernardino, 14 en el Condado de Orange, 10 en el Condado de Los Ángeles, 8 en Imperial, 8 en Kern, 4 en Ventura, 2 en Riverside, y 2 en Santa Bárbara. Meyer Weinberg, *A Chance to Learn* (Boston: Cambridge University Press, 1977). pp. 155-165.

Paul Taylor, en 1927, declara que en Imperial Valley, California, los niños mexicanos representaban una tercera parte de la poblacion y fueron separados en clases de americanización y

los años '20s, se institucionalizó la segregación en Tejas. Las juntas escolares de Tejas crearon secciones mexicano-americanas en las escuelas de vecindario que pronto se convirtieron en escuelas mexicano-americanas. Entre 1922-1923 y 1931-1932, el número de este tipo de escuela se dobló en Tejas de 20 a 40.[28]

Ningún estado del suroeste había legalizado la segregación de niños mexicano-americanos; sin embargo, esta práctica era muy común. Se construyeron y mantuvieron escuelas separadas, en teoría simplemente por razones de segregación residencial o para el beneficio del niño mexicano. Este niño tenía "un impedimento lingüístico" y tenía que ser "americanizado" antes de asociarse con niños anglo. Su presencia en una escuela integrada estorbaría el progreso de los niños americanos.[29]

Se habían construido escuelas como éstas en California sin mucha oposición, pero la junta de Lemon Grove no estaba preparada para la contienda resultante la cual llegó el siguiente mes a la Corte Superior del Estado de California en San Diego.

El 8 de enero de 1931, el *San Diego Evening Tribune* publicó un artículo, "75 alumnos mexicanos salen en huelga". El artículo detalló la acción del Director Green quien mandó a los niños a la nueva escuela de americanización y la respuesta de la comunidad que acusó a la junta escolar de segregación. El día siguiente, el *San Diego Sun* publicó una respuesta con el título "Los alumnos regresan a sus pupitres en Lemon Grove". El artículo fue escrito por L.H. Lovelace, el Supervisor de Asistencia, quien dijo que el "...asunto fue resuelto amigablemente según los oficiales escolares". Según el artículo, la Señorita Ada York, Superintendente de Escuelas del Condado, expresó que los 75 alumnos regresarían a la escuela de americanización. H.L. Owens, miembro de la junta escolar, dijo que "las dificultades entre las autoridades y los niños mexicanos se habían resuelto por completo".[30]

Aunque las autoridades escolares estaban convencidas de que la separación de los niños se había aceptado, durante el siguiente mes la comunidad se presentó en la corte y bajo una orden judicial de la Corte Superior de California en San Diego, impugnaron el derecho de la junta escolar de construir y mantener una escuela separada y segregada para los niños mexicano-americanos. Antes de la separación de la escuela, los niños mexicanos habían asistido a clases de inglés especiales, pero la construcción de una escuela separada y la segregación se consideraban amenazas a la comunidad.

---

oportunidad. "La segregación", dice, "ocurre en cada pueblo del Imperial Valley, California". University of California Publications in Economics, Volume VI, No. 1, (Berkeley: University of California Press, 1928), p. 83.

[28] *Ibid,* p. 155.

[29] Joan Moore, *The Mexican Americans* (Englewood Cliffs: Prentice Hall, 1970), p. 77.

[30] *San Diego Union,* 9 de enero de1931.

Los padres mexicanos se organizaron en el Comité de Vecinos de Lemon Grove y buscaron la ayuda de la comunidad mexicana en general.[31] La comunidad primero fue a hablar con Enrique Ferreira, que había sido cónsul mexicano en San Diego durante diez años. Ferreira respondió con fuerte apoyo y dispuso que los abogados de San Diego, Fred C. Noon y A.C. Brinkely actuaran en representación de la comunidad de Lemon Grove. Fred C. Noon hablaba español con fluidez y había trabajado en San Diego desde 1928. En 1930, había sido nombrado procurador de California para el Distrito Norte de Baja California y se le consideraba un experta en asuntos legales referentes a las relaciones fronterizas.[32] A raíz del apoyo del Consul Ferreira, y la convicción de la comunidad, se entabló una demanda contra la Junta Escolar de Lemon Grove. La comunidad escogió a mi padre, Roberto Álvarez, como representante de los niños segregados. Lo escogieron porque era un excelente alumno y hablaba muy bien el inglés.[33]

Además de pedirle ayuda al Cónsul Ferreira, los padres de Lemon Grove recurrieron a la comunidad mexicana en general. Los padres buscaron apoyo en los periódicos en español y aparecieron artículos en periódicos de Los Ángeles y de Tijuana. El 25 de enero de 1931, *La Opinión*, el principal periódico en español en el estado de California, publicó un artículo en la primera plana sobre el incidente en Lemon Grove, con el título: "No admiten a los Niños Mexicanos". En el artículo se incluyó una carta abierta del Comité de Vecinos de Lemon Grove, apoyando los derechos de todos los mexicanos en los Estados Unidos. "No estamos de acuerdo, que es muy natural, ni tampoco consideramos como justo la separación de nuestros hijos, sin ninguna razón, para mandarlos a otro establecimiento que distingue a los Niños Mexicanos de niños de otras nacionalidades". La comunidad pidió apoyo moral y material para poder "realizar el trabajo necesario para convencer a las autoridades escolares que no deben continuar la segregación".[34] Como resultado de este pedido y el apoyo de *La Opinión*, el Comité de Vecinos de Lemon Grove pudo cubrir las costas incurridas en el caso legal.[35]

Cuando se acercaba la fecha de la audiencia, los miembros de la junta escolar apelaron el sentimiento nacionalista en apoyo a su esfuerzo por separar a los niños. H.A. Anderson, el presidente de la junta escolar, en respuesta al artículo en *La Opinión*, declaró que "La huelga se está llevando a cabo por parte de una organización mexicana que se ha creado entre los elementos hispano-americanos en la costa".[36] Se había dicho que la mesa escolar estaba feliz de que hubiera este caso de prueba que determinaría los poderes de la junta referentes a la construcción de la escuela separada para los niños mexicanos. La oficina del fiscal ya había decidido a favor de la

---

[31] Álvarez, "School Segregation in the 1930s;" Balderrama, *In Defense of La Raza.*

[32] *San Diego Union,* 19 de enero de1930 *San Diego Union,* November 4, 1961.

[33] Entrevista con Roberto Álvarez, febrero de1981.

[34] *La Opinión,* 25 de enero de 1931.

[35] Balderrama, *In Defense of La Raza,* p. 60.

[36] *San Diego Sun,* 10 de febrero de 1931 y 11 de febrero de 1931.

junta escolar y había elegido defender las acciones de esta como la defensa legal de la escuela.[37]

El esfuerzo local por segregar también fue apoyado al nivel estatal. El 19 de enero de 1931, el Asambleísta George R. Bliss de Carpintería introdujo un proyecto de ley en la legislatura del estado que hubiera legalizado la segregación de alumnos mexicanos y mexicano-americanos. Bliss, como miembro de una junta escolar, había tenido éxito en establecer una escuela segregada para mexicanos en Carpintería bajo la rúbrica de "Escuela para Indios". El Código Escolar de California de la época disponía: "El poder para establecer una escuela separada para los niños indios y los niños de descendencia china, japonés y mongólica".[38] Bliss quiso extender la cláusula sobre los niños indios para que dijera "niños indios nacidos en Estados Unidos o no", lo cual hubiera permitido a las escuelas segregar a los niños mexicanos y mexicano-americanos, definiéndolos como indios.[39] El proyecto de ley de Bliss fue rechazado], pero es interesante que el historiador Francisco Balderrama atribuye la introducción del proyecto de ley a la controversia de Lemon Grove. Lillian Hill, Jefe de la División de Escuelas Migratorias en California declara en 1931 que un partidario de la segregación escolar que vivía en Lemon Grove había anunciado: "Si fracasa el esfuerzo por segregar en Lemon Grove, haremos todo lo posible para que la legislatura estatal apruebe una ley que nos permita segregar a estos sucios mexicanos".[40]

La comunidad mexicana, sin embargo, no se desalentó y el 13 de febrero la junta escolar recibió un mandato judicial del Tribunal Superior de California en San Diego, ordenando que los alumnos mexicano-americanos fueran regresados a la escuela principal. La petición de la comunidad pidiendo la orden de mandato había declarado que "la exclusión fue claramente un esfuerzo por segregar, al separar y segregar a todos los niños de parentesco mexicano de los niños de parentesco americano, europeo y japonés".[41] La comunidad declaró que la mesa escolar "no tenía el derecho ni el poder legal para prevenir que [los niños mexicanos] recibieran instrucción sobre una base igualitaria...". Los padres mexicanos aclararon que un 95 por ciento de los alumnos habían nacido en los Estados Unidos como ciudadanos "que tenían todos los derechos y privilegios comunes a todos los ciudadanos de los Estados Unidos".[42]

Además, la comunidad demostró su preocupación por los residentes y ciudadanos de linaje mexicano en toda California del sur: "...una rápida determinación del asunto es necesaria para evitar un serio desconcierto y para determinar el derecho legal bajo las leyes de California, de los niños de parentesco mexicano o de nacionalidad o descendencia mexicana a asis-

---

[37] *Ibid.*

[38] Balderrama, *In Defense of La Raza,* p. 61.

[39] *Ibid.*

[40] *Ibid.,* p. 64.

[41] *Superior Court of the State of California, San Diego County, Writ of Mandate, February 13, 1931.*

[42] *Ibid.*

tir a las escuelas públicas de California sobre una base de igualdad con otros americanos".[43]

Basado en este mandato judicial, el tribunal encausó a cada uno de los miembros de la junta escolar por haber segregado ilegalmente y ordenó la entrada de todo alumno de parentesco o nacionalidad mexicano a la escuela central principal.

En su respuesta a la Petición por un mandato judicial, la junta escolar negó todos los alegatos de segregación o aislamiento de los alumnos de descendencia mexicana. La acción de la junta escolar se racionalizó bajo el pretexto del mejoramiento de la educación de los alumnos mexicanos. La nueva escuela sería una "escuela de americanización" en la que las deficiencias de los niños de descendencia mexicana se corregirían, evitando el deterioro de los alumnos americanos como resultado del contacto con los mexicanos en la escuela principal. Para que los niños mexicanos llegaran al mismo nivel que los niños americanos, se les enseñarían las costumbres americanas. Los argumentos centrales que se presentaron al tribunal fueron:

1. Que la nueva escuela era suficientemente grande para que asistieran 85 alumnos o más y que un patio de recreo estaba alistado y bien equipado.

2. Que la escuela se construyó en la sección norteña del pueblo (en el barrio mexicano) para mantener la seguridad de los niños porque así podrían ir a la escuela sin tener que cruzar la avenida central para llegar a la escuela principal.

3. Que con un par de excepciones, los niños transferidos a la nueva escuela son deficientes en su conocimiento del idioma inglés y son mayores que los demás niños en las clases correspondientes y requieren de atención especial por parte de los maestros.

4. Que la nueva escuela fue construida con el propósito de establecer una escuela de americanización en la cual los niños atrasados y deficientes podrían recibir mejor instrucción de la que recibirían en la escuela más grande.

5. Que la escuela de americanización no tenía la intención de segregar a los niños mexicanos.[44]

El martes 24 de febrero, se abrió la audiencia en la corte delante del Juez Claude Chambers de San Diego. El Juez Chambers era bien conocido en San Diego. Había llegado en 1906 y fue un juez municipal. A fines de los años '30s se presentó para Consejero Municipal y Alcalde de San Diego. Aunque perdió en ambas elecciones, el Juez Chambers tenía antecedentes impresionantes en los tribunales de San Diego. Fue un líder en la ciudad,

---

[43] *Ibid.*

[44] Alternate Writ of Mandate, 14 de febrero de 1931.

donde fundó la revista *San Diego Tourist Magazine* en 1908. En 1913 fue uno de los fundadores de la Asociación de Publicidad de San Diego. Fue también presidente de la Asociación de Comerciantes de San Diego y formó la Asociación Hotelera de San Diego. En 1934 expresó sus opiniones como Juez. Su refrán en su campaña electoral fue "Templar la Justicia con la Compasión". "Yo creo que un tribunal debe sostener la dignidad de la ley y respetar los derechos de todos equitativamente, sin importar que sean ricos o pobres, y sin importar la raza, nacionalidad y religión de las personas...".[45] Estas creencias acompañaron al Juez en el tribunal.

El caso en el tribunal se centró en la refutación de las afirmaciones de la junta escolar sobre el atraso y las deficiencias de los niños mexicano-americanos. Además del demandante que representaba a todos los niños, hubo diez testigos principales cuyo testimonio ilustró la equivocada generalización sobre los logros escolásticos de los niños mexicanos. Pero la interrogación más seria se dio con los miembros de la junta y los empleados de la escuela.

Juez Chambers: Cuando hay niños americanos que están retrasados en la escuela, ¿qué hacen con ellos?

Respuesta: Los mantenemos en una clase atrás.

Juez: ¿No los segregan? ¿Por qué no hacen lo mismo con los otros niños? ¿No es cierto que la asociación de niños mexicanos con niños americanos sería favorable para el aprendizaje del inglés por parte de estos niños (mexicanos)?

Respuesta: silencio.

Abogado Noon: ¿Todos los niños mexicanos estaban atrasados (en su trabajo)?

Respuesta: Muchos de los alumnos de la escuela de Lemon Grove, señor.

Noon: ¿Cómo se portaban en la escuela?

Respuesta: Los más grandes se portaban bien. Los más chicos nos costaban mucho trabajo.

Noon: ¿Por qué los separaron?

Respuesta: Para poder darles más atención personal.[46]

Al concluir, el Juez Chambers dijo:

---

[45] *San Diego Union*, 1934. Sin fecha.

[46] Secretaría de Relaciones Exteriores. Tomo I-II, 1930-31, pp. 1786-1787.

"Yo entiendo que se puede separar a unos pocos niños; para mejorar su educación necesitan instrucción especial. Pero separar a todos los mexicanos en un grupo sólo se puede hacer en violación de las leyes del Estado de California. Y la culpa de esta segregación no la tienen los pocos niños mexicanos que están atrasados (en su trabajo escolar). Al contrario, éste es un hecho que los favorece. Yo creo que esta separación les niega a los niños mexicanos la presencia de niños americanos que es tan necesario para que aprendan a hablar inglés".[47]

El 30 de marzo de 1931, se dictó un fallo a favor de la comunidad mexicana.[48] La determinación legal refutó cada aserción hecha por la junta escolar y el tribunal ordenó la entrada inmediata de los niños mexicanos a la escuela principal. La separación en efecto fue clasificada como segregación y el tribunal dictaminó que la junta escolar no tenía fundamento legal sobre el cual basar la segregación a los niños. Las leyes de California no autorizaban ni permitían el que se mantuvieran escuelas separadas para la enseñanza de alumnos de descendencia o nacionalidad mexicana. Los niños tenían el derecho de entrar al edificio de la escuela principal y ser instruidos sobre una base de igualdad con todos los demás niños.

En el acta de una reunión de la junta escolar que tuvo lugar después de la decisión del tribunal hay una última y única mención del caso legal: "Presentes todos los miembros de la junta escolar. Ya que perdimos en la corte hubo discusión sobre el regreso de los alumnos mexicanos pero sólo prevaleció un espíritu de buena voluntad, y se decidió que todo continuaría exactamente como estaba antes del 5 de enero".[49] El caso nunca se inscribió en las actas de la junta escolar ni tampoco se mencionó en una historia local de la escuela de Lemon Grove de 1880 hasta 1966 escrita por un antiguo superintendente de escuelas.[50]

Podría pensarse que el caso de Lemon Grove fue un incidente aislado en los años '30s, pero la segregación de niños mexicanos y mexicanoamericanos era común en todo el suroeste del país en aquella época. En algunos casos reapareció y fue combatido como segregación de facto en nuestras ciudades principales hasta los años '70s.[51]

Antes del caso de Lemon Grove, LULAC, la "League of United Latin American Citizens", escogió el distrito escolar de Del Rio, Tejas, como un caso de prueba para proscribir una política segregacionista parecida a la de Lemon Grove. El caso – *Salvatierra v. Independent School District* – impugnó la legalidad de la "segregación completa de niños de descendencia mexicana y española". El Tribunal de Distrito del Condado de Val Verde concedió un interdicto que le prohibió al distrito segregar a los niños mexicanos, pero la junta escolar apeló el interdicto. A principios de 1930, la

---

[47] *Ibid.*

[48] Conclusions of Law: March 1, 1931.

[49] Conclusions of Law: March 1, 1931.

[50] Byron L. Netzley, "A Personal History of the Lemon Grove School District," un-published Manuscript, Lemon Grove Historical Society, 1966.

[51] Haro, *Mexicano/Chicano Concerns;* U.S. Commission of Civil Rights, 1971. Mexican American Education Study (Washington, D.C.: Government Printing Office).

Corte de Apelaciones de Tejas acordó en parte con el tribunal de distrito en cuanto a la falta de poder por parte del distrito escolar para separar arbitrariamente a los niños mexicanos. Pero la Corte de Apelaciones reconoció el derecho del distrito escolar a separar a los niños en base a sus deficiencias lingüísticas en hablar el inglés. LULAC apeló la decisión hasta el Tribunal Supremo de los Estados Unidos, pero el caso fue desestimado por falta de jurisdicción.[52]

El caso de la escuela de Lemon Grove fue aislado como un incidente local y no fue una decisión que pudiera servir como precedente ni en el estado de California ni tampoco en otras situaciones de segregación escolar en el suroeste del país. A diferencia del caso en Tejas, la junta escolar no apeló la decisión del tribunal de distrito y cumplió con las órdenes del tribunal. Dado el clima de la época, es sorprendente que no se apelara el caso. Aún más sorprendente quizás es el hecho de que otras comunidades en el estado no utilizaran el caso como precedente para desegregar las escuelas y las clases de americanización que fueron creadas para niños mexicanos y mexicano-americanos. El caso hace honor a los miembros de la comunidad mexicana de Lemon Grove quienes como inmigrantes utilizaron el sistema público de justicia para reivindicar los derechos de sus hijos como ciudadanos estadounidenses.

Discriminación: Méndez v. Westminster

Humberto Caspa, Ph.D.

"No pude más", se quejaba un padre de familia en la ciudad de Costa Mesa, California, "tuve que sacar a mis niños de la escuela de intermedio Tewinkle porque ya no soportaba ver como se atrasaban".

Esta escuelita de intermedio, como muchas otras similares en los distritos de Los Ángeles y otras ciudades urbanas del país, a pesar de estar ubicada en una zona residencial de clase media-alta, los estudiantes pertenecen a los estratos económicos y sociales más bajos del distrito. ¿Dónde están los hijos de las familias de clase media alta? ¿En qué escuela están atendiendo? ¿Por qué sólo van los niños de estratos económicos bajos, particularmente minorías étnicas?

Seguramente existen muchos justificativos y razones para llevar a sus hijos e hijas a otras escuelas –públicas y privadas—, lo cierto es que la enseñanza que nos dejó Méndez v. Westminster está siendo ignorada. En algunos casos, a falta de más empuje a la diversidad, la discriminación institucional que existió a principios del Siglo XX, está siendo reimplantada por

---

[52] Balderrama, *In Defense of La Raza,* p. 59; Weinberg, *A Chance to Learn, p.* 165.

una auto-segregación, a pesar de los avances que se han llevado a cabo durante las últimas décadas.

En 1947, el caso de Méndez v. Westminster rompió con la segregación en las escuelas del área de Orange County, y creó un verdadero huracán de cambios a nivel institucional en el estado de California, rompiendo los hitos de segregaciones vecinales, prohibición a minorías en ciertos en los centros sociales, como las piscinas (albercas), restaurantes, etc. El Méndez v. Westminster fue también precursor del caso más importante contra la segregación institucional educativa: *Brown v. Board of Education.*

Todo empezó en el años de 1943, cuando Gonzalo Méndez y su esposa Felicitas, decidieron mudarse a la ciudad de Westminster del Condado de Orange en California. Habían rentado la granja de una familia japonesa que había sido internada a un campo de concentración. Durante la Segunda Guerra mundial, el gobierno norteamericano había ordenado a todos los japoneses, incluyendo a japoneses-americanos, a que se instalaran en establecimientos federales para que, aparentemente, no intentaran sublevarse contra Estados Unidos. Fue una de las políticas más vergonzosas del gobierno norteamericano.

Así, los Méndez quisieron inscribir a sus niños/as, Sylvia, Jerome and Gonzalo Jr., a una escuela de su distrito, pero las autoridades de esa escuela en Westminster le dijeron que no podían porque existía una ley de segregación. "Tienen que ir a una escuela de Mexicanos," subrayaron.

Seguidamente Gonzalo Méndez trató de convencer a las autoridades del distrito para que sus hijos fueran a tomar clases. El director de la escuela y otros oficiales distritales nunca desistieron. Entonces Méndez enjuició al distrito de Westminster, en nombre de otras 5,000 personas que también habían sido afectadas por las leyes discriminatorias del distrito escolar de Westminster.

Al final, un juez local dictaminó a favor de la familia Méndez, y rompió con los hitos de discriminación en las escuelas. En 1947, una corte de apelación también decidió que no deberían existir espacios para escuelas segregadas en California. Y dos meses más tarde, el gobernador de California, Earl Warren, declaró que el estado no toleraría segregación en las escuelas, convirtiendo a California en el primer estado en romper con un proceso de discriminación institucional en los establecimientos educativos.

Siete años más tarde fue también el mismo Warren, ahora como Jefe de la Suprema Corte de Justicia, quien escribió la decisión del caso *Brown v. Board of Education*, el cual terminó con la segregación educativa en el país.

Sin embargo, hoy empezamos a ver reminiscencias de ese sistema nefasto de dividir grupos sociales en etnias nacionales en las escuelas. Ya no es en la forma sistematizada de aquellos años cuando los Méndez fueron negados de sus derechos constitucionales, sino más bien en una forma más sutil, menos criticable, pero con los mismos efectos dañinos hacia la comunidad y la sociedad norteamericana, es decir voluntaria.

La segregación desde el gobierno está en la historia, pero otros tipos de prejuicios y discriminación todavía son parte inmanente de nuestro sistema.

Todas las escuelas tienen las mismas capacidades para educar a los estudiantes, nada más que unas tienen mayores recursos, mejor personal y dinero que otras. Es necesario uniformar la educación en las escuelas.

———

Acta de Derechos de Educación y Privacidad de la Familia

El Acta de Derechos de Educación y Privacidad de la Familia (FERPA) otorga los padres y estudiantes mayores de 18 años de edad ciertos derechos relacionados con los archivos educativos del estudiante. Estos derechos son:

1. El derecho a inspeccionar y revisar los archivos educativos dentro de un plazo de45 días de la fecha que la escuela reciba solicitud escrita. Los padres o el alumno mayor de edad deben presentar la solicitud escrita al director o al oficial designado de la escuela, indicando los archivos educativos que desea inspeccionar. El director hará arreglos para facilitarlos y notificar a los padres del estudiante de la hora y el lugar donde los archivos pueden ser inspeccionados.

2. El derecho a solicitar enmienda de los archivos educativos si el representante o estudiante mayor de edad cree que son erróneos o distorsionados. Debe presentar una solicitud escrita al director o al oficial designado de la escuela, indicando cual parte de los archivos educativos se debe corregir y explicar por qué es errónea o distorsionada. Si la escuela decide no enmendar los archivos educativos solicitados por los padres o estudiante mayor de edad, la escuela notificará a los padres o estudiante mayor de edad y avisarles de su derecho a una audiencia en relación a la solicitud de enmienda. Mayor información en relación al procedimiento de audiencia se proveerá a los padres o estudiante mayor de edad al notificarle a su derecho a una audiencia.

3. El derecho a aceptar la diseminación de información personal identificable contenido en los archivos educativos del estudiante, excepto en los puntos ya autorizados por la ley FERPA para la diseminación sin autorización previa. Una excepción que permite la diseminación de información sin autorización previa es la diseminación de información a los oficiales de la escuela quienes tienen intereses educativos legítimos. Un oficial de la escuela es una persona empleada por la escuela o el distrito escolar como administrador, supervisor, profesor, o asistente (incluyendo personal médico o policía); una persona de la Junta Directiva del distrito escolar; una persona o compañía que la escuela ha contratado para un servicio específico (como

abogado, auditor, consulta médica o psiquiatra); o un representante o estudiante quien tiene puesto en un comité oficial, como un comité de casos disciplinarios o quejas o quien ayuda a un oficial de la escuela con sus responsabilidades. Un oficial de la escuela tiene interés educativo legítimo si el oficial necesita revisar un archivo educativo para cumplir con su responsabilidad profesional. La escuela disemina los archivos educativos sin autorización previa si otro distrito escolar al cual el alumno quiere matricularse hace solicitud. Al solicitarlo, la escuela disemina archivos educativos sin autorización previa a oficiales de otro distrito escolar o instituto en el cual un alumno desea matricularse o ya se ha matriculado con tal que el motivo de la diseminación de tales archivos se relaciona con la matrícula o traslado del alumno.

4. El derecho de reclamar ante el Departamento de Educación de los Estados Unidos respecto a fallas supuestas por la escuela en cumplir con los requisitos de FERPA.

Preparación para la Educación Postsecundaria para los Estudiantes con Discapacidades

Departamento de Educación de EE.UU, Oficina de Derechos Civiles, Washington, D.C.

Enero de 2012

Cada día más estudiantes con discapacidades tienen planes de estudiar más allá de la escuela secundaria en centros de formación profesional y de oficio, y universidades de dos y cuatro años de estudio. Como estudiante con discapacidad, usted debe estar al tanto de sus derechos y responsabilidades, y del deber que las instituciones postsecundarias tienen con usted. Estar bien informado le ayudará a gozar de todos los beneficios de la educación superior sin confusión ni demora.

Este folleto, publicado por la Oficina para Derechos Civiles (OCR, por sus siglas en inglés) del Departamento de Educación de EE.UU., explica los derechos y las responsabilidades de los estudiantes con discapacidades que se preparan para los estudios superiores. También se explican las obligaciones que tienen las instituciones de educación superior de ofrecer ajustes académicos—tales como ayudas y servicios auxiliares—para evitar la discriminación por motivos de discapacidad.

La OCR se encarga del cumplimiento de la Sección 504 de la Ley de Rehabilitación de 1973 (Sección 504) y el Título II de la Americans with Disabilities Act de 1990 (Título II), que prohíben la discriminación por motivos de discapacidad. Casi todos los distritos escolares e instituciones de educación superior en Estados Unidos se rigen por una o ambas de estas leyes que tienen requisitos similares.

A pesar de que la Sección 504 y el Título II se aplican a los distritos escolares y las instituciones de educación superior, las responsabilidades de las instituciones de educación superior son notablemente diferentes.

Además, usted tendrá responsabilidades como estudiante universitario que no tiene como estudiante de escuela secundaria. La OCR sugiere a los estudiantes que conozcan sus responsabilidades y las leyes de la Sección 504 y el Título II según aplican a las instituciones postsecundarias. Con toda esta información a mano, usted tendrá mayores posibilidades de éxito en los estudios superiores.

A continuación ofrecemos una serie de preguntas y respuestas que proporcionan información más detallada.

¿Notaré Alguna Diferencia entre la Escuela Secundaria y la Escuela Superior en lo que se Refiere a mis Derechos como Estudiante con Discapacidad?

Sí. La Sección 504 y el Título II prohíben la discriminación a los estudiantes de primaria, secundaria y educación superior. Sin embargo, varios de los requisitos que se aplican durante la escuela secundaria son diferentes a los requisitos que se aplican a partir de la escuela secundaria. Por ejemplo, la Sección 504 requiere que los distritos escolares provean una educación pública gratuita y apropiada (FAPE) a cada menor con una discapacidad en la jurisdicción del distrito. Sea cual sea la discapacidad, el distrito escolar debe identificar las necesidades educativas del individuo y prestar cualquier educación regular o especial y los apoyos y servicios necesarios para satisfacer esas necesidades de igual manera que se atienden las necesidades de los estudiantes sin discapacidades.

A diferencia de las escuelas secundarias, sin embargo, las escuelas postsecundarias no están obligadas a proporcionar la FAPE. En su lugar, las escuelas postsecundarias están obligadas a proporcionar los ajustes académicos necesarios para garantizar igual acceso a los estudiantes con discapacidad. Por ejemplo, si una escuela postsecundaria proporciona vivienda a los estudiantes, debe proporcionar vivienda equivalente, adecuada y accesible a los estudiantes con discapacidades al mismo costo que a los estudiantes sin discapacidades.

¿Me Puede Negar una Escuela Postsecundaria la Admisión Porque Tengo una Discapacidad?

No. Si usted cumple con los requisitos esenciales de admisión, una institución de educación superior no le puede negar ingreso simplemente por tener una discapacidad.

¿Tengo que Informar a una Institución Postsecundaria sobre mi Discapacidad?

No. Pero si quiere que la escuela le ofrezca un ajuste académico o que le asigne a instalaciones accesibles, usted debe declarar que tiene una discapacidad. La decisión es suya.

¿CUÁLES AJUSTES ACADÉMICOS DEBE OFRECER UNA ESCUELA SUPERIOR?

El ajuste académico debe determinarse en relación a su discapacidad y necesidades individuales. Los ajustes académicos pueden incluir medios y servicios auxiliares, y las modificaciones necesarias a los requisitos académicos para garantizar la igualdad de oportunidad educativa. Ejemplos de ajustes incluyen: proporcionar registro prioritario; reducción de la carga académica; sustitución de una asignatura por otra; proporcionar una persona para tomar notas, dispositivos de grabación, intérpretes de lenguaje por señas, tiempo adicional para completar los exámenes, y si se proporcionan teléfonos en las habitaciones residenciales de los estudiantiles, un teléfono TTY en la habitación; y dotar las computadoras de la escuela con la lectura de pantalla, reconocimiento de voz, o cualquier otro programa o equipo informático de adaptación.

Al ofrecer un ajuste académico, su escuela postsecundaria no tiene obligación de liberalizar o modificar sustancialmente los requisitos esenciales. Por ejemplo, aunque se le puede requerir a la escuela que proporcione tiempo adicional para completar un examen, no hay obligación de cambiar el contenido. Además, su escuela postsecundaria no tiene que hacer ajustes que pudieran alterar fundamentalmente la naturaleza de un servicio, programa o actividad, o que resulte en una carga financiera o administrativa excesiva. Por último, su escuela postsecundaria no tiene que proporcionar ayudantes personales, dispositivos recetados individualmente, lectores para uso personal o de estudio, u otros dispositivos o servicios de carácter personal, tales como un tutor o mecanógrafo.

¿QUÉ DEBO HACER PARA OBTENER UN AJUSTE ACADÉMICO?

Usted tiene la responsabilidad de informar a la escuela que tiene una discapacidad y necesita un ajuste académico. A diferencia de su distrito escolar, su escuela postsecundaria no tiene la obligación de identificarle como persona con discapacidad o de evaluar sus necesidades.

Su institución postsecundaria le puede pedir que cumpla con procedimientos razonables para solicitar un ajuste académico. Usted es responsable de conocer y cumplir los procedimientos. Las escuelas postsecundarias suelen incluir información sobre cuáles son los procedimientos y a quién contactar para solicitar un ajuste académico en sus folletos de publicidad, catálogos, manuales de estudiante, y el sitio web de la escuela. Muchas escuelas tienen empleados dedicados a la atención de los estudiantes con discapacidades. Si usted no puede encontrar estos procedimientos, acuda a la oficina de admisión o de asesoramiento estudiantil y pida hablar con un funcionario de la escuela.

¿CUÁNDO DEBO SOLICITAR UN AJUSTE ACADÉMICO?

Aunque puede pedirle a su institución de educación superior un ajuste académico en cualquier momento, lo debe hacer lo más pronto posible. Algunos ajustes académicos pueden tomar más tiempo que otros para darse. Usted debe seguir los procedimientos de su escuela para asegurar que la escuela tenga suficiente tiempo para evaluar su solicitud y ofrecer el ajuste académico apropiado.

¿Tengo que Dar Pruebas de mi Discapacidad para Obtener un Ajuste Académico?

Por lo general, sí. Su escuela probablemente le exigirá documentación actualizada que compruebe que usted tiene una discapacidad y que necesita un ajuste académico.

¿Qué Tipo de Documentos Debo Presentar?

Las escuelas pueden establecer criterios razonables de documentación. Algunas escuelas exigen más documentación que otras. Se puede requerir que usted proporcione documentos preparados por un profesional adecuado, tal como un médico, un psicólogo, o profesional capacitado para evaluar su condición. La documentación requerida puede incluir uno o más de los siguientes: un diagnóstico de su discapacidad actual, así como información de verificación, tales como la fecha del diagnóstico, y cómo se llegó al diagnóstico, y los credenciales del profesional que hizo el diagnóstico; información sobre cómo su discapacidad afecta una actividad básica de la vida, e información sobre cómo la discapacidad afecta su rendimiento académico. La documentación debe proporcionar información suficiente para que usted y su escuela puedan determinar cuál es el ajuste académico apropiado.

Un programa educativo individualizado (IEP) o plan de Sección 504, si lo tiene, pudiera ayudar a identificar los servicios que han sido eficaces para usted. Pero esto generalmente no es suficiente documentación debido a las diferencias entre la educación superior y la educación secundaria. Lo que usted necesita para satisfacer las demandas de la educación superior pudiera ser diferente a lo que funcionó para usted en la escuela secundaria. Además, en algunos casos, la condición de una discapacidad puede cambiar.

Si la documentación que usted tiene no cumple con los requisitos de la institución educativa, un oficial de la escuela debe informarle en un periodo de tiempo adecuado, qué tipo de documentación adicional usted necesita presentar. Es posible que necesite una nueva evaluación con fin de proporcionar la documentación requerida.

¿Quién Paga por una Nueva Evaluación?

Ni su escuela secundaria ni su escuela postsecundaria están obligadas a realizar o pagar por una nueva evaluación para documentar su discapacidad y la necesidad de un ajuste académico. Por lo tanto, es posible que usted tenga que pagar o encontrar un modo de financiar el costo de un profesional adecuado para una evaluación. Si usted tiene derecho a recibir servicios de una agencia estatal de rehabilitación de oficio, usted podría recibir una evaluación sin costo alguno.

¿Qué Pasará Cuando yo Entregue los Documentos Requeridos a la Escuela?

Para determinar un ajuste académico apropiado, la escuela revisará su petición según los requisitos esenciales del programa correspondiente. Es importante recordar que la escuela no está obligada a reducir o eximir de los requisitos esenciales. Si usted ha solicitado un ajuste académico específico, la escuela puede ofrecer ese ajuste académico, o puede ofrecer una alternativa eficaz. La escuela también tiene la opción de realizar y pagar por cuenta propia una evaluación de la discapacidad y las necesidades del estudiante.

La escuela debe colaborar con usted en un proceso interactivo para determinar el ajuste académico apropiado. No piense que la escuela postsecundaria invitará a sus padres a participar en el proceso o a desarrollar un IEP para usted, tal como ocurrió en la escuela secundaria.

¿Qué Pasa si el Ajuste Académico no Funciona?

Avísele a la escuela tan pronto como se dé cuenta que los resultados no son los esperados. Podría ser demasiado tarde para corregir el problema si espera hasta que el curso o la actividad haya concluido. Usted y su escuela deben colaborar para resolver el problema.

¿Me Puede Cobrar una Institución Postsecundaria por Brindarme un Ajuste Académico?

No. Tampoco puede cobrar más a los estudiantes con discapacidades por participar en sus programas o actividades de lo que le cobra a los estudiantes que no tienen discapacidades.

¿Qué Puedo Hacer si Creo que la Escuela me ha Discriminado?

Casi todas las escuelas postsecundarias deben emplear una persona que coordine el cumplimiento de la escuela con la Sección 504, y el Título II. Con frecuencia, a tales coordinadores se les llama "Coordinador de Sección 504", "Coordinador ADA" o "Coordinador de Servicios a los Discapacitados". Debe contactar a esa persona para obtener información sobre sus inquietudes.

La escuela también debe tener procedimientos de queja. Estos procedimientos no son los mismos que los procedimientos de debido proceso de la escuela secundaria. Sin embargo, los procedimientos de queja de la institución educativa deben incluir medidas para garantizar que usted pueda plantear sus inquietudes de manera plena y justa, y deben proveer una resolución pronta y equitativa de las quejas.

Las publicaciones de la escuela, tales como los manuales de estudiantes y los catálogos, por lo general describen los pasos a seguir para iniciar el proceso de reclamo. A menudo, las escuelas tienen procesos formales e informales. Si usted decide usar un proceso de reclamo, debe estar preparado para presentar todas las razones y documentos que respaldan su solicitud.

Si no está satisfecho con el resultado de los procedimientos de queja de la escuela o desea realizar un proceso alternativo de quejas, usted puede presentar una queja ante la OCR o un tribunal.

Los estudiantes con discapacidades que conocen sus derechos y responsabilidades están mucho mejor equipados para tener éxito en los estudios superiores. Le sugerimos colaborar con el personal de su escuela porque ellos también desean el éxito del estudiante. Busque el apoyo de familiares, amigos y compañeros de estudios, incluidos aquellos con discapacidades. Conozca sus talentos y aprovéchelos, y confíe en sí mismo al aceptar nuevos retos en su educación.

Héctor Carlo Emanuelli Rep. Por Ilia Emanuelli, v. The Palmas Academy
2004 WL 1877718 TCA

Tribunal de Apelaciones, San Juan, Puerto Rico, 30 de junio de 2004.

La querellada peticionaria, The Palmas Academy, solicita revisión de una resolución dictada el 23 de mayo de 2000 por la Oficina del Procurador de las Personas con Impedimentos y notificada en igual fecha. Alega que el foro recurrido erró al:

1. aplicar al caso de autos la Ley Federal conocida como Individuals with Disabilities Education Act infra, así como los rigores que por medio de esa ley se implementan.

2. concluir que la no admisión del menor Héctor A. Carlo Emanuelli constituyó una actuación discriminatoria por parte de la querellada.

3. no hacer su análisis respecto a si el programa de la querellada era el más adecuado para el desarrollo del menor, pues no consideró con dicho análisis la estructura del programa académico de The Palmas Academy y las recomendaciones de los profesionales de la salud que proveen tratamiento al menor querellante.

4. adjudicar partidas por concepto de daños y perjuicios, por no estar dicho poder expresamente delegado en la ley habilitadora que crea la OPPI y estar dicha materia fuera de su área de pericia administrativa.

5. adjudicar sumas por motivo de daños y perjuicios, sin que se demostraran los requisitos establecidos por el Artículo 1802 del Código Civil.

6. ordenar la devolución de la prestación correspondiente a los querellantes por motivo del procesamiento de la solicitud de admisión, contrato acordado entre las partes, sin que se hubiese demostrado algún incumplimiento por parte de la querellada en su obligación de procesar dicha solicitud de admisión a los querellados.

7. determinar una temeridad que no fue notificada y consecuentemente imponerle el pago de honorarios de abogados por sus alegadas conductas discriminatorias las cuales no constituyen causa para tal determinación.

La querellante recurrida señora, Ilia Emmanuelli, en representación de su hijo, Héctor Carlo Emmanuelli, radicó una querella ante la Oficina del Procurador de las Personas con Impedimentos contra Palmas del Mar Academy. Alegó que dicha institución académica discriminó contra su hijo, al denegarle la admisión a nivel escolar, debido a sus impedimentos. La Sra. Emmanuelli visitó a la querellada recurrente para gestionar la admisión de su hijo a nivel preescolar. Ésta declaró en el foro administrativo que conversó con la recepcionista y una maestra de nivel preescolar, a las que expresó estar preocupada por la flexibilidad del horario, ya que su hijo recibía terapias del habla y ocupacional. De los autos surge que el menor recibe tratamientos médicos y recientemente fue sometido a una cirugía para corregir el problema del habla. No obstante, la profesora Marisol Collazo, Directora Escolar de la querellada recurrente, declaró que no se le había comunicado que el niño tuviera impedimentos.

El foro administrativo recibió prueba médico pericial que establece que el menor es un niño con impedimentos y necesidades especiales en áreas fundamentales del diario vivir como la comunicación y el desarrollo neurológico. Como parte de esa prueba se incluyó el expediente médico del pediatra Miguel Cerón, que no fue controvertido por la querellada. Las partes estuvieron de acuerdo en que el primer día que la querellante fue a las facilidades de la querellada se le entregó un documento con los requisitos de admisión y pagó $100.00 por los gastos de solicitud. Además entregó a la querellada la mayoría de los documentos solicitados, entre ellos una evaluación psicométrica que realizó la Dra. Alice M. Ouslan, Psicóloga Clínica y Escolar, quien fue miembro de la Junta de Directores de Palmas Academy.

Previo al comienzo de clases, el niño acudió a un campamento de verano en la institución querellada. Según el testimonio de la madre, el menor terminó satisfactoriamente el mismo. Posteriormente, la madre lo llevó a realizar un examen, que según le informaron, era de ubicación. Por el contrario, la profesora Collazo declaró que era una prueba de admisión. No obstante, en el documento que contiene los requisitos de admisión, no se aclara el propósito de la prueba. Además, la querellante declaró que las condiciones para que su hijo tomara la prueba no fueron adecuadas y no tuvo la oportunidad de terminar de contestar el examen.

Finalmente, la academia se comunicó con el padre para informarle que no aceptarían al niño, comunicación que luego recibieron por escrito y en la que se expresan las razones para la denegación:

A. Admissions tests show that he is below his grade level.

B. The psychometric and psychological exam report shows specific recommendations for a structured learning environment.

C. The psychometric and psychological exam report recommended a student and teacher ratio of ten students to one teacher.

D. Specific recommendations for consistent, dedicated attention to the child.

E. Specific recommendations for a traditional school learning environment.

El foro administrativo resumió la controversia planteada a determinar, si Palmas Academy, en el proceso para denegar la admisión a nivel preescolar de Héctor Carlo Emmanuelli, cumplió o no con lo que disponen las leyes y reglamentación aplicables, y si hubo discrimen hacia el menor.

Dicho foro concluyó que, conforme a la reglamentación federal aplicable, Héctor A. Carlo es una persona con impedimento cualificada, con limitaciones sustanciales en una o más de las actividades mayores de la vida. La profesora Collazo declaró que el peso para denegar la admisión estuvo basado en el informe de la Dra. Ouslan y el resultado de la prueba que obtuvo el menor. Aunque alegó que nadie le informó que el niño tenía algún impedimento, en dicho informe se establecen sus impedimentos. Surge del informe que:

. . . A las siete semanas el niño fue operado de hernia inguinal bilateral. Presentó una condición de reflujo esogástrico para el cual está bajo tratamiento médico. Héctor A. fue diagnosticado con la condición de laringomalaria. El niño padece de alergias nasales y de infecciones de oídos frecuentes. . .

En lo que respecta al desarrollo motor, Héctor A. presentó desde muy temprano un retardo psicomotor moderado e hipotonía truncal. Para ello ha recibido servicios intensivos de estimulación e intervención temprana en las áreas de desarrollo motor, perceptual y del neurodesarrollo. . .

Desde una etapa temprana, Héctor A. ha recibido servicios en las áreas de terapia física, terapia ocupacional, habla-lenguaje, pediatría del desarrollo, neurología del desarrollo, audiología, oftalmología pediátrica, entre otras. . .

Su comportamiento a lo largo del proceso de evaluación se caracterizó por su incapacidad para establecer contacto visual con la psicóloga, dificultad para seguir instrucciones y un alto nivel de actividad. Fue muy difícil tratar de que Héctor A. prestara atención a las tareas que se le presentaron y en ocasiones parecía no escuchar. Por momentos, fue necesario restringirlo físicamente para lograr establecer contacto visual y captar su atención. La psicóloga tuvo que ejercer mucha estructura y control, ya que Héctor A.

se movía con facilidad hacia otra actividad no relacionada con la evaluación. Su dificultad para atender y mantenerse en la tarea llevó a trabajar la evaluación en dos sesiones. . .

El historial médico y de desarrollo de Héctor A. describen a un niño prematuro con rezago o demora en su desarrollo neurológico, comunicológico, perceptual-motor, cognitivo y de conducta. . .

Héctor A. demostró dificultades serias en las áreas de coordinación e integración viso-motoras. Sus destrezas del lenguaje y fluidez verbal se ven afectadas por su problema de habla-lenguaje.

La dificultad de Héctor A. para atender, su alto nivel de actividad y la resistencia que muestra con frecuencia para seguir instrucciones y trabajar tareas específicas, pueden limitar su proceso de adaptación y aprendizaje. Sin embargo, éstas son áreas de funcionamiento que Héctor A. podrá superar a medida que va madurando y que se le provean las experiencias sociales y educativas más adecuadas.

Aunque la psicóloga reconoce deficiencias en algunas áreas de funcionamiento, concluyó que podían ser superadas si se le proveían las experiencias educativas y sociales adecuadas. El foro administrativo resolvió que la demandada no proveyó a la demandante ese acomodo razonable. Palmas no debió haber denegado a Héctor la oportunidad de estar en un ambiente menos restrictivo con otros estudiantes, para que copiara conducta típica mediante modelaje.

Por su parte se probó en el foro administrativo que Palmas Academy es una entidad educativa que recibe fondos federales gubernamentales a través del Departamento de Educación y mediante asistencia para los comedores escolares. De la prueba testifical y documental recibida dicho foro determinó que la demandada no cumplió con los requisitos de la sección 504 de la Ley Federal de Rehabilitación de 1973, según enmendada, y su reglamento. Esta legislación prohíbe a las instituciones públicas y privadas que reciben fondos federales el discrimen contra las personas con impedimentos.

La resolución recurrida concluye que el menor querellante ha sufrido a temprana edad lo que es sin duda una de las humillaciones que más profundo calan en el ser, al recibir el rechazo social de parte de una institución que tiene la obligación legal de brindarle igual oportunidad y con el deber moral de integrar y dirigir a todo menor al desarrollo del máximo de sus capacidades.

De igual forma, la aspiración de los padres de que su hijo recibiera la mejor educación posible se vio frustrada. La querellada en craso menosprecio de los derechos del joven querellante, no le brindó los acomodos razonables a los cuales tenía derecho y denegó su ingreso basándose en su impedimento. El esfuerzo de los padres se vio tronchado por la negligencia de Palmas Academy en el proceso de evaluación y en su actitud discriminatoria. Además, del expediente administrativo se desprende, que la querellada presento una actitud hostil y de poca colaboración con las inquietudes, intereses y gestiones de los padres en todo el proceso. La querellada fue temeraria en el manejo del presente caso. Desde sus comienzos actuó de forma frívola y negligente. No brindó al menor querellante los acomodos necesarios y razonables que manda la ley y rechazó la admisión de éste, simple y llanamente por su impedimento.

A base de sus determinaciones de hecho y conclusiones de derecho, el foro recurrido declaró HA LUGAR la querella y ordenó a Palmas Academy a:

1. pagar a los querellantes $10,000.00 como compensación por los daños sufridos como consecuencia de sus acciones.

2. rembolsar los $100.00 de la cuota de solicitud de admisión.

3. corregir toda su documentación oficial para incluir en sus avisos que no discrimina por razón de impedimento.

4. pagar $1,000.00 en honorarios de abogado.

Es de esta determinación que se acude ante nos.

La revisión judicial de las decisiones administrativas se circunscriben a determinar si:

1. el remedio concedido por la agencia es el apropiado.

2. las determinaciones de hecho están sostenidas por evidencia que surge del expediente administrativo visto en su totalidad.

3. las conclusiones de derecho son correctas

Como regla general, los tribunales no deben intervenir en las determinaciones de hecho de un organismo administrativo, cuando estén basadas en evidencia sustancial, que surja de la totalidad del record de la agencia. Es evidencia sustancial aquella que se considera como relevante y que una mente razonable podría aceptar como adecuada para sostener su conclusión. La parte afectada por una decisión administrativa tiene que convencer al tribunal que la evidencia en se fundamenta la determinación recurrida no es sustancial. Dicha parte debe demostrar que en el record administrativo existe otra evidencia de la cual puede concluirse que la determinación de la agencia no fue razonable.

Respecto a las conclusiones de derecho de las agencias, el foro judicial debe considerar las experiencias y conocimientos especializados de éstas sobre los asuntos que le han sido encomendados. De ordinario, las conclusiones e interpretaciones de los organismos administrativos especializados merecen gran consideración y respeto por los tribunales. A diferencia de las determinaciones de hecho, las conclusiones de derecho de las agencias pueden ser revisadas en todos sus aspectos. No significa que los tribunales puedan descartar libremente las conclusiones e interpretaciones de la agencia. La revisión judicial se limita a determinar si la agencia actuó arbitraria, ilegalmente o de forma tan irrazonable que incurrió en un abuso de su discreción.

La Oficina del Procurador de las Personas con Impedimentos fue creada como instrumento para atender y viabilizar la solución de los problemas, necesidades y reclamos de las personas con impedimentos en áreas como la educación, salud y empleo, entre otras. Además, tiene la responsabilidad de establecer y llevar a cabo un programa de asistencia, orientación y asesoramiento para la protección de personas con impedimentos.

Surge del historial legislativo, que dicha oficina fue designada como la agencia administrativa encargada de poner en vigor localmente los programas federales para personas con impedimentos establecidos en virtud de la ... Developmental Disabilities Assistence and Bill of Rights Act, la ... Rehabilitation Act of 1973, la cual incluye el Client Assistance Program y Protection and Advocacy of Individual Rights, la ... Protection and Advocacy for Mentally III Individual Act y la reglamentación federal adoptada conforme a éstas. Además, la Oficina del Procurador de las Personas con Impedimentos será la agencia encargada de poner en vigor localmente todo programa federal de protección y defensa de los derechos de las personas con impedimentos que se establezca mediante legislación por el Congreso de los Estados Unidos.

Esta legislación responde a la conciencia social puertorriqueña que se ha despertado, de mayor entendimiento y respeto hacia los problemas y necesidades de las personas con impedimentos físicos y mentales. El esfuerzo gubernamental en este aspecto, se ha traducido en la aprobación de leyes que además de ratificar el igual derecho de estas personas al pleno disfrute y desarrollo de sus vidas, están orientadas a erradicar las barreras sociales y físicas que coartan sus aspiraciones y oportunidades de ingresarse al quehacer cotidiano de Puerto Rico.

La recurrente no ha derrotado la deferencia y experticia reconocidas a las decisiones administrativas. La resolución de la Oficina de Procurador de Personas con Impedimentos está basada en evidencia sustancial que surge de la totalidad del expediente administrativo. Los hechos probados y no refutados por la querellada, demostraron que el menor querellante es una persona con impedimentos y que la querellada denegó su admisión, debido a sus impedimentos. Sin lugar a dudas, se trata de una actuación discriminatoria, prohibida por las leyes que protegen a las personas con impedimentos. La querellada no ha demostrado que exista otra evidencia que demuestre que la determinación de la agencia no fue razonable. Por el contrario, surge de autos que la decisión recurrida está basada en hechos que fueron claramente probados ante el foro administrativo y que no ha sido derrotados por la promovente.

Respecto a la aplicación del derecho, la decisión de la Oficina del Procurador está fundamentada en sus conocimientos especializados sobre los asuntos que le fueron encomendados por el legislador. Es a esta agencia a quien le corresponde velar por los mejores intereses de las personas con impedimentos, así como por el cumplimiento de las leyes federales que los cobijan y evitan el discrimen en su contra.

La recurrente también cuestiona la facultad de la agencia recurrida para imponer compensación por daños y perjuicios.

La tendencia prevaleciente reconoce que las agencias administrativas deben estar equipadas con el poder de fijar y conceder compensaciones monetarias. El predicamento de ese reconocimiento encuentra apoyo en la política pública encomendada a la agencia. La implantación de la misma se concreta y se efectúa mediante el diseño de remedios, entre los cuales se encuentra el de la compensación monetaria. . .La facultad de conceder compensación monetaria descansa en disposiciones estatutarias. En unos casos se establece específicamente el remedio y en otros se deja consignado en la amplia facultad de confeccionar remedios que propicien la implantación de la política pública de la ley.

Algunas agencias administrativas gozan de la autoridad para conceder indemnización por daños y perjuicios aunque su ley habilitadora no lo disponga expresamente. ...

La autoridad para conceder daños por parte de una agencia administrativa se deriva de la propia ley orgánica que expresamente le confiere tal facultad a la agencia o porque el poder está consignado implícitamente en su amplia facultad para conceder remedios, o cuando está relacionado con el servicio que presta la agencia y ésta lo ejerce para adelantar los propósitos de su ley habilitadora. ...

El Artículo 11 de la Ley de la Oficina del Procurador de las Personas con Impedimentos establece que:

El Procurador podrá ejercer todos los poderes, prerrogativas y funciones necesarias y convenientes para asegurar el cumplimiento de la legislación y reglamentación que provee asistencia y protección a los derechos humanos y legales de las personas con impedimentos. A tales propósitos, el Procurador General podrá atender, investigar, procesar y adjudicar peticiones y querellas presentadas por las personas con impedimentos, sus padres o tutores, en contra de entidades privadas y agencias e instrumentalidades del Gobierno de Puerto Rico, incluyendo sus municipios....

En el ejercicio de las facultades prerrogativas y deberes... el Procurador podrá:

(a) Realizar pesquisas y obtener la información que estime pertinente en relación con las querellas que investigue.

(b) Celebrar vistas administrativas y reuniones de mediación. Las vistas ante el Procurador serán públicas, pero podrán ser privadas cuando por razón de interés público, así lo justifique.

(c) Tomar juramentos y declaraciones por sí o por sus representantes autorizados.

(d) Inspeccionar récords, inventarios, documentos y facilidades físicas de las agencias públicas o entidades privadas sujetas a las disposiciones de este capítulo y las otras leyes bajo su administración y jurisdicción y que sean pertinentes a una investigación o querella ante su consideración.

(e) Ordenar la comparecencia y declaración de testigos, requerir la presentación o reproducción de cualesquiera papeles, libros, documentos u otra evidencia, pertinente a una investigación o querella ante su consideración

(f) Comparecer... por y en representación de las personas con impedimentos que cualifiquen para obtener beneficios bajo las leyes o reglamentación estatales o federales pertinentes ante cualquier foro, tribunal estatal o federal, junta o comisión, organismo administrativo, departamento, oficina o agencia del Estado Libre Asociado de Puerto Rico, en cualquier vista, procedimiento, o asunto que afecte o pueda afectar los intereses, derechos y prerrogativas de estas personas.

(g) Interponer cualquier recurso o remedio legal vigente por sí mismo o en representación de las personas con impedimentos que para su beneficio y protección contemplan las leyes estatales o federales contra cualquier agencia pública o entidad privada para defender, proteger y salvaguardar sus intereses, derechos y prerrogativas.

No tenemos dudas de que los amplios poderes y facultades conferidos por el legislador a la Oficina de Procurador de las Personas con Impedimentos que están dirigidos a poner en vigor la política pública en contra del discrimen de las personas con impedimentos, incluyendo la adjudicación de daños y perjuicios. Aunque esta facultad no ha sido expresamente reconocida, se manifiesta a través de las facultades otorgadas para implementar la política pública que rechaza el discrimen contra las personas con impedimentos. El poder de adjudicar daños, sin lugar a dudas es una herramienta efectiva para adelantar la política antidiscrimen que promueve la ley habilitadora.

Tanto la adjudicación de daños, como la imposición de honorarios de abogados, forman parte de las determinaciones de hecho del foro administrativo basados en evidencia sustancial que forma parte del expediente de la agencia. Nos reiteramos en que la parte recurrente no ha presentado ninguna evidencia que derrote el valor probatorio de la evidencia sustancial en que se fundamenta la decisión administrativa.

Por todas las razones antes expuestas y de conformidad al derecho citado denegamos la expedición del auto solicitado.

———

Derecho a la Educación en las Constituciones de América Latina

Costa Rica

Artículo 82. El Estado proporcionará alimento y vestido a los escolares indigentes, de acuerdo con la ley.

Guatemala

Artículo 71. Derecho a la educación. Se garantiza la libertad de enseñanza y de criterio docente. Es obligación del Estado proporcionar y facilitar educación a sus habitantes sin discriminación alguna. Se declara de utilidad y necesidad públicas la fundación y mantenimiento de centros educativos culturales y museos.

Panamá

Artículo 87. Todos tienen derecho a la educación y la responsabilidad de educarse. El Estado organiza y dirige el servicio público de la educación nacional y garantiza a los padres de familia el derecho de participar en el proceso educativo de sus hijos. La educación es democrática y fundada en principios de solidaridad humana y justicia social.

Perú

Artículo 13. La educación tiene como finalidad el desarrollo integral de la persona humana. El Estado reconoce y garantiza la libertad de enseñanza. Los padres tienen el deber de educar a sus hijos y el derecho de escoger los centros de educación y de participar en el proceso educativo.

República Dominicana

Artículo 8. La libertad de enseñanza. La educación primaria será obligatoria. Es deber del Estado proporcionar la educación fundamental a todos los habitantes del territorio nacional y tomar las providencias necesarias para eliminar el analfabetismo. Tanto la educación primaria y secundaria, como la que se ofrezca en las escuelas agronómicas, vocacionales, artísticas, comerciales, de artes manuales y de economía doméstica serán gratuitas.

Uruguay

Artículo 68. Queda garantizada la libertad de enseñanza. Todo padre o tutor tiene derecho a elegir, para la enseñanza de sus hijos pupilos, los maestros o instituciones que desee.

Artículo 71. Declarase de utilidad social la gratuidad de la enseñanza oficial primaria, media, superior, industrial y artística y de la educación física; la creación de becas de perfeccionamiento y especialización cultural, científica y obrera, y el establecimiento de bibliotecas populares.

Venezuela

Artículo 102. La educación es un derecho humano y un deber social fundamental, es democrática, gratuita y obligatoria. El Estado la asumirá como función indeclinable y de máximo interés en todos sus niveles y modalidades, y como instrumento del conocimiento científico, humanístico y tecnológico al servicio de la sociedad. La educación es un servicio público y está fundamentada en el respeto a todas las corrientes del pensamiento, con la finalidad de desarrollar el potencial creativo de cada ser humano y el pleno ejercicio de su personalidad en una sociedad democrática basada en la valoración ética del trabajo y en la participación activa, consciente y solidaria en los procesos de transformación social consustanciados con los valores de la identidad nacional, y con una visión latinoamericana y universal. El Estado, con la participación de las familias y la sociedad, promoverá el proceso de educación ciudadana de acuerdo con los principios contenidos de esta Constitución y en la ley.

F. El Idioma

Uno de los elementos que distingue al ser humano de los demás animales es el hecho de que pueda comunicarse utilizando un idioma específico que lo relaciona con un lugar o un país en particular. El idioma es una de las primeras cosas que aprende un bebé: a comprender y luego a hablar el idioma natal o materno para poder establecer una comunicación vital con los demás.

Los derechos lingüísticos tienen una importancia central y es por eso que existen esfuerzos internacionales y nacionales por establecer y mantenerlos. Esto lo verá en las lecturas que siguen.

Día Internacional de la Lengua Materna, 21 de febrero
Naciones Unidas

Antecedentes

Los idiomas, con su compleja imbricación con la identidad, la comunicación, la integración social, la educación y el desarrollo, son factores de importancia estratégica para las personas y para todo el planeta. Sin embargo, a causa de los procesos de mundialización, pesa sobre las lenguas una amenaza cada vez mayor o, en algunos casos, algunas están desapareciendo completamente. Con la extinción de los idiomas mengua también la rica urdimbre de la diversidad cultural. Se pierden posibilidades, tradiciones, recuerdos, modalidades únicas de pensamiento y expresión, recursos valiosos necesarios para lograr un futuro mejor.

Es probable que más del 50% de los casi 7.000 idiomas que se hablan en el mundo desaparezcan en unas pocas generaciones y el 96% de ellos son la lengua hablada de apenas el 4% de la población mundial. Tan sólo unos pocos centenares de idiomas han tenido el privilegio de incorporarse a los sistemas educativos y al dominio público, y menos de un centenar se utilizan en el mundo digital.

La diversidad cultural y el diálogo intercultural, el fomento de la educación para todos y la creación de las sociedades del conocimiento son fundamentales para la labor de la UNESCO. Pero esos cometidos no son posibles sin un amplio compromiso internacional orientado a promover el plurilingüismo y la diversidad idiomática, lo que incluye la preservación de las lenguas en peligro de desaparición.

El Día Internacional de la Lengua Materna, fue proclamado por la Conferencia General de la UNESCO en noviembre de 1999. Anualmente, desde febrero de 2000, esta fecha es observada con el objetivo de promover el multilingüismo y la diversidad cultural.

En enero de 2006 la UNESCO creó un órgano de vigilancia estratégico (el equipo especial sobre las lenguas y el plurilingüismo, presidido por el Director General) y una estructura de vigilancia operativa (la red de centros de coordinación de los idiomas) para garantizar la sinergia entre todos los sectores y servicios preocupados por los idiomas. A través de esta combinación bien diseñada, reforzada y reactivada a partir de febrero de 2008 por la creación de un dispositivo intersectorial para las lenguas y el plurilingüismo, la Organización está trabajando a nivel internacional para promover los principios consagrados en o derivados de instrumentos normativos relativos a las lenguas y el plurilinguismo, y localmente para desarrollar políticas lingüísticas coherentes a nivel nacional y regional, de conformidad con su estrategia de mediano plazo.

El 16 de mayo de 2007, la Asamblea General, proclamó el 2008 como Año Internacional de los Idiomas, de conformidad con la resolución aprobada por la Conferencia General de la Organización de las Naciones Unidas para la Educación, la Ciencia y la Cultura, en su 33º período de sesiones, el 20 de octubre de 2005, e invitó a la Organización de las Naciones Unidas para la Educación, la Ciencia y la Cultura a ser el organismo coordinador de las actividades del Año.

La iniciativa no sólo aumentó la conciencia de los problemas relativos a las lenguas, sino además movilizó copartícipes y recursos en apoyo a la aplicación de las políticas y estrategias en pro de la diversidad lingüística y el plurilingüismo en todas las regiones del mundo.

Esta celebración llega en un momento en que la diversidad lingüística está cada vez más amenazada. El idioma es esencial para todos los tipos de comunicación; ahora bien, la comunicación es lo que posibilita el cambio y el desarrollo en las sociedades. El uso —o el desuso- de determinadas lenguas puede hoy abrir o cerrar puertas a amplios sectores sociales en muchos lugares del mundo.

En el ínterin, hay una conciencia creciente de que los idiomas desempeñan una función vital en el desarrollo, al garantizar la diversidad cultural y diálogo intercultural, pero también en el fortalecimiento de la cooperación y la consecución de la educación de calidad para todos, la construcción de sociedades del conocimiento integradoras y la preservación del patrimonio cultural, y en la movilización de la voluntad política con miras a aplicar los beneficios de la ciencia y la tecnología al desarrollo sostenible.

El Día Internacional de la Lengua Materna

El Día Internacional de la Lengua Materna, fue proclamado por la Conferencia General de la Organización de las Naciones Unidas para la Educación, la Ciencia y la Cultura (UNESCO) en noviembre de 1999.

El 16 de mayo de 2007, la Asamblea General en su resolución A/RES/61/266 exhorta a los Estados Miembros y a la Secretaría a «promover la preservación y protección de todos los idiomas que emplean los pueblos del mundo». En la misma resolución, la Asamblea General proclamó 2008 Año Internacional de los Idiomas, para promover la unidad en la diversidad y la comprensión internacional, a través del multilingüismo y el multiculturalismo.

El Día Internacional se ha observado cada año, desde febrero de 2000 para promover la diversidad lingüística y cultural y el multilingüismo. La fecha representa el día en 1952, cuando estudiantes que se manifestaban por el reconocimiento de su lengua, Bangla, como uno de los dos idiomas nacionales de la entonces Pakistán, fueron muertos a tiros por la policía de Dhaka, la capital de lo que hoy es Bangladesh.

Las lenguas son los instrumentos más poderosos para la preservación y el desarrollo de nuestro patrimonio cultural tangible e intangible. Toda iniciativa para promover la difusión de las lenguas maternas servirá no sólo para incentivar la diversidad lingüística y la educación multilingüe, sino también para crear mayor conciencia sobre las tradiciones lingüísticas y culturales alrededor del mundo e inspirar a la solidaridad basada en el entendimiento, la tolerancia y el diálogo.

––––––––

Obligaciones de Acceso al Idioma: Compromiso Renovado del Gobierno Federal

Memorándum del Fiscal de la Nación para Directores de Agencias Federales, Directores de Asuntos Jurídicos y Directores de Derechos Civiles, en Virtud de la Orden Ejecutiva 13166

La Orden Ejecutiva 131661 se emitió el mes de agosto de 2000 y el presente memorándum reafirma su mandato. La Orden Ejecutiva tiene dos partes principales: la primera, instruye a cada una de las agencias federales a desarrollar e implementar un sistema mediante el cual las personas con nivel de competencia limitado en el idioma inglés (NCLII) puedan tener acceso significativo a los servicios de la agencia, y la segunda, instruye a cada una de las agencias que provee asistencia financiera federal a expedir pautas para los receptores de tal asistencia sobre sus obligaciones legales para tomar pasos razonables a fin de asegurar el acceso significativo de personas con NCLII según las disposiciones no discriminatorias sobre el origen nacional consagradas en el Título VI de la Ley de Derechos Civiles de 1964 y sus reglamentos de implementación.

Ya sea que fuere en asuntos de emergencia o en el desempeño de asuntos de negocios rutinarios, el éxito de los esfuerzos del gobierno para comunicarse eficazmente con los miembros del público depende de la disponibilidad amplia y no discriminatoria de información exacta, oportuna y vital. Acontecimientos tales como la pandemia de la influenza H1N1, los huracanes Katrina y Rita, el derramamiento de petróleo del Golfo y el Censo del Decenio 2010 resaltan la necesidad de que las agencias federales garanticen el acceso al idioma tanto en sus propias actividades como en las de los receptores de asistencia financiera federal.

A pesar de las obligaciones jurídicas y de servicio público que obligan a las agencias federales y a los receptores a asegurar el acceso al idioma, una encuesta de acceso al idioma del gobierno federal realizada el año 2006 reveló variaciones significativas en la medida en la que las agencias federales tienen conocimientos sobre los principios del acceso al idioma y su cumplimiento de los mismos. Esta conclusión la apoya un informe de la Oficina de Responsabilidad del Gobierno (GAO, por sus siglas en inglés) en materia del acceso al idioma en las agencias federales realizado el mes de abril de 2010. Ese informe ofrece sugerencias concretas, algunas de las cuales se incorporan en este memorándum, para mejorar nuestros esfuerzos para dar cumplimiento a la Orden Ejecutiva 13166. Además las conferencias en materia de acceso al idioma inter-agencias que se llevaron a cabo en los últimos años revelan que aunque el gobierno federal en su conjunto ha tomado pasos notables hacia la provisión de acceso en ciertas áreas, la implementación de programas integrales de acceso al idioma sigue siendo irregular a través del gobierno federal y entre los receptores de asistencia financiera federal, especialmente cuando se enfrentan a recursos y personal limitados.

En un esfuerzo por asegurar el pleno cumplimiento del gobierno federal de la Orden Ejecutiva 13166 y bajo la autoridad de coordinación del Departamento de Justicia (DOJ, por sus siglas en inglés) que le fuese conferida mediante la Orden Ejecutiva 12250, solicito que su agencia se aúne al DOJ en el renovado compromiso a la implementación de Orden Ejecutiva 13166 llevando a cabo las acciones que se indican a continuación:

(1) Establecer un Grupo de Trabajo de Acceso al Idioma que refleje la estructura organizativa de su agencia y que se encargue de implementar las disposiciones de la Orden Ejecutiva realizadas federalmente y las asistidas federalmente.

(2) Evaluar y/o actualizar su respuesta actual ante las necesidades de los miembros de la comunidad con NCLII a través de, entre otras cosas, la realización de un inventario de los idiomas que se encuentran con mayor frecuencia, la identificación de los principales canales de contacto con los

miembros de la comunidad con NCLII (ya sea que fueran telefónicos, en persona, por correspondencia, con base en la internet, etc.) y la revisión de programas y actividades de la agencia para el acceso a diferentes idiomas.

(3) Establecer un calendario para evaluar y actualizar periódicamente los servicios de NCLII y las políticas, planes y protocolos de NCLII de la agencia. Como paso inicial, dentro de un plazo de seis meses después de la fecha de este memorándum, presentar planes de NCLII actualizados y una marco temporal anticipado para la reevaluación periódica de los planes de NCLII y documentos conexos a la Sección de Coordinación y Cumplimiento Federal (anteriormente llamada la Sección de Coordinación y Revisión) de la División de Derechos Civiles de DOJ.

(4) Asegurar que el personal de la agencia pueda identificar de manera competente las situaciones de contacto de NCLII y tomar los pasos necesarios para proveer acceso significativo.

(5) Notificarle al público, a través de mecanismos que lleguen a las comunidades con NCLII alas que sirven, sobre sus políticas, planes y procedimientos de NCLII y los desarrollos conexos con el NCLII. Proveerle a la Sección de Coordinación y Cumplimiento Federal un enlace a los materiales colocados en su sitio web de modo que se puedan colocar en el LEP.gov.

(6) Cuando consideren criterios de contratación, evaluar la medida en la que el dominio de un idioma que no sea el inglés sería necesario para ciertos puestos o para satisfacer la misión de su agencia.

(7) En el caso de traducciones escritas, colaborar con otras agencias a fin de compartir recursos, mejorar la eficacia, uniformizar la terminología federal y agilizar los procesos para obtener comentarios y opiniones de la comunidad en lo que respecta a la exactitud y la calidad de las traducciones profesionales que se pretende distribuir a nivel masivo.

(8) Para las agencias que proveen asistencia financiera federal, bosquejar pautas para los receptores. Tenga en cuenta que tal asistencia se define de manera amplia de modo que incluye no solamente subsidios financieros sino también equipamiento, bienes, arrendamientos a precios inferior que el valor justo del mercado, cursos de capacitación y otras formar de asistencia. Las agencias que todavía no lo han hecho, deben expedir pautas para los receptores en cumplimiento con las obligaciones de acceso al idioma y presentar tales orientaciones a la Sección de Coordinación y Cumplimiento Federal de la División de Derechos Civiles del DOJ dentro de un plazo de seis meses de la fecha de este memorándum. Las agencias que hayan determinado que no proveen asistencia financiera federal y, que por lo tanto, no necesitan expedir pautas para los receptores, deben incluir una declaración de esta determinación al transmitir el plan de acceso al idioma llevado a cabo a nivel federal.2 Las agencias federales de financiamiento también deben revisar regularmente el cumplimiento de los receptores y proveer asistencia técnica y acciones de cumplimiento rotundas en los casos adecuados.

La División de Derechos Civiles del DOJ en cooperación con el Comité Realizado Federalmente del Grupo de Trabajo Inter-agencias sobre Nivel de Competencia Limitado en el Idioma Inglés, llevará a cabo la vigilancia periódica de estos puntos de acción a través de encuestas de seguimiento sobre el acceso al idioma del tipo que se distribuyó el año 2006. Las agencias deben esperar la primera de estas encuestas de seguimiento el año 2011.

Para su conveniencia, el anexo a este memorando contiene una variedad de información útil, entre ellas, enlaces a recursos y orientación adicionales sobre algunos de los puntos de acción que se han esbozado anteriormente en este memorándum. Le agradecemos por su continuo compromiso en asegurar que los recursos y servicios federal se pongan a disposición y acceso de la comunidad con CNLII y al público en general.

Acceso Lingüístico en los Tribunales Estatales

Departamento de Justicia de Estados Unidos, Martes, 17 de agosto de 2010

WASHINGTON – El Departamento de Justicia emitió hoy una carta promulgando directivas a los jueces que presiden en los tribunales estatales y sus respectivos administradores aclarando que las cortes que reciben ayuda financiera del gobierno federal deben proporcionar servicios de interpretación oral, traducción escrita y otros servicios lingüísticos a personas de competencia lingüística limitada en el idioma inglés (limited English proficient o LEP). Este mes marca el 10° aniversario del Decreto Ejecutivo 13166, el cual requiere que las agencias federales se aseguren de que cualquier agencia estatal o local, organismo u otra entidad que recibe asistencia financiera del gobierno federal cumpla con el Título VI y proporcione acceso adecuado a personas con LEP.

El objetivo de esta carta es proporcionar guianza a los tribunales para que provean mejores servicios lingüísticos a personas con LEP quienes necesiten acceso adecuado a sus programas y servicios, de acuerdo a la prohibición contra discriminación de origen nacional contenida en el Título VI de la Ley de Derechos Civiles de 1964 (Civil Rights Act of 1964), la Ley General para el Control del Crimen y Seguridad Urbana (Omnibus Crime Control and Safe Streets Act o Safe Streets Act), y los reglamentos que las implementan,. La carta incluye un resumen de leyes aplicables en materia de derechos civiles, el precedente de la Corte Suprema, directivas y ejemplos ilustrativos de situaciones donde se requiere que se proporcione servicios lingüísticos.

La carta explica que las leyes aplicables en materia de derechos civiles requieren que los tribunales que reciben asistencia financiera del gobierno federal proporcionen acceso adecuado a todas las audiencias civiles, penales o administrativas sin ningún costo alguno para personas con LEP. La carta explica que dicho acceso debe ser extendido a todas las partes con LEP y a otros individuos con LEP cuya presencia o participación es apropiada para trámites judiciales; debe ser proporcionado en programas y actividades judiciales fuera del tribunal y debe incluir servicios lingüísticos para que las personas con LEP se puedan comunicar con proveedores de servicios nombrados o administrados por el tribunal.

"La justicia requiere que todos tengan acceso adecuado a los servicios indispensables proporcionados por los sistemas judiciales estatales de la nación, independientemente de la capacidad lingüística en el idioma inglés de la persona", dijo Thomas E. Pérez, procurador general adjunto de la División de Derechos Civiles. "En el 10° Aniversario del Decreto Ejecutivo 13166 este mes, es especialmente apropiado recordar que compartimos la responsabilidad de reducir las persistentes barreras lingüísticas en los procesos y servicios judiciales que son de tanta importancia en la vida diaria de las partes, víctimas, testigos y el público".

―――――

Renovación del Compromiso con el Acceso Lingüístico

Tracy Russo, The Justice Blog, Departamento de Justicia de los Estados Unidos, 25 de febrero de 2011

Ya sea en una emergencia nacional o durante el transcurso cotidiano de las actividades comerciales, los organismos gubernamentales no sólo deben estar siempre listos para comunicarse eficazmente con el público sino poder hacerlo. Acontecimientos tales como la pandemia de la gripe H1N1, los huracanes Katrina y Rita, el derrame de petróleo en el Golfo y el Censo Decenal de 2010 destacaron la necesidad de una comunicación eficaz, incluida la comunicación con personas con dominio insuficiente del inglés ("personas DII").

Reconociendo la necesidad vital de comunicarse eficazmente con personas DII, en agosto de 2000, el Presidente Clinton emitió la Orden Ejecutiva N.° 13166 (Executive Order 13166), en la que se instruye a cada organismo federal a establecer e implementar sistemas a través de los cuales las personas DII puedan tener acceso significativo a los servicios de los organismos. De conformidad con las disposiciones antidiscriminatorias con base en el origen nacional del Título VI de la Ley de Derechos Civiles de 1964 (Civil Rights Act of 1964), la orden también instruyó a los organismos que ofrecen ayuda financiera a emitir guías para los beneficiarios de dicha ayuda en lo que se refiere a sus obligaciones legales de asegurar un acceso significativo a las personas DII.

Sin embargo, una encuesta sobre el acceso lingüístico del gobierno federal que se llevó a cabo el año 2006, reveló que no todos los organismos federales tenían conocimiento de los principios de acceso lingüístico ni cumplían plenamente con ellos. Un informe de la Contraloría General de los Estados Unidos (Government Accountability Office) publicado en del 2010 sobre el acceso lingüístico en los organismos federales confirmó aún más estas conclusiones y ofreció sugerencias concretas para mejorar los esfuerzos del gobierno federal para cumplir con la Orden Ejecutiva N.° 13166.

Además, los congresos sobre acceso lingüístico entre los organismos de gobierno realizados en los últimos años han revelado que aunque el gobierno federal en su conjunto ha realizado grandes avances para proporcionar acceso lingüístico en algunas áreas, la implementación de programas globales de acceso lingüístico sigue siendo dispareja por todo el gobierno y entre aquellos que reciben ayuda financiera federal, especialmente en vista de las limitaciones de recursos y personal.

A fin de abordar estas deficiencias y asegurar que todos los organismos federales proporcionen el acceso lingüístico necesario para comunicarse con las personas DII, el Ministro de Justicia ha emitido un memorando solicitando a cada organismo federal que renueve su compromiso para implementar la Orden Ejecutiva N.° 13166. Este memorando esboza pasos específicos que los organismos federales deben tomar para mejorar el acceso lingüístico, tarea que la División de Derechos Civiles tendrá a su cargo supervisar.

Guía para los Beneficiarios de Asistencia Financiera Federal en Relación a Personas con Dominio Limitado del Inglés

Office of Civil Rights and Civil Liberties, Department of Homeland Security

Antecedentes

De conformidad con lo dispuesto por el Decreto Ejecutivo 13166, "*Mejora del acceso a los servicios para personas con dominio limitado del inglés*" (11 de agosto de 2000), el Departamento de Seguridad Nacional (*Department of Homeland Security,* DHS) ha redactado una guía destinada a los organismos beneficiarios de asistencia financiera federal, la cual detalla cómo proporcionar acceso práctico a los beneficiarios finales de los servicios y solicitantes con dominio limitado del inglés (*Limited English Proficiency;* LEP). La guía del Departamento tomó como modelo una guía similar publicada por el Departamento de Justicia en el año 2002. La guía no tiene carácter de reglamentación vinculante, sino que ofrece una explicación de los requisitos reglamentarios. En efecto, la guía explica que, en determinadas circunstancias, no garantizar que las personas con LEP puedan participar o beneficiarse efectivamente de los programas y actividades subvencionados federalmente, podría constituir una violación de la prohibición de la práctica de discriminación sobre la base de la nacionalidad de origen, de conformidad con el Título VI de la Ley de Derechos Civiles de 1964 (Título VI) y con las reglamentaciones de aplicación del Departamento.

Consideraciones generales de la Guía LEP del DHS

I. Introducción

Proporciona el contexto general de las personas con LEP en EE.UU. y la necesidad de brindarles acceso práctico a los servicios gubernamentales subvencionados.

II. Autoridad legal

Analiza el Título VI de la Ley de Derechos Civiles de 1964, el fallo de la Corte Suprema en el caso *Lau contra Nichols*, y el Decreto Ejecutivo 13166.

III. ¿Quiénes están incluidos? Proporciona ejemplos de los organismos beneficiarios del Departamento de Seguridad Nacional:

a. Departamentos de bomberos estatales y locales;

b. Departamentos de policía estatales y locales;

c. Agencias de control de emergencias estatales y locales;

d. Gobiernos estatales y locales, así como determinadas organizaciones privadas sin fines de lucro que reúnen los requisitos, cuando reciben asistencia de conformidad con una declaración presidencial de situación de catástrofe o emergencia;

e. Determinadas agencias sin fines de lucro que reciben subvención de conformidad con el Programa de Alimentos y Vivienda de Emergencia;

f. Autoridades de transporte público;

g. Grupos de Respuesta a Emergencias Comunitarias (CERT, siglas en inglés) que conducen entrenamiento y demás actividades para mejorar la preparación ante situaciones de emergencia de personas, comunidades, familias y lugares de trabajo;

h. Prisiones y centros de detención que albergan detenidos del Servicio de Inmigración y Aduanas;

i. Programas de seguridad de la Guardia Costera para navegación asistida;

j. Entidades que reciben capacitación especializada a través del Centro de Capacitación para el Cumplimiento de las Leyes Federales (*Federal Law Enforcement Training Center;* FLETC);

k. Autobuses interurbanos; y

l. Departamentos de Vehículos Motores estatales.

IV. ¿Quién es considerada una persona con dominio limitado del inglés? Explica el concepto de "dominio limitado del inglés" y proporciona ejemplos.

V. ¿Cómo determina un beneficiario el grado de obligación que le compete en cuanto a la entrega de servicios LEP? Evalúa el análisis de los 4 factores que los beneficiarios pueden usar para determinar qué servicios lingüísticos se requieren:

1) El número o proporción de personas con LEP que reúnen las condiciones para recibir el servicio o que probablemente necesitarán recibirlo del programa o beneficiario

2) La frecuencia con la cual las personas con LEP entran en contacto con el programa

3) La índole e importancia que reviste el programa, actividad o servicio proporcionado por el programa en la vida de las personas

4) Los recursos disponibles a los organismos beneficiarios y beneficiarios finales, y los costos

VI. Selección de los servicios de asistencia lingüística Explica que los organismos beneficiarios disponen de dos formas principales de proporcionar los servicios lingüísticos —en forma oral o escrita—e incluye los factores que se deben considerar para la selección de los servicios, tales como la competencia profesional de los intérpretes.

VII. Elementos de un plan práctico para la asistencia lingüística de las personas con LEP

Explica que, tras completar el análisis de los 4 factores y decidir qué servicios lingüísticos son adecuados, un beneficiario debe desarrollar una política y un plan de implementación para abordar las necesidades identificadas de la población LEP a la que prestan servicios. Esta sección también menciona las áreas que podrían ser incluidas en el plan LEP del beneficiario.

VIII. Cumplimiento voluntario Explica el objetivo de lograr un cumplimiento voluntario y los mecanismos de cumplimiento.

IX. Aplicación a tipos específicos de beneficiarios Explica que todos los beneficiarios de la asistencia financiera federal del Departamento deben satisfacer el requisito de tomar las medidas razonables para garantizar el acceso conveniente de las personas con LEP a programas y actividades. Además, esta sección establece que, en las áreas de planificación y respuesta a emergencias, salud y seguridad, y operaciones de personal de la ley — en las que existen más probabilidades de consecuencias más graves si no se proporciona asistencia lingüística—, el Departamento investigará a fondo si los beneficiarios adoptaron las medidas razonables para asegurar acceso práctico a las personas con LEP.

Protecciones Lingüísticas en las Constituciones de América Latina

Colombia

Artículo 10. El castellano es el idioma oficial de Colombia. Las lenguas y dialectos de los grupos étnicos son también oficiales en sus territorios. La enseñanza que se imparta en las comunidades con tradiciones lingüísticas propias será bilingüe.

Ecuador

Artículo 1. El Estado respeta y estimula el desarrollo de todas las lenguas de los ecuatorianos. El castellano es el idioma oficial. El quichua, el shuar y los demás idiomas ancestrales son de uso oficial para los pueblos indígenas, en los términos que fija la ley.

Artículo 84. El Estado reconocerá y garantizará a los pueblos indígenas, de conformidad con esta Constitución y la ley, el respeto al orden público y a los derechos humanos, los siguientes derechos colectivos: Mantener, desarrollar y fortalecer su identidad y tradiciones en lo espiritual, cultural, lingüístico, social, político y económico.

El Salvador

Artículo 62. El idioma oficial de El Salvador es el castellano. El gobierno está obligado a velar por su conservación y enseñanza. Las lenguas autóctonas que se hablan en el territorio nacional forman parte del patrimonio cultural y serán objeto de preservación, difusión y respeto.

Guatemala

Artículo 143. Idioma oficial. El idioma oficial de Guatemala es el español. Las lenguas vernáculas, forman parte del patrimonio cultural de la Nación.

Nicaragua

Artículo 11. El español es el idioma oficial del Estado. Las lenguas de las Comunidades de la Costa Atlántica de Nicaragua también atendrán uso oficial en los casos que establezca la ley.

Panamá

Artículo 84. Las lenguas aborígenes serán objeto de especial estudio, conservación y divulgación y el Estado promoverá programas de alfabetización bilingüe en las comunidades indígenas.

Paraguay

Artículo 77. DE LA ENSEÑANZA EN LENGUA MATERNA

La enseñanza en los comienzos del proceso escolar se realizará en la lengua oficial materna del educando. Se instruirá asimismo en el conocimiento y en el empleo de ambos idiomas oficiales de la República. En el caso de las minorías étnicas cuya lengua materna no sea el guaraní, se podrá elegir uno de los dos idiomas oficiales.

Artículo 140. DE LOS IDIOMAS

El Paraguay es un país pluricultural y bilingüe. Son idiomas oficiales el castellano y el guaraní. La ley establecerá las modalidades de utilización de uno y otro. Las lenguas indígenas, así como las de otras minorías, forman parte del patrimonio cultural de la Nación.

Perú

Artículo 2. ... Todo peruano tiene derecho a usar su propio idioma ante cualquier autoridad mediante un intérprete. Los extranjeros tienen este mismo derecho cuando son citados por cualquier autoridad. . .

Artículo 17. [El Estado] fomenta la educación bilingüe e intercultural, según las características de cada zona. Preserva las diversas manifestaciones culturales y lingüísticas del país. Promueve la integración nacional.

Artículo 48. Son idiomas oficiales el castellano y, en las zonas donde predominen, también lo son el quechua, el aimara y las demás lenguas aborígenes, según la ley.

Venezuela

Artículo 9. El idioma oficial es el castellano. Los idiomas indígenas también son de uso oficial para los pueblos indígenas y deben ser respetados en todo el territorio de la República, por constituir patrimonio cultural de la Nación y de la humanidad.

————

RECURSOS Y MATERIALES DE TRASFONDO

General

Qué Son los Derechos Civiles

http://espanol.findlaw.com/derechos-civiles/que-son-derechos-civiles.html

La Vivienda

Derecho a la Vivienda

> http://www.habitatmexico.org/index.php?Itemid=130&id=90&option=com_content&view=article

Derechos y Leyes de Propietarios e Inquilinos

> http://illinoisattorneygeneral.gov/consumers/landlordtenantrights_span0309.pdf

Equidad de Vivienda: Es Su Derecho

> http://espanol.hud.gov/offices/fheo/FHLaws/yourrights.cfm

Inquilinos de California

> http://www.dca.ca.gov/publications/landlordbook/spanish_version.pdf

La Ley de Inquilinos y Propietarios de la Florida

> http://www.melbourneflorida.org/code/landlordspanish0904.pdf

El Trabajo

Derechos del Trabajador

> http://www.osha.gov/as/opa/spanish/right-employee.html

El Derecho al Trabajo

> http://www.vicariadepastoral.org.mx/8_compendio_doctrina_social/cdsi_11.htm

Presentando un Queja Sobre los Derechos Laborales

> http://www.lni.wa.gov/spanish/WorkplaceRights/ComplainDiscrim/WRComplaint/

Sus Derechos en el Trabajo

> http://www.aflcio.org/En-Espanol/Sus-derechos-en-el-trabajo

Usted Tiene Derecho a un Sitio de Trabajo Seguro

> http://www.osha.gov/workers-spanish.html

El Voto

La Ley del Derecho al Voto

> http://congress.indiana.edu/es/la-ley-del-derecho-al-voto

Los Derechos Fundamentales en Estados Unidos de América y el Derecho al Voto, Sandra Day O'Connor

> http://www.iidpc.org/revistas/10/pdf/345_353.pdf

Preguntas Frecuentes Respecto al Derecho al Voto y la Discriminación

> http://espanol.findlaw.com/derechos-civiles/derecho-voto-discriminacion.html

La Educación

Cómo Presentar una Denuncia por Discriminación ante la Oficina para Derechos Civiles (OCR), Departamento de Educación

> http://www.edpubs.gov/document/ed005179p.pdf?ck=7

El Derecho a la Educación

> http://www.unicef.org.co/pdf/educacion.pdf

La Educación

> http://www.ptla.org/inmigracion/la-educaci%C3%B3n

El Idioma

Cumpliendo con los Requisitos para el Inglés Limitado en el Programa de Carreteras Financiadas con Fondos Federales

> http://www.sametroplan.org/PI/docs/Limited%20English%20Proficiency%20Brochure%20-%20Spanish.pdf

Defensa de la Lengua Materna de los Niños Indígenas e Inmigrantes del Mundo

> http://www.linguistic-rights.org/es/documentos/Defensa_de_la_lengua_materna_de_los_ninos_indigenas_e_inmigrantes_del_mundo_Miryam_Yataco.pdf

La Democracia Cultural: Aprendiendo en Dos Idiomas

> http://lavoz.bard.edu/archivo/archivo.php?id=10739

CAPÍTULO 6

LOS DERECHOS HUMANOS

A. VISIÓN GENERAL

Los Derechos Civiles y los Derechos Humanos

En el capítulo anterior, pudimos repasar muchos de los derechos civiles más importantes en una sociedad democrática. Esos derechos civiles se caracterizan por el hecho de que tienen un impacto o efecto directo en las actividades de la vida diaria, política, y social de las personas. Los derechos civiles se definen como aquellos derechos que protegen la autonomía de los seres humanos. Se definen también como aquellos derechos que conforman las garantías individuales de las personas.

El núcleo de derechos civiles forma parte de la categoría más amplia a la que denominamos Derechos Humanos. Estos derechos son derechos sociales, que les permiten a las personas y sus familias gozar de una vida social y cultural adecuada. Estos derechos humanos son sobre todo derechos colectivos que abarcan la protección de grupos que requieren la intervención afirmativa del estado.

En este capítulo veremos de cerca la situación en cuanto a derechos humanos básicos de varios grupos sociales. Cabe señalar, desde luego, que muchos de los temas tratados en la discusión de derechos civiles tienen implicaciones más allá de las que son de índole individual y coinciden en parte con uno o más derechos humanos. Y el contrario vale también: veremos que muchos aspectos de los derechos humanos que se examinan en este capítulo tienen resonancia con el concepto de derecho civiles.

¿Qué son los Derechos Humanos?

Naciones Unidas, Oficina del Alto Comisionado de los Derechos Humanos

Los derechos humanos son derechos inherentes a todos los seres humanos, sin distinción alguna de nacionalidad, lugar de residencia, sexo, origen nacional o étnico, color, religión, lengua, o cualquier otra condición. Todos tenemos los mismos derechos humanos, sin discriminación alguna. Estos derechos son interrelacionados, interdependientes e indivisibles.

Los derechos humanos universales están a menudo contemplados en la ley y garantizados por ella, a través de los tratados, el derecho internacional consuetudinario, los principios generales y otras fuentes del derecho internacional. El derecho internacional de los derechos humanos establece las obligaciones que tienen los gobiernos de tomar medidas en determinadas situaciones, o de abstenerse de actuar de determinada forma en otras, a fin de promover y proteger los derechos humanos y las libertades fundamentales de los individuos o grupos.

UNIVERSALES E INALIENABLES

El principio de la universalidad de los derechos humanos es la piedra angular del derecho internacional de los derechos humanos. Este principio, tal como se destacara inicialmente en la Declaración Universal de Derechos Humanos, se ha reiterado en numerosos convenios, declaraciones y resoluciones internacionales de derechos humanos. En la Conferencia Mundial de Derechos Humanos celebrada en Viena en 1993, por ejemplo, se dispuso que todos los Estados tenían el deber, independientemente de sus sistemas políticos, económicos y culturales, de promover y proteger todos los derechos humanos y las libertades fundamentales.

Todos los Estados han ratificado al menos uno, y el 80 por ciento de ellos cuatro o más, de los principales tratados de derechos humanos, reflejando así el consentimiento de los Estados para establecer obligaciones jurídicas que se comprometen a cumplir, y confiriéndole al concepto de la universalidad una expresión concreta. Algunas normas fundamentales de derechos humanos gozan de protección universal en virtud del derecho internacional consuetudinario a través de todas las fronteras y civilizaciones.

Los derechos humanos son inalienables. No deben suprimirse, salvo en determinadas situaciones y según las debidas garantías procesales. Por ejemplo, se puede restringir el derecho a la libertad si un tribunal de justicia dictamina que una persona es culpable de haber cometido un delito.

INTERDEPENDIENTES E INDIVISIBLES

Todos los derechos humanos, sean éstos los derechos civiles y políticos, como el derecho a la vida, la igualdad ante la ley y la libertad de expresión; los derechos económicos, sociales y culturales, como el derecho al trabajo, la seguridad social y la educación; o los derechos colectivos, como los derechos al desarrollo y la libre determinación, todos son derechos indivisibles, interrelacionados e interdependientes. El avance de uno facilita el avance de los demás. De la misma manera, la privación de un derecho afecta negativamente a los demás.

IGUALES Y NO DISCRIMINATORIOS

La no discriminación es un principio transversal en el derecho internacional de derechos humanos. Está presente en todos los principales tratados de derechos humanos y constituye el tema central de algunas convenciones internacionales como la Convención Internacional sobre la Eliminación de todas las Formas de Discriminación Racial y la Convención sobre la Eliminación de todas las Formas de Discriminación contra la Mujer.

El principio se aplica a toda persona en relación con todos los derechos humanos y las libertades, y prohíbe la discriminación sobre la base de una lista no exhaustiva de categorías tales como sexo, raza, color, y así sucesivamente. El principio de la no discriminación se complementa con el principio de igualdad, como lo estipula el artículo 1 de la Declaración Universal de Derechos Humanos: "Todos los seres humanos nacen libres e iguales en dignidad y derechos".

Derechos y Obligaciones

Los derechos humanos incluyen tanto derechos como obligaciones. Los Estados asumen las obligaciones y los deberes, en virtud del derecho internacional, de respetar, proteger y realizar los derechos humanos. La obligación de respetarlos significa que los Estados deben abstenerse de interferir en el disfrute de los derechos humanos, o de limitarlos. La obligación de protegerlos exige que los Estados impidan los abusos de los derechos humanos contra individuos y grupos. La obligación de realizarlos significa que los Estados deben adoptar medidas positivas para facilitar el disfrute de los derechos humanos básicos. En el plano individual, así como debemos hacer respetar nuestros derechos humanos, también debemos respetar los derechos humanos de los demás.

———

¿Qué quiere decir cuando se declara que los derechos humanos son universales e inalienables? ¿Qué significa la afirmación de que estos derechos son interdependientes e indivisibles? ¿Iguales y no discriminatorios? ¿Qué obligaciones acompañan los derechos?

———

El Sistema Interamericano de Derechos Humanos
Corte Interamericana de Derechos Humanos

Descripción del Sistema Interamericano

Los Estados americanos, en ejercicio de su soberanía y en el marco de la Organización de Estados Americanos (OEA), adoptaron una serie de instrumentos internacionales que se han convertido en la base de un sistema regional de promoción y protección de los derechos humanos, conocido como el Sistema Interamericano de Derechos Humanos (Sistema Interamericano o SIDH). Dicho sistema reconoce y define estos derechos y establece obligaciones tendientes a su promoción y protección, y crea órganos destinados a velar por su observancia.

El sistema interamericano se inició formalmente con la aprobación de la Declaración Americana de Derechos y Deberes del Hombre en 1948, en el marco de la Carta de la Organización de los Estados Americanos. Adicionalmente, el sistema cuenta con otros instrumentos como la Convención Americana sobre Derechos Humanos (Convención Americana o Convención); Protocolos y Convenciones sobre temas especializados, como la Convención para prevenir y sancionar la tortura, la Convención sobre la desaparición forzada y la Convención para prevenir, sancionar y erradicar la violencia contra las mujeres, entre otros; y los Reglamentos y Estatutos de sus órganos.

El SIDH se encuentra integrado por dos órganos: la Comisión Interamericana de Derechos Humanos (CIDH, Comisión o Comisión Interamericana), cuya sede se encuentra en Washington, D.C, Estados Unidos de América, y la Corte Interamericana de Derechos Humanos (Corte, Corte Interamericana o Tribunal), con sede en San José de Costa Rica.

Los Estados miembros de la OEA son: Antigua y Barbuda, Argentina, Bahamas, Barbados, Belice, Bolivia, Brasil, Canadá, Colombia, Costa Rica, Chile, Dominica, Ecuador, El Salvador, Estados Unidos, Grenada, Guatemala, Guyana, Haití, Honduras, Jamaica, México, Nicaragua, Panamá, Paraguay, Perú, República Dominicana, Saint Kitts y Nevis, Santa Lucía, San Vicente y las Granadinas, Suriname, Trinidad y Tobago, Uruguay y Venezuela.

Los Estados que han ratificado la Convención Americana son: Argentina, Barbados, Bolivia, Brasil, Chile, Colombia, Costa Rica, Dominica, Ecuador, El Salvador, Grenada, Guatemala, Haití, Honduras, Jamaica, México, Nicaragua, Panamá, Paraguay, Perú, República Dominicana, Suriname, Trinidad y Tobago, Uruguay y Venezuela.

Los Estados que han reconocido la competencia de la Corte son: Argentina, Barbados, Bolivia, Brasil, Chile, Colombia, Costa Rica, Ecuador, El Salvador, Guatemala, Haití, Honduras, México, Nicaragua, Panamá, Paraguay, Perú, República Dominicana, Suriname, Uruguay y Venezuela.

LA COMISIÓN INTERAMERICANA DE DERECHOS HUMANOS

La Comisión Interamericana fue creada en la Resolución III de la Quinta Reunión de Consulta de Ministros de Relaciones Exteriores celebrada en Santiago de Chile en 1959, con el fin de subsanar la carencia de órganos específicamente encargados de velar por la observancia de los derechos humanos en el sistema. Según el artículo 112 de la Carta de la Organización de los Estados Americanos, la función principal de la Comisión es la de "promover la observancia y la defensa de los derechos humanos y servir como órgano consultivo de la organización en esta materia".

Está integrada por siete miembros que son propuestos por los Estados, y elegidos, a título personal, por la Asamblea General de la OEA. Los miembros de la Comisión no representan a sus países sino a los treinta y cinco Estados miembros de la OEA.

Las funciones y atribuciones de la CIDH están definidas en su Estatuto: en el artículo 18 respecto de los Estados Miembros de la OEA, en el artículo 19 en relación con los países partes de la Convención, y en el artículo

20 en lo que atañe a los Estados miembros que no son parte de la Convención.

En base a lo establecido en estos artículos se puede decir que la Comisión, por un lado, tiene competencias con dimensiones políticas, entre cuyas tareas destacan la realización de visitas *in loco* y la preparación de informes con sus observaciones acerca de la situación de derechos humanos en los Estados miembros.

Por otro lado, la CIDH realiza funciones con una dimensión cuasi-judicial. Es dentro de esta competencia de la CIDH que recibe las denuncias de particulares u organizaciones relativas a violaciones a derechos humanos, examina esas peticiones y adjudica los casos en el supuesto de que se cumplan los requisitos de admisibilidad establecidos en el artículo 46 de la Convención Americana. En este sentido, una vez presentada la petición ante la Comisión, y examinados los requisitos formales de admisión, aquella se transmite al Estado denunciado para que presente sus observaciones. Se inicia así un procedimiento ante la Comisión (regulado en el artículo 48 de la Convención), en el cual "se pondrá a disposición de las partes interesadas, a fin de llegar a una solución amistosa del asunto fundada en el respeto a los derechos humanos reconocidos en [la] Convención" (artículo 48.1.f). De no llegarse a una solución, la Comisión puede remitir el caso al conocimiento de la Corte mediante la presentación de la demanda (artículo 32 del Reglamento de la Corte).

Por todo lo anterior, en caso de que un particular o una organización deseen plantear ante el Sistema Interamericano una situación de posible violación a derechos humanos, deberá realizarlo ante la Comisión Interamericana, y no ante la Corte.

LA CORTE INTERAMERICANA DE DERECHOS HUMANOS

La Corte Interamericana es uno de los tres Tribunales regionales de protección de los Derechos Humanos, conjuntamente con la Corte Europea de Derechos Humanos y la Corte Africana de Derechos Humanos y de los Pueblos.

En la Novena Conferencia Internacional Americana, celebrada en Bogotá, Colombia, en 1948, se adoptó la resolución denominada "Corte Interamericana para Proteger los Derechos del Hombre", en la que se consideró que la protección de estos derechos "debe ser garantizada por un órgano jurídico, como quiera que no hay derecho propiamente asegurado sin el amparo de un tribunal competente".

La Corte fue creada por la Convención Americana sobre Derechos Humanos, adoptada en la conferencia Especializada Interamericana sobre Derechos Humanos, reunida en San José de Costa Rica el 22 de noviembre de 1969. La Convención entró en vigor en julio de 1978 y la Corte inició sus funciones en 1979.

El Tribunal se compone de 7 jueces nacionales de Estados miembros de la OEA elegidos, a título personal y a propuesta de los Estados Parte en la Convención Americana, por la Asamblea General de la OEA. Los jueces de la Corte no representan los intereses de los Estados que los proponen como candidatos.

A la fecha, veintiún Estados Partes han reconocido la competencia contenciosa de la Corte: Costa Rica, Perú, Venezuela, Honduras, Ecuador, Argentina, Uruguay, Colombia, Guatemala, Suriname, Panamá, Chile, Nicaragua, Paraguay, Bolivia, El Salvador, Haití, Brasil, México, República Dominicana y Barbados.

La Corte tiene esencialmente dos funciones, una función contenciosa y otra función consultiva, a las que se une la facultad de adoptar medidas provisionales.

En cuanto a la función contenciosa, se trata del mecanismo por el cual la Corte determina si un Estado ha incurrido en responsabilidad internacional por haber violado alguno de los derechos consagrados o estipulados en la Convención Americana sobre Derechos Humanos. Cabe destacar que, conforme al artículo 61.1 de la Convención, sólo los Estados Partes y la Comisión tienen derecho a someter un caso a la decisión de la Corte.

Los casos ante la Corte se inician por tanto mediante la demanda presentada por la Comisión o por un Estado.

Los fallos del Tribunal son definitivos e inapelables, quedando la posibilidad de que, dentro de los noventas días siguientes a la notificación del fallo, y en caso de desacuerdo sobre el sentido o alcance del mismo, la Corte emita una interpretación de la sentencia a solicitud de cualquiera de las partes.

Dentro de la obligación de la Corte de informar periódicamente a la Asamblea General de la OEA se encuadra la facultad de supervisión del cumplimiento de sus sentencias. Tarea que se lleva a cabo a través de la revisión de informes periódicos remitidos por parte del Estado y objetados por las víctimas y por la Comisión. Durante el año 2007 la Corte inició una nueva práctica de celebración de audiencias de supervisión del cumplimiento de las sentencias emitidas por el Tribunal.

En cuanto a la función consultiva, es el medio por el cual la Corte responde consultas que formulan los Estados miembros de la OEA o los órganos de la misma. Esta competencia consultiva fortalece la capacidad de la Organización para resolver los asuntos que surjan por la aplicación de la Convención, ya que permite a los órganos de la OEA consultar a la Corte en lo que les compete.

Por último, la Corte puede adoptar las *medidas provisionales* que considere pertinentes en casos de extrema gravedad y urgencia, y cuando se haga necesario evitar daños irreparables a las personas, tanto en casos que estén en conocimiento de la Corte, como en asuntos que aún no se han sometido a su conocimiento, a solicitud de la Comisión Interamericana.

De lo anterior se concluye que la Corte Interamericana, como ya se indicó, no es competente para atender las peticiones formuladas por individuos u organizaciones, toda vez que estas deben presentarse ante la Comisión, que es el órgano encargado de recibir y evaluar las denuncias que le plantean particulares con motivo de violaciones a los derechos humanos llevadas a cabo por alguno de los Estados Parte.

B. LAS MUJERES Y LOS DERECHOS HUMANOS

Bien se sabe que durante siglos y hasta en nuestra época la situación de la igualdad de la mujer, de los derechos civiles y humanos de las mujeres, ha ido cambiando, pero bastante lentamente y con muchos retrocesos.

En esta sección las lecturas se enfocan en varios aspectos de la historia y la situación actual de las mujeres, como profesionistas, como sujetos de la discriminación, y como víctimas de la violencia doméstica, entre otras.

Historia de Las Mujeres en la Abogacía

Jueza Sandra Day O'Connor, presentación para la Celebración del Mes Nacional de Historia de la Mujer en Washington, DC, 8 de marzo de 2006

[Voy a hablar] un poco sobre la historia de la mujer, en particular, las mujeres dedicadas a la ley. Me parece que la experiencia de las abogadas tiene paralelos con otros campos, y la historia es ilustrativa de las experiencias más amplias de las mujeres en general. [L]as mujeres legales pioneras enfrentaron una profesión y una sociedad que defendían lo que llamaban el culto a la domesticidad, la opinión de que las mujeres eran, por naturaleza, distintas a los hombres. Se decía que las mujeres estaban hechas para la maternidad, la vida hogareña, que eran compasivas, desinteresadas, morales y puras. Sus mentes estaban sintonizadas con el arte y la religión, y no la lógica.

Por otro lado, los hombres estaban hechos, por naturaleza, para la competencia y el descubrimiento intelectual en el mundo; habían sido endurecidos por la batalla, eran sagaces, autoritarios y tenaces.

Se pensaba que las mujeres no eran aptas para el litigio acusatorio porque el mismo requería una lógica perspicaz y negociación sagaz, así como exposición a lo injusto y lo inmoral.

En 1875, la Corte Suprema de Wisconsin le dijo a Lavinia Goodell que ella no podía ser aceptada para el ejercicio de la profesión legal en el estado. El juez dijo que la práctica del derecho no era adecuada para el carácter femenino. El exponer a mujeres a los hechos brutales, repulsivos y obscenos de la vida de la sala de tribunal escandalizaría la referencia que el hombre tenía de la condición de mujer y relajaría el sentido público de la decencia.

Similarmente, Myra Bradwell de Chicago solicitó su admisión a la profesión legal del estado de Illinois en 1869 y fue rechazada. La Corte Suprema de Illinois dictaminó que, como mujer casada, sus contratos no eran vinculantes y que los contratos eran la esencia de la relación abogado-cliente.

El tribunal también dijo que Dios había creado a los sexos para que ocuparan diferentes esferas de acción, y que pertenecía al hombre crear, aplicar y ejecutar las leyes. Y la Corte Suprema de los Estados Unidos - y me ruborizó al decirlo - estuvo de acuerdo. La famosa opinión concurrente dijo que "El hombre es, o debe ser, el protector y defensor de la mujer. La timidez y delicadeza naturales y propias del sexo femenino hacen que la mujer no sea apta para muchas de las ocupaciones de la vida civil".

Ahora, incluso Clarence Darrow, quien era campeón de causas impopulares, dijo lo siguiente a un grupo de abogadas: "Ustedes no pueden ser figuras luminosas de la profesión legal porque son demasiado gentiles. Nunca podrán ser abogadas empresariales porque no son despiadadas. Ustedes no tienen un alto grado intelectual. Dudo que puedan en algún momento ganarse la vida", dijo. Otro abogado del mismo periodo dijo: "Las mujeres no pueden guardar un secreto". "Y por esa razón, entre otras, dudo que alguien consulte jamás a una abogada".

Afortunadamente para las abogadas de hoy, nuestras antecesoras tenían más agallas y espíritu de lo que se creía.

Clara Shortridge Foltz fue la primera abogada en California y la primera fiscal adjunta en los Estados Unidos, y fue un ejemplo del temple de las abogadas del pasado. Cuando un abogado oponente dijo en tribunal abierto que ella estaría mejor en su casa, criando a sus hijos, Foltz contestó, "Sería mejor que una mujer se dedicara a cualquier cosa, en lugar de criar a hombres como usted".

Una abogada de Nueva York, la pionera Belva Lockwood, fue la primera mujer aceptada en la práctica ante la Corte Suprema de los Estados Unidos en 1879. Sin embargo, para lograrlo, tuvo que hacer tres intentos y lograr la aprobación de un proyecto de ley especial que cambiaba los requisitos para la admisión en el Senado de los Estados Unidos. Acostumbraba pasear por Washington, D.C. en una especie de triciclo, cabildeando a Senadores y diciendo a la prensa que lucharía en todos los niveles. En 1894, Belva Lockwood hasta fue candidata a Presidente de los Estados Unidos, bajo el raciocinio de que, si bien las mujeres no podían votar, nada las prohibía de ser candidatas. A pesar de no contar con el voto de las mujeres, obtuvo 4,149 votos en la elección.

Fuimos testigos de otra innovación histórica en 1993, con la confirmación de la primera Secretaria de Justicia de los Estados Unidos, Janet Reno. No había habido una Secretaria de Justicia Auxiliar de los Estados

Unidos hasta el gobierno del Presidente Woodrow Wilson, cuando Annette Abbott Adams fue nombrada.

El Departamento de Justicia tuvo otra secretaria de justicia auxiliar durante el gobierno del Presidente Warren Harding en 1920. Fue Mable Walker Willebrandt de Los Angeles. Le dieron un trabajo que nadie quería, el de fiscal principal de las leyes de Prohibición. Era conocida como Porcia de la Prohibición. Ocupó el cargo nueve años extenuantes en el Departamento de Justicia y finalmente regresó a Los Ángeles para practicar el derecho.

Las primeras tres agentes de la Oficinal Federal de Investigaciones [Federal Bureau of Investigations (FBI)] fueron nombradas también a principios de la década del 20; sin embargo, se les pidió reiteradas veces que renunciaran y así lo hicieron cuando J. Edgar Hoover asumió el cargo de director.

En mi propia época y vida, ya bastante larga, he sido testigo de una revolución en la profesión legal. Como resultado, de los abogados practicantes hoy en el país, el 40 por ciento son mujeres y más del 50 por ciento de los graduados de la facultad de derecho son actualmente mujeres.

Cuando me gradué de la Facultad de Derecho de Stanford, en épocas sombrías, en 1952, ni siquiera podía conseguir una entrevista para un empleo en una empresa privada para practicar el derecho. Sin embargo, después tuve el privilegio de ocupar un gran número de puestos, incluido el más reciente durante alrededor de 25 años.

Las mujeres de hoy no solo están bien representadas en empresas de abogacía, sino que también están logrando gradualmente ocupar más posiciones de poder político y legal, como ustedes saben. Sin embargo, hasta que el porcentaje de mujeres en el Congreso y en la posición de juez y otras posiciones sea más cercano al 50 por ciento, creo que aún no habremos tenido éxito total. Por lo tanto, debemos hacer un poco más, a pesar del sorprendente progreso que hemos logrado en mi tiempo de vida.

Y dicho progreso se ha logrado, en gran parte, debido a la explosión del mito de la verdadera mujer, y eso se logró gracias al esfuerzo de verdaderas mujeres y la perspicacia de verdaderos hombres. Liberadas de los antiguos prejuicios, creo que las mujeres han probado que pueden realizar cualquier tarea, y eso se ha visto reflejado, también, en la jurisprudencia de la Corte Suprema.

Ahora, la ratificación de la Declaración de Derechos en 1791 no tuvo demasiado efecto en la condición legal de las mujeres. Sus restricciones se limitaban inicialmente al gobierno federal, por supuesto, y la legislación estatal que afectaba a las mujeres provenía, en gran parte, de Gran Bretaña, donde se les otorgaban a las mujeres pocos derechos de propiedad o contractuales, siendo las leyes de este país un poco más generosas que las de Inglaterra apenas en el caso de mujeres no casadas, en lo que se refería a la administración de la propiedad.

No hubo garantías nacionales para ciertas libertades individuales que no pudieran ser limitadas por los estados hasta después de la Guerra Civil y la adopción de las 13ª, 14ª y 15ª Enmiendas; sin embargo, ni siquiera eso representó conceptos que beneficiaran a las mujeres como un grupo hasta el siglo veinte.

A pesar de los esfuerzos de mujeres como Elizabeth Cady Stanton y Susan Anthony y Sojourner Truth, la sociedad como un todo, incluida la Corte Suprema, aceptaba, en general, la condición separada e desigual de la mujer.

Y en los casos de los mataderos, en 1973, la Corte Suprema dijo que la Cláusula de Protección Igualitaria debía interpretarse de forma limitada, de modo que se aplicara únicamente a leyes que discriminaran a los negros; y durante la primera mitad del siglo veinte, el Tribunal siguió difiriendo a decisiones legislativas sobre distinciones basadas en los sexos. De hecho, en 1948, hace no demasiado tiempo, la Corte Suprema, en una opinión del Juez Frankfurter, dijo que, a pesar de los grandes cambios en la posición social y legal de las mujeres, el estado podía incuestionablemente realizar distinciones con base en el sexo. Y en 1961, 20 años antes de que yo sirviera en la Corte Suprema, la Corte Suprema reafirmó la práctica de Florida de limitar el servicio de jurado a los hombres si las mujeres no se registraban por separado. Esto no fue hace demasiado tiempo. Al hacerlo, la Corte Suprema dijo: A pesar de la emancipación progresista de las mujeres de las restricciones del pasado, y su ingreso a muchas partes de la vida comunitaria anteriormente reservadas a los hombres, aún se considera a la mujer el centro del hogar y de la vida familiar".

No fue hasta la década del 70 que la Corte Suprema finalmente comenzó a analizar la legislación basada en el sexo más detenidamente. El primerísimo caso en el que la Corte Suprema opinó que una ley estatal que discriminaba a las mujeres era inconstitucional fue el caso Reed contra Reed. En el caso, la Suprema Corte, en una opinión de nuestro ex Juez Principal, Warren Burger, revocó una ley de Idaho que le daba preferencia automática a los hombres para nombramientos para administradores de patrimonio; y Reed marcó un cambio muy significativo en el enfoque del Tribunal de la discriminación basada en el sexo.

En 1976, la Corte Suprema hizo explícito su estándar de revisión más cuidadoso de la legislación basada en el sexo. Sostuvo que las clasificaciones basadas en el sexo serían mantenidas solo si atendían a objetivos gubernamentales importantes y estaban significativamente asociadas al logro de dichos objetivos.

Después de eso, durante dos décadas, la Corte Suprema invalidó, basándose en la protección igualitaria, una amplia gama de leyes basadas en el sexo, y el volumen de casos en la Corte Suprema relativos a leyes sobre la Cláusula de Protección Igualitaria disminuyó un poco en la década del 80, cuando yo ya había sido nombrada para la Corte, y era más probable que los casos que llegaban en ese entonces a la Corte hubieran surgido bajo el Título 7 que en la Cláusula de Protección Igualitaria ya que, en esa época, tanto el Congreso como muchos de los estados habían promulgado leyes que prohibían la discriminación basada en el sexo en acciones laborales.

En *Hishon v. King & Spalding*, por ejemplo, el Tribunal sostuvo que una vez que una empresa de abogacía hace de la condición de socio un privilegio del empleo, de acuerdo con el Título 7, la empresa no puede discriminar con base en el sexo en su selección de socios.

Ahora, en todos estos casos, el Tribunal finalmente miró con ojo un tanto negativo a las generalizaciones y estereotipos imprecisos en los que se había basado en el pasado, y comenzó a pedir a los empleadores que se fijaran si la persona específica en cuestión era capaz de hacer el trabajo, en lugar de si las mujeres en general eran más o menos capaces que los hombres.

Ahora, justo cuando la Corte Suprema y el Congreso habían adoptado estas opiniones menos optimistas de la clasificación basada en sexo, la nueva presencia de mujeres en el derecho llevaron a una serie de comentaristas feministas a preguntar si las mujeres habían aportado algo nuevo a la profesión legal, si tenían estilos y aptitudes o desventajas distintas.

Irónicamente, la iniciativa de volver a formular esta pregunta de si las mujeres son distintas en la manera en que practican el derecho tiene resonancias en el pasado, y más escritores han sugerido que las mujeres practican el derecho de manera distinta que los hombres.

Uno conjeturó que mis opiniones en el Tribunal diferían de manera peculiarmente femenina de las de mis colegas del sexo masculino, y las diferencias de sexo citadas actualmente son algo similares a las del pasado.

Escuchen algunas de ellas:

- Es más probable que abogadas busquen mediar disputas que ocuparse del litigio;

- Es más probable que abogadas se concentren en solucionar un problema del cliente que reivindicar una posición;

- Es más probable que abogadas sacrifiquen el progreso en sus carreras por sus obligaciones familiares;

- Les interesa más el servicio público o el fomento comunitario que los logros individuales;

- Es más probable que juezas hagan hincapié en el contexto y quiten énfasis a los principios generales;

- Las juezas son más compasivas, y así por delante.

Ahora, todos estos escritos académicos son interesantes; sin embargo, preocupa un poco volver al mito victoriano de la verdadera mujer y comparar estos conceptos con las aseveraciones de Clarence Darrow en el pasado.

Aún permanece una diferencia, sin embargo, entre los hombres y las mujeres, no solo en la profesión legal sino en general. Las profesionales tienen la responsabilidad principal, como cuestión práctica, de tener hijos y ocuparse de las tareas del hogar, y dedican alrededor del doble del tiempo a dichos quehaceres que sus maridos profesionales. Como resultado, creo que es verdad que las abogadas suelen enfrentar algunas dificultades, en ciertos momentos, para ocuparse tanto de la carrera como del hogar. Me ocurrió a mí, y me quedé en casa sin trabajar durante alrededor de cinco años, cuando mis hijos eran muy pequeños. Me preocupaba nunca poder conseguir otro empleo en la profesión legal, que nadie quisiera contratarme, pero me alegro de poder decir que eso resultó ser un mito.

Actualmente, mientras que muchas mujeres hacen malabarismos admirables entre la profesión y el hogar, aún es cierto que el tiempo que ustedes pasan en casa no se puede facturar a clientes o dedicar a hacer contactos con trabajo y organizaciones profesionales, y las mujeres que no quieren quedarse atrás suelen encontrarse con una decisión difícil de tomar. No están seguras de si se quieren casarse temprano, si quieren tener hijos cuando aún son muy jóvenes y tal vez sea un poco más fácil. Son decisiones difíciles, y no creo que exista una respuesta única.

Yo elegí formar y disfrutar de mi familia y retomar mi carrera un poco más tarde, y todo salió bien. Nuestras vidas son un poco más largas que antes, y por lo tanto, funcionó.

Y las elecciones que las mujeres deben hacer en este sentido son un poco distintas a las elecciones que los hombres deben hacer. Por reconocer estas diferencias y desafíos, la Corte Suprema ha enfrentado sus propios desafíos más difíciles. El dilema es el siguiente: si la sociedad no reconoce el hecho de que solo las mujeres pueden dar a luz, entonces el tratamiento igual acaba por ser desigual; sin embargo, si la sociedad reconoce al embarazo como algo que requiere dedicación especial, se vuelve un poco a la pendiente resbaladiza hacia la legislación proteccionista que excluía a las mujeres del lugar de trabajo. Y la cuestión de cuándo una calidad requiere diferencias complacientes es una cuestión en la que sospecho que la Corte Suprema y otros tribunales seguirán encontrando dificultades.

Creo que la generación actual está encontrando maneras nuevas de equilibrar las responsabilidades familiares y profesionales entre los hombres y las mujeres, reconociendo las diferencias de los sexos de manera que promueva la igualdad y libere tanto a las mujeres como a los hombres de las limitaciones de papeles tradicionales. Y no solo las mujeres, sino los hombres también, han perdido en la división del trabajo y el hogar. Mientras que una mayor cantidad de mujeres disfruta de los desafíos de una carrera legal u otra carrera, más hombres están descubriendo la bendición de dedicar más tiempo a educar y cuidar a sus hijos. Los tiempos han cambiado, y eso es bueno.

Por lo tanto, creo que tal vez nuestra aspiración debería ser que independientemente del sexo u origen, todos podemos volvernos sabios, sabios a través de nuestras distintas batallas y distintas victorias, sabios a través del trabajo y la diversión, a través de nuestra profesión y a través de nuestras familias.

Lucha Mundial Contra la Discriminación de la Mujer
Naciones Unidas, Oficina del Alto Comisionado Para los Derechos Humanos

La igualdad de género es fundamental para la realización de los derechos humanos de todas las personas. Sin embargo, las leyes discriminatorias contra las mujeres aún persisten en todos los rincones del mundo y se continúan promulgando nuevas leyes de este tipo. En todas las tradiciones jurídicas existen muchas leyes que continúan institucionalizando la condición de segunda clase para las mujeres y las niñas respecto a la nacionalidad y ciudadanía, la salud, la educación, los derechos maritales, los derechos laborales, la patria potestad y los derechos a la propiedad y a la herencia. Estas formas de discriminación contra la mujer menoscaban el empoderamiento de la mujer.

Las mujeres constituyen la población más pobre del mundo y el número de mujeres que viven en condiciones de pobreza rural ha aumentado aproximadamente el 50 por ciento desde 1975. Las mujeres realizan dos tercios de las horas laborales de todo el mundo y producen la mitad de los alimentos mundiales; sin embargo, éstas perciben únicamente el 10 por ciento de los ingresos mundiales y poseen menos del uno por ciento de la propiedad mundial. La violencia contra las mujeres prevalece a una escala inconcebible en todo el mundo y en todas las culturas, y el acceso de las mujeres a la justicia suele estar caracterizado por obstáculos discriminatorios, tanto en la ley como en la práctica. Las formas múltiples de discriminación por motivos de género y otros factores como raza, etnia, casta, discapacidad, personas afectadas por el VIH/SIDA, orientación sexual, e identidad de género hacen a las mujeres más vulnerables a las dificultades económicas, la exclusión y la violencia.

En algunos países, las mujeres, a diferencia de los hombres, no pueden vestirse a su gusto, ni pueden conducir un vehículo, ni trabajar de noche, ni heredar bienes o atestiguar en los tribunales. La amplia mayoría de leyes que son expresamente discriminatorias y que están vigentes están relacionadas con la vida familiar, y algunas limitan el derecho de la mujer a contraer matrimonio (o el derecho a no contraer matrimonio en caso de matrimonios prematuros forzados), así como el derecho a divorciarse y volverse a casar, lo cual propicia las prácticas maritales discriminatorias, como la obediencia de la mujer y la poligamia. Las leyes que estipulan de manera explícita la "obediencia de la mujer" todavía gobiernan las relaciones maritales en muchos Estados.

El ordenamiento jurídico internacional de los derechos humanos prohíbe la discriminación por motivos de sexo y contempla garantías para que los hombres y las mujeres puedan disfrutar en condiciones de igualdad sus derechos civiles, culturales, económicos, políticos y sociales. Aunque el sistema de los derechos humanos reafirma los principios de la igualdad y la no discriminación, el artículo 15(1) de la Convención sobre la eliminación de todas las formas de discriminación contra la mujer (CEDAW) establece de manera explícita que los Estados que han ratificado la Convención deben reconocer a la mujer la igualdad con el hombre. Por su parte, el artículo 2 compromete a los Estados que han ratificado la Convención a "adoptar todas las medidas adecuadas, incluso de carácter legislativo, para modificar o derogar leyes, reglamentos, usos y prácticas que constituyan discriminación contra la mujer".

Treinta años después de que la Convención entró en vigor, el reconocimiento y el disfrute de los derechos en condiciones de igualdad respecto al hombre todavía continúa siendo ilusorio para una gran cantidad de mujeres en todo el mundo. Aunque la Convención ha sido ratificada por 186 Estados, ésta contiene una cantidad sin precedentes de reservas que se han hecho a los artículos principales, como los artículos 2 y 6, los cuales tienen repercusiones en la vida personal y familiar de las mujeres y las niñas.

A pesar de que la Convención exige a los Estados que la han ratificado a eliminar la discriminación contra la mujer "por todos los medios apropiados y sin dilaciones", son muchos los Estados que todavía conservan de manera generalizada sus leyes discriminatorias, lo cual revela que el ritmo de las reformas que favorecen a la mujer es muy lento. Por consiguiente, en la duodécima sesión del Consejo de Derechos Humanos, se adoptó una resolución titulada "Eliminación de la Discriminación contra la Mujer" en la cual se solicitó a la Oficina del Alto Comisionado para los Derechos Humanos que realizara un estudio temático sobre la discriminación contra la mujer en la ley y en la práctica, y sobre la manera en que la ONU aborda el tema. El estudio se haría en consulta con todas las partes interesadas pertinentes, pero en particular, con la Comisión sobre la Condición de la Mujer. El estudio temático será abordado en la decimoquinta sesión y se dedicará medio día de discusión durante la sesión para decidir si se deben adoptar medidas adicionales.

ACTIVIDADES DE LA OFICINA DE DERECHOS HUMANOS DE LA ONU

- Apoya las actividades del Comité para la Eliminación de la Discriminación contra la Mujer. El Comité supervisa la aplicación de la Convención sobre la eliminación de todas las formas de discriminación contra la mujer. La Convención establece, de manera legalmente vinculante, una serie de principios de aceptación universal sobre los derechos de la mujer.

- Colabora con la Relatora Especial sobre la violencia contra la mujer. La Relatora Especial, quien es una experta independiente, publica informes anuales sobre la violencia contra la mujer, recibe denuncias urgentes de las personas y realiza visitas de investigación en los países.

- Colabora con el Experto Independiente sobre la trata de personas. Considerando que las mujeres de todas las regiones del mundo continúan siendo víctimas de los traficantes para ser explotadas sexualmente o para explotar su fuerza de trabajo, el Experto Independiente es el encargado de atender estas violaciones de derechos humanos.

- Por medio de la Unidad de Género y Derechos de la Mujer, la oficina impulsa la lucha contra la discriminación racial contra la mujer. La unidad fortalece la capacidad nacional para eliminar la discriminación por motivos de género mediante la prestación de servicios de asesoría, realiza estudios e investigaciones, colabora con los mecanismos especializados e intergubernamentales dedicados a la situación de la discriminación de la mujer, y contribuye con el Consejo de Derechos Humanos y con la comunidad en general para establecer asociaciones, crear conciencia y movilizar apoyo para las medidas antidiscriminatorias, como las leyes, las políticas y los programas.

La Protección de la Mujer en Puerto Rico

En abril de 2001, la Asamblea legislativa de Puerto Rico aprobó una ley que creó la oficina y el cargo de la Procuradora de las Mujeres. Esa nueva posición conllevaba poderes investigativos, fiscalizadores y cuasi judiciales. La Procuradora de las Mujeres tenía como meta global la implantación de la política pública declarada por la Ley.

Esta Ley representa la culminación de décadas de lucha y trabajo en torno a la cuestión de los derechos de las mujeres en Puerto Rico. En la introducción a la Ley, se expone:

"La Constitución del Estado Libre Asociado de Puerto Rico establece en la Sección 1 de su Carta de Derechos que: 'No podrá establecerse discrimen alguno por motivo de raza, color, sexo, nacimiento, origen o condición social, ni ideas políticas o religiosas. Tanto las leyes como el sistema de instrucción pública encarnarán estos principios de esencial igualdad humana'. Estas garantías constitucionales se formularon a la luz de la aprobación de la Declaración Universal de Derechos Humanos de la Organización de las Naciones Unidas (ONU), el 10 de diciembre de

1948. Esta Declaración afirma el principio de la no discriminación y proclama que todos los seres humanos nacen libres e iguales en dignidad y derechos y que toda persona puede invocar los mismos sin distinción alguna y, por lo tanto, sin distinción de sexo".

Es más, a raíz de la IV Conferencia Mundial sobre la Mujer, las organizaciones no gubernamentales (ONGs) de las mujeres en Puerto Rico realizaron un plan de acción para las mujeres del y se inició un análisis de los avances, obstáculos y limitaciones en el desarrollo de los derechos humanos de las mujeres. En ese contexto, se aprobó legislación que:

- declaró el 8 de marzo como Día Internacional de la Mujer;

- prohibió el Discrimen por Razón de Sexo;

- estableció la Protección a Víctimas y Testigos;

- declaró el día 25 de noviembre de cada año como el Día de No Más Violencia Contra la Mujer;

- prohibió el Hostigamiento Sexual en el Empleo;

- estableció la Prevención e Intervención con la Violencia Doméstica;

- ordenó a las agencias públicas a implantar planes de Acción Afirmativa para garantizar que no se discrimine contra ningún/ a empleado /a o aspirante a empleo por razón de género;

- eliminó disposiciones discriminatorias sobre el ejercicio del comercio por mujer casada;

- prohibió el hostigamiento sexual contra estudiantes en instituciones de enseñanza;

- estableció las normas a seguir en cuanto a evidencia sobre conducta constitutiva de hostigamiento sexual;

- obligó al patrono a pagar la totalidad del salario a la obrera en período de descanso por maternidad;

- equiparó los derechos de la licencia por maternidad de las mujeres adoptantes con los de las madres biológicas;

- impuso al patrono la pena de suspensión o revocación de licencia para hacer negocios o ejercer su profesión, en los casos que despida por razón de embarazo o negare a una madre obrera el período de descanso por alumbramiento;

- aumentó a $5,000.00 la multa máxima por violación a estas disposiciones;

- eliminó el requisito de Prueba de Corroboración en un proceso por el delito de violación o tentativa de cometerlo, cuando de la prueba surja la existencia de relaciones amistosas o amorosas o íntimas con el acusado;

- creó un programa piloto que establezca un protocolo médico para atender víctimas de violencia doméstica.

———

Las selecciones de la Ley que siguen dan una idea del alcance y los poderes de la Procuradora y su Consejo y oficiales.

———

Ley de la Oficina de la Procuradora de las Mujeres
Ley Núm. 20 de 11 de abril de 2001

....

Aún persisten formas de opresión, discriminación y marginación que evidencian la resistencia del sector público y privado a cumplir con las garantías constitucionales, la legislación vigente y las políticas públicas. Todavía son evidentes diferentes formas de opresión, discriminación y marginación, tales como la violencia contra la mujer en sus diferentes manifestaciones, el obtener menos paga por trabajo igual o comparable, hostigamiento sexual en el empleo y en las instituciones educativas y feminización de la pobreza que se dramatiza con el incremento de las jefas de familia y las madres adolescentes, el sexismo, y los estereotipos sexuales en la educación, y sexismo en los medios de comunicación, la promoción y explotación de las mujeres como objeto sexual, la discriminación particular de las mujeres por su raza y edad y la ausencia de una perspectiva integral para atender el desarrollo económico, la salud y demás derechos de las mujeres. Por último, persiste una resistencia a reconocer la existencia de la diversidad en las formas de las familias, los roles sociales y las expresiones de sexualidad.

La ausencia de mecanismos e instancias de fiscalización que obliguen al cumplimiento de las políticas públicas existentes llevó a las ONGs de mujeres a proponer la creación de una Procuraduría de la Mujer para sustituir la Comisión para los Asuntos de la Mujer. Se planteó la creación de un organismo con suficiente autonomía y facultades plenas de fiscalización, investigación, reglamentación y adjudicación para garantizar el respeto por los derechos de las mujeres y el cumplimiento de las políticas existentes. Esta idea fue acogida en 1995 por todos los partidos políticos en sus programas de gobierno.

Por consiguiente, esta Asamblea Legislativa, en el cumplimiento de los mandatos constitucionales, con el objetivo de fortalecer y hacer cumplir las políticas públicas que garanticen los derechos humanos de las mujeres y promuevan la equidad por género, crea la Oficina de la Procuradora de las Mujeres y el cargo de Procuradora para realizar acciones concretas que logren eliminar toda discriminación hacia las mujeres y garantice la protección de sus derechos humanos.

DECRETASE POR LA ASAMBLEA LEGISLAT1VA DE PUERTO

RICO:

....

II. POLÍTICA PÚBLICA

Artículo 3.- Es política pública del Estado Libre Asociado garantizar el pleno desarrollo y respeto de los derechos humanos de las mujeres y el ejercicio y disfrute de sus libertades fundamentales. Al reconocer que las mujeres siguen siendo objeto de importantes discriminaciones, opresiones y marginaciones que violan los principios de igualdad de derechos y el respeto de la dignidad humana y que dificultan su participación en la vida política, social, económica, cultural y civil, se hace necesario fortalecer y consolidar los instrumentos y mecanismos que tiene el Estado para la implantación efectiva de esta política de igualdad social, equidad por género, respeto por la pluralidad, las diferencias y la diversidad. Es parte esencial de esta política pública garantizar estos derechos y que todas las mujeres, sin importar su ubicación geográfica, edad, raza, etnia, estado civil, orientación sexual, condición social y económica, capacidad física, afiliación política y religiosa, tengan acceso a los procesos de participación que genere la Procuraduría en el desempeño de sus funciones.

Para fiscalizar la implantación de esta política pública y de su cumplimiento por parte de agencias públicas y las entidades privadas se crea la Oficina y cargo de la Procuradora de las Mujeres. Esta Procuraduría está dotada de funciones educativas, investigativas, fiscalizadoras, de reglamentación y cuasi judiciales, con el propósito de que se investiguen y se provean los remedios y las actuaciones correctivas que sean necesarias ante acciones u omisiones que lesionen los derechos de las mujeres. Asimismo, esta Procuraduría está facultada para actuar por sí, en representación de mujeres en su carácter individual o como clase para la defensa de sus derechos, así como para aprobar reglamentación para fiscalizar y velar que las agencias gubernamentales y las entidades o instituciones privadas cumplan con la política pública y los objetivos de esta Ley.

III. CREACIÓN DE LA OFICINA Y DEL CARGO DE PROCURADORA

Artículo 4.- Se crea la Oficina de la Procuradora de las Mujeres, como una entidad jurídica independiente y separada de cualquier otra agencia o entidad pública. La Oficina estará dirigida por la Procuradora de las Mujeres, quien será nombrada por la Gobernadora o el Gobernador con el consejo y consentimiento del Senado, por el término de diez (10) años hasta que su sucesora sea nombrada y tome posesión del cargo.....

V. FUNCIONES Y DEBERES DE LA OFICINA

Artículo 9.- La Oficina tendrá los siguientes deberes y funciones, además de otros dispuestos en esta Ley o en las leyes o programas cuya administración o implantación se le delegue:

(a) Realizar y fomentar estudios e investigaciones, así como recopilar y analizar estadísticas sobre la situación de las mujeres, analizar los factores que afecten los derechos de las mujeres en todas las esferas de su vida social, política, económica, cultural y civil, así como las causas de la desigualdad en el trato, en el acceso y la participación en materia de educación y capacitación, la salud, el empleo, la autogestión, el desarrollo económico y, en general, en el ejercicio de sus derechos civiles, políticos, sociales y culturales, incluyendo la participación en la toma de decisiones a todo nivel, entre otros.

(b) Fiscalizar el cumplimiento de la política pública establecida en esta Ley, velar por los derechos de las mujeres y asegurar que las agencias públicas cumplan y adopten programas de acción afirmativa o correctiva, promover que las entidades privadas las incorporen, así como evaluar los programas ya existentes, a fin de lograr la eliminación del discrimen y la desigualdad y propiciar la más plena participación ciudadana de las mujeres.

(c) Radicar, a su discreción, ante los tribunales, los foros administrativos e instrumentalidades y subdivisiones políticas del Estado Libre Asociado, por sí o en representación de la parte interesada, ya sea mujeres individuales o una clase, las acciones que estime pertinente para atender las violaciones a la política pública establecida en esta Ley.

(d) Mantener una revisión y evaluación continua de las actividades llevadas a cabo por las agencias públicas y entidades privadas para evitar violaciones a los derechos de las mujeres y posibilitar procesos sistemáticos de consulta con las entidades privadas y no gubernamentales de mujeres con el propósito de garantizar que las actividades de la Oficina respondan en todo momento a las necesidades, exigencias y aspiraciones de todos los sectores de mujeres del país.

(e) Impulsar acciones que contribuyan a resolver el problema de la violencia contra las mujeres, en todas sus manifestaciones.

(f) Considerar el efecto que pueden tener nuevos acontecimientos sobre los métodos utilizados en la promoción y defensa de los derechos de las mujeres y disponer la acción correctiva apropiada para ser implantadas.

(g) Cooperar y establecer redes de trabajo y de intercambio de información y experiencias con las entidades privadas y organizaciones no gubernamentales de mujeres del país y del exterior, y con las agencias estatales, municipales y federales, dedicadas al desarrollo y la promoción de los derechos de las mujeres.

(h) Evaluar los convenios y las normas y directrices internacionales respecto a los derechos de las mujeres e investigar planteamientos de controversias concretas en cuanto arrojen luz sobre problemas de importancia general, y recomendar remedios dirigidos a garantizar la equidad de género y la participación de las mujeres en todas las esferas de la vida social, política, económica y cultural.

(i) Proponer aquella legislación que estime pertinente para el desarrollo efectivo de la política pública establecida en esta Ley y de los derechos que la Constitución del Estado Libre Asociado y las leyes reconocen a las mujeres, así como velar porque la política pública esté guiada por una perspectiva de género y que las iniciativas, las declaraciones y proyectos dirigidos especialmente a las mujeres sean evaluados e implantados con una visión no sexista y no paternalista.

(j) Coordinar los esfuerzos de educación a la comunidad sobre los derechos de las mujeres y asuntos relacionados con éstos y realizar en todo el país campañas de sensibilización, orientación y educación sobre el problema de discrimen hacia las mujeres y para promover los valores y prácticas en que se basa la igualdad entre los seres humanos.

(k) Efectuar todas aquellas gestiones necesarias para propiciar el desarrollo individual y socioeconómico de las mujeres.

VI. Poderes Generales de la Procuradora

Artículo 10.- La Procuradora, a fin de cumplir con los propósitos de esta Ley, tendrá, además, los siguientes poderes y funciones:

a) Atender, investigar, procesar y adjudicar querellas relacionadas con acciones y omisiones que lesionen los derechos de las mujeres, les nieguen los beneficios y las oportunidades a que tienen derecho, y afecten los programas de beneficio para las mujeres; y conceder los remedios pertinentes conforme a derecho, así como ordenar acciones correctivas a cualquier persona natural o jurídica, o cualquier agencia que niegue, entorpezca, viole o perjudique los derechos y beneficios de las mujeres.

b) Tomar medidas para la tramitación de reclamaciones que propendan a la consecución de los fines de esta Ley, incluyendo representación legal u otro peritaje o servicio de apoyo para la tramitación de estas reclamaciones. A estos fines, la Procuradora podrá suministrar, directamente o mediante contratación o a través de referido, a su discreción, la prestación de servicios legales, profesionales, médicos, periciales o técnicos o comparecer por y en representación de las mujeres que cualifiquen para obtener algún beneficio o derecho al amparo de leyes y reglamentos del Estado Libre Asociado de Puerto Rico u ordenanzas municipales y leyes federales, ante cualquier tribunal, foro administrativo o de mediación, junta, comisión u oficina.

c) Realizar investigaciones, por su propia iniciativa o en relación con las querellas que investigue, obtener la información que sea pertinente, celebrar vistas administrativas y llevar a cabo inspecciones oculares. Las vistas ante la Procuraduría serán públicas a menos que por razón de interés público se justifique que se conduzcan en privado.

d) Adoptar cualesquiera reglas y reglamentos que fueren necesarios para llevar a cabo los propósitos de esta Ley.

e) Tomar juramentos y declaraciones por sí o por medio de sus representantes autorizados.

f) Inspeccionar récords, inventarios, documentos e instalaciones de las agencias públicas y de las personas y entidades privadas cuando ello sea pertinente y necesario para una investigación o querella ante su consideración.

g) Ordenar la comparecencia y declaración de testigos, requerir la presentación o reproducción o cualesquiera papeles, libros, documentos y otra evidencia pertinente a una investigación o querella ante su consideración.

h) Imponer y cobrar multas administrativas hasta un máximo de $10,000 por acciones u omisiones que lesionen los derechos de la mujer amparados por la Constitución y las leyes del Estado Libre Asociado de Puerto Rico, de conformidad y fijar la compensación por daños ocasionados, en los casos que así proceda.

i) Imponer a la parte que no prevalezca en un procedimiento cuasi judicial la obligación de pagar honorarios de abogado y costas, cuando así proceda conforme a derecho.

VII. Procedimientos Adjudicativos

Artículo 11.- Se faculta a la Procuradora a establecer los sistemas necesarios para el acceso, recibo y encausamiento de las reclamaciones y quejas que insten las mujeres cuando aleguen cualquier acción u omisión por parte de las agencias gubernamentales y entidades privadas que lesionen los derechos que le reconocen la Constitución del Estado Libre Asociado, las leyes y los reglamentos en vigor.

Artículo 12.- Toda querella promovida al amparo de las disposiciones de esta Ley se tramitará en la forma que disponga la Ley de Procedimiento Administrativo Uniforme del Estado Libre Asociado.

En aquellos casos en que la querella radicada no plantee controversia adjudicable alguna o se refiera a algún asunto fuera del ámbito de jurisdicción de la Oficina, la Procuradora orientará a la parte promovente y la referirá a la agencia concernida, si ello fuera necesario.....

IX. Penas

Artículo 20.- Cualquier persona que voluntariamente desobedezca, impida o entorpezca el desempeño de las funciones de la Oficina o de cualquiera de sus agentes autorizadas/os en el cumplimiento de sus deberes de acuerdo con esta Ley, o que obstruya la celebración de una audiencia que se lleve a cabo de acuerdo con esta Ley, incurrirá en delito menos grave y será sancionada con multa que no excederá de cinco mil (5,000) dólares o con pena de reclusión que no excederá de seis (6) meses, o ambas penas, a discreción del tribunal....

———

Acceso a la Justicia para Mujeres Víctimas de Violencia en las Américas

Comisión Interamericana de Derechos Humanos

Las normas del sistema interamericano reconocen que un acceso eficaz *de jure y de facto* a garantías y protecciones judiciales, es indispensable para la erradicación del problema de la violencia contra las mujeres, y por lo tanto, para que los Estados cumplan de manera efectiva con las obligaciones internacionales que han contraído libremente de actuar con la debida diligencia frente a este grave problema de derechos humanos. Sin embargo, la labor de la CIDH y de la Relatoría refleja que las mujeres víctimas de violencia frecuentemente no obtienen un acceso a recursos judiciales idóneos y efectivos al denunciar los hechos sufridos, permaneciendo la gran mayoría de estos incidentes en impunidad, y por consiguiente quedando sus derechos desprotegidos. La CIDH ha observado que la gran mayoría de los casos de violencia contra las mujeres se encuentran marcados por la impunidad, lo cual alimenta la perpetuidad de esta grave violación a los derechos humanos.

Por estas razones, en el 2005, la Relatoría desarrolló una serie de actividades para recoger información sobre los mayores logros y desafíos que las mujeres confrontan para acceder a la justicia cuando son víctimas de violencia y discriminación. Estas actividades incluyeron reuniones con expertos y expertas a nivel subregional y regional, así como la circulación de cuestionarios a los Estados en estas materias.

Como resultado de estas actividades, la CIDH publicó en el 2007 el *Informe Acceso a la Justicia para las Mujeres Víctimas de Violencia en las Américas*, en el cual se presenta un diagnóstico de los principales obstáculos que las mujeres enfrentan cuando procuran acceder a recursos judiciales revestidos de adecuadas garantías, y se formulan conclusiones y recomendaciones para que los Estados actúen con la debida diligencia con el objeto de ofrecer una respuesta judicial efectiva ante incidentes de violencia contra las mujeres. El análisis del informe incluye información remitida a la CIDH por una diversidad de sectores que incluye la administración de la justicia, funcionarios y representantes del gobierno, la sociedad civil, el sector académico y mujeres de diferentes razas, etnias, y condiciones socioeconómicas, como parte de un proceso de investigación emprendido, con el apoyo financiero del Gobierno de Finlandia. ...

PUBLICACIÓN DEL INFORME SOBRE ACCESO A LA JUSTICIA

El 7 de marzo de 2007, la Comisión hizo público su informe Acceso a la Justicia para las Mujeres Víctimas de Violencia en las Américas, elaborado por la Relatoría, el cual procura ofrecer un diagnóstico sobre los obstáculos principales que las mujeres enfrentan cuando intentan acceder a recursos, garantías y protecciones judiciales para remediar actos de violencia, incluyendo el problema de la impunidad, y formula conclusiones y recomendaciones a fin de que los Estados actúen con la debida diligencia requerida para ofrecer una respuesta judicial efectiva y oportuna ante estos incidentes. El análisis de este informe comprende los resultados de un proceso de recopilación de información de una diversidad de sectores que incluyen la administración de la justicia, funcionarios y representantes del gobierno, la sociedad civil, el sector académico y mujeres de diferentes razas, etnias y condiciones socioeconómicas, llevado a cabo por la Relatoría con el apoyo financiero del gobierno de Finlandia.

El informe concluye que no obstante el reconocimiento formal y jurídico de los Estados de la violencia contra las mujeres como un desafío prioritario, existe una gran brecha entre la incidencia y la gravedad del problema y la calidad de la respuesta judicial ofrecida. Si bien la Comisión reconoce los esfuerzos de los Estados en la adopción de un marco jurídico y político para abordar la violencia contra las mujeres, aún persiste una enorme distancia entre la disponibilidad formal de ciertos recursos y su aplicabilidad efectiva. Esta situación no sólo propicia una sensación de inseguridad, indefensión y desconfianza en la administración de justicia por parte de las víctimas, sino que este contexto de impunidad perpetúa la violencia contra las mujeres como un hecho aceptado en las sociedades americanas en menoscabo de sus derechos humanos. En este informe, la Comisión formula conclusiones y recomendaciones a fin de que los Estados actúen con la debida diligencia para ofrecer una respuesta judicial efectiva y oportuna ante hechos de violencia contra las mujeres....

ARTÍCULO DE OPINIÓN SOBRE EL INFORME ACCESO A LA JUSTICIA

Entre marzo y abril de 2007, tras la publicación del informe Acceso a la justicia para las mujeres víctimas de violencia en las Américas, se publicó en periódicos de circulación nacional de varios países de la región este artículo de opinión, firmado por el entonces Relator sobre los Derechos de las Mujeres de la CIDH, comisionado Víctor Abramovich.

Las mujeres víctimas de la violencia carecen de acceso efectivo a la justicia en América

Ana fue violada en un país de América. El agresor fue exonerado de toda culpa porque la justicia concluyó que ella consintió a la relación sexual. Ana, cuyo verdadero nombre nos reservamos, es una niña sordomuda de 12 años de edad. En otro país de la región, la familia de Silvia recurrió a la justicia por otro caso de violación. El tribunal concluyó que "las únicas víctimas" en el caso de violación "fueron los agresores sexuales, quienes no sabían que atacaban a una mujer con problemas mentales". Estas sentencias son dos ejemplos del preocupante patrón de impunidad que rige en muchos países americanos para los casos de violencia contra las mujeres.

El informe Acceso a la justicia para las mujeres víctimas de violencia en las Américas, publicado recientemente por la Comisión Interamericana de Derechos Humanos, revela una situación alarmante en el continente. Muestra, por ejemplo, que policías, jueces, fiscales y otros funcionarios del

Estado maltratan a las mujeres que fueron víctimas de violencia porque también ellos están influidos por los patrones socioculturales de discriminación prevalecientes en las sociedades americanas. El informe recoge ejemplos de funcionarios judiciales que culparon a las propias víctimas por lo que les sucedió, argumentando que fue por "su estilo de vida, por la ropa que usan, o por las horas en que están en la calle", como si de alguna manera esto justificara asesinatos, violaciones y golpizas. Un ejemplo de esto fueron las declaraciones de autoridades que, al referirse a la crisis de asesinatos de mujeres en una ciudad, afirmaron que las víctimas "utilizaban minifaldas, salían de baile, eran 'fáciles' o prostitutas". Los familiares de mujeres asesinadas en diversos países atestiguan que las autoridades los tratan con indiferencia y hasta hostilidad. Cuando mujeres golpeadas o violadas intentan denunciar los hechos, son maltratadas, estgimatizadas y humilladas socialmente.

Este tratamiento inaceptable también suele ocurrir con las mujeres víctimas de violencia doméstica, porque las fuerzas policiales y los sistemas judiciales suelen calificar estos casos como "problemas privados" o "asuntos pasionales" que deben ser resueltos sin la intervención del Estado. La discriminación de género en las dependencias estatales revictimiza a las mujeres, dejándolas sin ninguna instancia a la que recurrir en búsqueda de un remedio efectivo para situaciones muchas veces desesperantes. En muchos países también fracasa la función cautelar del Estado: muchas mujeres que acuden a las autoridades en búsqueda de protección porque fueron amenazadas, son igualmente asesinadas. En muchos casos sufren agresiones mortales pese a contar con órdenes judiciales que disponen su protección. Estos homicidios podrían ser evitados si las autoridades encargadas hicieran correctamente su trabajo y dispusieran las medidas adecuadas.

Si bien muchos países han avanzado en la adopción de legislación específica sobre el tema, el Informe exhibe una brecha entre las leyes y el acceso efectivo de las víctimas a medidas y políticas efectivas de protección. Así, entre los múltiples obstáculos que las mujeres enfrentan para acceder a la justicia, el Informe menciona la carencia de unidades especializadas y capacitadas en las fiscalías, los tribunales y la policía; la inexistencia de instancias judiciales en zonas rurales, pobres y marginadas, así como la falta de abogados de oficio para representar y defender a mujeres con escasos recursos financieros. A la discriminación de género se suma, en el caso de las mujeres afrodescendientes y las mujeres indígenas, el problema del racismo en las estructuras estatales.

La gravedad de la situación amerita un grito de alarma. La incapacidad de los sistemas judiciales de numerosos países de América para brindar protección accesible, adecuada y efectiva, así como el patrón de impunidad existente, propician la perpetuación de la violencia contra las mujeres como un hecho socialmente aceptado en gran parte de la región. Esto debería motivar una reacción urgente por parte de los Estados, orientada a mejorar el funcionamiento de sus sistemas de justicia y a profundizar sus políticas de igualdad, a fin de cumplir con el deber de asegurar a todas las mujeres el derecho a vivir libres de violencia.

C. LOS MENORES Y LOS DERECHOS HUMANOS

Otro grupo que merece y recibe atención singular en cuanto a sus derechos humanos es el enorme grupo constituido por niños, niñas, y jóvenes menores de edad. Este grupo se considera como especialmente necesitado de protecciones ya que no tienen poder ni voces propias en el mundo de los adultos. Han aumentado la explotación y el maltrato, incluyendo la utilización de menores de edad como combatientes en las guerras, el tráfico internacional en niñas y niños con fines de prostituirlos o esclavizarlos de alguna manera. Además, en todo el mundo vemos un incremento en la población juvenil que se encuentra involucrada en el sistema penal.

Los documentos y artículos que siguen se enfocan en varios aspectos de los derechos humanos de los menores de edad, empezando con un ejemplo del tipo de protecciones especiales ofrecidas en las constituciones de América Latina, y pasando por varias declaraciones y convenciones internacionales sobre el tema. También hay materiales sobre el papel de los jóvenes en el sistema penal.

Los Menores de Edad en las Constituciones de América Latina

Ecuador

Artículo 48. Será obligación del Estado, la sociedad y la familia, promover con máxima prioridad el desarrollo integral de niños y adolescentes y asegurar el ejercicio pleno de sus derechos. En todos los casos se aplicará el principio del interés superior de los niños, y sus derechos prevalecerán sobre los de los demás.

Artículo 49. Los niños y adolescentes gozarán de los derechos comunes al ser humano, además de los específicos de su edad. El Estado les asegurará y garantizará el derecho a la vida, desde su concepción; a la integridad física y psíquica; a su identidad, nombre y ciudadanía; a la salud integral y nutrición; a la educación y cultura, al deporte y recreación; a la seguridad social, a tener una familia y disfrutar de la convivencia familiar y comunitaria; a la participación social, al respeto a su libertad y dignidad, y a ser consultados en los asuntos que les afecten.

El Estado garantizará su libertad de expresión y asociación, el funcionamiento libre de los consejos estudiantiles y demás formas asociativas, de conformidad con la ley.

Artículo 50. El Estado adoptará las medidas que aseguren a los niños y adolescentes las siguientes garantías:

Atención prioritaria para los menores de seis años que garantice nutrición, salud, educación y cuidado diario.

Protección especial en el trabajo, y contra la explotación económica en condiciones laborales peligrosas, que perjudiquen su educación o sean nocivas para su salud o su desarrollo personal.

Atención preferente para su plena integración social, a los que tengan discapacidad.

Protección contra el tráfico de menores, pornografía, prostitución, explotación sexual, uso de estupefacientes, sustancias psicotrópicas y consumo de bebidas alcohólicas.

Prevención y atención contra el maltrato, negligencia, discriminación y violencia.

Atención prioritaria en casos de desastres y conflictos armados.

Protección frente a la influencia de programas o mensajes nocivos que se difundan a través de cualquier medio, y que promuevan la violencia, la discriminación racial o de género, o la adopción de falsos valores.

Nicaragua

Artículo 35. Los menores no pueden ser sujeto ni objeto de juzgamiento ni sometidos a procedimiento judicial alguno. Los menores transgresores no pueden ser conducidos a los centros de readaptación penal y serán atendidos en centros bajo la responsabilidad del organismo especializado. Una ley regulará esta materia.

Artículo 84. Se prohíbe el trabajo de los menores, en labores que puedan afectar su desarrollo normal o su ciclo de instrucción obligatoria. Se protegerá a los niños y adolescentes contra cualquier clase de explotación económica y social.

Paraguay

Artículo 56. DE LA JUVENTUD

Se promoverán las condiciones para la activa participación de la juventud en el desarrollo político, social, económico y cultural del país.

Los derechos del niño, en caso de conflicto, tienen carácter prevaleciente.

Uruguay

Artículo 43. La ley procurará que la delincuencia infantil esté sometida a un régimen especial en que se dará participación a la mujer.

Venezuela

Artículo 79. Los jóvenes y las jóvenes tienen el derecho y el deber de ser sujetos activos del proceso de desarrollo. El Estado, con la participación solidaria de las familias y la sociedad, creará oportunidades para estimular su tránsito productivo hacia la vida adulta y en particular la capacitación y el acceso al primer empleo, de conformidad con la ley.

————

¿Qué es UNICEF?

El Fondo de las Naciones Unidas para la Infancia

El Fondo de las Naciones Unidas para la Infancia (UNICEF) es un organismo miembro de las Naciones Unidas cuyo mandato es ayudar a los países a cumplir con sus compromisos adquiridos en materia de derechos humanos.

Para llevar adelante su labor, UNICEF brinda asistencia técnica y financiera a los países con fondos provenientes de los gobiernos que integran el Sistema de Naciones Unidas y otros recaudados a partir de donaciones y de la venta de tarjetas y otros productos.

En este sentido, la cooperación de UNICEF forma parte de la respuesta de la comunidad internacional a la aplicación de los derechos de los niños y las mujeres del mundo. La Convención sobre los derechos del Niño, que reconoce como niño a todo individuo menor de 18 años, ofrece las bases jurídicas de los principios éticos y morales que presiden las acciones de UNICEF.

¿Cuál es la historia de UNICEF?

UNICEF fue creado el 11 de diciembre de 1946 por las Naciones Unidas a fin de resolver las necesidades urgentes de los niños en Europa y China después de la guerra.

En 1950, su mandato fue ampliado para abordar las necesidades a largo plazo de los niños y de las madres de los países en desarrollo de todo el mundo.

UNICEF pasó a formar parte integrante del sistema de las Naciones Unidas en 1993. Entonces su nombre se acortó y de Fondo Internacional de Emergencia de las Naciones Unidas para la Infancia se convirtió en Fondo de las Naciones Unidas para la Infancia, aunque se mantuvo la sigla inicial.

El 20 de noviembre de 1989 la Asamblea General de las Naciones Unidas aprobó la Convención sobre los Derechos del Niño, que entró en vigencia en septiembre de 1990. La Convención se convirtió en el tratado de derechos humanos más aceptado de la historia.

En 1990 se realizó La Cumbre Mundial en favor de la Infancia, reunión sin precedentes realizada en la sede de la Naciones Unidas, en Nueva York. Participaron Jefes de Estado y Gobierno de todo el mundo, se establecieron metas para el decenio en materia de salud, nutrición y educación de los niños.

¿CUÁL ES LA MISIÓN DE UNICEF?

La Asamblea General de las Naciones Unidas ha confiado a UNICEF el mandato de fomentar la protección de los derechos del niño, de ayudar a satisfacer sus necesidades básicas y de aumentar las oportunidades que se les ofrecen para que alcancen plenamente sus potencialidades.

UNICEF se guía por lo dispuesto en la Convención sobre los Derechos del Niño y se esfuerza por conseguir que esos derechos se conviertan en principios éticos perdurables y normas internacionales de conducta hacia los niños.

UNICEF reitera que la supervivencia, la protección y el desarrollo de los niños son imperativos de desarrollo de carácter universal y forman parte integrante del progreso de la humanidad.

UNICEF moviliza la voluntad política y los recursos materiales para ayudar a los países, en particular a los países en desarrollo, a garantizar que los niños tengan derechos prioritarios sobre los recursos, y a crear la capacidad de establecer políticas apropiadas y ofrecer servicios para los niños y sus familias.

UNICEF se empeña en garantizar que se dé protección especial a los niños más desfavorecidos: víctimas de guerra, desastres, extrema pobreza, todas las formas de violencia y explotación y los niños con discapacidades.

UNICEF responde en las emergencias protegiendo los derechos de los niños, niñas y adolescentes. En coordinación con los asociados de las Naciones Unidas y los organismos humanitarios, el UNICEF pone a disposición de las entidades que colaboran con él sus servicios singulares de respuesta rápida para aliviar el sufrimiento de los niños y de las personas responsables de su cuidado.

UNICEF no es una organización partidista y su cooperación no es discriminatoria; en todo lo que hace, tienen prioridad los niños más desfavorecidos y los países más necesitados.

UNICEF, por medio de sus programas por países, tiene el objetivo de promover la igualdad de derechos de la mujer y de las niñas y de apoyar su plena participación en el desarrollo político, social y económico de sus comunidades.

UNICEF trabaja con todos sus colaboradores para el logro de las metas de desarrollo humano sostenible adoptadas por la comunidad mundial y para hacer realidad el sueño de paz y progreso social consagrado en la Carta de las Naciones Unidas.

¿CUÁL ES LA HISTORIA DE LA CONVENCIÓN SOBRE LOS DERECHOS DEL NIÑO?

La Convención sobre los Derechos del Niño constituye el marco de la tarea de UNICEF en el país para que todos los derechos de todos los niños, niñas y adolescentes se conozcan, se respeten y se cumplan.

La Convención sobre los Derechos del Niño fue adoptada por la Asamblea de las Naciones Unidas en noviembre de 1989. Ha sido ratificada por 191 países, convirtiéndose en el primer tratado internacional de derechos humanos con una aprobación casi universal.

¿QUÉ ES LA PROTECCIÓN INTEGRAL DE LA INFANCIA?

En muchos países de América Latina todavía hoy las leyes de protección a los niños, niñas y adolescentes en riesgo social responden a la doctrina de una situación irregular.

Esta doctrina coloca a la infancia como objeto pasivo de la intervención del Estado, sin derecho a expresar su opinión respecto a sus necesidades y sentimientos.

Esta posición fue reiteradamente cuestionada por juristas y movimientos sociales y finalmente superada totalmente a partir de la sanción, en 1989, de la Convención sobre los Derechos del Niño. Este instrumento jurídico coloca a la niñez y adolescencia como sujetos plenos de derechos y promueve, junto con otros instrumentos de las Naciones, la visión del niño como individuo y como miembro de una familia y una comunidad, con derechos y responsabilidades apropiadas para su edad y su etapa de desarrollo.

Convención Sobre los Derechos del Niño
El Fondo de las Naciones Unidas para la Infancia (UNICEF)

Las Preguntas Más Frecuentes

¿Qué es la Convención sobre los Derechos del Niño?

La Convención sobre los Derechos del Niño es un tratado internacional que reconoce los derechos humanos de los niños y las niñas, definidos como personas menores de 18 años. La Convención establece en forma de ley internacional que los Estados Partes deben asegurar que todos los niños y niñas -sin ningún tipo de discriminación- se beneficien de una serie de medidas especiales de protección y asistencia; tengan acceso a servicios como la educación y la atención de la salud; puedan desarrollar plenamente sus personalidades, habilidades y talentos; crezcan en un ambiente de felicidad, amor y comprensión; y reciban información sobre la manera en que pueden alcanzar sus derechos y participar en el proceso de una forma accesible y activa.

¿Cómo se decidió el contenido de la Convención sobre los Derechos del Niño?

Las normas que aparecen en la Convención sobre los Derechos del Niño fueron negociadas durante un periodo de 10 años por gobiernos, organizaciones no gubernamentales, promotores de los derechos humanos, abogados, especialistas de la salud, asistentes sociales, educadores, expertos en el desarrollo del niño y dirigentes religiosos de todo mundo. El resultado es un documento consensuado que tiene en cuenta la importancia de los valores tradicionales y culturales para la protección y el desarrollo armonioso del niño. Refleja los principales sistemas jurídicos del mundo y reconoce las necesidades específicas de los países en desarrollo

¿De qué manera protege la Convención estos derechos?

La Convención constituye un punto de referencia común que sirve para analizar los progresos alcanzados en el cumplimiento de las normas en materia de derechos humanos infantiles y para comparar los resultados. Al haber aceptado el cumplimiento de las normas de la Convención, los gobiernos están obligados a armonizar sus leyes, políticas y prácticas con las normas de la Convención; a convertir estas normas en una realidad para los niños y niñas; y a abstenerse de tomar cualquier medida que pueda impedir o conculcar el disfrute de estos derechos. Los gobiernos están también obligados a presentar informes periódicos ante un comité de expertos independientes sobre los progresos alcanzados en el cumplimiento de todos los derechos.

¿De qué manera la comunidad internacional verifica y apoya los avances en la aplicación de la Convención?

El Comité de los Derechos del Niño, un organismo compuesto por expertos independientes elegidos internacionalmente, con sede en Ginebra, desde donde verifica la aplicación de la Convención, exige a los gobiernos que han ratificado el tratado a que sometan informes periódicos sobre la situación de los derechos de los niños en sus países. El Comité analiza y comenta estos informes y alienta a los estados a que tomen medidas especiales y establezcan instituciones especiales para la promoción y protección de los derechos de la infancia. Cuando es necesario, el Comité solicita asistencia internacional a otros gobiernos y asistencia técnica a organizaciones como UNICEF.

¿Cuál es la nueva perspectiva de la infancia en la Convención?

La Convención presenta una serie de normas universales a las que todos los países pueden prestar su adhesión. Refleja una nueva perspectiva sobre la infancia. Niños y niñas no son ya ni la propiedad de sus padres ni los beneficiarios indefensos de una obra de caridad. Son seres humanos y los titulares de sus propios derechos. Según la perspectiva que presenta la

Convención, el niño es un individuo y un miembro de una familia y una comunidad, con derechos y responsabilidades apropiados para su edad y su
madurez. Reconocer los derechos de la infancia de esta forma permite concentrarse en el niño como un ser integral. Si en una época las necesidades
de los niños se consideraron un elemento negociable, ahora se han convertido en derechos jurídicamente vinculantes. Debido a que ha dejado de ser
el receptor pasivo de una serie de beneficios, el niño se ha convertido en el
sujeto o titular de sus derechos.

¿Por qué es especial la Convención?

La Convención:

- Se aplica en prácticamente toda la comunidad de naciones, con
  lo que ofrece un marco ético y jurídico común que permite formular un programa dedicado los niños. Al mismo tiempo, constituye un punto de referencia común según el cual es posible
  valorar los progresos alcanzados.

- Representa la primera vez en que se realizó un compromiso
  formal para asegurar el cumplimiento de los derechos humanos
  y verificar los progresos alcanzados en favor de la infancia.

- Indica que los derechos de los niños y niñas son derechos
  humanos. No son derechos especiales, sino más bien los derechos fundamentales integrales a la dignidad humana de toda
  las personas, incluidos los niños y niñas. Los derechos de la infancia no pueden considerarse por más tiempo como una mera
  opción, como si fuera un favor o una gentileza dedicada a los
  niños, o una obra de caridad. Los derechos generan obligaciones y responsabilidades que todos debemos cumplir y respetar.

- Fue aceptada incluso por entidades no estatales. El Ejército
  Popular de Liberación del Sudán, un movimiento rebelde en el
  sur del Sudán, es un ejemplo.

- Es un elemento de referencia para muchas organizaciones que
  trabajan con los niños o en favor de ellos, incluidas las ONG y
  las organizaciones del sistema de las Naciones Unidas.

- Reafirma que todos los derechos son importantes y esenciales
  para el desarrollo pleno del niño y la importancia de dirigirse a
  todos y cada uno de los niños y niñas.

- Reafirma la noción de que el Estado es responsable por el cumplimiento de los derechos humanos, y los valores de transparencia y escrutinio público asociados con ella.

- Promueve un sistema internacional de solidaridad diseñado
  para alcanzar el cumplimiento de los derechos de la infancia.
  Utilizando como punto de referencia el proceso de presentación

de informes que establece la Convención, se exhorta a los países donantes a que ofrezcan su asistencia en aquellas esferas en que se han definido necesidades concretas; asimismo, los países beneficiarios tienen que encauzar hacia estas esferas la asistencia al desarrollo que reciben del exterior.

- Subraya y defiende la función de la familia en las vidas de los niños y niñas.

¿De qué manera define la Convención a los niños y las niñas?

La Convención define como "niño" o "niña" a toda persona menor de 18 años, a menos que las leyes pertinentes reconozcan antes la mayoría de edad. En algunos casos, los Estados tienen que mantener una coherencia a la hora de definir las edades de referencia, como la edad para trabajar y la edad para terminar la educación obligatoria; pero en otros casos, la Convención no deja equívocos cuando se trata de establecer los límites, como ocurre en el caso de la prohibición de condenar a la pena capital o la pena de muerte a una persona menor de 18 años.

¿Cuántos países han ratificado la Convención?

Ha habido más países que han ratificado la Convención que cualquier otro tratado de derechos humanos en la historia: hasta el mes de noviembre de 2005, un total de 192 países se habían convertido en Estados Partes de la Convención.

¿Quién no ha ratificado y por qué no?

La Convención sobre los Derechos del Niño es el tratado de derechos humanos más amplia y rápidamente ratificado de toda la historia. Solamente dos países, los Estados Unidos y Somalia, no han ratificado este celebrado acuerdo. En la actualidad, Somalia no puede avanzar hacia la ratificación debido a que carece de un gobierno reconocido. Al firmar la Convención, los Estados Unidos han indicado su intención de ratificarla, pero todavía no lo han hecho.

Como ocurre con otras muchas naciones, los Estados Unidos llevan a cabo un examen y un escrutinio exhaustivos de los tratados antes de ratificarlos. Este examen, que incluye una evaluación sobre el grado de armonización entre el tratado y las leyes y prácticas vigentes en el país en los ámbitos estatal y federal, puede durar varios años, o incluso más tiempo si se considera que el tratado es controvertido o si el proceso de análisis se politiza. Por ejemplo, los Estados Unidos tardaron más de 30 años en ratificar la Convención para la Prevención y la Sanción del Delito de Genocidio, y la Convención sobre la eliminación de todas las formas de discriminación contra la mujer, que fue firmada por los Estados Unidos hace 17 años, todavía no ha sido ratificada. Además, por lo general el gobierno de los Estados Unidos solamente considera un tratado de derechos humanos al mismo tiempo. Actualmente, la Convención sobre la eliminación de todas las formas de discriminación contra la mujer se considera como la prioridad principal de la nación entre todos los tratados de derechos humanos.

¿De qué manera utiliza UNICEF la Convención?

El Secretario General de las Naciones Unidas ha solicitado la incorporación de todas las cuestiones relativas a los derechos humanos en todas las esferas de las operaciones de las Naciones Unidas; por ejemplo, la Oficina del Alto Comisionado de las Naciones Unidas para los Refugiados (OACNUR) en su mandato relativo a los niños y niñas refugiados, o la Organización Internacional del Trabajo en su compromiso para eliminar el trabajo infantil. En el caso de UNICEF, la Convención se ha convertido en algo más que un punto de referencia, y ha pasado a ser una directriz sistemática de las labores de la organización. Tal como se expresa en la Declaración de la Misión, UNICEF tiene la misión de "promover la protección de los derechos del niño" y "se esfuerza por conseguir que esos derechos se conviertan en principios éticos perdurables y normas internacionales de conducta hacia los niños." UNICEF promueve los principios y las disposiciones de la Convención y la incorporación de los derechos de la infancia de una forma sistemática en sus tareas de promoción, programación, verificación y evaluación.

La Convención sobre los Derechos del Niño sirve a UNICEF de guía sobre las esferas que tiene que valorar y abordar y es un instrumento que permite a UNICEF analizar los progresos que se alcancen en estas esferas. Integrar un enfoque basado en los derechos humanos en todas las actividades de UNICEF es un proceso de aprendizaje en marcha que incluye una ampliación del marco del programa de desarrollo de UNICEF. Además de concentrarse en la supervivencia y el desarrollo de la niñez, UNICEF debe considerar la situación de todos los niños y niñas, analizar mejor el entorno económico y social, establecer alianzas para fortalecer la respuesta (incluida la participación de los propios niños y niñas), apoyar intervenciones sobre la base de la no discriminación y actuar considerando siempre el interés superior del niño.

¿Qué medidas tienen que tomar los gobiernos por indicación de la Convención sobre los Derechos del Niño y el Comité de los Derechos del Niño?

- Por medio del análisis de los informes de los países, el Comité exhorta a todos los sectores del gobierno a que utilicen la Convención como un punto de referencia en la elaboración y aplicación de políticas para:

- Formular un amplio programa nacional para la infancia.

- Establecer organismos o mecanismos permanentes para promover la coordinación, la verificación y la evaluación de las actividades de todos los sectores gubernamentales.

- Velar por que todas las leyes sean plenamente compatibles con la Convención.

- Aumentar la presencia de los niños y niñas en los procesos de formulación de políticas de todos los sectores del gobierno mediante la introducción de una evaluación de los efectos de las medidas sobre la niñez.

- Realizar un análisis presupuestario adecuado para establecer la proporción de fondos públicos que se emplean en la infancia y asegurar que estos recursos se utilicen de una forma efectiva.

- Asegurar que se recopila una cantidad suficiente de datos y se utilizan para mejorar la situación de todos los niños y niñas en todas las jurisdicciones.

- Incrementar la toma de conciencia y difundir información sobre la Convención mediante programas de formación destinados a todas las personas que participan en la formulación de políticas gubernamentales y que trabajan con niños o para ellos.

- Involucrar a la sociedad civil -incluidos los propios niños y niñas- en el proceso de aplicación y en la concienciación de la opinión pública sobre los derechos de la infancia.

- Establecer por ley oficinas independientes -defensores del pueblo, comisiones u otras instituciones- para promover y proteger los derechos de la infancia.

¿Cuáles son las esferas en que la Convención sobre los Derechos del Niño ha sido más eficaz?

La Convención ha inspirado en todas las regiones del mundo un proceso de aplicación nacional de sus normas y de cambio social, mediante:

- La incorporación de los principios de los derechos humanos en la legislación;

- El establecimiento de organismos interdepartamentales y multidisciplinarios;

- La creación de programas nacionales para la infancia;

- La ampliación de las alianzas en favor de la niñez;

- La promoción de defensores o comisionados encargados de los derechos de los niños y niñas;

- El análisis de las consecuencias de las medidas sobre la niñez;

- La reestructuración de las asignaciones presupuestarias;

- El enfoque en la supervivencia y el desarrollo de la infancia;

- La aplicación del principio de la no discriminación;

- La voluntad de escuchar las opiniones de los niños y niñas; y

- El establecimiento de sistemas de justicia para la niñez y la juventud.

- Estos ejemplos son una mera muestra y no son exhaustivos.

––––––––

La siguiente lectura comprende selecciones de un artículo del Doctor Ricardo Pérez Manrique, Ministro del Tribunal de Apelaciones de Familia de Uruguay y profesor de la Escuela Judicial del mismo país. Sus años con el Tribunal de Familia lo han llevado a re-visualizar la manera en que los sistemas judiciales tratan los asuntos que involucran a los niños. Aquí plantea que la Convención Sobre los Derechos del Niño reconoce de manera clara que todo niño o niña es sujeto de derechos y obligaciones, y que su interés superior debe ser contemplado en todas las decisiones que se adopten respecto del mismo.

"En síntesis", sigue, "debe considerarse que el niño, niña o adolescente es titular, portador de todos los derechos en cuanto persona humana. Desde la Declaración Universal [de los Derechos del Hombre] de 1948 en adelante, pasando por todo el constitucionalismo, se admite que por el solo hecho de integrar la especie humana, sin distingo de ninguna especie, hombres y mujeres, niños y niñas, tienen la capacidad de goce de todos los Derechos Humanos".

Y clarifica que "la edad es un factor que históricamente ha significado un severo límite de la capacidad de ejercicio de los derechos. Como la persona menor de edad tiene restringida, o carece según la posición doctrinaria que se adopte, la capacidad de ejercicio, se ha proveído a los menores de edad de institutos jurídicos de asistencia y de ejercicio de los derechos en su lugar, por personas que integran el mundo adulto: patria potestad, tutela, curadurías especiales".

Esta visión algo revolucionaria critica la idea de que la niña o el niño carecen de la facultad necesaria para reconocer su propio interés superior. Propone el autor un modelo en el cual los niños participan activamente en todos los procedimientos cuyos resultados tendrán un impacto significativo en las vidas de ellos.

––––––––

Participación Judicial de los Niños, Niñas y Adolescentes

Dr. Ricardo Pérez Manrique, El Fondo la las Naciones Unidas para la Infancia
(UNICEF)

1. Interés superior...

Para determinar el superior interés del niño es imprescindible recabar su opinión en cuanto sujeto de derecho.... Sin tener en cuenta la opinión del niño, la invocación de su interés superior será un acto puramente paternalista. El niño debe ser protagonista insustituible en la definición de su interés superior.

La Children's Act de Inglaterra de 1989, aún partiendo del concepto anglosajón de "bienestar" por oposición al de "derechos", exige en primer término como criterio para definir la necesidad de medidas de protección de los niños o las cuestiones de familia que los atañen, el de tener en cuenta los deseos y sentimientos de los niños.

Se puede decir que sin tener en cuenta los deseos y sentimientos del niño al momento de definir o dilucidar su interés superior, dicho concepto queda vaciado de contenido jurídico, deviniendo únicamente un acto de autoridad del mundo adulto, una muestra de autoritarismo concebido como el ejercicio de la autoridad sin el apoyo de la razón.

La doctrina inglesa ha trabajado, a propósito, lo que se ha identificado como la teoría de la balanza, que nace del prejuicio –no demostrado– de que normalmente el deseo de los niños se opone a su mejor interés.

Hay una suerte de desconfianza permanente hacia la forma como los niños definen su interés superior, como si siempre eligieran lo que es más inconveniente. Por ejemplo, en caso de separación de los padres, normalmente todos los niños afirman que desean vivir con ambos progenitores. Allí es evidente que ningún elemento de autodestrucción existe en su decisión, pero el deseo no es posible de realizar.

A continuación deberá indagarse respecto de cuál es la mejor forma de resolver el problema y seguramente la mejor solución del punto de vista teórico o ideal será la propuesta por el niño: tenencia compartida, que permite atenuar al máximo los efectos de la separación de los padres.

No obstante ello, de no ser posible esta solución, deberá indagarse su opinión para dilucidar el conflicto. Pues la práctica judicial nos enseña que los deseos rara vez pueden ampararse por completo y se debe elegir, entre varias opciones, por aquella que menos o más reducido costo en términos de derechos tiene para el niño.

En consecuencia, deberá introducirse en el análisis una segunda vertiente.

2. Autonomía progresiva

El artículo 5 de la CDN impone a los Estados Partes el respeto de las responsabilidades, los derechos y los deberes de los padres o demás referentes familiares a impartir al niño ". . .en consonancia con la evolución de sus facultades", dirección y orientación apropiadas, para que el niño ejerza los derechos reconocidos en la presente Convención.

Estamos en consecuencia ante un sujeto de derecho, que en consonancia con la evolución de sus facultades, adquiere paulatinamente la capacidad de ejercicio por sí de sus derechos.

Ello significa admitir que ese sujeto de derechos reconocidos en la CDN tiene, como consecuencia natural de su carácter de tal, la facultad de decidir cuándo y en qué condiciones ejerce tales derechos. También, en consecuencia, la facultad de renunciar a su ejercicio....

3. El artículo 12 de la Convención sobre los Derechos del Niño

El artículo 12 de la CDN recoge el derecho del niño a ser oído y a que sus opiniones sean debidamente tenidas en cuenta, en aplicación de los conceptos desarrollados anteriormente, básicamente el de autonomía progresiva.

Artículo 12...

2. Con tal fin, se dará en particular al niño oportunidad de ser escuchado en todo procedimiento judicial o administrativo que afecte al niño, ya sea directamente o por medio de un representante o de un órgano apropiado, en consonancia con las normas de procedimiento de la ley nacional....

El artículo 12.2 ingresa a las oportunidades procesales en las cuales se expresa la opinión: se consagra el derecho a la "oportunidad de ser escuchado en todo procedimiento judicial o administrativo que afecte al niño".

Se identifica tal aserto con el principio del derecho a la defensa material, que supone no sólo el derecho a ser oído, expresar su opinión, sino el sentido más lato de ser partícipe del proceso, participar en la construcción de la decisión final del caso, formular alegaciones, ofrecer prueba, estar protegido de la indefensión.

Sin tomar en consideración tal derecho a la participación, la solución que se adopte será desconociendo el carácter de sujeto de derecho del niño involucrado y la decisión se constituye, en definitiva, en un acto de autoritarismo del mundo adulto respecto del niño.

Es imprescindible en consecuencia la participación amplia del niño en los procesos en los que sus intereses estén en juego. Pero, a su vez, la CDN suministra criterios de valoración o de ponderación de dicha opinión.

Se garantiza el derecho del niño a ser oído –"teniéndose debidamente en cuenta las opiniones del niño"–, esto quiere decir que tal opinión deberá tener un peso especial a la hora de adoptar decisión.

En aplicación de los principios generales desarrollados, mayor peso tendrá la opinión, hasta adquirir un carácter casi decisivo, dependiendo de la edad y madurez del niño.

Debe señalarse que en los países europeos este carácter decisivo conforme la evolución de la edad y las facultades se recoge cada vez con mayor énfasis.....

4. La participación del niño

Debe distinguirse el derecho del niño a ser oído y a que su opinión sea tenida en cuenta en todos los asuntos jurisdiccionales o administrativos que lo afecten, del derecho a su participación en tales procedimientos....

En doctrina se han elaborado diversas clasificaciones de la forma de participación, que en teoría van desde la decisión exclusiva a cargo del niño, hasta la omisión de su participación.

La última es claramente violatoria de la Convención y la primera desconoce las particularidades de la situación, pues significa entregar a los niños totalmente las decisiones sobre su futuro, de manera también violatoria de la Convención, desconociendo las obligaciones de la familia, de la sociedad y el Estado respecto de los derechos de los niños.

En consecuencia, será una opción de política del legislador nacional determinar en ese amplio marco teórico el grado de participación de los niños en los procesos....

Se impone el deber de informar a los niños, haciéndoles saber su derecho de participación. Se los debe invitar a participar y explicar los medios y facilidades que el sistema jurídico les ofrece para cumplir con tal participación. Debe reconocerse plenamente su derecho a participar en los procedimientos.

Allí se partirá de la afirmación de la Convención de que la participación del niño podrá hacerse "ya sea directamente o por medio de un representante o de un órgano apropiado".

Aparece así consagrado el derecho a la defensa técnica por parte de los niños, lo que significa la necesidad de asignar al niño –en el proceso de participación en la construcción de las decisiones que los afecten– la asistencia jurídica necesaria para intervenir útilmente en el proceso....

Más allá, y a pesar muchas veces de la representación legal, el sujeto de derecho niño, con adquisición progresiva de su autonomía de decisión, ha dejado de ser un incapaz en el ejercicio de sus derechos.

A medida que adquiere edad y madurez, según definición del legislador o a criterio de los tribunales, para formarse un juicio propio, podrá participar directamente en los asuntos que le incumben, expresando sus opiniones y con derecho a que sus deseos y sentimientos sean sustentados por sus patrocinantes jurídicos.

Es menester un abogado del niño, que actúe en carácter de patrocinante del niño y no por o en lugar de éste.

Por ello, la figura del curador ad litem o curador especial, que supone la incapacidad de poder discernir por sí, pues esa es la esencia de la curatela como instituto de protección, está reñida con la posición que sustentamos.

El curador por su propia definición defenderá el interés del niño de acuerdo a su leal saber y entender, quedando mediatizada o directamente desconocida cuál es su verdadera opinión. Se vuelve en un sucedáneo de los representantes tutelares de los niños....

PROPUESTAS DE ARMONIZACIÓN LEGISLATIVA

¿Debe ser obligatorio para el juez escuchar al niño en los procesos en que, de manera directa o indirecta, se encuentren involucrados sus intereses o sólo debe ser una prerrogativa judicial? ¿Debe ser escuchado el niño en todos los casos, aún no habiendo conflicto entre los adultos?

El Juez debe tener la obligación de oír al niño, niña y adolescente, derecho que integra las garantías del debido proceso legal después de la aprobación de la Convención sobre los Derechos del Niño.

No es posible dictar legítimamente una decisión judicial que afecte a los derechos del niño, niña y adolescente sin oírlo previamente.

En la medida que en el proceso puedan afectarse sus derechos, incluso en situación de eventuales acuerdos entre los adultos que puedan afectar los mismos, deberán ser escuchados si el Juez lo entiende pertinente (acuerdos entre los padres, en oportunidad de homologación judicial, por ejemplo).

Esta escucha es independiente de la edad, no está limitada exclusivamente al lenguaje no verbal de los niños, se deberá tener en cuenta la incidencia del género....

¿El niño debería tener derecho a ser escuchado directamente o bastaría con que se lo escuche por medio de su representante?

No debería fijarse un límite fijo al respecto y debería remitirse al caso concreto, constituyendo parte esencial de la motivación de la sentencia la argumentación a favor de la posición que se adopte. Siempre debería ser escuchado directamente. Salvo situaciones especiales (corta edad, discapacidad) en que deberá tener un representante.

¿En qué ámbito, condiciones y oportunidad procesal debe entrevistárselo?

Es un derecho inalienable el ser escuchado directamente por el Juez.

Deberá preservarse la intimidad del niño, niña o adolescente, sin perjuicio del derecho de defensa de las otras partes.

Puede ser en audiencia en presencia del Juez y del abogado del niño, dejándose constancia resumida de su opinión en acta resumida, para control y conocimiento posterior de las partes en el proceso....

¿Qué tipo o grado de participación cabe asignar al niño en el proceso? ¿Es siempre la misma? ¿Depende de su edad? ¿Depende del tipo de proceso de que se trate? ¿Cabe reconocerle el carácter de parte? ¿Siempre?

Debe reconocerse el derecho a la acción, es decir, a deducir la pretensión en defensa de sus derechos en carácter de actor, sin perjuicio, podrá constituirse en parte principal o como tercero coadyuvante o excluyente, por ejemplo, en situación de conflicto entre los padres en caso de que sus derechos se vean involucrados.

La edad y grado de madurez del niño, niña o adolescente serán elementos decisivos para determinar de qué manera se ejerce este derecho: por sí, con la debida asistencia letrada o por representante.

¿Cómo debería asegurarse el debido proceso y la defensa técnica de niños y adolescentes? ¿Cuáles son las distintas posibilidades y organismos?

Debe asegurarse la defensa técnica especializada, de manera obligatoria y gratuita en su caso; el derecho a la defensa técnica o jurídica es garantía esencial, integrante del debido proceso legal.

Habrá casos en que la figura del defensor no será suficiente y deberá designarse un representante.....

¿Cómo debería ser el rol del abogado del niño? ¿En qué supuestos cabría su designación?

El niño, niña o adolescente tiene derecho a tener un abogado que patrocine sus intereses en la forma que la Children's Act de 1989 designa como solicitor o los estándares ABA y NACC de Estados Unidos como abogado tradicional.

Su función es defender el interés particular de su cliente, cualquiera sea su edad, respetando como cualquier abogado las obligaciones de lealtad y confidencialidad.

Cuando el niño, niña o adolescente se encuentra en condiciones de no querer o no poder expresar su opinión, el abogado deberá patrocinar el interés superior del mismo.

Cuando su opinión sea contraria al interés que manifiesta el niño, niña o adolescente, por entenderla perjudicial para los derechos de éste, deberá hacerlo saber al tribunal que adoptará las medidas adecuadas al respecto – sustitución o designación de otro letrado que patrocine lo que el niño pretende–.

Debe descartarse la figura del Curador especial o ad litem, como instituto vinculado a la incapacidad del sujeto, que patrocina el interés superior del niño, desde su propia perspectiva, confundiéndose con otros roles (Ministerio Público o Asesor de Menores en algunos países).

El problema de la delincuencia entre jóvenes menores de edad existe en todas partes del mundo. El derecho sustantivo y procesal en este ámbito ha ido desarrollándose paulatinamente. Hemos visto grandes esfuerzos en muchos países por enfrentar creativa y compasivamente la situación única de los adolescentes que cometen delitos menores. Sigue un artículo que describe y analiza varios tribunales de adolescentes en los Estados Unidos. El autor revisa y evalúa varios estudios que se han hecho para asesorar los éxitos y señalar las debilidades de esta forma de lidiar con la conducta delincuente entre jóvenes.

Los Tribunales de Adolescentes: Un Énfasis en la Investigación

Luis G. Pellot, *Revista Jurídica de LexJuris de Puerto Rico*, septiembre de 2004

Introducción

El propósito de este segundo trabajo de investigación sobre los tribunales de adolescentes es proveer información sobre la investigación disponible de una vía mediante la cual se puede contribuir a la reducción del problema de la delincuencia juvenil en Puerto Rico, ayudando así a reducir el índice de la criminalidad en general.

Los tribunales de adolescentes se desarrollaron como una alternativa a los tribunales tradicionales del sistema de justicia juvenil con el propósito de procesar a jóvenes que cometen actos delictivos menos serios. Estos operan sobre la premisa que el ser juzgado por sus pares puede tener un impacto más grande que el ser juzgado por figuras adultas de autoridad.

Estos tribunales se desarrollaron y expandieron de un grupo de programas en los años 1960 y desde entonces el número de estos se estima actualmente en 675. Las comunidades a través de la nación continúan demandando más información y asistencia con la cual mejorar o comenzar sus tribunales de adolescentes.

El propósito de este trabajo de investigación es también proveer información acerca de las características de los tribunales de adolescentes ya establecidos y los problemas operacionales y de manejo que ellos confrontan. Este trabajo de investigación traduce y resume parte de la literatura que solo ha estado disponible en el idioma inglés sobre la evaluación de los programas de tribunales de adolescentes.

Los tribunales de adolescentes continúan expandiéndose rápidamente a través de los Estados Unidos. Estos programas se ven como una alternativa más económica que la de los tribunales de menores para procesar a los jóvenes que cometen faltas. Además, cuatro agencias del gobierno federal de Estados Unidos proveen fondos para el establecimiento de este tipo de programas. Hasta hace poco existía relativamente muy poca información disponible sobre como operaban estos tribunales y como afectan a los jóvenes procesados por ellos

Este trabajo analiza principalmente los resultados de una encuesta nacional y otros trabajos de investigación sobre los tribunales de adolescentes. Se encontró que la mayoría de los tribunales de adolescentes son pequeños y que fueron establecidos recientemente. Los programas mejores establecidos son aquellos que son organizados o afiliados al sistema de justicia tradicional. Su gran popularidad nace de la cobertura tan favorable que han tenido en los medios masivos de comunicación y de los altos niveles de satisfacción que informan los padres, maestros y jóvenes que participan de estos programas.

No existe mucha investigación sobre los pormenores de los jóvenes que son procesados por estos tribunales, aunque algunos estudios recientes nos ofrecen algunos resultados que nos motivan grandemente. Estos estudios han encontrado que la participación en estos programas podría estar asociada con los bajos niveles de reincidencia, una mejoría en la actitud de los jóvenes hacia la autoridad, y un incremento en el conocimiento del sistema de justicia entre los jóvenes. Se necesita más investigación antes de que estos reclamos acerca de la efectividad de los tribunales de adolescentes puedan ser comprobados.

Este trabajo describe la variedad de tribunales de adolescentes y resume lo que los investigadores ya saben acerca de los efectos que han tenido los programas de tribunales de adolescentes en los jóvenes.

El Concepto de los Tribunales de Adolescentes

El proceso toma ventaja de la fuerza más poderosa en la vida de un adolescente: la necesidad de pertenecer a un grupo afín. El adolescente es atendido en su propio mundo social. Es atendido en el núcleo donde se considera aceptado y encuentra modelos, dentro de ese grupo que puede satisfacer sus necesidades de recompensas frecuentes e inmediatas. Va a ser procesados por sus pares en la etapa de desarrollo psicosocial en que el adolescente enfatiza su filiación con sus pares.

El beneficio de los programas de tribunales de adolescentes se extiende más allá de del beneficio de aquellos que son procesados por estos tribunales. Se benefician también los jóvenes voluntarios que sirven como abogados, jurados, jueces y oficiales de probatoria, los cuales aprenden más del sistema del sistema legal que en un salón de clases.

Los tribunales de adolescentes se usan generalmente para procesar jóvenes entre 10y 15 años, que no hayan tenido un expediente previo de arresto y que son acusados de violaciones menos serias de la ley tales como; vandalismo, conducta desordenada, robo en tiendas, etc. Es típico que se les ofrezca a estos jóvenes la alternativa de tribunales de adolescentes como una alternativa voluntaria al procesamiento formal que se da a través del sistema de justicia tradicional.

Los tribunales de adolescentes difieren de otros programas de la justicia juvenil en que son los mismos jóvenes en vez de los adultos son los que determinan la disposición de los casos, y nos brindan una gama de opciones de sentencias más amplias que las disponibles en programas supervisados por adultos.

Los adultos también se envuelven en los tribunales de adolescentes. Ellos son los que administran los programas, y son usualmente responsables por las funciones esenciales tales como presupuesto, planificación y personal. En muchos de los programas los adultos supervisan las actividades del tribunal y son los que coordinan las ubicaciones de servicio a la comunidad donde trabajaran los jóvenes para cumplir con los términos de sus disposiciones. En algunos programas los adultos sirven como los jueces mientras los jóvenes actúan como los abogados y jurados. Lo clave en todos los programas de tribunales de adolescentes es el papel significante que juegan los adolescentes en la deliberación de los cargos y la imposición de las sanciones a los jóvenes.

Los Tribunales de Adolescentes Ofrecen Cuatro Beneficios Potenciales:

1) <u>Responsabilidad.</u> Toda persona que vive en sociedad debe ser en alguna medida responsable de aquellas conductas que perjudiquen la convivencia social independientemente de su edad. No deberíamos permitir que los jóvenes se protejan en el status de inimputabilidad para infringir la ley. Tenemos que incorporarlos a la sociedad para que reconozcan que la autoridad, el orden, la ley y la obediencia son necesarios y asuman su responsabilidad. Los tribunales de adolescentes pueden ayudar a que los jóvenes se responsabilicen por sus actos de comportamiento ilegal, aun cuando los infractores sean relativamente menores y no resultara en sanciones en un sistema de justicia tradicional.

2) <u>Tiempo.</u> Un tribunal de adolescentes efectivo puede procesar a un joven infractor del arresto a las sanciones en cuestión de días. Una res-

puesta rápida puede lograr un impacto positivo independientemente de la severidad de las sanciones.

3) <u>Ahorro De Gastos.</u> Los tribunales de adolescentes dependen fuertemente del joven y el adulto voluntario. Si se manejan apropiadamente estos tribunales pueden procesar a un número sustancial de infractores a un costo relativamente pequeño. El costo promedio anual para manejar un tribunal de adolescentes en Estados Unidos es de $32, 822.

4) <u>Cohesión de la Comunidad.</u> Un programa de tribunales de adolescentes bien estructurado y expansivo puede afectar a una comunidad entera de cuatro maneras

Aumentando la apreciación del público del sistema legal y aún bajo un criterio tutelar y educativo protegiendo los derechos procesales del menor y de la comunidad. No permitiendo que se sustraiga al menor del cumplimiento de la ley

Fortaleciendo la relación entre la comunidad y el tribunal. No permitiendo que el derecho de menores, que aunque de naturaleza tuitiva puede ser algo paternalista, desfigure la función correctiva del estado frente a jóvenes menores de edad que concurren al delito con entendimiento y voluntad;

- Promulgando un mayor respeto por la ley entre los jóvenes. El derecho de menores, con todo y su renuncia de jurisdicción, no ha sido muy efectivo en el control de la delincuencia juvenil y

- Promoviendo el trabajo voluntario entre los adultos y los jóvenes.

Ya los investigadores comienzan a informar instancias en las cuales estos beneficios potenciales se han logrado en algunas comunidades, pero la evaluación investigativa sobre los tribunales de adolescentes está todavía en sus primeras etapas. Es muy temprano para decir si estos resultados positivos pueden replicarse. Aún con la evidencia limitada los tribunales de adolescentes continúan aumentando en número en los Estados Unidos.

Encuesta Nacional

Como parte de una evaluación del proyecto de los tribunales de adolescentes la Oficina de Justicia Juvenil y Prevención de la Delincuencia (OJJDP) El Instituto Urbano recientemente llevó a cabo una encuesta nacional de los tribunales de adolescentes y tribunales de menores. Con la asistencia del Centro Nacional de Tribunales de Adolescentes (NYCC) el cual está ubicado en la Asociación Americana de Probatoria y Parole APPA y es apoyado con fondos de OJJDP, los investigadores del proyecto buscaron direcciones, teléfonos y contactos personales de todos los tribunales de adolescentes que se creían que existían hasta el 1998 y le enviaron cuestionarios a mas o menos 500 programas. 335 (más de un 70%) llenaron y devolvieron los cuestionarios de la encuesta.

Las respuestas documentan la cantidad y variedad de tribunales de adolescentes por jurisdicciones a través de Estados Unidos, las características de sus clientes, las sanciones que se imponen, los modelos de sala de tribunal que se usan, el nivel de apoyo de la comunidad que reciben y los retos que confrontan.

Características de los Programas

De todos los programas que respondieron, 13 por ciento habían estado operando por menos de un año y 42 por ciento habían estado operando por sólo de uno a tres años. Más de dos terceras partes habían estado en existencia por menos de cinco años.

Mucho de los tribunales de adolescentes que respondieron a la encuesta estaban en alguna manera afiliados al sistema de justicia tradicional. Los tribunales, las oficinas de fiscalía, y agencias de la ley operaban más de la mitad (52 por ciento) de los programas que respondieron a la encuesta. Más de una tercera parte (37 por ciento) estaban afiliados con los tribunales y un 12 por ciento con agencias de la ley. Las agencias privadas operaban más una cuarta parte (25 por ciento) de los programas de tribunales de adolescentes.

La mayoría de los programas de tribunales de adolescentes y tribunales de menores eran relativamente pequeños. Más de la mitad (59 por ciento) de los programas que respondieron a la encuesta procesaba 100 o menos casos por año.

Muy pocos de los programas dependían de fondos privados para cumplir con sus gastos operacionales. Más de la mitad (59 por ciento) no recibían fondos privados; 16 por ciento de los programa recibía una quinta parte de sus fondos de instituciones privadas y 11 por ciento recibía entre una quinta parte y una mitad de los fondos de instituciones privadas

Características de los Clientes

Los tribunales de adolescentes usualmente procesan jóvenes que no hayan tenido arrestos previos. 24 por ciento de sus casos son con jóvenes de 14 años y 66 por ciento de sus casos son con jóvenes de menos de 16 años. Más de una tercera parte (39 por ciento) de los tribunales de adolescentes acepta solamente jóvenes que van a ser procesado por su primera falta y otro 48 por ciento informó que raramente aceptaba jóvenes con expediente previo de arresto. Casi todos los programas informaron que raramente aceptaban jóvenes con expediente previo de arresto. La mayoría de los programas (91 por ciento) también indicó que nunca o raramente aceptaba jóvenes que previamente habían sido referidos a un tribunal de menores.

Para evaluar la naturaleza de los casos que típicamente se procesan en los tribunales de adolescentes la encuesta le solicitó a cada programa que revisara una lista de ofensas y que indicara si el programa recibía tales casos "muy a menudo", "a menudo", "raramente", o "nunca". Las faltas o infracciones que más se procesaron "muy a menudo", o a "menudo" fueron robo (93 por ciento), asalto menor (68 por ciento), conducta desordenada (62 por ciento), posesión o uso de alcohol (60 por ciento), y vandalismo (59 por ciento).

Sanciones

La meta principal de los tribunales de adolescentes es hacer que los jóvenes procesados se sientan responsables por su comportamiento. En un sistema de sanciones graduadas hay una consecuencia por cada violación de ley. Cada joven que ha admitido culpabilidad o que ha sido encontrado culpable en los tribunales de adolescentes recibe algún tipo de sanción. El adolescente queda desprotegido de su status de inimputabilidad para infringir la ley y es responsable por sus conductas típicas y antijurídicas.

Las sanciones que se aplican en muchas comunidades van más allá de castigar al que viola la ley exigiendo que se repare parte del daño pagando mediante la retribución o servicio a la comunidad. Algunos tribunales de adolescentes exigen que los ofensores escriban cartas formales excusándose con sus víctimas y requieren que estos sirvan como jurados en un tribunal de adolescentes. Muchos tribunales usan otras sanciones innovadoras para prevenir robos futuros tales como requerirles que se inscriban en una clase para mejorar sus destrezas en la toma de decisiones y que se preocupen por las víctimas.

A los que respondieron a la encuesta se les solicitó que evaluaran una lista de sanciones típicas y señalaran cuan frecuente el programa usaba cada una de ellas (Ej. "muy frecuente", "frecuente", "raramente", o "nunca"). El servicio a la comunidad fue la sanción que más se impuso. Cerca de un 99 por ciento de los tribunales de adolescentes que respondieron informaron que usaban el servicio a la comunidad "frecuentemente" o "muy frecuentemente". Otras sanciones que se usaron frecuentemente incluyeron cartas pidiendo perdón (86 por ciento), ensayos escritos (79 por ciento), servicio de jurado en los tribunales de adolescentes (74 por ciento), clases sobre uso y abuso de drogas y alcohol (60 por ciento) y restitución (34 por ciento).

Modelos de Salas de Tribunales de Adolescentes

Los modelos de las salas de tribunales que se usan en los tribunales de adolescentes se dividen en cuatro tipos: juez adulto, juez adolescente, jurado de sus pares, y tribunal de menores (National Youth Court Center, 2000).

El modelo de juez adulto fue el más popular. Cerca de la mitad (47 por ciento) de los tribunales de que respondieron usaban solamente el modelo de juez adulto. Cuando se sumó el número de casos procesados por el modelo de juez adulto en programas que usaban una mezcla de salas de tribunales, el modelo de juez adulto fue más de la mitad (60 por ciento) de todos los casos vistos por cada modelo en los tribunales de adolescentes

El próximo modelo más prevalente de sala de tribunal lo fue el de jurado de sus pares el cual se usó en el 22 por ciento de todos los casos de los tribunales de adolescentes. Más de cada cuatro programas usaron este tipo de modelo (26 por ciento) para por lo menos parte de sus casos

El modelo de juez adolescente fue el menos que se usó. Sólo se usó este modelo en un 7 por ciento de todos los casos. El uso de este modelo de sala de tribunal varía dependiendo de la agencia que auspicia el programa.

El modelo de programa de juez adulto fue el más popular entre los tribunales de adolescentes operados por tribunales locales y agencias de probatoria (58 por ciento) y aquellos auspiciados por escuelas, agencias privadas y otras organizaciones sin fines de lucro (48 por ciento).

No había modelo alguno predominante entre los programas operados por agencias del orden público o fiscalía. De hecho, más de una tercera parte (34 por ciento) de esos programas usaba modelos mixtos (ejemplo: combinación de dos o más modelos de salas de tribunales).

Diferencias en los Modelas de Salas de Tribunales

Las características de los tribunales de adolescentes fueron notablemente diferentes cuando se hizo un análisis controlado de los modelos de salas de tribunales.

Los programas más nuevos usaban más el modelo de juez adolescente. Menos de una quinta parte de estos programas habían estado en operación por cinco años o más (19 por ciento) comparado con el 31 por ciento de los programas de juez adolescente. 35 por ciento de estos programas usaban jurados de sus semejantes y 34 por ciento modelo de tribunal de menores. Más de 58 por ciento de los programas de modelo de juez juvenil o adolescente había estado en operación por menos de dos años en el momento que se hizo la encuesta.

Los programas de juez juvenil o adolescente fueron los programas más pequeños en términos de su cantidad de casos anuales. Solamente 14 por ciento de los programas que usaban ese modelo de juez juvenil informaron tener más de 100 casos por año comparado con un 40 por ciento del modelo que usa el juez adulto y 38 por ciento de los modelos que usaban el modelo de jurado de sus pares.

Los programas que usaban el programa de jurado eran los que menos dependían de fondos privados. Cerca de cuatro quintas partes (78 por ciento) de los programas de jurados no recibían fondos privados y sólo el 13 por ciento o sea más de una tercera parte recibía sus fondos de fondos privados. Cerca de la mitad de otros modelos de de programas que respondieron a la encuesta informaron recibir algo de fondos privados. (Ej. 45 por ciento de los programas de jueces adultos, 47 por ciento de juez juvenil y 48 por ciento de tribunal de menores).

Los programas que usaban el modelo de juez adolescente y de tribunal de menores eran más propensos a permitir que los jóvenes se declaran culpables o inocentes y a hacer juicios. Cerca de una tercera parte de de los programas (35 por ciento) que usaban el modelo de tribunal de menores llevaban a cabo juicios. Cerca de 80 por ciento de los programas de tribunales de adolescentes que respondieron a la encuesta tenían un director de programa a tiempo completo o a tiempo parcial que recibía salario (58 por ciento). Esos programas eran menos probables que operaran durante los meses de verano o vacaciones (53 por ciento)

De los cuatro programas de modelo mayores los programas del modelo de tribunal de menores eran los más propensos a aceptar referidos de jóvenes con previos records de arrestos. Sólo un 28 porciento de estos programas indicaron que ellos "nunca" aceptarían jóvenes con previos records de arrestos, comparado con 40 por ciento de todos los demás modelos de programas. Solamente 39 por ciento de los programas tribunales de menores indicaron que ellos "nunca" aceptarían jóvenes con records previos de arrestos en los modelos de tribunales de menores comparado con 50 porciento o mas entre otros tipos de modelos de programas de tribunales de adolescentes.

Apoyo de la Comunidad

El éxito de un programa de tribunales de adolescentes va a depender del apoyo que tenga entre los varios segmentos de la comunidad. Los que impulsan estos programas han observado que es esencial que los tribunales de adolescentes sean aceptados por el sistema de justicia del área local.

Para examinar la participación que tienen los directores de los programas de los tribunales sobre el apoyo que reciben de la comunidad la encuesta le preguntó a cada programa que considerara a varios grupos prominentes de la comunidad e indicara si el apoyo de cada uno era de "mucho apoyo", "apoyo moderado", "poco apoyo", o "ningún apoyo".

Se vio a los jueces como a los defensores más grandes de los tribunales de adolescentes. Más de 9 de cada 10 tribunales de adolescentes evaluaron a los jueces locales como que "brindaban mucho apoyo" (71 por ciento) o como que "brindaban un apoyo moderado" (21 por ciento). Otros grupos considerados como que "brindaban mucho apoyo" o "apoyo moderado" a los tribunales de adolescentes fueron las agencias del orden púbico (87 por ciento), oficiales de probatoria (86 por ciento), maestros y otros oficiales escolares (86 por ciento), y fiscales (84 por ciento).

En general los tribunales de adolescentes vieron a todos los grupos nombrados como grupos que le bridaban mucho apoyo. Aún los grupos que estaban bien por debajo de la lista (oficiales electos y comerciantes) se les consideró como que "brindaban mucho apoyo", o "brindaban un apoyo moderado (78 y 67 por ciento respectivamente).

Problemas

Como programas pequeños y basados en la comunidad, los programas de tribunales de adolescentes confrontan una variedad de desafíos y obstáculos. Para identificar el tipo de problemas que confrontan los programas la encuesta le preguntó a cada programa que revisara una lista de problemas operacionales típicos que puedan causar dificultades para los problemas de adolescentes. Se le preguntó a cada programa que indicara si su experiencia con el issue era un "problema serio", Un problema menor", algo entre los dos o "ningún problema".

No fue sorprendente que el problema operacional informado más a menudo por los tribunales de adolescentes fue la falta de fondos. Cuarenta por ciento e los programas informaron "algunos problemas" (25 por ciento) o "serios problemas" (15 por ciento) con inseguridad de fondos. Solamente 38 por ciento de los programas informaron que la inseguridad de fondos no causaba problemas.

Otros problemas que presentaron desafíos significativos para los tribunales de adolescentes incluyeron el retener jóvenes voluntarios (ej. abogados, jueces y jurados) y mantener un recibimiento adecuado de casos referidos. Más de una quinta parte (21 por ciento) de los programas informaron tener "algunos problemas" o "serios problemas" para mantener a los voluntarios adolescentes activos en los programas. Casi una tercera parte (29 por ciento) informaron que tenían "algunos problemas" o "serios problemas" para mantener suficientes referidos de casos.

Varios otros asuntos se describieron como problemáticos y que representaban "algun" problema o "serio" problema para los tribunales de adolescentes. Estos asuntos incluyeron casos en los cuales había pasado mucho tiempo entre el arresto del joven y el referido al tribunal de adolescente (19 por ciento), dificultades en coordinar los esfuerzos de los tribunales de adolescentes con otras agencias en la comunidad (16 por ciento), y problemas reclutando jóvenes voluntarios (19 por ciento) y adultos voluntarios (20 por ciento).

Diferencias por Características de Programas

Los programas operados por escuelas o agencias privadas fueron los que más a menudo informaron problemas con inestabilidad de fondos.

De los programas operados por las escuelas y agencias privadas, 79 porciento informaron al menos algunos problemas con los fondos comparados con un 44 por ciento de los programas operados por agencias del orden público o fiscalías. Los programas operados por escuelas y agencias privadas (38 por ciento) informaron más dificultad coordinando con otras agencias (65 por ciento).

Los programas pequeños tuvieron más problemas que los programas grandes con la falta de apoyo judicial y con la falta de metas claras programáticas. Más de una cuarta parte (28 por ciento) de los programas que procesaban menos de 50 casos por año informaron tener problemas con la claridad de sus metas, comparado con un 15 por ciento de los programas que procesaban más de 100 casos cada año.

El tiempo de operación fue también relacionado con la claridad de las metas. Los programas de llevaban de dos años de operación informaron tener más problemas relacionados con la claridad de sus metas que los programas que llevaban cinco años de operación o más. Los programas que dependían fuertemente de fondos privados (los programas operados por agencias privadas) más a menudo informaron falta de apoyo judicial, dificultades de coordinación, falta de voluntarios, adultos y problemas reteniendo jóvenes voluntarios.

Evaluación

A pesar de un interés amplio y que va en aumento pocos estudios han logrado medir la efectividad de estos programas en los jóvenes y aún los mejores de estos estudios no han producido la clase de datos evaluativos necesarios para poder clasificar un programa como efectivo. El sistema de justicia juvenil generalmente alaba a los programas de tribunales de adolescentes pero estos reclamos se mantienen sin corroborar. El proyecto de evaluación de los tribunales de adolescentes lleva a cabo una revisión comprensiva de los estudios de evaluación publicados y no publicados que se hicieron en los últimos 20 años. Estos estudios examinaron programas de tribunales de adolescentes y juveniles en California, Florida, Kentucky, Maryland, New York, Carolina del Norte y Texas. Todos los estudios estuvieron limitados en los términos y metodología pero juntos nos ofrecieron una visión sobre la interrogante esencial que se hacen oficiales locales y estatales sobre si estos programas funcionan.

Reincidencia

La reincidencia fue un enfoque obvio para evaluarse, pero solamente un puñado de estudios de evaluación midió la reincidencia después de que los jóvenes hubieran pasado por el programa.

Muchos estudios dependieron de los expedientes del tribunal y datos oficiales de la policía para detectar la reincidencia. Pocos estudios han intentado recopilar datos personales de los jóvenes procesados por los tribunales de adolescentes.

De los pocos estudios que midieron la reincidencia oficial, algunos encontraron niveles muy bajos de reincidencia entre los jóvenes infractores que pasaron por el programa. Algunos investigadores descubrieron un nivel de 3 a 8 porciento dentro de 6 a 12 meses de su primera cita en el programa. Muy pocos estudios encontraron una reincidencia entre un exceso de 20 a 30 por ciento. Un estudio de Texas encontró que 24 por ciento de los participantes son reincidentes. Las evaluaciones existentes fueron tan diferentes en diseño y amplitud que es difícil comparar los hallazgos unos con los otros.

La mayoría de las evaluaciones sobre la reincidencia dentro de los tribunales de adolescentes emplearon diseños simples de investigación, Aún algunos de los mejores estudios dependieron de datos de un grupo singular de casos de tribunales de adolescentes en un punto singular en el tiempo.

Muy a menudo los investigadores fallaron en usar grupos comparativos pre medida y post medida. Así que es imposible examinar claramente algunos de los hallazgos y lo que hacemos es asumir si los resultados relacionados con la reincidencia se deben a los tribunales de adolescentes o a otros factores (ej. podría ser que el tipo de joven que se selecciona para los tribunales de adolescentes puede ser el joven que no reincide)

El estudio de investigación señala que solamente tres estudios publicados (Hissopg, 1991, North Carolina Administration Office of the Courts, 1995; Seyfrit, Reichel, and Stutts, 1987) han usado grupos de comparación razonablemente apropiados para medir los posibles efectos de los tribunales en la reincidencia.

La evaluación que hizo Hissopg de un tribunal de adolescente de Arlington, Texas, compara la reincidencia entre un grupo de participantes procesados por un programa de tribunal de adolescentes con un grupo que no participa de los programas de tribunales de adolescentes y los parea por sexo, raza, edad e infracción de ley. El análisis sugiere que los que participan de los tribunales de adolescentes eran menos probables que volvieran a reincidir cuando se comparó con el grupo de comparación. (24 por ciento contra 36 por ciento). Sin embargo, algunos elementos importantes del estudio fueron documentados pobremente. La definición de reincidencia que se usó en el análisis, posiblemente re-arresto no es muy clara. No se describió el periodo de duración y hay una variedad de diferencias potenciales inexplorables entre el grupo de tratamiento y el de comparación.

El estudio de Carolina del Norte usó un grupo de comparación que consistió de 97 casos procesados por la policía durante un periodo de 6 meses antes de implementarse el tribunal de adolescentes de Cumberland, Carolina del Norte.

La hipótesis de los investigadores fue que estos jóvenes hubieran sido referidos al tribunal de adolescentes si éste hubiera estado en existencia. Se usaron varios factores para parear los casos del grupo de comparación con el grupo de tribunal de adolescente, incluyendo características demográficas y tipos de faltas, y los investigadores dieron seguimiento a ambos grupos.

El estudio no encontró diferencias estadísticamente diferentes en la reincidencia de los dos grupos. De hecho el análisis pareció favorecer al grupo de comparación. Después de 7 meses, 20 por ciento de los participantes de los tribunales de adolescentes reincidieron, comparado con solo 9 por ciento del grupo de comparación. Se encontró poca diferencia entre el tiempo en que se volvía a delinquir (4.1 meses para los participantes de los tribunales de adolescentes contra 4.5 para el grupo de comparación) El estudio también encontró que los jóvenes que terminaban el programa del tribunal de adolescentes eran menos probable que reincidieran que aquellos jóvenes que no lo terminaban, (11 por ciento comparado con 42 por ciento) pero esta tendencia puede reflejar la tendencia de los jóvenes en bajo riesgo a terminar un programa.

Seyfrit y sus colegas (1987) dieron seguimiento a los resultados de reincidencia a 52 jóvenes referidos a un tribunal de adolescentes de Columbia County, Georgia. El estudio encontró muy poca diferencia entre los dos grupos. Aunque un 12 porciento del grupo de comparación reincidió durante el periodo de seguimiento lo mismo fue cierto para un 10 por ciento de los participantes del tribunal de adolescentes. Al igual que el estudio de Carolina del Norte, el estudio de Seyfrit fue incapaz de controlar estadísticamente por periodos diferentes la oportunidad de reincidir. Los periodos de seguimiento variaron de 6 a 18 meses, lo cual redujo la habilidad de los investigadores de inferir realmente en la reincidencia de los dos grupos.

Varios estudios demostraron que los tribunales de adolescentes pueden lograr otros efectos muy importantes en los jóvenes que no sea reducir la reincidencia. Estos beneficios potenciales incluyen satisfacción del cliente con la experiencia en los tribunales de adolescentes (Colydas and McLead, 1999, Reichel and Seyfrit, 1984; Swink, 1998; Wells, Minor, and Fox, 1998), aumentar una percepción positiva de los procedimientos de justicia (Butler-Mejía, 1998), Mejorar actitudes hacia la autoridad (LoGalbo, 1998; Wells, Minor, and Fox, 1998).

La encuesta de McLeod (1999) , una encuesta de jóvenes que fueron participantes del programa de adolescentes de Colonie (N.Y.) encontró que al menos 90 por ciento de los jóvenes que fueron referidos durante 1997 y 1998 creyeron que la experiencia aumentó su entendimiento del sistema legal, los ayudo a mejorar su comportamiento y los ayudó a convertirse en mas responsables. Casi todos los que respondieron a la encuesta informaron que el haber pasado por el programa de tribunales de adolescentes causó que "pensaran bien las decisiones que iban a tomar". Casi tres de cada cinco (58 por ciento) informaron mejor comunicación con sus padres y la mitad (50 por ciento) mejores cualificaciones en la escuela. Sin embargo, el bajo nivel de participación (24 por ciento de los jóvenes encuestados) nos puede hacer pensar en la posibilidad que los jóvenes que respondieron al seguimiento de la encuesta puedan haber sido los jóvenes mas pro sociales y de más cumplimiento.

La evaluación de LoGalbo (1998) del programa de Sarasota County, Fl. también descubrió que el pasar por los tribunales de adolescentes afecta las actitudes de los acusados hacia la autoridad y el entendimiento del proceso legal. LoGalbo encuestó a 111 jóvenes inmediatamente después de su primera entrevista inicial con el personal de los tribunales de adolescentes y también después de terminar el programa. La encuesta preguntó a los participantes acerca sus conocimientos de las leyes de la Florida y el sistema justicia y sus actitudes hacia nueve figuras de autoridad (ej. policía, juez, padre, maestro), sus actitudes hacia los tribunales de adolescentes y hacia ellos mismos, y su percepción de la justeza del programa. El estudio descubrió que la participación en los programas de los tribunales de adolescentes estaba asociado con un aumento en la autoestima y actitudes positivas hacia figuras selectas de autoridad (ej. jueces). El análisis también nos sugiere que la reincidencia era menos posible entre los acusados con mejores actitudes hacia figuras de autoridad.

Los investigadores de Kentucky también nos informaron una fuerte satisfacción como clientes de parte de los jóvenes. Entrevistas hechas por Wells y colegas (1998) entre 123 participantes que pasaron por los programas de tribunales de adolescentes altos niveles de satisfacción con 84 porciento indicando que sus sentencias fueron justas. Varias cosas positivas del pasar por la experiencia de los tribunales de adolescentes fueron citadas por los sujetos de Kentucky, incluyendo ventajas educativas (37 por ciento) y las sentencias actuales que los jóvenes recibieron (21 por ciento). Los adolescentes indicaron también consistentemente que la oportunidad de servir como jurado de un tribunal de adolescentes fue un aspecto importante y positivo del proceso del tribunal de adolescente.

Conclusión

Las jurisdicciones estatales y locales a través de Estados Unidos están adoptando los tribunales de adolescentes como una alternativa al sistema tradicional de justicia juvenil para procesar a sus infractores más jóvenes que cometen faltas menos graves. Muchas jurisdicciones informaron que el tribunal de adolescentes aumenta el respeto de los jóvenes infractores por el sistema de justicia y reduce la reincidencia haciendo que el joven se sienta responsable por su primera falta. Un tribunal de adolescentes puede ser capaz de actuar más rápidamente y más eficientemente que un tribunal juvenil o de menores tradicional. Los investigadores están empezando a acumular cierto número de hallazgos sobre la efectividad de los tribunales de adolescentes, pero se necesita información más detallada para la práctica futura y el desarrollo de política.

Parte de la información que se discutió en este trabajo es parte del proyecto de Evaluación de los Tribunales de Adolescentes. El Proyecto es dirigido por los investigadores de OJJDP (Office of Juvenile Justice and Delinquency Prevention). Es la primera evaluación nacional de los tribunales de adolescentes y los tribunales de menores que se hace. Cuatro jurisdicciones participaron en el estudio -- Anchorage, Alaska; Arizona; Rockville, Maryland; e Independence, Maryland. Los tribunales de esas jurisdicciones fueron seleccionadas para maximizar el numero de modelos representados, la mezcla de localidades geográficas, y la calidad completa y el tiempo de servicio de cada programa. El proyecto es de diseño cuasi-experimental con datos en cada jurisdicción recogidos sobre un grupo de participantes del tribunal de adolescentes y una comparación con un grupo de jóvenes procesados mediante los procedimientos del tribunal de menores tradicional.

———

La opinión judicial que sigue nos presenta dos opiniones, la mayoritaria y la disidente, sobre el importante tema de los derechos de los jóvenes en las cortes penales. Aquí el enfoque está en la posibilidad de resolver ciertos problemas de conducta de menor criminalidad mediante los servicios de un mediador entrenado.

———

Pueblo de Puerto Rico, En interés del menor A.V.L. – (Opinión Mayoritaria)

2010 TSPR 20, 178 DPR ____

Tribunal de Apelaciones: Región Judicial de Aguadilla, Panel IX, San Juan, Puerto Rico, el 17 de febrero de 2010.

Opinión Mayoritaria

El presente caso nos brinda la oportunidad de analizar por primera vez la aplicabilidad del Reglamento de métodos alternos para la solución de conflictos de este Tribunal en los casos iniciados al amparo de la Ley de Menores.

I. El 2 de diciembre de 2008 se presentaron quejas en interés de los menores C.L.R. y A.V.L. quienes para esa fecha contaban con 14 y 13 años de edad respectivamente. La falta imputada a cada uno de los menores consistió en la infracción del artículo 198 del Código Penal de Puerto Rico (Robo). Particularmente, en las quejas se alegaba que los menores C.L.R. y A.V.L., actuando en común acuerdo y mediando fuerza e intimidación, le arrebataron un bulto a la también menor de edad D.M.H., de donde sacaron su cartera y se apropiaron de siete dólares ($7.00), sustrayéndolos de su inmediata presencia y en contra de su voluntad. Esto, luego que, alegadamente, le pidieran cincuenta centavos ($0.50) para comprar cigarrillos y ésta no se los dio, ya que el dinero era producto de una venta de chocolates de la clase de economía doméstica.

[Historia Procesal en resumen:

Los abogados de defensa de los menores solicitan al Tribunal de Primera Instancia (TPI) que el caso sea referido a un proceso de mediación.

El Procurado de Menores so opone, declarando que la falta imputada a los menores (robo) no cualifica para un proceso de mediación, porque es un delito grave.

El TPI ordena que las partes comparezcan ante la Oficina de Mediación.

El Procurador de Menores presenta una moción de reconsideración, alegando que la falta imputada a los menores es de naturaleza grave y que por eso no cualifica para un programa de desvío o medida dispositiva no-minal, como sería la mediación.

El TPI deniega la moción de reconsideración.

La Procuradora General de Puerto Rico presenta un Recurso de certio-rari ante el Tribunal de Apelaciones.

El Tribunal de Apelaciones recova la determinación del TPI, conclu-yendo que los menores no pueden ser referidos a un procedimiento de desvío porque la falta imputada es de naturaleza grave. Devuelve el caso al foro de instancia.

Los abogados de defensa presentan recursos de certiorari ante el Tribu-nal de Apelaciones pidiendo que se revoque la sentencia y que se paralicen los procedimientos en espera del resultado de varias mociones.

Después de varias mociones más, el Tribunal de Apelaciones reconside-ra la determinación anterior.]

Contando con la comparecencia de las partes según expuesta en sus respectivos escritos, estamos en posición de resolver.

II. NATURALEZA Y OBJETIVOS DE LA LEY DE MENORES

La Ley de Menores reglamenta los procedimientos investigativos, judi-ciales y ejecutivos en los casos de menores que incurren en conducta consti-tutiva de delito, según tipificada en el Código Penal o en las leyes especia-les. Como toda ley especial, "sus disposiciones aplicarán con preferencia a otras leyes, y en caso de conflicto prevalecerán los principios especiales" que ésta enmarca.

La filosofía, así como los propósitos de la actual Ley de Menores se ex-plican en detalle en su Exposición de Motivos:

[E]sta ley adopta como marco filosófico del Sistema de Justicia Juvenil, el humanismo dentro de un enfoque ecléctico de acción e intervención, don-de se compatibilicen la propuesta rehabilitadora y el poder y responsabili-dad posible inherente al Estado de brindarle toda oportunidad rehabilitati-va, así como exigirle al menor un quantum de responsabilidad para dirigir sus actos y responder por éstos.

Además, al final de esta Exposición de Motivos se señala lo siguiente:

Toda ayuda al menor, que propenda a su rehabilitación, debe concien-tizarlo de la importancia del acto cometido llevándolo a percatarse de éste, sus implicaciones, la responsabilidad individual y comunitaria envuelta, donde se propicie a su vez respeto a la ley existente. El tratamiento habili-tador o rehabilitador que se le preste debe cristalizar mediante objetivos y actividades tangibles que han de ser alcanzados por el esfuerzo genuino de las autoridades que tienen a cargo su diseño y ejecución.

Los procedimientos de menores han adquirido "matices de naturaleza punitiva que van más allá del enfoque meramente rehabilitador y paternalista de la [ley de 1955]". La Ley de Menores actual adoptó "un enfoque ecléctico de acción e intervención en el cual se armoniza la responsabilidad de *parens patriae* del Estado, en cuanto a la rehabilitación de los ofensores, con el deber de éstos de responder por sus actos". Además, "[e]l castigo es de transcendental importancia en nuestro Sistema de Justicia Juvenil. La ley de menores de Puerto Rico, parece reconocer que sin castigo no puede haber un proceso de rehabilitación efectivo".

La evasión de responsabilidad de los ofensores juveniles sobre su vida, sus actos, y las personas con quienes conviven ha sido en muchos casos la razón para haber incurrido en conducta delictiva o antisocial. Por eso la firmeza con que se impone el castigo es de suma trascendencia, pues éste tiene que percibir en el sistema autoridad y constancia en sus determinaciones. La falta de firmeza del juez, el trabajador social o el encargado de la supervisión del castigo, sería detrimental en su proceso de rehabilitación.

La naturaleza del proceso en asuntos de menores es distinta a la naturaleza del proceso en la esfera penal, aunque sus procedimientos sean parecidos. La naturaleza del proceso penal es una punitiva, esto es, va dirigida principalmente a que el convicto pague su deuda con la sociedad.

En cambio, y como ya señalamos, la naturaleza del proceso en los asuntos de menores es uno dirigido en primer lugar a la rehabilitación, tratando a los menores "como personas necesitadas de supervisión, cuidado y tratamiento", a la vez que se les exige "un quantum [una porción] de responsabilidad para dirigir sus actos y responder por ellos". En los procesos de asuntos de menores nos encontramos ante "un procedimiento especial donde los delitos se denominan faltas, el juicio se denomina vista adjudicativa y la sentencia, medida dispositiva". Un *proceso especial* en el cual el menor transgresor (el término *"transgresor"* sustituye al término *"convicto"* de la esfera penal), tiene derecho a recibir tratamiento individualizado que propenda a sus necesidades y eventual rehabilitación. Un *proceso especial* en donde el menor no puede ser detenido, transportado o recluido en instituciones para adultos. ...

Por último, pero extremadamente pertinente a la controversia que nos ocupa, el artículo 38 de la Ley de Menores establece que las disposiciones de esa Ley se regirán, no por las Reglas de Procedimiento Criminal –que pertenecen y fueron redactadas para el proceso penal-, sino por las *Reglas de Procedimientos para Asuntos de Menores* (Reglas). Estas reglas fueron redactadas específicamente para este proceso, adoptadas por este Tribunal Supremo y aprobadas por la Legislatura.

De todo lo anterior, podemos colegir en primer lugar que nuestra Ley de Menores se encuentra predicada en una filosofía que exige responsabilidad al menor por la falta cometida, mientras expresamente distingue el proceso de uno principalmente punitivo. En segundo lugar, es evidente que la naturaleza del proceso para menores es distinta a la del proceso penal.

Es por eso que un adulto en un proceso penal puede recibir una condena que lo mantenga en prisión prácticamente el resto de su vida, mientras que un menor en un proceso de menores sólo extinguirá su medida dispositiva ("su sentencia"), como mucho, hasta los 21 años de edad. Tal diferencia es producto de la filosofía o la naturaleza que entraña cada proceso: el adulto, hablando filosóficamente, tiene que pagar su deuda con la sociedad –proceso penal— mientras que al menor se le provee la oportunidad de rehabilitarse y "comenzar de nuevo" al cumplir su mayoría de edad.

III. A. NATURALEZA Y PROPÓSITO DEL PROCESO DE MEDIACIÓN EN PUERTO RICO

En Puerto Rico, desde la década de 1970, la Rama Judicial ha venido implantando diversos mecanismos con el objetivo de remediar algunas dificultades relacionadas con el volumen y la administración de casos. En el año 1980, [se] propuso la implantación de alternativas adicionales al sistema adversativo puertorriqueño, entre las cuales [se] incluyó la creación de programas adscritos al sistema judicial y regulados por el Tribunal Supremo, que permitieran la solución de conflictos entre ciudadanos, entre los cuales se encontraba la mediación.

Ahora bien, con relación a la naturaleza de los casos que podrían ser referidos a los centros cuya creación se autorizaba, es meridianamente claro: "los centros o programas que se establezcan proveerán para la pronta resolución de determinados asuntos de naturaleza civil o criminal de manera informal, sencilla y sin la autorización de procedimientos adversativos".

En el contexto de lo que nos es pertinente, el Reglamento define la mediación como un "proceso de intervención, no adjudicativo, en el cual un [interventor neutral] ayuda a las personas en conflicto a lograr un acuerdo que les resulte mutuamente aceptable".

Por último, [se] establece cuáles casos son elegibles para este mecanismo alterno: "[s]erán elegibles para mediación los casos civiles y los **casos criminales** de naturaleza menos grave, que puedan transigirse de acuerdo con las Reglas de Procedimiento Criminal.

IV. ¿Puede referirse a mediación un caso que se encuentra sometido ante la consideración de un Tribunal de Menores? Antes de discutir la contestación a esa pregunta, debemos comenzar señalando que existen varias jurisdicciones en los Estados Unidos en las que los procesos de mediación han probado ser de gran utilidad en casos de delincuencia juvenil, particularmente en aquellos primeros ofensores.

La mediación que se utiliza en los casos de delincuencia juvenil en estos estados, como en otros países, es aquella que forma parte de los programas basados en la llamada *justicia restaurativa*. Dicha justicia restaurativa ha sido definida como un "proceso por el cual todas las partes que tienen un interés en una determinada ofensa se juntan para resolverla colectivamente y para tratar sus implicaciones de futuro".

Bajo esta teoría tanto las víctimas como los ofensores asumen una función activa en la resolución del conflicto y en la negociación de un acuerdo que pretende restablecer las pérdidas materiales y psicológicas de la víctima, mientras que inculca en el ofensor el "impacto humano" de su conducta criminal. Por su parte, la responsabilidad del ofensor reside en aceptar la responsabilidad por sus acciones y en el papel activo que debe jugar en el proceso de restitución. A base de esta teoría se han creado diversos programas, entre los que podemos mencionar, la mediación *víctima-ofensor* y las juntas comunitarias o familiares, entre otros.

Fundamentados en la teoría de la justicia restaurativa, los programas de mediación *víctima-ofensor* en casos de menores se centran en la experiencia de la víctima, la necesidad de la rendición de cuentas por parte de los ofensores juveniles y la importancia de proporcionar a las partes la oportunidad de participar activamente en el proceso sancionador. Además, se debe tener en cuenta que entre los propósitos fundamentales de este tipo de programas se encuentra el poder restaurar a la víctima. En diversas jurisdicciones estadounidenses se ha utilizado la mediación *víctima-ofensor* en los casos de menores e incluso existen unas normas generales que pueden ser utilizadas como guía en la ejecución de estos programas....

[T]anto los defensores como los detractores de la mediación *víctima-ofensor* hacen hincapié en la importancia de la formación adecuada y la creación de normas guías (*standards*) para los mediadores. Esto parece ser aún más importante en el tratamiento de niños y adolescentes. Los profesionales de la mediación requieren un mayor nivel de habilidad para utilizarla correctamente, a la luz de la necesidad de incurrir en un trauma adicional mínimo, cuando se interviene en casos de mala conducta de menores.

En vista de lo anterior, debemos concluir que la mediación utilizada en los procesos de menores en otras jurisdicciones estatales, es una que se basa principalmente en la justicia restaurativa y que se ha diseñado específicamente para atender menores. Por consiguiente, entendemos que este proceso de mediación debe diseñarse en el contexto de los procesos de menores y en concordancia con los objetivos de la Ley de Menores.

En Puerto Rico [se le] provee de una certificación a toda aquella persona que interesa que su nombre sea incluido en un registro de mediadores que pueden prestar sus servicios a la Rama Judicial. En realidad, una certificación como mediador no es requerida en Puerto Rico, por lo que una persona puede ofrecer sus servicios como mediador sin estar certificado. Ahora bien, al igual que algunos Estados de los Estados Unidos, en Puerto Rico la certificación de mediador es una condición obligada para que su nombre aparezca en la lista o registro de mediadores capacitados para dar servicio a la Rama Judicial.

No obstante, la capacitación que [se] provee para otorgar su certificación, no incluye adiestramiento alguno diseñado específicamente para atender menores primeros ofensores en asuntos de delincuencia juvenil, y mucho menos en el contexto de los procesos de las salas de menores y en concordancia con los objetivos de la Ley de Menores. De hecho, el único adiestramiento en un área especializada que se requiere como parte de los requisitos para completar la certificación de mediador, es el completar ocho (8) unidades de adiestramiento sobre manejo en casos de violencia doméstica.

V. INCOMPATIBILIDAD DE LA MEDIACIÓN ACTUAL CON LA LEY DE MENORES

Por todo lo antes discutido y a la luz de la normativa jurisprudencial, es claro que la naturaleza y los propósitos de la Ley de Menores no se ajustan a la naturaleza y los propósitos del mecanismo de mediación, como está hoy constituido.

Por último y como señalamos, actualmente nuestro Centro de Mediación de Conflictos no cuenta, como sí ocurre en otras jurisdicciones, con un programa de capacitación que le permita al Negociado certificar mediadores específicamente en el área de menores primeros ofensores en asuntos de delincuencia juvenil, y mucho menos en el contexto de los procesos de las salas de menores.

Así pues, acceder en el caso de autos a la solicitud de los peticionarios, permitiría que los padres o encargados legales de los dos menores imputados sean los que, junto a la víctima, negocien una salida "eficiente, rápida y económica" del caso que éstos enfrentan. Permitir que esta negociación se lleve a cabo sin la supervisión de un mediador preparado para esto y sin unas normas guías (*standards*) que provean para la supervisión, cuidado y tratamiento que deben acontecer como parte del *quantum* de responsabilidad que según la Ley estos menores deben enfrentar, sería, sin duda, hacerles un daño.

Entendemos que la mediación puede llegar a ser –como ha ocurrido en otras jurisdicciones- un instrumento de gran beneficio en área de asuntos de menores en Puerto Rico. Como se sabe, es política pública de la Rama Judicial fomentar la utilización de mecanismos complementarios al sistema adjudicativo tradicional, como lo son los métodos alternos para la solución de conflictos.

Sin embargo, es ampliamente reconocido que los niños y los adolescentes son física, intelectual y emocionalmente diferentes a los adultos. Así pues, estas diferencias redundan en conductas, análisis, juicios valorativos y reacciones disímiles en contraste con los adultos. Por tal razón, se ha expresado que: "[a]lthough these deficits do not make adolescents any less dangerous, experts have argued that they require a specifically defined manner of adjudication and scope of punishment". Por consiguiente, si basado presumiblemente en estas diferencias el legislador diseñó un sistema de justicia especial para menores, ¿cómo hemos de exponerlos a un proceso de mediación que ha sido diseñado específicamente para adultos?

VI. Por todo lo anterior, determinamos que según el texto de los estatutos considerados y la naturaleza o filosofía que encierran, el mecanismo de mediación, como se encuentra configurado al presente, está disponible únicamente para procesos civiles y criminales y no así para asuntos de menores. Por ende, confirmamos la sentencia del Tribunal de Apelaciones y devolvemos el caso al Tribunal de Primera Instancia para la continuación de los procedimientos.

————

Pueblo de Puerto Rico, En interés del menor A.V.L. – (Opinión Disidente)

2010 TSPR 20, 178 DPR ____

Tribunal de Apelaciones: Región Judicial de Aguadilla, Panel IX, San Juan, Puerto Rico, el 17 de febrero de 2010.

Opinión Disidente

El presente caso brindaba la oportunidad de interpretar por primera vez el Reglamento de métodos alternos para la solución de conflictos de este Tribunal y aplicar sus disposiciones a los casos iniciados al amparo de la Ley de menores. Lamentablemente una mayoría de los miembros del Tribunal, amparándose en que la naturaleza y filosofía que encierra la Ley de menores es, alegadamente, incompatible con métodos alternos de solución de conflictos, se niega a aplicarlos a estos procesos. Por ser del criterio que la mediación es una herramienta útil y necesaria en la resolución de ciertos casos iniciados al amparo de la Ley de menores, respetuosamente disiento del dictamen emitido.

II. En la Opinión emitida durante el día de hoy, el Tribunal resuelve que la mediación como método alterno de solución de conflictos no está disponible para casos iniciados al amparo de la Ley de menores.

Como estableceré a continuación, ninguna de las razones aducidas por la mayoría sustentan la conclusión de que la mediación no es un método alterno disponible para la resolución de casos iniciados al amparo de la Ley de menores. Lo que denota la posición del Tribunal, por el contrario, es una interpretación restrictiva del Reglamento, disociada de la política pública. Igualmente, revela una visión distorsionada de los métodos alternos de solución de conflictos, especialmente del proceso de la mediación. Por último, pero no menos importante, se menosprecia la capacidad de los mediadores certificados para llevar a cabo su labor, así como la capacidad de los jueces asignados a la Sala de Asuntos de Menores que discrecionalmente refieren dichos casos a la mediación. Veamos.

III. A. Como sabemos, los menores son personas que no han alcanzado su pleno desarrollo y madurez mental, por lo que no están sujetos a responder penalmente.

Así, los casos iniciados al amparo de la Ley de menores siguen siendo casos *civiles*, con ciertas particularidades que le imprimen un carácter *sui generis*.

Siendo los casos de asuntos de menores de naturaleza civil, debemos auscultar si la mediación, como un método alterno de solución de conflictos, está disponible para la dilucidación de éstos. Al encaminarnos en esa tarea, debemos tener presente los propósitos y objetivos de la Ley de menores de proveer un procedimiento justo, rápido y eficaz en el cual el menor reconozca y asuma su responsabilidad. Igualmente, debemos examinar la naturaleza de la mediación y la política pública establecida por este Tribunal en relación con los métodos alternos de solución de conflictos en nuestro ordenamiento.

IV. A. En términos generales y sin ánimo de agotar las distintas acepciones del concepto, la mediación puede ser descrita como un proceso mediante el cual las partes, con la ayuda de un tercero neutral, aíslan los conflictos entre sí con el fin de desarrollar alternativas y, en última instancia, forjar un acuerdo consensual que satisfaga sus necesidades. Con la asistencia de dicho interventor neutral, los participantes de los procesos de mediación trasforman el conflicto mediante la reconciliación de los intereses que les vinculan. Dicha reconciliación se logra, a su vez, mediante la negociación.

Varios principios guían los procesos de mediación. Entre éstos se destacan la soberanía, voluntad e interdependencia de las partes y la confidencialidad del proceso. Se trata de lograr un fin dual de reducir conflictos y resolver disputas.

La índole transformativa de los procesos de mediación es particularmente evidente en los casos de naturaleza penal. Como sabemos, nuestro ordenamiento en materia penal se funda sobre una teoría punitiva según la cual la infracción de la ley penal constituye una ofensa a la sociedad que le corresponde al Estado encausar y, de ser necesario, castigar.

La teoría restaurativa, por el contrario, propone un cambio en dicho paradigma y se enfoca en el daño causado a la víctima y en cómo enmendarlo. De conformidad con tal principio, los procesos de mediación alternativos al encausamiento penal persiguen que tanto el ofensor como la víctima asuman roles activos en la negociación. El fin de dicha negociación es, a su vez, reparar el daño material y psicológico a la víctima, mientras se hace al ofensor consciente del impacto de su conducta en la persona de ésta. Así, el objetivo de los procesos de mediación es que el ofensor *asuma responsabilidad por sus actos, adquiera la oportunidad de reparar el daño causado y, como resultado, corrija su conducta con el propósito de evitar reincidir en la misma.* La víctima, por su parte, ganaría la oportunidad de dialogar con el ofensor y recibir una disculpa de parte de éste, además de la restitución de su propiedad de ser necesaria.

Los procesos de mediación han probado ser de gran utilidad en casos de delincuencia juvenil, particularmente en aquellos de primeros ofensores. Además de ser más rápido e informal y, como tal, menos costoso, los comentaristas esbozan que las ventajas del proceso de mediación consisten en que a través de éste el menor ofensor adquiere consciencia de sus actos y del daño causado a su víctima y se responsabiliza por el mismo. Al igual que en los procesos de mediación penal, en la mediación de asuntos de menores los ofensores tienen la oportunidad de reconocer o disculparse por sus acciones, entender la dimensión humana de su comportamiento, valorar a la víctima como un igual y aprender los costos que conlleva la violación de los derechos de los demás. Esto, a su vez, causa que éstos sean menos propensos a reincidir.

En suma, los procesos de mediación en el área de asuntos de menores han probado ser una herramienta útil y beneficiosa para las partes involucradas en el conflicto, tanto la víctima como el menor. A través de dicho método, se alcanzan igualmente los propósitos de las leyes que regulan los casos de asuntos de menores y delincuencia juvenil, sin necesariamente utilizar la teoría punitiva tradicional. Esta nueva perspectiva habilita al ofensor a reconocer el valor humano de la víctima a través de la consideración de las consecuencias de sus actos sobre ésta, además de permitir que éste asuma responsabilidad por sus acciones a través del arrepentimiento y la disculpa a la víctima por el mal causado.

Si bien el Reglamento de métodos alternos adoptado no provee expresamente para el referido de los casos de menores a procesos de mediación, tampoco lo prohíbe. Por el contrario, el Reglamento de métodos alternos provee para el referido de casos de naturaleza civil, categoría a la que pertenecen los casos de asuntos de menores. Nada hay en el historial de la aprobación del reglamento que apunte a que hubo una intención expresa de dejar fuera de su aplicación las disputas que involucren a menores. Ante la ausencia de tal exclusión, la práctica, según lo consignan los datos oficiales de los centros de mediación de conflictos, es que se han referido numerosos casos de menores a procesos de mediación.

Es menester destacar, no obstante, que el hecho de que los casos de asuntos de menores sean elegibles para ser referidos a un proceso de mediación, no implica necesariamente que todos los casos sometidos a dicha jurisdicción sean apropiados para ser referidos a ese método alterno. La decisión de referir un caso de menores al proceso de mediación queda en la sana discreción del juez de la Sala de Asuntos de Menores. Así, la naturaleza del caso, la naturaleza de la relación entre las partes, la disposición de éstas a someterse al proceso y los costos y riesgos del proceso ordinario, entre otros factores, unidos a la capacidad y experiencia en esta área de los jueces y juezas de las Salas de Asuntos de Menores, le permitirán determinar cuáles de éstos casos son apropiados para ser referidos a la mediación.

B. A la luz de lo antes expuesto, es forzoso concluir que erra la mayoría al resolver que el método alterno de la mediación es inaplicable a los casos de asuntos de menores. En primer lugar, el Reglamento sí contempla el referido de ese tipo de caso a la mediación, pues todos los casos civiles son, en principio, sujetos a ser referidos a dicho método alterno. Aun si, para propósitos de argumentación, expresáramos que el Reglamento de métodos alternos no provee para el referido de casos de asuntos de menores a la mediación, lo que es claramente erróneo, este Tribunal podría así mandatarlo.

Por otro lado, no hay duda que el modelo de mediación transformativa que utiliza como base la justicia restaurativa cumple a cabalidad con los propósitos y objetivos de la Ley de menores. En dicho proceso el menor ofensor adquiere consciencia de sus actos y del daño causado a su víctima y se responsabiliza por el mismo, a través de un procedimiento justo, rápido y eficaz, tal y como lo establece la Exposición de Motivos de dicha ley.

Por último, el argumento de la mayoría sobre la alegada falta de adiestramiento en esta área de los mediadores certificados deja de lado que a través del Reglamento de certificación y educación continua relacionado con los métodos alternos para la solución de conflictos se establece un esquema detallado de requisitos que debe cumplir todo aspirante a ser certificado como mediador. Dicho esquema garantiza que los mediadores certificados tienen la preparación necesaria para servir como interventor neutral en cualquier conflicto que se le presente, incluyendo casos de asuntos de menores. Además, no debe descartarse la experiencia que han adquirido estos profesionales en los más de diez años de haberse establecido el Reglamento de métodos alternos, en el transcurso de los cuales, continuamente, se han referido casos de asuntos de menores a la mediación.

Así pues, establecida la aplicabilidad de los procesos de mediación a los casos de asuntos de menores, nos resta examinar los hechos del presente caso para auscultar si erró el Tribunal de Apelaciones al revocar la determinación del Tribunal de Primera Instancia de referir el presente caso a un proceso de mediación.

C. Como adelantáramos en la relación de hechos, en este caso se presentaron en interés de los menores C.L.R. y A.V.L. sendas quejas en las que se les imputó haber infringido el artículo 198 del Código Penal. El presente caso, además de elegible, es también apropiado para ser referido a un proceso de mediación.

Primeramente, los menores involucrados y sus padres, incluyendo los padres de la víctima, expresaron ante el Tribunal de Primera Instancia su conformidad con el referido del caso al proceso de mediación. Así, tanto la víctima como el ofensor deseaban solucionar su conflicto a través del proceso de la mediación. En cuanto a la naturaleza del caso, es preciso tener presente que lo que se imputa a los menores recurrentes es la apropiación de siete dólares ($7.00) pertenecientes a una compañera de estudio. Se trata de un conflicto nacido en el contexto escolar, en el cual los menores seguirán interrelacionándose aún con posterioridad a la resolución del presente caso. Aunque la conducta imputada a los recurrentes es constitutiva de falta, en el balance de intereses es preferible brindar a éstos una oportunidad de reconocer lo errado de su proceder y asumir la responsabilidad por sus actos a través del proceso de la mediación, sin someterlos a un procedimiento estigmatizador y de naturaleza punitiva como pudiese resultar el procedimiento ordinario.

Ante estos hechos y siendo la presente la primera vez que C.L.R. y A.V.L. se exponen a un procedimiento ante el Tribunal de Menores, es preciso concluir que las circunstancias del presente caso ameritan que se les brinde la oportunidad de solucionar este conflicto a través de la mediación. Nuestro sentido de justicia nos debería compeler a particularizar la controversia ante nuestra consideración y a sopesar que, a pesar de lo reprochable de la conducta imputada a C.L.R. y A.V.L., la misma no merece exponerlos de primera intención a la imposición de una medida dispositiva condicional o de custodia al amparo de las disposiciones de la Ley de menores. Si el proceso de mediación se ve interrumpido o no culmina satisfactoriamente, el caso revertiría al foro judicial para la continuación del procedimiento ordinario. En todo caso, el Tribunal examinará el acuerdo alcanzado, velando por que éste adelante los intereses públicos implicados del bienestar del menor y la seguridad pública.

En conclusión, soy del criterio que analizadas las circunstancias del presente caso a la luz de los criterios de la regla 3.01 del Reglamento de métodos alternos, no abusó de su discreción el Tribunal de Primera Instancia al referirlo al proceso de mediación. Erró el Tribunal de Apelaciones al revocar dicho proceder. En consecuencia, revocaría la determinación del Tribunal de Apelaciones recurrida, y devolvería el presente caso para la continuación de los procedimientos de conformidad con lo aquí expuesto. Por no ser ese el curso seguido por la mayoría, respetuosamente disiento del dictamen emitido.

D. LOS DERECHOS HUMANOS DE LOS PUEBLOS INDÍGENAS Y OTROS GRUPOS MINORITARIOS

Entre los grupos humanos que más protección requieren en relación a sus derechos humanos básicos se encuentran los grupos minoritarios raciales, étnicos y religiosos. Históricamente y hasta nuestros días, casi todos los países del mundo cuentan con la presencia interna de grupos más o menos numerosos cuyos orígenes difieren de aquéllos de la población mayoritaria.

En las lecturas que siguen, podrá examinar la situación actual de las personas de descendencia africana en la Américas, de los grupos indígenas, y de otros grupos minoritarios.

Afrodescendientes en las Américas
Organización de los Estados Americanos (OEA)

Existen aproximadamente 200 millones de afrodescendientes en las Américas, a pesar de ser más de un tercio de la población de la región, las y los afrodescendientes se encuentran entre los grupos minoritarios más vulnerables del Hemisferio.

Cabe destacar que en la Declaración de la Conferencia de Santiago y en la Declaración de la Conferencia de Durban, los Estados Americanos reconocieron que las y los afrodescendientes tienen que hacer frente a obstáculos como resultado de prejuicios y discriminaciones sociales que prevalecen en las instituciones públicas y privadas, reconociendo además, que esto se debe a los siglos de esclavitud, racismo, discriminación racial, y la denegación histórica de muchos de sus derechos. Esta situación genera además una falta de reconocimiento del aporte de este colectivo al patrimonio cultural de las Américas.

Debemos resaltar que la Carta Democrática Interamericana reconoce que la eliminación de toda forma de discriminación y el respeto a la diversidad étnica, cultural y religiosa en las Américas, contribuyen al fortalecimiento de la democracia y la participación ciudadana.

El Derecho Internacional Público contempla varias herramientas para hacer frente al racismo, la discriminación racial, la xenofobia y demás formas conexas de intolerancia. En el ámbito universal, la Organización de las Naciones Unidas ha impulsado importantes esfuerzos para combatir estos males.

En el ámbito interamericano también se han generado algunos mecanismos para hacer frente al mismo fenómeno y promover el respeto de los derechos de las y los Afrodescendientes en las Américas. Muestra de ello es la creación de la Relatoría sobre los Derechos de Afrodescendientes y contra la Discriminación Racial de la Comisión Interamericana de Derechos Humanos, así como las menciones relativas a afrodescendientes contenidas en la Declaración de Mar del Plata en el marco de la IV Cumbre de las Américas de 2005, y en la Declaración de la Conferencia Regional de las Américas (Preparatoria de la 3ª Conferencia Mundial Contra el Racismo, la Discriminación Racial, la Xenofobia y Otras Formas Conexas de Intolerancia) realizada en Santiago de Chile en el año 2000.

De la misma manera existen sucesivos mandatos de las Cumbres de las Américas, y de la Asamblea General de la Organización de Estados Americanos para el combate contra el racismo y la discriminación. Actualmente se encuentra bajo negociación en el marco de la OEA el Proyecto de Convención Interamericana Contra el Racismo y Toda Forma de Discriminación e Intolerancia.

Además de ello, cabe señalar que tanto en el ámbito regional como internacional la mayoría de los Estados miembros han firmado y ratificado o adoptado, según el caso, diversos instrumentos internacionales para la eliminación de la discriminación racial, así como para la promoción y el respeto de los derechos de las y los afrodescendientes.

———

Declaración Sobre los Derechos de los Pueblos Indígenas
Naciones Unidas, Alto Comisionado para los Derechos Humanos

En 1985, el Grupo de Trabajo comenzó a preparar un proyecto de declaración sobre los derechos de los pueblos indígenas. Ocho años después, en julio de 1993, el Grupo de Trabajo acordó un texto definitivo de proyecto de declaración y lo presentó a la Subcomisión de Prevención de Discriminaciones y Protección a las Minorías, el cual fue aprobado en 1994 por la Subcomisión y fue presentado a la Comisión de Derechos Humanos para que ésta lo examinara.

El proyecto de declaración consiste en un preámbulo de 19 párrafos y en 45 artículos que abordan los temas siguientes:

- Los derechos y las libertades de los pueblos indígenas, incluidos el mantenimiento y el desarrollo de características e identidades étnicas y culturales

- La protección contra el genocidio y el etnocidio

- Los derechos relativos a las religiones, los idiomas y las instituciones educacionales

- La propiedad, posesión y uso de las tierras y recursos naturales indígenas

- La protección de la propiedad cultural e intelectual

- El mantenimiento de estructuras económicas y modos de vida tradicionales

- La protección del medio ambiente

- La participación en la vida política, económica y social de los Estados interesados, especialmente si se trata de cuestiones que pudieran afectar a los pueblos indígenas

- La libre determinación, el autogobierno o la autonomía de los pueblos indígenas en cuestiones relacionadas con sus propios asuntos internos y locales

- Los contactos y cooperación tradicionales a través de las fronteras estatales

- La observación de los tratados y otros acuerdos concertados con los pueblos indígenas.

También se prevén procedimientos justos y mutuamente aceptables para resolver las controversias entre los pueblos indígenas y los Estados; y se especifica que los derechos que enumera constituyen las normas mínimas para la supervivencia y el bienestar de los pueblos indígenas del mundo.

13 DE SEPTIEMBRE DE 2007

La Declaración sobre los Derechos de los Pueblos Indígenas es efectuada por la Asamblea General el 13 de Septiembre de 2007. Fue adoptada por una mayoría 143 Estados a favor, 4 votos en contra (Australia, Canadá, Nueva Zelanda y Estados Unidos de América) y 11 abstenciones (Azerbaiyán, Bangladesh, Bután, Burundi, Colombia, Georgia, Kenia, Nigeria, La Federación Rusa, Samoa y Ucrania).

La Declaración establece un marco universal de estándares mínimos para la supervivencia, dignidad, bienestar y derechos de los pueblos indígenas del mundo. La Declaración aborda, entre otras temáticas los derechos individuales y colectivos incluyendo aspectos referentes a la identidad cultural, la educación, el empleo y el idioma. La Declaración también condena la discriminación contra los pueblos indígenas y promueve su plena y efectiva participación en todos los asuntos que les atañen. De igual manera, la declaración garantiza su derecho a la diferencia y al logro de sus propias prioridades en cuanto al desarrollo económico, social y cultural. La declaración estimula explícitamente las relaciones de cooperación entre los Estados y los Pueblos Indígenas.

————

Oficina de Asuntos Indígenas
Bureau of Indian Affairs (BIA)

La Oficina de Asuntos Indígenas (Bureau of Indian Affairs o BIA) tiene a su cargo la administración y el manejo de 56 millones de acres de tierras otorgadas en fideicomiso por Estados Unidos a favor de los indígenas americanos, tribus indígenas y pobladores nativos de Alaska. La explotación de bosques, la concesión de derechos a los recursos en estas tierras, la dirección de los programas agrícolas, la protección de derechos al agua y tierras, el desarrollo y mantenimiento de la infraestructura, los servicios humanos y de salud, y el desarrollo económico se encuentran entre sus responsabilidades, en cooperación con los indígenas americanos y pobladores nativos de Alaska.

Desde su creación el 11 de marzo de 1824, la Bureau of Indian Affairs ha sido testigo y protagonista importante en la historia de las relaciones entre el gobierno federal y las tribus. La BIA, que alguna vez fue un instrumento de la política federal para subyugar y asimilar a las tribus de indígenas americanos, ha cambiado considerablemente, durante los últimos 177 años, así como dicha política.

En los primeros años de Estados Unidos, el Congreso Continental se encargaba de los asuntos indígenas, que en 1775 creó un Comité de Asuntos Indígenas (Committee on Indian Affairs) a cargo de Benjamin Franklin. Cincuenta años más tarde, se creó la BIA dentro de la jurisdicción del Departamento de Guerra, y finalmente se trasladó al Departamento del Interior en 1949.

Durante más de un siglo, comenzando con la Ley General de Parcelación (General Allotment Act) de 1887 que dio acceso a pobladores no indígenas a tierras indias al oeste del Mississippi, hasta la Ley de Ciudadanía Indígena (Indian Citizenship Act) de 1924 cuando se otorgó el derecho al voto a los indígenas americanos y pobladores nativos de Alaska, hasta el Nuevo Trato (New Deal) y la promulgación de la Ley de Reorganización Indígena (Indian Reorganization Act) de 1934 que estableció los gobiernos tribales modernos hasta el periodo de reubicación de la Segunda Guerra Mundial y la época posterior al fin de la guerra, en la década de los cincuenta, hasta el activismo de los años sesenta y setenta en los que se dio la toma de las oficinas principales de la BIA, hasta la aprobación de leyes históricas como la Ley de Autodeterminación Indígena y Ayuda Educativa (Indian Self-Determination and Education Assistance Act) de 1975 y la Ley de Autonomía Tribal (Tribal Self-Governance Act) de 1994, que han cambiado fundamentalmente la manera en que la BIA y sus usuarios interactúan entre sí, la oficina ha continuado representando la confianza y las relaciones de gobierno a gobierno entre Estados Unidos y las 561 naciones tribales y aldeas de Alaska.

La BIA actualmente presta servicios federales a aproximadamente 1.6 millones de indígenas americanos y pobladores nativos de Alaska que son miembros de más de 561 tribus indígenas y aldeas de Alaska reconocidas por el gobierno federal, en 34 estados contiguos del país y Alaska. La oficina maneja 46.144 millones de acres de tierras indígenas, 9.177 millones de acres de tierras con propietarios individuales y tierras que son propiedad del gobierno federal y que son otorgadas en fideicomiso.

La Bureau of Indian Affairs es poco común entre las dependencias federales. Ya que sus raíces datan de la época del Congreso Continental, la BIA es casi tan antigua como Estados Unidos. Durante gran parte de su existencia, la BIA ha reflejado la ambivalencia del pueblo estadounidense hacia los pueblos indígenas de la nación al poner en práctica una política federal que los ha beneficiado o perjudicado. Pero la evolución de la política federal --que pasó de ser una de subyugación y asimilación de los indígenas americanos y pobladores nativos de Alaska, a una de colaboración y servicios-- se refleja en la misión de la BIA.

———

Derechos de los Pueblos Indígenas en las Constituciones de América Latina

Bolivia

Artículo 171. Se reconocen, respetan y protegen en el marco de la ley, los derechos sociales, económicos y culturales de los pueblos indígenas que habitan en el territorio nacional, especialmente los relativos a sus tierras comunitarias de origen garantizando del u so y aprovechamiento sostenible de los recursos naturales, a su identidad, valores, lenguas y costumbres e instituciones.

Colombia

Artículo 246. Las autoridades de los pueblos indígenas podrán ejercer funciones jurisdiccionales dentro de su ámbito territorial, de conformidad con sus propias normas y procedimientos, siempre que no sean contrarios a la Constitución y leyes de la República. La ley establecerá las formas de coordinación de esta jurisdicción especial con el sistema judicial nacional.

Artículo 330. La explotación de los recursos nutuales en los territorios indígenas se hará sin desmedro de la integridad cultural, social y económica de las comunidades indígenas. En las decisiones que se adopten respecto de dicha explotación, el Gobierno propiciará la participación de los representantes de las respectivas comunidades.

Ecuador

Artículo 83. Los pueblos indígenas, que se autodefinen como nacionalidades de raíces ancestrales, y los pueblos negros o afroecuatorianos, forman parte del Estado ecuatoriano, único e indivisible.

México

Artículo 4. La nación mexicana tiene una composición pluricultural sustentada originalmente en sus pueblos indígenas. La ley protegerá y promoverá el desarrollo de sus lenguas, culturas, usos, costumbres, recursos y formas especificas de organización social, y garantizará a sus integrantes el efectivo acceso a la jurisdicción del estado. En los juicios y procedimientos agrarios en que aquellos sean parte, se tomaran en cuenta sus prácticas y costumbres jurídicas en los términos que establezca la ley. El varón y la mujer son iguales ante la ley. Esta protegerá la organización y el desarrollo de la familia. . .

Nicaragua

Artículo 89. Las Comunidades de la Costa Atlántica son parte indisoluble del pueblo nicaragüense y como tal gozan de los mismos derechos y tienen las mismas obligaciones. Las Comunidades de la Costa Atlántica tienen el derecho de preservar y desarrollar su identidad cultural en la unidad nacional; dotarse de sus propias formas de organización social y administrar sus asuntos locales conforme a sus tradiciones. El Estado reconoce las formas comunales de propiedad de las tierras de las Comunidades de la Costa Atlántica. Igualmente reconoce el goce, uso y disfrute de las aguas y bosques de sus tierras comunales.

Panamá

Artículo 84. Las lenguas aborígenes serán objeto de especial estudio, conservación y divulgación y el Estado promoverá programas de alfabetización bilingüe en las comunidades indígenas.

Paraguay

Artículo 64. DE LA PROPIEDAD COMUNITARIA

Los pueblos indígenas tienen derecho a la propiedad comunitaria de la tierra, en extensión y calidad suficientes para la conservación y el desarrollo de sus formas peculiares de vida. El Estado les proveerá gratuitamente de estas tierras, las cuales serán inembargables, indivisibles, intransferibles, imprescriptibles, no susceptibles, no susceptibles de garantizar obligaciones contractuales ni de ser arrendadas; asimismo, estarán exentas de tributo. Se prohíbe la remoción o traslado de su hábitat sin el expreso consentimiento de los mismos.

Venezuela

Artículo 119. El Estado reconocerá la existencia de los pueblos y comunidades indígenas, su organización social, política y económica, sus culturas, usos y costumbres, idiomas y religiones, así como su hábitat y derechos originarios sobre las tierras que ancestral y tradicionalmente ocupan y que son necesarias para desarrollar y garantizar sus formas de vida. Corresponderá al Ejecutivo Nacional, con la participación de los pueblos indígenas, demarcar y garantizar el derecho a la propiedad colectiva de sus tierras, las cuales serán inalienables, imprescriptibles, inembargables e intransferibles de acuerdo con lo establecido en esta Constitución y la ley.

Artículo 120. El aprovechamiento de los recursos naturales en los hábitats indígenas por parte del Estado se hará sin lesionar la integridad cultural, social y económica de los mismos e, igualmente, está sujeto a previa información y consulta a las comunidades indígenas respectivas. Los beneficios de este aprovechamiento por parte de los pueblos indígenas están sujetos a la Constitución y a la ley.

———

Declaración Sobre los Derechos de las Personas Pertenecientes a Minorías Nacionales o Étnicas, Religiosas y Lingüísticas
Naciones Unidas

Aprobada por la Asamblea General en su resolución 47/135 del 18 de diciembre de 1992

La Asamblea General,

Reafirmando que uno de los propósitos básicos de las Naciones Unidas, proclamados en la Carta, es el desarrollo y el estímulo del respeto de los derechos humanos y las libertades fundamentales de todos, sin hacer distinción por motivos de raza, sexo, idioma o religión,

Reafirmando la fe en los derechos humanos fundamentales, en la dignidad y el valor de la persona humana, en la igualdad de derechos de hombres y mujeres y de las naciones grandes y pequeñas,

Deseando promover la realización de los principios enunciados en la Carta, la Declaración Universal de Derechos Humanos, la Convención para la Prevención y la Sanción del Delito de Genocidio, la Convención Internacional sobre la Eliminación de todas las Formas de Discriminación Racial, el Pacto Internacional de Derechos Civiles y Políticos, el Pacto Internacional de Derechos Económicos, Sociales y Culturales, la Declaración sobre la eliminación de todas las formas de intolerancia y discriminación fundadas en la religión o las convicciones y la Convención sobre los Derechos del Niño, así como en otros instrumentos internacionales pertinentes aprobados a nivel mundial o regional y los celebrados entre distintos Estados Miembros de las Naciones Unidas,

Inspirada en las disposiciones del artículo 27 del Pacto Internacional de Derechos Civiles y Políticos relativas a los derechos de las personas pertenecientes a minorías étnicas, religiosas o lingüísticas,

Considerando que la promoción y protección de los derechos de las personas pertenecientes a minorías nacionales o étnicas, religiosas y lingüísticas contribuyen a la estabilidad política y social de los Estados en que viven,

Subrayando que la promoción y la realización constantes de los derechos de las personas pertenecientes a minorías nacionales o étnicas, religiosas y lingüísticas, como parte integrante del desarrollo de la sociedad en su conjunto y dentro de un marco democrático basado en el imperio de la ley, contribuirían al robustecimiento de la amistad y de la cooperación entre los pueblos y los Estados,

Considerando que las Naciones Unidas tienen un importante papel que desempeñar en lo que respecta a la protección de las minorías,

Teniendo presente la labor realizada hasta la fecha dentro del sistema de las Naciones Unidas, en particular por la Comisión de Derechos Humanos y la Subcomisión de Prevención de Discriminaciones y Protección de las Minorías, así como por los órganos establecidos de conformidad con los Pactos Internacionales de Derechos Humanos y otros instrumentos internacionales pertinentes sobre derechos humanos, en cuanto a la promoción y protección de los derechos de las personas pertenecientes a minorías nacionales o étnicas, religiosas y lingüísticas,

Teniendo en cuenta la importante labor que realizan las organizaciones intergubernamentales y no gubernamentales en lo que respecta a la protección de las minorías y la promoción y la protección de los derechos de las personas pertenecientes a minorías nacionales o étnicas, religiosas y lingüísticas,

Reconociendo la necesidad de lograr una aplicación aún más eficiente de los instrumentos internacionales sobre derechos humanos en lo que respecta a los derechos de las personas pertenecientes a minorías nacionales o étnicas, religiosas y lingüísticas,

Proclama la presente Declaración sobre los derechos de las personas pertenecientes a minorías nacionales o étnicas, religiosas y lingüísticas,

Artículo 1

1. Los Estados protegerán la existencia y la identidad nacional o étnica, cultural, religiosa y lingüística de las minorías dentro de sus territorios respectivos y fomentarán las condiciones para la promoción de esa identidad.

2. Los Estados adoptarán medidas apropiadas, legislativas y de otro tipo, para lograr esos objetivos.

Artículo 2

1. Las personas pertenecientes a minorías nacionales o étnicas, religiosas y lingüísticas (en lo sucesivo denominadas personas pertenecientes a minorías) tendrán derecho a disfrutar de su propia cultura, a profesar y practicar su propia religión, y a utilizar su propio idioma, en privado y en público, libremente y sin injerencia ni discriminación de ningún tipo.

2. Las personas pertenecientes a minorías tendrán el derecho de participar efectivamente en la vida cultural, religiosa, social, económica y pública.

3. Las personas pertenecientes a minorías tendrán el derecho de participar efectivamente en las decisiones que se adopten a nivel nacional y, cuando proceda, a nivel regional respecto de la minoría a la que pertenezcan o de las regiones en que vivan, de toda manera que no sea incompatible con la legislación nacional.

4. Las personas pertenecientes a minorías tendrán el derecho de establecer y mantener sus propias asociaciones.

5. Las personas pertenecientes a minorías tendrán derecho a establecer y mantener, sin discriminación de ninguno tipo, contactos libres y pacíficos con otros miembros de su grupo y con personas pertenecientes a otras minorías, así como contactos transfronterizos con ciudadanos de otros Estados con los que estén relacionados por vínculos nacionales o étnicos, religiosos o lingüísticos.

Artículo 3

1. Las personas pertenecientes a minorías podrán ejercer sus derechos, incluidos los que se enuncian en la presente Declaración, individualmente así como en comunidad con los demás miembros de su grupo, sin discriminación alguna.

2. Las personas pertenecientes a minorías no sufrirán ninguna desventaja como resultado del ejercicio o de la falta de ejercicio de los derechos enunciados en la presente Declaración.

Artículo 4

1. Los Estados adoptarán las medidas necesarias para garantizar que las personas pertenecientes a minorías puedan ejercer plena y eficazmente todos sus derechos humanos y libertades fundamentales sin discriminación alguna y en plena igualdad ante la ley.

2. Los Estados adoptarán medidas para crear condiciones favorables a fin de que las personas pertenecientes a minorías puedan expresar sus características y desarrollar su cultura, idioma, religión, tradiciones y costumbres, salvo en los casos en que determinadas prácticas violen la legislación nacional y sean contrarias a las normas internacionales.

3. Los Estados deberán adoptar medidas apropiadas de modo que, siempre que sea posible, las personas pertenecientes a minorías puedan tener oportunidades adecuadas de aprender su idioma materno o de recibir instrucción en su idioma materno.

4. Los Estados deberán adoptar, cuando sea apropiado, medidas en la esfera de la educación, a fin de promover el conocimiento de la historia, las tradiciones, el idioma y la cultura de las minorías que existen en su territorio. Las personas pertenecientes a minorías deberán tener oportunidades adecuadas de adquirir conocimientos sobre la sociedad en su conjunto.

5. Los Estados deberán examinar medidas apropiadas de modo que las personas pertenecientes a minorías puedan participar plenamente en el progreso y el desarrollo económicos de su país.

Artículo 5

1. Las políticas y programas nacionales se planificarán y ejecutarán teniendo debidamente en cuenta los intereses legítimos de las personas pertenecientes a minorías.

2. Los programas de cooperación y asistencia entre Estados deberán planificarse y ejecutarse teniendo debidamente en cuenta los intereses legítimos de las personas pertenecientes a minorías.

Artículo 6

Los Estados deberán cooperar en las cuestiones relativas a las personas pertenecientes a minorías, entre otras cosas, el intercambio de información y de experiencia, con el fin de promover la comprensión y la confianza mutuas.

Artículo 7

Los Estados deberán cooperar a fin de promover el respeto por los derechos enunciados en la presente Declaración.

Artículo 8

1. Ninguna de las disposiciones de la presente Declaración impedirá el cumplimiento de las obligaciones internacionales de los Estados en relación con las personas pertenecientes a minorías. En particular, los Estados cumplirán de buena fe las obligaciones y los compromisos contraídos en virtud de los tratados y acuerdos internacionales en que sean partes.

2. El ejercicio de los derechos enunciados en la presente Declaración se entenderá sin perjuicio del disfrute por todas las personas de los derechos humanos y las libertades fundamentales reconocidos universalmente.

3. Las medidas adoptadas por los Estados a fin de garantizar el disfrute efectivo de los derechos enunciados en la presente Declaración no deberán ser consideradas prima facie contrarias al principio de igualdad enunciado en la Declaración Universal de Derechos Humanos.

Artículo 9

Los organismos especializados y demás organizaciones del sistema de las Naciones Unidas contribuirán a la plena realización de los derechos y principios enunciados en la presente Declaración, en sus respectivas esferas de competencia.

E. La Orientación Sexual y los Derechos Humanos

La discriminación por razón de orientación sexual y/o identidad de género es algo que existe mundialmente y que se discute con muchísima frecuencia en la prensa, la academia, los tribunales y en millones de hogares familiares. En esta época estamos presenciando grandes cambios legales y sociales en esta área contenciosa. Los temas de la igualdad de derechos al matrimonio, la adopción, el trabajo, la seguridad personal – todos se encuentran en primera plana.

Los documentos y artículos que siguen abordan esta temática desde varios aspectos, con la visión unificadora de establecer y mantener protecciones globales de los derechos humanos de los miembros de estos grupos.

Derechos Humanos, Orientación Sexual e Identidad de Género

Organización de Estados Americanos (OEA)

En el año 2008, la Asamblea General de la OEA adoptó, por primera vez en su historia y en el marco del 38° periodo ordinario de sesiones de la

Asamblea General, una resolución dedicada a los derechos humanos y su vinculación con la orientación sexual e identidad de género, a saber, "Derechos humanos, orientación sexual e identidad de género". Entre otros puntos, mediante esta resolución los Estados miembros manifestaban su preocupación por los actos de violencia y violaciones de derechos humanos relacionadas, cometidos contra individuos a causa de su orientación e identidad de género.

De esta forma, la OEA se anticipó a una iniciativa similar en el marco de la ONU, en la cual un grupo de países suscribió, en el marco de la Asamblea General del año2008, una declaración sobre la materia, aunque cabe aclarar que la misma no fue adoptada por la Asamblea General como órgano. Entre otros puntos, esta declaración recibía con beneplácito la adopción de la resolución sobre "Derechos Humanos, Orientación Sexual e Identidad de Género" por parte de la Asamblea General de la Organización de los Estados Americanos.

Desde la adopción de la primera resolución dedicada al tema por parte del órgano supremo de la Organización, otras resoluciones sobre la misma materia han sido adoptadas de manera consecutiva en cada periodo ordinario de la Asamblea General. Así, tenemos las resoluciones; y finalmente, la resolución "Derechos humanos, orientación sexual e identidad de género", adoptada en el último periodo ordinario de sesiones de la Asamblea General, llevado a cabo en San Salvador, El Salvador.

Entre sus puntos resolutivos, destacan los siguientes:

- Condenar la discriminación contra personas por motivos de orientación sexual e identidad de género, e instar a los Estados dentro de los parámetros de las instituciones jurídicas de su ordenamiento interno, a adoptar las medidas necesarias para prevenir, sancionar y erradicar dicha discriminación.

- Condenar los actos de violencia y las violaciones de derechos humanos contra personas a causa de su orientación sexual e identidad y de género, e instar a los Estados a prevenirlos, investigarlos y asegurar a las víctimas la debida protección judicial en condiciones de igualdad y que los responsables enfrenten las consecuencias ante la justicia.

- Instar a los Estados para que aseguren una protección adecuada de las y los defensores de derechos humanos que trabajan en temas relacionados con los actos de violencia, discriminación y violaciones de los derechos humanos contra personas a causa de su orientación sexual e identidad de género.

- Solicitar a la CIDH y al Comité Jurídico Interamericano sendos estudios sobre las implicaciones jurídicas y los desarrollos conceptuales y terminológicos relativos a orientación sexual, identidad de género y expresión de género, y encomendar a la Comisión de Asuntos Jurídicos y Políticos que incluya en su agenda la consideración del resultado de los estudios solicitados, con la participación de las organizaciones de la sociedad civil interesadas, antes del cuadragésimo segundo período ordinario de sesiones de la Asamblea General.

———

Derechos de las Lesbianas, Los Gays y las Personas Trans, Bisexuales e Intersex

Unidad para los Derechos de las Lesbianas, los Gays y las Personas Trans, Bisexuales e Intersex, Comisión Interamericana de Derechos Humanos, Washington D.C.

Las lesbianas, los gays, las personas trans, bisexuales e intersex han estado históricamente sometidas a discriminación por su orientación sexual, identidad de género y expresión de género, y continúan siendo sujetas a discriminación, violencia, persecución, y otros abusos; en clara vulneración a sus derechos humanos protegidos en los instrumentos internacionales e interamericanos.

En el ejercicio de sus funciones, particularmente en la realización de visitas a los países y en la celebración de audiencias públicas, la CIDH ha venido recibiendo una gran cantidad de información sobre la situación de los derechos humanos las lesbianas, los gays, las personas trans, bisexuales e intersex en los países del continente americano, y en particular, la grave situación de discriminación y violencia en la que se ven sometidas estas personas por su orientación sexual, su identidad de género y su expresión de género.

Fuentes de información que incluyen presentaciones orales y escritas durante audiencias públicas, información recibida durante visitas *in loco*, peticiones y solicitudes de medidas cautelares recibidas por la Comisión, y, en general, información recogida por los distintos actores del Sistema, apuntan a una hipótesis de trabajo que indica que los problemas sistémicos enfrentados por estas personas en la región incluyen la criminalización, los altos índices de violencia e impunidad relacionada, la discriminación en el acceso a los servicios de salud y justicia y para el acceso a la educación, el sector laboral y participación política, así como la exclusión y la invisibilidad de estas violaciones.

En virtud de ello, la CIDH incluyó en su Plan Estratégico, el Plan de Acción 4.6.i específicamente enfocado en los derechos de estas personas. En el 141° período de sesiones de marzo de 2011, la CIDH adoptó la decisión de dar un énfasis temático especial a los derechos de las lesbianas, los gays, las personas trans, bisexuales e intersex (LGTBI), al estar "profundamente preocupada por la información que ha recibido durante los últimos años sobre la discriminación de jure y de facto contra estas personas, sus efectos en todos los ámbitos de su vida y, en particular, los intolerables niveles de violencia a los que están sujetas en Estados del continente. Durante los próximos meses la Comisión se dedicará a estudiar diversos ángulos de dicha discriminación y sus efectos y ha aceptado la exhortación hecha por la

Asamblea General de la OEA de junio de 2010 para elaborar informes sobre el estado de los derechos de las personas LGTBI en la región. Asimismo, en ejercicio de sus funciones, la CIDH continuará tramitando casos y ofreciendo su asesoría a los Estados en esta materia."

En la Resolución 2653 de la Asamblea General de la OEA, los Estados Miembros, tomando nota con preocupación de los actos de violencia y otras violaciones de derechos humanos, así como de la discriminación practicados contra personas a causa de su orientación sexual e identidad de género, resolvieron, entre otros:

- Condenar la discriminación contra personas por motivos de orientación sexual e identidad de género, e instar a los Estados dentro de los parámetros de las instituciones jurídicas de su ordenamiento interno, a adoptar las medidas necesarias para prevenir, sancionar y erradicar dicha discriminación.

- Condenar los actos de violencia y las violaciones de derechos humanos contra personas a causa de su orientación sexual e identidad de género e instar a los Estados a prevenirlos, investigarlos y asegurar a las víctimas la debida protección judicial en condiciones de igualdad y que los responsables enfrenten las consecuencias ante la justicia.

- Alentar a los Estados Miembros a que, dentro de los parámetros de las instituciones jurídicas de su ordenamiento interno, consideren la adopción de políticas públicas contra la discriminación contra personas a causa de orientación sexual e identidad de género. E

- Instar a los Estados para que aseguren una protección adecuada de las y los defensores de derechos humanos que trabajan en temas relacionados con los actos de violencia, discriminación y violaciones de los derechos humanos contra personas a causa de su orientación sexual e identidad de género.

En noviembre de 2011, en el marco del 143° período de sesiones, creó una unidad especializada en esta materia en el seno de su Secretaría Ejecutiva. De conformidad a lo establecido por la CIDH en su Plan Estratégico (Plan de Acción 4.6.i), la Unidad –operativa completamente desde el 15 de febrero de 2012- ha iniciado sus actividades en torno a tres pilares de trabajo: el tratamiento de casos y peticiones individuales; la asesoría a los Estados Miembros de la OEA y a los órganos políticos de la OEA; y la labor de preparación de un informe hemisférico sobre los derechos humanos de estas personas.

CIDH urge a los Estados a poner fin a la homofobia y la transfobia - - 17 de mayo de 2012 (No. 51/12)

Washington, D.C. - En el Día Internacional contra la Homofobia y la Transfobia, la Comisión Interamericana de Derechos Humanos ("CIDH") urge a los Estados a adoptar e implementar las medidas necesarias para erradicar la discriminación por razones de orientación sexual y de identidad y expresión de género.

La Comisión nota que en algunos países de la región se han registrado avances legislativos en materia de identidad de género, una reivindicación principal de las mujeres y hombres trans; en otros se ha avanzado en la adopción de legislación contra la discriminación. La CIDH celebra estos avances e insta a los Estados a profundizarlos teniendo en cuenta su obligación de asegurar la igualdad ante la ley y la no discriminación con base en orientación sexual e identidad de género.

La Comisión continúa recibiendo información sobre asesinatos, torturas, detenciones arbitrarias y otras formas de violencia y exclusión contra lesbianas, gays y personas trans, bisexuales e intersex. Asimismo, la Comisión observa que existen problemas en la investigación de estos crímenes, lo que conlleva, en parte, a que no se abran líneas de investigación que tengan en cuenta si el delito fue cometido en razón de la identidad de género u orientación sexual de las víctimas. La inefectividad del sistema de justicia fomenta altos índices de impunidad, los cuales a su vez propician su repetición crónica, sumiendo a las víctimas y a sus familiares en la total indefensión.

La CIDH también manifiesta su preocupación sobre la legislación que criminaliza la homosexualidad y algunas expresiones de género, como el uso de prendas tradicionalmente asociadas al sexo opuesto, y sobre las consecuencias que, en la vigencia plena de los derechos humanos, pueden tener estas legislaciones.

La CIDH urge a los Estados americanos a adoptar acciones para evitar y responder ante estos abusos a los derechos humanos y garantizar que las personas LGTBI puedan ejercer efectivamente su derecho a una vida libre de discriminación y violencia, incluyendo la adopción de políticas y campañas públicas, así como las reformas necesarias para adecuar las leyes a los instrumentos interamericanos en materia de derechos humanos. La Comisión está a disposición de los Estados para colaborar, en el marco de sus funciones, a fin de avanzar en este sentido.

La CIDH es un órgano principal y autónomo de la Organización de los Estados Americanos (OEA), cuyo mandato surge de la Carta de la OEA y de la Convención Americana sobre Derechos Humanos. La Comisión Interamericana tiene el mandato de promover la observancia de los derechos humanos en la región y actúa como órgano consultivo de la OEA en la materia. La CIDH está integrada por siete miembros independientes que son elegidos/as por la Asamblea General de la OEA a título personal.

————

En varios países y en muchos estados, condados y municipios del mundo, se han establecido leyes o decretos que protegen los derechos humanos y civiles de lesbianas, gays y personas bisexuales, trans e intersex. Aquí tenemos un ejemplo de este tipo de legislación. Viene de la Ciudad de México, el llamado Distrito Federal, donde en 2006 se promulgo una ley para reglamentar y proteger las relaciones de sociedad de convivencia (un estado cuasi-matrimonial) de parejas de diferente o del mismo sexo.

———

Decreto de Ley de Sociedad de Convivencia para el Distrito Federal

Asamblea Legislativa del Distrito Federal, Gobierno del Distrito Federal, México, la Ciudad de la Esperanza, 16 de noviembre de 2006

Capítulo I: Disposiciones Generales

Artículo 1.- Las disposiciones contenidas en la presente ley son de orden público e interés social, y tienen por objeto establecer las bases y regular las relaciones derivadas de la Sociedad de Convivencia en el Distrito Federal.

Artículo 2.- La Sociedad de Convivencia es un acto jurídico bilateral que se constituye, cuando dos personas físicas de diferente o del mismo sexo, mayores de edad y con capacidad jurídica plena, establecen un hogar común, con voluntad de permanencia y de ayuda mutua.

Artículo 3.- La Sociedad de Convivencia obliga a las o los convivientes, en razón de la voluntad de permanencia, ayuda mutua y establecimiento del hogar común; la cual surte efectos frente a terceros cuando la Sociedad es registrada ante la Dirección General Jurídica y de Gobierno del Órgano Político-Administrativo correspondiente.

Artículo 4.- No podrán constituir Sociedad de Convivencia, las personas unidas en matrimonio, concubinato y aquéllas que mantengan vigente otra Sociedad de Convivencia. Tampoco podrán celebrar entre sí Sociedad de Convivencia, los parientes consanguíneos en línea recta sin límite de grado o colaterales hasta el cuarto grado.

Artículo 5.- Para los efectos de los demás ordenamientos jurídicos, la Sociedad de Convivencia se regirá, en lo que fuere aplicable, en los términos del concubinato y las relaciones jurídicas que se derivan de este último, se producirán entre los convivientes.

Capítulo II: Del Registro de la Sociedad de Convivencia

Artículo 6.- La Sociedad de Convivencia deberá hacerse constar por escrito, mismo que será ratificado y registrado ante la Dirección General Jurídica y de Gobierno del Órgano Político Administrativo del domicilio donde se establezca el hogar común, instancia que actuará como autoridad registradora.

Artículo 7.- El documento por el que se constituya la Sociedad de Convivencia deberá contener los siguientes requisitos:

I.- El nombre de cada conviviente, su edad, domicilio y estado civil, así como, los nombres y domicilios de dos testigos mayores de edad.

II.- El domicilio donde se establecerá el hogar común;

III.- La manifestación expresa de las o los convivientes de vivir juntos en el hogar común, con voluntad de permanencia y ayuda mutua; y

IV.- Puede contener la forma en que las o los convivientes regularán la Sociedad de Convivencia y sus relaciones patrimoniales. La falta de éste requisito no será causa para negar el Registro de la Sociedad, por lo que a falta de este, se entenderá que cada conviviente conservará el dominio, uso y disfrute de sus bienes, así como su administración.

V.- Las firmas de las o los convivientes y de las o los testigos.

Artículo 8.- La ratificación y registro del documento a que se refiere el artículo 6 de esta ley, deberá hacerse personalmente por las o los convivientes acompañados por las o los testigos.

La autoridad registradora deberá cerciorarse fehacientemente de la identidad de las o los comparecientes.

Artículo 9.- Durante la vigencia de la Sociedad de Convivencia se pueden hacer, de común acuerdo, las modificaciones y adiciones que así consideren las o los convivientes respecto a cómo regular la Sociedad de Convivencia y las relaciones patrimoniales, mismas que se presentarán por escrito y serán ratificadas y registradas sólo por las o los convivientes, ante la autoridad registradora del Órgano Político Administrativo del lugar donde se encuentre establecido el hogar común...

Capítulo III: De los Derechos de los Convivientes

Artículo 13.- En virtud de la Sociedad de Convivencia se generará el deber recíproco de proporcionarse alimentos, a partir de la suscripción de ésta, aplicándose al efecto lo relativo a las reglas de alimentos.

Artículo 14.- Entre los convivientes se generarán derechos sucesorios, los cuales estarán vigentes a partir del registro de la Sociedad de Convivencia, aplicándose al efecto lo relativo a la sucesión legítima entre concubinos.

Artículo 15.- Cuando uno de las o los convivientes sea declarado en estado de interdicción, en términos de lo previsto por el Código Civil para el Distrito Federal, la o el otro conviviente será llamado a desempeñar la tutela, siempre que hayan vivido juntas o juntos por un período inmediato anterior a dos años a partir de que la Sociedad de Convivencia se haya constituido, aplicándose al efecto las reglas en materia de tutela legítima entre cónyuges o sin que mediare este tiempo, cuando no exista quien pueda desempeñar legalmente dicha tutela....

Artículo 18.- Las relaciones patrimoniales que surjan entre las o los convivientes, se regirán en los términos que para el acto señalen las leyes correspondientes.

Artículo 19.- En caso de que alguno de las o los convivientes de la Sociedad de Convivencia haya actuado dolosamente al momento de suscribirla, perderá los derechos generados y deberá cubrir los daños y perjuicios que ocasione.

Capítulo IV: De la terminación de la Sociedad de Convivencia

Artículo 20.- La Sociedad de Convivencia termina:

I.- Por la voluntad de ambos o de cualquiera de las o los convivientes.

II.- Por el abandono del hogar común de uno de las o los convivientes por más de tres meses, sin que haya causa justificada.

III.- Porque alguno de las o los convivientes contraiga matrimonio o establezca una relación de concubinato.

IV.- Porque alguno de las o los convivientes haya actuado dolosamente al suscribir la Sociedad de Convivencia.

V.- Por la defunción de alguno de las o los convivientes.

Artículo 21.- En el caso de terminación de la Sociedad de Convivencia, el conviviente que carezca de ingresos y bienes suficientes para su sostenimiento, tendrá derecho a una pensión alimenticia sólo por la mitad del tiempo al que haya durado la Sociedad de Convivencia, siempre que no viva en concubinato, contraiga matrimonio o suscriba otra Sociedad de Convivencia. Este derecho podrá ejercitarse sólo durante el año siguiente a la terminación de dicha sociedad.

Artículo 22.- Si al término de la Sociedad de Convivencia el hogar común se encontraba ubicado en un inmueble cuyo titular de los derechos sea uno solo de las o los convivientes, el otro deberá desocuparlo en un término no mayor a tres meses.

Dicho término no aplicará en el caso de que medien situaciones que pongan en riesgo la integridad física o mental del titular. En este caso, la desocupación deberá realizarse de manera inmediata.

Artículo 23.- Cuando fallezca un conviviente, y éste haya sido titular del contrato de arrendamiento del inmueble en el que se encuentra establecido el hogar común, el sobreviviente quedará subrogado en los derechos y obligaciones de dicho contrato.

Artículo 24.- En caso de terminación de una Sociedad de Convivencia, cualquiera de sus convivientes deberá dar aviso por escrito de este hecho a la autoridad registradora del Órgano Político Administrativo del hogar en común, la que deberá hacer del conocimiento de dicha terminación al Archivo General de Notarias. La misma autoridad deberá notificar de esto al otro conviviente en un plazo no mayor de 20 días hábiles, excepto cuando la terminación se dé por la muerte de alguno de las o los convivientes en cuyo caso deberá exhibirse el acta de defunción correspondiente, ante la autoridad registradora.

En caso de que la terminación de la Sociedad sea por la ausencia de uno de las o los convivientes, la autoridad procederá a notificar por estrados.

Artículo 25.- El Juez competente para conocer y resolver cualquier controversia que se suscite con motivo de la aplicación de esta ley, es el de primera instancia, según la materia que corresponda.

———

En toda América Latina se están produciendo cambios profundos en las culturas y las leyes nacionales en el área de la discriminación por orientación sexual. El sistema interamericano de derechos humanos, como hemos visto, está al frente del movimiento por proteger a las personas cuya orientación sexual no es aceptada por la sociedad en general. Es en el contexto de la familia en especial que vemos conflictos en cuanto a los derechos de lesbianas y gays a casarse y criar hijos.

En Chile, el caso de la Jueza Karen Atala Riffo es bien conocido. Siguen selecciones del resumen oficial que preparó la Corte Interamericana de Derechos Humanos al presentar su fallo en el caso de la Jueza y sus hijas.

———

Caso Atala Riffo y Niñas vs. Chile

Corte Interamericana de Derechos Humanos, Resumen Oficial de la Sentencia de 24 de febrero de 2012 (selecciones)

Síntesis

Los hechos del presente caso se relacionan con el proceso de custodia o tuición que fue interpuesto ante los tribunales chilenos por el padre de las niñas M., V. y R. en contra de la señora Karen Atala Riffo por considerar que su orientación sexual y su convivencia con una pareja del mismo sexo producirían un daño a las tres niñas. En este sentido, la Corte tuvo que resolver, entre otros elementos, la responsabilidad internacional del Estado por el alegado trato discriminatorio y la interferencia arbitraria en la vida privada y familiar que habría sufrido la señora Atala debido a su orientación sexual en el proceso judicial que resultó en el retiro del cuidado y custodia de sus hijas M., V. y R....

En la sentencia la Corte declaró a Chile responsable internacionalmente por haber vulnerado [varios derechos, como se vara en la discusión que sigue]....

Síntesis de los Hechos Principales (resumen)

El Juzgado de Menores concedió la tuición provisional al padre, aunque reconoció que no existían elementos que permitieran presumir causales de inhabilidad legal de la madre.

El Juzgado mantuvo:

"que [...] la demandada haciendo explícita su opción sexual, convive en el mismo hogar que alberga a sus hijas, con su pareja, [...] alterando con ella la normalidad de la rutina familiar, privilegiando sus intereses y bienestar personal, por sobre el bienestar emocional y adecuado proceso de socialización de sus hijas", y

"que la demandada ha privilegiado su bienestar e interés personal por sobre el cumplimiento de su rol materno, en condiciones, que pueden afectar el desarrollo posterior de las menores de autos, y de lo cual no cabe sino concluir, que el actor presenta argumentos más favorables en pro del interés superior de las niñas, argumentos, que en el contexto de una sociedad heterosexuada, y tradicional, cobra[n] gran importancia".

El Juzgado de Menores adoptó una segunda decisión en la que rechazó la demanda de tuición [por parte del padre] considerando que, con base en la prueba existente, había quedado establecido que la orientación sexual de la demandada no representaba un impedimento para desarrollar una maternidad responsable, que no presentaba ninguna patología psiquiátrica que le impidiera ejercer su "rol de madre" y que no existían indicadores que permitieran presumir la existencia de causales de inhabilidad materna para asumir el cuidado personal de las menores de edad.

Dicha decisión fue apelada por el padre.

La Corte de Apelaciones confirmó la Sentencia [otorgándole tuición de las hijas a la madre].

El padre de las niñas presentó un recurso de queja contra la Corte de Apelaciones de Temuco.

La Corte Suprema de Justicia de Chile acogió el recurso de queja, concediendo la tuición definitiva al padre. ...

Conclusiones y Determinaciones de la Corte Interamericana de Derechos Humanos

1. Conclusiones en relación con las controversias respecto al proceso de tuición

1.1. Igualdad y no discriminación y la orientación sexual como categoría protegida por el artículo 1.1 de la Convención Americana

La Corte reiteró que el artículo 1.1 de la Convención es una norma de carácter general cuyo contenido se extiende a todas las disposiciones del tratado, y dispone la obligación de los Estados Parte de respetar y garantizar el pleno y libre ejercicio de los derechos y libertades allí reconocidos "sin discriminación alguna". Es decir, cualquiera sea el origen o la forma que asuma, todo tratamiento que pueda ser considerado discriminatorio respecto del ejercicio de cualquiera de los derechos garantizados en la Convención es *per se* incompatible con la misma.

Además, respecto al derecho a la igualdad y no discriminación, la Corte estableció que la orientación sexual y la identidad de género son categorías protegidas por la Convención Americana bajo el término "otra condición social" establecido en el artículo 1.1 de la Convención. Por ello está proscrita por la Convención cualquier norma, acto o práctica discriminatoria basada en la orientación sexual de la persona. En consecuencia, ninguna norma, decisión o práctica de derecho interno, sea por parte de autoridades estatales o por particulares, pueden disminuir o restringir, de modo alguno, los derechos de una persona a partir de su orientación sexual.

1.2. *El principio del interés superior del niño y las presunciones de riesgo*

La Corte Interamericana resaltó que el objetivo general de proteger el principio del interés superior del niño es, en sí mismo, un fin legítimo y es, además, imperioso. En el mismo sentido, indicó que para asegurar, en la mayor medida posible, la prevalencia del interés superior del niño, el preámbulo de la Convención sobre los Derechos del Niño establece que éste requiere "cuidados especiales", y el artículo 19 de la Convención Americana señala que debe recibir "medidas especiales de protección".

Igualmente, la Corte Interamericana constató que la determinación del interés superior del niño, en casos de cuidado y custodia de menores de edad se debe hacer a partir de la evaluación de los comportamientos parentales específicos y su impacto negativo en el bienestar y desarrollo del niño según el caso, los daños o riesgos reales y probados, y no especulativos o imaginarios. Por tanto, no pueden ser admisibles las especulaciones, presunciones, estereotipos o consideraciones generalizadas sobre características personales de los padres o preferencias culturales respecto a ciertos conceptos tradicionales de la familia.

La Corte observó que al ser, en abstracto, el "interés superior del niño" un fin legítimo, la sola referencia al mismo sin probar, en concreto, los riesgos o daños que podrían conllevar la orientación sexual de la madre para las niñas, no puede servir de medida idónea para la restricción de un derecho protegido como el de poder ejercer todos los derechos humanos sin discriminación alguna por la orientación sexual de la persona. El interés superior del niño no puede ser utilizado para amparar la discriminación en contra de la madre o el padre por la orientación sexual de cualquiera de ellos. De este modo, el juzgador no puede tomar en consideración esta condición social como elemento para decidir sobre una tuición o custodia.

El Tribunal agregó que una determinación a partir de presunciones infundadas y estereotipadas sobre la capacidad e idoneidad parental de poder garantizar y promover el bienestar y desarrollo del niño no es adecuada para garantizar el fin legítimo de proteger el interés superior del niño. La Corte consideró que no son admisibles las consideraciones basadas en estereotipos por la orientación sexual, es decir, pre-concepciones de los atributos, conductas o características poseídas por las personas homosexuales o el impacto que estos presuntamente puedan tener en las niñas y los niños.

1.2.1. Presunta discriminación social

La Corte consideró que, para justificar una diferencia de trato y la restricción de un derecho, no puede servir de sustento jurídico la alegada posibilidad de discriminación social, probada o no, a la que se podrían enfrentar los menores de edad por condiciones de la madre o el padre. Si bien es cierto que ciertas sociedades pueden ser intolerantes a condiciones como la raza, el sexo, la nacionalidad o la orientación sexual de una persona, los Estados no pueden utilizar esto como justificación para perpetuar tratos discriminatorios. Los Estados están internacionalmente obligados a adoptar las medidas que fueren necesarias "para hacer efectivos" los derechos establecidos en la Convención, como se estipula en el artículo 2 de dicho instrumento interamericano por lo que deben propender, precisamente, por enfrentar las manifestaciones intolerantes y discriminatorias, con el fin de evitar la exclusión o negación de una determinada condición.

El Tribunal constató que, en el marco de las sociedades contemporáneas se dan cambios sociales, culturales e institucionales encaminados a desarrollos más incluyentes de todas las opciones de vida de sus ciudadanos, lo cual se evidencia en la aceptación social de parejas interraciales, las madres o padres solteros o las parejas divorciadas, las cuales en otros momentos no habían sido aceptadas por la sociedad. En este sentido, el Derecho y los Estados deben ayudar al avance social, de lo contrario se corre el grave riesgo de legitimar y consolidar distintas formas de discriminación violatorias de los derechos humanos.

Por otro lado, en cuanto al argumento de que el principio del interés superior del niño puede verse afectado por el riesgo de un rechazo por la sociedad, la Corte consideró que un posible estigma social debido a la orientación sexual de la madre o el padre no puede considerarse un "daño" valido a los efectos de la determinación del interés superior del niño. Si los jueces que analizan casos como el presente constatan la existencia de discriminación social es totalmente inadmisible legitimar esa discriminación con el argumento de proteger el interés superior del menor de edad. En el presente caso, el Tribunal resaltó que, además, la señora Atala no tenía porque sufrir las consecuencias de que en su comunidad presuntamente las niñas podrían haber sido discriminadas debido a su orientación sexual.

Por tanto, la Corte concluyó que el argumento de la posible discriminación social no era adecuado para cumplir con la finalidad declarada de proteger el interés superior de las niñas M., V. y R.

1.2.2. Alegada confusión de roles

Frente a la alegada confusión de roles en las tres niñas que podría generar la convivencia de la señora Atala con su pareja, el Tribunal consideró que tratándose de la prohibición de discriminación por orientación sexual, la eventual restricción de un derecho exige una fundamentación rigurosa y de mucho peso, invirtiéndose, además, la carga de la prueba, lo que significa que corresponde a la autoridad demostrar que su decisión no tenía un propósito ni un efecto discriminatorio. En efecto, es el Estado el que tiene la carga de la prueba para mostrar que la decisión judicial objeto del debate se ha basado en la existencia de un daño concreto, específico y real en el desarrollo de las niñas. El Tribunal observó que, en el presente caso, la Corte Suprema de Justicia no falló con base en un análisis *in abstracto* del alegado impacto de la orientación sexual de la madre en el desarrollo de las niñas, sino que invocó la supuesta existencia de pruebas concretas. Sin embargo, se limitó en sus consideraciones a la aplicación de un test de daño especulativo limitándose a hacer referencia, respecto al supuesto daño, a la "eventual confusión de roles sexuales" y la "situación de riesgo para el desarrollo" de las niñas. Por tanto, el Tribunal concluyó que la Corte Suprema de Justicia no cumplió con los requisitos de un test estricto de análisis y sustentación de un daño concreto y específico supuestamente sufrido por las tres niñas a causa de la convivencia de su madre con una pareja del mismo sexo.

1.2.3. Alegado privilegio de intereses

Respecto al alegado privilegio de los intereses de la señora Atala, la Corte indicó que el alcance del derecho a la no discriminación por orientación sexual no se limita a la condición de ser homosexual, en sí misma, sino que incluye su expresión y las consecuencias necesarias en el proyecto de vida de las personas. La Corte precisó que el ámbito de protección del derecho a la vida privada ha sido interpretado en términos amplios por los tribunales internacionales de derechos humanos, al señalar que éste va más allá del derecho a la privacidad.

En este sentido, la orientación sexual de una persona también se encuentra ligada al concepto de libertad y la posibilidad de todo ser humano de auto-determinarse y escoger libremente las opciones y circunstancias que le dan sentido a su existencia, conforme a sus propias opciones y convicciones. Por lo tanto, "[l]a vida afectiva con el cónyuge o compañera permanente, dentro de la que se encuentran, lógicamente, las relaciones sexuales, es uno de los aspectos principales de ese ámbito o círculo de la intimidad".

Al respecto, el Tribunal consideró que dentro de la prohibición de discriminación por orientación sexual se deben incluir, como derechos protegidos, las conductas en el ejercicio de la homosexualidad. Además, si la orientación sexual es un componente esencial de identidad de la persona, no era razonable exigir a la señora Atala que pospusiera su proyecto de vida y de familia. No se puede considerar como "reprochable o reprobable jurídicamente" que la señora Atala haya tomado la decisión de rehacer su vida.

Además, no se encontró probado un daño que haya perjudicado a las tres niñas.

En consecuencia, la Corte consideró que exigirle a la madre que condicionara sus opciones de vida implica utilizar una concepción "tradicional" sobre el rol social de las mujeres como madres, según la cual se espera socialmente que las mujeres lleven la responsabilidad principal en la crianza de sus hijos e hijas y que en pos de esto hubiera debido privilegiar la crianza de los niños y niñas renunciando a un aspecto esencial de su identidad. Por tanto, el Tribunal manifestó que bajo esta motivación del supuesto privilegio de los intereses personales de la señora Atala tampoco se cumplía con el objetivo de proteger el interés superior de las tres niñas.

1.2.4. Alegado derecho a una familia "normal y tradicional"

Finalmente, ante el presunto derecho de las niñas de vivir en una familia "normal y tradicional", la Corte observó que en la Convención Americana no se encuentra determinado un concepto cerrado de familia, ni mucho menos se define y protege sólo un modelo "tradicional" de la misma. El concepto de vida familiar no está reducido únicamente al matrimonio y debe abarcar otros lazos familiares de hecho donde las partes tienen vida en común por fuera del matrimonio.

En el presente caso, este Tribunal constató que el lenguaje utilizado por la Corte Suprema de Chile relacionado con la supuesta necesidad de las niñas de crecer en una "familia estructurada normalmente y apreciada en su medio social", y no en una "familia excepcional", reflejaba una percepción limitada y estereotipada del concepto de familia que no tiene base en la Convención al no existir un modelo específico de familia (la "familia tradicional").

1.2.5. Conclusión

Teniendo en cuenta todo lo anteriormente reseñado, el Tribunal concluyó que si bien la sentencia de la Corte Suprema y la decisión de tuición provisoria pretendían la protección del interés superior de las niñas M., V. y R., no se probó que la motivación esgrimida en las decisiones fuera adecuada para alcanzar dicho fin, dado que la Corte Suprema de Justicia y el Juzgado de Menores de Villarrica no comprobaron en el caso concreto que la convivencia de la señora Atala con su pareja afectó de manera negativa el interés superior de las menores de edad y, por el contrario, utilizaron argumentos abstractos, estereotipados y/o discriminatorios para fundamentar la decisión, por lo que dichas decisiones constituyen un trato discriminatorio en contra de la señora Atala que viola los artículos 24 y 1.1 de la Convención Americana.

Además, la Corte Interamericana resaltó que las niñas y los niños no pueden ser discriminados en razón de sus propias condiciones y dicha prohibición se extiende, además, a las condiciones de sus padres o familiares, como en el presente caso a la orientación sexual de la madre.

El Tribunal señaló que, al haber tomado como fundamento para su decisión la orientación sexual de la madre, la decisión de la Corte Suprema discriminó, a su vez, a las tres niñas, puesto que tomó en cuenta consideraciones que no habría utilizado si el proceso de tuición hubiera sido entre dos padres heterosexuales. En particular, la Corte reiteró que el interés superior del niño es un criterio rector para la elaboración de normas y la aplicación de éstas en todos los órdenes relativos a la vida del niño.

Además, el trato discriminatorio en contra de la madre tuvo repercusión en las niñas, pues fue el fundamento para decidir que ellas no continuarían viviendo con ella. De manera que dicha decisión irradió sus efectos al ser ellas separadas de su madre como consecuencia de la orientación sexual de la misma. Por tanto, la Corte concluyó que se vulneró el artículo 24, en relación con los artículos 19 y 1.1 de la Convención Americana, en perjuicio de las niñas M., V. y R. . .

1.3. Derecho a la vida privada y vida familiar

La Corte señaló que el artículo 11 de la Convención prohíbe toda injerencia arbitraria o abusiva en la vida privada de las personas, enunciando diversos ámbitos de la misma como la vida privada de sus familias. En ese sentido, el Tribunal sostuvo que el ámbito de la privacidad se caracteriza por quedar exento e inmune a las invasiones o agresiones abusivas o arbitrarias por parte de terceros o de la autoridad pública. La vida privada es un concepto amplio que no es susceptible de definiciones exhaustivas y comprende, entre otros ámbitos protegidos, la vida sexual y el derecho a establecer y desarrollar relaciones con otros seres humanos. Es decir, la vida privada incluye la forma en que el individuo se ve a sí mismo y cómo y cuándo decide proyectar a los demás.

Dado que los tribunales internos tuvieron como referente de peso la orientación sexual de la señora Atala al momento de decidir sobre la tuición, expusieron diversos aspectos de su vida privada a lo largo del proceso. El Tribunal observó que la razón esgrimida por dichos tribunales para interferir en la esfera de la vida privada de la señora Atala era la misma que fue utilizada para el trato discriminatorio, es decir, la protección de un alegado interés superior de las tres niñas. La Corte consideró que, si bien dicho principio se relaciona *in abstracto* con un fin legítimo, la medida era inadecuada y desproporcionada para cumplir este fin, por cuanto los tribunales chilenos tendrían que haberse limitado a estudiar conductas parentales -que podían ser parte de la vida privada- pero sin efectuar una exposición y escrutinio de la orientación sexual de la señora Atala.

El Tribunal constató que durante el proceso de tuición, a partir de una visión estereotipada sobre los alcances de la orientación sexual de la señora Atala, se generó una injerencia arbitraria en su vida privada, dado que la orientación sexual es parte de la intimidad de una persona y no tiene relevancia para analizar aspectos relacionados con la buena o mala paternidad o maternidad. Por tanto, la Corte concluyó que el Estado vulneró el artículo 11.2, en relación con el artículo 1.1 de la Convención Americana, en perjuicio de Karen Atala Riffo.

En cuanto al derecho a la protección a la vida familiar, la Corte reiteró que el artículo 11.2 de la Convención Americana está estrechamente relacionado con el derecho a que se proteja la familia y a vivir en ella, reconocido en el artículo 17 de la Convención, según el cual el Estado está obligado no sólo a disponer y ejecutar directamente medidas de protección de los niños, sino también a favorecer, de la manera más amplia, el desarrollo y la fortaleza del núcleo familiar. El Tribunal señaló que diversos órganos de derechos humanos creados por tratados, han indicado que no existe un modelo único de familia, por cuanto este puede variar. En el presente caso, la Corte determinó que era visible que se había constituido un núcleo familiar que, al serlo, estaba protegido por los artículos 11.2 y 17.1 de la Convención Americana, pues existía una convivencia, un contacto frecuente, y una cercanía personal y afectiva entre la señora Atala, su pareja, su hijo mayor y las tres niñas. Por tanto, este Tribunal concluyó que la separación de la familia constituida por la madre, su pareja y las niñas, constituyó una interferencia arbitraria en el derecho a la vida privada y familiar.

1.4. Garantías judiciales

Respecto a la presunta violación de las garantías judiciales de independencia e imparcialidad en detrimento de la señora Atala, la Corte consideró que no se aportaron elementos probatorios específicos para desvirtuar la presunción de imparcialidad subjetiva de los jueces y elementos convincentes que permitieran cuestionar la imparcialidad objetiva en la sentencia de la Corte Suprema. De manera, que una interpretación de las normas del Código Civil chileno en forma contraria a la Convención Americana en materia del ejercicio de la custodia de menores de edad por una persona homosexual no es suficiente, en sí misma, para declarar una falta de la imparcialidad objetiva. En consecuencia, la Corte consideró que el Estado no violó las garantías judiciales reconocidas en el artículo 8.1 de la Convención en relación con la decisión de la Corte Suprema de Justicia en el presente caso.

Por otra parte, la Corte concluyó que la sentencia de la Corte Suprema de Justicia violó el derecho de las niñas a ser oídas consagrado en el artículo 8.1, en relación con los artículos 19 y 1.1 de la Convención Americana, ya que la Corte Suprema no había explicado en su sentencia cómo evaluó o tomó en cuenta las declaraciones y preferencias hechas por las menores de edad que constaban en el expediente. En efecto, el Tribunal constató que la Corte Suprema no adoptó una decisión en la que se razonara sobre la relevancia atribuida por dicha Corte a las preferencias de convivencia expresadas por las menores de edad y las razones por las cuales se apartaba de la voluntad de las tres niñas. Por el contrario, la Corte Suprema se limitó a fundamentar su decisión en el supuesto interés superior de las tres menores de edad pero sin motivar o fundamentar la razón por la que consideraba legítimo contradecir la voluntad expresada por las niñas durante el proceso de tuición, teniendo en cuenta la interrelación entre el derecho a participar de los niños y niñas y el objetivo de cumplir con el principio del interés superior del niño. Por tanto, la Corte concluyó que la referida decisión de la Corte Suprema de Justicia violó el derecho a ser oídas de las niñas y ser debidamente tomadas en cuenta consagrado en el artículo 8.1, en relación con los artículos 19 y 1.1 de la Convención Americana en perjuicio de las niñas M., V. y R.....

Reparaciones

Respecto de las reparaciones, la Corte estableció que su Sentencia constituye *per se* una forma de reparación y, adicionalmente, ordenó al Estado las siguientes medidas de reparación: i) brindar la atención médica y psicológica o psiquiátrica gratuita y de forma inmediata, adecuada y efectiva, a través de sus instituciones públicas de salud especializadas a las víctimas que así lo soliciten; ii) publicar el presente resumen oficial de la Sentencia, por una sola vez, en el Diario Oficial y en un diario de amplia circulación nacional, y la totalidad de la Sentencia en un sitio *web* oficial; iii) realizar un acto público de reconocimiento de responsabilidad internacional por los hechos del presente caso; iv) continuar implementando, en un plazo razonable, programas y cursos permanentes de educación y capacitación dirigidos a funcionarios públicos a nivel regional y nacional y particularmente a funcionarios judiciales de todas las áreas y escalafones de la rama judicial, y v) pagar determinadas cantidades por concepto de indemnización por daño material e inmaterial y por el reintegro de costas y gastos, según corresponda.

La Corte Interamericana de Derechos Humanos supervisará el cumplimiento íntegro de la Sentencia y dará por concluido el caso una vez que el Estado haya dado cabal cumplimiento a lo dispuesto en la Sentencia.

———

Casa Blanca Promueve Derechos del Colectivo LGBT en todo el Mundo

Departamento de Estado de los Estados Unidos, Programas de Información Internacional

La Casa Blanca, Oficina del Secretario de Prensa, 6 de diciembre de 2011

HOJA INFORMATIVA

Esfuerzos para promover en todo el mundo los derechos humanos de las personas lesbianas, homosexuales, bisexuales y transexuales (LGBT).

"La lucha para terminar con la discriminación contra las lesbianas, los homosexuales, los bisexuales y los transexuales es un desafío mundial, y central al compromiso de Estados Unidos de promover los derechos humanos". —Presidente Obama, 6 de diciembre de 2011

Desde que asumió el cargo, el presidente Obama ha demostrado que su visión para un futuro más prometedor incluye la mayor igualdad para el colectivo estadounidense conformado por homosexuales, lesbianas, bisexuales y transexuales (LGBT). El Presidente y ésta administración está comprometidos a eliminar las barreras a la igualdad, combatir la discriminación basada en la orientación sexual y la identidad de género y a participar con las comunidades LGBT de todo el país. La dedicación de la administración a los derechos de las personas LGBT no se detiene en nuestras fronteras, como el presidente lo expresó muy claramente en las Naciones Unidas en septiembre de este año cuando dijo: "Ningún país debe negar a las personas sus derechos por amar a quienes aman, y es por eso que debemos defender los derechos de los homosexuales y las lesbianas en todas partes".

Hoy, el Presidente emitió un memorándum presidencial que instruye a todos los organismos del gobierno federal que trabajan en el extranjero a asegurarse de que la diplomacia y la ayuda exterior de Estados Unidos promuevan y protejan los derechos humanos del colectivo LGBT. Bajo la administración Obama, las agencias ya han empezado a tomar medidas para promover los derechos humanos fundamentales de las personas LGBT en todas partes. Ahora, obedeciendo un proceso interagencial coordinado por el personal de Seguridad Nacional, este memorándum ordena la primera estrategia del gobierno de Estados Unidos dedicada a combatir los abusos de derechos humanos contra las personas LGBT en el extranjero. El memorándum de hoy se aplica a los Departamentos de Estado, Hacienda, Defensa, Justicia, Agricultura, Comercio, Salud y Servicios Sociales, Seguridad Nacional, la Agencia de Estados Unidos para el Desarrollo Internacional (USAID), la Corporación del Desafío del Milenio, el Banco de Exportación e Importación, el Representante de Comercio de Estados Unidos, y otras agencias que el presidente designe.

El memorándum instruye a los organismos a que:

- Luchen contra la tipificación como delito de la conducta o condición LGBT en el extranjero.

- Protejan a los refugiados y a solicitantes de asilo LGBT vulnerables.

- Dirijan la ayuda extranjera para proteger los derechos humanos y promover la no discriminación.

- Aseguren respuestas rápidas y significativas por parte de Estados Unidos a los abusos de los derechos humanos de las personas LGBT en el extranjero.

- Participen con las organizaciones internacionales en combatir la discriminación del colectivo LGBT.

- Presenten informes sobre los progresos.

Incluso antes del memorándum de fecha de hoy, los organismos de Estados Unidos han venido trabajando para proteger y promover los derechos del colectivo LGBT en todo el mundo. Desde enero de 2009, la secretaria Clinton ordenó al Departamento de Estado que defienda una agenda de derechos humanos muy completa, que incluye la protección de las personas LGBT.

En todo el mundo, el Departamento de Estado:

- Participa bilateral y regionalmente, en conjunción con las embajadas de Estados Unidos, la sociedad civil y las agencias multilaterales, para alentar a los países a que revoquen o reformen las leyes que tipifican como delito la conducta o condición LGBT.

- Refuerza los derechos humanos de las personas LGBT en foros multilaterales, como el Consejo de Derechos Humanos de la ONU. En junio de 2011, Estados Unidos se sumó a Sudáfrica y un grupo de copatrocinadores de regiones en aprobar la primera resolución del Consejo de Derechos Humanos de la ONU sobre los derechos humanos de las personas LGBT.

- Promueve los derechos humanos en todo el mundo. Las embajadas de Estados Unidos declaran el apoyo de Estados Unidos a los derechos humanos de las personas LGBT mediante una diplomacia pública innovadora. Los embajadores y las embajadas han auspiciado debates públicos y mesas redondas privadas, han publicado artículos de opinión y han apoyado los eventos de orgullo LGBT.

- Apoya a los defensores de derechos humanos del colectivo LGBT y a los grupos de la sociedad civil con ayudas económicas y programas, lo cual incluye los esfuerzos dirigidos a documentar las violaciones de derechos humanos; a crear capacidades de apoyo; proporcionar representación legal a los defensores de los derechos; y, cuando sea necesario, dar apoyo de reubicación.

- Informa de las condiciones de derechos humanos de las personas LGBT en cada uno de sus informes anuales sobre las condiciones de derechos humanos en cada país.

- Refuerza las políticas consulares y de recursos humanos del Departamento. La Secretaria amplió la gama de beneficios y prestaciones legalmente disponibles a las parejas del mismo sexo del personal del Servicio Exterior que trabaja en el extranjero. En 2010, Estados Unidos integró también la identidad de género en las políticas federales relativas a la igualdad en las oportunidades de empleo.

- Protege a los refugiados, solicitantes de asilo y migrantes LGBT mediante una estrategia de protección elaborada junto con otros organismos del gobierno de Estados Unidos, el Alto Comisionado de las Naciones Unidas para Refugiados y las ONG.

F. LAS PERSONAS CON DISCAPACIDADES Y LOS DERECHOS HUMANOS

La situación de personas con discapacidades físicas, mentales o emocionales puede ser extremadamente difícil y es por eso que tanto las organizaciones internacionales como los organismos gubernamentales en casi todos los países de mundo han estado paulatinamente promulgando declaraciones, convenciones y leyes que establecen y protegen los derechos de las personas discapacitadas. En las lecturas que siguen podrá ver de cerca algunas de estas.

Declaración de las Américas por los Derechos y la Dignidad de las Personas con Discapacidad

Organización de los Estados Americanos (OEA)

La Asamblea General de la OEA durante su 36 período ordinario de sesiones (Santo Domingo, junio, 2006), declaró el *Decenio de las Américas: por los Derechos y la Dignidad de las personas con discapacidad* durante el período 2006-2016, con el lema: *Igualdad, Dignidad y Participación*, con el objetivo de lograr el reconocimiento y el ejercicio pleno de los derechos y la dignidad de las personas con discapacidad y su derecho a participar en la vida económica, social, cultural y política y en el desarrollo de sus sociedades, sin discriminación y en pie de igualdad con los demás.

También declaró la necesidad que durante el Decenio señalado se emprendan programas, planes y acciones para alcanzar la inclusión y la participación plena en todos los aspectos de la sociedad de las personas con discapacidad; se ejecuten programas sociales, políticos, económicos, culturales y de desarrollo destinados al logro de oportunidades en pie de igualdad con los demás; y, se promuevan medidas efectivas para la prevención de nuevas discapacidades y el acceso a los servicios y programas de rehabilitación para las personas con discapacidad.

ADA -- Ley Sobre Estadounidenses con Discapacidades

La ADA prohíbe la discriminación por razones de discapacidad en el empleo, en el gobierno estatal y local, en los lugares públicos, en los establecimientos comerciales, el transporte y las telecomunicaciones. También se aplica al Congreso de los Estados Unidos.

Para ser amparado por la ADA, se debe tener una discapacidad o tener una relación o asociación con una persona que tenga una discapacidad. La ADA define a una persona discapacitada como aquella persona que tiene una discapacidad física o mental que limita considerablemente una o más de las principales actividades vitales, una persona que tiene un historial o antecedentes de una discapacidad tal, o una persona que es percibida por otros como alguien que tiene una discapacidad tal. La ADA no menciona específicamente todas las discapacidades que están amparadas.

TÍTULO I DE LA ADA: EMPLEO

El Título I requiere que los empleadores con más de 15 empleados proporcionen igualdad de oportunidades a los individuos discapacitados que reúnan las condiciones para que se beneficien de la amplia gama de oportunidades laborales a disposición de los demás. Por ejemplo, prohíbe la discriminación en la colocación, contratación, ascensos, capacitación, remuneración, actividades sociales y demás privilegios laborales. Este limita las preguntas que pueden hacerse sobre la discapacidad al solicitante antes de la oferta de empleo y requiere que los empleadores presten las facilidades correspondientes por las limitaciones físicas o mentales conocidas de los individuos discapacitados que de otra forma reunirían los requisitos, a menos que cause problemas excesivos. Las entidades religiosas con más de 15 empleados están amparadas por el Título I.

Las denuncias relacionadas con el Título I deben interponerse ante la Comisión Estadounidense de Igualdad de Oportunidades en el Empleo (EEOC, siglas en inglés) dentro de un período de 180 días a partir de la fecha de discriminación, o 300 días si la denuncia se interpone ante un organismo de prácticas justas de empleo, local o estatal designado. Las personas pueden entablar una demanda en el tribunal federal solamente después de haber recibido una carta de "derecho a demandar" de la EEOC.

Las denuncias de discriminación de empleo por razones de discapacidad pueden interponerse ante cualquier oficina de la Comisión Estadounidense de Igualdad de Oportunidades en el Empleo.

TÍTULO II DE LA ADA: ACTIVIDADES GUBERNAMENTALES LOCALES Y ESTATALES

El Título II ampara todas las actividades de los gobiernos locales y estatales independientemente del tamaño de la entidad gubernamental o del recibo de fondos federales. El Título II requiere que los gobiernos locales y estatales den a las personas discapacitadas igualdad de oportunidades para beneficiarse de todos sus programas, servicios y actividades (p. ej., educación pública, empleo, transporte, recreación, atención médica, servicios sociales, tribunales, votación y concejos municipales).

Se requiere que los gobiernos locales y estatales observen normas arquitectónicas específicas en las nuevas construcciones y en las modificaciones de sus edificios. Además, también deben reubicar programas o proporcionar acceso de alguna otra manera en edificios más antiguos que son inaccesibles, y comunicarse eficazmente con personas que tienen discapacidades de la audición, visión o habla. No se requiere que las entidades públicas tomen acciones que resultarían en cargas financieras y administrativas excesivas. Se requiere que realicen modificaciones razonables a las políticas, prácticas y procedimientos donde sea necesario para evitar la discriminación, a menos que puedan demostrar que al llevarlas a cabo se alteraría de manera fundamental la naturaleza del servicio, programa o actividad proporcionados.

Las denuncias de contravenciones del Título II pueden interponerse ante el Departamento de Justicia dentro de un período de 180 días a partir de la fecha de la discriminación. En algunas situaciones, los casos podrían remitirse a un programa de mediación patrocinado por el Departamento. El Departamento podría iniciar una demanda cuando ha investigado un asunto y no ha sido capaz de resolver las contravenciones.

El Título II también puede hacerse valer por medio de demandas privadas en el tribunal federal. No es necesario interponer una denuncia ante el Departamento de Justicia (DOJ, siglas en inglés) o ante cualquier otro organismo federal o recibir una carta de "derecho a demandar" antes de recurrir al tribunal.

TÍTULO II DE LA ADA: TRANSPORTE PÚBLICO

Las disposiciones de transporte estipuladas en el Título II amparan los servicios de transporte público, tales como los autobuses urbanos y los trenes de transporte público (p. ej., metros o subterráneos, trenes interurbanos, Amtrak). Las autoridades del transporte público no pueden discriminar contra personas discapacitadas en la prestación de sus servicios. Deben acatar los requisitos de accesibilidad en vehículos recientemente adquiridos, esforzarse de buena fe en comprar o alquilar autobuses usados accesibles, refabricar autobuses de manera que sean accesibles y, a menos que resulte en una carga excesiva, proporcionar servicio de transporte personalizado ("paratransit") donde haya rutas fijas establecidas de autobuses o sistemas ferroviarios. El servicio de transporte personalizado ("paratransit") es un servicio en el que las personas que no pueden utilizar independientemente el sistema de transporte regular (debido a una discapacidad física o mental) son recogidas y llevadas a sus destinos.

TÍTULO III DE LA ADA: LUGARES PÚBLICOS

El Título III ampara a empresas y prestadores de servicios con fines no lucrativos que consisten en lugares públicos; entidades privadas que ofrecen ciertos tipos de cursos y exámenes; compañías de transporte privadas y establecimientos comerciales. Los lugares públicos son entidades privadas que poseen, arriendan, dan arrendamiento o administran establecimientos como restaurantes, tiendas minoristas, hoteles, cines, escuelas particulares, centros de convenciones, consultorios médicos, refugios para personas sin techo, terminales de medios de transporte, zoológicos, funerarias, guarderías y establecimientos recreativos incluidos estadios deportivos y gimnasios. Los servicios de transporte proporcionados por entidades privadas también están amparados por el Título III.

Los lugares públicos deben acatar los requisitos básicos de no discriminación que prohíben la exclusión, la segregación y el trato desigual.

También deben acatar requisitos específicos relacionados con normas arquitectónicas para edificios nuevos y modificados; modificaciones razonables a las políticas, prácticas y procedimientos; comunicación eficaz con personas que tienen discapacidades de la audición, visión o habla; y otros requisitos de acceso. Además, se deben retirar las barreras en los lugares públicos de los edificios ya establecidos donde sea fácil lograrlo sin grandes gastos o dificultad, tomando en cuenta los recursos de los lugares públicos.

Los cursos y los exámenes relacionados con solicitudes, licencias, certificaciones o credenciales profesionales, educativas o del oficio se deben proporcionar en un lugar y de manera accesible a personas discapacitadas o se deben ofrecer opciones accesibles alternativas.

Los establecimientos comerciales, tales como fábricas y almacenes, deben acatar las normas arquitectónicas de la ADA en lo que respecta a nuevas construcciones y modificaciones.

Las denuncias de contravenciones del Título III pueden interponerse ante el Departamento de Justicia. En algunas situaciones, los casos podrían remitirse a un programa de mediación patrocinado por el Departamento. El Departamento está autorizado para iniciar una demanda cuando haya un patrón o práctica de discriminación que contravenga al Título III o cuando un acto de discriminación genera una cuestión de importancia pública en general. El Título III también puede hacerse valer por medio de demandas privadas. No es necesario interponer una denuncia ante el Departamento de Justicia (o ante cualquier organismo federal), o recibir una carta de "derecho a demandar", antes de ir al tribunal.

TÍTULO IV DE LA ADA: SERVICIO DE RETRANSMISIÓN DE TELECOMUNICACIONES

El Título IV abarca el acceso a servicios telefónicos y televisivos para personas con discapacidades de la audición y del habla. Requiere que los portadores comunes (compañías telefónicas) ofrezcan servicio de retransmisión de telecomunicaciones (TRS, siglas en inglés) intra- e interestatal, las 24 horas del día, los 7 días de la semana. El servicio de retransmisión de telecomunicaciones permite que las personas con discapacidades de la audición y del habla que hacen llamadas telefónicas utilizando dispositivos de telecomunicaciones para sordos (TDD, siglas en inglés), que también son conocidos como teletipos (TTY, siglas en inglés), y que las personas que hacen llamadas utilizando teléfonos de voz se comuniquen entre sí por medio de un tercero en función de asistente de comunicaciones. La Comisión Federal de Comunicaciones (Federal Communications Commission, FCC) ha establecido un mínimo número de normas que deben observarse en cuanto al servicio de retransmisión de telecomunicaciones. El Título IV también requiere que los anuncios de servicios públicos financiados con fondos federales presenten subtítulos en la pantalla.

———

¿Cómo se Implementa la Ley que Protege a las Personas con Discapacidades (ADA)?

Sección de Derechos en Razón a Discapacidad, Oficina de Derechos Civiles,
Departamento de Justicia

El principal objetivo de la Sección de Derechos en Razón a Discapacidad es lograr la igualdad de oportunidades para personas con discapacidades en los Estados Unidos, implementando la Ley para Personas con Discapacidades (ADA). A través de su enfoque de múltiples facetas dirigido a lograr el cumplimiento de la ADA, esta Sección se empeña en hacer de este objetivo una realidad. Las actividades de coacción, certificación, reguladoras, de coordinación y de asistencia técnica de la Sección, exigidas por la ADA, combinadas con un programa de mediación innovador y un programa de subvenciones de asistencia técnica, proporcionan un enfoque dinámico y con óptima relación costo-beneficio para el cumplimiento de las exigencias de la ADA. La Sección también realiza tareas de acuerdo con las Secciones 504 y 508 de la Ley de Rehabilitación, la Ley de Justicia en la Coacción Reguladora de Empresas Pequeñas y la Orden del Ejecutivo 12250.

Las actividades de la Sección afectan a seis millones de empresas y agencias sin fines de lucro, 80.000 unidades del gobierno estatales y locales, 49 millones de personas con discapacidades y más de 100 agencias y comisiones federales del Poder Ejecutivo.

PREGUNTAS FRECUENTES SOBRE LOS TÍTULOS II Y III DE LA ADA

GOBIERNOS ESTATALES Y LOCALES

P. La ADA, ¿se aplica a los gobiernos estatales y locales?

R. El Título II de la ADA prohíbe la discriminación de individuos calificados con discapacidades en todos los programas, actividades y servicios de entidades públicas. Se aplica a todos los gobiernos estatales y locales, sus departamentos y agencias, y cualquier otra dependencia o distrito de propósito especial de los gobiernos estatales o locales. Aclara los requerimientos de la sección 504 de la Ley de Rehabilitación de 1973 para los sistemas de transporte público que reciban asistencia financiera federal y amplía la cobertura a todas las entidades públicas que brinden transporte público, ya sea que reciban asistencia financiera o no. Establece normas detalladas para la operación de sistemas de tránsito público, entre ellas ferrocarriles urbanos e interurbanos (AMTRAK).

P: ¿Cuándo entran en vigencia los requerimientos para los gobiernos estatales y locales?

R. En general, entraron en vigencia el 26 de enero de 1992.

P. ¿Qué efecto tiene el título II en la participación en los programas, las actividades y los servicios de los gobiernos estatales o locales?

R. Un gobierno estatal o local debe eliminar los criterios de elegibilidad para la participación en programas, actividades y servicios que descarten o tengan tendencia a descartar a personas con discapacidades, salvo que pueda establecer que los requerimientos son necesarios para poder ofrecer el servicio, el programa o la actividad. No obstante, el gobierno estatal o local puede establecer requerimientos de seguridad legítimos necesarios para operar de manera segura, si se basan en riesgos reales, y no en estereotipos o generalizaciones sobre individuos con discapacidades. Por último, una entidad pública puede modificar de manera razonable sus políticas, prácticas o procedimientos para evitar la discriminación. Si la entidad pública puede demostrar que una determinada modificación alteraría radicalmente la naturaleza de su servicio, programa o actividad, no se le exige que realice esa modificación.

P. El título II, ¿se aplica a las políticas y prácticas de empleo de una entidad pública?

R. Sí. El Título II prohíbe a todas las entidades públicas discriminar en el ámbito laboral a individuos calificados con discapacidades, sin importar la cantidad de personal que posean. Además de la protección laboral del título II, el título I de la ADA y la sección 504 de la Ley de Rehabilitación de 1973 prohíben la discriminación laboral de personas con discapacidades por parte de determinadas entidades públicas

P. ¿Qué cambios en sus instalaciones existentes debe realizar una entidad pública para que sean accesibles?

R. Una entidad pública debe asegurar que no se excluya a las personas con discapacidades de servicios, programas y actividades debido a que los edificios existentes son inaccesibles. Los programas de los gobiernos estatales o locales, en conjunto, deben tener fácil acceso y ser de fácil uso para las personas con discapacidades. Esta norma, conocida como "accesibilidad al programa", se aplica a las instalaciones de entidades públicas existentes el 26 de enero de 1993. No necesariamente deben las entidades públicas hacer accesibles todas sus instalaciones existentes. Pueden brindar accesibilidad al programa mediante diversos métodos, entre los que se encuentran la modificación de instalaciones existentes, la adquisición o construcción de instalaciones adicionales, la reubicación de un servicio o programa a una instalación accesible o la prestación de servicios en lugares alternativos que sean accesibles.

P. ¿Cuándo se deben realizar cambios estructurales para lograr accesibilidad al programa?

R. Los cambios estructurales necesarios para la accesibilidad al programa se deben realizar con la mayor rapidez posible, pero la fecha límite es el 26 de enero de 1995. Este período de tres años no es un período de gracia; se deben realizar todas las modificaciones lo antes posible. El 26 de julio de 1992, las entidades públicas que empleen a 50 personas o más ya deben haber terminado de idear un plan de transición que establezca los pasos necesarios para llevar a cabo dichos cambios.

P. ¿Qué es la autoevaluación?

R. Una autoevaluación es la evaluación que realiza una entidad pública de sus políticas y prácticas actuales. La autoevaluación identifica y corrige las políticas y prácticas que no cumplan con los requisitos del título II. El 26 de enero de 1993 es la fecha límite para que todas las entidades públicas completen una autoevaluación. Una entidad pública que emplee a 50 empleados o más debe conservar su autoevaluación durante tres años. No se les exige a otras entidades públicas que conserven sus autoevaluaciones, aunque se las incentiva a hacerlo, ya que estos documentos son prueba de los esfuerzos de buena voluntad de una entidad pública en cumplir con los requerimientos del título II.

P. ¿Qué exige el título II con respecto a las nuevas construcciones y las modificaciones?

R. La ADA exige que todos los nuevos edificios construidos por un gobierno estatal o local sean accesibles. Además, cuando un gobierno estatal o local realiza modificaciones a un edificio, debe hacer que las secciones modificadas sean accesibles.

P. ¿Cómo hace un gobierno estatal o local para saber que un nuevo edificio es accesible?

R. Un gobierno estatal o local cumplirá con lo establecido por la ADA respecto de las nuevas construcciones y las modificaciones si sigue alguna de las dos normas de accesibilidad que se nombran a continuación. Puede elegir entre las Normas Uniformes de Accesibilidad Federales y las Directrices de Accesibilidad de la ADA para los Edificios y las Instalaciones, que son las directrices que deben seguir los establecimientos de servicio público y las instalaciones comerciales, según lo establecido por el título III de la ADA. Si el gobierno estatal o local elige las Directrices de Accesibilidad de la ADA, no tiene derecho a la exención del ascensor (que permite que determinados edificios privados que tengan menos de tres pisos o menos de 3.000 pies cuadrados por piso se construyan sin un ascensor).

P. ¿Qué requerimientos se aplican a los servicios telefónicos de emergencia de una entidad pública, como el 911?

R. Las agencias estatales y locales que brindan servicios telefónicos de emergencia deben brindarle "acceso directo" a personas que dependan de un TDD o un módem de computadora para comunicarse por teléfono. El acceso telefónico mediante un tercero o un servicio de retransmisión de llamadas no satisface el requerimiento de acceso directo. En los lugares en los que una entidad pública brinda el servicio telefónico del 911, éste no puede reemplazar a una línea telefónica separada de siete dígitos como el único medio de acceso a los servicios del 911 con el que cuentan los usuarios que no usan los servicios de voz. No obstante, una entidad pública puede brindar una línea separada de siete dígitos para uso exclusivo de los usuarios que no usen los servicios de voz, además de brindarles acceso directo a la línea 911 a esas llamadas.

P. El título II, ¿requiere que los sistemas de servicios telefónicos de emergencia sean compatibles con todos los formatos utilizados para todas las comunicaciones que no son de voz?

R. No. Actualmente los servicios telefónicos de emergencia solo deben ser compatibles con el formato Baudot. Hasta que se pueda probar técnicamente que las comunicaciones en otro formato pueden operar de manera confiable y compatible en un determinado ambiente de emergencias telefónicas, no se les requerirá a las entidades públicas que brinden acceso directo a módems de computadora que usen formatos que no sean el Baudot.

P. ¿Cómo se harán valer las exigencias de la ADA para los gobiernos estatales y locales?

R. Los individuos particulares pueden iniciar juicios para hacer cumplir sus derechos bajo el título II y pueden recibir las mismas reparaciones que las que se establecen en la sección 504 de la Ley de Rehabilitación de 1973, entre ellas, el pago de honorarios razonables de abogado. Los individuos también pueden presentar denuncias ante ocho dependencias federales designadas al efecto, entre ellas el Departamento de Justicia y el Departamento de Transporte.

ESTABLECIMIENTOS DE SERVICIO PÚBLICO

P. ¿Qué son los establecimientos de servicio público?

R. Un establecimiento de servicio público es una entidad privada que posee, opera, alquila o toma en alquiler un lugar para prestar servicios al público. Entre los establecimientos de servicio público existe una amplia variedad de entidades, como restaurantes, hoteles, teatros, consultorios médicos, farmacias, comercios minoristas, museos, bibliotecas, parques, escuelas privadas y guarderías infantiles. Los clubes privados y las organizaciones religiosas están exentos de los requerimientos del título III de la ADA para los establecimientos de servicio público.

P. ¿La ADA afectará el criterio de elegibilidad usado por los establecimientos de servicio público para determinar quién puede recibir servicios?

R. Sí. Si un criterio descarta o tiende a descartar a personas con discapacidades, solo se lo puede utilizar si es necesario para brindar los servicios. Por ejemplo, constituiría una violación que un comercio minorista tuviera una norma que no le permitiera el ingreso al local a personas sordas o que un cine no le permitiera el ingreso a las personas con parálisis cerebral. Asimismo, se prohíben formas de discriminación más sutiles. Por ejemplo, requerir que se presente una licencia de conducir como el único medio aceptable de identificación para pagar con cheque podría constituir un acto de discriminación hacia personas con discapacidades visuales. Sería un acto de discriminación si dichas personas no pudieran obtener licencias de conducir y fuera viable que usaran un medio de identificación alternativo.

P. ¿La ADA permite a los establecimientos de servicio público que tomen en consideración factores de seguridad al brindarles servicios a personas con discapacidades?

R. La ADA establece explícitamente que un establecimiento de servicio público puede excluir a una persona si ese individuo representa una amenaza directa para la salud o la seguridad de los demás, la cual no se puede mitigar realizando modificaciones apropiadas a las políticas o procedimientos del establecimiento de servicio público o brindando asistencia auxiliar. Se le permitirá a los establecimientos de servicio público que fijen criterios de seguridad objetivos para su operación comercial; sin embargo, todas las pautas de seguridad deben basarse en requerimientos objetivos, no en estereotipos o generalizaciones acerca de la capacidad de las personas con discapacidades para participar en una actividad.

P. ¿Existe algún límite en los tipos de modificaciones requeridos por la ADA en las políticas, prácticas y procedimientos?

R. Sí. La ADA no exige modificaciones que alterarían radicalmente la naturaleza de los servicios brindados por el establecimiento de servicio público. Por ejemplo, no constituiría un acto de discriminación que un médico especialista que trate solo a quemados le derive un paciente sordo a otro médico para el tratamiento de una extremidad quebrada o una afección respiratoria. Requerirle a un médico que acepte pacientes ajenos a su especialidad alteraría radicalmente la naturaleza del ejercicio de la medicina.

P. ¿Qué tipos de soporte y servicios auxiliares exige la ADA para asegurar la comunicación efectiva con personas que tengan discapacidades auditivos o visuales?

R. Entre el soporte y los servicios auxiliares, pueden encontrarse servicios y recursos como los intérpretes calificados, los aparatos de asistencia auditiva, los tomadores de notas y los materiales escritos para personas con discapacidades auditivos; y los lectores calificados, textos en audio y materiales en braille o letra grande para personas con discapacidades visuales.

P. ¿Existe alguna limitación en los requerimientos de soporte auxiliar de la ADA?

R. Sí. La ADA no exige que se brinde ningún soporte auxiliar que implique una carga excesiva o una alteración fundamental en la naturaleza de los bienes o servicios que brinde un establecimiento de servicio público. No obstante, el establecimiento de servicio público sigue teniendo el deber de proporcionar un soporte auxiliar alternativo, en caso de que se encuentre disponible, que no implique una alteración fundamental o una carga indebida. Ambas limitaciones derivan de regulaciones y jurisprudencia existentes bajo la sección 504 de la Ley de Rehabilitación y se determinarán analizando caso por caso.

P. ¿Se les exigirá a los restaurantes que tengan menús en braille?

R. No, siempre y cuando los camareros u otros empleados se encuentren disponibles para leer el menú a los clientes ciegos.

P. ¿Se les exigirá a los comercios de ropa que tengan etiquetas en braille?

R. No, siempre y cuando el personal de ventas pueda informar sobre los precios cuando se lo soliciten.

P. ¿Se les exigirá a las librerías que cuenten con un intérprete de lenguaje de señas entre su personal para poder comunicarse con clientes sordos?

R. No, siempre y cuando los empleados se comuniquen usando un bolígrafo y un bloc de notas cuando sea necesario.

P. ¿Existe alguna limitación en los requerimientos que establece la ADA para la eliminación de barreras en las instalaciones existentes?

R. Sí. La eliminación de barreras se debe llevar a cabo solo cuando resulte "fácilmente realizable".

P. ¿Qué significa "fácilmente realizable"?

R. Significa "algo que es fácil de lograr y se puede llevar a cabo sin grandes dificultades o gastos".

P. ¿Cuáles son algunos ejemplos de los tipos de modificaciones que serían fácilmente realizables en la mayoría de los casos?

R. Algunos ejemplos son la realización de una rampa sencilla sobre algunos escalones, la instalación de asideros, que solo requiere un refuerzo de rutina de la pared, la disminución de la altura de los teléfonos u otros ajustes sencillos similares.

P. Los comercios, ¿necesitarán reacomodar los muebles y las estanterías?

R. Es posible que sí. Por ejemplo, los restaurantes quizás necesiten reacomodar las mesas y los grandes almacenes quizás necesiten adaptar la disposición de las estanterías y repisas para permitirles el acceso a usuarios en silla de ruedas.

P. ¿Será necesario que los comercios instalen ascensores?

R. No se les exige a los comercios que modifiquen estructuralmente sus instalaciones para instalar ascensores, salvo que dicha instalación sea fácilmente realizable, lo que en la mayoría de los casos es poco probable.

P. Cuando la eliminación de barreras no es fácilmente realizable, ¿qué tipos de pasos alternativos exige la ADA?

R. Entre las alternativas pueden encontrarse medidas como asistencia dentro del comercio para obtener artículos de repisas inaccesibles, entrega a domicilio de comestibles o servicio a domicilio de recepción o entrega de encargos de tintorería.

P. ¿Se deben tomar pasos alternativos sin importar su costo?

R. No, solo se deben llevar a cabo pasos alternativos que sean fácilmente realizables.

P. ¿Cómo se determina qué es "fácilmente realizable" en un comercio con sucursales?

R. Cuando se debe determinar si una acción para hacer que un establecimiento de servicio público sea accesible será "fácilmente realizable", el tamaño total de la sociedad o entidad matriz solo es un factor a considerar. La ADA también permite que se tengan en cuenta los recursos financieros de la instalación o las instalaciones involucradas y la relación administrativa o fiscal que existe entre la instalación o las instalaciones y la entidad matriz.

P. ¿Quién es responsable de que se cumpla con la ADA en establecimientos de servicio público alquilados? ¿El casero o el inquilino?

R. La ADA deposita en tanto el casero como el inquilino la obligación legal de eliminar barreras o brindar soporte o servicios auxiliares. El casero y el inquilino pueden decidir en el contrato de alquiler quién realizará los cambios y brindará el soporte y los servicios, pero ambas partes conservan su responsabilidad.

P. ¿Qué exige la ADA en las construcciones nuevas?

R. La ADA exige que todas las construcciones nuevas de establecimientos de servicio público e "instalaciones comerciales", tales como los edificios de oficinas, sean accesibles. En general, no se exige que existan ascensores en instalaciones de menos de tres pisos o menos de 3.000 pies cuadrados por piso, salvo que el edificio sea un centro comercial, la oficina de un proveedor de servicios de salud, una terminal de ferrocarriles, una terminal de autobuses u otra estación de transporte público, o la terminal de pasajeros de un aeropuerto.

P. ¿Es costoso hacer accesibles a todos los establecimientos de servicio público e instalaciones comerciales de construcción nueva?

R. El costo de incorporar características de accesibilidad a construcciones nuevas representa menos del uno por ciento de los costos de construcción. Este es un precio módico en relación a los beneficios económicos que traerá la accesibilidad total en el futuro, como el aumento del empleo y el consumo de los clientes, y una menor dependencia en la asistencia social.

P. ¿Se exige que cada elemento de las nuevas instalaciones sea accesible?

R. No, solo se debe hacer accesibles una determinada cantidad de elementos como lugares de estacionamiento y fuentes para que una instalación sea "fácilmente accesible". No es necesario que sean accesibles determinados espacios no ocupables, como los pozos de ascensor, los cobertizos del ascensor y corredores de tuberías o equipos.

P. ¿Cuáles son los requerimientos de la ADA para la modificación de instalaciones?

R. Todas las modificaciones que podrían afectar el uso de una instalación deben realizarse de manera accesible en la mayor medida posible. Por ejemplo, si durante las renovaciones se reubica una entrada, la nueva entrada debe ser lo suficientemente ancha como para cumplir con la nueva norma de accesibilidad en la construcción. Cuando se realicen modificaciones en una de las principales áreas de funcionamiento, como el vestíbulo de un banco o el área de comedor de un restaurante, también se debe brindar un camino accesible hasta el área modificada. Los cuartos de baño, los teléfonos y las fuentes del área también deben ser accesibles. Estas modificaciones adicionales de accesibilidad solo se exigen en la medida que los costos de la accesibilidad adicional no superen el 20% del costo de la modificación original. En general, no se exige que existan ascensores en instalaciones de menos de tres pisos o menos de 3.000 pies cuadrados por piso, salvo que el edificio sea un centro comercial, la oficina de un proveedor de servicios de salud, una terminal de ferrocarriles, una terminal de autobuses u otra estación de transporte público, o la terminal de pasajeros de un aeropuerto.

P. ¿Permite la ADA que una persona con discapacidad demande a un comercio cuando cree que se la discriminará, o debe esperar hasta que ocurra el acto de discriminación?

R. Las disposiciones de la ADA con respecto a los establecimientos de servicio público permiten que una persona alegue que existe discriminación, con base en una creencia razonable de que se está por producir un acto de discriminación. La disposición, por ejemplo, permite que una persona que use una silla de ruedas se oponga a los planes de construcción de un nuevo establecimiento de servicio público, tal como un centro comercial, que no sería accesible para las personas que usen sillas de ruedas. La resolución de este tipo de oposición antes de la construcción de una instalación inaccesible permitiría que se tomaran todas las medidas de reparación a ser incorporadas al edificio en la etapa de planeamiento, en la cual estos tipos de cambios serían relativamente económicos.

P. ¿Qué efecto tiene la ADA en los códigos de construcción estatales y locales existentes?

R. Los códigos existentes siguen vigentes. La ADA permite que el Secretario de Justicia de los Estados Unidos certifique que una ley estatal, un código de construcción local, o una ordenanza similar que establezca los requerimientos de accesibilidad, satisface o excede los requerimientos de accesibilidad mínimos para los establecimientos de servicio público y las instalaciones comerciales. Cualquier gobierno estatal o local puede solicitar la certificación de su código u ordenanza. El Secretario de Justicia de los Estados Unidos puede certificar un código o una ordenanza solo después de previo aviso y la realización de una audiencia pública, en la que se les brinda una oportunidad de testificar contra la certificación a las personas interesadas, entre ellas, las personas con discapacidades.

P. ¿Qué efecto tiene la certificación de un código o una ordenanza estatal o local?

R. La certificación puede ser ventajosa, si una entidad ha construido o modificado una instalación de acuerdo con un código o una ordenanza que recibió la certificación. Si más adelante, alguna persona inicia un proceso jurídico de coacción contra la entidad, se considera que la certificación es "prueba refutable" de que la ley estatal o la ordenanza local satisface o excede los requerimientos mínimos de la ADA. Es decir, la entidad puede sostener que la construcción o modificación cumplía con los requerimientos de la ADA, ya que fue realizada de acuerdo con el código estatal o local que había recibido certificación.

P. ¿Cuándo entran en vigencia las disposiciones respecto de los establecimientos de servicio público?

R. En general, entraron en vigencia el 26 de enero de 1992

P. ¿Cómo se harán valer las disposiciones sobre los establecimientos de servicio público?

R. Los individuos particulares pueden iniciar juicios en los que pueden obtener órdenes judiciales para ponerle fin a la discriminación. Los individuos también pueden presentar denuncias ante el Secretario de Justicia de los Estados Unidos, quien se encuentra autorizado a iniciar juicios en casos de relevancia pública general o en casos en los que se alegue la existencia de *"un patrón o una práctica"* de discriminación. En estos casos, el Secretario de Justicia de los Estados Unidos puede solicitar daños monetarios y penalidades civiles. Las penalidades civiles no pueden exceder los 50.000 dólares por una primera violación o los 100.000 dólares por cualquier violación subsiguiente.

VARIOS

P. ¿Se aplica la ADA al gobierno federal?

R. La ADA no se aplica al poder ejecutivo del gobierno federal. El poder ejecutivo sigue rigiéndose por el título V de la Ley de Rehabilitación de 1973, que prohíbe la discriminación en la prestación de servicios y el empleo debido a una discapacidad y que es el modelo de las exigencias de la

ADA. No obstante, la ADA sí se aplica al Congreso y a otras entidades del poder legislativo del gobierno federal.

P. ¿Se aplica la ADA a apartamentos privados y casas privadas?

R. La ADA no se aplica a apartamentos y casas que sean estrictamente residenciales. Sin embargo, si un establecimiento de servicio público, como un consultorio médico o una guardería infantil, está ubicado dentro de una residencia privada, las partes de la residencia utilizadas con ese fin están sujetas a los requerimientos de la ADA.

P. ¿Se aplica la ADA al transporte aéreo?

R. De la discriminación por parte de las empresas aéreas en campos que no sean el laboral no se ocupa la ADA, sino la Ley de Acceso al Transporte Aéreo (49 del Código de EE.UU., 1374 (c)).

P. ¿Qué requerimientos establece la ADA para los autobuses de transporte público?

R. El Departamento de Transporte ha emitido reglamentos que exigen vehículos e instalaciones de transporte público accesibles. Entre los reglamentos, existen requerimientos de que todos los autobuses públicos nuevos con ruta fija sean accesibles, y de que se brinden servicios suplementarios de paratránsito para las personas con discapacidades que no puedan utilizar el servicio de autobuses con ruta fija.

P. ¿Cómo hará la ADA para hacer accesibles las telecomunicaciones?

R. La ADA exige que se establezcan servicios telefónicos de retransmisión de llamadas para individuos que usen dispositivos de telecomunicaciones para personas sordas (TDD) o aparatos similares. La Comisión Federal de Comunicaciones ha emitido reglamentos en los que se especifican normas para la operación de estos servicios.

P. ¿Tienen derecho los comercios a algún beneficio tributario para contribuir con el costo de acatamiento?

R. En la versión enmendada de 1990, el Código de Hacienda permite la deducción de hasta 15.000 dólares para gastos asociados a la eliminación de barreras arquitectónicas y de transporte calificadas. La enmienda de 1990 también permite que los pequeños comercios que reúnan los requisitos necesarios reciban un crédito tributario para cubrir determinados costos de acatamiento a lo establecido por la ADA. Para reunir los requisitos necesarios, un pequeño comercio debe tener una facturación bruta que no exceda 1.000.000 de dólares o no más de 30 trabajadores de planta. Los comercios que reúnan los requisitos pueden reclamar un crédito que cubra hasta el 50 por ciento de los gastos de accesibilidad elegibles superiores a 250 dólares, pero inferiores a 10.250 dólares. Algunos ejemplos de gastos de accesibilidad elegibles son el costo necesario y razonable que acarrea eliminar barreras arquitectónicas, físicas, comunicativas y de transporte; brindar lectores, intérpretes u otros soportes auxiliares; y adquirir o modificar equipos o aparatos.

———

Las Leyes que Protegen a las Personas con Incapcidad

Ley de Telecomunicaciones

La Sección 255 y la Sección 251(a) (2) de la Ley de Comunicaciones de 1934, según la enmienda realizada por la Ley de Telecomunicaciones de 1996, requieren que los fabricantes de equipo de telecomunicaciones y los proveedores de servicios de telecomunicaciones garanticen que tales servicios y equipo sean accesibles y puedan utilizarse por personas discapacitadas, si esto puede lograrse fácilmente. Estas enmiendas aseguran que las personas discapacitadas tendrán acceso a una amplia gama de productos y servicios tales como teléfonos, teléfonos celulares, radiolocalizadores, servicio de llamadas en espera y servicios de operador, los cuales eran frecuentemente inaccesibles para muchos usuarios discapacitados.

Ley de Vivienda Justa

La Ley de Vivienda Justa, según la enmienda de 1988, prohíbe la discriminación en la vivienda por razones de raza, color, religión, sexo, discapacidad, composición familiar (si tienen hijos menores de 18 años) y nación de origen. Su amparo incluye viviendas particulares, viviendas que reciben ayuda financiera federal y viviendas gubernamentales locales y estatales. Es ilegal discriminar en cualquier aspecto de la venta o alquiler de una vivienda o negar una vivienda a un comprador o arrendatario debido a la discapacidad de esa persona, de una persona relacionada con el comprador o arrendatario, o de una persona que tiene la intención de vivir en la residencia. Otras actividades amparadas incluyen, por ejemplo, financiamiento, prácticas de zonificación, nuevos diseños de construcción y publicidad.

La Ley de Vivienda Justa requiere que los propietarios de unidades habitacionales hagan excepciones razonables en sus políticas y operaciones para dar igualdad de oportunidades en la vivienda a las personas discapacitadas. Por ejemplo, se podría requerir que un casero con una política de "prohibir mascotas" haga una excepción a esta regla y permita que una persona ciega pueda tener a un perro guía o lazarillo en la residencia. La Ley de Vivienda Justa también requiere que los caseros permitan que los inquilinos discapacitados realicen modificaciones razonables relacionadas con el acceso a su espacio de vivienda particular, así como también a los espacios de uso común (no se requiere que el casero pague los costos de estos cambios). Además, la ley requiere que las nuevas viviendas multifamiliares que contengan cuatro o más unidades sean diseñadas y construidas para permitir el acceso a las personas discapacitadas. Esto incluye áreas de uso común accesibles, puertas que son lo suficientemente anchas para permitir el paso de sillas de ruedas, cocinas y cuartos de baño que permiten la circulación de una persona en silla de ruedas y otras características adaptables dentro de las unidades.

Las denuncias de contravenciones de La Ley de Vivienda Justa se pueden interponer ante el Departamento de Vivienda y Desarrollo Urbano de EE.UU. Además, el Departamento de Justicia puede registrar casos que implican un patrón o práctica de discriminación. La Ley de Vivienda Justa también puede hacerse valer por medio de demandas privadas.

Ley de Acceso al Transporte Aéreo

La Ley de Acceso al Transporte Aéreo prohíbe la discriminación en el transporte aéreo por las compañías de transporte nacionales y extranjeras en contra de personas con discapacidades físicas o mentales que reúnen las condiciones correspondientes. Se aplica solamente a las aerolíneas que proporcionan regularmente servicios programados que se ponen en venta al público. Los requisitos abordan una amplia gama de cuestiones entre las que se encuentran la ayuda para abordar y ciertas características de accesibilidad en aviones recientemente construidos y en aeropuertos nuevos o modificados. Las personas pueden hacer valer los derechos amparados por la Ley de Acceso al Transporte Aéreo al interponer una denuncia ante el Departamento de Transporte de EE.UU., o al iniciar una demanda en el tribunal federal.

Ley de Accesibilidad al Voto para los Ancianos y los Discapacitados

La Ley de Accesibilidad al Voto para los Ancianos y los Discapacitados de 1984 generalmente requiere que los centros electorales en los Estados Unidos sean físicamente accesibles para las personas discapacitadas durante las elecciones federales. De no haber una ubicación accesible disponible que funcione como un centro electoral, una subdivisión política debe proporcionar un medio alternativo para votar en el día de las elecciones. Esta ley también requiere que los estados proporcionen a los votantes discapacitados y de edad avanzada ayuda para registrarse y votar, entre lo que se incluye información mediante dispositivos de telecomunicaciones para sordos (TDD, siglas en inglés), los cuales también son conocidos como teletipos (TTY, siglas en inglés).

Ley Nacional de Registro de Votantes

La Ley Nacional de Registro de Votantes de 1993, también conocida como la "Ley de Votantes Motorizados" (Motor Voter Act), facilita a todos los estadounidenses el ejercicio de su derecho fundamental de votación. Uno de los propósitos básicos de la Ley es incrementar los históricamente bajos números de minorías y de personas discapacitadas registradas que han resultado de la discriminación. La "Ley de Votantes Motorizados" requiere que todas las oficinas de programas financiados por el Estado que participan principalmente en la prestación de servicios a personas discapacitadas proporcionen a los solicitantes de los programas los formularios de registro de votantes, los ayuden a llenar los formularios y que transmitan los formularios completados al funcionario estatal correspondiente.

Ley de Derechos Civiles de Personas Institucionalizadas

La Ley de Derechos Civiles de Personas Institucionalizadas (CRIPA, siglas en inglés) autoriza al Secretario de Justicia de los Estados Unidos a investigar las condiciones de reclusión en las instituciones gubernamentales locales y estatales tales como prisiones, cárceles, correccionales de detenidos en espera de juicio, centros de rehabilitación de menores, hogares de convalecencia administrados públicamente e instituciones para personas con discapacidades psiquiátricas o del desarrollo. Su propósito es permitir que el Secretario descubra y corrija deficiencias generalizadas que ponen seriamente en peligro la salud y la seguridad de los residentes de las instituciones. El Secretario no tiene autoridad según CRIPA para investigar incidentes aislados ni para representar individualmente a personas institucionalizadas.

El Secretario puede iniciar demandas civiles cuando exista una causa razonable para creer que las condiciones son "extraordinarias o flagrantes", que se sujeta a los residentes a un "daño extraordinario", y que son parte de un "patrón o práctica" de resistencia al gozo pleno de los residentes de sus derechos constitucionales o federales, entre los que figuran el Título II de la ADA y la Sección 504 de la Ley de Rehabilitación.

Ley Educativa de Individuos Discapacitados

Ley Educativa de Individuos Discapacitados (IDEA, siglas en inglés) (antes conocida como P.L. 94-142 o la Ley Educativa para Todos los Niños Minusválidos de 1975) requiere que las escuelas públicas pongan a disposición de todos los niños con discapacidades, que reúnen las condiciones correspondientes, una educación pública adecuada y gratuita en el entorno menos restrictivo posible que sea adecuado a sus necesidades individuales.

La IDEA requiere que los sistemas de escuelas públicas elaboren Programas de Educación Individualizada (IEP, siglas en inglés) adecuados para cada niño. La educación especial específica y los servicios afines determinados en cada IEP reflejan las necesidades individualizadas de cada estudiante.

La IDEA también exige que se observen procedimientos especiales en la elaboración de los IEP. Cada IEP de los estudiantes debe ser elaborado por un equipo de personas bien informadas y debe ser revisado por lo menos anualmente. El equipo incluye las siguientes personas: el maestro del niño; los padres (dependiendo de algunas excepciones limitadas); el niño (de ser adecuado); un representante del organismo que esté calificado para proporcionar o supervisar la provisión de educación especial; y otras personas según la discreción de los padres o del organismo.

Si los padres no están de acuerdo con el IEP propuesto, ellos pueden solicitar una audiencia del debido proceso judicial y una revisión por parte del organismo educacional estatal de corresponder a dicho estado. También pueden apelar la decisión del organismo estatal ante un tribunal estatal o federal.

Ley de Rehabilitación

La Ley de Rehabilitación prohíbe la discriminación por razones de discapacidad en programas administrados por organismos federales, en programas que reciben ayuda financiera federal, en empleos federales y en las prácticas de empleo de los contratistas federales. Las normas para determinar la discriminación en el empleo según la Ley de Rehabilitación son las mismas que aquellas utilizadas en el Título I de la Ley sobre Estadounidenses con Discapacidades.

Sección 501

La Sección 501 requiere acción afirmativa y que los organismos federales del poder ejecutivo no discriminen en el empleo. Para obtener mayor información o para interponer una denuncia, los empleados deben comunicarse con la Oficina de Igualdad de Oportunidades en el Empleo del organismo.

Sección 503

La Sección 503 requiere acción afirmativa y prohíbe que los contratistas y subcontratistas del gobierno federal con contratos de más de $10,000 discriminen en el empleo.

Sección 504

La Sección 504 dice que "en los Estados Unidos, ninguna persona discapacitada, que reúna las condiciones correspondientes, debe ser excluida, no se le deben negar las prestaciones ni ser discriminada en" ningún programa o actividad que ya reciba ayuda financiera federal o que sea administrado por un organismo del poder ejecutivo o por el Servicio Postal de los Estados Unidos.

Cada organismo federal cuenta con su propio grupo de reglamentos de la Sección 504 que se aplican a sus propios programas. Los organismos que proporcionan ayuda financiera federal también tienen reglamentos de la Sección 504 que afectan a entidades que reciben ayuda federal. Los requisitos comunes de estos reglamentos incluyen: facilidades razonables para los empleados con discapacidades; accesibilidad de programas; comunicación eficaz con personas que tienen discapacidades de la audición o la visión; y nuevas construcciones y modificaciones accesibles. Cada organismo es responsable de hacer valer sus propios reglamentos. La Sección 504 también puede hacerse valer por medio de demandas privadas. No es necesario interponer una denuncia ante un organismo federal o recibir una carta de "derecho a demandar" antes de recurrir al tribunal.

Sección 508

La Sección 508 establece requisitos para la tecnología electrónica y de la información elaborada, mantenida, adquirida o utilizada por el gobierno federal. La Sección 508 requiere que la tecnología federal, tanto electrónica como de la información, sea accesible a las personas discapacitadas, incluidos los empleados y los miembros del público.

Un sistema accesible de tecnología de la información es uno que puede ser operado en una variedad de formas y que no depende de un solo sentido o capacidad del usuario. Por ejemplo, un sistema que proporciona una salida únicamente en un formato visual puede no ser accesible para personas con discapacidades visuales y un sistema que proporciona una salida únicamente en un formato de audio puede no ser accesible para personas sordas o con problemas de audición. Algunas personas discapacitadas podrían necesitar software o dispositivos periféricos relacionados con la accesibilidad a fin de utilizar sistemas que acatan la Sección 508.

Ley de Barreras Arquitectónicas

La Ley de Barreras Arquitectónicas (ABA, siglas en inglés) requiere que los inmuebles y las instalaciones que sean diseñadas, construidas o modificadas con fondos federales, o que sean alquiladas por un organismo federal, acaten las normas federales de accesibilidad física. Los requisitos de la ABA están limitados a normas arquitectónicas en inmuebles nuevos y modificados, y en instalaciones recientemente alquiladas. No abordan las actividades realizadas en esos inmuebles e instalaciones. Las instalaciones del Servicio Postal de EE.UU. están amparadas por la ABA.

———

La situación de personas que se encuentran miembros de más de un grupo que sufre discriminación es doble o triplemente difícil, como vera en el artículo que sigue. Aquí se analiza la situación de las mujeres (que por su género mismo forman parte de un grupo discriminado) que tienen algún tipo de discapacidad.

———

Mujeres con Discapacidad en el Marco Legal Internacional de Derechos Humanos

María Verónica Reina, Meera Adya y Peter Blanck, Secretaría de Relaciones Exteriores, Estados Unidos de México

Introducción

Este artículo sintetiza las desventajas experimentadas por las mujeres con discapacidad en el mundo y las protecciones legales en el marco internacional destinadas a prevenirlas y corregirlas. Debido al tamaño del segmento poblacional referido y la multiplicidad de la discriminación experimentada, la importancia de este fenómeno atinente a las mujeres con discapacidad se hace evidente. Sin embargo, con anterioridad a la Convención sobre los Derechos de las Personas con Discapacidad de las Naciones Unidas el mismo ha recibido atención limitada por parte de la comunidad internacional, la cual generó algunas normas no obligatorias cuya aplicación no ha reportado resultados sustantivos. La inclusión de consideraciones acerca de las condiciones particulares de las niñas y mujeres con discapacidad en un artículo específico y a través de varios otros artículos de la antedicha Convención constituye un fuerte indicio de un cambio de dirección largamente esperado con respecto a este tema.

Situación de las Mujeres con Discapacidad en el Mundo

Se estima que al menos la mitad de las personas con discapacidad del mundo pertenecen al género femenino y que su situación revela una aguda desventaja, tanto con respecto a las mujeres sin discapacidad como a los varones con discapacidad. Si bien no existen estadísticas confiables, sobre la base de las cifras manejadas por la Organización Mundial de la Salud (OMS) podría decirse que más de 300 millones de mujeres y niñas en el mundo —referidas en adelante como "mujeres con discapacidad"— tienen algún tipo de discapacidad. Diversos estudios e investigaciones han demostrado que, debido a su género y su discapacidad, este segmento poblacional sufre doble discriminación y constituye el grupo más pobre entre los pobres.

En efecto, las mujeres con discapacidad experimentan un trato discriminatorio en múltiples áreas de la vida, desde el acceso a la educación y la salud hasta la participación en el mundo de la política y el trabajo. Una de las causas de este fenómeno se encontraría en los estereotipos acerca de las mujeres con discapacidad, enraizados en su doble condición femenina y de persona con discapacidad. Existe una tendencia a ver a las mujeres con discapacidad como dependientes e incapaces de tomar sus propias decisiones. Cuando viven en instituciones o en el marco familiar, sus cuidadores y/o parientes actúan en su nombre sin consultarlas. En los países menos desarrollados, donde el rol tradicional de la mujer como madre y esposa es aún muy fuerte, es creencia popular que las mujeres con discapacidad no son aptas para cumplir dichos roles, y por lo tanto, su valor es nulo. Además, existen prejuicios generalizados relativos a su falta de habilidad para participar en la vida pública y ser económicamente productivas. La contraparte del estigma que sufren las mujeres con discapacidad es su falta de autoestima, la cual ayudaría a perpetuar su exclusión social.

Particularmente con respecto a la educación, las mujeres con discapacidad tienden a recibir menos instrucción que sus pares de género masculino y que las mujeres sin discapacidad. Por ejemplo, recientes estudios publicados en los Estados Unidos indican que el porcentaje de mujeres con discapacidad que no alcanzan niveles de educación postsecundaria es mucho más alto que el de las mujeres sin discapacidad. Del mismo modo, la salud es un problema que destaca las grandes desventajas de las mujeres con discapacidad. Entre otras inequidades, las mujeres con discapacidades físicas y sensoriales tienen grandes dificultades de acceso a los servicios en igualdad de condiciones y las mujeres con discapacidades psico-sociales son particularmente discriminadas. Además, se estima que las mujeres con discapacidad reciben menos servicios de rehabilitación que sus pares varones.

Por otra parte, la discriminación sufrida en el ámbito laboral ha sido objeto de estudio de la Organización Internacional del Trabajo (OIT) la cual reporta que las mujeres con discapacidad son más pobres o indigentes, analfabetas o sin destrezas profesionales, y están desempleadas en mayor porcentaje que los varones con discapacidad. Recíprocamente, su exclusión en el campo político alcanza también dimensiones importantes. El Caucus Internacional de la Discapacidad (IDC por sus siglas en inglés) ante la Organización de las Naciones Unidas (ONU) durante las negociaciones de la Convención sobre los Derechos de las Personas con Discapacidad (CRPD por sus siglas en inglés) ha indicado que la representación de las mujeres con discapacidad en el terreno político es mínima o inexistente, incluyendo aquellas áreas referidas a género y políticas públicas.

Otra área particularmente sensible para las mujeres con discapacidad se refiere a la violencia. Las distintas formas de violencia y abuso infringidos a las mujeres con discapacidad alcanzarían proporciones epidémicas. En particular, las mujeres con discapacidad son víctimas de esterilización y abortos forzados. En Estados Unidos, por ejemplo, se ha documentado que el 62% de las mujeres con discapacidad ha sufrido algún tipo de abuso. Este porcentaje es similar al abuso experimentado por mujeres sin discapacidad, pero el tiempo de duración registrado y las dificultades concomitantes para terminar con la situación de abuso fueron mayores para las mujeres con discapacidad.

NORMAS INTERNACIONALES SOBRE MUJERES CON DISCAPACIDAD PREVIAS A LA CRPD

El tema de las mujeres con discapacidad fue introducido por primera vez en la agenda internacional durante la Segunda Conferencia Mundial de Mujeres en Copenhague. La mención fue mínima y reflejó la escasa participación de las personas con discapacidad en dicho proceso. Contando con elementos de la sociedad civil con discapacidad más organizados, la Tercera Conferencia Mundial de Mujeres en Nairobi incluyó provisiones específicas en su apartado de estrategias, considerando a las mujeres con discapacidad entre los grupos más vulnerables. Como consecuencia de esta inclusión, la Comisión sobre el Estatus de la Mujer de la ONU contuvo elementos programáticos a largo plazo referidos a la temática.

Aunque estas inclusiones fueron significativas en su momento, no tuvieron eco en la redacción de las Normas Uniformes sobre la igualdad de oportunidades para las personas con discapacidad de la ONU. Las Normas Uniformes, acordadas en 1993 como un instrumento no obligatorio para "garantizar que niñas y niños, mujeres y hombres con discapacidad, en su calidad de miembros de sus respectivas sociedades, puedan tener los mismos derechos y obligaciones que los demás", contienen sólo una referencia específica a las mujeres con discapacidad, en su artículo 6 – Educación.

Por otro lado, la Convención sobre la Eliminación de Todas las Formas de Discriminación en contra de la Mujer (CEDAW por sus siglas en inglés) no hace mención específica de la situación de las mujeres con discapacidad. Sin embargo, y gracias a la constante abogacía de los grupos de la sociedad civil, el Comité para la supervisión de este tratado produjo en 1991 una recomendación sobre la problemática. Esto significa que los Estados Parte pueden incluir información acerca de las mujeres con discapacidad en sus reportes sobre los progresos y dificultades encontrados al implementar la CEDAW.

Además, la Declaración y Plataforma de Acción de Beijing, resoluciones de la ONU aprobadas por la Cuarta Conferencia Mundial de Mujeres en 1995, incluyeron varios puntos relativos a las mujeres con discapacidad, reconociendo las múltiples barreras que ellas enfrentan y delineando acciones específicas en las estrategias acordadas acerca de la erradicación de la pobreza y la violencia en contra de la mujer, y en las de salud, educación, empleo, liderazgo, igualdad ante la ley, estadísticas, entre otras.

Cabe destacar que a pesar de los distintos estándares no obligatorios y programas internacionales que contemplan la situación de las mujeres con discapacidad a escala global, éstas no han visto mejorar su condición de manera notable. Lamentablemente, y por otra parte, tanto los tratados neutrales de derechos humanos como la CEDAW no han suscitado un número importante de informes que reflejen un fuerte empeño de los gobiernos por orientar dicha situación.

MUJERES CON DISCAPACIDAD EN LA CRPD

La CPRD, que surgió como un nuevo instrumento internacional de derechos humanos para proteger y promover los derechos y la dignidad de las personas con discapacidad, contiene provisiones que contemplan la situación de las mujeres con discapacidad. Adoptada en diciembre de 2006, la CRPD es un instrumento innovador que incorpora elementos del desarrollo social a una convención antidiscriminatoria, suscitando así una cobertura amplia para promover y garantizar el goce efectivo de los derechos de sus destinatarios. En particular, posee un artículo específico acerca de las mujeres con discapacidad y una serie de enmiendas articulares con orientaciones atinentes al sexo o al género en el marco de un abordaje llamado "de doble vía".

Gracias a una temprana iniciativa de Corea del Sur y con decidido apoyo de la sociedad civil presente en las negociaciones de la CRPD, los Estados acordaron la redacción del artículo 6, el cual, reconociendo que las mujeres y niñas con discapacidad están sujetas a múltiples formas de discriminación, establece el compromiso de los Estados a adoptar medidas para asegurar el ejercicio pleno y en igualdad de condiciones de todos los derechos humanos y libertades fundamentales de este colectivo. Además, en virtud de las disposiciones de dicho artículo, los Estados se comprometen a tomar medidas para asegurar el pleno desarrollo, adelanto y potenciación de la mujer para garantizar el cumplimiento de la Convención.

Paralelamente, la dimensión de género atraviesa otros artículos de la CRPD para lograr un mayor reconocimiento a la particular situación de desventaja de las mujeres con discapacidad, lograr un alcance programático más preciso y evitar el aislamiento del tema de la mujer con discapacidad de los otros asuntos contenidos en la Convención. Este atravesamiento fue también muy requerido por las organizaciones no gubernamentales (ONG) con el fin de asegurar una cobertura integral, si bien no tuvo el alcance esperado.

Los artículos que contienen disposiciones específicas son: el Preámbulo y los Artículos 3 – Principios Generales; 8 – Toma de Conciencia; 16 – Protección contra la explotación; la violencia y el abuso; 25 – Salud; 28 – Nivel de vida adecuado y protección social; y 34 – Comité sobre los derechos de las personas con discapacidad.

Con respecto al Preámbulo, si bien naturalmente no establece obligaciones, al enunciar el objeto y propósito del Tratado, es de gran relevancia para la interpretación de la Convención. Especialmente con relación a la temática de género, contiene tres párrafos que refieren al sexo como una de las bases de la discriminación sufrida por las personas con discapacidad, a la particular condición de riesgo en la que se encuentran las mujeres y niñas con discapacidad y a la necesidad de incorporar una perspectiva de género en todas las actividades relativas a la Convención, respectivamente. En la misma línea, el Artículo de Principios Generales menciona expresamente la igualdad de género como uno de los fundamentos de la CRPD.

El Artículo de Toma de Conciencia, entre otras disposiciones, establece obligaciones de los Estados a combatir los estereotipos, los prejuicios y las prácticas nocivas que se basan en el género. Mediante el Artículo 16 destinado a proteger las personas con discapacidad en contra de la explotación, la violencia y el abuso los Estados se comprometen a prestar las formas adecuadas de asistencia y apoyo pertinente que tomen en cuenta criterios de género, incluyendo los servicios de recuperación y políticas públicas propias.

En lo concerniente al Artículo 25 dispone que servicios de salud, incluyendo la rehabilitación, tengan en cuenta las cuestiones de género. El Artículo 28 reconoce las particulares desventajas de las mujeres y niñas con discapacidad referidas al área de su cobertura y les otorga un estatus diferenciado como recipientes de programas protección social y estrategias de reducción de la pobreza. Por último, el Artículo destinado a regular el Comité sobre los derechos de las personas con discapacidad determina que su composición debe poseer una representación de género equilibrada.

Todas estas disposiciones, si bien no agotan el amplio espectro de situaciones de desventaja y discriminación correspondientes a las mujeres con discapacidad, las hacen visibles y generan obligaciones específicas destinadas a dicho grupo con una claridad nunca antes vista en el campo de los derechos humanos a escala internacional.

CONCLUSIONES

La agenda internacional respecto de las mujeres con discapacidad encuentra un hito en la Convención Internacional sobre los Derechos de las Personas con Discapacidad. Antes de su adopción fueron establecidas una serie de normas no obligatorias que, si bien han sido valiosas como inicio, no representaron cambios sustantivos en la situación de este colectivo. Siendo de naturaleza vinculante, la Convención posee una fuerza superior a los estándares que le anteceden históricamente, conteniendo entonces promesas de realización inéditas. Particularmente con relación a las cuestiones de género, el artículo específico para proteger los derechos de las mujeres con discapacidad y las enmiendas paralelas a lo largo de la Convención instituyen una base fuerte para una implementación de políticas públicas género sensitivas. Será necesario en el futuro un monitoreo preciso para evaluar el impacto de este Tratado y para asegurar que cubra equitativamente a todas las personas con discapacidad, incluyendo a las niñas y mujeres.

G. LOS DERECHOS HUMANOS DE LAS PERSONAS MAYORES DE EDAD

No son sólo los niños y los jóvenes que necesitan protección por razón de su edad. También los adultos mayores de edad (llamados también ancianos o personas de tercera edad) con frecuencia se ven victimizadas en base a su edad.

Siguen varias lecturas que exponen las maneras en que los gobiernos nacionales y el sistema internacional enfrentan la discriminación contra las personas adultas mayores.

Carta de Derechos de las Personas Mayores
Argentina

Las Personas Mayores como Sujetos de Derechos

"Cuando el envejecimiento se acepta como un éxito, el recurso de las competencias, experiencias y recursos humanos de los grupos de más edad se asume con naturalidad, como una ventaja para el crecimiento de sociedades humanas maduras, plenamente integradas." Plan Internacional de Madrid

Las personas mayores son sujetos de derecho, razón por la cual rige sobre ellos una presunción jurídica básica: la capacidad de ser titulares de derechos y —como toda persona, a partir de los 18 años— de gozar de la facultad de ejercerlos plenamente. La excepción estaría dada cuando la persona mayor, como cualquier otra, padece alguna patología que impide o merme su juicio. Cualquier limitación sólo puede ser admitida si es sometida a un delicado, profundo y exhaustivo estudio médico, psicológico y jurídico. ...

¿Qué nos plantea Naciones Unidas en cuanto a los Derechos?

La Declaración Universal y los posteriores pactos internacionales de Naciones Unidas definen los Derechos Humanos de la siguiente manera: de *primera generación*, *Carta de* los derechos civiles y políticos (fijan los límites del poder estatal, protegiendo a las personas frente a los excesos del poder del Estado). Los derechos de *segunda generación*, son los derechos económicos, sociales y culturales. Los derechos de *tercera y cuarta generación* que son derechos colectivos, conocidos como derechos de los Pueblos (derecho a la libre determinación, a la independencia económica y política, al medio ambiente sano, al desarrollo, a la equitativa distribución de la riqueza entre todos los miembros de la sociedad, a la paz).

Desde el enfoque de derechos las personas mayores individualmente son titulares de derechos de primera generación (libertades esenciales) y como grupo son titulares de derechos de segunda, tercera y cuarta (seguridad y dignidad).

El sistema de Naciones Unidas a partir de sus declaraciones y principios ha promovido la incorporación de los derechos de los mayores como un eje clave en la agenda de gobiernos y sociedades. Los Principios de las Naciones Unidas en favor de las personas de edad (Resolución 46 de 1991) son: independencia, participación, dignidad, cuidados y autorrealización.

Principios de las Naciones Unidas a favor de las personas de edad

Independencia

Acceso a alimentación, agua, vivienda, vestuario y atención de salud, adecuados, mediante la provisión de ingresos, el apoyo de sus familias y de la comunidad y su propia autosuficiencia.

Oportunidad de trabajar o de tener acceso a otras oportunidades de generar ingresos.

Participar en la determinación de cuándo y en qué medida dejarán de desempeñar actividades laborales.

Acceso a programas educativos y de formación adecuados.

La posibilidad de vivir en entornos seguros y adaptables a sus preferencias personales y a la evolución de sus capacidades.

Residir en su propio domicilio por tanto tiempo como sea posible.

Participación

Permanecer integradas en la sociedad, participar activamente en la formulación y la aplicación de las políticas que afecten directamente a su bienestar y poder compartir sus conocimientos y pericias con las generaciones más jóvenes.

Buscar y aprovechar oportunidades de prestar servicio a la comunidad y de trabajar como voluntarios en puestos apropiados a sus intereses y capacidades.

Formar movimientos o asociaciones de personas de edad avanzada.

Dignidad

Vivir con dignidad y seguridad y verse libres de explotación y de malos tratos físicos o mentales.

Recibir un trato digno, independientemente de la edad, sexo, raza o procedencia étnica, discapacidad u otras condiciones, y han de ser valoradas independientemente de su contribución económica.

Cuidados

Disfrutar de los cuidados y la protección de la familia y la comunidad de conformidad con el sistema de valores culturales de cada sociedad.

Acceso a servicios de atención de salud que les ayuden a mantener o recuperar un nivel óptimo de bienestar físico, mental y emocional, así como a prevenir o retrasar la aparición de enfermedades.

Acceso a servicios sociales y jurídicos que les aseguren mayores niveles de autonomía, protección y cuidado.

Acceso a medios apropiados de atención institucional que les proporcionen protección, rehabilitación y estímulo social y mental en un entorno humano y seguro.

Disfrutar de sus derechos humanos y libertades fundamentales cuando residan en hogares o instituciones donde se les brinden cuidados o tratamiento, con pleno respeto de su dignidad, creencias, necesidades e intimidad, así como de su derecho a adoptar decisiones sobre su cuidado y sobre la calidad de su vida.

Autorrealización

Aprovechar las oportunidades para desarrollar plenamente su potencial.

Acceso a los recursos educativos, culturales, espirituales y recreativos de la sociedad.

Haciendo Historia

La Argentina en el año 1948 fue el primer país en el mundo en declarar los "Derechos y el Decálogo de la Ancianidad". Siendo la primera dama, Eva Duarte de Perón asistió a la reunión de la Asamblea General de Naciones Unidas celebrada en París, y allí propuso a los países miembro adoptar el Decálogo de los Derechos de la Ancianidad, incorporados en nuestra Constitución de 1949. He aquí dicho Decálogo:

1. Derecho a la Asistencia: Todo anciano tiene derecho a su protección integral por cuenta de su familia. En caso de desamparo, corresponde al Estado proveer a dicha protección, ya sea en forma directa o por intermedio de los institutos o fundaciones creados, o que se crearen, con ese fin, sin perjuicio de subrogación del Estado o de dichos institutos para demandar a los familiares remisos y solventes los aportes correspondientes.

2. Derecho a la Vivienda: El derecho a un albergue higiénico con un mínimo de comodidades hogareñas es inherente a la condición humana.

3. Derecho a la Alimentación: La alimentación sana y adecuada a la edad y estado físico de cada uno debe ser contemplada en forma particular.

4. Derecho al Vestido: El vestido decoroso y apropiado al clima completa el derecho anterior.

5. Derecho al Cuidado de la Salud Física: El cuidado de la salud física de los ancianos ha de ser preocupación especialista y permanente.

6. Derecho al Cuidado de la Salud Moral: Debe asegurarse el libre ejercicio de las expansiones espirituales, concordes con la moral y el culto.

7. Derecho al Esparcimiento: Ha de reconocerse a la ancianidad el derecho de gozar mesuradamente de un mínimo de entretenimientos para que pueda sobrellevar con satisfacción sus horas de espera.

8. Derecho al Trabajo: Cuando su estado y condiciones lo permitan, la ocupación por medio de laborterapia productiva ha de ser facilitada. Se evitará así la disminución de la personalidad.

9. Derecho a la Tranquilidad: Gozar de tranquilidad, libre de angustias y preocupaciones en los últimos años de existencia, es patrimonio del anciano.

10. Derecho al Respeto: La ancianidad tiene derecho al respeto y consideración de sus semejantes.

———

Envejecimiento y Personas de Edad

Sistema de las Naciones Unidas en el Perú

Las Personas de Edad

Entre los años 2000 y 2050 la proporción de personas de edad (mayores de 60 años) aumentará a más del doble en todo el mundo, pasando del 10% al 22% e igualando la proporción de niños (hasta 14 años). Como resultado de esta transición demográfica histórica, caracterizada por un marcado descenso de las tasas de natalidad y mortalidad, la proporción de personas mayores y jóvenes en la población mundial será la misma por primera vez en la historia.

En muchos países desarrollados ya hay más personas de edad que niños. Se calcula que en los países en desarrollo la proporción de personas de edad aumentará del 8% actual a 21% en 2050, mientras que la de niños descenderá del 33% al 20%.

La comunidad internacional reconoce que es necesario integrar el nuevo proceso del envejecimiento mundial en el contexto más general del desarrollo. Lo que resulta más importante: las personas de edad pueden hacer una buena contribución al desarrollo. Por ello, en los programas y políticas formulados a todos los niveles debería reconocerse la capacidad de actuar para mejorarse a sí mismos y a la sociedad.

Las Naciones Unidas han emprendido diversas iniciativas en respuesta al envejecimiento mundial:

Plan de Acción Internacional sobre el Envejecimiento

Aprobado en la primera Asamblea Mundial sobre el Envejecimiento (Viena, 1982), recomienda medidas en sectores tales como el empleo y la seguridad económica, la salud y la nutrición, la vivienda, la educación y el bienestar social. Considera a las personas de edad como un grupo de población diverso y activo con aptitudes diversas y en ocasiones con necesidades especiales en cuanto a la atención médica.

Principios de las Naciones Unidas a favor de la Personas de Edad

Aprobados por la Asamblea General en 1991 y establecían normas universales para las personas de edad en cinco ámbitos principales: independencia, participación, atención, realización personal y dignidad.

Proclamación sobre el Envejecimiento

Aprobada en 1992 en una conferencia internacional sobre el envejecimiento que tuvo lugar por el décimo aniversario de la Asamblea Mundial sobre el envejecimiento. Da una orientación general para seguir aplicando el Plan de Acción y proclamó 1999 como el Año Internacional de las Personas de Edad.

Segunda Asamblea Mundial sobre el Envejecimiento

Se celebró en Madrid en 2002, para formular una política internacional sobre el envejecimiento para el siglo XXI. Durante la Asamblea se aprobó un nuevo plan de acción internacional sobre el envejecimiento según el cual los Estados Miembros se comprometen a adoptar medidas en todos los niveles y en tres esferas prioritarias: las personas de edad y el desarrollo, el fomento de la salud y el bienestar de las personas de edad y la existencia de entornos propicios y favorables.

Nota Descriptiva sobre el Envejecimiento

- Las poblaciones del mundo están envejeciendo a paso acelerado. Se proyecta que la edad mediana se incrementará de 28 años a 38 años alrededor del 2050.

- La población total del mundo está creciendo a una tasa de 1,2 por ciento anual, mientras que la población de personas de edad actualmente está creciendo 2 por ciento al año y crecerá 3,1 por ciento anual en el período 2010-2015.

- El grupo de mayor crecimiento es el de aquellas personas de 80 años o más, con una tasa de crecimiento de 4,2 por ciento anual.

- Las ancianas continúan superando en número a los ancianos. En el año 2005, había 67 millones de mujeres más que hombres mayores de 60 años, y la brecha entre los géneros se amplía con la edad.

- Regionalmente, en Asia, América Latina, América del Norte y Oceanía, las diferencias de edad desaparecerán en gran parte alrededor del año 2050. La población mayor de 60 años oscilará entre 23,6 por ciento en Asia y 27 por ciento en América del Norte.

- En África, el 10 por ciento de la población será mayor de 60 años el año 2050; mientras que en Europa el 34,5 por ciento.

- Actualmente, 1 de 20 africanos (5,2 por ciento) tiene 60 años o más, mientras que 1 de 5 europeos se encuentra en ese grupo de edad.

- El rango de ancianos dependientes (proporción de personas ancianas por cada 100 adultos en edad laboral) podría duplicarse en algunos países en desarrollo en 50 años, mientras que en los países desarrollados esto tomó entre 150 y 200 años.

- En el período 2000-2005, la esperanza de vida al nacer oscilaba entre 49,1 años en África y 77,6 años en América del Norte.

- Sin embargo, se espera que la brecha se cierre significativamente: proyecciones para el período 2045-2050 muestran que las cifras de esperanza de vida se incrementarán hasta 65,4 años en África y 82,7 años en América del Norte.

- En el año 2005, el promedio de participación de la población económicamente activa de hombres entre 55 y 60 años fue de 53 por ciento en Europa. El promedio mundial fue de 74 por ciento. La tasa de participación de la población económicamente activa disminuyó drásticamente en aquellas personas de 65 años o más.

- Las variaciones regionales son enormes. En lo que se refiere a los hombres mayores de 65 años en Europa, la tasa de participación es de aproximadamente 8 por ciento; en África, Asia y América Latina, es de 57,37 y 38 por ciento, respectivamente.

- Además, hay grandes diferencias regionales en lo referido a las mujeres, con tasas de participación que oscilan entre 4 por ciento en Europa y 26 por ciento en África.

———

Discriminación por Edad
Comisión para la Igualdad de Oportunidades en el Empleo (EEOC)

La Ley Contra la Discriminación por Edad en el Empleo de 1967 (ADEA, tal sus sigla en inglés) protege a aquellos individuos de 40 años de edad o más contra la discriminación en el empleo por razón de edad. Las protecciones de la ADEA se aplican tanto a empleados como también a solicitantes de empleo. Conforme a la ADEA, es ilegal discriminar contra una persona por su edad respecto de cualquier término, condición o privilegio del empleo, incluyendo la contratación, el despido, ascenso, suspensión, compensación, beneficios, asignaciones de tareas y entrenamiento.

También es ilegal tomar represalias contra un individuo por oponerse a prácticas de empleo discriminatorias por edad o por presentar una querella por discriminación, testificar o participar de algún modo en una investigación, proceso o juicio conforme a la ADEA.

La ADEA se aplica a patronos con 20 o más empleados, incluyendo gobiernos estatales y locales. También se aplica a agencias de empleo y organizaciones laborales, así como al gobierno federal. Las protecciones de la ADEA incluyen:

PROGRAMAS DE APRENDIZAJE

Generalmente es ilegal para los programas de aprendizaje, incluyendo los programas de aprendizaje conjuntos de mano de obra-administración, discriminar por razón de la edad de un individuo. Los limites por edad en los programas de aprendizaje son válidos solamente si están incluidos dentro de ciertas excepciones señaladas en la ADEA, o si la Comisión para la Igualdad de Oportunidades en el Empleo (EEOC, tal su sigla en inglés) otorga una exención específica.

AVISOS Y ANUNCIOS DE EMPLEO

La ADEA generalmente considera ilegal incluir preferencias de edad, limitaciones o especificaciones en los avisos o anuncios de empleo. Un aviso o anuncio de empleo puede especificar un límite de edad solamente en circunstancias extrañas en las cuales se muestra que la edad es una "calificación ocupacional bona fide" (BFOQ, tal su sigla en inglés) la cual es razonablemente necesaria para el funcionamiento normal de la empresa.

AVERIGUACIONES PRE-EMPLEO

La ADEA no prohíbe específicamente a un patrono que pregunte la edad o la fecha de nacimiento de un solicitante. No obstante, debido a que dichas averiguaciones pueden disuadir que los empleados de más edad soliciten el empleo o puedan indicar un posible intento de discriminar por edad, los pedidos de información sobre edad serán cuidadosamente analizados para asegurarse de que la averiguación se haga con un fin legal, y no con un fin prohibido por la ADEA.

BENEFICIOS

La Ley de protección de Beneficios de los Trabajadores de Mayor Edad de 1990 (OWBPA, tal su sigla en inglés) enmendó a la ADEA para prohibir específicamente a los patronos que nieguen beneficios a los empleados de más edad. El Congreso reconoció que el costo de proveer ciertos beneficios a los trabajadores de más edad es mayor que el costo de proveerles esos mismos beneficios a trabajadores más jóvenes, y que esos costos más elevados crearían una falta de incentivo para contratar a trabajadores de más edad. Por consecuencia, en circunstancias limitadas, se puede permitir a un patrono que reduzca los beneficios por edad en tanto y en cuanto el costo de proveer los beneficios reducidos a trabajadores de más edad sea el mismo que el costo de proveer beneficios a trabajadores más jóvenes.

RENUNCIAS A DERECHOS DE LA ADEA

Un patrono puede pedirle a un empleado que renuncie a sus derechos o reclamos conforme a la ADEA ya sea a través de una estipulación administrativa o judicial o en relación con un programa de incentivo de salida u otro programa de terminación de empleo. Sin embargo, la ADEA, según fue enmendada por la OWBPA, establece requisitos mínimos específicos que deben cumplirse para que una renuncia se considere de conocimiento y voluntaria y, por consecuencia, válida. Entre otros requisitos, una renuncia válida a la ADEA debe:

- hacerse por escrito y ser comprensible;

- referirse específicamente a los derechos o reclamos según la ADEA;

- no renunciar a derechos o reclamos que puedan surgir en el futuro;

- sea por un intercambio de una consideración que sea de valor para el empleado;

- informar al individuo por escrito que consulte a un abogado antes de firmar la renuncia; y

- proveer a la persona por lo menos 21 días para considerar el acuerdo y por lo menos siete días para revocar el acuerdo después de firmarlo.

Si un empleado solicita una renuncia a la ADEA en relación con un programa de incentivo de salida u otro programa de terminación de empleo, los requisitos mínimos para una renuncia válida son más amplios.

Sus Derechos y Protecciones como Residente de un Asilo para Ancianos
Medicare

Como residente del asilo usted tiene ciertos derechos y protecciones estipulados por la ley federal y estatal que le garantizan los servicios y la atención que necesita. Usted tiene derecho a recibir información, a tomar sus propias decisiones y a que su información personal sea confidencial.

En el asilo le deben explicar sus derechos por escrito y de un modo claro y fácil de entender.

También deben decirle por escrito cuál debe ser su comportamiento y responsabilidades mientras está en el asilo. Esto deben hacerlo antes o cuando lo admitan y durante su estadía. Usted debe confirmar por escrito que ha recibido estas explicaciones.

Como mínimo, la ley federal especifica que los asilos para ancianos deben promover y proteger los derechos siguientes para cada residente.

Ser tratado con respeto: Tiene derecho a que lo traten con dignidad y respeto, así como a formular su propio horario y participar en las actividades que desee. Tiene derecho a decidir cuándo se va a acostar, a levantarse en las mañanas y cuándo comer.

Participar en las actividades: Tiene derecho a participar en los programas de actividades diseñados para sus necesidades y las de los otros residentes.

No ser discriminado: Los asilos para ancianos no tienen que aceptar a todos los solicitantes, pero deben cumplir las leyes de Derechos Civiles que estipulan que no se puede discriminar por raza, color, origen nacional, incapacidad, edad o religión. Si desea más información al respecto diríjase al *Department of Health and Human Services, Office for Civil Rights*, o visite http://www.hhs.gov/ocr.

No ser víctima de abuso o negligencia: Usted tiene derecho a no ser abusado verbal, sexual, física o mentalmente. El personal del asilo no puede mantenerlo apartado del resto de los residentes en contra de su voluntad. Si piensa que lo maltratan (abusan) o que en el asilo no atienden sus necesidades (negligencia), denúncielo a las autoridades del asilo, a su familia, al intermediario de cuidado a largo plazo o a la Agencia Estatal de Inspección. El asilo debe investigar e informar a las autoridades correspondientes sobre cualquier supuesta violación a sus derechos así como cualquier herida de origen desconocido, en un plazo de 5 días a partir del momento del incidente.

No ser restringido: En el asilo no se puede usar ningún tipo de restricción física (barras de restricción) o restricciones químicas (como medicamentos) para disciplinar a los residentes o para comodidad del personal del asilo.

Presentar una queja: Usted tiene derecho a quejarse con el personal del asilo, o cualquier otra persona sin tener miedo a recibir un castigo por hacerlo. El asilo debe prestar atención a su queja de un modo oportuno.

Obtener la atención médica que necesita: Usted tiene los siguientes derechos de atención médica:

- Ser informado sobre su condición médica de una manera clara y fácil de entender.

- Recibir información sobre su problema de salud, los medicamentos recetados y de venta libre, vitaminas y suplementos que toma.

- Participar en la elección de su médico.

- Participar en las decisiones sobre su cuidado.

- Participar en el desarrollo de su plan de cuidado. Por ley, los asilos para ancianos deben desarrollar un plan de atención para cada residente. Usted tiene derecho a participar en este proceso. Sus familiares también pueden hacerlo si usted los autoriza.

- Acceder a su archivo personal y médico e informes de manera oportuna (durante la semana). Su tutor legal tiene derecho a consultar su archivo médico y a tomar decisiones en nombre suyo.

- Expresar cualquier queja que tenga sobre la atención o el tratamiento.

- A preparar sus decisiones anticipadas (como nombrar un representante u otorgar un poder legal para las decisiones sobre su salud, un testamento en vida, o enunciar sus deseos para después de su muerte) de acuerdo con la ley estatal.

- Negarse a participar en un tratamiento experimental.

Que se notifique a su representante: El asilo debe informarle a su médico, si lo conoce, a su representante legal o a un miembro de su familia, cuando:

- Usted tuvo un accidente y está herido o necesita ver a un médico.

- Se nota un deterioro de su condición física, mental o psicosocial.

- Tienen un problema que pone en peligro su vida.

- Tiene complicaciones clínicas.

- Tienen que cambiarle el tratamiento drásticamente.

- El asilo decide transferirlo o darle de alta.

Obtener información sobre los servicios o costos: Tiene derecho a que le informen por escrito sobre los servicios y precios (que le cobren o que no tenga que pagar) antes de ingresar al asilo, y en cualquier momento en que los servicios o precios cambien. Además:

- No le pueden cobrar una tarifa mínima al ingresar si su cuidado es pagado por Medicare o Medicaid.

- Para aquellos que deseen ingresar, el asilo debe informarles oralmente y por escrito y tener información impresa disponible sobre cómo solicitar la admisión y hacer uso de sus beneficios de Medicare y Medicaid.

- También deben brindarle información sobre cómo obtener un reembolso si usted pagó por un artículo o servicio que debido a su elegibilidad para Medicare y Medicaid, ahora está cubierto.

Controlar su dinero: usted tiene derecho a controlar su propio dinero o a que alguien en quien confía lo haga por usted. Además,

- Si deposita dinero en el asilo o les pide que se lo guarden, debe firmar una declaración por escrito indicando que desea que ellos lo hagan.

- El asilo debe permitirle el acceso a su cuenta bancaria, dinero en efectivo u otros informes financieros.

- El asilo debe tener un sistema que le garantice el acceso a su dinero y no puede combinar el dinero de los residentes con los fondos del asilo.

- El asilo debe proteger el fondo de los residentes de pérdidas ofreciendo una protección aceptable, como por ejemplo una fianza de seguridad.

- Si el residente fallece, el asilo debe entregarle los fondos y el estado financiero final a la persona o a la corte a cargo de los bienes del residente en un plazo de 30 días.

Obtener la privacidad y arreglos de vivienda apropiados: usted tiene derecho a:

- Seguir usando sus pertenencias personales siempre que las mismas no interfieran con los derechos, salud o seguridad de otros.

- Recibir visitas privadas.

- Hacer y recibir llamadas privadas.

- Tener privacidad para enviar o recibir correos electrónicos y correspondencia postal.

- Que el asilo lo proteja de los robos.

- Compartir su habitación con su cónyuge si ambos viven en el mismo asilo (y si ambos están de acuerdo).

- Que el asilo le avise antes de cambiarlo de habitación o de compañero de cuarto, y a que se tengan en cuenta sus preferencias.

- Revisar los resultados de las inspecciones sobre seguridad contra incendios y las inspecciones del asilo.

Pasar tiempo con las personas que lo visitan: Usted tiene derecho a:

- Estar en privado con sus visitas.

- Recibir visitas en cualquier momento siempre que desee verlos y siempre que no interfieran con su plan de cuidado o con la privacidad de otros residentes.

- Ver en cualquier momento a la persona que lo ayuda con su salud, socialmente, legalmente o que le brinde otros servicios.

Puede ser su médico, un representante del departamento de salud, su intermediario de cuidado a largo plazo, etc.

Obtener servicios sociales: El asilo deber brindarle:

- Los servicios de un consejero

- Ayuda para resolver los problemas que tenga con otros residentes.

- Ayuda para ponerse en contacto con asesores legales y financieros.

- Planificación para su alta.

Salida del asilo para ancianos:

- **Salida para visitas:** Si su salud se lo permite, y su médico está de acuerdo, puede salir para visitar a su familia o amigos durante el día o pasar la noche fuera del asilo, a esto se le conoce como "salida autorizada". Hable con el personal unos días antes para que le preparen los medicamentos y las instrucciones por escrito. **Atención:** Si su estadía en el asilo está cubierta por cierto seguro, tal vez no puede salir sin perder la cobertura.

- **Dejar el asilo:** Usted puede dejar el asilo si lo desea y también puede cambiarse a otro lugar. Sin embargo, el asilo debe tener una política que requiera que les notifique con antelación si desea irse. Si no lo hace, tal vez tenga que pagar una tarifa adicional.

Estar protegido contra las transferencias o altas injustas: No pueden enviarlo a otro asilo para ancianos o hacer que deje el asilo, a menos que:

- Sea necesario para el bienestar, salud o seguridad suya o de otros.

- Su salud ha mejorado lo suficiente y ya no necesita la atención que le brindan en el asilo.

- No le han pagado al asilo por los servicios que le ha proporcionado.

- El asilo ya no presta más servicios.

Usted tiene los derechos siguientes:

- Derecho de apelar ante su estado la decisión de transferirlo o darle de baja.

- El asilo no puede hacer que se vaya si está esperando para recibir Medicaid.

- Excepto en emergencias, los asilos deben darle un aviso por escrito de 30 días sobre lo que planean hacer y los motivos para su alta o transferencia.

- El asilo debe transferirlo o darle de baja de manera ordenada y segura y darle el aviso apropiado sobre los requisitos para guardarle una cama o readmitirlo.

Formar o participar en grupos de residentes: Tiene derecho a formar o ser parte de uno de estos grupos para tratar asuntos e inquietudes sobre las políticas y operaciones del asilo para ancianos. La mayoría de los asilos tiene estos grupos a menudo conocidos como "consejos de residentes". El asilo debe brindarle un espacio para que se reúnan y deben escuchar y actuar para aclarar las inquietudes y recomendaciones del grupo.

Permitir que sus familiares y amigos participen: Los familiares y amigos pueden ayudar para que usted reciba servicios de calidad. Pueden visitarlo, conocer al personal del asilo e interiorizarse de las normas. Los familiares y los tutores legales pueden juntarse con los familiares de otros residentes y participar en el consejo de residentes, si lo hubiera. Con su autorización, sus familiares también pueden ayudar con su plan de cuidado. Si un familiar o amigo es su tutor legal, tiene derecho a revisar su archivo médico y a tomar decisiones importantes en su nombre.

H. Los Derechos Humanos de los Inmigrantes

Otro grupo que históricamente y en nuestros días ha sido víctima de todo tipo de violación de sus derechos humanos comprende las personas que salen de sus países de origen para encontrar una vida mejor en otro país. Estos inmigrantes existen en todo el mundo y, para casi todos ellos, la experiencia de ser un extranjero en un país nuevo es extremadamente difícil.

Tanto las organizaciones internacionales como las entidades nacionales siguen evolucionando en cuanto a las formas de garantías y protecciones que deberían de ofrecerse a los inmigrantes de todo tipo. A la vez, en este país y en otras partes del mundo, hay quienes buscan limitar la entrada de inmigrantes por razones variadas. En el proceso de buscar estos límites, a veces se toman posiciones que resultan violativas de los derechos humanos de los inmigrantes.

Día Internacional del Migrante, 18 de diciembre

Secretario General de las Naciones Unidas Ban Ki-Moon

La migración afecta a todos los países, al igual que los mitos y las percepciones equivocadas sobre sus consecuencias. Existen muchos supuestos falsos en torno a la migración.

Uno de esos mitos es que los migrantes son una carga, cuando en realidad, hacen grandes contribuciones a los países que los acogen. Los migrantes trabajadores aportan sus conocimientos y habilidades, los que encabezan empresas crean empleos, y los inversores aportan capital. Tanto en las economías avanzadas como emergentes los migrantes desempeñan una función indispensable en la agricultura, el turismo y el trabajo doméstico, y a menudo son ellos quienes cuidan de los integrantes más jóvenes y de más edad de la sociedad.

Hay quienes consideran que la migración irregular es un delito. Muchos piensan que los migrantes que no tienen la documentación adecuada son un peligro para la sociedad y deben ser detenidos, o que todas las mujeres que migran para realizar un trabajo que requiere de poca calificación son víctimas de la trata.

Estas y otras creencias sin fundamento llevan a la adopción de políticas migratorias inaplicables en el mejor de los casos, e incluso peligrosas.

Los Estados tienen la prerrogativa soberana de administrar sus fronteras, pero también tienen el deber de cumplir con sus obligaciones jurídicas internacionales. De acuerdo con las normas internacionales de derechos humanos, toda persona, sin discriminación alguna e independientemente de su nacionalidad o condición jurídica, tiene el derecho de gozar de los derechos humanos fundamentales. No debería enviarse a ningún migrante de regreso a un lugar donde pueda ser torturado. Todas las mujeres migrantes deberían tener acceso a servicios de atención de la salud, incluida la salud reproductiva. Todos los niños migrantes deberían poder ir a la escuela.

Los derechos humanos no son una cuestión de caridad ni una recompensa por obedecer las leyes migratorias; son derechos inalienables de cada persona y, por ende, también de los 214 millones de migrantes internacionales y sus familiares.

Cuarenta y cinco países han ratificado la Convención Internacional sobre la protección de los derechos de todos los trabajadores migratorios y de sus familiares. Hago un llamamiento a todos los demás países para que se sumen a este importante tratado como forma de afirmar de manera concreta su compromiso de proteger y promover los derechos humanos de todos los migrantes en sus territorios. Cuando se violan sus derechos, se los margina y excluye, los migrantes no pueden contribuir ni económica ni socialmente a las sociedades que han dejado atrás y tampoco a aquellas a las que llegan. Sin embargo, cuando se los apoya mediante políticas adecuadas y la protección de los derechos humanos, la migración puede ejercer una influencia beneficiosa en las personas, así como en los países de origen, tránsito y destino.

Hagamos que el Día Internacional del Migrante tenga significado adoptando medidas constructivas que permitan aprovechar este fenómeno mundial y transformarlo en una fuerza para el progreso.

———

Estados Unidos: Una Sociedad Multicultural

Carlos Gallardo, Notas Actuales, Boletín Informativo de la Embajada de los Estados Unidos de América en Bolivia, Núm. 517, 25 de abril de 2011

El mes de marzo, el especialista en cultura de la Embajada de Estados Unidos Carlos Gallardo, ofreció una conferencia en la Universidad Mayor de San Andrés y en los Centros Boliviano-Americano de La Paz y Santa Cruz, sobre la historia de las inmigraciones que han convertido a Estados Unidos en una sociedad multicultural.

Estados Unidos ha sido llamado "un país permanentemente inacabado" porque ha sido continuamente construido y reconstruido por inmigrantes. En efecto, ha sido el principal destino para inmigrantes desde el siglo 19 hasta el presente, y la inmigración ha sido un tema central al determinar la historia de este país.

¿Qué es un norteamericano? Una respuesta frecuente es que el ser norteamericano no depende de dónde vinieron nuestros ancestros. En Estados Unidos, el ser americano depende sobre todo, en aceptar algunos ideales americanos como ser el gobierno representativo, el régimen de la ley y la libertad individual.

Durante el curso de la historia de este país, los americanos han acogido a olas de inmigrantes pero con una cierta ambivalencia hacia las nuevas llegadas.

Inclusive hoy en día, la política de inmigración continúa siendo un problema en la mente de muchos norteamericanos, en especial la pregunta acerca de cómo lidiar con los inmigrantes ilegales, es el tema de mucho debate.

1820 fue la primera era de migración masiva. Desde esa década hasta 1880, alrededor de 15 millones de inmigrantes llegaron a Estados Unidos, y muchos de ellos se dedicaron a la agricultura en el Medio este y el Noreste, mientras que otros se establecieron en ciudades como Nueva York, Filadelfia, Boston y Baltimore.

Los inmigrantes tendían a aglomerarse por grupos étnicos en vecindarios particulares, ciudades y regiones. De esa forma, el Medio oeste se volvió el hogar de inmigrantes de Suecia, Noruega, Dinamarca y varias regiones de lo que se luego se volvería Alemania.

En las décadas anteriores a la Guerra Civil (1861-1865), el "nativismo" lanzó un poderoso movimiento político. Este periodo también presenció la llegada de pequeños números de chinos al Oeste Americano. Los norteamericanos nacidos en Estados Unidos, reaccionaron intensa y negativamente a esta llegada. Los inmigrantes de finales de siglo 19 y comienzos del 20, se constituyeron verdaderamente en una ola inmigrantes. Casi 25 millones de europeos hicieron el viaje en barco desde Europa. Italianos, griegos, húngaros y polacos fueron la masa principal de esta migración que también incluyó a casi tres millones de judíos.

Sus destinos urbanos y la cantidad que eran condujeron a la emergencia de una segunda ola de xenofobia organizada. Para 1890, muchos norteamericanos, en particular de las filas de los ricos, blancos, y nacidos en Estados Unidos consideraron que la inmigración presentaba un serio peligro para la salud y la seguridad de la nación. El Acta del Origen Nacional de 1921 (y su forma final en 1924) no solamente restringía el número de inmigrantes que pudieran entrar a Estados Unidos, sino que también asignó cupos, basados en los orígenes nacionales.

En esencia, esta complicada ley daba preferencia a inmigrantes de Europa del Norte y del Oeste; limitaba severamente el número de Europa del Este y del Sur, y declaraba a todos los potenciales inmigrantes de Asia de no ser merecedores de entrar a Estados Unidos. La ley también excluía al Hemisferio Occidental del sistema de cupos, y la década de 1920 fue la penúltima era en la historia de la inmigración a los Estados Unidos. Los inmigrantes podían moverse con bastante libertad desde México y el Caribe, así como desde otras partes de Centro y Sud América. Esta era, que reflejó la aplicación de la ley de 1924, duró hasta 1965. Durante esos 40 años, Estados Unidos comenzó a admitir, números limitados de inmigrantes caso por caso.

Todo esto cambió en 1965 cuando una nueva ley reemplazó los cupos con categorías de preferencias, basadas en relaciones familiares y capacidades de trabajo. Para el 2000, la inmigración a los Estados Unidos había vuelto a su volumen de 1900, y Estados Unidos una vez más se volvió una nación formada y transformada por inmigrantes.

Ahora, a comienzos del siglo 21, Estados Unidos se ve nuevamente envuelto en un debate sobre la inmigración y el rol de los inmigrantes en la sociedad estadounidense.

Algunos creen que los nuevos inmigrantes no han querido o no han podido asimilarse dentro de la sociedad estadounidense, y que están demasiado comprometidos en mantener sus conexiones transnacionales, y muy alejados de los valores estadounidenses esenciales. Como en eras pasadas, algunos críticos creen que los recién llegados les quitan el trabajo a los estadounidenses, y que colocan mucha carga sobre los sistemas educativos, de salud y de seguridad social.

Hay también quienes apoyan a los inmigrantes y dicen que cada nueva ola de inmigración, inspiró miedo, sospechas y preocupación entre los estadounidenses, incluyendo a los hijos y nietos de anteriores inmigrantes, y que los estadounidenses decían equivocadamente que cada grupo de recién llegados no encajaría y que permanecería atado a sus viejas y foráneas maneras. Los defensores de la inmigración y la mayoría de los historiadores sobre la inmigración argumentan que los inmigrantes enriquecen a los Estados Unidos en grandes medidas, puesto que ellos proveen valiosos servicios a la nación.

En cada era de la historia de Estados Unidos, desde los tiempos coloniales en el Siglo 17 hasta comienzos del Siglo 21, hombres y mujeres alrededor del mundo han optado por la experiencia estadounidense. Llegaron como extranjeros, portadores de lenguas, culturas y religiones que por momentos parecían ajenos a la esencia de Estados Unidos. Con el tiempo, los inmigrantes y sus descendientes construyeron comunidades étnicas y simultáneamente participaron de la vida cívica norteamericana, contribuyendo a la nación como un todo.

¿Cómo son los rostros de una familia estadounidense hoy? Un estereotipo podría contestar que son una pareja de padres altos, rubios y atléticos con dos hijos. Tal vez ellos estén parados delante de una bonita casa con un bien cuidado jardín rodeado de una baja reja blanca de palitos de madera. Dentro de la casa hay bolsas de McDonald's sobre el mesón de la cocina, coca colas en la nevera y la música de MTV sonando en el televisor.

Sí, ese puede ser un tipo de familia estadounidense pero hay muchos otros rostros diferentes: la pequeña chica irlandesa de pelo rojo con su marido Afro-Americano. La madre sola que tiene dos empleos para poder mantener a su familia. El hombre iraquí casado con la norteamericana y sus dos hijos; La pareja de bolivianos que viven en Virginia con sus cuatro hijos adultos y un nieto, o la también numerosa familia de chinos que viven en la parte de arriba de su restaurant de Chinatown en San Francisco. La diversidad está viva y extendida.

En muchos idiomas, la cultura usualmente se refiere al arte, la música, la historia y la literatura. En el inglés estadounidense, la "cultura" simplemente significa la forma de vida de un grupo de personas, que se transmite de una generación a otra por medio del aprendizaje. Incluye creencias fundamentales, valores, patrones de pensamiento, y visiones del mundo compartidas por la mayoría de los estadounidenses. Si tuviéramos que desarrollar una representación gráfica de la cultura norteamericana, podríamos considerar un iceberg. La mayor parte de un iceberg está bajo agua y escondido. Lo mismo es cierto de la cultura. La mayor parte de ella es interna o está dentro de nuestras cabezas y muy debajo del nivel de agua de nuestro consciente. Aunque la punta visible cambie, la base no cambia mucho a través del tiempo.

De la misma forma, nuestras creencias fundamentales, valores, modos de pensar y de ver la vida cambian muy lentamente. Esta parte de la cultura es aprendida inconscientemente por el solo hecho de crecer en una familia en particular. Esta es la razón por la que no estamos muy conscientes de nuestros valores culturales hasta que dejamos nuestro país e interactuamos con personas de otras culturas. La metáfora de Estados Unidos como un mosaico o un tapiz se ha vuelto popular hoy en día y significa que es aceptable el mantener las diferencias sin dejar de ser parte de la sociedad en su conjunto. En un mosaico o en un tapiz, cada color es distinto y añade a la belleza del objeto. Los estadounidenses con doble identidad, reflejan la creencia de que se puede mantener la identidad étnica, nacional, religiosa o racial y ser aun estadounidense. *Mexicano-Americano, Irlandés-Americano, Africano-Americano, Árabe-Americano, Musulmán-Americano, Boliviano-Americano,* todos reflejan la práctica de ser un verdadero estadounidense y al mismo tiempo mantener una co-identidad. Por supuesto, lo que mantiene al país unido no es solamente un conjunto de valores y creencias comunes, sino también el idioma inglés y las experiencias comunes.

En cuatro estados, Nuevo México, Texas, California y Hawái, así como en el Distrito de Columbia, las personas blancas no hispanas son una minoría demográfica. Para el 2050, la mayoría de los demógrafos coinciden en que las personas blancas no hispanas serán una minoría dentro de la población general nacional. Sin embargo esta tendencia no parece constituir un riesgo para el estadounidense promedio. De hecho, la mayoría de los estadounidenses creen que la diversidad ayuda a la solución creativa de los problemas y que aumenta la productividad. Las diferencias son valoradas y vistas como fortalezas y muy pocas personas hoy en día quieren volver al pasado cuando las minorías tenían que renunciar a sus diferencias para encajar en la cultura principal.

El tema hoy en día no es cómo deshacerse de las diferencias, sino cómo manejar una sociedad con tantas diferencias. La diversidad hoy significa todas las razas y grupos étnicos; varias nacionalidades, hombres y mujeres; discapacitados; empleados de todas las edades y personas de diferentes orientaciones sexuales. Debido a las realidades demográficas, la creciente interdependencia global y los obvios beneficios de la diversidad, los estadounidenses se adaptarán y desarrollarán las habilidades necesarias para comunicarse y trabajar con gente de todas las culturas.

———

La Ley de Inmigración en los Estados Unidos

El 25 de junio de 2012, la Corte Suprema de los EE.UU. dictó una decisión ratificando una parte de la ley sobre inmigración de Arizona, S.B. 1070. Este fallo también elimina algunas de las partes de ley S.B. 1070, una de las leyes de inmigración más criticadas y severas del país, y deja otras intactas.

Específicamente, el fallo revocó varios artículos de la ley de Arizona por caer fuera del ámbito estatal, ya que la ley federal es la que rige en asuntos de inmigración. A la vez, la corte ratificó la disposición de la ley -- "documentos por favor" — la cual les permite a las autoridades locales verificar el estado migratorio de cualquier persona que parezca ser inmigrante.

Los grupos que apoyan una política de inmigración más amplia consideran esta disposición como una forma de discriminación racial basada en el perfil étnico.

La decisión, redactada por el Juez Kennedy, deja abierta la posibilidad de apelaciones constitucionales (o de otra índole) un vez que entre en vigor la ley reformulada. De hecho, a los pocos días del fallo de la Corte Suprema, volvieron a presentarse varias demandas contra las severas leyes de inmigración de Alabama y Georgia, leyes que se parecen mucho a la ley de Arizona, SB 1070. En estas demandas, ambas partes están pidiendo una reconsideración de las disposiciones a la luz del fallo de la Corte Suprema. Entre otras cosas, el estado de Alabama ha reconocido que partes de la ley de ese estado que son parecidas a la de Arizona quedan ahora bloqueadas a raíz del fallo de la Corte Suprema. Pero igualmente, Alabama mantiene que otras partes de su ley de inmigración – sobre todo aquella que requiere que las escuelas públicas verifiquen el estado de inmigración de los estudiantes – podrán entrar en efecto. Sin embargo, el 20 de agosto de 2012, la Corte Federal de Apelación para el 11º Circuito bloqueó partes significativas tanto de la Ley H.B. 56 de Alabama como de la Ley H.B. 87 de Georgia.

En otro caso, un juez federal en Carolina del Sur indicó que probablemente tendrá que revisar una previa orden suya, la cual suspendió temporalmente la mayor parte de la ley de inmigración de ese estado, que refleja cercanamente el contenido de la ley de Arizona. El juez había bloqueado varias cláusulas de la ley de Carolina del Sur, incluyendo una que requiere la verificación del estado de inmigración de personas detenidas por otras causas, otra que convierte en delito estatal el no portar documentos de inmigración, y otra que criminaliza el que una persona indocumentada consiga vivienda.

En resumen, la decisión de la Corte Suprema ratificó la parte de SB 1070 que requiere que la policía verifique el estado de inmigración de personas detenidas por otras razones. Pero rechazó tres otras partes de la ley de Arizona, declarando que (1) no se puede requerir que todos los inmigrantes lleven consigo documentos de autorización para encontrarse en el país; (2) no se puede crear un nuevo delito penal estatal que criminalizaría el que un inmigrante indocumentado buscara o aceptara un empleo; y (3) no se permitirá que la policía tenga la facultad de arrestar a presuntos inmigrantes, sin una orden judicial.

¿Qué es el Servicio de Ciudadanía e Inmigración de los Estados Unidos?

Servicio de Ciudadanía e Inmigración del los Estados Unidos (USCIS)

El Servicio de Ciudadanía e Inmigración de los Estados Unidos (US-CIS, por sus siglas en inglés) es la agencia federal que supervisa la inmigración legal a los Estados Unidos. Somos parte del Departamento de Seguridad Nacional.

ALGUNOS DE LOS SERVICIOS QUE OFRECEMOS SON:

Ciudadanía (incluye el proceso de naturalización correspondiente): Los individuos que desean ser ciudadanos estadounidenses por naturalización radican sus solicitudes en el USCIS. Nosotros determinamos su elegibilidad, procesamos las solicitudes y, si la petición se aprueba, programamos la asistencia del solicitante a una ceremonia en la que se le toma el juramento de fidelidad a la Constitución de los Estados Unidos. También determinamos la elegibilidad y ofrecemos documentación de ciudadanía estadounidense a aquellas personas que la obtuvieron o recibieron a través de sus padres.

Inmigración de los miembros de una familia: USCIS maneja el proceso que permite a residentes permanentes y a ciudadanos estadounidenses traer familiares directos a residir y trabajar en los Estados Unidos.

Trabajo en los Estados Unidos: USCIS maneja el proceso que permite a individuos de otros países trabajar en los Estados Unidos. Algunas de las oportunidades son temporeras y otras constituyen una vía para obtener la residencia permanente (tarjeta verde).

Verificación del derecho legal de un individuo a trabajar en los Estados Unidos (E-Verify): USCIS maneja el sistema que permite a empleadores verificar de manera electrónica la elegibilidad laboral de empleados contratados recientemente.

Programas Humanitarios: USCIS administra programas humanitarios mediante los cuales se ofrece protección a individuos dentro y fuera de los Estados Unidos que han sido desplazados por guerras, hambruna, disturbios cívicos y políticos e individuos obligados a huir de sus países para evitar el riesgo de muerte o tortura de manos de perseguidores.

Adopciones: USCIS se encarga del primer paso en el proceso de adopción de niños de otros países por parte de ciudadanos estadounidenses. Anualmente se realizan aproximadamente 20,000 adopciones.

Integración Cívica: USCIS propicia la enseñanza y capacitación acerca de los derechos y las responsabilidades de la ciudadanía y ofrece a los inmigrantes información y herramientas para su integración satisfactoria a la cultura cívica estadounidense.

Genealogía: El Programa de Genealogía del USCIS es un programa de pago-por-servicio que les otorga a historiadores de familia y a otros investigadores el acceso oportuno a registros históricos de inmigración y naturalización.

OTRAS AGENCIAS CONCERNIENTES:

Existen varias agencias del gobierno federal que junto al USCIS administran la Ley de Inmigración y Nacionalidad. Estas también participan en la determinación de elegibilidad para admisión a los Estados Unidos de los individuos y garantizan el cumplimiento de las leyes y reglamentos. A continuación se enumeran estos otros organismos.

El Servicio de Aplicación y Cumplimiento de las Leyes de Inmigración y Aduanas se encarga del cumplimiento de la Ley de Inmigración en el interior, la detención y la expulsión, así como de los programas de estudiantes y visitantes de intercambio.

El Servicio de Aduanas y Protección Fronteriza está a cargo del patrullaje en las fronteras y de las inspecciones de inmigración en los puertos de entrada aéreos y terrestres de los Estados Unidos.

El Departamento de Estado de los Estados Unidos se encarga de la emisión de visas, la emisión de pasaportes de los Estados Unidos y de a la administración del Programa de Lotería de Visas de Diversidad.

NUESTRA HISTORIA

El I de marzo de 2003, el Servicio de Ciudadanía e Inmigración, (USCIS, por sus siglas en inglés) asumió responsabilidad por todas las funciones de inmigración del gobierno federal. El Acta de Seguridad Nacional de 2002 (Pub. L. No. 107–296, 116 Stat. 2135) desmanteló el antiguo Servicio de Inmigración y Naturalización (INS, por sus siglas en inglés) y separó la antigua agencia en tres componentes dentro del Departamento de Seguridad Nacional (DHS, por sus siglas en inglés).

Esta agencia fue creada para reforzar la seguridad y mejorar la eficiencia de los servicios nacionales de inmigración, ya que se dedica exclusivamente a la administración de los beneficios de los solicitantes. Por otra parte, la Agencia de Inmigración y Control de Aduanas (ICE, por sus siglas en inglés) y la Agencia de Aduanas y Protección de Bordes (CBP, por sus siglas en inglés), son los componentes que se encargan de hacer cumplir las funciones de inmigración y seguridad de los bordes.

Nosotros somos producto de un legado de más de 100 años de administración de servicios federales de inmigración y naturalización. En la siguiente tabla encontrará una breve cronología de nuestra historia institucional:

- 1891: Se crea la Oficina de la Superintendencia e Inmigración dentro del Departamento del Tesoro.

- 1895: La Oficina de Superintendencia de Inmigración pasa a ser el Buró de Inmigración.

- 1903: El Buró de Inmigración es transferido al Departamento del Trabajo y Comercio.

- 1906: Se crea el Servicio de Naturalización y el Buró de Inmigración pasa a ser el Buró de Inmigración y Naturalización.

- 1913: El Buró de Inmigración y Naturalización es dividido en dos partes - el Buró de Inmigración y el Buró de Naturalización - y transferido al nuevo Departamento del Trabajo.

- 1924: Se crea dentro del Buró de Inmigración la Patrulla de Protección de Bordes de los Estados Unidos.

- 1933: El Buró de Inmigración y el Buró de Naturalización son unidos en una nueva agencia; el Servicio de Inmigración y Naturalización (INS, por sus siglas en inglés).

- 1940: El INS es transferido del Departamento del Trabajo al Departamento de Justicia.

- 2003: El INS desaparece y sus funciones reorganizadas en tres agencias, - USCIS, ICE y CBP - dentro del nuevo Departamento de Seguridad Nacional.

ICE: Quiénes Somos
U.S. Immigration and Customs Enforcement

El Servicio de Inmigración y Control de Aduanas de Estados Unidos (U.S. Immigration and Customs Enforcement o ICE), creado en marzo de 2003, es la mayor entidad investigadora del Departamento de Seguridad Nacional (Department of Homeland Security o DHS), el cual fue creado tras el 11 de septiembre de 2001 para combinar las dependencias de la ley del antiguo Servicio de Inmigración y Naturalización (Immigration and Naturalization Service o INS) y el antiguo Servicio de Aduanas de Estados Unidos (U.S. Customs Service), y así velar más eficazmente por el cumplimiento de nuestras leyes de inmigración y aduanas y proteger a Estados Unidos de ataques terroristas. El ICE realiza esta labor al concentrarse en los inmigrantes ilegales, y las personas, el dinero y los materiales que prestan apoyo al terrorismo y otras actividades criminales. El ICE es un componente clave de la estrategia de "defensa estratificada" del DHS para proteger al país.

NUESTROS OBJETIVOS

Nuestra misión principal es proteger a Estados Unidos y defender la seguridad pública. Cumplimos con esta misión al identificar las actividades criminales y eliminar los puntos débiles que representan una amenaza para la seguridad fronteriza, económica, de transporte e infraestructura de la nación. Al proteger nuestra seguridad nacional y fronteriza, el ICE elimina la amenaza potencial de actos terroristas contra Estados Unidos.

LA MANERA EN QUE OPERAMOS

Antes del 9/11, las autoridades de inmigración y aduanas no eran extensamente reconocidas como una herramienta eficaz contra el terrorismo en Estados Unidos. El ICE cambió esto al crear una variedad de sistemas nuevos para lidiar mejor con las amenazas contra la seguridad nacional y para detectar actividades terroristas potenciales en Estados Unidos.

Nos concentramos en las personas, el dinero y los materiales que prestan apoyo a las actividades terroristas y criminales.

Entre las agencias federales para el cumplimiento de la ley, ocupamos el segundo lugar entre los participantes en el Grupo de Trabajo Conjunto contra el Terrorismo (Joint Terrorism Task Force).

Desmantelamos las pandillas al perseguir a sus miembros, confiscar sus bienes e interrumpir sus operaciones criminales por medio de la Operación Escudo Comunitario (Operation Community Shield).

Investigamos a los empleadores y nos concentramos en los empleados no autorizados que han obtenido acceso a zonas restringidas de los aeropuertos de nuestro país por medio de nuestro Programa de Cumplimiento de la Ley en los Centros Laborales (Worksite Enforcement Initiative).

Ayudamos a identificar las solicitudes fraudulentas de prestaciones para los inmigrantes, la falsificación de documentos y perseguimos a los infractores por medio de nuestro Programa contra el Fraude de Identidad y Prestaciones (Identity and Benefit Fraud Program).

Investigamos la exportación ilegal de municiones y tecnología confidencial de Estados Unidos por medio de nuestro Programa del Proyecto de Protección de Estados Unidos (Project Shield America Initiative).

Ayudamos a combatir las organizaciones criminales que participan en el contrabando y tráfico de personas a través de nuestras fronteras.

Garantizamos que cada extranjero sentenciado a deportación salga de Estados Unidos cuanto antes. Nos dedicamos a reducir el número de extranjeros fugitivos en Estados Unidos por medio de nuestro Programa de Operaciones contra los Fugitivos (Fugitive Operations Program).

Perseguimos enérgicamente los componentes financieros que las organizaciones criminales utilizan para ganar, trasladar y guardar sus fondos ilícitos por medio de nuestro Programa Piedra Angular (Cornerstone Initiative).

Desempeñamos una función de liderazgo al seguirles la pista a las organizaciones criminales responsables por producir, introducir ilegalmente y distribuir productos falsificados por medio de nuestro Centro de Derechos a la Propiedad Intelectual (Intellectual Property Rights Coordination Center).

Respaldamos a la comunidad del cumplimiento de la ley por medio de tres unidades dedicadas a intercambiar información y proporcionar respaldo de investigación: el Centro de Apoyo a las Agencias de la Ley (Law Enforcement Support Center), el Laboratorio Forense de Documentos (Forensic Document Laboratory) y el Centro de Crímenes Cibernéticos (Cyber Crimes Center).

Desempeñamos todas estas funciones y muchas otras, actuando con valentía, integridad y un alto nivel de responsabilidad por nuestros actos, esforzándonos por lograr la excelencia en todo lo que hacemos. Aspiramos a los más altos estándares de desempeño, profesionalismo y liderazgo.

OPERACIONES DEL ICE

El Servicio de Inmigración y Control de Aduanas de Estados Unidos (U.S. Immigration and Customs Enforcement o ICE), la mayor entidad investigadora del Departamento de Seguridad Nacional (Department of Homeland Security o DHS), tiene la responsabilidad de identificar las actividades criminales y eliminar los puntos débiles que representan una amenaza para la seguridad fronteriza, económica, de transporte e infraestructura de la nación.

El ICE está compuesto por cuatro divisiones policiales y varias divisiones de apoyo. Estas divisiones del ICE combinan una innovadora estrategia con recursos nuevos para proporcionar servicios sin paralelo de investigación, interdicción y seguridad al público y a nuestros aliados en el cumplimiento de la ley a nivel federal y local.

OFICINA DE RELACIONES CON EL CONGRESO

La Oficina de Relaciones con el Congreso (Office of Congressional Relations o OCR) representa los valores básicos del ICE y los objetivos del Departamento de Seguridad Nacional (DHS) por medio de actividades de coordinación con el Congreso de Estados Unidos.

Nuestra manera de operar

La OCR mantiene una relación eficaz al mantener informado al Congreso de las operaciones del ICE y sus programas, políticas e iniciativas nacionales y locales.

OPERACIONES DE EJECUCIÓN Y DEPORTACIÓN

Operaciones de Ejecución y Deportación (Enforcement and Removal Operations o ERO) se encarga de promover la seguridad pública y nacional al asegurar la aplicación justa de las leyes de inmigración de Estados Unidos para que todos los extranjeros sujetos a deportación salgan del país.

Nuestra Manera de Operar

La ERO usa sus recursos y pericia para transportar a extranjeros, encargarse de ellos mientras están bajo custodia y esperando que se procesen sus casos, y de deportar de Estados Unidos a los extranjeros no autorizados cuando así se ordene.

OFICINA DE INTELIGENCIA

La Oficina de Inteligencia (Office of Intelligence) se encarga de compilar, analizar e intercambiar datos de inteligencia estratégica y táctica para su uso por los elementos operativos del ICE y DHS.

Nuestra manera de operar

Los profesionales de inteligencia del ICE procesan información de una variedad de fuentes para realizar evaluaciones de patrones, tendencias y sucesos nuevos en una gran variedad de campos del cumplimiento de la ley. La Oficina de Inteligencia se concentra en los datos y la información relacionada con el traslado de gente, dinero y materiales a Estados Unidos, dentro del país y fuera de él, para proporcionar informes exactos y oportunos a los líderes y agentes de campo del ICE y respaldar así sus operaciones.

Las entidades y divisiones del ICE cumplen su misión de proteger a Estados Unidos y velar por la seguridad pública al trabajar de manera conjunta e independiente, dentro del ICE y con otras entidades de la ley e inteligencia para proteger a Estados Unidos.

SEGURIDAD NACIONAL INVESTIGACIONES

Seguridad Nacional Investigaciones (Homeland Security Investigations o HSI) es responsable de investigar una variedad de asuntos que pueden atentar contra la seguridad nacional.

Nuestra manera de operar

La SHI usa su poder legal para investigar asuntos como los delitos de inmigración, violaciones de derechos humanos, contrabando humano, contrabando de drogas, armas y de otro tipo, delitos financieros y cibernéticos, y asuntos relacionados a la aplicación de las leyes de exportación. Los agentes especiales del ICE también realizan investigaciones dirigidas a proteger los sectores con infraestructura crítica que son vulnerables al sabotaje, atentados o explotación.

OFICINA DEL ASESOR LEGAL PRINCIPAL

La Oficina del Asesor Legal Principal (Office of Principal Legal Advisor o OPLA) ofrece asesoría legal, capacitación y servicios para respaldar la misión del ICE y defiende los intereses de Estados Unidos en los tribunales administrativos y federales.

Nuestra manera de operar

La OPLA protege la seguridad de Estados Unidos al proporcionar una cantidad suficiente de empleados profesionales, sumamente motivados y sensibles a las necesidades de los clientes para procesar de manera rápida y eficaz a aquéllos que violan las leyes de inmigración y aduanas, particularmente a aquéllos que atentan contra la seguridad de nuestros ciudadanos.

Oficina de Responsabilidad Profesional

La Oficina de Responsabilidad Profesional (Office of Professional Responsibility o OPR) está encargada de investigar acusaciones de comportamiento reprochable que involucren a los empleados del ICE y el Servicio de Aduanas y Protección Fronteriza (Customs and Border Protection o CBP).

Nuestra manera de operar

La OPR desempeña investigaciones imparciales, independientes y minuciosas sobre todos los informes de conducta reprochable. La OPR también inspecciona y examina las oficinas, operaciones y procesos de ICE para proporcionar a los administradores ejecutivos un análisis independiente del estado organizativo de la agencia, así como también evaluar la eficacia y eficiencia de la misión del ICE en general.

ESTADÍSTICAS DE DEPORTACIONES

El Servicio de Inmigración y Control de Aduanas de Estados Unidos (U.S. Immigration and Customs Enforcement o ICE) ha adoptado medidas de sentido común que aseguran que se vele por el cumplimiento de nuestras leyes de inmigración de una manera que maximiza la seguridad pública, protección de la frontera e integridad del sistema de inmigración. Como parte de esta estrategia, el ICE ha adoptado prioridades claras que exigen que se centren los recursos de control de la agencia en la identificación y deportación de quienes han trasgredido leyes criminales, acaban de cruzar la frontera ilegalmente, han trasgredido repetidamente las leyes de inmigración o son fugitivos de la corte de inmigración.

En los últimos tres años, esta estrategia ha producido resultados sin precedente, ya que el ICE ha realizado un nivel récord de operativos de control. Dadas las 396,000 deportaciones, esta tendencia ha continuado en el año fiscal 2011. Más importante aún, al fijar prioridades claras y usar herramientas específicas de control como Secure Communities, la composición de deportaciones por el ICE en el año fiscal 2011 ha cambiado conforme a las prioridades de control del ICE.

En el año fiscal 2011, el ICE deportó a 396,906 personas. Noventa por ciento de todos los extranjeros deportados estaban en una de las categorías prioritarias del ICE para el control.

Criminales Extranjeros

Casi cincuenta y cinco por ciento o 216,698 de los deportados en el año fiscal 2011 era criminales extranjeros sentenciados, un aumento de 89 por ciento en la deportación de criminales con respecto al anos fiscal 2008 y el mayor numero de criminales extranjeros deportados en la historia de la agencia.

Esta categoría prioritaria incluye a personas sentenciadas por diferentes crímenes o delitos. Entre los deportados en el año fiscal 2011 había las siguientes categorías de criminales sentenciados:

1,119 extranjeros sentenciados por homicidio

5,848 extranjeros sentenciados por delitos sexuales

44,653 extranjeros sentenciados por crímenes relacionados con drogas

35,927 extranjeros sentenciados por conducir intoxicados

El ICE sigue comprometido a darle prioridad a la deportación de quienes representan la mayor amenaza contra la seguridad pública y nacional. El ICE continuará evaluando sus medidas de control, operativos y programas para asegurar que se centren en nuestras principales prioridades, y hará ajustes cuando sean necesarios. Este verano, el ICE anunció reformas al programa de Comunidades Seguras (Secure Communities) y seguirá evaluando y mejorando este programa a medida que lo expande a nivel nacional para el 2013.

Personas Que Recientemente Cruzaron la Frontera Ilegalmente

Como parte de los esfuerzos sin precedente del Departamento de Seguridad Nacional para proteger las fronteras de nuestra nación, el ICE le da prioridad a la identificación y deportación de personas que recientemente cruzaron la frontera ilegalmente. El ICE también realiza operativos de control de enfoque específico conjuntamente con la Patrulla Fronteriza de Estados Unidos (U.S. Border Patrol). Los resultados históricos a lo largo de la frontera sudoeste se deben en gran medida a los esfuerzos conjuntos entre los agentes de la Patrulla Fronteriza y los agentes y funcionarios del ICE, y el énfasis que pone el ICE en la deportación de personas que recientemente cruzaron la frontera de manera ilegal.

En al año fiscal 2011, el ICE deportó a 45,938 personas que recientemente cruzaron la frontera de manera ilegal.

Transgresores Reincidentes y Flagrantes de las Leyes de Inmigración y Fugitivos de la Corte de Inmigración

Constituyen una categoría prioritaria para la deportación las personas que regresan a nuestro país después de haber sido deportadas, que participan en fraudes de inmigración o desoyen flagrantemente una orden de dejar el país por la corte de inmigración. Al darles prioridad a esas personas también se eleva la seguridad fronteriza y se promueve la integridad del sistema de inmigración.

En el año fiscal 2011, el ICE deportó a 96,529 extranjeros que eran, ya sea, trasgresores reincidentes de las leyes de inmigración o fugitivos de inmigración.

————

La Tarjeta Verde

Servicio de Ciudadanía e Inmigración de los Estados Unidos (USCIS)

Un residente permanente es alguien a quien se le ha otorgado autorización para residir y trabajar en los Estados Unidos de forma permanente. Como prueba de ese estatus, se le otorga una tarjeta de residente permanente, comúnmente llamada "Tarjeta Verde" *(Green Card)*.

Usted puede ser un residente permanente de diferentes maneras. La mayoría de los individuos son patrocinados por un familiar o un empleador en los Estados Unidos. Otros pueden ser residentes permanentes a través del estatus de refugiado o asilado u otros programas humanitarios. En algunos casos, usted puede ser elegible para presentar una solicitud propia.

Los pasos para ser un residente permanente son diferentes para cada categoría y dependerán de si usted está actualmente residiendo en los Estados Unidos o en el extranjero. A continuación se enumeran las categorías principales.

TARJETA VERDE A TRAVÉS DE LA FAMILIA

Muchas personas obtienen la residencia permanente (obtienen su tarjeta verde) a través de otros miembros de su familia. Los Estados Unidos promueven la unidad familiar y permite que ciudadanos de los Estados Unidos y residentes permanentes soliciten que ciertos familiares vengan a vivir permanentemente a los Estados Unidos. Usted podría cumplir con los requisitos para obtener una tarjeta verde a través de un miembro de su familia que sea ciudadano de los Estados Unidos o residente permanente o a través de las categorías especiales descritas en los siguientes párrafos.

Usted puede obtener su tarjeta verde de dos maneras distintas. Varios miembros de su familia que ya están en los Estados Unidos podrían cumplir con los requisitos para ajustar su estatus a residente permanente en los Estados Unidos lo cual significa que pueden completar su proceso de inmigración sin tener que regresar a su país de origen. Los familiares que se encuentran fuera de los Estados Unidos o que no son elegibles para ajustar su estatus en los Estados Unidos podrían reunir los requisitos para un trámite consular a través de la embajada de los Estados Unidos o de un consulado en el extranjero que tenga jurisdicción sobre su lugar de residencia en el extranjero

Si su familiar es un ciudadano estadounidense

Podría obtener una tarjeta verde siendo familiar directo o un familiar en una categoría preferencial si su familiar de ciudadanía estadounidense presenta el Formulario I-130, Petición para un pariente extranjero.

Familiar directo de un ciudadano estadounidense

Usted es considerado familiar directo de un ciudadano de los Estados Unidos si es:

- El (la) hijo(a) (soltero(a) y menor de 21 años de edad) de un ciudadano de los Estados Unidos

- El cónyuge (marido o mujer) de un ciudadano de los Estados Unidos

- El padre/la madre de un ciudadano de los Estados Unidos (si el ciudadano es mayor de 21 años de edad)

Familiares de ciudadano estadounidense en una categoría preferencial

Usted es considerado un familiar de un ciudadano de los Estados Unidos en una categoría preferencial si es:

- Un(a) hijo(a) soltero(a) (mayor de 21 años de edad) de un ciudadano estadounidense

- Un(a) hijo(a) casado(a) (de cualquier edad) de un ciudadano estadounidense

- Un(a) hermano(a) de un ciudadano estadounidense

Si su familiar es un residente permanente

Podría obtener una tarjeta verde siendo un familiar en una categoría de preferencia si su familiar presenta el Formulario I-130 en su nombre.

Familiar de un residente permanente en una categoría preferencial

Usted es considerado familiar de un residente permanente en una categoría de preferencia si es:

- El cónyuge del residente permanente

- El (la) hijo(a) (soltero(a) y menor de 21 años de edad) del residente permanente

- El (la) hijo(a) soltero(a) (mayor de 21 años de edad) del residente permanente

Obteniendo la tarjeta verde a través de categorías especiales de la familia

Podría obtener los su tarjeta verde si:

- Es un(a) hijo(a) o cónyuge maltratado(a) de un ciudadano de los Estados Unidos

- Entró a los Estados Unidos con una visa K como prometido(a) o cónyuge de un ciudadano estadounidense o como hijo(a) acompañante

- Obtuvo una visa V para no-inmigrantes

- Es el/la viudo(a) de un ciudadano de los Estados Unidos

- Nació siendo su padre/madre diplomático en los Estados Unidos

TARJETA VERDE A TRAVÉS DE UN EMPLEO

Muchas personas obtienen la residencia permanente a través de un trabajo o de una oferta laboral. Algunas categorías requieren una certificación del Departamento de Trabajo de los Estados Unidos, mediante la cual se indique que no hay suficientes trabajadores estadounidenses capaces, deseosos, calificados y disponibles en la zona geográfica en la que se empleará al inmigrante; y que los trabajadores extranjeros no estarán desplazando a trabajadores estadounidenses. En otros casos, a los trabajadores muy calificados, aquellos con destrezas extraordinarias para ciertas profesiones y a los inversionistas/empresarios se les da prioridad para inmigrar a través de distintas categorías. En todos los casos, el trámite se realiza en varios pasos.

Abajo le mencionamos las mejores maneras para inmigran basándose en un empleo o en una oferta laboral.

TARJETA VERDE A TRAVÉS DE UNA OFERTA DE TRABAJO

Usted podría ser elegible para obtener la residencia permanente basándose en un empleo o en una oferta laboral en los Estados Unidos. La mayoría de las categorías tienen como requisito que el empleador obtenga una certificación laboral y que presente el Formulario I-140, *Petición para trabajador extranjero* para usted.

Tarjeta verde a Través de una Inversión

Se les podría otorgar la Tarjeta verde a los inversionistas/empresarios que inviertan en una empresa en los Estados Unidos, que genere empleos.

Tarjeta Verde a Través de una Auto-Petición

Algunas categorías de inmigrante le permiten presentar una auto-petición (una petición personal). Esta opción está disponible para los "Extranjeros con destrezas extraordinarias" o para ciertos individuos a quienes se les otorgó una Exención por interés nacional.

Tarjeta Verde a Través de Categorías Laborales Especiales

Hay un número de trabajos especializados que le podrían otorgar la tarjeta verde basándose en su trabajo actual o anterior. Para todas estas

categorías hay que presentar el Formulario I-360, Petición para ameriasiá-
tico, viudo/a, o inmigrante especial y están descritos en la Sección 101(a)
(27) de la Ley de Inmigración y Nacionalidad (INA por su sigla en inglés):

- Traductor afgano/iraquí

- Locutor

- Empleado de una organización internacional

- Iraquí que ayudó al gobierno estadounidense

- No inmigrante de la OTAN6

- Empleado del canal de Panamá

- Exención por interés nacional para médicos

- Trabajador religioso

En algunos casos, usted podrá presentar la petición (Formulario I-140
ó I-360, según su categoría) al mismo tiempo que presenta el Formulario I-
485, conocido como "presentación conjunta".

Si usted no es elegible para el ajuste de estatus a la residencia permanente en los Estados Unidos, su petición se enviará al consulado de los Estados Unidos en el extranjero para la tramitación de la visa. Para solicitar
la tarjeta verde, debe haber una visa disponible para usted inmediatamente.

OTRAS MANERAS PARA OBTENER UNA TARJETA VERDE

Si bien la mayoría de los inmigrantes llegan para vivir de manera
permanente en los Estados Unidos a través del patrocinio de un familiar,
un empleo, o una oferta de trabajo, existen otras maneras para obtener la
Tarjeta Verde (residencia permanente).

Estos programas especiales de ajuste se aplican a individuos que cumplen requisitos particulares y que presentan una solicitud durante ciertos
períodos de tiempo.

- Hijo amerasiático de un ciudadano estadounidense

- Indígena estadounidense nacido en Canadá

- Miembro de las Fuerzas Armadas

- Nativo o ciudadano cubano

- Programa de visas de diversidad

- Refugiado haitiano

- Ley de ajuste de permiso para ciudadanos indochinos

- Informante (no inmigrante S)

- Beneficiario de permiso anticipado de Lautenberg

- Ley de Equidad para las Familias de Inmigrantes Legales (LIFE, por su sigla en inglés)

- Hijo de diplomático extranjero en los Estados Unidos

- Registro

- Sección 13 (diplomático)

- Inmigrante menor especial

- Víctima de actividad delictiva (no inmigrante U)

- Víctima de trata de personas (no inmigrante T)

- Ley de Ajuste para Nicaragua y Ayuda a Centroamérica (NACARA, por su sigla en inglés)

Tarjetas verdes a través de categorías especiales de empleo. Incluye:

- traductor afgano o iraquí

- locutor

- empleado de organización internacional

- iraquí quien colaboró con el gobierno estadounidense

- no inmigrante OTAN-6

- empleado del canal de Panamá

- exención para médicos por interés nacional

- trabajador religioso

- Tarjetas verdes a través de categorías especiales de familia. Incluye:

- Cónyuge o hijo maltratado (VAWA, por su sigla en inglés)

- no inmigrante K (incluye prometido(a))

- no inmigrante V

- viudo(a)

———

Para las personas que buscan ser residentes o ciudadanos en los Estados Unidos, hay múltiples tramites burocráticos y legales que enfrentar entes de llegar al momento de recibir o bien la Tarjeta Verde o bien la ciudadanía completa. Uno de los requisitos es el aprobar un examen sobre la historia y el gobierno de los Estados Unidos.

Lo que sigue es un ejemplo del tipo de preguntas que se la hacen a una persona que solicita la ciudadanía. En este caso, es el examen que se la hace a la persona que busca una exención para naturalizarse.

––––––––

Educación Cívica (Historia y Gobierno): Preguntas para la Exención 65/20 (5/21/2010)

Servicio de Ciudadanía e Inmigración de Estados Unidos (USCIS)

El Servicio de Ciudadanía e Inmigración de los Estados Unidos provee una consideración especial en la prueba de civismo a los solicitantes que tengan 65 años de edad o más al momento de presentar su Solicitud de Naturalización (Formulario N-400) y hayan sido residentes permanentes de los Estados Unidos por un mínimo de 20 años. Estos solicitantes son elegibles para tomar el examen de civismo en el idioma de su elección. También se les concede el beneficio de tener que estudiar sólo 20 de las 100 preguntas de civismo que se utilizan para administrar la prueba de Naturalización.

1. ¿Cuál es <u>un</u> derecho o libertad que la Primera Enmienda garantiza?

- expresión

- religión

- reunión

- prensa

- peticionar al gobierno

2. ¿Cuál es el sistema económico de los Estados Unidos?

- economía capitalista

- economía del mercado

3. Nombre <u>una</u> rama o parte del gobierno.

- Congreso

- Poder legislativo

- Presidente

- Poder ejecutivo

- los tribunales

- Poder judicial

4. ¿Cuáles son las <u>dos</u> partes que integran el Congreso de los Estados Unidos?

- el Senado y la Cámara (de Representantes)

5. Nombre a <u>uno</u> de los senadores actuales del estado donde usted vive.

- Las respuestas variarán. [Los residentes del Distrito de Columbia y los territorios de los Estados Unidos deberán contestar que el D.C. (o territorio en donde vive el solicitante) no cuenta con Senadores a nivel nacional.]

6. ¿En qué mes votamos por un nuevo presidente?

- Noviembre

7. ¿Cómo se llama el actual Presidente de los Estados Unidos?*

- Barack Obama

- Obama

8. ¿Cuál es la capital de su estado?

- Las respuestas variarán. [Los residentes del Distrito de Columbia deben contestar que el D.C. no es estado y que no tiene capital. Los residentes de los territorios de los Estados Unidos deben dar el nombre de la capital del territorio.]

9. ¿Cuáles son los <u>dos</u> principales partidos políticos de los Estados Unidos?

- Demócrata y Republicano

10. ¿Cuál es <u>una</u> responsabilidad que corresponde sólo a los ciudadanos de los Estados Unidos?

- prestar servicio en un jurado

- votar en una elección federal

11. ¿Cuántos años tienen que tener los ciudadanos para votar por el Presidente?

- dieciocho (18) años en adelante

12. ¿Cuál es la fecha límite para enviar la declaración federal de impuesto sobre el ingreso?

- el 15 de abril

13. ¿Quién fue el primer Presidente?

- (George) Washington

14. ¿Qué fue una cosa importante que hizo Abraham Lincoln?

- liberó a los esclavos (Proclamación de la Emancipación)

- salvó (o preservó) la Unión

- presidió los Estados Unidos durante la Guerra Civil

15. Mencione una guerra durante los años 1900 en la que peleó los Estados Unidos.

- la Primera Guerra Mundial

- la Segunda Guerra Mundial

- la Guerra de Corea

- la Guerra de Vietnam

- la Guerra del Golfo (Persa)

16. ¿Qué hizo Martin Luther King, Jr.?

- luchó por los derechos civiles

- trabajó por la igualdad de todos los ciudadanos americanos

17. ¿Cuál es la capital de los Estados Unidos?

- Washington, D.C.

18. ¿Dónde está la Estatua de la Libertad?

- (el puerto de) Nueva York

- Liberty Island

- [Otras respuestas aceptables son Nueva Jersey, cerca de la Ciudad de Nueva York y (el río) Hudson.]

19. ¿Por qué hay 50 estrellas en la bandera?

- porque hay una estrella por cada estado

- porque cada estrella representa un estado

- porque hay 50 estados

20. ¿Cuándo celebramos el Día de la Independencia?

- el 4 de julio

———

Derecho de Asilo en las Constituciones de América Latina

Colombia

Artículo 36. Se reconoce el derecho de asilo en los términos previstos en la ley.

Costa Rica

Artículo 31. El territorio de Costa Rica será asilo para todo perseguido por razones políticas. Si por imperativo legal se decretare su expulsión, nunca podrá enviársele al país donde fuere perseguido. . .

Cuba

Artículo 13. La República de Cuba concede asilo a los perseguidos por sus ideales o luchas por los derechos democráticos, contra el imperialismo, el fascismo, el colonialismo y el neocolonialismo; contra la discriminación y el racismo; por la liberación nacional; por los derechos y reivindicaciones de los trabajadores, campesinos y estudiantes; por sus actividades políticas, científicas, artísticas y literarias progresistas, por el socialismo y la paz.

Ecuador

Artículo 29. Los ecuatorianos perseguidos por delitos políticos tendrán derecho a solicitar asilo y lo ejercerán de conformidad con la ley y los convenios internacionales. El Ecuador reconoce a los extranjeros el derecho de asilo.

El Salvador

Artículo 28. El Salvador concede asilo al extranjero que quiera residir en su territorio, excepto en los casos previstos por las leyes y el derecho Internacional. No podrá incluirse en los casos de excepción a quien sea perseguido solamente por razones políticas. . .

Guatemala

Artículo 27. Guatemala reconoce el derecho de asilo y lo otorga de acuerdo con las prácticas internacionales.

Honduras

Artículo 101. Honduras reconoce el derecho de asilo en la forma y condiciones que establece la Ley. Cuando procediere de conformidad con la Ley revocar o no otorgar el asilo, en ningún caso se expulsará al perseguido político o al asilado, al territorio del Estado que pueda reclamarlo. . .

Nicaragua

Artículo 42. En Nicaragua se reconoce y garantiza el derecho del refugio y el asilo. El refugio y el asilo amparan únicamente a los perseguidos por luchar en pro de la democracia, la paz, la justicia, y los derechos humanos. La ley determinará la condición de aislado o refugiado político de acuerdo con los convenios internacionales ratificados por Nicaragua. En caso se resolviera la expulsión de un aislado, nunca podrá enviársele al país donde fuese perseguido.

Paraguay

Artículo 43. El Paraguay reconoce el derecho de asilo territorial y diplomático a toda persona perseguida por motivos o delitos políticos o por delitos comunes conexos, así como por sus opiniones o por sus creencias. Las autoridades deberán otorgar de inmediato la documentación personal y el correspondiente salvo conducto. Ningún asilado político será trasladado compulsivamente al país cuyas autoridades lo persigan.

Perú

Artículo 36. El Estado reconoce el asilo político. Acepta la calificación del asilado que otorga el gobierno asilante. En caso de expulsión, no se entrega al asilado al país cuyo gobierno lo persigue.

Venezuela

Artículo 69. La República Bolivariana de Venezuela reconoce y garantiza el derecho de asilo y refugio. Se prohíbe la extradición de venezolanos y venezolanas.

La mayoría de las personas que migran de su país de origen a otro país lo hacen porque deciden buscar una vida mejor para ellos y sus familias. Pero también hay migrantes que se ven obligados a salir de su país por razones de guerra, de persecución política, religiosa o socio-cultural. Estas personas entran en la categoría de refugiados o asilidas: personas que buscan refugio o asilo en un país extranjero.

Refugiados o Asilados en los Estados Unidos
Servicio de Ciudadanía e Inmigración de los Estados Unidos (USCIS)

Se les puede otorgar estatus de refugiados o asilo a las personas que han sufrido persecución o que temen que se les persiga por razones de raza, religión, nacionalidad, y/o por pertenecer a un cierto grupo social u opinión política.

REFUGIADOS

El estatus de refugiado es una forma de protección que puede otorgárseles a las personas que satisfacen la definición de refugiados y que constituyen una inquietud humanitaria especial para los Estados Unidos. Generalmente, los refugiados son personas que están fuera de sus países que no pueden o no están dispuestos a volver allí porque temen daños personales graves. Para ver la definición legal de refugiado, consulte la sección 101(a)(42) de la Ley de Inmigración y Nacionalidad (INA por su sigla en inglés).

Puede solicitar que se le remita para estatus de refugiado solamente desde fuera de los Estados Unidos.

Según las leyes de los Estados Unidos, un refugiado es una persona que:

- está fuera de los Estados Unidos

- constituye una inquietud humanitaria especial para los Estados Unidos

- demuestra que se le ha perseguido o que teme que se les persiga por razones de raza, religión, nacionalidad, opinión política, o por pertenecer a un cierto grupo social

- no se ha reubicado firmemente en otro país

- es elegible para admisión a los Estados Unidos

Un refugiado no incluye a nadie que haya ordenado, incitado, ayudado, o participado de ninguna otra manera en la persecución de ninguna persona por razones de raza, religión, nacionalidad, opinión política, o por pertenecer a un cierto grupo social.

El trámite de refugiados

Tiene que remitírsele al Programa de Admisiones de Refugiados de los Estados Unidos (USRAP por su sigla en inglés) para que se le considere como refugiado. Para mayor información acerca de los criterios de remisión, vea el enlace de "Prioridades de trámites mundiales y consultas del USRAP" que aparece a la derecha de la página.

Si recibe una remisión, recibirá ayuda para rellenar su solicitud y, después, un funcionario del USCIS le entrevistará en el extranjero para determinar si es elegible para reubicarse como refugiado. Para mayor información acerca de la elegibilidad, vea el enlace de "Determinación de elegibilidad para refugiados" que aparece a la derecha de la página.

Su caso puede incluir a su cónyuge, sus hijos (no casados y de menos de 21 años de edad), y, en ciertas circunstancias limitadas, otros miembros de su familia. Si su caso se remite al USRAP, recibirá ayuda para rellenar sus documentos. Un funcionario del USCIS le entrevistará en el extranjero para determinar si es usted refugiado.

No hay tarifa para solicitar estatus de refugiado. La información que provea no se le divulgará a su país de origen.

Para venir a los Estados Unidos

Si se le aprueba como refugiado, recibirá un examen médico, una orientación cultural, ayuda con sus planes de viaje, y un préstamo para su viaje a los Estados Unidos. Después de llegar, será elegible para ayuda médica y monetaria.

Para traer a su familia a los Estados Unidos

Si es usted refugiado, se encuentra en los Estados Unidos, y quiere que los miembros de su familia que estén en el extranjero se reúnan con usted, puede tramitar el Formulario I-730, Petición de familiar refugiado/asilado para su cónyuge o hijos no casados de menos de 21 años de edad. Debe tramitar ese formulario dentro de los dos años siguientes a su llegada a los Estados Unidos a menos que haya razones humanitarias que excusen esa fecha límite.

Puede que sea también elegible para tramitar una declaración jurada de parentesco para su cónyuge, sus hijos (no casados y menores de 21 años), o sus padres. La declaración jurada de parentesco es el formulario que se utiliza para reunir a los refugiados y asilados con sus parientes cercanos que se ha determinado son refugiados pero están fuera de los Estados Unidos. La declaración jurada de parentesco registra información acerca de los parentescos familiares y debe completarse a fin de empezar el trámite de solicitud para los parientes que pueden ser elegibles para ingresar a los Estados Unidos como refugiados por medio del Programa de Admisiones de Refugiados de los EE.UU.

Para trabajar en los Estados Unidos

Como refugiado, puede trabajar inmediatamente después de llegar a los Estados Unidos. Cuando se le admita a los Estados Unidos, recibirá el Formulario I-94 con un sello de admisión como refugiado. Además, se le tramitará el Formulario I-765, Solicitud de autorización de empleo, para que reciba un Documento de Autorización de Empleo (EAD por su sigla en inglés). Mientras espera su EAD, puede presentarle su Formulario I-94,

Registro de llegada-salida a su empleador como prueba de que tiene permiso para trabajar en los Estados Unidos.

Para tramitar una solicitud de residencia permanente (Tarjeta verde [Green Card])

Si se le admite como refugiado, tiene que solicitar una tarjeta verde un año después de llegar a los Estados Unidos. Para solicitar la residencia permanente, tramite el Formulario I-485, Solicitud de registro de residencia permanente o de ajuste de estatus. Los refugiados no tienen que pagar tarifa para tramitar el Formulario I-485, pero tiene que pagar la tarifa de huellas digitales/biometría.

Para viajar al extranjero

Si tiene estatus de refugiado y quiere viajar fuera de los Estados Unidos, necesitará obtener un documento de viaje para refugiados para volver a los Estados Unidos. Si no obtiene un documento de viaje para refugiados antes de su salida, puede que no pueda volver a entrar a los Estados Unidos. Si vuelve a país del que huyó, tendrá que explicar cómo pudo volver de manera segura. Para mayor información acerca de la manera de obtener permiso para viajar al extranjero, vea el enlace "Cómo obtener un documento de viaje para refugiados" que aparece a la derecha de la página.

ASILO

El estatus de asilo es una forma de protección disponible para las personas que:

- satisfacen la definición de refugiado

- están ya en los Estados Unidos

- piden admisión en un puerto de entrada

Puede solicitar asilo en los Estados Unidos sin importar su país de origen o su estatus de inmigración actual.

Cada año vienen personas a los Estados Unidos buscando protección porque han sufrido persecución o porque tienen temor de que sufrirán persecución por su:

- Raza

- Religión

- Nacionalidad

- Pertenencia a un grupo social en particular

- Opinión política

Si usted es elegible para asilo se le permitirá permanecer en los Estados Unidos. Para solicitar asilo, presente el Formulario I-589, Solicitud de asilo y exención de expulsión, en un plazo de un año a partir de la fecha de su llegada a los Estados Unidos. No tiene que pagar una tarifa para solicitar asilo.

Usted puede incluir en su solicitud a su cónyuge e hijos que se encuentran en los Estados Unidos al momento de presentarla o en cualquier momento antes de que se tome una decisión final sobre su caso. Para incluir su hijo en su solicitud, éste debe ser menor de 21 años de edad y soltero.

Permiso para trabajar en los Estados Unidos

Usted no puede solicitar permiso para trabajar (autorización de empleo) en los Estados Unidos al mismo tiempo que solicita asilo.

Usted puede solicitar una autorización de empleo si:

- Han transcurrido 150 días desde que usted presentó su solicitud completa de asilo, excluyendo cualquier demora causada por usted (como por ejemplo una solicitud para cambiar la fecha de su entrevista) Y aún no se ha tomado una decisión sobre su solicitud.

Si se le concede asilo usted puede empezar a trabajar inmediatamente. Algunos asilados eligen obtener Documentos de Autorización de Empleo (EADs por su sigla en inglés) por conveniencia o a efectos de identificación, pero no es necesario un EAD para trabajar si usted es un asilado.

Para solicitar una autorización de empleo, usted debe presentar el Formulario I-765, Solicitud de autorización de empleo. No hay que pagar una tarifa para solicitar su primer EAD si usted tiene una solicitud de asilo pendiente o si se le ha concedido asilo.

Cómo traer su familia a los Estados Unidos

Si se le concede asilo usted puede reclamar a su cónyuge y a sus hijos para venir a los Estados Unidos presentando el Formulario I-730, Petición de familiar refugiado/asilado. Para incluir a su hijo en su solicitud, éste debe ser menor de 21 años de edad y no estar casado.

Usted debe presentar la petición en un plazo de dos años a partir de la fecha en que se le concedió asilo a menos que existan razones humanitarias para excusar este plazo. No hay que pagar una tarifa para presentar esta petición.

Cómo solicitar la residencia permanente (Tarjeta Verde o Green Card)

Usted puede solicitar una Tarjeta Verde un año después de habérsele concedido asilo. Para solicitar la residencia permanente, presente el Formulario I-485, Solicitud de residencia permanente o ajuste de estatus. Usted deberá presentar por separado el paquete con el Formulario I-485 para usted y, si es aplicable, para cada miembro de su familia que recibió asilo derivativo basado en su caso.

Tarjeta Verde a través del estatus de Refugiado o Asilado

Si usted fue admitido en los Estados Unidos como refugiado o asilado, o familiar de un refugiado o asilado, usted es elegible para solicitar la residencia permanente (Green Card) 1 año después de haber entrado en los Estados Unidos bajo este estatus.

Si se le concedió asilo en los Estados Unidos, usted puede solicitar la residencia permanente al año de la concesión de su estatus de asilado.

Tarjeta verde para un refugiado

Como refugiado, usted tiene que solicitar, residencia permanente al año de haber sido admitido en los Estados Unidos con el estatus de refugiado si:

- Ha estado físicamente presente en los Estados Unidos por al menos 1 año después de haber sido admitido como refugiado

- No ha abandonado su estatus de refugiado

- Es admisible en los Estados Unidos como inmigrante

- No se ha terminado su admisión como refugiado

Tarjeta verde para un asilado

Si USCIS le concedió el estatus de asilo, usted es elegible para solicitar una Tarjeta Verde o Green Card (residencia permanente) 1 año después de recibir su concesión de asilo. Su cónyuge e hijos también son elegibles para solicitar una Tarjeta Verde si fueron admitidos en los Estados Unidos como asilados o estaban incluidos en su concesión de asilo.

Usted no está obligado a solicitar una Tarjeta Verde; sin embargo, puede que le convenga hacerlo. Entre otras razones, si cambiaran las condiciones en su país o si usted ya no cumple con la definición de asilado debido a ese cambio de circunstancias, puede ser que ya no califique para el estatus de asilado con derecho a permanecer permanentemente en los Estados Unidos. Haciéndose residente permanente usted no tendrá esta preocupación.

Criterios de elegibilidad

Si usted es un asilado, puede solicitar una tarjeta verde 1 año después de habérsele concedido asilo si:

- Usted ha estado presente físicamente en los Estados Unidos al menos 1 año después de habérsele concedido asilo

- Usted sigue cumpliendo con la definición de **refugiado** (o sigue siendo el cónyuge o hijo de un **refugiado)**

- Usted no ha abandonado su estatus de **refugiado**

- Usted no se ha reasentado firmemente en ningún país extranjero

- Usted sigue siendo admisible en los Estados Unidos (Puede existir un dispensa si usted es inadmisible en la actualidad).

Familiares de asilados

El programa de asilo de USCIS acepta nuevas solicitudes a través del Formulario I-589 familiares directos de asilados (cónyuges o hijos de un asilado principal) que ya no cumplen con la definición de cónyuge o hijo de un asilado principal para facilitar a estos individuos una manera de obtener la residencia permanente. Esto se denomina asilo nunc pro tunc.

Nota: En ciertos casos, la Ley de Protección del Estatus del Menor (CSPA, por su sigla en inglés) puede autorizarlo a mantener la clasificación de "hijo" aunque haya cumplido 21 años de edad.

———

Día Mundial de los Refugiados
Mensaje del Secretario General de las Naciones Unidas, Van Kimono, el 20 de junio de 2011

Este año se cumple el sexagésimo aniversario de la Convención de 1951 sobre el Estatuto de los Refugiados. Se cumplen también 60 años del establecimiento de la Oficina del Alto Comisionado de las Naciones Unidas para los Refugiados (ACNUR), el organismo de las Naciones Unidas para los refugiados. En los años transcurridos desde entonces la labor en favor de los refugiados de todo el mundo y de otras personas desplazadas por la fuerza no ha disminuido ni se ha vuelto más fácil.

Tanto en aquella época como hoy día la causa principal de los desplazamientos es la guerra. Los conflictos prolongados o la inestabilidad en lugares como Somalia, el Iraq o el Afganistán y las crisis que se han desencadenado en el norte de África y el Oriente Medio son algunos de los factores que han contribuido a que haya actualmente en el mundo casi 44 millones de personas desplazadas forzosamente.

Sin embargo, en el mundo de hoy son mucho más diversos los motivos de los desplazamientos. Si tradicionalmente el ACNUR se veía llamado a prestar apoyo a las personas que escapaban de un conflicto o huían de la persecución, las personas cada vez más abandonan sus hogares en razón de la pobreza extrema, la degradación del medio ambiente, el cambio climático y la creciente y compleja interrelación entre estos factores y los conflictos.

La distribución de la carga que supone ayudar a los desplazados del mundo es claramente desigual. Los países pobres acogen a un número mucho mayor de personas desplazadas que los países ricos. Aunque la hostilidad contra los refugiados se manifieste con más fuerza en los países industrializados, las naciones en desarrollo son las que acogen al 80% de los refugiados del mundo. Esta situación exige una solución equitativa.

Nadie quiere convertirse en refugiado. Nadie debería sufrir esa humillación ni pasar por esa dura prueba. Sin embargo, millones de personas corren esa suerte. Un solo caso de un refugiado que se vea forzado a huir, de un refugiado que se vea obligado a regresar a enfrentar el peligro, ya es demasiado. Este año, en el Día Mundial de los Refugiados, pido a todos, en todo el mundo, que piensen por un momento en los millones de niños, mujeres y hombres que se han visto obligados a dejar sus hogares, que corren el riesgo de perder la vida y que, en la mayoría de los casos, no desean más que regresar a casa o comenzar de nuevo. No perdamos nunca de vista la condición humana que compartimos.

Marcos A. Karilem García v. Junta de Libertad Bajo Palabra
2006 WL 2597226 TCA

En el Tribunal de Apelaciones, San Juan, Puerto Rico el 17 de agosto de 2006.

Por entender que actuó correctamente la Junta de Libertad Bajo Palabra (en adelante la Junta) en su determinación se confirma la decisión de la agencia.

I. Una breve relación de hechos coloca en la perspectiva correcta el asunto planteado por el recurrente, señor Marcos A. Karilem García. El señor Karilem García es de nacionalidad dominicana y residía en Puerto Rico en virtud de un permiso de residencia condicionada, otorgado por el Servicio de Inmigración y Naturalización del Gobierno de los Estados Unidos de América (en adelante Inmigración).

Durante el año 2000 fue procesado criminalmente por dos cargos de violación y un jurado determinó su culpabilidad. El Tribunal de Primera Instancia (en adelante T.P.I.) le impuso una sentencia de 20 años para cumplir en prisión. Habiendo cumplido el mínimo de la sentencia, el señor Karilem García solicitó el beneficio de libertad bajo palabra.

Celebrada la audiencia, la Junta dictó una resolución mediante la cual concluyó denegar el beneficio de libertad bajo palabra. La resolución tiene fecha de 1 de junio de 2005.

La determinación de la Junta señala que, como resultado de la convicción y al amparo de la Ley de Inmigración y Naturalización, se expidió contra el señor Karilem García una orden de detención el 12 de septiembre de

2000. La Junta señala, además, que Puerto Rico no posee un Tratado de Reciprocidad que permita la supervisión de quien disfrute del beneficio de libertad bajo palabra con las autoridades de la República Dominicana de donde es oriundo el señor Karilem García. Además, que no existe un plan de salida viable que armonice el propósito de supervisión en libertad protegido por la Ley Orgánica de la Junta y las disposiciones de la Ley de Inmigración y Naturalización.

Inconforme con tal determinación el señor Karilem García acude ante nos mediante un recurso de revisión administrativa. Se alega en la revisión que el propósito rehabilitador del sistema correccional en Puerto Rico posibilita el que una persona sea considerada para el beneficio de libertad bajo palabra aunque sea extranjero y pueda ser deportable.

II. La Ley Orgánica de la Junta promueve el que personas que cumplen sentencia en prisión sean liberadas para cumplir parte de su sentencia y completar su proceso de rehabilitación fuera de los límites de una institución penal. Una vez una persona convicta cumple el término mínimo de su sentencia, la Junta podrá evaluar los factores de riesgo y mérito en la concesión o denegación del privilegio. Ello incluye la existencia y viabilidad de un plan de salida que guarda relación con el lugar donde residirá, si tiene oferta de empleo o plan de estudio, y el que se haya expedido en su contra una Orden de Detención o Extradición de cualquier estado de los Estados Unidos o del Servicio de Inmigración o Naturalización. El hecho de que exista una orden de detención contra el confinado no es suficiente por si sólo para negar el privilegio.

De concederse el privilegio la Junta podrá establecer al liberado condiciones especiales y particulares a fin de ayudar a su pronta rehabilitación y salvaguardar los mejores intereses de la sociedad y las víctimas del delito. Ello supone, entre otros, la supervisión continua de un técnico sociopenal con facultad de investigar la conducta del liberado para asegurarse del cumplimiento de las condiciones impuestas.

La libertad bajo palabra es un privilegio, y no un derecho, que se concede a discreción de la Junta en el descargo de su autoridad delegada. Las decisiones que toman las agencias administrativas merecen la mayor deferencia judicial pues poseen la pericia y experiencia de los asuntos que regularmente tienen ante su consideración. A esta norma de deferencia va unida una presunción de legalidad y corrección que debe respetarse mientras no se pruebe que la agencia abusó de su discreción.

Una orden de detención (detainer) de Inmigración informa a los oficiales del Departamento de Corrección que el confinado, una vez cumpla con la pena impuesta, no debe ser dejado en libertad porque ha de quedar bajo la jurisdicción y custodia de Inmigración para responder de cualquier violación a leyes de inmigración, que incluye la posibilidad de ser deportado fuera del territorio de Estados Unidos. Ello también constituye una solicitud para que se les notifique si el recluso es transferido a otra institución o esté próximo a ser excarcelado.

Conforme dispone la Ley de Inmigración y Naturalización, un extranjero que es convicto por uno o más delitos que en-vuelvan depravación o torpeza moral es deportable. En estos casos, las autoridades federales no podrán ejercer su jurisdicción hasta tanto el inmigrante convicto sea excarcelado, que no es sinónimo de que éste haya extinguido la sentencia. El hecho de que al inmigrante convicto se le conceda el privilegio de libertad condicionada (libertad bajo palabra o bajo supervisión) no constituye un impedimento que prive de jurisdicción al gobierno federal para iniciar los trámites de deportación.

III. En el caso particular ante nuestra consideración Inmigración expidió el 12 de septiembre de 2000 una orden de detención contra el señor Karilem García quien cumple una sentencia de 20 años por dos cargos de violación. Conforme dispone la referida Ley de Inmigración y Naturalización, tan pronto el señor Karilem García sea excarcelado, ya sea porque extinguió su pena o porque se le ha concedido el privilegio de libertad bajo palabra, Inmigración iniciará su intervención en el caso y el proceso de deportación hacia su país de origen, la Republica Dominicana.

Ante la solicitud de excarcelación presentada por el señor Karilem García, la Junta resolvió que éste no satisface los requisitos para beneficiarse del privilegio de libertad bajo palabra. La ausencia de un plan de salida viable y su inminente deportación tendría el efecto de anular ipso facto la facultad de la Junta de supervisar la libertad condicional de un liberado.

En este sentido, las oportunidades de rehabilitación que procura la Ley de Libertad Bajo Palabra serían inciertas pues el liberado estaría fuera de la supervisión de la Junta. Tampoco cumpliría la sentencia dictada por el T.P.I. pues la persona estaría en un país en el cual no tenemos jurisdicción.

En términos reales, la concesión del beneficio de libertad bajo palabra provocaría que el señor Karilem García sea liberado y entregado a las autoridades federales para su deportación sin lograr una supervisión que procure su rehabilitación y sin cumplir con la sentencia dictada en su contra.

La denegación de la Junta del privilegio de libertad bajo palabra constituyó un ejercicio legítimo de la discreción que tiene en el descargo de la autoridad delegada. Ninguna circunstancia especial se nos ha planteado que nos lleve a concluir que la agencia administrativa abusó de su discreción, erró en la interpretación de Derecho o que haya actuado bajo prejuicio o discrimen. Por el contrario, la decisión está basada en la interpretación de la Junta de su ley habilitadora y en el propósito de lograr la rehabilitación del convicto que requiere siempre de supervisión a quien se le concede el privilegio de libertad bajo condiciones.

IV. Por los fundamentos antes expuestos se confirma la decisión de la Junta de Libertad Bajo Palabra.

———

RECURSOS Y MATERIALES DE TRASFONDO

General

El Derecho Internacional de los Derechos Humanos, Oficina del Alto Comisionado para los Derechos Humanos, Naciones Unidas

> http://www.ohchr.org/SP/ProfessionalInterest/Pages/InternationalLaw.aspx

El Derecho Internacional Humanitario y el Derecho Internacional de los Derechos Humanos

> http://www.icrc.org/spa/war-and-law/ihl-other-legal-regmies/ihl-human-rights/index.jsp

El Sistema de los Derechos Humanos de las Naciones Unidas

> http://www.hrea.net/learn/guides/ONU.html

Las Mujeres

Los Derechos Humanos de la Mujer, Naciones Unidas

> http://www.un.org/spanish/conferences/Beijing/fs9.htm

Política Exterior EE.UU. Fomenta Derechos de Mujeres y Niñas, IIP Digital, Departamento de Estado de Estados Unidos,

> http://iipdigital.usembassy.gov/st/spanish/texttrans/2012/03/201203121961.html#axzz23SNekYGy

Senderos de Prevención: Derechos Legales de la Mujer (Cursos en Línea, Hoja Informativa), Substance Abuse and Mental Health Services Administration, U.S. Department of Human Services, 12 de marzo de 2012

> http://pathwayscourses.samhsa.gov/vawc/pdfs_vawc/vawc_fs_11_spanish.pdf

Niños, Niñas y Adolescentes

Ahora que Usted Cumplió los 18 Años: Un Manual sobre sus Derechos y sus Responsabilidades Legales, Estado de Virginia

> http://www.vsb.org/publications/brochure/so18spanish.pdf

Conozco Mis Derechos: Quiero un Abogado – Tu Guía del Sistema Judicial para Menores en Illinois, Models for Change, Systems Reform in Juvenile Justice (Comic book format with good information)

> http://www.law.northwestern.edu/cfjc/documents/JuvenileJusticeGuideSpanish.pdf

Derechos de los Niños: Preguntas y Respuestas para Jóvenes que Ingresan en Cuidado de Crianza, NYC Administration for Children's Services

http://www.nyc.gov/html/acs/downloads/pdf/children_rights_spanish.pdf

Imparten Justicia en Su Comunidad: Jueces del Tribunal de Adolescentes de la Escuela Roosevelt Regresan para Servir a los Suyos, Melissa Martinez, Boyle Heights Beat (Pulso de Boyle Heights), 24 de abril de 2012

http://www.pulsodeboyleheights.com/?p=413

Información Adicional para Acusados Menores de Edad, Delaware

http://courts.delaware.gov/docs/InformacionParaMenores.pdf

Los Derechos Educativos de los Niños y Jóvenes Desamparados, Statewide Access to Education for Homeless Children and Youth, Illinois State Board of Education

http://homelessed.net/Publications/Opening%20Doors%20Materials/B5 -c%20Los%20Derechos%20Educacionales%20de%20los.pdf

¡Tú También Tienes Derechos!, Foster Care Ombudsman, California

http://www.dss.cahwnet.gov/forms/spanish/PUB395SP.pdf

Pueblos Indígenas y Minorías

Equidad, Minorías Étnicas y Derechos Humanos Fundamentales, Pilar Córdova, Senadora de Colombia, Pan American Health Organization

http://www.paho.org/english/dbi/Op08/OP08_06.pdf

Guías de Estudio: Derechos de Minorías Raciales y Étnicas, Human Rights Education Association

http://www.hrea.net/learn/guides/minorias.html

Pueblos Indígenas y Derechos Constitucionales en América Latina: un Panorama, Grupo del Banco Mundial

http://web.worldbank.org/WBSITE/EXTERNAL/BANCOMUNDIAL/E XTSPPAISES/LACINSPANISHEXT/0,,contentMDK:20420817~menuP K:508626~pagePK:146736~piPK:226340~theSitePK:489669,00.html

Orientación Sexual

Corte Constitucional Reconoce como Familia a Parejas del Mismo Sexo, Colombia, 27 de julio de 2011, República de Colombia

http://www.corteconstitucional.gov.co/comunicados/noticias/NOTICIAS %2027%20DE%20JULIO%20DE%202011.php

Terminar la Violencia y la Discriminación Contra la Comunidad LGBT en América Latina, Conversación en Video Chat, Embajada de los Estados Unidos, Tegucigalpa, Honduras, 12 de octubre de 2011

http://spanish.honduras.usembassy.gov/poledh_vchatlgbt.html

Discapacidad

Los Derechos Humanos de las Personas con Discapacidades, Human Rights Education Association

http://www.hrea.net/learn/guides/discapacidad.html

Lucha contra la Discrimación de las Personas con Discapacidad, Naciones Unidas

http://www.ohchr.org/SP/AboutUs/Pages/DiscriminationAgainstPersonsWithDisabilities.aspx

Servicios para Personas con Discapacidades, GobiernoUSA.gov

http://www.usa.gov/gobiernousa/Usuarios/Discapacidades/personas-con-discapacidades.shtml

Adultos Mayores

Derechos de los Ancianos, Human Rights Education Association

http://www.hrea.net/learn/guides/ancianos.html

Las Personas Adultas Mayores y la Ley: Un Guía para los Tejanos que Van Entrando en Años

http://www.co.travis.tx.us/probate/pdfs/Seniors_Law_Spanish.pdf

Inmigrantes

Bilingual Spanish-English Glossary of Migration Related Terms from the South Texas-Northeast Mexico Border Region

http://www.trinity.edu/dspener/clandestinecrossings/glossary.pdf

El Asilo en la Historia, Waldo Villalpando, la Agencia de la ONU para los Refugiados

http://www.acnur.org/t3/el-acnur/historia-del-acnur/el-asilo-en-la-historia/

Protección Consular para ciudadanos mexicanos en EE.UU.

http://consulmex.sre.gob.mx/orlando/index.php?option=com_content&view=article&id=45&Itemid=36

Refugiados

http://www.hrea.net/index.php?doc_id=845

CAPÍTULO 7

Otras Áreas Legales

A. Testamentos y Herencias

Todas las personas, ricas o pobres, benefician de la asesoría de un abogado cuando se trata de planificar su patrimonio, por grande o reducido que sea. El área testamentaria no tiene únicamente que ver con nombrar los herederos de los bienes físicos y económicos de uno. También entran en juego asuntos importantísimos como la tutela de hijos, el cuidado de familiares ancianos y el futuro de negocios.

En los materiales que siguen, encontrará información útil sobre cómo discutir testamentos y herencias con clientes hispanohablantes. El profesor estará distribuyendo otros materiales y fuentes de información que servirán de base para la preparación de ejercicios simulados.

———

Un Testamento Puede Proteger a su Familia
USA.gov

Desafortunadamente mucha gente cree que planificar la herencia es solo asunto de ricos. Personas de todos los niveles económicos se podrían beneficiar teniendo un plan de herencia. Tras el fallecimiento, un plan de herencia protege legalmente sus bienes y distribuye la propiedad según sus deseos y las necesidades de sus familiares y/o herederos con un mínimo de impuesto.

El testamento es la manera más práctica de planificarla herencia y dejar instrucciones acerca de cómo desea que se distribuya su propiedad tras su fallecimiento.

Redactar un testamento puede ser tan simple como escribir la manera en que usted desea que sus bienes sean transferidos a seres queridos u organizaciones caritativas después de su fallecimiento. Si usted no cuenta con un testamento al morir, su herencia será manejada de acuerdo con las leyes del estado donde usted reside y su propiedad podría ser distribuida de un modo diferente al que usted desearía.

Puede ser conveniente contar con asesoría legal al redactar un testamento, particularmente cuando se trata de comprender todas las reglamentaciones que rigen el proceso de disposición de la herencia en su estado. En algunos estados hay una ley de propiedad común que da derecho al cónyuge sobreviviente a quedarse con la mitad de sus bienes después de su fallecimiento sin importar el porcentaje que usted le haya legado. Los honorarios por la ejecución de un testamento pueden variar según su complejidad.

Modificaciones en un testamento

Una vez redactado un testamento, es buena idea revisarlo periódicamente y considerar cambios si:

- El valor de sus bienes cambia

- Se casa, se divorcia o se vuelve a casar

- Tiene un hijo

- Se traslada a otro estado

- El albacea de su testamento fallece, queda incapacitado o su relación con usted cambia

- Uno de los herederos fallece

- Las leyes que afectan su herencia cambian

Elija un albacea

Un albacea es la persona responsable de administrar su herencia cuando usted muere. Los deberes de esta persona incluyen:

- Llevar el inventario de propiedades y pertenencias

- Tasar y distribuir los bienes

- Pagar impuestos

- Liquidar las deudas pertenecientes al difunto

Lo más importante es que el albacea está legalmente obligado a actuar en interés del difunto, siguiendo los deseos estipulados en el testamento. También podría ser útil consultar a un abogado que ayude en el proceso de legalización del testamento o brinde orientación jurídica. Cualquier persona de 18 años o más de edad, que no haya sido declarada culpable de un delito mayor, puede ser nombrada albacea de un testamento. Por razones de experiencia, algunas personas eligen un abogado, contador o consultor financiero. Otros eligen un cónyuge, hijo adulto, pariente o amigo. Puesto que el rol de albacea puede ser laborioso, es recomendable preguntar a la persona que se quiere nombrar si está dispuesta a prestar el servicio.

Si usted ha sido nombrado albacea en el testamento de alguien, pero no puede o no quiere cumplir este servicio necesita presentar un documento legal en el que renuncia a su designación. El testador nombrará un albacea sustituto que asuma la responsabilidad. Si el testador no lo nombra, la corte le asignará uno

REGLAS PARA TENER EN CUENTA AL REDACTAR UN TESTAMENTO

En la mayoría de los estados, hay que tener 18 años de edad o más.

Para que un testamento sea válido, el testador debe gozar de sano juicio y plena facultad mental.

El testamento debe declarar con claridad que es su voluntad.

Debe establecer un albacea que haga cumplir su testamento y se asegure de que su herencia sea distribuida de acuerdo con sus deseos.

No es necesario legalizar, ni inscribir su testamento, pero hacerlo podría protegerlo contra demandas sobre su validez. Para que sea válido, usted debe firmar el testamento en presencia de al menos dos testigos.

————

Testamento o "Living Trust": ¿Cuál es la Diferencia?

TESTAMENTO

Es un documento legal conforme a ley, donde consta quién o quiénes serán los herederos de nuestros bienes una vez que hayamos fallecido.

Hay tres clases de testamento:

1. Testamento Holográfico. Lo hace el testador por sí solo de puño y letra, dejando constancia de fecha y hora. Pero esta modalidad corre riesgo de ser nulo por falta de conocimiento de la ley.

2. Testamento Legal. La ley de California permite el uso de un formulario de testamento en que se llenan los espacios en blanco. El formulario del testamento está diseñado para personas con caudales relativamente pequeños.

3. Un testamento preparado por un abogado. Un abogado calificado en planificación del caudal hereditario, puede asegurar que su testamento esté redactado conforme a la ley de California.

En Estados Unidos la distribución de la herencia cuando la persona fallece sin testamento corresponde a un administrador de los bienes que dejó la persona fallecida, éste es elegido por un tribunal previa designación de los herederos del fallecido.

Tenga en cuenta que un testamento no cubre todo su caudal hereditario.

Fideicomiso (Living Trust)

Un fideicomiso activo es un documento legal escrito que sirve como sustituto parcial de un testamento. Con un fideicomiso activo, sus bienes (como por ejemplo su casa, sus cuentas bancarias y sus acciones) se colocan en el fideicomiso, y éste se administra para su beneficio durante su vida, y luego se transfiere a sus beneficiarios cuando usted muere o quede incapacitado.

El fideicomiso es muy común en los Estados Unidos y se lleva cabo cuando una persona transmite en vida (el fiduciante) a otra (el fiduciario) determinados bienes, quien se obliga a administrar esos bienes para el beneficio de un tercero, en este caso, el beneficiario.

Por lo general es la misma persona quien se nombra a sí misma para administrar sus bienes.

Hay muchos tipos de fideicomisos pero los más populares son aquéllos que benefician a cónyuges y a menores de edad (hijos o nietos).

Ventajas y desventajas del Testamento

Ventajas

- Usted puede cambiar en vida su testamento y actualizarlo a su conveniencia, siendo vigente el último firmado y atestado.

- Los bienes que se transfieren a un cónyuge (si es ciudadano de EE UU) o a organizaciones caritativas no están sujetos a impuestos sobre la herencia. Contrario a la creencia popular, si usted muere sin testamento, no todo pasa automáticamente al estado.

- Puede nombrar un tutor que puede ser un familiar o persona de confianza, si tiene hijos menores de edad, para que se haga cargo de ellos.

Desventajas

- Si muere sin un testamento (también conocido como intestato), la ley testamentaria de California determinará los beneficiarios de su caudal hereditario.

- El Estado de California es el beneficiario de su caudal hereditario si usted muere intestato (y su cónyuge o compañero doméstico fallecido) y usted no tiene parientes vivos.

- Las desventajas del proceso de la corte testamentaria es que es público: las disposiciones de su testamento y el valor de sus bienes pasan a ser información disponible al público. Además, debido a que los honorarios del abogado y las comisiones del ejecutor están determinados por ley, los gastos pueden ser mayores que el costo de un caudal hereditario comparable administrado y distribuido conforme a un fideicomiso vital.

VENTAJAS Y DESVENTAJAS DEL FIDEICOMISO (LIVING TRUST)

Ventajas

- Un fideicomiso en vida le permite decidir lo que pasará con su propiedad cuando fallezca, así como controlar como van a gastar su herencia.

- Es inembargable por los acreedores del fiduciante o del fiduciario, salvo en caso de fraude.

- Evita el trámite de la sucesión para transferir sus propiedades a los herederos.

- Permite evitar o reducir el pago de impuestos a la herencia en caso de fallecimiento con respecto del pago de impuestos al hacer un testamento.

- No es un registro público, por lo que nadie que no sea el beneficiario tiene derecho a saber que propiedades puso en el fideicomiso.

Desventajas

- El costo de preparar un fideicomiso activo podría, en algunos casos, ser mayor que el costo de preparar un testamento.

- Un fiduciario puede aprovecharse de usted ya que no está directamente supervisado por la corte.

- Debe firmar un "Testamento complementario" junto con su fideicomiso en vida si es que adquiere propiedades a su nombre que no han sido incluidas en el fideicomiso.

Olga Rosario Torres, Peticionaria, Ex Parte
2011 WL 2940945 TCA

Tribunal de Apelaciones, San Juan, Puerto Rico, el 10 de mayo de 2011.

La Peticionaria, Olga Rosario Torres, presentó el 21 enero de 2011 ante el Tribunal de Primera Instancia, Sala de Manatí (TPI), una solicitud para la adveración de un testamento ológrafo alegadamente otorgado por su esposo fallecido, Juan Torres Valentín. Éste había fallecido el 6 de enero de 2011 y, según se alegó en la solicitud, había redactado a puño y letra un documento donde manifestaba su última voluntad, indicando el lugar del otorgamiento, fecha y firma. En atención a lo alegado, se solicitó del Tribunal que se procediera con la adveración del alegado testamento y se ordenara su posterior protocolización.

La vista para la adveración del testamento fue pautada para el 9 de marzo de 2011. A la misma comparecieron los testigos para la identificación de la letra y firma del documento, al igual que los hijos del causante. Estos últimos presentaron al Tribunal unas escrituras para demostrar que las propiedades a las cuales se hace referencia en el testamento no le pertenecían al causante.

El 25 de marzo de 2011, el TPI emitió su "Sentencia", ordenando el archivo de la solicitud de adveración. En su dictamen expresó lo siguiente:

A la vista celebrada el 09 de marzo de 2011, compareció el Lcdo. Héctor I. Ramos Martínez en representación de la peticionaria quien estuvo presente. Comparecieron los testigos Lorena Correa, Alejandro Olivieri, Luis Rivera Varela, y cuatro herederos del occiso Juan Antonio [Torres] Valentín [sic].

A pesar que los herederos y testigos reconocieron la firma de Juan Antonio [Torres] Valentín [sic], los hijos de éste mostraron dos escrituras que evidencian que él no era el dueño de las dos propiedades que mencionó en el testamento ológrafo, únicos bienes que dejaba a sus hijos.

Por lo anteriormente expresado, el Tribunal no puede adverar el testamento, ya que éste deja fuera a herederos forzosos. Se dicta Sentencia ordenando el archivo de la presente causa de acción.

La señora Rosario Torres recurre del anterior dictamen alegando que el TPI erró al negarse a ordenar la adveración del testamento ológrafo a pesar de haber sido debidamente autenticado.

II. El Código Civil reconoce dentro de la clasificación de testamento común tres modalidades; el ológrafo, el abierto y el cerrado. Se le llama testamento ológrafo a aquel que una persona mayor de dieciocho (18) años escribe todo por sí mismo, con expresión del año, mes y día en que se otorgue y deberá llevar su firma. ... En la medida en que el testamento ológrafo es un documento privado y no reconocido ante notario, nuestro ordenamiento exige que ese documento sea sometido a un proceso para asegurar su certeza y autenticidad, independientemente de la validez de su contenido. Una vez reconocido y autenticado el documento, corresponde llevar a efecto una segunda etapa, que es la protocolización ante un notario.

Aunque nuestro Código Civil anteriormente regulaba el proceso para la protocolización de un testamento ológrafo, dicho trámite se incorporó al Código de Enjuiciamiento Civil.... El trámite legal establece que, una vez presentado el documento y acreditado el fallecimiento del causante, se procederá a su lectura en audiencia pública y el proceso de autenticación mediante tres testigos que conozcan la letra y firma del testador. A este proceso judicial serán citados el cónyuge sobreviviente y los descendientes y ascendientes del testador. Según dispone el referido artículo, los citados podrán presenciar las diligencias y hacer las "observaciones o protestas sobre la autenticidad del testamento". ...

Una vez el Tribunal estime probado la autenticación del testamento, ordenará que éste se protocolice ante un notario. Señalando finalmente que, "[c]ualquiera que sea la resolución del Tribunal de Primera Instancia, se llevará a efecto, no obstante oposición, quedando a salvo los derechos de los interesados para ejercitarlos en el juicio que corresponda". Dicha norma responde a que la decisión de un tribunal de ordenar la protocolización de un testamento ológrafo no afecta los derechos de terceros. Como la decisión no adjudica los derechos hereditarios, los interesados pueden promover una acción judicial ordinaria para promover la nulidad del testamento o algunas de sus cláusulas. ...

III. En el presente caso el TPI erró al no limitar el proceso a la autografía del testamento y su autenticidad. Aunque las personas interesadas pueden hacer observaciones sobre la letra y firma del testador, el juzgador no debe abrir las puertas para dilucidar asuntos distintos a la autografía y la autenticidad que son propios de una acción ordinaria para la nulidad de testamento o de alguna de sus cláusulas. ...

IV. Por los fundamentos antes expuestos, se expide el auto de solicitado, se revoca la "Sentencia" emitida por el foro de instancia y se devuelve el caso para que el Tribunal considere solamente el aspecto de la autenticidad del documento. Se deniega la moción urgente presentada por la Peticionaria.

Adelántese de inmediato por correo electrónico o vía fax o teléfono; además de notificar por la vía ordinaria.

Lo acordó el Tribunal y certifica la Secretaria del Tribunal de Apelaciones.

———

José Guillermo González Hernández v. Enrique González Hernández

2011 TSPR 65, 181 DPR ____

Tribunal Supremo de Puerto Rico, San Juan, Puerto Rico, el 27 de abril de 2011.

El presente recurso nos brinda, inter alia, la oportunidad de determinar si una persona puede ser declarada incapaz para administrar sus bienes si ésta no tiene las destrezas o el conocimiento para manejar asuntos económicos complejos. A priori, contestamos en la negativa.

Veamos los hechos que dieron génesis a la controversia de autos.

I. El 26 de febrero de 2008, el Sr. José Guillermo González, en adelante, el recurrido, presentó una Demanda de Declaración de Incapacidad y

Nombramiento de Tutor ante el Tribunal de Primera Instancia contra su hermano, el peticionario, en la que indicó que este último tenía afectada su salud mental y que no estaba capacitado para administrar sus bienes y su persona.

En su solicitud, el recurrido señaló que existía una comunidad hereditaria entre éste, el peticionario y el padre de ambos, el Sr. William González Quiñones, sobre los bienes de la difunta madre del recurrido y del peticionario cuyo valor alegadamente ascendía a varios millones de dólares. Sostuvo que los bienes que presuntamente le correspondían al peticionario de la comunidad hereditaria corrían un serio peligro de pérdidas ya que se encontraban bajo el control del Sr. William González Quiñones el cual alegadamente los utilizaba para su propio beneficio.

El recurrido adujo que, luego del señor González Quiñones, era el familiar más cercano del peticionario y que por razón de su preparación, profesión y solvencia económica estaba capacitado para administrar los bienes de su hermano.

A tenor con lo expuesto, solicitó que se declarara al peticionario incapaz para administrar sus bienes y su persona, y que se nombrara al recurrido como su tutor.

[El peticionario] sostuvo que el recurrido no hizo referencia a ningún hecho en su solicitud que demostrara que el peticionario se encontraba afectado de su salud y que estaba incapacitado para administrar sus bienes y su persona. Adujo que la mera alegación de que una persona está incapacitada no es suficiente para iniciar un procedimiento de declaración de incapacidad y que el recurrido tenía que alegar hechos que justificaran el remedio que solicitaba.

Por otro lado, señaló que "[e]l hecho de que sea heredero de una gran fortuna y que por su complejidad... necesite y busque la ayuda de expertos para manejarla y/o administrarla, no quiere decir que él está incapacitado para cuidar de su persona y administrar sus bienes al punto que necesite que se le nombre judicialmente un tutor".

Junto con su Moción, el peticionario incluyó un Informe Psiquiátrico del Dr. Neftalí Olmo Terrón. Dicho médico indicó que el peticionario sufrió una crisis emocional mientras estudiaba en Estados Unidos para la cual comenzó tratamiento psiquiátrico con el Dr. Rafael Padró Yumet en el 1976 y luego con el doctor Olmo Terrón a partir de diciembre de 2001.

El galeno señaló que el peticionario nunca había tenido que ser hospitalizado por su condición psiquiátrica, asistía a terapia semanalmente, tomaba diariamente los medicamentos antipsicóticos que le fueron recetados para su condición y participaba activamente en su psicoterapia. Además, expresó que el peticionario no presentaba trastornos perceptuales ni del pensamiento, no tenía dificultad alguna en el manejo de sus fondos, y funcionaba con un nivel de autonomía normal.

Por su parte, el Sr. William González Quiñones [el padre] presentó su Contestación a la solicitud de declaración de incapacidad. Indicó que el peticionario no era incapaz; no obstante, señaló que, en el caso de que el tribunal determinara que lo era, el Sr. William González debía ser la persona nombrada como su tutor según lo establecido en las disposiciones legales que regulan la tutela.

Así las cosas, el 15 de abril de 2008 el Tribunal de Primera Instancia designó al Dr. Víctor J. Lladó Díaz como perito del Tribunal para que realizara una evaluación del peticionario y presentara el Informe correspondiente....

Posteriormente, el Dr. Lladó Díaz presentó su Informe ante el Tribunal de Primera Instancia. Indicó que el peticionario padecía de una enfermedad psiquiátrica severa, probablemente esquizofrenia paranoica; pero que los síntomas de dicho trastorno psicótico se encontraban encapsulados.

Apuntó que el peticionario tenía la capacidad suficiente para administrar su persona y para manejar fondos para suplir sus necesidades personales cotidianas. No obstante, entendió que tendría dificultad, y en ocasiones podría no tener la capacidad analítica suficiente, para manejar aspectos financieros y corporativos de carácter más complejo como sería el desempeñar las funciones de un tesorero o secretario de una corporación.

Además, sostuvo que por su condición psiquiátrica, el peticionario tenía cierta vulnerabilidad psíquica global, que emocionalmente le debilita y le haría estar a riesgo de persuasiones o influencias por terceros, que pueden inducirle por ejemplo a tratar de complacer a estas personas y/o asumir actitudes antagónicas...sobre todo si se trata de terceros que son familiarmente ligados a él, como su padre y su hermano José Guillermo.

El Dr. Lladó Díaz concluyó que, para que el peticionario pueda desempeñar funciones ejecutivas y/o corporativas de mayor impacto financiero y más complicadas, como por ejemplo, recibir u otorgar préstamos, el hacer compraventas de cuotas de leche, equipo costoso o bienes raíces, se requeriría la asistencia ya de otra persona que fungiera como fiduciario, administrador o coordinador.

Por su parte, el Dr. Neftalí Olmo Terrón presentó un Informe Especial Suplementario. Por un lado, sostuvo que la condición psicótica del peticionario no se encontraba a un nivel que le impidiera desempeñarse de forma independiente. Señaló que el peticionario tenía capacidad para discernir entre el bien y el mal, y para saber el valor del dinero; incluyendo cantidades cuantiosas. En particular, indicó que el peticionario manejaba de memoria ciertos factores económicos involucrados en la operación de la corporación familiar para la que trabajaba, tales como, el efecto de las fluctuaciones de leche por vaca en la producción total de la vaquería, la eficiencia de la finca tomando en consideración la capacidad relativa para producir alimento, el costo de la maquinaria nueva, inter alia.

A su vez, el Dr. Olmo Terrón expresó que el peticionario controlaba y regulaba sus impulsos, manejaba sus gastos de forma juiciosa, sabía diferenciar los estímulos internos sin confundirlos con la realidad externa, y se expresaba adecuadamente y sin dificultad.

Por otra parte, el galeno señaló que el peticionario estaba limitado en cuanto a que éste no tenía las destrezas para negociar un préstamo millonario con un banco, negociar la compra de cien (100) vacas productoras de leche en Estados Unidos o para competir por un puesto de tesorero en una corporación pública. Sin embargo, indicó que el peticionario podía llevar a cabo sin problema alguno las labores que realizaba en su trabajo y por las cuales se le pagaba un sueldo fijo....

Evaluada la prueba presentada, el 6 de mayo de 2009 el Tribunal de Primera Instancia emitió una Resolución en la cual declaró al peticionario incapaz para administrar sus bienes excepto en el manejo de los gastos personales que costeaba con su salario semanal de doscientos cuarenta dólares ($240.00). A su vez, el foro primario determinó que el peticionario estaba incapacitado de prestar consentimiento para contratar, transigir pleitos, servir como oficial de alguna corporación, representarse en acciones judiciales y llevar a cabo cualquier otro acto para administrar sus bienes sin la asistencia de un tutor.

Por otro lado, el Tribunal declaró inhábiles para ejercer la mencionada tutela tanto al Sr. William González Quiñones como al recurrido por haber un pleito entre ellos sobre la propiedad de los bienes del peticionario. Ante esta situación, el foro primario designó al Lcdo. Carlos Fraticelli Oliver como tutor del peticionario.

Inconforme con tal decisión, el peticionario acudió ante el Tribunal de Apelaciones. ...

A tenor con lo expresado, el Tribunal de Apelaciones denegó expedir el auto de certiorari solicitado.

Inconforme, el peticionario presenta el recurso de autos......

Contando con el beneficio de la comparecencia de ambas partes, procedemos a resolver.

II....

A. Como norma general, en nuestro sistema de derecho existe una presunción de sanidad o capacidad mental. Sin embargo, dicha capacidad puede verse restringida debido a varias condiciones, tales como, la minoría de edad, la demencia, la prodigalidad, entre otras. Estas circunstancias obligan a que se retrase o se suspenda, ya sea por tiempo fijo o indefinido, la aptitud para realizar actos jurídicos; teniendo que remediarse entre tanto el defecto de capacidad mediante instituciones o medios supletorios y complementarios. Uno de los medios supletorios para subsanar la falta de capacidad mental es la tutela.

La tutela es aquella institución jurídica que tiene por objeto la protección y cuidado de la persona y/o los bienes de aquellos que por razón de su incapacidad están impedidos de gobernarse a sí mismos.

Existen varias personas que pueden estar sometidas a una tutela. El Código Civil de Puerto Rico incluye entre ellas a los locos o dementes aunque tengan intervalos lúcidos. Aunque dicho estatuto hace referencia específicamente a la locura y a la demencia, se ha interpretado que dentro de tal grupo están comprendidas aquellas personas que puedan padecer de cualquier enfermedad, anomalía o deficiencia mental. Sin embargo, es importante destacar que aun cuando una persona padezca de alguna enfermedad o debilidad mental, ello no implica que ella necesariamente estará sujeta a tutela. ...

III.... [E]l peticionario arguye que el recurrido no presentó prueba ni adujo hechos particulares que evidenciaran su incapacidad. Alega que el que tenga una condición mental no es suficiente para que se proceda a nombrarle un tutor, y que la falta de conocimiento o destrezas que pueda tener sobre asuntos económicos complejos no afecta la capacidad que posee para manejar sus bienes.

A.... [D]ebemos aclarar que en nuestro ordenamiento jurídico no existe una expresión clara acerca de las circunstancias que debe evaluar el tribunal al momento de determinar si una persona está o no incapacitada para administrar sus bienes. Es por ello que, además de analizar las normas que se han pautado en nuestra jurisdicción que estén relacionadas con este tema, también estudiaremos diversas fuentes secundarias que nos puedan arrojar luz sobre este aspecto....

...[R]esolvemos que al evaluarse una solicitud de declaración de incapacidad el criterio a considerar es si la persona tiene la capacidad para entender y desenvolverse en los asuntos cotidianos de la vida y para ejercer su voluntad discrecionalmente respecto a la forma en que maneja su propiedad. Es decir, la persona debe tener la capacidad necesaria para manejar sus fondos respecto a sus necesidades personales y para realizar todas aquellas transacciones ordinarias en las que se incurren normalmente en nuestra sociedad.

No obstante, con el propósito de promover que las personas retengan la mayor autonomía posible para regir sobre sus bienes, también resolvemos que los tribunales no pueden exigir el que se posean ciertas destrezas o conocimientos especializados sobre asuntos económicos complejos que una persona promedio no tenga para determinar que alguien es capaz para administrar sus bienes. Aun cuando tales conocimientos pudieran ayudar a obtener un mayor beneficio del manejo de la propiedad, existen ciertos aspectos que muchas personas no entienden o desconocen con relación a la administración de sus bienes y sobre los cuales en ocasiones necesiten la ayuda de terceros. Ello se debe a diversas razones tales como falta de educación, desinterés en el asunto, ausencia de un buen criterio con relación a asuntos de negocio, entre otras. Sin embargo, ese desconocimiento no implica que de por sí estén incapacitados para administrar sus bienes. De lo contrario, serían muchos los que estarían sujetos a tutela y serían pocos los que podrían servir como tutores.

Aunque una persona carezca de tales conocimientos o reciba la ayuda de un tercero al manejar su propiedad, si tiene la habilidad para manejar sus fondos y satisfacer sus necesidades y puede disponer de su propiedad conforme a su voluntad, no debe ser declarada incapaz para administrar sus bienes.

B. Es una norma bien asentada en nuestro sistema de justicia que la discreción judicial permea la evaluación de la evidencia presentada en los casos y controversias. Los jueces de instancia son quienes están en mejor posición de aquilatar la prueba; por ello su apreciación merece gran respeto y deferencia por parte de los tribunales apelativos. Es por tal razón que los tribunales revisores no deben intervenir con sus conclusiones de hechos y su apreciación de la prueba en ausencia de error manifiesto, prejuicio, parcialidad o pasión. Sólo se podrá intervenir con estas conclusiones cuando la apreciación de la prueba no represente el balance más racional, justiciero y jurídico de la totalidad de la prueba.

No obstante, a pesar de que existe esta norma de deferencia judicial, también hemos indicado que, cuando las conclusiones de hecho del foro de instancia estén basadas en prueba pericial o documental, el tribunal revisor se encuentra en la misma posición que el foro recurrido. Por lo tanto, el tribunal apelativo estará facultado para adoptar su propio criterio en la apreciación y evaluación de la prueba pericial y hasta descartarla aunque resulte técnicamente correcta.

C. Dentro del marco jurídico antes enunciado, y tomando en consideración que nos encontramos en la misma posición que los tribunales inferiores para evaluar la prueba pericial presentada en el caso de autos, procedemos a resolver la segunda controversia ante nuestra consideración.

Según consta del expediente, el Dr. Víctor J. Lladó Díaz y el Dr. Neftalí Olmo Terrón tuvieron la oportunidad de examinar al peticionario y someter sus Informes detallando los hallazgos de sus evaluaciones sobre la forma en que su condición mental afectaba su capacidad para manejar su propiedad. Al analizar cuidadosamente los Informes presentados por ambos doctores, encontramos que la condición psicótica del peticionario no ha sido impedimento alguno para que éste pueda administrar sus bienes. El peticionario no presenta dificultad alguna en el manejo de sus fondos ya que los emplea juiciosamente sin excederse de sus gastos. Éste ha logrado administrar sus fondos de forma independiente y ha podido satisfacer sus necesidades básicas de alimentación, vivienda y cuidados médicos. Por lo tanto, resulta evidente que el peticionario no está incapacitado para administrar sus bienes.

El que el peticionario pueda confrontar problemas al enfrentarse a asuntos gerenciales o financieros complejos no implica que sea incapaz para administrar sus bienes. Aun cuando sea parte de una comunidad hereditaria que posea bienes cuyo manejo pudiese requerir conocimientos o destrezas de carácter económico superiores a las que posee el peticionario, no se le puede exigir que ostente una preparación o experiencia sobre asuntos económicos que una persona promedio no tiene para que se determine que es hábil para manejar sus bienes. El peticionario ha demostrado que puede manejar sus fondos para satisfacer sus necesidades y desenvolverse en los asuntos cotidianos de la vida sin problema alguno y sin la necesidad de tales conocimientos.

Por otra parte, el que pueda recibir influencias de un tercero al tomar decisiones sobre el manejo de sus bienes tampoco implica que sea incapaz para administrarlos. Inclusive, el peticionario podría solicitarles a otras personas que le ayuden en dicho manejo si entiende que ello es necesario debido a su complejidad.

En este caso, se ha demostrado que el peticionario actúa de forma independiente, conoce del valor del dinero y puede manejar sus ingresos mensuales juiciosamente. Por lo tanto, entendemos que el peticionario tiene la capacidad para disponer de sus bienes conforme a su voluntad y no la de otras personas.

En vista de que el peticionario posee la habilidad para administrar sus bienes de forma plena, no procede la Demanda de Declaración de Incapacidad y Nombramiento de Tutor incoada por el recurrido.

IV. Por los fundamentos expuestos, se expide el auto de certiorari, se revoca el dictamen del Tribunal de Apelaciones y se desestima la Demanda incoada en el caso de autos. Se dictará Sentencia de conformidad.

B. LOS PEQUEÑOS NEGOCIOS

Muchas personas de recursos modestos buscan mejorar su situación mediante el establecimiento de un pequeño negocio propio. Aunque este sueño parece estar al alcance fácil de todos, hay una serie de trámites legales y burocráticos que varían de estado en estado y que también implican reglamentos federales de toda índole.

Los materiales que siguen, además de otros recursos que le proporcionara el profesor, servirán para la preparación de escenarios simulados que le permitirán pedir y recibir asesoría legal en el área de los pequeños negocios.

Administración de Pequeños Negocios
Small Business Administration (SBA)

Misión

Mantener y fortalecer la economía de la nación ayudando, capacitando, asistiendo y protegiendo los intereses de los pequeños negocios, y ayudando a las familias y a los negocios a recuperarse de desastres nacionales.

Principios que Guían a la SBA

La SBA se ocupa de sus empleados y sus clientes. En ese cometido, la agencia se guía por principios que inspiran liderazgo, integridad y espíritu empresarial.

Creatividad: Nuestro personal inspira creatividad en la economía americana apoyando a los empresarios mediante una red de asociados en materia de recursos.

Apoyo y Promoción: Apoyamos y Promovemos a la pequeña empresa asumiendo el liderazgo en la formación de una asociación productiva entre los norteamericanos y su gobierno.

Resultados: Nuestro equipo se enfoca en la obtención de resultados para los pequeños negocios, siendo accesible y responsable.

Fortaleza: Fortalecemos el espíritu empresarial en cada comunidad para promover y hacer realidad el sueño americano.

Éxito: Facilitamos la creación del entorno necesario para que las pequeñas empresas norteamericanas tengan éxito, midiendo nuestro desempeño por el éxito de los pequeños negocios.

Programas y Servicios (selecciones)

Programas de Préstamos

La misión de la SBA, por mandato del Congreso, es ayudar a los pequeños negocios de la nación a satisfacer sus necesidades financieras. Los programas de la agencia mejoran la habilidad de los prestamistas de proveer préstamos a corto y largo plazo a pequeños negocios que, de otra forma, no cumplen los requisitos para obtener crédito a raves de los canales normales de emprestitito. La SBA tiene fundamentalmente cuatro programas de préstamos e inversión en acciones ordinarias: el Programa de Garantía de Prestamos 7(a), el Programa de Micro prestamos 7(m), el Programa de Préstamos de Compañías de Desarrollo Certificado 504, y el Programa de Compañías de Inversión en Pequeños Negocios.

ASISTENCIA EN CONTRATOS PARA MUJERES EMPRESARIAS (CAWBO)

Esta oficina trabaja para aumentar las oportunidades de lograr contratos federales a firmas propiedad de mujeres, y para aumentar la cantidad de negocios

ASISTENCIA EN CONTRATOS PARA MUJERES EMPRESARIAS (CAWBO)

Esta oficina trabaja para aumentar las oportunidades de lograr contratos federales a firmas propiedad de mujeres, y para aumentar la cantidad de negocios propiedad de mujeres que compiten con éxito en el mercado federal. Las agencias federales pueden "restringir la competencia" cuando solicitan suministros o ser vicios en industrias donde los negocios propiedad de mujeres tienen poca representación, si espera que dos o más de dichos negocios compitan, y el gobierno espera conceder un contrato a un precio razonable y equitativo.

ASESORÍA Y ASISTENCIA TÉCNICA

ASOCIACIÓN DE EJECUTIVOS JUBILADOS (SCORE)

A nivel nacional hay 389 capítulos de SCORE con 11,500 voluntarios que dan asesoría experta gratis basada en sus muchos años de experiencia y conocimiento compartido sobre casi todos los aspectos de un negocio. Los asesores de SCORE desarrollan sus labores voluntarias en oficinas locales de la SBA, Centros de Información Empresarial y algunos de los Centros Para el Desarrollo de Pequeños Negocios de la SBA.

CENTROS DE DESARROLLO EMPRESARIAL (SBDCs)

Los SBDCs están financiados y son administrados por la SBA, y brindan una variedad de servicios de asistencia técnica y gerencial a pequeños negocios y empresarios potenciales. Los SBDCs son un esfuerzo cooperativo entre la SBA, la comunidad académica, el sector privado y gobiernos locales y estatales. Junto con las compañías de desarrollo certificadas, los SBDCs pueden ayudar a llenar las solicitudes de préstamo de la SBA. En los 50 estados y territorios norteamericanos hay aproximadamente 1,000 SBDCs, ubicados principalmente en colegios y universidades.

PROGRAMA PAUL D. COVERDELL PARA LA PROMOCIÓN DE UN CENTRO LABORAL LIBRE DE DROGAS

Este programa otorga subsidios o contratos a intermediarios y SBDCs para ayudar a los negocios pequeños a establecer programas que promueven un centro laboral libre de drogas. Un programa para la promoción de un centro laboral libre de drogas consiste en una política expresa por escrito, entrenamiento para la prevención del consumo excesivo de drogas y alcohol, pruebas para detectar el consumo de drogas, un programa de ayuda a los empleados y asistencia para la continuación de los estudios.

ASISTENCIA PARA VETERANOS DE LAS FUERZAS ARMADAS -- CENTROS DE ASISTENCIA A VETERANOS

Los Centros de Asistencia a Veteranos (VBOC, por sus siglas en inglés de Veterans Business Outreach Centers) asegura que los pequeños negocios propiedad de veteranos y controlados por veteranos tengan acceso a entrenamiento empresarial, asistencia para desarrollar negocios, asesoría y asistencia en materia de gerencia. La agencia tiene acuerdos de cooperación con cuatro centros en la Florida, Nueva York, Texas y Virginia Occidental.

ASISTENCIA PARA NEGOCIOS PEQUEÑOS Y EN DESVENTAJA -- DESARROLLO EMPRESARIAL 8(A)

El Programa de Desarrollo Empresarial 8(a) de la SBA presta asistencia en el desarrollo de compañías que son propiedad de y operadas por individuos social y económicamente en desventaja. Los negocios que cumplen los requisitos de este programa tienen derecho a consideraciones especiales en la concesión de contratos federales y otros tipos de apoyo de desarrollo empresarial, para ayudar a dichas compañías a obtener acceso a la corriente económica principal del país. Para solicitar su participación, comuníquese con la oficina local de la SBA.

ASISTENCIA PARA MUJERES

CENTROS EMPRESARIALES PARA MUJERES

Los centros empresariales para mujeres, distribuidos a través de todo el país, proveen a las mujeres propietarias de negocios entrenamiento y asesoramiento empresarial, asistencia técnica, un programa de mentores y acceso a todos los programas y servicios de la SBA. También tienen programas para ayudar a mujeres social y económicamente en desventaja, especialmente las que dependen de los servicios de asistencia pública. Cada centro estructura sus servicios y los adapta a las necesidades de la comunidad local.

CENTRO EMPRESARIAL VIRTUAL PARA MUJERES

Esta página electrónica, muy avanzada tecnológicamente, les ofrece a las mujeres información sobre principios y prácticas empresariales, técnicas gerenciales, oportunidades de contacto, noticias sobre la industria, investigación de mercado, entrenamiento en tecnología e información general acerca de los diversos servicios y programas de la SBA a su disposición. Algunas de las características especiales de este centro empresarial virtual incluyen posibilidad de comunicación interactiva con mentores, así como asesoría individual, foros para la discusión de tópicos específicos, grupos de interés, información en Español, Ruso y otros idiomas, y una guía informativa de recursos con listas, para cada estado, de servicios profesionales que las mujeres necesitan para iniciar y desarrollar sus negocios.

RED DE MUJERES PARA ENTRENAMIENTO EMPRESARIAL (WNET)

La Red de Mujeres Para Entrenamiento Empresarial ofrece un servicio de mentores para mujeres que ya se encuentran activas en los negocios o que aspiran a convertirse en empresarias, a través de las "mesas redondas" de la WNET. Los mentores se reúnen semanalmente con las mujeres a las que están asesorando para brindarles asistencia, apoyo y oportunidades para establecer contactos. Los auspiciadores de este programa incluyen a los centros empresariales para mujeres, los centros de desarrollo empresarial, líderes empresariales locales, representantes del gobierno y SCORE. En la actualidad existen más de 160 mesas redondas de la WNET en todo el país.

¿Qué es SCORE?
Service Core of Retired Executives

SCORE es una asociación sin fines de lucro a nivel nacional dedicada al entrenamiento de empresarios, y a ayudar a las pequeñas empresas a su lanzamiento, crecimiento y alcanzar el éxito. Desde 1964, SCORE ha ayudado a millones de pequeñas empresas a comenzar y a crecer con la asistencia de 13.000 asesores voluntarios en 364 organizaciones afiliadas a nivel nacional. Esta red de voluntarios representa 270.000 años de experiencia en 62 industrias, y les proporciona a los empresarios de pequeñas empresas servicios de asesoría empresarial confidencial sin costo alguno.

SCORE, como asociado de recursos de la Administración de Pequeñas Empresas de EE.UU. (SBA, por sus siglas en inglés, *U.S. Small Business Administration)* proporciona talleres y eventos a nivel local en todo el país para conectar a los dueños de las pequeñas empresas con las personas y la información que necesitan para comenzar, hacer crecer y mantener sus negocios. SCORE también proporciona talleres en línea que están disponibles las 24 horas del día, los 7 días de la semana. SCORE proporciona los recursos, plantillas y herramientas necesarios para ayudar a los empresarios a desarrollar sus propias herramientas, y elaborar los planes que necesitan para que puedan navegar hacia el éxito empresarial.

¿CÓMO FUNCIONA?

Busque un Asesor: Usted puede buscar a un asesor y enviarle un correo electrónico, o puede reunirse con un asesor en una de las afiliadas que esté cerca de usted. Los asesores, ya sea que trabajen o que estén retirados y hayan sido dueños de negocios o líderes en las corporaciones, son personas dedicadas, y son fuentes de información y de recursos que lo ayudarán con las preguntas que tenga con respecto a su pequeña empresa. Cada asesor tiene una lista con los idiomas que sabe hablar.

Participe en un taller o en un evento: SCORE proporciona talleres en línea gratis, seminarios virtuales, y eventos a través de todo el país para ayudarlo a desarrollar las destrezas que necesita y hacer contactos de negocios que lo ayudarán a ser exitoso. Las afiliadas locales de SCORE tienen eventos en su área con frecuencia, y en estos eventos conocerá y hará contactos con líderes que conocen la comunidad.

Use las plantillas y herramientas de nuestros expertas: Las plantillas y las herramientas de SCORE lo ayudarán a preparara su plan de negocio, administrar su flujo de caja, desarrollar proyecciones financieras, crecer su negocio, y mucho más.

Cómo Financiar un Negocio con Ayuda del Gobierno
Small Business Administration (SBA)

Ser el dueño de un negocio es el sueño de muchos estadounidenses, y muchos lo logran con la ayuda de la Agencia Federal para el Desarrollo de la Pequeña Empresa (SBA, por su sigla en inglés).

Una de las funciones principales de esta agencia del Gobierno es garantizar préstamos para facilitar financiamiento a empresas pequeñas nuevas y existentes.

Sin embargo, entender el proceso de cómo funcionan estos préstamos no siempre es fácil, algo que conoce de cerca Julio Casiano. El es un especialista en préstamos de la SBA que trabaja de cerca con la comunidad hispana.

Casiano ofrece los siguientes consejos a personas que están considerando solicitar financiamiento para cumplir su sueño de abrir su propio negocio.

LA SBA NO PRESTA DINERO

Mucha gente tiene la impresión de que la SBA presta dinero. Pero la realidad es que la SBA solo garantiza préstamos hechos por bancos privados. Es decir, la agencia cubre las perdidas del banco en caso de que el prestatario no pueda pagar el préstamo. "La SBA ayuda a negocios que no califican para un préstamo tradicional de un banco y necesitan que sea respaldado por la SBA", dijo Casiano.

LOS PRÉSTAMOS GARANTIZADOS POR LA SBA SON MÁS FAVORABLES

Una de la diferencias entre un préstamo bancario regular y un préstamo garantizado por la SBA es que el segundo ofrece condiciones más favorables para el prestatario. Por ejemplo, un préstamo garantizado por la SBA podría ofrecer un interés más bajo así como un plazo más largo para pagar el préstamo. "Muchos bancos dan prestamos de tres a cinco anos, pero quizás un negocio pequeño necesita más de cinco anos para pagarlo. Con la garantía de la SBA el plazo puede extenderse más allá de cinco años", dijo Casiano.

Los Bancos no Siempre Ofrecen Préstamos Garantizados por la SBA

Los bancos primero buscan ofrecer sus préstamos. Es solo cuando un solicitante no reúne los requisitos para un préstamo bancario regular, quizás porque no tiene un buen historial de crédito, que el banco ofrece como opción un préstamo garantizado por la SBA. El problema es que muchos bancos no quieren tomarse el tiempo de hacer el papeleo y no ofrecen préstamos garantizados por la SBA. Casiano dijo que como consecuencia los solicitantes piden préstamos a varios bancos y afectan negativamente su historial de crédito, empeorando aun más sus probabilidades de obtener el financiamiento que buscan.

Los Empresarios Deben Primero Contactar a la SBA

Para no afectar negativamente su historial de crédito, Casiano recomiendo que los empresarios primero contacten a la SBA para ver si reúnen los requisitos para un préstamo garantizado por la SBA. La agencia tiene oficinas locales en todos los estados y ofrece asesoría y capacitación, incluyendo ayuda en el desarrollo de un plan de negocios, considerado esencial para obtener financiamiento. Después de hacer una evaluación, la agencia podría referirlos a un banco. "De esta manera el empresario visita al banco ya sabiendo que solicitara un préstamo garantizado por la SBA", dijo.

Pedir un Préstamo es una Gran Responsabilidad

Casiano dice que pedir dinero es una gran responsabilidad. Lo bueno de tener un préstamo garantizado por la SBA es que si el prestatario no puede pagar el dinero durante el plazo establecido, el banco podría extender el plazo con mayor facilidad. Solamente hay que pedir dinero prestado cuando es la única opción. "Es mejor abrir un negocio con dinero propio, ahorrar, hacer una sociedad con alguien más, o explorar otras opciones", dijo Casiano. "El dinero prestado tiene que volverse a pagar y eso a veces le pone una tremenda presión a los negocios pequeños".

Las Pequeñas Empresas y la EEOC
Comisión para la Igualdad de Oportunidades en el Empleo (EEOC)

¿Qué leyes ejecuta la EEOC? ¿Se aplican a mi empresa?

El Título VII de la Ley de Derechos Civiles de 1964 (Título VII) prohíbe la discriminación por raza, color, religión, sexo y origen nacional. El Título VII se aplica a:

- patronos que tengan quince (15) o más empleados.

La Ley contra la Discriminación por Edad en el Empleo de 1967 (ADEA) prohíbe la discriminación de individuos que tienen cuarenta (40) años o más. La ADEA se aplica a:

- patronos que tengan veinte (20) o más empleados.

El Título I de la Ley de Americanos con Discapacidades de 1990 (ADA) prohíbe la discriminación en el empleo de individuos cualificados con discapacidades. La ADA se aplica a:

- patronos que tengan quince (15) o más empleados.

La Ley de Igual Paga de 1963 (EPA) prohíbe la discriminación en los salarios entre hombres y mujeres en empleos substancialmente iguales dentro del mismo establecimiento. La EPA se aplica a:

- la mayoría de los patronos que tengan uno o más empleados.

Estas leyes prohíben la discriminación en el empleo por raza, color, sexo, religión, origen nacional, edad, discapacidad, y también prohíben las represalias por oponerse a la discriminación en el empleo, presentar una querella, o participar en procedimientos conforme a estas leyes.

¿Cómo determino si una empresa de mi tamaño está cubierta por las leyes de EEO?

Todos los empleados, incluyendo los trabajadores temporeros y los de medio tiempo, están incluidos a fin de determinar si un patrono tiene un número suficiente de empleados.

Un empleado es alguien con quien el patrono tiene una relación de empleo. La existencia de una relación de empleo se muestra con mayor claridad en la aparición de una persona en la planilla de sueldos y salarios del patrono, pero esto solo no necesariamente responde la pregunta.

Determinar si un patrono tiene suficientes empleados para ser cubierto por estas leyes constituye, en última instancia, una cuestión legal.

Los contratistas independientes no se consideran como empleados. Determinar si un individuo es, conforme a la ley, un contratista independiente, también constituye una pregunta legal que tal vez no sea tan fácil de responder como se piensa.

Si no está seguro de que su empresa esté cubierta o si un individuo que trabaja para usted está cubierto, puede ser conveniente consultar con un abogado.

¿Quién puede presentar una querella por discriminación ante la EEO?

Cualquier persona que crea que sus derechos de empleo han sido violados por su raza, color, sexo, religión, origen nacional, edad, discapacidad o por represalias puede Presentar una Querella por discriminación ante la EEOC. Por ley, la EEOC debe aceptar la presentación de una querella.

¿Cuándo puede presentarse una querella por discriminación?

En la mayoría de las zonas geográficas, una querella debe presentarse ante la EEOC dentro de los 300 días a partir de la fecha de la supuesta discriminación. En muy pocas zonas en las que no se aplica una ley de discriminación estatal o local, una querella debe presentarse dentro de los 180 días.

¿Una pequeña empresa puede resolver una querella sin pasar por una investigación o enfrentarse a un juicio?

Sí. La EEOC cuenta con un programa de mediación gratuito. El programa es voluntario y todas las partes deben estar de acuerdo en participar. El proceso de mediación también es confidencial. Mediadores neutrales brindan a los patronos y a las partes querellantes la oportunidad de alcanzar soluciones mutuamente satisfactorias. Si la querella presentada contra su empresa es elegible para la mediación, será notificado por la EEOC de que cuenta con la oportunidad de participar en el proceso de mediación. En caso de que la mediación no resulte exitosa, la querella es remitida para la investigación.

———

La Mediación y las Pequeñas Empresas
Comisión para Igualdad de Oportunidades en el Empleo (EEOC)

LA MEDIACIÓN

La mediación es un proceso *justo* y *eficiente* para ayudarlo a resolver sus disputas laborales y alcanzar un acuerdo. Un mediador neutral lo asiste a fin de lograr un acuerdo voluntario y negociado. Elegir la mediación para resolver disputas sobre discriminación laboral promueve un mejor ámbito de trabajo, reduce los costos y funciona tanto para el patrono como para el empleado.

Hoy día la mediación es la forma más popular de ADR usada por agencias en disputas relacionadas con el empleo. Mediación es la intervención en una disputa o negociación de una tercera parte que sea aceptable imparcial y neutral y que no tenga la autoridad de tomar decisiones. El objetivo de método intervención es ayudar a que las partes lleguen a una resolución de los puntos en disputa de una manera mutuamente aceptable.

Un mediador primordialmente hace sugerencias procesales relacionadas a cómo las partes pueden llegar a un acuerdo. Ocasionalmente, un mediador puede sugerir algunas opciones substantivas como un medio de alentar a las partes a expandir la esfera de posibles resoluciones bajo consideración. A menudo, un mediador trabaja con las partes individualmente, en juntas, para explorar opciones de resoluciones aceptables para desarrollar propumétodos que puedan mover a las partes más cerca a una resolución.

HISTORIA DEL PROGRAMA DE MEDIACIÓN DE LA EEOC

En 1991, la EEOC comenzó programas piloto de mediación en cuatro oficinas locales (las oficinas de Philadelphia, Nueva Orleans, Houston y Washington), y luego se establecieron programas piloto en todas las oficinas de distrito. Basado en el éxito de los programas piloto y las recomendaciones de su propio grupo de estudio de ADR, la Comisión llegó a la conclusión de que la mediación era una alternativa viable frente a los métodos investigativos tradicionales utilizados por la EEOC para resolver querellas por discriminación en el empleo, y que debía implementarse un programa de ADR. En 1995, la EEOC adoptó su declaración de políticas sobre ADR exponiendo ciertos principios fundamentales para un programa de ADR. Después del desarrollo del marco operativo del programa en 1998, y recibir los fondos para ponerlo en marcha, el programa de mediación ADR de la EEOC fue implementado por completo en abril de 1999.

Desde su inicio, el programa de mediación de la EEOC ha sido altamente exitoso en resolver querellas por discriminación en el empleo. Investigadores independientes llevaron a cabo diversos estudios para evaluar la efectividad del programa y para identificar potenciales mejoras. Una encuesta mostró que las partes que participaron en mediaciones estaban muy satisfechas con el proceso, y que el 96% de los patronos y el 91% de las partes querellantes volverían a utilizar el programa de mediación si les fuera ofrecido. Desde 1999 y hasta 2003 se llevaron a cabo más de 52,400 mediaciones y más de 35,100 querellas, o el 69%, fueron resueltos satisfactoriamente en un promedio de 85 días.

El programa de la EEOC utiliza una combinación de mediadores internos empleados por la EEOC y mediadores externos contratados. Las oficinas locales también pueden utilizar mediadores pro bono o voluntarios. Todos los mediadores están capacitados tanto en mediación como en las leyes observadas por la EEOC. Como parte neutral, los mediadores utilizan su conocimiento y experiencia como facilitadores a fin de explorar la disputa subyacente y alcanzar resoluciones que sean mutuamente satisfactorias para ambas partes. Si bien en la mediación pueden explorarse soluciones más tradicionales, muchas mediaciones comprenden enfoques creativos para la resolución de la disputa que están diseñados para satisfacer las necesidades e intereses de las partes. En muchos casos, un beneficio no monetario es el único beneficio que cambia de manos.

La EEOC ofrece la mediación poco después de que se haya presentado una querella y antes de realizar más investigaciones. La EEOC evalúa cada querella para ver si es adecuado para la mediación. Las querellas consideradas sin fundamento por la EEOC no son elegibles para la mediación. Sin embargo, las partes pueden solicitar mediación en cualquier etapa del proceso administrativo. En 2002, la EEOC extendió su uso de la mediación para intentar alcanzar una resolución en la etapa de conciliación, después de haber emitido un fallo por discriminación, en los casos apropiados. Desde 1999, la EEOC ha llevado a cabo diversas actividades de entrenamiento y extensión para educar al público, empleados y personas protegidas por las leyes observadas por la EEOC, acerca del programa de mediación.

PREGUNTAS Y RESPUESTAS SOBRE MEDIACIÓN

P. ¿Qué es mediación?

R. La mediación es una forma de Método Alterno de Disputas (ADR) ofrecido por la Comisión para la Igualdad de Oportunidades en el Empleo (EEOC) como alternativa frente a los procesos investigativos y de litigio tradicionales. La mediación es un proceso informal en el que un mediador capacitado ayuda a las partes a alcanzar una resolución negociada respecto a una querella por discriminación. El mediador no decide quién tiene razón y quién no, y no tiene autoridad para imponer un acuerdo sobre las partes. El mediador sí ayuda a las partes a explorar y a reconciliar sus diferencias en forma conjunta.

P. ¿La EEOC obliga a las partes a participar en la mediación?

R. No. La participación en el programa de mediación de la EEOC es estrictamente voluntaria. Si cualquiera de las partes se niega a participar en la mediación, la querella será procesada como cualquier otra querella.

P. ¿Quién actúa como mediador en las querellas presentadas ante la EEOC?

R. Sólo los mediadores con experiencia y entrenamiento en mediación y leyes de igualdad de oportunidades de empleo son asignados para mediar las querellas presentados ante la EEOC. La EEOC cuenta con un equipo de mediadores capacitados. También contratamos mediadores profesionales externos para mediar querellas presentadas ante la EEOC. Todos los mediadores de la EEOC, ya sea personal interno o mediadores externos, son profesionales neutrales, imparciales, que no tienen intereses en el resultado de la mediación.

P. ¿En qué etapa del proceso administrativo tiene lugar la mediación?

R. La mediación suele tener lugar a comienzos del proceso, antes de una investigación de la querella. El hecho de ofrecer la mediación a las partes antes de una investigación ahorra recursos de la Comisión al evitar la investigación de una querella que puede ser adecuadamente resuelta a través de la mediación. Asimismo, la mediación antes de una investigación impide que las posturas se tornen más rígidas, lo cual puede suceder durante una larga investigación.

P. ¿La mediación está disponible durante una investigación o durante el proceso de conciliación?

R. A fin de incrementar las oportunidades de llevar a cabo una mediación, la EEOC extendió las querellas elegibles para mediación y ahora la mediación está disponible en la etapa de conciliación, después de haber emitido una querella por discriminación, en los casos apropiados.

P. ¿Cuáles son las diferencias, si es que las hay, en la mediación que se realiza en la etapa de conciliación?

R. Si la mediación se lleva a cabo en la etapa de conciliación, la EEOC pasa a ser un participante –junto con la parte querellante y el patrono–con un mediador independiente, que es neutral.

P. ¿Puede una parte solicitar mediación si la EEOC no la ofrece?

R. Sí. Cualquiera de las dos partes puede solicitar una mediación sin el ofrecimiento de la EEOC. Siempre y cuando ambas partes acuerden participar, la EEOC considerará la querella para una mediación.

P: ¿El proceso de mediación es confidencial?

R. Sí. La EEOC mantiene estricta confidencialidad en su programa de mediación. El mediador y las partes deben firmar acuerdos prometiendo que todo lo que se revele durante la mediación será confidencial. Las sesiones de mediación no se graban ni se transcriben. Las notas que el mediador toma durante la mediación son destruidas. Además, a fin de asegurar la confidencialidad, el programa de mediación está aislado de las funciones de litigio e investigativas de la EEOC. Los mediadores de la EEOC sólo median querellas. Están impedidos de realizar cualquier otra función relacionada con la investigación o litigio de querella.

P. ¿Quién debe estar presente en la sesión de mediación?

R. La parte demandante y un representante del patrono deben concurrir a la sesión de mediación. La persona que representa al patrono debe estar familiarizada con los datos de la querella y tener la autoridad para resolver la querella en nombre del patrono.

P. ¿Pueden las partes llevar un abogado u otro representante a la sesión de mediación?

R. Sí. Si bien no es necesario contar con un abogado u otro representante para participar del programa de mediación de la EEOC, cualquiera de las dos partes puede elegir hacerlo. El mediador decidirá qué papel desempeñará el abogado o representante durante la mediación. El mediador puede pedirles que brinden consejos o asesoría, pero no pueden hablar por una parte. Si una parte planea llevar un abogado u otro representante a la sesión de mediación, puede tratar este tema con el mediador antes de la sesión de mediación.

P. ¿Cuánto tiempo se tarda el proceso de mediación?

R. La mediación es un proceso muy eficiente que ahorra tiempo y dinero. Según un estudio realizado por la EEOC, las mediaciones suelen durar aproximadamente entre tres y cuatro horas. No obstante, esto puede variar según los datos de cada caso. Las mediaciones exitosas evitan una investigación que demanda mucho tiempo y logran una rápida resolución de la querella.

P. ¿Todos las querellas son elegibles para la mediación?

R. No. La EEOC evalúa cada querella para determinar si es apropiada para la mediación, teniendo en cuenta factores tales como la naturaleza del caso, la relación entre las partes, el tamaño y la complejidad del caso, y el remedio que busca la parte querellante. Las querellas consideradas sin fundamento por la EEOC no son elegibles para la mediación.

P. ¿Qué ocurre con una querella si no es resuelta en la mediación?

R. Si una querella no se resuelve durante el proceso de mediación, el caso es devuelto a una unidad investigadora y se procesa como cualquier otra querella.

P. ¿Las partes deben pagar por la mediación?

R. No. No se cobran honorarios por la mediación.

P. ¿Qué ocurre si una parte no cumple con un acuerdo alcanzado en la mediación?

R. Un acuerdo alcanzado durante la mediación puede hacerse cumplir en los tribunales, como cualquier otro acuerdo de conciliación que resuelve una querella por discriminación presentado ante la EEOC. Si cualquiera de las dos partes cree que la otra parte no cumplió con un acuerdo de conciliación mediado, debe comunicarse con el coordinador de ADR.

P. ¿Funciona la mediación?

R. Sí. Los participantes en el programa de mediación de la EEOC demuestran un alto grado de satisfacción con el programa. Es un proceso equitativo y eficiente que puede evitar una larga investigación y la posibilidad de un litigio innecesario.

P. ¿Puede utilizarse la información revelada durante una sesión de mediación en una investigación si la querella no se resuelve en la sesión de mediación?

R. No. Dado que la totalidad del proceso de mediación es estrictamente confidencial, la información revelada durante la sesión de mediación no puede darse a conocer a nadie, incluyendo otros empleados de la EEOC. Por lo tanto, no puede utilizarse en ninguna investigación siguiente.

P. ¿Alguna vez se resuelven las querellas a cambio de beneficios no monetarios?

R. Sí, en casi la mitad de los casos mediados, la resolución implica un beneficio no monetario. Desde el inicio de los programas, en aproximadamente el 13.5 % de los casos, el único beneficio que forma parte de la resolución no es monetario.

P. ¿Cuáles son los beneficios de la mediación?

R. Uno de los mayores beneficios de la mediación es que permite a las partes resolver las cuestiones en disputa de un modo que es mutuamente satisfactorio y que cumple con las necesidades de ambos. Asimismo, la mediación es más rápida que el proceso investigativo tradicional. Por ejemplo, en el año fiscal 2003, los casos mediados se resolvieron en un promedio de 85 días, contra los 160 días que llevó que otros casos pasaran por el proceso investigativo tradicional. El proceso también puede permitir a las partes preservar o reparar la relación laboral. Las partes no tienen nada que perder al participar en la mediación. Si no se logra una resolución, la querella será investigada como cualquier otro.

P. Como patrono, si creo que una querella no tiene fundamento, ¿por qué debería participar en la mediación?

R. La mediación brinda un ámbito neutral y confidencial en el que ambas partes pueden discutir abiertamente información acerca de la disputa subyacente. Mediante una mejor comunicación, la mediación puede fomentar mejores relaciones laborales y una comprensión más acabada de los factores que pueden estar afectando todo el lugar de trabajo.

Datos sobre la Mediación

La mediación es un método Alterno de Resolución de Disputas (ADR) ofrecido por la Comisión para la Igualdad de Oportunidades en el Empleo (EEOC) como alternativa al proceso tradicional investigativo o de litigio. La mediación es un proceso informal en el que un tercero neutral ayuda a las partes en conflicto a alcanzar una resolución voluntaria y negociada para una querella por discriminación. La decisión de mediar es totalmente voluntaria tanto para la parte querellante como para el patrono. La mediación otorga a las partes la oportunidad de discutir los temas planteados en la querella, aclarar malentendidos, determinar los intereses o incumbencias subyacentes, encontrar zonas de acuerdo y, en última instancia, incorporar esas zonas de acuerdo en las resoluciones. Un mediador no resuelve la querella ni impone una decisión sobre las partes. Lo que sí hace es ayudar a las partes a acordar una resolución mutuamente aceptable. El proceso de mediación es estrictamente confidencial. La información revelada durante la mediación no será dada a conocer a nadie, incluyendo los otros empleados de la EEOC.

Cómo Funciona la Mediación

Un representante de la EEOC se pondrá en contacto con el empleado y el patrono para tratar su participación en el programa. Si ambas partes están de acuerdo, se planifica una sesión de mediación que será llevada a cabo por un mediador experimentado y capacitado. Si bien no es necesario contar con un abogado para participar en el programa de mediación de la EEOC, ambas partes pueden decidir tenerlo. Es importante que las personas que participan a la sesión de mediación tengan la autoridad para resolver la disputa. Si la mediación no resulta exitosa, se investiga la querella como cualquier otro.

VENTAJAS DE LA MEDIACIÓN

La mediación, se brinda sin costo alguno a las partes, y constituye un proceso eficiente que ahorra tiempo y dinero. La mediación exitosa evita una investigación que demanda mucho tiempo y logra obtener una resolución rápida a la querella. La mayoría de las mediaciones se completan en una sesión, que suele durar entre una y cinco horas.

La mediación es equitativa. Los mediadores son terceros neutrales que no tienen ningún interés en el resultado. Su papel es ayudar a las partes a resolver la acusación. Las partes tienen igualdad de oportunidades para expresar sus opiniones en el proceso y son ellos los que deciden los términos del acuerdo, no el mediador.

La mediación es un proceso confidencial. Las sesiones no se graban ni se transcriben. Las notas que el mediador toma durante la mediación se desechan y todas las partes firman un acuerdo de confidencialidad.

Los acuerdos de conciliación obtenidos durante la mediación no constituyen una admisión por parte del patrono de ninguna violación de las leyes observadas por la EEOC. En el proceso no se determina la inocencia o culpabilidad de ninguna persona.

La mediación evita litigios largos e innecesarios. La mediación suele tener lugar a principios del proceso de presentación de cargos, y muchas mediaciones se completan en una sola reunión. La representación legal o de otro tipo es opcional.

La mediación fomenta un enfoque orientado hacia la solución de problemas que busca resolver las quejas y así reducir los trastornos en el lugar de trabajo. En el caso de la investigación, aun si una acusación es desestimada por la EEOC, los problemas subyacentes pueden continuar, afectando a otros empleados y personal de recursos humanos.

Las partes comparten información, lo cual puede conducir a una mejor comprensión de los temas que afectan al lugar de trabajo. Una mayor comunicación puede dar como resultado resoluciones mutuamente satisfactorias.

———

Cómo Comprar Una Franquicia De Servicios De Limpieza
Comisión Federal de Comercio (FTC)

Si usted está pensando en abrir su propio negocio pero sólo tiene una pequeña cantidad de dinero para invertir, es posible que esté considerando la compra de una franquicia de servicios de limpieza. Generalmente, una empresa de servicios de limpieza (el "franquiciador") le cobra un cargo para proporcionarle a usted (el "franquiciado") clientes, comercialización y servicios de facturación y cobranza.

Todo franquiciador le puede relatar cuentos de éxitos. Tenga cuidado. En el ramo de los servicios de limpieza es posible tener éxito, pero no hay garantías.

CÓMO FUNCIONAN LAS FRANQUICIAS DE SERVICIOS DE LIMPIEZA

En una franquicia típica de limpieza, usted le paga un cargo al franquiciador a cambio de un "paquete" de clientes. Este cargo está basado en el valor monetario de los clientes de servicios de limpieza que la empresa le proporciona y generalmente equivale aproximadamente a la mitad de los ingresos brutos anuales que éstos deben generar. Por ejemplo, por un cargo de $10,000, usted recibe clientes por valor de $20,000; por un cargo de $15,000, recibirá clientes por valor de $30,000. También tendrá que pagar regalías periódicas o cargos administrativos.

El franquiciador podría ofrecerle financiamiento, esto podría resultarle atractivo especialmente si ha experimentado problemas para obtener crédito de prestadores tradicionales.

El franquiciador debe ofrecerle clientes de limpieza que producirán el nivel de ingreso que se describe en el paquete que usted compró. Sin embargo, el nivel de ingresos puede verse afectado por varios factores. Por ejemplo, si usted no acepta un cliente, es posible que el franquiciador no tenga que ofrecerle un sustituto. O si usted rechaza un cliente porque piensa que le queda demasiado lejos, podría perder el derecho a recibir ese ingreso. El franquiciador tampoco tiene que reemplazarle los clientes que usted pierda por haber hecho una limpieza mediocre.

POSIBLES PROBLEMAS

La Comisión Federal de Comercio y el Fiscal General del Estado de Maryland le aconsejan que sea precavido si piensa comprar una franquicia de servicios de limpieza, este tipo de negocios con frecuencia le resulta atractivo a los inmigrantes y a otras personas cuyo inglés es limitado. El contrato de franquicia que le proporcionará el franquiciador puede ser largo y complicado. Sus derechos y obligaciones legales y las obligaciones del franquiciador pueden ser difíciles de comprender. Considere la asesoría profesional. Consulte con un abogado, contador o asesor comercial para que le revise el contrato de franquicia. El dinero y tiempo que gaste en la asistencia de un profesional podrían ayudarlo a evitar una mala inversión.

Estos son algunos de los problemas que podría enfrentar:

- *Diferencia entre la cantidad de clientes que le ofrecen y los que recibe.* Es posible que exista una diferencia entre la cantidad de clientes que el franquiciador le promete y los que usted en realidad recibe, y también en los ingresos que estos clientes producen. Por ejemplo, el franquiciador podría prometer que le ofrecerá clientes que generan facturas de $1,000 mensuales durante el primer año. Para cumplir con su obligación, el franquiciador le podría ofrecer más de un cliente de servicio de limpieza. Pero, por dificultades de tiempo, de distancia u otros problemas, es posible que usted no pueda aceptar todos los clientes que le ofrece el franquiciador. Además, el franquiciador podría ofrecerle esos mismos clientes a otros franquiciados sobre una base de orden de llegada. Si, a raíz de su ubicación, usted no puede aceptar el cliente o si otro franquiciado lo acepta antes que usted, posiblemente se considere satisfecha la obligación de oferta de clientes del franquiciador. Y como es posible que el franquiciador no le informe sobre este sistema antes de que usted compre el "paquete" de clientes, usted no debe contar con recibir todos los ingresos que al principio le prometió el franquiciador.

- *Clientes rechazados.* Es posible que el franquiciador no tenga que reemplazarle un cliente que usted haya rechazado.

- *Clientes seleccionados por el franquiciador.* Generalmente, los clientes se los elige el franquiciador; y tal vez, el tamaño, cantidad y ubicación de los clientes no sean lo que usted esperaba. Por ejemplo, es posible que el franquiciador le requiera atender a más de un cliente simultáneamente o que los lugares de trabajo estén muy separados el uno del otro.

- *Clientes perdidos.* La mayoría de las franquicias de limpieza especifican que si un cliente cancela el contrato de limpieza, el franquiciador no está obligado a reemplazarlo. Además, es posible que usted deba pagar cargos adicionales de comercialización y ventas para obtener otro cliente y compensar los ingresos perdidos.

- *Cláusula de integración.* En el contrato de franquicia que usted firma se podría incluir una cláusula limitándolo a los términos que hayan sido específicamente detallados por escrito. Esto significa que las promesas o declaraciones verbales que haya hecho el franquiciador no forman parte del contrato. Esta es una razón por la cual es muy importante que en el contrato de franquicia se incluyan por escrito todas las promesas efectuadas.

- *Retraso para recibir clientes durante el primer año.* El paquete de clientes que usted compra sugiere un cierto nivel de ingresos en el primer año. Pero es posible que el franquiciador se tome varios meses en proporcionarle los clientes prometidos. Esto significa que, posiblemente, no comience a recibir ingresos hasta varios meses después de haber comprado el paquete y que en consecuencia su ingreso anual no sea el que había calculado. Por lo tanto, es importante que tenga otras fuentes de ingreso durante los primeros meses de operación.

- *Cargos corrientes.* El franquiciador le podría cobrar un cargo mensual de administración o servicio que usted debe pagar aunque durante ese mes no haya tenido ningún ingreso por su servicio de limpieza. Si el cargo de franquicia está financiado, tendrá que pagar la cuota mensual esté recibiendo ingresos o no del servicio de limpieza. Y aunque consiga clientes sin asistencia del franquiciador, todos los ingresos provenientes de un cliente de servicio de limpieza que usted haya negociado serán incluidos en los cálculos del franquiciador por regalías y cargos administrativos que usted adeude.

- *Clientes del franquiciador.* Todos los clientes pueden ser propiedad del franquiciador, aún los que usted haya conseguido por su cuenta. Esto significa que si se termina su contrato de franquicia, usted no podrá atender a los clientes por los que pagó un cargo, ni tampoco a los que consiguió por su cuenta.

- *Capacitación.* Antes de invertir obtenga información sobre el programa de capacitación del franquiciador. La capacitación que usted recibe está determinada por el franquiciador y podría tratarse de ver videos y leer libros y no de cursos prácticos o teóricos de entrenamiento.

- *Procedimientos de licitación.* Es posible que el franquiciador no le informe de qué forma se presenta a licitaciones de contratos de limpieza o qué servicios específicos le debe proporcionar usted al cliente. Tal vez sólo le indique que lo que usted puede ganar con el servicio de limpieza es de $12 a $15 por hora. Sin embargo, cuando se presenta a licitaciones de servicio de limpieza, el franquiciador puede ofrecer sus servicios a precios más bajos y es posible que a usted no se le permita opinar si la cantidad es o no razonable. Por lo tanto, aunque se sugiera que el cliente representa una cierta cantidad monetaria, es posible que para usted no sea así, y tal vez usted no reciba ninguna ganancia después de pagar los gastos de materiales y transportación.

- *Clientes de corto plazo.* Los operadores de franquicias de limpieza con frecuencia advierten que muy pocos clientes mantienen la cuenta más de un año. El motivo es que prefieren los contratos de corto plazo porque de esa forma pueden buscar mejores precios. Si el franquiciador le ofrece clientes de reemplazo, es posible que usted deba pagar otro cargo de recomendación o comercialización.

- *Obligaciones de rendimiento.* Posiblemente usted tenga que cumplir requisitos mínimos de rendimiento o de crecimiento. De no ser así, podría perder la franquicia o, lo que es peor, el derecho a que le reembolsen el costo de entrada.

- *Pago de servicios.* El franquiciador le cobra a sus clientes. Si el cliente no paga, a usted no se le paga. El franquiciador podría no tener la obligación legal de exigirle a sus clientes que paguen, pero si éste presenta una demanda de cobro, es posible que sea usted quien deba pagar los costos legales.

- *Garantías personales.* En muchos casos, el franquiciador requiere que sea el franquiciado quien garantice personalmente las deudas de la franquicia. Esto significa que si su capital comercial no cubre las deudas de la franquicia, usted podría perder bienes personales, como su casa o su automóvil.

- *Reglas de no-competencia.* Es posible que no se les permita a usted y a sus familiares directos (su esposa y sus hijos) tener interés de propiedad ni desempeñar un servicio en otra compañía de limpieza aún cuando su familiar no tenga interés de propiedad sobre su franquicia de limpieza. Esta restricción podría continuar aun después de terminada la franquicia.

REGLAMENTO DE LA FTC SOBRE FRANQUICIAS

La ley dispone que el franquiciador debe entregarle a usted una declaración informativa detallada que debe incluir:

- la cantidad total de franquicias y la cantidad de franquicias canceladas o no renovadas durante el año anterior;

- los fundamentos y las presunciones sobre las que se basan las afirmaciones sobre ganancias potenciales o sobre las ganancias de otras franquicias en existencia;

- el costo de inicio y mantenimiento del negocio;

- los nombres, las direcciones y los números de teléfono de por lo menos 10 franquiciados que vivan cerca de su domicilio (ciertos Estados, incluyendo Maryland, requieren que se le entreguen nombre, dirección y números de teléfono de por lo menos 100 franquiciados);

- los antecedentes y la experiencia de los ejecutivos principales del franquiciador;

- el estado financiero del franquiciador completamente verificado por auditoría;

- toda demanda presentada por franquiciados en contra del franquiciador o su cuerpo directivo; y

- las responsabilidades que tienen entre sí usted y el franquiciador después de la compra de la franquicia.

Este documento usted lo debe recibir por lo menos 10 días hábiles antes de abonar cualquier suma de dinero o de comprometerse legalmente a comprar la franquicia. Estos 10 días hábiles deben ser suficientes para que usted pueda estudiar el documento, obtener respuestas a sus preguntas, hablar con otros franquiciados y consultar con un abogado, contador o asesor comercial.

PROTÉJASE

La compra de una franquicia es una decisión importante. Antes de comprometerse, tome las siguientes precauciones:

- Lea la declaración informativa de la compañía. Estúdiela con atención e infórmese sobre sus obligaciones y los antecedentes de la empresa relacionados a demandas y a la tasa de fracaso. Esto lo ayudará a determinar si los otros franquiciados están o no satisfechos con la franquicia.

- Hable con otros franquiciados. No se base únicamente en la información que obtiene del franquiciador. Hable con franquiciados actuales y pasados sobre sus experiencias con el franquiciador. La declaración informativa de la compañía debe incluir el nombre, número de teléfono y dirección de los mismos. El franquiciador podría recomendarle que se comunique directamente con franquiciados que hayan tenido éxito. No se base en referencias seleccionadas por la compañía.

- Comuníquese con el administrador de franquicias de su Estado.

- Solicite que todas las promesas sean puestas por escrito. Si un vendedor le dice que el franquiciador le dará clientes cerca de su domicilio, pero el contrato escrito define más ampliamente la zona geográfica, lo que cuenta es lo que está escrito. Si una cláusula del contrato indica algo distinto a lo que habló con el vendedor, exija que cambien el contrato escrito. Si el vendedor le dice que debe ganar de $12 a $15 por hora, cerciórese que ese pronóstico se haya incluido en la declaración informativa. Si el vendedor o el franquiciador no está de acuerdo, no acepte el trato.

- Estudie detenidamente el contrato de franquicia. Es importante que comprenda todas las cláusulas del contrato ya que éste controla su relación con el franquiciador. Asegúrese que el acuerdo especifique todos los detalles para que no haya sorpresas.

- Comprenda sus obligaciones. Como franquiciador, es posible que tenga que pagar regalías y otros cargos. Averigüe exactamente qué tipos de cargos tendrá que pagar, cuánto pagará y con qué frecuencia.

- Investigue las afirmaciones sobre ganancias potenciales. El valor estimado del paquete de clientes que usted compra podría no reflejar las ganancias que recibirá por atender a los clientes. Pregunte de qué manera le asigna la compañía el valor a los clientes. Averigüe cuántos franquiciados recibieron las ganancias que describen y dónde están localizados.

- Tenga cuidado al financiar. Aunque le parezca atractivo hacer el financiamiento a través del franquiciador, es posible que los términos del contrato de financiamiento no sean los más convenientes para usted. Por ejemplo, es posible que tenga que firmar un pagaré para garantizar el préstamo y firmar un acuerdo cuyos términos podrían dificultar la presentación de una demanda de su parte contra la compañía en caso de que usted quiera cancelar el contrato. Antes de aceptar el financiamiento del franquiciador, debe comprender todas las cláusulas del acuerdo.

- Considere obtener asesoría profesional. Consulte con un abogado, contador o asesor comercial para que revise el contrato de franquicia. El dinero y tiempo que gaste en la asistencia de un profesional podrían ayudarlo a evitar una mala inversión.

GLOSARIO DE TERMINOLOGÍA

Cargo de Administración o Servicio (Management or Service Fee) — cargo que paga el franquiciado para recibir apoyo adicional o continuo, tal como el suministro de clientes adicionales o sustitutos.

Cargo de Regalías (Royalty Fee) — pago específicamente realizado por el franquiciado por el derecho de usar la marca comercial del franquiciador. En la mayoría de los casos, el franquiciado paga este cargo durante la duración del contrato, sin importar las acciones adicionales que pueda o no tomar el franquiciador.

Contrato de Franquicia o Acuerdo de Franquicia (Franchise Agreement or Franchise Contract Agreement) — documento escrito que describe las obligaciones con fuerza jurídica obligatoria entre el franquiciador y el franquiciado.

Costo de Entrada (Franchise Fee) — precio de compra de la franquicia.

Declaración Informativa (Disclosure Agreement) — documento escrito que describe la oferta general de franquicia, incluyendo información sobre antecedentes del franquiciador, un resumen del contrato de franquicia y una lista de los actuales franquiciados.

Franquiciado (Franchisee) — persona que compra o invierte en una franquicia.

Franquiciador (Franchisor) — persona que vende una franquicia.

C. LOS DERECHOS DE LOS CONSUMIDORES

Todos somos consumidores y todos hemos tenido la experiencia de sentirse defraudado o maltratado en ese papel. Afortunadamente, existen leyes federales y locales que protegen a los consumidores.

En las lecturas que siguen, podrá aprender mucho sobre los derechos y las protecciones de los consumidores, además de las formas en que los consumidores pueden reclamar.

---

15 de marzo: Día Mundial de los Derechos del Consumidor

En 1983 la ONU instituyó el Día Mundial de los Derechos del Consumidor, cuya celebración, el 15 de marzo, conmemora el discurso que el presidente estadounidense John F. Kennedy pronunció tal día de 1962 ante el Congreso de su país y en el que, entre otras, hizo las siguientes consideraciones:

"Ser consumidor, por definición, nos incluye a todos. Somos el grupo económico más grande en el mercado, que afecta y es afectado por casi todas las decisiones económicas públicas. . . Pero es el único grupo importante cuyos puntos de vista a menudo no son escuchados".

Por primera vez el consumidor fue considerado un elemento fundamental dentro del proceso productivo, se reconoció su relevancia política y se instó a las instituciones a arbitrar medidas para la protección de sus derechos.

El 9 de abril de 1985, la Asamblea General de las Naciones Unidas adoptó las Directrices de la ONU para la Protección de los Consumidores, declaración de derechos que hoy goza de reconocimiento internacional:

1) derecho al acceso a bienes y servicios básicos esenciales, como alimentos, ropa, vivienda, salud, educación y salubridad;

2) derecho a la protección contra productos y procesos peligrosos;

3) derecho a recibir información para una elección correcta y protección contra publicidad deshonesta o confusa.

4) derecho a escoger productos y servicios a precios competitivos con la seguridad de una calidad satisfactoria;

5) derecho a ser escuchado y estar representado en la elaboración y ejecución de una política gubernativa y en el desarrollo de productos y servicios;

6) derecho a recibir una reparación adecuada por quejas justas, incluyendo compensación por información engañosa, bienes defectuosos o servicios insatisfactorios;

7) derecho a la educación de los consumidores para efectuar elecciones seguras de bienes y servicios, y ser conscientes de los derechos básicos de los consumidores y cómo hacerlos efectivos;

8) derecho a un ambiente saludable para vivir y trabajar.

El Día Mundial de los Derechos del Consumidor ha de servir cada año para recordarnos la importancia de nuestros derechos y los mecanismos para su defensa.

La Organización Internacional de Consumidores (Consumers International ha establecido la defensa del usuario de los servicios financieros como objetivo prioritario de las actividades del Día Mundial 2011.

———

Los consumidores cuyo primer idioma no es inglés se encuentran con frecuencia en situaciones difíciles porque no han podido protegerse de prácticas fraudulentas o ilegales en el comercio. El limitado conocimiento del inglés lleva a que muchos hispanohablantes, por ejemplo, no estén en condiciones de moverse fácilmente en relación a asuntos bancarios, de crédito y otras áreas financieras.

———

Factores que Afectan la Educación Financiera de las Personas con Conocimientos Limitados del Inglés

Informe a los Comités del Congreso, United States Government Accountability Office
(GAO)

Los Estados Unidos tiene una población muy diversa, con distintas culturas de todo el mundo. El inglés no es el primer idioma de muchas de las personas que viven en los Estados Unidos y un gran número tiene conocimientos limitados del inglés a la hora de leer, escribir, hablar o entender el idioma. Por ejemplo, de acuerdo a las estadísticas del Censo de 2008, más de 12 millones de adultos dijeron que no hablan bien el inglés ó que no hablan nada del inglés. El nivel de conocimientos del inglés parece estar conectado con un número de experiencias en la vida de las personas en los Estados Unidos, incluyendo la participación en actividades cívicas y del trabajo, y su movilidad económica. La capacidad de hablar inglés también puede tener un efecto en la educación financiera para tomar decisiones informadas y tomar medidas más eficaces sobre cómo usar y administrar el dinero en la actualidad y en el futuro.

La Ley de Credit Card Accountability, Responsibility and Disclosure Act of 2009 requirió que GAO examinara la relación entre la fluidez del inglés y la educación financiera. Este informe está creado en respuesta a dicho mandato al examinar hasta dónde, si se diera el caso, las personas con conocimientos limitados del inglés tienen menos acceso a conocimientos financieros y a realizar sus gestiones financieras. Para tratar este asunto, se llevó a cabo una evaluación de estudios, informes y encuestas relevantes. También se realizaron entrevistas y se recopilaron estudios y materiales educativos de distintas agencias federales, incluyendo la Comisión Federal de Comercio (Federal Trade Commission) y el Departamento del Tesoro (Department of the Treasury), de organizaciones que sirven o que abogan por comunidades con conocimientos limitados del inglés, de organizaciones que ofrecen educación financiera o servicios de soporte en torno a la educación financiera, y de instituciones con servicios financieros. También se organizaron discusiones entre una serie de 10 grupos de enfoque. Cada grupo incluía entre 5 y 11 participantes y se concentró en las barreras a las que se enfrentan las personas con conocimientos limitados del inglés cuando desean mejorar sus conocimientos financieros y realizar sus gestiones financieras. Los grupos incluían 2 grupos de enfoque con personas de habla española y vietnamita, respectivamente, y conocimientos limitados del inglés, y 8 grupos de enfoque con proveedores de servicios que incluían personal de organizaciones comunitarias, cooperativas de crédito, agencias de asesoramiento crediticio y educación financiera, bancos grandes y comunitarios, todos que ofrecen servicios a consumidores con conocimientos limitados del inglés. Mientras que la información que se recogió de nuestros grupos de enfoque y de las organizaciones que se contactaron para este estudio ofrecieron un contexto para los temas presentados, no se puede generalizar a las poblaciones enteras representadas por estos grupos. También es posible que nuestro trabajo no haya tratado todas las diferentes perspectivas del gran número de culturas representadas por personas con conocimientos limitados de inglés en los Estados Unidos.

El trabajo se realizó entre agosto de 2009 y mayo de 2010 en cumplimiento con todas las secciones del Esquema de Control de Calidad de GAO que son relevantes a nuestro objetivo. El esquema requiere que se diseñe un plan y se lleve a cabo el compromiso para obtener suficientes pruebas apropiadas para cumplir con nuestro objetivo definido y discutir cualquier limitación en nuestro trabajo. Creemos que la información y los datos obtenidos y el análisis realizado ofrecen una base razonable para cualquier hallazgo y conclusión para este material.

RESUMEN DE LOS RESULTADOS

Las barreras lingüísticas pueden ser un impedimento para realizar las transacciones financieras de cada día

El personal con el que hablamos en las instituciones financieras, agencias federales y organizaciones comunitarias que trabajan con comunidades que no hablan inglés nos comentó que, en su experiencia, tener conocimientos limitados del inglés representa una barrera importante para obtener conocimientos financieros. Por ejemplo, los proveedores de servicios y los consumidores con inglés limitado nos dijeron que la mayoría de los documentos financieros están disponibles sólo en inglés, lo que impide que las personas con conocimientos limitados del inglés puedan llenar solicitudes, entender y firmar contratos y realizar las transacciones financieras de cada día sin asistencia. Además, varios banqueros y otros con quienes hablamos indicaron que las personas que no saben escribir en inglés tienen dificultad en escribir cheques, ya que es necesario deletrear la cantidad en dólares en el cheque. Algunos consumidores y proveedores de servicios con quienes hablamos también indicaron que los conocimientos limitados del inglés representa una barrera a la hora de hacer preguntas, como puede ser pedir información sobre tasas adicionales en sus tarjetas de crédito, o resolver problemas, como corregir errores en estados de cuenta. Los recursos de educación financiera disponibles—como materiales impresos, sitios Web, medios de difusión y materiales para las aulas—tampoco están siempre disponibles en otros idiomas que no sean el inglés.

Además, la información y documentación pertinente a instrumentos financieros tiende a ser muy compleja y puede ser difícil de entender, incluso para personas que hablan inglés. La Comisión Federal de Educación Financiera (Financial Literacy and Education Commission), compuesta por 20 agencias federales, ha notado que la gestión financiera personal es un asunto extremadamente complejo que requiere recursos significativos y compromiso de los consumidores para entender y evaluar la multitud de productos financieros disponibles en el mercado. Además, el lenguaje que se usa en estos documentos financieros puede ser extremadamente confuso. En el 2008, el Consejo Nacional de La Raza organizó a cuatro grupos de enfoque para discutir temas de crédito y encontró que, para algunos hispanos, las barreras idiomáticas intensifican las dificultades que todos los participantes enfrentan en entender la terminología y los detalles de las solicitudes, contratos e informes crediticios.

En algunos casos, los materiales financieros se ofrecen en idiomas distintos del inglés, pero la traducción no siempre se puede entender si no se escribe usando un lenguaje coloquial o apropiado para cada cultura. Un informe de 2004 realizado por el Consejo Nacional de La Raza muestra que los materiales de educación financiera a menudo están traducidos del inglés al español de manera literal, lo que puede resultar difícil de entender para el lector.4 La interpretación, es decir, la traducción oral, también puede ser un problema. Los proveedores de servicios con quienes hablamos dijeron que las personas con conocimientos limitados del inglés a menudo dependen de amigos y familiares para actuar como sus intérpretes al tratar sus temas financieros. El problema es que los intérpretes no siempre van a poder entender o explicar el material. En particular, las personas que representan a las comunidades de inmigrantes nos dijeron que los adultos a menudo usan como intérpretes a sus hijos pequeños, que tal vez ni siquiera tengan la capacidad de entender correctamente la información más compleja.

Muchos factores además del idioma afectan la educación financiera de las personas con conocimientos limitados del inglés

Los funcionarios de las agencias federales, los expertos en educación financiera y el personal de los proveedores de servicios como pueden ser las organizaciones sin fines de lucro, cooperativas de crédito y bancos que trabajan con las comunidades de inmigrantes, nos informaron que otros factores además del idioma pueden servir como barreras para la educación financiera de las personas con conocimientos limitados de inglés. Estos incluyen:

- *Falta de comprensión del sistema financiero de los Estados Unidos:* Algunos inmigrantes que vienen a los Estados Unidos, algunos de los cuales no hablan bien el inglés, no están familiarizados con el sistema financiero y los productos financieros de los Estados Unidos, los cuales pueden ser muy distintos de aquellos en sus propios países. Estas personas pueden tener muy poca experiencia con instituciones financieras principales, como los bancos, o con tarjetas de crédito o programas de jubilación.

- *El papel que desempeñan las culturas:* Las diferencias culturales pueden desempeñar un papel importante en la educación financiera y en la forma de llevar a cabo asuntos financieros porque cada comunidad puede tener normas, percepciones y experiencias diferentes acerca de cómo administrar el dinero. Por ejemplo, en algunas culturas la práctica de tomar dinero prestado o tener deudas tiene una connotación negativa, lo cual puede disuadir a inmigrantes de esa cultura de tomar un préstamo para comprar una casa o un automóvil, y así desarrollar un historial de crédito.

- *Falta de confianza en las instituciones financieras:* Algunas de las percepciones que tienen algunos de los inmigrantes hacia las instituciones financieras están influenciadas por sus observaciones y experiencias en sus propios países. Una publicación académica sobre el acceso que tienen los inmigrantes a los servicios financieros destacó que algunas familias de inmigrantes en los Estados Unidos no tienen cuentas bancarias por falta de confianza hacia los bancos, especialmente si las instituciones financieras en sus países estaban definidas por inestabilidad, falta de transparencia o fraude.

- *Ingresos y educación:* Algunos estudios muestran una relación entre ingresos y educación financiera, y por lo general las personas con conocimientos limitados del inglés tienen ingresos más bajos, como promedio, que la población de los Estados Unidos. También hay evidencia que indica que es más probable que las personas en los Estados Unidos con conocimientos limitados del inglés son más propensas a tener bajos niveles educativos. Una encuesta encontró que existe una relación entre los resultados de los exámenes sobre conceptos básicos financieros y el nivel educativo de las personas que realizan estos exámenes y sus padres.

Algunos proveedores de servicios y representantes de la comunidad nos dijeron que puesto que otros factores además del idioma también afectan los conocimientos financieros de las personas con conocimientos limitados del inglés, tal vez no sea suficiente con proporcionar traducciones de los productos financieros o de los materiales de educación financiera para superar los obstáculos para la educación financiera. También dijeron que aunque superar las barreras idiomáticas es importante, los esfuerzos por mejorar la educación financiera y el bienestar de las personas con conocimientos limitados del inglés también deben concentrarse en los problemas culturales y socioeconómicos.

Los consumidores con conocimientos limitados del inglés pueden ser más propensos a usar servicios financieros alternativos y pueden estar más expuestos a prácticas fraudulentas y abusivas.

La evidencia demuestra que las personas con conocimientos limitados del inglés son más propensas que la población estadounidense en general a no tener cuentas de banco o en otras instituciones financieras principales. Esta condición se conoce comúnmente como "sin experiencia bancaria" o "con poca experiencia bancaria." Una encuesta nacional realizada en 2009 por la Federal Deposit Insurance Corporation (FDIC) encontró que un 35.6 por ciento de las familias que hablan sólo español en casa se clasificaba como "sin experiencia bancaria," comparado con un 7.1 por ciento de familias donde el español no era el único idioma que se habla en casa. Según la FDIC, los consumidores sin o con poca experiencia bancaria podrían pagar tarifas excesivas por sus servicios financieros básicos, estar más expuestos a perder su dinero o al robo, o tener dificultad para generar historiales crediticios y conseguir seguridad financiera.

La FDIC también ha documentado que las familias sin experiencia bancaria tienden más a usar servicios financieros alternativos y que aproximadamente dos-terceras partes de estas familias han usado en el último año casas de empeño, préstamos contra sueldo, contratos de alquiler con opción a compra, órdenes de pago no realizadas en un banco, o servicios de pago de cheques. Los proveedores de servicios financieros alternativos, como por ejemplo, los que ofrecen préstamos contra sueldo y las casas de pago de cheques, suelen concentrarse en vecindarios con familias de bajos ingresos, minorías étnicas e hispanas, según un estudio realizado en 2004 por el Urban Institute. Algunos inmigrantes se sienten atraídos por estos servicios alternativos porque a menudo estas instituciones sirven específicamente a su comunidad y, entre otras cosas, piden muy poca o ninguna documentación, contratan a empleados que hablan su idioma y ofrecen horarios convenientes. Sin embargo, el uso tan común de este tipo de servicio ha creado preocupación ya que las tasas que cobran por sus préstamos son generalmente mucho más altas que las que cobran las instituciones financieras tradicionales, y otros términos y condiciones de dichos préstamos suelen ser desfavorables para el consumidor que toma el préstamo.

Hay evidencia que sugiere que algunas poblaciones con conocimientos limitados del inglés pueden estar más expuestas a prácticas fraudulentas y abusivas. Los proveedores de servicios que trabajan en comunidades con un inglés limitado nos comentaron que hay personas sin escrúpulos que usan su capacidad de hablar con fluidez en el idioma de la otra persona para establecer un nivel de confianza y después aprovecharse de ellos. La Comisión Federal de Comercio (Federal Trade Commission) ha observado algo parecido que los inmigrantes hispanos, especialmente aquellos con conocimientos limitados del inglés, pueden estar más expuestos a estafas de tarjetas de crédito y a otras prácticas abusivas. Según la agencia, persiguieron 37 casos de fraude dirigidos a consumidores hispanos con conocimiento limitado del inglés como parte de su Hispanic Law Enforcement and Outreach Initiative entre abril de 2004 y septiembre de 2006. La Comisión Federal de Comercio también ha traducido al español docenas de publicaciones para el consumidor, en parte para reducir la vulnerabilidad de los consumidores hispanoparlantes a fraudes y estafas. Varios de los proveedores de servicios con quienes hablamos dijeron que la educación financiera puede jugar un papel muy importante en ayudar a los consumidores con conocimientos limitados del inglés a evitar las prácticas fraudulentas y abusivas.

Edwin Rosario Franqui v. Sears Roebuck of PR, Inc. h/n/c Sears

2011 WL 2938500 TCA

Tribunal de Apelaciones, San Juan, Puerto Rico, el 25 de mayo de 2011.

Comparece ante nos Sears Roebuck de Puerto Rico, Inc. (Sears o la recurrente) mediante este recurso de revisión administrativa y nos solicita que revoquemos la Resolución emitida por el Departamento de Asuntos del Consumidor, Oficina Regional de Arecibo (el DACO o la agencia recurrida) el 28 de enero de 2011. Por medio de dicho dictamen, el DACO ordenó a la recurrente a pagar a Edwin Rosario Franqui la cantidad de $1,000.00 por práctica engañosa e incumplimiento de un contrato de servicio o garantía extendida.

Analizado cuidadosamente el recurso ante nos, resolvemos confirmar la Resolución recurrida.

I. Según surge del expediente ante nos, el 13 de septiembre de 2010 Edwin Rosario Franqui (el querellante) presentó una querella administrativa contra Sears por un alegado incumplimiento con un contrato de garantía extendida. En su querella ante el DACO, alegó que le había comprado a Sears un sistema de *home theater* o cine en casa con una garantía extendida anual y que todavía vigente dicha garantía el audio de este equipo dejó de funcionar. Adujo que le reclamó a la recurrente la reparación del aludido desperfecto sin éxito alguno por una alegada cláusula de exclusión en el contrato y porque alegadamente ello sería muy costoso. Arguyó, además, que la recurrente no le había entregado el contrato que alegadamente excluía de la garantía los desperfectos por corrosión. Solicitó como remedio el cambio del equipo por uno nuevo de igual calidad.

El 3 de noviembre de 2010 el Inspector de Querellas del DACO sometió su informe sobre la inspección del objeto en cuestión, es decir, el reproductor de CD y DVD para el sistema de cine en casa, marca Panasonic y modelo SC–HT70 perteneciente al querellante desde el 9 de diciembre de 2004. Reportó, así, que el reproductor tenía corrosión en las salidas RCA de audio, video y auxiliar y que al instalar las bocinas externas este no tenía audio. Anotó que el reproductor objeto de la querella era uno de varios componentes del sistema de cine en casa y que este era el único que tenía desperfecto. Señaló, además, que se desconocía el costo por corregir o reemplazar la unidad, pues ello no se desglosaba en el recibo de compra.

Una vez celebrada la vista administrativa de rigor, en la cual Sears sometió en evidencia un documento titulado Contrato de Protección Mayor "Reorder # 11164–Rev. 12–08", el DACO emitió la Resolución recurrida en la cual hizo, entre otras, las siguientes determinaciones de hechos:

1. El querellante adquirió el bien mueble con un contrato de servicio de garantía extendida, el cual estaba vigente y activo a la fecha de la vista administrativa. El contrato de servicio de garantía extendida iba a suplir las necesidades de reparación del equipo cuando caducara la garantía del manufacturero; por vencimiento del plazo. El contrato de servicio de garantía fue renovado por los litigantes de título en ocasiones. Nunca se le informo al querellante las exclusiones del contrato de servicio. Las renovaciones se hacían por medio de una conversación telefónica.

2. Allá en o para el día 29 de junio de 2010, el querellante le solicitó al negocio querellado que le reparara su equipo de sonido conforme a los términos del contrato pagado de garantía extendida. Porque tenía defectos en el sistema de audio que impedían su buen funcionamiento. Contemporáneo a la fecha anterior, los funcionarios del negocio querellado realizaron tentativas de reparación al equipo. Al concluir los intentos le informaron al querellante, que no iban a reparar el equipo porque el daño había sido causado por oxidación y la reparación era muy costosa. Le argumentaron, que tal circunstancia estaba excluida, del contrato de servicio de reparación y/o garantía extendida. El negocio querellado nunca reparó el equipo de audio y/o 'home theater' satisfactoriamente a pesar de los reclamos del querellante.

Concluyó, así, que al querellante le asistía el derecho a compensación o a ser indemnizado por los daños y perjuicios sufridos por la negativa de Sears a reparar los desperfectos en el equipo en cuestión ya que el consentimiento prestado para el contrato de servicio o de garantía extendida así como sus subsiguientes renovaciones estuvo viciado por falta de información. Particularmente, expresó:

El querellante de buena fe adquirió del negocio querellado un contrato de servicio o servicio de garantía extendida para su equipo de audio. Como consecuencia, basó sus expectativas en que el negocio querellado le iba a dar el mismo servicio y cubierta de garantía como la original. Similar a la que tenía el equipo con el manufacturero al momento de la venta. Pero de forma extendida. Desde el comienzo del pacto contractual, ni en ningún momento durante las renovaciones del pacto, los funcionarios del negocio querellado le informaron al querellante las exclusiones técnicas del servicio comprado. Por lo que consideramos, que el consumidor querellante estuvo en momentos de indefensión ante los peritos en ventas del negocio querellado. El consentimiento o aceptación que dio el querellante al momento de pactar el contrato y las renovaciones estuvo viciado por falta de información pertinente a la causa, al momento de pactar.

En vista de las determinaciones de hechos y conclusiones de derecho reseñadas, ordenó a la recurrente a pagar la suma de $1,000 al querellante.

Insatisfecha con este dictamen, el 7 de marzo de 2011 Sears, por conducto de su abogada, presentó este recurso de revisión administrativa e hizo los siguientes señalamientos de error:

Primer Error: Erró DACO en su apreciación de la prueba y su determinación fue arbitraria por no estar basada en evidencia sustancial que obra en el expediente administrativo.

Segundo Error: Erró DACO en la aplicación del derecho.

Procedemos a resolver.

II. A. Sabido es que nuestro ordenamiento jurídico autoriza a este Tribunal a revisar las decisiones finales que emiten las agencias administrativas.

...[N]uestro ordenamiento dispone que los foros apelativos no debemos intervenir con las determinaciones de hechos que las agencias formulan, si las mismas están sostenidas por *evidencia sustancial que obre en el expediente administrativo*. Bajo dicho escenario, los foros apelativos debemos sostenerlas.

...[S]e ha concretado que las interpretaciones que realizan las agencias administrativas de sus leyes, estatutos y reglamentos también se encuentran cobijadas por la norma de deferencia. Por lo tanto, los tribunales apelativos no podemos, injustificadamente, rechazar las conclusiones de derecho arribadas por los entes administrativos y cambiar su criterio por el nuestro.

Ahora bien, hemos de suscribir que esta deferencia no implica que los foros apelativos abdiquemos nuestro deber de revisar las decisiones tomadas por las agencias administrativas. Recordemos que estamos autorizados a intervenir con dichos dictámenes cuando la interpretación de la agencia no cuenta con una base racional, ésta no armoniza con el fin esencial de la ley y la política pública que la inspira, o ha errado en la aplicación de la misma. Bajo estos escenarios el foro apelativo puede sustituir el criterio de la agencia por el suyo.

No podemos culminar este análisis sin antes suscribir que—dado el hecho de que las resoluciones de los organismos administrativos se presumen correctas—quien impugne la misma tiene el peso de la prueba, por lo que deberá presentar evidencia suficiente para derrotar la presunción que éstas poseen....

II. B. Por otra parte, es norma reiterada en el derecho administrativo que una agencia sólo puede ejercer las funciones que se le han encomendado legislativamente en el propio estatuto orgánico o ley habilitadora y aquellas que surgen de su actividad o encomienda primordial. Las actuaciones administrativas deben ajustarse al poder delegado y en ausencia de un mandato legislativo expreso o implícito, cualquier actuación administrativa que no se conforme al poder conferido constituye una acción *ultra vires,* y es por ende, nula....

... Conforme a la exposición de motivos de [la] ley habilitadora, el DACO como ente administrativo posee la autoridad de ventilar y adjudicar las querellas que los consumidores presenten, fiscalizar el cumplimiento de las leyes que tienen como objetivo proteger a esta parte de la población, así como educar y concederle al consumidor representación adecuada en la defensa de sus derechos.

Según [se] dispone..., el DACO tiene como norte el vindicar e implantar los derechos del consumidor.... En particular,... dicha legislación le concede la autoridad de atender, investigar y resolver las quejas y querellas presentadas por los consumidores de bienes y servicios adquiridos o recibidos del sector privado de la economía. ... Asimismo, le corresponde "[p]oner en vigor, implementar y vindicar los derechos de los consumidores, tal como están contenidos en todas las leyes vigentes, a través de una estructura de adjudicación administrativa con plenos poderes para adjudicar las querellas que se traigan ante su consideración y conceder los remedios pertinentes conforme a derecho".

De modo que el espíritu que informó la creación del DACO y la aprobación de su ley orgánica fue facilitar al consumidor la vindicación de sus intereses con un vehículo procesal ágil y eficiente, más costo-efectivo y que equiparara el poder de los consumidores con el de los proveedores de bienes y servicios.

III. En este recurso de revisión judicial de una decisión administrativa, Sears alega, en esencia, que el DACO incidió al emitir una determinación que no encuentra base en evidencia sustancial que obre en el expediente administrativo y en su aplicación del derecho, puesto que la cuantía concedida el querellante por un alegado incumplimiento con un contrato de garantía extendida era una exageradamente alta.

Mediante la Ley Núm. 392, la Asamblea Legislativa enmendó el Código de Seguros de Puerto Rico a los fines de regular específicamente los contratos de servicios o de garantías extendidas en nuestra jurisdicción.... Según se desprende de la exposición de motivos de la referida ley, el legislador entendió necesario definir y reglamentar específicamente los contratos de servicio o garantías extendidas en protección del consumidor puertorriqueño, pues reconoció que estos constituyen una alternativa de protección mayor que le permite al consumidor conservar un bien adquirido en condiciones adecuadas de operación y funcionamiento por el mayor tiempo posible. Con tal reglamentación el legislador quiso que toda controversia al amparo de dicha Ley fuese resuelta con celeridad y de manera tal que se garantizaran los derechos del consumidor.

Dicho esto, la Ley Núm. 392 define los contratos de servicio como "un contrato o convenio emitido a cambio de un pago identificado separadamente, que tiene una duración estipulada, en el que se acuerda realizar la reparación, reposición o, en forma incidental, el mantenimiento del bien, o la indemnización por tal reparación, reposición o mantenimiento que resulten necesarios por razón de fallas operacionales o estructurales que surjan debido a defecto en los materiales, mano de obra o por desgaste normal del bien" ... Conforme a esta definición, estos contratos ofrecen realizar reparaciones o reemplazar un bien en caso de que éste sufra determinados desperfectos o fallas causados por defectos en materiales, mano de obra o por otras causas.

El artículo 21.260 de la Ley Núm. 392 establece como requisito para la emisión, venta u ofrecimiento de un contrato de servicios a un consumidor que el proveedor le suministre a la persona que vaya a adquirirlo o sea la tenedora de tal contrato un recibo por la adquisición del contrato y una copia del mismo dentro de un período de tiempo razonable desde la fecha de adquisición. Asimismo, el artículo de 21.290, inciso 2, de esta Ley dispone que "[n]inguna persona hará, o divulgará oralmente o de alguna otra manera, ningún anuncio, información, asunto, declaración o cosa que tergiverse o exagere los términos de un contrato de servicio o de una póliza de reembolso, o los beneficios y ventajas del mismo, ni omitirá intencionalmente cualquier manifestación material que se consideraría engañosa al omitirse, en conexión con la venta, oferta para la venta o anuncio de un contrato de servicio".

En el caso que nos ocupa, el querellante testificó que la hoja suelta que le entregaron el día que compró el equipo en cuestión no contenía las alegadas exclusiones y limitaciones de los servicios de garantía adquiridos y que tampoco recibió copia del Contrato de Protección Mayor. Sears, por su parte, alega que en el curso ordinario de sus negocios cuando sus clientes adquieren un equipo y compran la garantía extendida que provee entrega copia del Contrato de Protección Mayor. Aduce que en ocasión de los reclamos del querellante, le había ofrecido la devolución del dinero pagado por la última renovación del contrato de servicio ($76.93) y que éste se negó a recibirlo, siendo esta alternativa lo procedente en derecho de haber incurrido en algún incumplimiento. Señala, además, que en esta etapa de los procedimientos podemos tomar conocimiento judicial de que el costo del equipo en cuestión, que estuvo en uso por 6 años, es mucho menor a la suma impuesta por el DACO.

Al evaluar detenidamente la totalidad de los autos y las determinaciones de hechos y conclusiones de derecho, concluimos que debemos dar deferencia a las mismas y al remedio concedido por el DACO ya que Sears no impugnó satisfactoriamente la presunción de corrección que cobija a las resoluciones de las agencias administrativas al no presentar evidencia a esos efectos. Para arribar a esta conclusión, tomamos en consideración que el DACO tuvo ocasión de emplear su pericia en la materia luego de escuchar y examinar la prueba ante sí y conceder la indemnización o compensación que estimó adecuada por los daños causados. Al considerar lo que puede costar el reemplazo del equipo en cuestión y la devolución del importe por la adquisición contrato de servicios—no notificado adecuadamente—así como sus subsiguientes renovaciones, entendemos que la suma concedida es una razonable. Incluso, surge del expediente que Sears se negó a reparar el sistema de cine en casa, no sólo por la alegada cláusula de exclusión, sino también porque el costo de reparación podía ser significativamente mayor al costo de la unidad nueva. De igual manera, somos del criterio de que la recurrente tuvo la oportunidad de presentar ante la agencia administrativa la evidencia relacionada al costo de la unidad nueva, el precio al que el querellante compró el equipo o los costos de reparación, entre otros, pero no lo hizo.

En resumen, concluimos que el DACO no abusó de su discreción al confeccionar el remedio que estimó adecuado ante la actuación de Sears en relación a la garantía extendida y el servicio de reparación o de reemplazo no provisto. Nada en el expediente nos coloca en condiciones de negarle deferencia a esa determinación de la agencia especializada en los asuntos que afectan al consumidor puertorriqueño. Tampoco hay indicio en el expediente de este caso de que la agencia haya ejercido su discreción de forma irrazonable, arbitraria o ilegal. Al aplicar al caso de autos las normas de revisión judicial de una decisión administrativa anteriormente esbozadas, concluimos que la Resolución recurrida fue una razonable y no requiere la intervención de este Tribunal.

IV. Por los fundamentos expuestos, resolvemos confirmar la Resolución recurrida.

———

Dentro de su sistema de tribunales, cada estado de los Estados Unidos tiene un tribunal o una corte de reclamos menores o de cuantía menor. Sigue un ejemplo del estado de Washington.

———

Información de la Corte de los Reclamos Menores
Estado de Washington

Introducción

La sala de los reclamos menores permite una persona o un negocio poder navegar fácilmente el proceso legal sin emplear a un abogado. No hay jurados, y no se permite a los abogados representar a cualquier partido a menos que tal permiso sea concedido de antemano por un juez. En la sala de los reclamos menores se tratan demandas de dinero en cantidades de $4.000 o menos.

Mediación

La mejor manera de solucionar un conflicto es ponerse en comunicación con la otra persona y negociar una solución. Si este tipo de esfuerzo no ha tenido resultados positivos y continua el conflicto, si el problema es con un vecino, usted puede comunicarse con la oficina de los servicios de la mediación de la comunidad para asistencia gratis en buscar una resolución del conflicto. Si usted presenta un reclamo menor, su caso se puede referir sin costo adicional a un mediador para ayudarle resolver el conflicto antes del juicio. La mediación es rápida, confidencial, y sin adversidad. Cuando usted presenta su demanda o respuesta, usted puede simplemente marcar la caja "alternativo a la corte de los reclamos menores" que indica que usted está dispuesto intentar la mediación. Para preguntas relacionadas con la mediación, comuníquese por favor con la oficina de los servicios de la mediación de la comunidad al (360) 619-1146.

Definición de Ciertos Términos

Querellante: La persona que trae la acción.

Demandado: La persona que defiende la acción.

Notificación: La entrega al demandado de una copia del aviso del reclamo menor y del emplazamiento

Declaración jurada: Una declaración certificada ante un notario público.

Cuota de la corte: El honorario de presentar la demanda y el costo de entregar los papeles.

Presentando un Reclamo

Los formularios para presentar un reclamo menor son proporcionados por el tribunal. Se le requiere firmar el *aviso de un reclamo* en presencia del secretario, a menos que sea ordenado de otra manera por la corte. El actuario de la corte puede asistir a los partidos con los procedimientos, pero no se les permite dar asesoramiento jurídico o predecir cómo el juez pudiera decidir una dada situación. Al tiempo de presentar la demanda, el querellante debe pagar una cuota de $29.00 no-reembolsable. Se puede pagar con cheque escrito al tribunal de distrito o en efectivo. Si usted gana su caso, tiene derecho de recuperar estos costos. El demandado debe ser un residente del condado de Clark y notificado en el estado de Washington, o si el demandado es un negocio tiene que estar situado en el condado de Clark y ser notificado en el estado de Washington. Si la demanda se trae debido a un accidente automovilista, esta puede ser entablada en el condado donde ocurrió el accidente. El querellante recibe una copia del formulario de la demanda para su expediente, y se le da también una copia del formulario de la demanda que se entregará al demandado. Es la responsabilidad del querellante identificar exactamente el demandado (ya sea como un individuo, una corporación, o como un negocio bajo un nombre asumido) y proporcionar un número de teléfono.

Notificación

La notificación del *formulario de la demanda* se puede lograr de las siguientes maneras. (Una cuota puede estar implicada.)

1. Por la oficina del Alguacil (sheriff).

2. Por un notificador profesional (algunos se enumeran en las Páginas Amarillas bajo "Process Server").

3. Cualquier persona de edad legal (18) que no está implicada personalmente en el caso. Un formulario de la *Prueba de la notificación bajo declaración jurada* para este tipo de servicio está disponible en la oficina del secretario del tribunal.

4. Enviando la notificación al demandado por correo registrado o certificado con un recibo de confirmación. Este tipo de servicio es válido solamente si la persona que usted está demandando firma el recibo del correo, y tal recibo se presenta ante el tribunal.

El querellante no puede entregar las copias del formulario de la demanda al demandado. Cuando se ha logrado la notificación, el comprobante de tal notificación se debe presentar ante el tribunal. La notificación se debe hacer por lo menos 10 días antes que la respuesta sea obligada por ley.

Enmendar una Demanda

Si la notificación no se ha entregado 10 días antes que la respuesta sea requerida, una demanda enmendada se puede presentar sin costo adicional.

Los formularios están disponibles en el contador de la administración del tribunal de distrito.

Contestación a la Fecha para el Juicio

En el aviso del reclamo menor, el secretario indica la fecha para cuando una respuesta a la demanda se debe recibir del demandado; el caso entonces será fijado para juicio al plazo de 90 días a partir de la fecha que se recibe la respuesta. Si el demandado admite la demanda, no se asignará una fecha y el fallo será dictado a favor del querellante al solicitar él esto por escrito. Si el demandado falta de responder para la fecha indicada, un fallo por falta de comparencia en la cantidad de la demanda más los costos de la corte será dictado a favor del querellante al solicitar él esto por escrito.

Presentar una Contrademanda

El demandado puede contrademandar al querellante en cantidad de $4.000 o menos. Los formularios están disponibles en el contador. El querellante tiene derecho de recibir aviso de tal contrademanda por lo menos 21 días antes de la fecha del juicio. La cuota para presentar una contrademanda es $29.00.

Conciliación

Se recomienda que el querellante o el demandado se comuniquen el uno con el otro antes de la fecha del juicio para intentar de arreglar sus diferencias. Si la demanda se llega a conciliar antes del juicio, el querellante debe notificar por escrito a la corte de la conciliación para que el caso pueda ser dado por terminado.

Preparación para el Juicio

Al prepararse para el juicio, prepare todos los papeles, fotografías, recibos, estimaciones, cheques cancelados, y otros documentos relacionados con el caso. Si usted está planeando presentar alguna de esta información al juez, haga una copia para el juez y otra para el partido opuesto. La copia del juez se debe traer a la corte. La otra copia se debe enviar por correo al partido opuesto por lo menos diez días antes de la fecha del juicio. Puede ser provechoso anotar de antemano los hechos del caso en la orden que ocurrieron. Esto le ayudará a organizar sus pensamientos y así presentar de manera clara su asunto al juez.

Usted debe ponerse en contacto con cualquier testigo que pueda apoyar su caso y pedirle que se presente en el juicio. Los testigos deben tener conocimiento personal de los hechos sobre los cuales les pide atestiguar. (Las "pruebas de oídas," algo que un testigo solamente ha oído de otro, en general no pude ser permitido como evidencia.)

Es también una buena idea sentarse en una sesión de los reclamos menores antes de la fecha de su audiencia. Esto le dará información de primera mano sobre la manera en que se llevan a cabo los reclamos menores.

Si cualquier partido no puede asistir a la fecha designada por la corte, el juez, por medio de un aviso escrito a plazo oportuno que demuestre motivo suficiente, puede conceder un aplazamiento de la fecha del juicio. Si se concede un aplazamiento, ambas partes serán notificadas por correo.

Por favor asegúrese de notificar a la corte de cualquier cambio en su domicilio.

Qué Sucede en el Juicio

Cuando usted llega a los juzgados, preséntese al segundo piso y pase al escritorio del pasillo. Allí lo dirigirán a la sala del tribunal apropiado. Cuando se llame su caso, pase adelante a la mesa de los abogados, el juez entonces pondrá bajo juramento a todos los partidos y testigos. Los querellantes tienen la carga de probar su demanda. Los demandados no tienen que probar que ellos no deben el dinero. Los querellantes deben probar su caso y demostrar cómo llegaron a la cantidad solicitada en la demanda. El juez pedirá al querellante dar su lado primero. Cuando el querellante haya terminado presentado su caso, el juez pedirá al demandado dar su lado. Sean breve y apéguense a los hechos. El juez puede interrumpirlos con preguntas, pero no interrumpa al otro partido mientras que están hablando. Recuerde que este juicio es su única oportunidad de presentar su lado del caso. Después que se haya oído ambos lados, el juez normalmente anunciará la decisión. Si más tiempo es necesario para estudiar el caso, el juez hará su decisión por escrito dentro de algunas semanas.

El Partido Derrotado Tiene 30 Días para Satisfacer el Fallo

Es el deber del partido derrotado pagar sin demora al partido que prevalece. Mientras que ambos están presentes, cualquier partido puede solicitar al juez ordenar un plan de pagos. Después que el partido victorioso haya recibido el pago completo, Tiene que notificar por escrito a la corte que el fallo ha sido cumplido. Esto puede ser una breve nota escrita por el querellante, o por medio de un *formulario del reconocimiento del fallo* que está disponible en la oficina administrativa del tribunal de distrito.

Si el demandado no puede presentarse al juicio, se dictará al querellante el fallo por falta de comparencia en la cantidad de la demanda solicitada, con tal que el querellante pueda demostrar que el demandado fue debidamente notificado del reclamo menor. El juez no puede conceder una cantidad que sea mayor de la cantidad que originalmente fue solicitada.

Si el querellante no se presenta, el juez desechará el caso

Abrogando la Denegación por Incumplimiento

Si un partido no se presenta a una audiencia, un fallo por incumplimiento de la acción será dictado.

Sin embargo, el partido ausente puede presentar una moción para que el fallo o el desecho del caso sean abrogados. Esta moción se debe presentar al plazo de 30 días de la fecha de la entrada del fallo y/o de la denegación, y se debe demostrar motivo suficiente porqué tal fallo debe ser abrogado.

Una cuota de $50.00 por el reajuste del caso se debe pagar a la corte antes que la moción sea fijada para una audiencia. Este honorario se remite al partido opuesto.

Colección del Fallo

Si no se hace alguna apelación y el fallo no se cumple al plazo de 30 días o al tiempo arreglado por el juez en el plan de pago, usted puede solicitar, por escrito, que el fallo sea incorporado en el calendario civil del tribunal. Hay una cuota de $20.00 para transferir el caso. Cuando se transfiere el caso, un número civil será asignado a su caso. LA CORTE NO HACE COLECCIÓN DEL FALLO OTORGADO A FAVOR DE USTED. Después que se transfiera el caso, usted entonces puede proceder con una de las siguientes opciones.

1. AUTO DE EMBARGO: Este es un orden del tribunal enviado al banco o al patrón del partido derrotado, requiriendo cierta cantidad de dinero del partido derrotado ser dado al partido vencedor. Puede ser necesario tener la ayuda de un abogado para presentar este auto.

2. AUTO EJECUTIVO: Este es un orden al alguacil del condado para confiscar cierta propiedad del partido derrotado, venderla y pagar al partido vencedor los ingresos de la venta. Una vez más puede ser necesario obtener la ayuda de un abogado para presentar este auto.

3. AGENCIA DE COLECCIÓN: El partido vencedor puede entregar el fallo otorgado a una agencia de colección establecida y reconocida por el estado. Si la agencia obtiene dinero, generalmente mantiene una tercera o hasta la mitad de esa cantidad como honorario por los servicios prestados.

4. EMBARGO PREVENTIVO DE PROPIEDADES INMOBILIARIAS: Al dar un pago de $20 usted puede recibir una transcripción del fallo cual puede presentar en el tribunal superior. Cuando este se archiva en la corte, se pone un embargo preventivo contra todas las propiedades inmobiliarias (situados en el condado) en nombre del partido derrotado.

UNA VEZ QUE EL FALLO SE HAYA CUMPLIDO, EL QUERELLANTE DEBE PRESENTAR A LA CORTE UNA CARTA INDICANDO QUE EL FALLO SE HA SATISFECHO

Apelar una Decisión

El partido que presenta una demanda o una contrademanda puede apelar el fallo dictado si la cantidad demandada es $1.000 o más. Un partido que defiende una acción puede presentar una apelación cuando la cantidad demandada es $250 o más. Si una apelación se presenta ante el tribunal superior, el partido trayendo la apelación está obligado seguir los procedimientos del código revisado de Washington (RCW) 12.36.

Las siguientes medidas se deben tomar *dentro de* 30 días de la entrada del fallo:

1.   Preparar por escrito un *aviso de la apelación* y presentarlo ante el tribunal de distrito.

2. Hacer notificación con una copia de ese aviso a los otros partidos, y presentar un re conocimiento de, o una declaración jurada de tal notificación ante el tribunal de distrito.

3.   Deposité con el tribunal de distrito la cuota de presentación de $200.00, en efectivo, por giro, o un cheque certificado del banco, en nombre del tribunal de distrito y pague otra cuota para la preparación de la apelación en cantidad de $40.

4.   Fije un bono, (en efectivo o fiado) en suma doble a la cantidad del fallo y los costos, o dos veces la cantidad en controversia, cual sea mayor, en el tribunal de distrito.

Al plazo de 14 días de haber presentado el aviso de la apelación y cumplido con las mediadas susodichas, el expediente del caso será transmitido al secretario del tribunal superior, quien asignará un nuevo número de caso. El secretario del tribunal de distrito avisará al partido trayendo la acción de ese número. Usted ahora puede solicitar que el secretario del tribunal superior suspenda el cumplimiento del fallo hasta después que la apelación sea oída. Una vez que el fallo se haya apelado ante el tribunal superior, el cumplimiento de cualquier fallo será tratado de manera semejante a cualquier otro fallo pendiente ante el tribunal superior. Si usted está listo para proceder a juicio, puede comunicarse con la oficina administrativa del tribunal superior y pedir el formulario *Aviso para fijar el juicio*. Todas las acciones en el tribunal superior serán la responsabilidad de la persona presentando la apelación, y puede ser necesario quizás conseguir el asesoramiento de un abogado sobre cómo proceder.

Recursos y Materiales de Trasfondo

En las tres áreas que cubre este capítulo, cada estado tiene leyes, reglamentos y procedimientos diferentes. Si busca recursos de un estado específico, le sugiero que investigue electrónicamente en las páginas del estado en cuestión.

En el Manual del Profesor (Teacher's Manual) he incluido muchos recursos más, de muchos de los estados del país. Así que también sería bueno pedirle más información al profesor sobre los asuntos que le interesan.

Testamentos y Herencia

10 Cosas que Debería Saber al Redactar un Testamento, AARP
http://www.aarp.org/espanol/dinero/patrimonio/info-10-2010/10_cosas_que_deberia_saber_al_redactar_un_testamento.html

Herramientas para Preparar un Testamento, Lambda Legal
http://data.lambdalegal.org/publications/downloads/tec_preparar-un-testamento.pdf

Las Estafas del Fideicomisio, Texas Young Lawyers Association
http://www.tyla.org/tasks/sites/tyla/assets/File/LivingTrustScamsSpanish.pdfmmmmm

Testamento en Vida, Health First
http://www.health-first.org/patients_visitors/spanish/spanish_living_will.pdf

Pequeños Negocios

¿Cómo Iniciar un Pequeño Negocio?, AARP
http://www.aarp.org/espanol/trabajo/empleo-independiente/info-02-2011/como-iniciar-un-pequeno-negocio.html

¿Dónde Consigo Información sobre Apoyo Financiero para Empezar un Negocio o Pequeña Empresa?, The Foundation Center
http://grantspace.org/Tools/Knowledge-Base/Preguntas-y-respuestas-en-espanol/Pequenas-empresas/Apoyo-financiero-para-pequenas-empresas-Business-funding

Un Visión General y su Misión, Small Business Admnistration (SBA)
http://archive.sba.gov/aboutsba/sbaprograms/sbdc/SBDC_SBDC_EN_ESPANOL.html

Consumidores

Detección de Fraudes, Estafas y Robo de Identidad, GobiernoUSA.gov
http://www.usa.gov/gobiernousa/Consumidor/Fraude.shtml

El Crédito y sus Derechos como Consumidor, La Comisión Federal de Comercio (FTC)
http://www.ftc.gov/bcp/edu/pubs/consumer/credit/scre01.shtm

Productos Retirados, Registro Nacional "No Llame" y Reclamos, GobiernoUSA.gov
http://www.usa.gov/gobiernousa/Consumidor/Productos-Reclamos.shtml

Sea un Consumidor Bien Informado, GobiernoUSA.gov
http://www.usa.gov/gobiernousa/Consumidor/Informacion.shtml

¡Su Voz Tiene Poder!, California Department of Consumer Affairs
http://www.dca.ca.gov/publications/consumer-selfhelp_spanish.pdf

APÉNDICE A

VOCABULARIO Y FRASES ÚTILES

Lo que sigue es un glosario de frases y vocabulario que les podrán servir no sólo durante el uso de este libro o durante un curso en la facultad de derecho, sino también en el futuro, en el contexto del ejercicio profesional.

Aquí pueden encontrar la traducción al inglés de palabras y frases en español y la traducción al español de palabras y frases en inglés.

———

AAAA	
A riesgo del comprador	Buyer beware, caveat emptor
A sabiendas	Knowingly
Abandonment	Abandono
Abandono	Abandonment
Abduct	Secuestrar, raptar
Abduction	Secuestro, rapto
Abogado defensor	Defense attorney
Abogado de oficio	Assigned counsel
Abogado del caso	Attorney of record
Abolir	Abolish
Abolish	Abolir
Absolución	Acquittal
Absolver	Acquit
Accessory	Partícipe
Accommodation (for disability)	Arreglo especial (por incapacidad)
Accomplice	Cómplice
Accuracy	Exactitud
Accusation	Acusación, cargos
Accuse	Acusar, imputar, inculpar
Accused person	Acusado, imputado
Acechar	Stalk (v.)
Acecho	Stalking
Acosamiento	Harassment
Acoso	Harassment
Acquit	Absolver
Acquittal	Absolución
Acquitted	Absuelto
Acreedor	Creditor
Acta	Decree
Acta de divorcio	Divorce decree
Acta de nacimiento	Birth certificate
Action	Demanda (civil), pleito, acción

Activos	Assets
Acto culpable	Actus reus
Acto dañoso	Tort
Acto legal hecho de una manera ilegal	Misfeasance
Actual damage	Daño patrimonial
Actus reus	Acto culpable
Acuerdo antenupcial	Pre-nuptial agreement
Acuerdo de reducción de sentencia	Plea bargain (n.)
Acumulación de pruebas	Gathering of evidence
Acusación	Complaint (criminal), charges, accusation
Acusación formal	Indictment
Acusado	Defendant (criminal), accused person
Adjournment	Aplazamiento, suspensión
Adjudicación	Judgment
Adjudicate	Resolver
Adjunto	Attachment
Admissible evidence	Evidencia admisible, pruebas admisibles
Admonish	Amonestar
Admonition	Advertencia, amonestación
Admonition to jury	Amostación, advertencia al jurado
Adopción	Adoption
Adoption	Adopción
Adversary system	Sistema adversario, contencioso
Adverse witness	Testigo adverso
Advertencia	Admonition, warning
Advocate	Defensor
Affiant	Declarante
Affidavit	Declaración juramentada o jurada, afidávit
Affirmation	Promesa solemne
Affirmed	Afirmado
Afirmado	Affirmed
Aggravated manslaughter	Homicidio impremeditado con agravantes
Aggravated murder	Asesinato con agravantes
Agravio	Tort
Agresión	Battery
Aid and abet	Asistir e instigar
Al pie de la letra	Verbatim
Albacea (el)	Executor
Alcahuete	Pimp
Alegación	Allegation, claim
Alegar	Allege, claim
Alegato	Pleading
Alerta de Miranda	Miranda warning
Alguacil	Bailiff
Alibi	Coartada
Alimony	Pensión alimenticia o conyugal
Allanamiento	House search
Allanamiento con fines delictivos	Burglary
Allegation	Alegación

Allege	Alegar
Alleged	Presunto
Alquilar (v.)	Rent (v.), rent out, hire
Alquiler (n.)	Rent (n.), monthly payment
Alteración del orden público	Disorderly conduct
Alternative dispute resolution	Método alternativo para resolver conflictos
Amenazar	Threaten, menace
Amenazas	Threats
Amend	Enmendar
Amendment	Enmienda
Amonestación al jurado	Admonition to the jury
Amonestar	Admonish
Ampliación (de un plazo)	Extension (of time limit or deadline)
Annul	Anular
Annulment	Anulación
Answer (to a civil complaint)	Respuesta
Antecedentes penales	Criminal record
Anulación	Annulment
Anular	Annul
Apelación, recurso	Appeal
Apelado	Appellee
Apelante	Appellant
Aplazamiento	Adjournment, continuance
Apoderado	Attorney-in-fact
Aportar pruebas	Introduce evidence, give evidence
Appeal	Apelación, recurso
Appeals court	Sala o tribunal de casación o apelación
Appear in court	Comparecer ante la corte, tribunal, juzgado
Appearance	Comparecencia
Appellant	Apelante
Appellee	Apelado
Apprehend	Aprehender
Apprehension	Aprehensión
Apuñalar	Stab
Arbitraje	Arbitration
Arbitration	Arbitraje
Arma	Weapon
Arma blanca	Knife, weapon with a blade
Arma de fuergo	Firearm
Arma mortal, arma mortífera	Deadly weapon
Armed robbery	Atraco a mano armada
Arraignment	Lectura de cargos
Arreglo especial (por incapacidad)	Accommodation (for disability)
Arrendador	Landlord
Arrendar	Lease (v.), rent (v.)
Arrendatario	Renter, lessee
Arrest (n.)	Arresto (n.)
Arrest (v.)	Arrestar, detener
Arrest warrant	Orden de detención
Arresto domiciliario	House arrest
Arriendo	Rent (n.)

Arson	Incendio intencional, premeditado
Asalto	Assault
Asalto y agresión violenta	Assault and battery
Asentar una declaración	Enter a plea
Asesinato	Murder
Asesinato con agravantes	Aggravated murder
Asesino	Murderer
Asesor legal	Counsel
Asistir e instigar	Aid and abet
Asociación de abogados	Bar Association
Assault	Asalto
Assault and battery	Asalto y agresión violenta
Assets	Activos, bienes
Assigned counsel	Abogado de oficio
Assistance	Ayuda
Associate judge	Juez asociado
Asunto	Issue (n.)
Atraco a mano armada	Armed robbery
Attachment	Adjunto
Attempt (n)	Intento
Attempt (v.)	Intentar
Attorney fees	Honorarios de abogado
Attorney General	Procurador General
Attorney of record	Abogado del caso
Attorney-in-fact	Apoderado
Audiencia	Hearing
Audiencia de peritos	Hearing of experts
Audiencia de testigos	Hearing of witnesses
Audiencia oral	Oral hearing
Audiencia pública	Public hearing
Auto de avocación	Certiorari
Auto incriminación, auto imputación	Self incrimination
Autos penales	Criminal records
Aviso	Notice
Ayuda	Assistance
BBBB	
Bail	Fianza
Bail bondsman	Fiador judicial
Bailiff	Alguacil
Bancarrota	Bankruptcy
Banco	Bench
Bank levy	Embargo bancario
Bankrupt	Insolvente
Bankruptcy	Quiebra, bancarrota
Bankruptcy discharge	Rehabilitación del quebrado
Bar	Colegio de abogados, asociación de abogados
Bar examination	Examen de abogacía
Batter	Golpear
Battery	Agresión
Bench	Estrado judicial, banco, tribunal, juez

Bench trial	Juicio sin jurado, juicio ante el juez, juicio de banco
Bench warrant	Orden de arresto
Beneficiario	Benerficiary
Beneficiary	Beneficiario
Bequeath	Legar
Bequest	Legado
Best interest of the child	Interés superior del menor
Beyond a reasonable doubt	Más allá de una duda (fuera de duda) razonable
Bias	Prejuicio
Bien mueble	Chattel
Bienes, propiedad, propiedades	Property, assets
Billy club	Garrote
Billy club	Macana
Birth certifícate	Acta de nacimiento, partida de nacimiento
Blandir un arma	Brandish a weapon
Bodily injuries	Lesiones corporales
Borrar	Expunge
Boss	Patrono, jefe, empresario
Brandish a weapon	Blandir un arma
Breach of contract	Incumplimiento de contrato
Breaking and entering	Escalamiento, ingreso violento y sin autorización
Bribe (n.)	Cohecho, soborno
Bribe (v.)	Sobornar
Bribery	Soborno
Brief	Escrito
Bring proceedings against	Incoar o iniciar un proceso contra
Burden of proof	Peso de la prueba, obligación de comprobar, carga de prueba
Burglar	Ladrón, robacasas
Burglary	Robo, robo en casa, allanamiento con fines delictivos
Burn rubber	Chillar gomas
CCCC	
Cadena de custodia	Chain of custody
Cadena perpetua	Life sentence
Cámara	Chambers
Capital case	Caso con pena de muerte
Capital offense	Delito con pena de muerte, pena capital
Capital punishment	Pena capital
Caption	Título del expediente judicial, epígrafe
Caption	Epígrafe
Careo	Confrontation (of witness, accuser)
Carga de prueba	Burden of proof
Cargas penales	Criminal charges
Cargo	Charge
Cartas de curatela	Lettters of conservatorship
Carterista	Pickpocket

Case at bar	Caso de autos
Case before us	Caso ante nos
Case law	Jurisprudencia
Caso ante nos	Case before us
Caso con pena de muerte	Capital case
Caso de autos	Instant case, case at bar
Caudal hereditario	Estate
Causa de acción legal	Cause of action
Causa penal	Criminal case
Cause of action	Causa de acción legal
Caveat emptor	A riesgo del comprador
Cease and desist order	Orden de cesar y desistir
Celda de detención temporal	Holding cell
Certified true copy	Copia certificada
Certiorari	Auto de avocación
Chain of custody	Cadena de custodia
Challenge	Disputar
Chambers	Cámara, despacho del juez
Chancery Division	Division de Equidad
Change of venue	Traslado de jurisdicción
Charge	Cargo
Charge to the jury	Instrucciones al jurado
Charges	Denuncia, acusación
Chattel	Bien mueble
Child support	Manutención o sustento de menor(es)
Chillar gomas	Burn rubber, squeal tires
Circumstantial evidence	Pruebas circunstanciales
Citación, citatorio, notificación	Summons, citation, subpoena
Civil rights	Derechos civiles
Claim (n.)	Reclamo, alegación, demanda
Claim, (v.)	Reclamar, alegar, demandar
Clear and convincing evidence	Prueba clara y convincente
Clemencia	Clemency
Clemency	Clemencia
Club (weapon)	Macana
Coacusado	Co-defendant
Coartada	Alibi
Code	Código
Co-defendant	Coacusado
Codicil	Codicilo
Codicilo	Codicil
Código	Code
Cohecho, soborno	Bribe (n.)
Colegio de Abogados	Bar Association
Committment order	Orden de encarcelamiento
Common Law	Derecho Común
Community property	Comunidad de bienes matrimoniales
Commutation	Conmutación
Comparecencia	Appearance
Comparecer ante la corte, tribunal, juzgado	Appear in court
Complainant	Parte acusadora
Complaint (civil)	Demanda, queja

Complaint (criminal)	Denuncia, acusación, querella
Compliance	Cumplimiento
Cómplice	Accomplice
Comunidad de bienes matrimoniales	Community property
Concurrent sentence	Sentencias simultáneas
Condena	Conviction
Condena privativa de libertad	Custodial sentence
Condenar	Convict (to)
Conditional release	Libertad condicional
Conducir bajo efecto de drogas	Driving under the influence of drugs
Conducir en estado de ebriedad	Driving under the influence of alcohol, while intoxicated
Confiscation	Confiscación
Confrontation (of witness, accuser)	Careo
Conmutación	Commutation
Consanguinidad	Consanguinity
Consanguinity	Consanguinidad
Consecutive sentences	Sentencias consecutivas
Consent	Consentimiento
Consentimiento	Consent
Conservador de la persona	Conservator of the person
Conservador del patrimonio	Conservator of the estate
Conservatee	Persona bajo tutela, pupilo
Conservator	Curador, Tutor
Conservator of the estate	Conservador, curador, tutor del patrimonio
Conservator of the person	Conservador, curador, tutor de la persona
Conservatorship	Curatela, tutelaje
Conspiración	Conspiracy
Conspiracy	Conspiración
Contempt	Desacato
Contempt of court	Desacato al tribunal
Continuance	Aplazamiento
Contrademanda	Counterclaim
Contrainterrogatorio	Cross examination
Contrato de arrendamiento	Lease (n.), lease agreeement
Convenio de declaración	Plea bargain (n.)
Convict (n.)	Reo
Convict (v.)	Condenar
Conviction	Fallo condenatorio, condena
Cónyuge	Spouse
Copia certificada	Certified true copy
Corte	Court
Corte de Drogas	Drug Court
Corte de Familia	Family Court
Cosa juzgada	Res judicata
Cosa juzgada formal	Res judicata (procedural)
Cosa juzgada material	Res judicata (material)
Costs after judgment	Gastos después del fallo
Costs, expenses	Gastos
Counsel	Asesor legal
Counseling	Asesoramiento, asesoría

Counterclaim	Contrademanda
Counterfeiting	Falsificación
Counts	Incidencias
Court	Corte, tribunal, juzgado
Court reporter	Taquígrafo judicial, estenógrafo
Creditor	Acreedor
Crime	Delito, crimen, infracción penal
Criminal case	Causa penal
Criminal charges	Cargas penales
Criminal file	Expediente penal
Criminal law	Derecho penal
Criminal liability	Responsabilidad penal
Criminal proceedings	Diligencias penales, proceso penal
Criminal prosecution	Procedimiento penal
Criminal records	Antecedentes o autos penales
Cross examination	Contrainterrogatorio
Cross examine	Repreguntar, contrainterrogar
Cuchillo	Knife
Cuerpo legislativo	Legislature
Cuestión	Issue (n.)
Cumplimiento	Fulfilment; compliance
Cuota	Fee
Curador	Conservator, custodian
Custodia	Custody
Custodia compartida	Joint custody
Custodia exclusive	Sole custody
Custodia física	Physical custody
Custodia legal	Legal custody
Custodial parent	Padre con tutela
Custodial sentence	Condena privativa de libertad
Custodian	Curador, tutor
Custody	Custodia, tuición
DDDD	
Damages	Daños y perjuicios, indemnización por daños y perjuicios
Daño grave	Serious injury, serious harm
Daño moral	Pain and suffering, moral damage, moral harm
Daño patrimonial	Actual damage
Daños y perjuicios	Damages
Datos personales	Personal data, personal information
De oídas	Hearsay
Deadline	Plazo final
Deadly weapon	Arma mortal, mortífera
Death penalty	Pena de muerte, pena capital
Debtor	Deudor
Deceased	Occiso, difunto
Decedent	Occiso, difunto
Declaración	Testimony, declaration
Declaración bajo juramento	Statement under oath
Declaración de partes civiles	Testimony of plaintiffs

Declaración de víctimas	Testimony of victims
Declaración jurada	Deposition
Declaracion jurada por escrito	Affidavit
Declaración sin juramento	Unsworn statement
Declarante	Declarant, affiant
Declararse culpable	Plead guilty
Declaratory judgment	Fallo declarativo, sentencia declaratoria
Decomisar	Impound
Decomiso, comiso	Forfeiture, impoundment
Decree	Acta
Defamation	Difamación
Default (n.)	Rebeldía, incomparencia, incumplimiento
Default (v.)	Estar en rebeldía
Default judgment	Fallo en rebeldía
Defendant (civil)	Demandado
Defendant (criminal)	Acusado
Defense attorney	Abogado defensor
Defensor	Advocate
Defensor judicial de menores	Law guardian
Defensor público	Public defender
Delay	Demora, retraso
Delincuencia organizada	Organized crime
Delincuente	Felon
Delito con pena de muerte, pena capital	Capital offense
Delito grave	Serious offense
Delito mayor	Felony
Delito menor, menos grave	Misdemeanor
Delito subyacente	Underlying crime
Delito, infracción penal	Offense, crime
Deliver judgment	Dictar sentencia
Demanda (civil)	Complaint (civil), lawsuit, action, claim
Demanda de reclamo menor	Small claim
Demandado	Defendant (civil), respondent, petitioner
Demandar	Sue, claim
Demora, retraso	Delay
Demurrer	Petición de abandono
Denegación	Denial, refusal
Denegar	Deny, refuse
Denial	Denegación
Denied	No ha lugar
Denuncia	Complaint (criminal), grievance
Deny	Denegar
Deposition	Declaración jurada
Derecho	Law, right
Derecho Común	Common Law
Derecho del gobierno a expropriar	Eminent domain
Derecho penal	Criminal law
Derechos	Rights
Derechos civiles	Civil rights
Derechos humanos	Human rights
Desacato	Contempt
Desacato al tribunal	Contempt of court

Desahuciar	Evict
Desahucio	Eviction
Desalojar	Evict
Desalojo	Eviction
Descalificación	Disqualificaction
Desestimación	Dismissal (of a case)
Desestimación con detrimento	Dismissed with prejudice
Desestimar	Dismiss (a case)
Desfalco	Embezzling
Designación oficial de tutor	Letter of Guardianship
Despacho del juez	Chambers
Detain	Detener
Detained	Detenido
Detención	Detention
Detención o prisión preventiva	Police custody
Detener	Detain
Detenido	Detained, detainee
Detention	Detención
Detention order	Orden de detención
Determinación	Finding
Determinación de los hechos	Findings of fact
Deudor	Debtor
Dicta, dictum	Dictamen legal
Dictamen	Ruling, opinion
Dictamen legal	Dicta, dictum
Dictamen pericial	Expert report
Dictar sentencia	Deliver judgment
Difamación	Defamation
Difunto, occiso	Decedent, deceased
Diligencias penales	Criminal proceedings
Diligencias policiales	Police inquiry
Direct examination	Interrogatorio directo, examen testimonial inicial
Disability	Discapacidad
Disabled	Discapacitado
Disagreeing	Inconforme
Discapacidad	Disability
Discapacitado	Disabled
Discovery	Proposición de pruebas, material evidenciario
Discrimen (P.R.)	Discrimination
Discrimination	Discriminación, discrimen (P.R.)
Dismiss (a case)	Desestimar
Dismissal	Desestimación, sobreseimiento
Dismissed with prejudice	Desestimación con detrimento
Disolución	Dissolution
Disorderly conduct	Alteración del orden público
Disposición legal	Statutory provision
Dispostion	Resolución
Disputar	Challenge
Disqualification	Descalificación
Dissolution	Disolución
Division de Equidad	Chancery Division

Divorce	Divorcio
Divorce decree	Acta de divorcio
Docket	Orden del día del tribunal
Docket number	Número del expediente
Documentary proof	Documento probatorio, evidencia probatoria
Documento probatorio	Documentary proof, evidence
Documentos procesales	Procedural documents
Domestic violence	Violencia doméstica
Doubt	Duda
Driving under the influence of alcohol	Conducir en estado de ebriedad
Driving under the influence of drugs	Conducir bajo efecto de drogas
Driving while intoxicated	Conducir en estado de ebriedad, embriaguez
Drug Court	Tribunal de Drogas
Drugs (illicit)	Estupefacientes
Drunk driving	Manejar en estado de ebriedad
Duda	Doubt
Due process	Proceso debido
EEEE	
Ejecución	Enforcement
Ejecución hipotecaria	Mortgage foreclosure
Ejecutor	Executor
Ejecutoria, sentencia ejecutable	Enforceable judgment
Electronic surveillance	Vigilancia electrónica
Embargo bancario	Bank levy
Embargo, incautación	Seizure
Embezzling	Desfalco
Eminent domain	Derecho del gobierno a expropriar
Emitir	Issue (v.)
Empleado	Employee
Employee	Empleado
Employer	Empresario, patrono, jefe
Empresario	Employer, boss, businessperson
Encausar	Indict
Endorse	Endosar
Endosar	Endorse
Enforce	Hacer cumplir, poner en vigor
Enforceable judgment	Ejecutoria, sentencia ejecutable
Enforcement	Ejecución
Engaged (to be married)	Esposado
Enjoin	Imponer
Enmendar	Amend
Enmienda	Amendment
Enter a plea	Asentar una declaración
Entrada a lugar	Entry onto the premises
Entrada en vigor	Entry into force
Entrega de bienes	Handing over of property
Entrega de proceso	Service of process
Entrega temporal	Temporary surrender

Entry into force	Entrada en vigor
Entry onto the premises	Entrada a lugar
Epígrafe	Caption (of case), heading
Equitable	Equitativo
Equitativo	Equitable
Escalamiento	Breaking and entering
Escrito	Brief
Esposado	Handcuffed, engaged, newly wed
Esposas	Handcuffs (or wives)
Esquire	Licenciado/a, Lic., Lcdo., Lcda.
Estado civil	Marital status
Estafa	Swindle
Estar acusado de	Charged with (to be)
Estar en rebeldía	Default (v.)
Estate	Patrimonio, caudal hereditario
Estatutos	Statutes
Estocada	Stab (n.)
Estoppel	Impedimento basado en la conducta de uno
Estrado judicial	Bench
Estupefacientes	Drugs (illicit)
Estupro	Violación de un menor
Evict	Desahuciar, desalojar
Eviction	Desahucio, desalojo
Evidence	Evidencia, prueba
Evidencia	Evidence, proof
Evidencia admisibile	Admissible evidence
Evidencia probatoria	Documentary proof
Exactitud	Accuracy
Examen de abogacía	Bar examination
Examen testimonial inicial	Direct examination
Examining magistrate, judge	Juez de instrucción
Executor	Albacea, ejecutor
Exhibit (n., at trial)	Prueba admitida
Expediente penal	Criminal file
Expediente personal	Personal file
Expedir	Issue (v.)
Expenses, costs	Gastos
Expert	Perito
Expert report	Dictamen pericial
Expertise	Peritaje
Expertise	Pericia
Expunge	Borrar
Extension (of time limit or deadline)	Ampliación (de un plazo); prórroga
Extorsión	Extortion
Extortion	Extorsión
Extradición	Extradition
Extradido, extraditado	Extradited
Extradited	Estradido, extraditado
Extradition	Extradición
Eyewitness	Testigo presencial, ocular

FFFF	
Failure to appear in court	Incomparencia en el juzgado
Fallo	Judgment, opinion
Fallo condenatorio	Conviction
Fallo declarativo, declaratorio	Declaratory judgment
Fallo definitivo	Final judgment
Fallo en rebeldía	Default judgment
Falsificación	Counterfeiting, forgery
Familiar	Family member
Family Court	Tribunal de Familia(s), Corte de Familia
Family member	Familiar, pariente
Fechoría	Malfeasance
Fee	Cuota, honorario
Felon	Delincuente
Felony	Delito mayor
Felony murder	Homicidio preterintencional
Fiador judicial	Bail bondsman
Fianza	Bail
Fijar un plazo	Set a time limit
File an appeal	Interponer una apelación
Final judgment	Resolución definitiva, fallo definitivo
Finding	Determinación
Findings of fact	Determinación de los hechos
Fine	Multa
Firearm	Arma de fuego
Fiscal, ministerio público	Public prosecutor
Fiscalía	Office of the Prosecutor
Forclosure	Ejecución hipotecaria
Foreperson	Presidente del jurado
Forfeiture	Incautación
Forgery	Falsificación
Form	Formulario
Formalities	Trámites
Foster home, foster care	Hogar de crianza
Fraud	Fraude
Fraude	Fraud
Freedom of speech	Libertad de habla, de palabra
Fruit of the poisonous tree	Fruto del arbol ponzoñoso
Fruto del arbol ponzoñoso	Fruit of the poisonous tree
Fugitive from justice	Prófugo
Fulfilment	Cumplimiento
Full faith and credit	Plena fe y crédito, pleno reconocimiento
Fundamento, motivación	Reasonable ground
GGGG	
Gang	Pandilla
Garrote	Billy club
Gastos	Costs, expenses
Gastos después del fallo	Costs after judgment
Gathering of evidence	Acumulacion de pruebas
Give evidence, introduce evidence	Aportar pruebas, evidencia

Golpear	Batter (v.)
Gran Jurado	Grand Jury
Grand Jury	Gran Jurado, Jurado de Acusación
Grand theft	Robo de mayor cuantía
Gravamen	Lien
Grievance	Queja, denuncia
Grievance procedure	Procedimiento para la tramitación de reclamos
Guardian	Tutor
Guardian ad litem	Tutor ad litem
Guardian of the property	Tutor de los bienes
Guardianship	Tutela, tuición
Guidelines	Pautas
Guilty verdict	Sentencia condenatoria
HHHH	
Ha lugar	Sustained
Habitual ofender	Infractor habitual
Hacer cumplir	Enforce
Handcuffed	Esposado
Handcuffs	Esposas
Harassment	Acoso, acosameinto, hostigamiento
Heading	Epígrafe
Hear a case	Ver una causa
Hearing	Audiencia, vista
Hearing of experts	Audiencia de peritos
Hearing of witnesses	Audiencia de testigos
Hearsay	De oídas
Hechor	Malefactor
Hechos relevantes	Relevant facts
Hipoteca	Mortgage
Hogar de crianza	Foster home, foster care
Holding cell	Celda de detención temporal
Homicide	Homicidio
Homicidio	Homicide
Homicidio culposo	Manslaughter
Homicidio doloso	Intentional homicide
Homicidio impremeditado	Manslaughter
Homicidio impremeditado con agravantes	Aggravated manslaughter
Homicidio involuntario	Manslaughter
Homicidio preterintencional	Felony murder
Honorario	Fee
Honorarios de abogado	Attorney fees
Hostigamiento	Harassment
House arrest	Arresto domiciliario
House search	Allanamiento
Huerfano de prueba	Lacking proof
Human rights	Derechos humanos
Hung jury	Jurado estancado, sin veredicto, en desacuerdo
Hurto	Theft, larceny

IIII	
Ilícito	Illicit
Illicit	Ilícito
Impeach	Impugnar
Imponer	Enjoin
Impound	Decomisar
Impoundment	Decomiso
Impugnar	Impeach
Imputado	Accused
Imputar	Accuse
Incautación	Forfeiture, seizure
Incendio intencional o premeditado	Arson
Incidencias	Counts
Incoar o iniciar un proceso contra	Bring proceedings against
Incomparencia	Default, non-apprearance
Incomparencia en el juzgado	Failure to appear in court
Inconforme	Disagreeing, objectiong
Inculpar, imputar, acusar	Accuse
Incumplimiento	Default
Incumplimiento de contrato	Breach of contract
Incumplimiento del deber	Nonfeasance
Indemnización por daños y perjuicios	Damages (judged, paid)
Indiciado	Indicted
Indiciar	Indict
Indict	Indiciar, encausar
Indicted	Indiciado
Indictment	Acusación formal, plliego(s) acusatorio(s)
Indigencia	Indigency
Indigency	Indigencia
Indocumentado	Undocumented
Infacción	Citation
Informante de la policía	Police informant
Informe policial, parte policial	Police report
Infracción penal	Crime, offense
Infracción sujeta a pena, infracción punible	Punishable offence
Infractor habitual	Habitual offender
Ingreso violento y sin autorización	Breaking and entering
Injunction	Mandamiento judicial
Injury	Lesión, perjucio
Inquilino	Tenant, renter, lessee
Insolvente	Bankrupt
Inspección e incautación	Search and seizure
Instant case	Caso de autos
Instrucciones al jurado	Jury charge
Intención criminal	Mens rea
Intencionalmente	Wilfully
Intentar	Attempt (v.)
Intentional homicide	Homicidio doloso
Intento	Attempt (n.)
Intéres superior del menor	Best interest of the child
Interesado	Interested party

Interested party	Interesado
Interponer recurso	Lodge or file an appeal
Interponer una apelación	File an appeal
Interrogatorio directo	Direct examination
Intestado	Intestate
Intestate	Intestado
Introduce evidence, give evidence	Aportar pruebas
Intruder	Intruso
Intruso	Intruder
Issue (n.)	Cuestión, asunto
Issue (v.)	Expedir, emitir
JJJJ	
Jail term	Período de encarcelamiento
Jefe	Boss
Joint custody	Custodia compartida
Judge	Juez, magistrado-juez, magistrado
Judgment	Fallo, adjudicación, fallo adjudicatorio
Judicial order	Resolución, auto, mandamiento, orden judicial
Judicial systems	Sistemas judiciales
Juez asociado	Associate judge
Juez de instrucción	Examining judge or magistrate
Juez presidente	Presiding judge
Juez, magistrado-juez, magistrado	Judge
Juicio	Law suit, trial
Juicio ante el juez o en banco o sin jurado	Bench trial
Juicio nulo	Mistrial
Jurado	Jury
Jurado de Acusación	Grand Jury
Jurado de juicio	Petit jury
Jurado en desacuerdo, estancado, o sin veredicto	Hung jury
Jurado o miembro del jurado	Juror
Juramento	Oath
Jurisdicción	Jurisdiction
Jurisdiction	Jurisdicción
Jurisprudencia	Case law
Juror	Jurado, miembro del jurado
Jury	Jurado
Jury charge	Instrucciones al jurado
Jury room	Sala del jurado
Justicia para menores	Juvenile justice
Juvenile	Menor
Juvenile justice	Justicia para menores
Juzgado	Court
KKKK	
Kidnap	Secuestrar, raptar
Kidnapping	Secuestro, rapto

Kin	Pariente, familiar
Kinship legal guardian	Pariente con tutela legal
Knife	Arma blanca, cuchillo
Knowingly	A sabiendas
LLLL	
Lacking proof	Huérfano de prueba
Ladrón	Burglar
Landlord	Propietario, dueno
Landlord	Arrendador, propietario
Larceny	Hurto, latrocinio
Latrocinio	Larceny
Law	Derecho, ley
Law guardian	Defensor judicial de menores
Law in force	Ley vigente, en vigor
Law suit	Juicio, demanda, pleito
Laws	Leyes
Lease (n.), lease agreeement	Locación, contrato de arrendamiento o de locación
Lease (v.)	Arrendar
Lectura de cargos	Arraignment
Legado	Bequest
Legal custody	Custodia legal
Legalización de testamentos	Probate
Legar	Bequesth
Legislature	Poder legislativo, cuerpo legislativo
Lemon Law	Ley de vehículos defectuosos (Ley de Limón)
Lesión	Injury
Lesión personal	Personal injury
Lesiones corporales	Bodily injuries
Lessee	Arrendatario, inquilino
Let the buyer beware	A riesgo de comprador
Letter of guardianship	Designación oficial de tutor
Letters of conservatorship	Cartas de curatela
Ley de prescripción	Statute of limitations
Ley de vehículos defectuosos (Ley de Limon)	Lemon Law
Ley tributaria	Tax law
Ley vigente; en vigor	Law in forcé
Leyes	Laws
Libel	Libelo
Libelo	Libel
Libertad a prueba	Probation
Libertad bajo fianza	Release on bail
Libertad bajo palabra	Recognizance
Libertad condicional	Conditional release, parole
Libertad de habla, de palabra	Freedom of speech
Libertad supervisada, vigilada	Parole
Licenciado/a, Lic., Lcdo., Lcda	Esquire
Lien	Gravamen
Life sentence	Cadena perpetua

Linaje	Lineage
Lineage	Linaje
Lisiar	Maim
Lista de antecedentes	Rap sheet
Litigación	Litigation
Litigant	Litigante
Litigante	Litigant
Litigar	Litigate
Litigate	Litigar, pleitear
Litigation	Pleito, litigación, litigio
Litigio	Litigation
Living will	Testamento en vida, testamento vital
Locación	Lease (n.)
Lodge a complaint	Presentar una denuncio, una queja
Loitering	Merodeo
Looting	Saqueo
Loss of consortium	Pérdida de consorcio
MMMM	
Macana	Billy club, club
Maim	Lisiar
Malefactor	Hechor, malhechor
Malfeasance	Fechoría
Malhechor	Malefactor
Malpractice	Negligencia profesional
Mandamiento judicial	Injunction
Manejar en estado de ebriedad	Drunk driving
Manslaughter	Homicidio culposo, involuntario, impre-meditado
Manutención de menores	Child support
Maraud	Merodear
Marital status	Estado civil
Más allá de una duda (fuera de duda) razonable	Beyond a reasonable doubt
Material evidenciario	Discovery
Mediador	Mediator
Mediator	Mediador
Medical malpractice	Negligencia médica
Menace (v.)	Amenazar
Menor	Juvenile
Menores	Minors
Mens rea	Intención criminal
Mensualidad	Rent (n.)
Merodear	Maraud, prowl
Merodeo	Loitering
Método alternativo para resolver conflictos	Alternative dispute resolution
Miembro del jurado	Juror
Ministerio público, fiscal	Public prosecutor
Minor offense	Delito menor
Minors	Menores
Miranda warning	Alerta de Miranda

Misdemeanor	Delito menor
Misfeasance	Acto legal hecho de una manera ilegal
Mistrial	Juicio nulo
Moción	Motion
Moción	Motion
Moción de supresión	Motion to suppress
Moral damage, moral harm	Daño moral
Mortgage	Hipoteca
Mortgage foreclosure	Ejecucion hipotecari
Motion	Moción, pedimento, recurso
Motion to suppress	Moción de supresión
Motivos fundados	Probable cause
Muerte por negligencia	Wrongful death
Multa	Fine
Murder	Asesinato
Murderer	Asesino
NNNN	
Negligence	Negligencia
Negligencia	Negligence
Negligencia médica	Medical malpractice
Negligencia profesional	Malprctice
Negociación para declararse culpable	Pleae bargain (process)
Newly wed	Esposado
No culpable	Not guilty
No ha lugar	Overruled, denied
Nonfeasance	Incumplimiento del deber
Not guilty	No culpable
Not guilty verdict	Sentencia absolutoria
Notice	Aviso, notificación
Notificación	Notice
Número del expediente	Docket number
OOOO	
Oath	Juramento
Objeción	Objection
Object (v.)	Oponerse
Objecting	Inconforme
Objection	Objeción
Obligación de comprobar	Burden of proof
Occiso	Deceased, decedent
Offense	Delito, infracción penal
Office of the Prosecutor	Fiscalía
Opinion	Dictamen, fallo, opinión
Opinión	Opinion, decision
Oponerse	Object (v.)
Oral hearing	Audiencia oral
Orden de allanamiento	Search warrant
Orden de arresto	Warrant, bench warrant
Orden de cesar y desistir	Cease and desist order
Orden de detención	Detention order, arrest warrant

Orden de encarcelamiento	Committment order
Orden de registro	Search warrant
Orden de restricción o inhibitoria, interdicto	Restraining order
Orden del día del tribunal	Docket
Organized crime	Delincuencia organizada
Overruled	No ha lugar
PPPP	
Padre con tutela	Custodial parent
Padre putativo	Putative father
Pain and suffering	Daño moral
Pandilla	Gang
Parentage	Parentesco
Parental authority	Patria potestad
Parental rights	Patria potestad
Parentesco	Parentage
Pariente	Relative, kin, family member
Pariente con tutela legal	Kinship legal guardian
Parole	Libertad vigilada, condicional, supervisda
Parte	Party
Parte acusadora	Complainant, complaining party
Partícipe	Accessory
Partida de nacimiento	Birth certificate
Party	Parte
Patria potestad	Parental authority, rights
Patrimonio	Estate
Patrono	Boss, employer
Pautas	Guidelines
Pedimento	Motion
Pena	Sentence
Pena capital	Capital punishment
Pena de muerte	Death penalty
Penalties	Penas
Penas	Penalties
Pensión alimenticia o conyugal	Alimony
Pérdida de consorcio	Loss of consortium
Pericia	Expertise
Período de encarcelamiento	Jail term
Peritaje	Expertise
Perito	Expert
Perjuicio	Injury
Persona bajo tutela, pupilo	Conservatee
Personal data, personal information	Datos personales
Personal file	Expediente personal
Personal injury	Lesión personal
Peso de la prueba	Burden of proof
Pesquisa y registro domiciliario	Visit to and search of home
Petición de abandono	Demurrer
Peticionario	Petitioner
Petit jury	Jurado de juicio

Petition	Petición, recurso
Petitionary	Petitorio
Petitioner	Demandante, peticionario
Petitorio	Petitionary
Physical custody	Custodia física
Pickpocket	Carterista
Pimp	Alcahuete
Plazo	Term
Plazo final	Deadline
Plea bargain (end result)	Acuerdo de reducción de sentencia, convenio de declaración, trato declaratorio
Plea bargain (process)	Negociación para declararse culpable
Plead guilty	Declararse culpable
Pleading	Alegato
Pleitear	Litigate
Pleito	Suit, lawsuit, action, litigation
Plena fe y crédito, pleno reconocimiento	Full faith and credit
Pliego(s) acusatorio(s)	Indictment
Poder duradero	Power of attorney
Poder legislativo	Legislature
Police custody	Detención o prisión preventiva
Police informant	Informante de la policía
Police inquiry	Diligencias policiales
Police report	Informe policial, parte policial
Policía, fuerzas policiales	Pólice, law enforcement agency
Poner en vigor	Enforce
Power of attorney	Poder duradero
Precedente legal	Legal precedent
Prejuicio	Bias, prejudice
Pre-nuptial agreement	Acuerdo antenupcial
Prescenciar	Witness (v.)
Presentar una denuncia	Lodge a complaint
Presidente del jurado	Foreperson
Presiding judge	Juez presidente
Prestar testimonio, testificar	Testify
Presunto	Alleged
Privación de la patria potestad	Termination of parental rights
Probable cause	Motivos fundados
Probate	Legalización de testamentos
Probation	Libertad a prueba
Procedimiento para la tramitación de reclamos	Grievance procedure
Procedimiento penal	Criminal prosecution
Procedural documents	Documentos procesales
Procedural system	Sistema procesal
Procesar	Prosecute
Proceso	Trial
Proceso debido	Due process
Proceso penal	Criminal proceedings
Procurador General	Atrtorny General
Prófugo	Fugitive from justice
Promesa solemne	Affirmation

Proof	Prueba
Property	Bienes, propiedad, propiedades
Propietario	Landlord
Propietario legítimo	Rightful owner
Proposición de pruebas	Discovery
Prórroga	Extension (of time limit or deadline)
Prosecute	Procesar
Prowl	Merodear
Prueba admitida	Exhibit
Prueba clara y convincente	Clear and convincing evidence
Prueba, documento probatorio	Proof, evidence documentary proof
Pruebas admisibles	Admissible evidence
Pruebas circunstanciales	Circumstantial evidence
Public defender	Defensor público
Public hearing	Audiencia pública
Public prosecutor	Fiscal, ministerio público
Public safety	Seguridad pública
Punishable offense	Infracción sujeta a pena, infracción punible
Puñalada	Stabbing
Putative father	Padre putativo
QQQQ	
Queja	Complaint (civil), grievance
Querella	Complaint (criminal)
Quiebra	Bankruptcy
RRRR	
Rap sheet	Lista de antecedentes
Rape	Violación
Raptar	Kidnap
Reasonable ground	Fundamento, motivación
Rebeldía	Default
Rebuttal	Refutación
Rechazar	Reject
Reclamar	Claim (v.)
Reclamo	Claim (n.)
Reclamos menores, de menor cuantía	Small claims
Recognizance	Libertad bajo palabra
Recurrido	Appellee, respondent
Recurso	Appeal, petition, motion
Recusación	Recusal
Recusal	Recusación
Refusal	Denegación
Refuse	Denegar
Refutación	Rebuttal
Registro escrito	Written record
Rehabilitación del quebrado	Bankruptcy discharge
Reject	Rechazar
Relative (n.)	Pariente
Release on bail	Libertad bajo fianza

Relevant facts	Hechos relevantes
Remand	Remitir
Remitir	Remand
Rent (n.)	Arriendo, renta, mensualidad, alquiler
Rent (v.)	Arrendar, alquilar, rentar
Renta	Rent (n.)
Rentar	Rent (v.)
Renter	Inquilino, arrendatario
Renunciar a un derecho	Waive a right
Reo	Convict (n.)
Repreguntar	Cross examine
Requirement	Requisito
Requisito	Requirement
Res judicata	Cosa juzgada
Res judicata	Cosa juzgada
Res judicata (material)	Cosa juzgada material
Res judicata (procedural)	Cosa juzgada formal
Resolución	Disposition
Resolución definitiva, sentencia firme	Final judgment, ruling
Resolución, auto, mandamiento, orden judicial	Judicial order
Resolver	Adjudicate
Respondent	Recurrido, demandado, apelado
Responsabilidad penal	Criminal liability
Respuesta	Answer (to a civil complaint)
Restraining order	Orden de restricción, orden inhibitoria, interdicto
Resumen de los hechos	Summary of facts
Retraso, demora	Delay
Right	Derecho
Rightful owner	Propietario legítimo
Rights	Derechos
Robacasas	Burglar
Robo de mayor cuantía	Grand theft
Robo, robo en casa	Burglary
Rotén	Walking stick
Ruling	Dictamen
SSSS	
Sala de casación o apelación	Appeals court
Sala del jurado	Jury room
Sanción, pena	Punishment, penalty
Saqueo	Looting
Search	Inspección e incautación
Search warrant	Orden de allanamiento o de registro
Secuestrar	Kidnap, abduct
Secuestro	Abduction, kidnapping
Seguridad publica	Public safety
Seizure	Embargo, incautación
Self incrimination	Auto incriminación, auto imputación
Sentence	Sentencia, pena

Sentenced	Sentenciado
Sentencia	Sentence
Sentencia absolutoria	Not guilty verdict
Sentencia condenatoria	Guilty verdict
Sentencia declaratoria	Declaratory judgment
Sentenciado	Sentenced
Sentencias consecutives	Consecutive sentence
Sentencias simultáneas	Concurrent sentence
Serious harm, injury	Daño grave
Serious offense	Delito grave
Service of process	Entrega de proceso
Set a time limit	Fijar un plazo
Sindicato	Union (labor)
Sistema adversario o contencioso	Adversary system
Sistema judicial	Judicial system
Sistema procesal	Procedural system
Small Claims	Reclamos menores, de menor cuantía
Smuggling	Contrabando
Sobornar	Bribe (v.)
Soborno	Bribery
Sobreseimiento	Dismissal
Sole custody	Custodia exclusiva
Sospechoso	Suspect (n.)
Spouse	Cónyuge
Squeal tires	Chillar gomas
Stab	Apuñalar
Stab (n.)	Estocada
Stabbing	Puñalada
Stalk (v.)	Acechar
Stalking	Acecho
Statement under oath	Declaración bajo juramento
Statute of limitations	Ley de prescripción
Statutes	Estatutos
Statutory provision	Disposición legal
Subpoena	Citación
Sue	Demandar
Suit	Pleito, demanda
Summary of facts	Resumen de los hechos
Summoning of witnesses	Citación de testigos
Summons, citation	Citación, citatorio, notificación
Suspect (n.)	Sospechoso
Suspensión	Adjournment
Sustained	Ha lugar
Sustento de menor	Child support
Swindle	Estafa
TTTT	
Taquígrafo judicial	Court reporter
Tax law	Ley tributaria
Temporary custody	Tutela temporal
Temporary surrender	Entrega temporal
Tenant	Inquilino

Term	Plazo
Termination of parental rights	Privación de la patria potestad
Testamento	Will
Testamento en vida o vital	Living will
Testificar, prestar testimonio	Testify
Testify	Testificar, prestar testimonio
Testigo	Witness (n.)
Testigo adverso	Adverse witness
Testigo ocular	Eyewitness
Testigo presencial	Eyewitness
Testimonio	Testimony
Testimony	Testimonio, declaración
Testimony of plaintiffs	Declaración, testimonio de partes civiles
Testimony of victims	Declaration, testimonio de víctimas
Theft	Hurto
Threaten	Amenazar
Threats	Amenazas
Título del expediente judicial	Caption
Tort	Acto dañoso, agravio
Trámites	Formalities
Transmitir	Convey
Traslado de jurisdicción	Change of venue
Trato declaratorio	Plea bargain
Trial	Vista, juicio, proceso
Trial Court	Tribunal Procesal, Tribunal de Primera Instancia
Tribunal	Court
Tribunal de Apelación, de Apelaciones	Court of Appeal, Court of Appeals
Tribunal de Drogas	Drug Court
Tribunal de Familia(s)	Family Court
Tribunal de Primera Instancia	Trial Court
Tribunal Procesal	Trial Court
Tuición	Custody, guardianship
Tutela	Guardianship
Tutela temporal	Temporary custody
Tutelaje	Conservatorship
Tutor	Custodian, guardian, conservator
Tutor ad litem	Guardian ad litem
Tutor de los bienes	Guardian of the property
UUUU	
Underlying crime	Delito subyacente
Undocumented	Indocumentado
Union (labor)	Sindicato
Unsworn statement	Declaración sin juramento
VVVV	
Vagancia	Vagrancy
Vagrancy	Vagancia
Valid	Vigente

Ver una causa	Hear a case
Verbatim	Al pie de la letra
Verdict	Veredicto
Veredicto	Verdict
Vigente	Valid
Vigilancia electrónica	Electronic serveillance
Violación	Rape
Violación de un menor	Estupro
Violencia doméstica	Domestic violence
Visit to and search of home	Pesquisa y registro domiciliario
Vista	Hearing, trial
WWWW	
Waive a right	Renunciar a un derecho
Walking stick	Rotén
Warning	Advertencia, amonestación
Warrant	Orden de arresto
Weapon	Arma
Wilfully	Intencionalmente
Will	Testamento
Witness (n.)	Testigo
Witness (v)	Presenciar
Written record	Registro escrito
Wrongful death	Muerte por negligencia

APÉNDICE B

LISTA DE GLOSARIOS

Basic Legal Terminology: Some English-Spanish Equivalents, Wisconsin Courts (English to Spanish).

http://wicourts.gov/services/interpreter/docs/spanishglossary2.pdf

Diccionario Jurídico de LexJurídica (Spanish terminology with definitions in Spanish).

http://www.lexjuridica.com/diccionario.php

English-Spanish Glossary for Clerks of Superior Court, Administrative Office of the Courts, North Carolina Court System, 1999 (English to Spanish; also Spanish to English where relevant. Designed for use by the court clerks and other personnel in their interactions with the Spanish-speaking public. Is more a compendium of subject-related phrases, questions, and explanations than a glossary. Organized by topic: General Information, Cashier, Child Support, Civil Matters, Continuances, Criminal Matters, Domestic Violence, Estates, Small Claims, Special Proceedings, and traffic.).

http://www.nccourts.org/Citizens/CPrograms/Foreign/documents/Clerks_Manual.pdf

English-Spanish Glossary of IRS Terms, Internal Revenue Service, 2011 (English to Spanish).

http://www.irs.gov/pub/irs-pdf/p850.pdf

English-Spanish Glossary: Legal and Public Benefits Terms, Legal Services of Northern Virginia, 2006 (English to Spanish. Intended to assist interpreters, translators, bilingual attorneys, paralegals, and intake specialists. Covers terminology in areas of Civil Law, Human Rights Law, Constitutional Law, Public Benefits Law, and Administrative law. Also includes Medical, Psychological, Sociological, Educational, and Linguistic terminology.).

http://lawhelp.org/documents/308831glo-spn.pdf

English/Spanish Legal Glossary/Glosario Legal, Superior Court of California, County of Sacramento, 2005 (English to Spanish. Designed particularly for court interpreters and pro pers.).

http://www.saccourt.ca.gov/general/legal-glossaries/docs/spanish-legal-glossary.pdf

English-Spanish Legal Terminology Glossary, Utah State Courts, 2006 (English to Spanish. Prepared primarily to be used by those translating court documents.).

http://www.utcourts.gov/resources/interp/glossary.asp

English to Spanish: OSHA Dictionary – General OSHA Terms, Occupational Safety and Health Administration, U.S. Department of Labor (English to Spanish).

http://www.osha.gov/dcsp/compliance_assistance/spanish/osha_general
_terms_ensp.html

Free Glossary/Dictionary of Legal English-Spanish Court Terms, Hosted by ErnestoRomero.net, posted on website of North Carolina Courts (English to Spanish).

http://www.nccourts.org/Citizens/CPrograms/Foreign/documents/Ernes
to_LegalGlossary-Span-Eng.pdf

Frequently Mistranslated English Terms, HowTo.gov: Helping Agencies Deliver a Great Customer Experience, 2012 (English to Spanish).

http://www.howto.gov/web-content/multilingual/spanish-
guide/frequently-mistranslated-terms

Glosario, La Rama Judicial de California (Words and phrases in Spanish with definitions and explanations in Spanish).

http://www.courts.ca.gov/selfhelp-glossary.htm?rdeLocaleAttr=es

Glosario, Minnesota Department of Human Rights, 2012 (Relevant civil rights terminology in Spanish with definitions and explanations in Spanish).

http://www.humanrights.state.mn.us/yourrights/spanish_glossary.htm
l
http://www.humanrights.state.mn.us/yourrights/PDF/15glossary_SPA.
pdf

Glosario del Instituto de Estudios Judiciales de Puerto Rico, Oficina de Administración de los Tribunales, 2000 (Extensive list of legal terms and phrases in Spanish with detailed definitions and explanations in Spanish.).

www.ramajudicial.pr/orientacion/glosario.doc

Glosario de Terminología Jurídica Corriente, New York State Unified Court System (English to Spanish).

http://www.nycourts.gov/courthelp/spanish/spTermsGlossary.htm

Glosario de Términos de Derechos Humanos, Instituto Interamericano de Derechos Humanos, UNICEF (Words and terms in Spanish with definitions and explanations in Spanish).

http://www.unicef.org/lac/glosario.pdf

Glosario de Términos Legales, Superior Court of California, Contra Costa County, California (Interactive. Spanish words and phrases with definitions and explanations in Spanish).

http://glosario.cc-courthelp.org/index.cfm?fuseaction=Home.forgotEmail&nodeID=40

Glosario de Términos Legales, Guía Para el Tribunal de Reclamos Menores de Carolina del Sur, Legal Aid of South Carolina (English to Spanish and Spanish to English).

http://www.legalaidnc.org/public/learn/publications/Small_Claims_Court_ESPANOL/Glossary_GSCC_Espanol.aspx

Glosario de Términos Utilizados en las Licencias de Revistas Electrónicas, Grupo de Estudios NOTAGR, Instituto de Investigaciones Bibliotecológicas, Facultad de Filosofía y Letras, Universidad de Buenos Aires (Words and phrases in Spanish with definitions and explanations in Spanish).

http://www.scielo.org.ar/scielo.php?pid=S1851-17402006000200005&script=sci_arttext

Glossary of Federal Terms, HowTo.gov: Helping Agencies Deliver a Great Customer Experience, 2012 (English to Spanish. Lists all Federal Agencies names in both languages. Adapted from the glossary developed by the Department of Justice.).

http://www.howto.gov/web-content/multilingual/spanish-guide/glossary-of-federal-terms

Glossary of Legal Terminology, Wisconsin Courts (English to Spanish).

http://www.wicourts.gov/services/interpreter/docs/spanishglossary3.pdf

Glossary of Legal and Related Terms and Courthouse Signs, English/Spanish, Language Services Section, Programs and Procedures Unit, Office of Trial Court Services, Administrative Office of the Courts, New Jersey, 2009 (English to Spanish. Designed primarily for use by court translation team for use in translating court documents. Also to be used by court interpreters.).

http://www.judiciary.state.nj.us/interpreters/glossary2.pdf

Glossary of Legal Terminology, Superior Court Operations Division, State of Connecticut Judicial Branch (English to Spanish).

http://jud.ct.gov/external/news/jobs/interpreter/glossary_of_Legal_Terminology_English-to-Spanish.pdf

Glossary of Legal Terminology, Wisconsin Court System (English to Spanish).

http://www.wicourts.gov/services/interpreter/docs/spanishglossary3.pdf

Glossary of Legal Terms, Administrative Office of the Courts, Washington State Courts, 2008 (English to Spanish).

http://www.courts.wa.gov/programs_orgs/pos_interpret/content/glossary/Glossary%20of%20Legal%20Terms%20-%20English-Spanish.PDF

Glossary of Tax Terms, Franchise Tax Board, State of California (Spanish to English).

https://www.ftb.ca.gov/forms/misc/1209.pdf

Health Care Terms HowTo.gov (English to Spanish).

http://www.howto.gov/web-content/multilingual/spanish-guide/health-care-terms

Information Technology Terms, HowTo.gov (English to Spanish).

http://www.howto.gov/web-content/multilingual/spanish-guide/information-technology-terms

Legal Glossary, Susana Translations (English to Spanish).

http://www.susana-translations.de/legal.htm

Legal Glossary/Glosario Legal, Superior Court of California, County of Sacramento, California (English to Spanish).

http://www.saccourt.ca.gov/general/legal-glossaries/docs/spanish-legal-glossary.pdf

Minnesota Legal Branch English/Spanish Legal Dictionary (English to Spanish).

http://www.mncourts.gov/documents/0/Public/Interpreter_Program/English_Spanish_Legal_Glossary_(2).pdf

Multilingual Legal Glossary, Vancouver Community College, 2009 (English to Spanish. Interactive online dictionary.).

http://www.legalglossary.ca/dictionary/

Names of U.S. States and Territories in Spanish, HowTo.gov (English to Spanish).

> http://www.howto.gov/web-content/multilingual/spanish-guide/states-and-territories

Oregon Standardized English-Spanish Legal Terms, Court Interpreter Services, Judicial Department, State of Oregon (English to Spanish. Interactive site with terms translated from English to Spanish and detailed definitions in English.).

> http://courts.oregon.gov/OJD/docs/OSCA/cpsd/InterpreterServices/OREGONSTANDARDIZEDENGLISHSPANISHLEGALTERMS.pdf

Problem Cognates in Family Law and Related Cognates, Office of Court Administration, Texas Courts (English to Spanish).

> http://www.txcourts.gov/oca/DVRA/pdf/ProblemCognates.pdf

Red Hemisférica de Intercambio de Información para la Asistencia Mutua en Materia Penal y Extradición, La Organización de los Estados Americanos (Spanish to English, Portuguese, & French).

> https://www.oas.org/juridico/mla/diccionario/Default.aspx?Lang=ES

Spanish-English Common Legal Terms, The People's Law Library of Maryland, Maryland Judiciary, 2010 (English to Spanish. Words and phrases. Organized thematically: Housing Law, Administrative/Benefits Law, General Legal Terminology, Consumer Law, Nursing Home Program/Assisted Living, and Child Advocacy.).

> http://www.peoples-law.org/node/964

Spanish English Glossary, Interpreters Office, U.S. District Court, Southern District of New York (Interactive word-search English to English and Spanish to Spanish. Entry of a single word in one language brings up all related words and phrases in that language.).

> http://www.sdnyinterpreters.org/glossary.php

Spanish Equivalents for Important Legal Terms in English, Southwestern College (English to Spanish).

> http://www.swlearning.com/blaw/bohlman/bohlman6e/Appendix_C_spanish_equivalents_for_english_legal_terms.pdf

Spanish Phrasebook for Juvenile Court Personnel, Missouri Juvenile Justice Association (English to Spanish. Basic vocabulary and phrases. Spanish pronunciation guide.).

> http://www.google.com/url?sa=t&rct=j&q=&esrc=s&source=web&cd=1&ved=0CE0QFjAA&url=http%3A%2F%2Fwww.mjja.org%2Fimages%2F

Fpublica-
tions%2FSpanishPhrasebook.doc&ei=usUFUPmRNuqw2QWpsu21BQ
&usg=AFQjCNEI59i13GoBmnD0aYR5vTD2XGttyQ&sig2=Td8hEWlU
WVMmzDknHcAK7g

Spanish Translations for Legal Terms, Superior Court, County of Imperial, California (English to Spanish. Caveat in a footnote: This glossary focuses on the Mexican Judicial System and may not be applicable to other Spanish speaking judicial systems.).

http://www.courts.ca.gov/partners/documents/Glossary.pdf

Términos del Bienestar de Menores (Child Welfare Terminology), U.S. Department of Health & Human Services, Administration for Children & Families (Spanish to English, English to Spanish).

http://www.childwelfare.gov/glossary/terms_spanish_english_a.cfm

Texas Remote Interpreter Project (TRIP), English-Spanish Domestic Violence Glossary, Texas Courts Online (English to Spanish).

http://www.txcourts.gov/oca/DVRA/pdf/TRIP-Glossary.pdf

Translating Justice: A Spanish Glossary for New York City, Vera Institute of Justice (English to Spanish. Language resource for interpreters and bilingual staff in NYC's courts, justice agencies, and nonprofit organizations.).

http://www.vera.org/content/translating-justice-spanish-glossary-new-york-city

ALGUNOS RECURSOS ELECTRÓNICOS

RECURSOS DEL GOBIERNO FEDERAL

Adopción

> http://www.childwelfare.gov/pubs/empiezo.cfm

Adopción de Hijastros, Department of Health and Human Services

> http://www.childwelfare.gov/pubs/f_step_sp.cfm

Benefits.gov – recursos en español

> http://es.benefits.gov/

Casa Blanca

> http://www.whitehouse.gov/espanol

Conozca Sus Derechos (Limited English Proficiency)

> http://www.lep.gov/LEPKYR-Spanish.pdf

Department of Education

> http://www2.ed.gov/espanol/bienvenidos/es/index.html

Department of Health and Human Services

> http://www.cuidadodesalud.gov/enes/

Department of Homeland Security

> http://www.dhs.gov/ynews/espanol/

Department of Justice

> http://www.justice.gov/spanish/

Department of Justice, Executive Office for Immigration Review, Legal Orientation and Pro Bono Representation

> http://www.justice.gov/eoir/press/08/LegalOrientProBonoFactSheetJuly172008-Spanish.htm

Department of Labor

http://www.dol.gov/dol/topic/Spanish-speakingTopic.htm

e-Journal USA – Spanish-language versions of all these electronic journals on many relevant topics

http://www.america.gov/publications/ejournalusa.html

Department of State

http://www.state.gov/

Environmental Protection Agency

http://www.epa.gov/iaq/espanol/index.html

Federal Bureau of Investigation

http://www.fbi.gov/espanol/

Federal Deposit Insurance Corporation

http://www.fdic.gov/quicklinks/spanish.html

Federal Government generally and state by state

http://www.usa.gov/gobiernousa/index.shtml

Federal Emergency Management Agency

http://www.fema.gov/esp/

http://www.ready.gov/translations/spanish/

Food and Drug Administration

http://www.fda.gov/AboutFDA/EnEspanol/default.htm

Free Legal Services Providers – links to lists of providers for 29 states

http://www.justice.gov/eoir/probono/states.htm

Housing and Urban Development

http://espanol.hud.gov/home.html

Immigration and Customs Enforcement

http://www.ice.gov/espanol/

Internal Revenue Service

http://www.irs.gov/espanol/index.html

Medicare

http://es.medicare.gov/default.aspx

Occupational Safety and Health Agency

http://www.osha.gov/as/opa/spanish/index.html

Social Security Administration

http://www.ssa.gov/espanol/

Su Acceso a los Beneficios del Gobierno

http://es.benefits.gov/

United States Citizenship and Immigration Service

http://www.uscis.gov/portal/site/uscis-es

RECURSOS ESTATALES

CALIFORNIA

Centro de Ayuda en Línea, Cortes de California – One of the best state-sponsored websites for self help information on a wide range of legal matters.

http://www.courts.ca.gov/selfhelp.htm?rdeLocaleAttr=es

Departamento de Vehículos Motorizados.

http://www.dmv.ca.gov/portal/home/dmv.htm?lang=es

Detenga el Fraude Hipotecario, Office of the Attorney General.

http://oag.ca.gov/consumers/loan-modification/espanol

CONNECTICUT

Páginas web en español, State of Connecticut, Judicial Branch – An excellent web site with various useful links to Spanish-language materials and videos, including: Small Claims, Child Support, Foreclosure, Landlord/Tenant, and Mediation.

http://jud.ct.gov/espanol.htm

Publicaciones/Videos en español.

http://jud.ct.gov/pub-spanish.htm

MAINE

Una Guía para los Inmigrantes del Estado de Maine – produced by Pine Tree Legal Assistance. This is a wonderful resource with information in Spanish on a wide variety of legal matters. Includes a glossary.

http://www.ptla.org/inmigracion/una-guia-para-los-inmigrantes-del-estado-de-maine

MARYLAND

Spanish Gateway: Acerca de la Biblioteca Jurídica del Pueblo, The People's Law Library of Maryland, Maryland State Law Library – This is a fantastic resource! It is linked from the Maryland Judiciary home page.

http://www.peoples-law.org/node/3252

Maryland Judiciary – click on Search and type "Spanish" in the blank. This will bring up forms, web pages, brochures, and pamphlets in Spanish.

http://www.mdcourts.gov/

MINNESOTA

Minnesota Department of Human Rights – Type in "Spanish" in search box and you will be linked to a listing of publications in Spanish on a wide variety of human, civil, and individual rights issues.

http://www.humanrights.state.mn.us/index.html

Recursos en español, Minnesota Judicial Branch – An extensive list of forms, pamphlets, and documents in Spanish on: conciliation; collecting a judgment; mediation; eviction; domestic violence; separation and divorce; and others.

http://www.mncourts.gov/?page=2996

NEBRASKA

Recursos e Información, Nebraska Judicial Branch – Instructions and forms in a number of areas, including protection from abuse and harassment, name change, temporary delegation of parental powers, fence dispute, divorce, pro se representation, finding a lawyer.

http://www.supremecourt.ne.gov/web-info-spanish.shtml

NEW JERSEY

Lista Completa de Servicios, Office of the Attorney General – An excellent resource. Long alphabetical list of all the services available, with all links to Spanish-language pages.

http://www.nj.gov/oag/services_spa.htm

Portada del Poder Judicial en español – One of the very best websites. Virtually the entire New Jersey Courts website is available in Spanish. This includes links to dozens if not hundreds of documents, pamphlets, reports, and forms. Can also link to Spanish version of pages on diverse legal topics, directory of lawyers, self-help resources, etc.

http://www.judiciary.state.nj.us/translations/index.htm

Las Leyes en New Jersey y Usted -- Excellent site with lots of specific pages on different topics.

http://www.lsnjlaw.org/espanol/acercadelsnj.cfm

NEW YORK

Sobre DCJS (Division of Criminal Justice Services).

http://www.criminaljustice.ny.gov/crimnet/about_sp.htm

Información para Víctimas del Crimen, Testigos y el Orden Público.

http://www.criminaljustice.ny.gov/pio/crimevictims_sp.html

Información en español, New York State Unified Court System – A terrific website, one of the most complete. Links to pages, documents, forms, and the like in Spanish, for virtually all areas of interest – civil and criminal, housing, small claims, pro se representation, mediation, client's rights, etc.

http://www.courts.state.ny.us/languages/index.shtml#spanish

OKLAHOMA

Legal Aid Services of Oklahoma, Inc. – Spanish version of their website with materials available on a number of legal matters.

http://www.legalaidok.org/programForeignLanguages.cfm?language=39

TEXAS

Office of the Federal Public Defender, Western District of Texas – Good information in Spanish about all issues involved when someone needs a public defender, is put on trial, etc.

http://txw.fd.org/Informaci%C3%B3nenEspa%C3%B1ol/tabid/122/Default.aspx

Texas Department of Criminal Justice – Materials in Spanish on: victim services, mediation, offender grievances, offender orientation, offender rules and regulations, information for offenders' families.

http://www.tdcj.state.tx.us/index.html

Texas Young Lawyers Association – There are a number of excellent Spanish-language pamphlets and brochures at this link, covering: consumers, employers, family law, immigration, medical issues, jury service, senior citizens.

http://www.tyla.org/tyla/index.cfm/resources/general-public/

UTAH

Guía a los Tribunales, Utah State Courts.

http://www.utcourts.gov/brochures/docs/Guide_to_the_Courts-Spanish.pdf

Recursos en español, Utah State Courts – A very good resource. Links to Spanish-language pages or materials on: landlord/tenant, garnishment, going to court, collecting a judgment, criminal and civil matters, family law, juvenile justice, small claims court, and more.

http://www.utcourts.gov/howto/sp/

WASHINGTON

Access Washington en español, State of Washington – Excellent links to Spanish-language pages and materials on: agriculture, consumer protection, drivers' licenses, voting and elections, work issues, legislative information, and more.

http://access.wa.gov/translations/spanish.aspx

District Court Pro Se Litigant Information.

http://www.courts.wa.gov/programs_orgs/pos_bja/ptc/documents/DistrictCourtProSeLitigantInformation_Spanish.pdf

Guía de los Tribunales del Estado de Washington, 2011, Administrative Office of the Courts.

http://www.courts.wa.gov/newsinfo/content/pdf/CourtGuide2011_spanish.pdf

Juzgado de Demandas de Cuantía Menor, Administrative Office of the Courts.

http://www.courts.wa.gov/newsinfo/resources/brochure_scc/smallclaimsSpanish.pdf

RECURSOS NACIONALES

AARP

> http://www.aarp.org/espanol/

Directorio de Recursos Nacionales.

> http://www.thebody.com/content/art32785.html

Encuentre Ayuda Legal, Legal Services Corporation – Links to state Legal Services offices, as well as some links to pages with general information at LSC, eligibility, etc.

> http://www.lsc.gov/encuentre-ayuda-legal

LawHelp.org – has sites for each state, many of which have Spanish-language pages.

> http://www.lawhelp.org/

Recursos legales para víctimas de violencia domestica, National Network to End Domestic Violence.

> http://www.womenslaw.org/

The Modern Language Association Language Map: A Map of Languages in the United States.

> http://www.mla.org/map_main

RECURSOS INTERNACIONALES

Comisión Interamericana de Derechos Humanos.

> http://www.oas.org/es/cidh/

Corte Interamericana de Derechos Humanos.

> http://www.corteidh.or.cr/

Juriglobe, Grupo de Investigación sobre los Sistemas Jurídicos en el Mundo, Universidad de Ottawa, Facultad de Derecho, Sección de Derecho Civil.

> http://www.juriglobe.ca/esp/sys-juri/index.php

Naciones Unidas.

> http://www.un.org/es/

Organización de los Estados Americanos.

http://www.oas.org/legal/spanish/documentos/documento1.htm

Organización Internacional del Trabajo.

http://www.ilo.org/global/lang--es/index.htm

Organización Panamericana de la Salud – Salud y Seguridad de los Trabajadores Hispanos en los Estados Unidos.

http://www.bvsde.paho.org/foro_hispano/agradecimientos.htm

UNESCO.

http://www.unesco.org/new/es/unesco/

UNICEF.

http://www.unicef.org/spanish/

Red Internacional para los Derechos Económicos, Sociales y Culturales.

http://www.escr-net.org/about/about.htm?attribLang_id=13441

ÍNDICE TEMÁTICO